青岩禅意营地——移居天

游辽宁青岩圣寺

营地位于辽宁省锦州市北镇市青岩寺景区，紧邻景区停车场，占地面积约9000平方米。方圆二十公里范围内，被京哈、阜锦、奈营三条高速环绕，往北可达阿尔山、呼伦贝尔草原，向东可抵长白山原始林区，南行则环渤海直通大连。

青岩寺风景区始建于北魏，盛于中唐，至今有一千五百余年历史，香火绵延，终日不断。1986年被辽宁省政府批准为宗教活动场所；2002年被国务院批准为“国家级风景名胜区”；2011年1月被辽宁省国土资源厅确定为“省级地质公园”；2014年5月被全国旅游景区质量等级评定委员会评定为国家AAAA级景区。

青岩寺是融宗教与旅游为一体的著名风景区，自然风光与人文景观交相辉映。

下（青岩寺）房车露营地
住移居房车营地

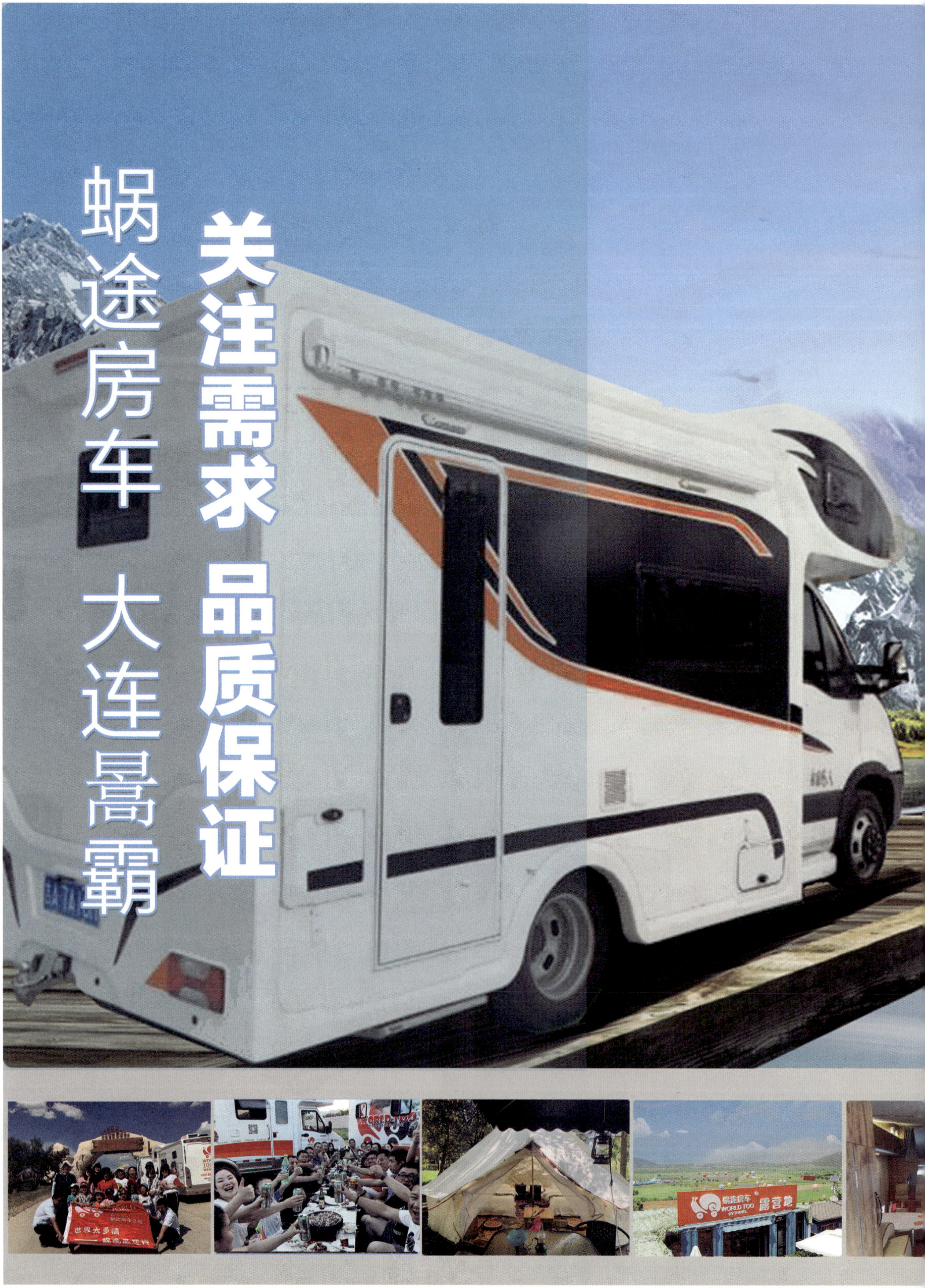

世界太美好

WORLD TOO

蜗途房车
WORLD TOO
露营地

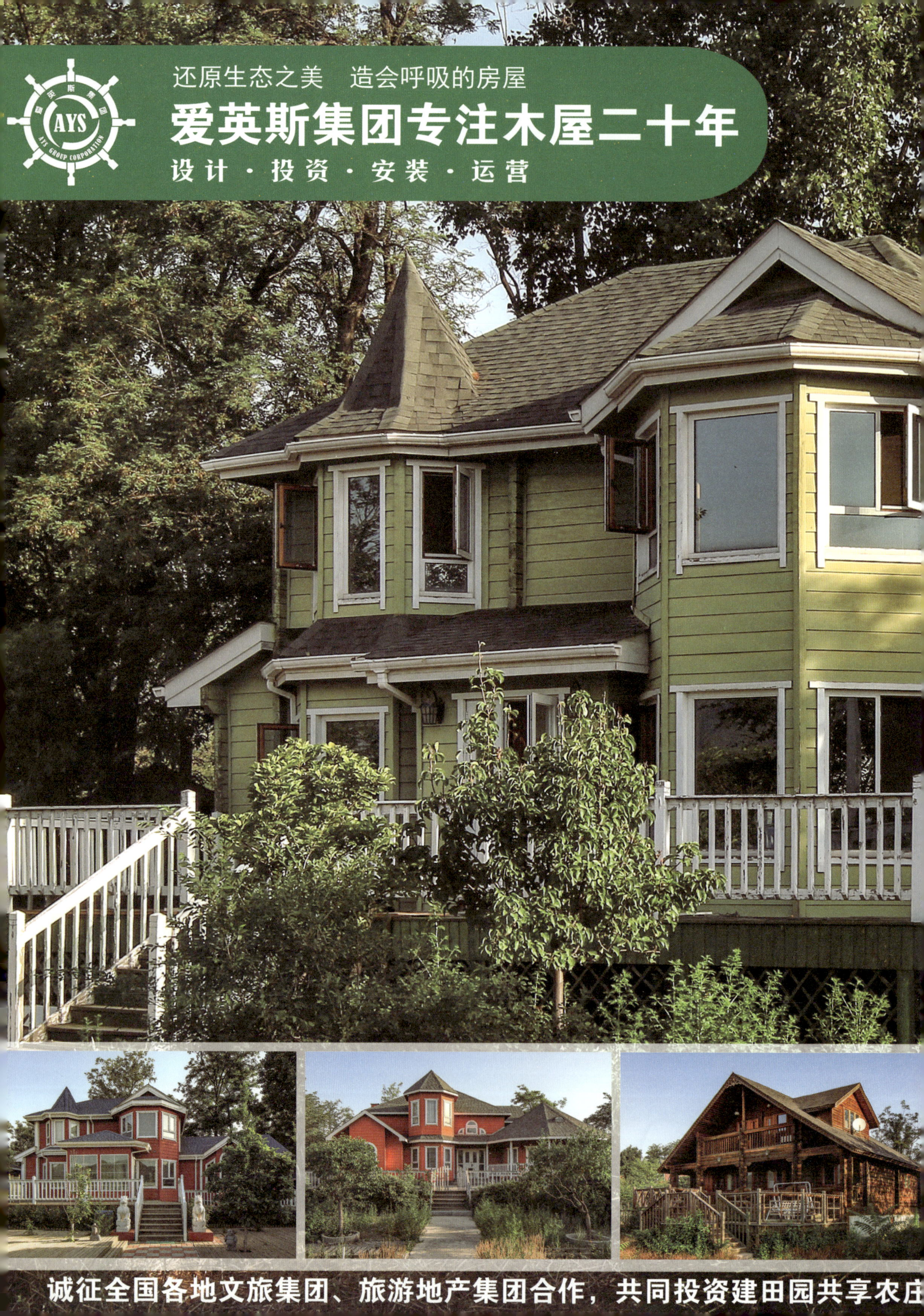
还原生态之美　造会呼吸的房屋
爱英斯集团专注木屋二十年
设计 · 投资 · 安装 · 运营
AYS
AYS GROUP CORPORATION
诚征全国各地文旅集团、旅游地产集团合作，共同投资建田园共享农庄

李会来

Li Huilai

现为中华全国工商联汽车经销商商会房车露营专委会常务副会长、锦州市山东商会会长、锦州市房车露营与自驾游协会会长、“移居天下”全国知名景区与房车露营联盟创始人。曾被国务院、中央文明办、辽宁省先后授予“农村致富先进个人”“中国好人”“辽宁省十大杰出青年”等荣誉称号。

1969年，李会来出生于山东滨州。幼时命运多舛险些夭折，稍长便拜师习武强健体魄。凭借习武的功底，他的命运由此改变——1984年，15岁的李会来被特招入伍，进入解放军陆军第39军某部警侦连，成为一名“娃娃兵”。从军四年多次受到嘉奖，退伍后便留在锦州开始了人生新的历练。三十多年来，他燕雀筑巢般创业打拼、衔泥垒积，创建了北方桑蚕、北方保温、鲁商建工、鲁商装饰、鲁商园林等企业，成为退伍军人成功创业的佼佼者。

除了创业打拼，李会来还拥有一份“胸怀天下”的玩心。早在1999年，他便拿出手头的两万五千元，外加借来的七千元，换回一辆二手“微面”，经过一番改动，配了一张小床，便如云游僧一样开启了远足之旅。那一次，“胆子比倭瓜都大”的李会来，居然把那台纯正的“破二手床车”开到了西藏、青海、新疆……自此往后的六七年时间里，即使再忙，他每年也要抽出至少一个月的时间开着那辆二手“自制床车”游全国。后来，他又买了B型房车开始走出国门游历亚欧。如今，房车在每年的出行期，都会成为他与妻儿的另一个“移动的家”。很多时候，这个能够移居天下、会动的“家”更让他痴迷。

2019年秋天，耐不住房车自驾游的诱惑，李会来再一次挈妇将雏自驾房车一路南下。为拂去日久思乡、水土不服之苦，他把难以割舍而又大名鼎鼎的“锦州干豆腐”“锦州烧烤”“锦州小菜”“东北红高粱”，统统装进了车载冰箱，经湖北湖南广西云南，最终直抵海南。一路上，总会招来游客与当地人的围观，并被拍成小视频广泛流传于网络，让“锦州来哥”的房车旅行生活，铺天盖地地出现在人们的手机屏幕上。

房车游在中国出现井喷式发展是在2015年后。李会来认为，深度游令人向往，却常常被旅游团束缚了手脚，而房车游则

在房车营地考察

完全能弥补“走马观花”的缺憾。凭着“想走就走、想停就停”的便捷随意，或将逆转传统旅游“上车就睡觉，下车便撒尿，到了景区就拍照，回到家里啥也不知道”的尴尬。这让他敏锐地嗅出了一个方兴未艾的绝好商机。

经过4年多的考察、体验、设想、等待、完善，终于在2020年，他启动了酝酿已久的“移居天下”房车自驾与露营项目，并向国家商标局申请注册了“移居天下”商标。他要在国内各主要景区建设房车露营地，让车友在“有山有水有森林，圈起小院更怡人”的世外桃源，实现“想怎么玩就怎么玩、想玩多久就玩多久”的愿望。

■ 开着房车到阿拉善参加越野 e 族英雄会活动

■ 深入秋意渐浓的鸭绿江畔旅行

他的想法得到锦州市委书记、市长的首肯。在出席过商会年会的第二天，书记即亲临锦州市房车自驾与露营协会调研，详细听取会长李会来的工作汇报及项目规划设想，并就这一新兴事物在锦州的发展进行擘画。决策层的支持，让李会来坚信，项目好，政策“会来”，资金“会来”，车友更“会来”。作为“移居天下”房车自驾与露营项目的创始人，他笃定心思，要把这作为后半生亲力亲为的最重要的一件事。

中国古代即有“五岳五镇四海四渎”，这当中，东岳泰山、东镇沂山，“四渎”中的黄河、济水，都在他的出生地山东，而“五镇”中的北镇医巫闾山，则在他少小离家从军报国后，就再也不曾离开过的辽宁锦州。凭借“歪脖老母”的灵光传世，医巫闾山环抱下青岩寺的声名远播、香火鼎旺，让李会来大手一挥，就在这儿干！

开弓没有回头箭。山东大汉偾张着关东好儿郎的血性，说干就干。2019年飘雪时节，他把房车开到离锦州市区80公里的北镇青岩寺景区，一待就是一星期。每日登山四处考察，终于在古树参天、溪流淙淙的原始森林，觅得作为房车露营地的理想之所。这里距远近驰名的“歪脖老母”所在的青岩寺上院，仅有百米之遥。李会来露出被拍成表情符号的笑脸，说：“这是我山上山下寻访一周看到的最心满意足的灵秀之地！”

好风凭借力。青岩寺房车露营地项目得到北镇市与常兴店镇党政领导的通力支持，使得项目推进顺风顺水。

做事从不苟且敷衍的李会来，留住300年的灵性古树、美可入画的突兀磐石，移植大树、栽花种草、竖起竹木栅栏、圈起雅致院落……把房车露营地搭建得禅意悠扬、乡野风灵动。他务必要将其打造成“移居天下”房车露营地的“旗舰版”；而高空俯瞰，这片医巫闾山下的营地，恰恰酷似一艘绿海松涛中的航母。

目前，总投资近7000万元的“移居天下”（北镇青岩寺）房车宿营地，正在如火如荼地建设中。一期工程建设50个房车及宿营车车位；二期工程将再增加80个房车与宿营车车位。“玩心正浓”的李会来，还不忘为“移居天下”的会员车友们，特意安排了充满“野趣”的“树屋”。工程自2020年五一开工以来，一片繁忙，一年后的2021年五一假期，香火氤氲、香客云集、梨花绚烂如香雪海的千年古刹青岩寺房车宿营地，就将面向天下车友开放，引领房车玩家在奇峰环抱、古树参天的中国北镇医巫闾山，在“一车一院一片天”的惬意之处，充分体验“歪脖老母遂心愿”的青岩圣境。

面对“建设风景名胜区房车露营地”这一“玩出来的宏图伟业”，老兵李会来把退伍后奋斗30年创下的诸多产业，索性全都交给别人打理，让自己完全抽身“做自己最想做的这件事。”知天命之年的李会来，郑重地说出心中宏愿：“重新创业，心底里早有无限激情在澎湃。要把后半生时光全部奉上，把这个前景无限光明的好项目做好，交给志同道合的继任者；把舒心怡情的中国房车露营地，呈献给乐山乐水、追求天人合一的天下车友！”

谭远程

Tan Yuancheng

MBA硕士，现为伊宅购集团创始人兼CEO，并担任WAPS世界生产力科学院院士、国家高端智库（电子商务）首席专家、一带一路投资银行副董事长兼常务副行长、湖南省工商联常委、中华全国工商联汽车经销商商会房车露营专委会执行会长等社会职务。

房车露营，近年来受到越来越多国人的青睐，被誉为21世纪休闲旅游标杆。凭借得天独厚的条件和旅游资源优势，湖南抢抓机遇，以伊宅购集团快乐车行为首的房旅企业“先声夺人”，率先发展智慧房车旅游项目，成为湖湘智慧文旅先行者。

作为伊宅购集团创始人兼CEO，同时也是房车露营产业的经营者与专家，人们称赞谭远程是眼光独到的“幕后英雄”。业内评价伊宅购的发展速度是行业神话，更将他本人赋予传奇色彩。专注、简单、真诚，他对文旅事业的坚定信念，也成就了这个湖南乃至全国智慧房旅知名品牌的气质。

用文化内核做强企业

从一名普通的大学生，白手起家，一步一个脚印，成为一名敢闯敢做的互联网行业精英、房旅行业探索者。谭远程认为：做企业，逐利而行是不会长久的，创业需要有自己的文化内核，企业家必须具备坚持不懈的拼搏精神，也需要坚定的信仰，这样才能让创业者时刻保持清醒，稳立潮头。

“我是一个有着超强信念的人。”涉足过多个行业，也经历过人生谷底期，但谭远程从未停止对事业的狂热，他的身上有着吃苦耐劳、敢为人先的湖湘精神。凭着对互联网的敏锐触觉及热爱，2010年，谭远程进入信息化行业，创建伊宅购，自此与互联网行业结下不解之缘。十年时间，创办综合购物平台、打造智慧城市建设体系、构筑智慧房车平台……在谭远程率领下，伊宅购集团目前已形成综合化、多产业业态的整体布局，在成长的新十年，伊宅购正在全面打造“5+2+1”的产业布局。谭远程介绍：“5”是以智慧出行为核心，打造以快乐车行、智慧城市、平台电商、伊佳人酒店及影业为核心产业版块；“2”是指全域旅游衍生的生态农业产业项

■ “房旅V计划”发布会现场

目——伊家田园以及为湖南退伍军人提供再就业输送培养的中海洋安保产业项目，两大全新产业落地项目将更好地推动公司产业生态圈的打造；核心项目快乐车行，在线上平台“约你游”APP快速布局的同时，2020年启动了线下服务平台——全国城市房车驿站的打造，从而实现房车智慧旅游“线上+线下”无缝融合；而“1”则是指集团的金融板块。目前集团旗下拥有多家分、子公司，已取得数个金融牌照，宅购通资管、一带一路股权投资基金与锐银融资租赁以金融领域为突破口，为集团各大产业保驾护航，助推公司产融一体化。

十年发展，步步为营。谈到企业经营的经验，谭远程透露：伊宅购能快速地打造出今天的团队，是因为伊宅购是一个真正以奋斗者为本的平台，是一个公开、公平的发展平台。而且，不论是创业还是经营，伊宅购都坚持正确的企业价值观导入，投注心力打造富有中国特色的企业文化。

■北京伊宅购集团长沙光明村基地

■伊宅购集团快乐车行橘子洲房车露营地

创新引导房车露营行业发展

对于企业如何在房车露营发展初期抢占市场、引导市场时，谭远程认为：创新是民营企业发展的根据。掌舵快乐车行，谭远程用其先进的互联网思维，紧抓房旅服务品质，快速升级互联网物联网结构，抢先一步走上了产融一体化发展的道路，成了中国房车行业的独角兽。实现智慧平台创新，快乐车行率先在旅游行业推进和实践一站式房车旅游社交电商平台——“约你游”APP。

“约你游”APP综合了物联网、移动互联网、大数据、人工智能、无人驾驶等技术，是房车文旅资源和现代科技的深度融合。谭远程介绍：“约你游”APP满足当下“约游”需求，以“约”为核心，通过聚合营地、驿站、旅游产品等行业资源，扩展“约游、约购”等功能，为用户提供一站式全方位旅游服务。此外，“约你游”团队自主研发了新型智能水电桩，可实现双侧同时充水充电，分开计费，让房车露营补给更智能更便捷。快乐车行用房旅“智能+”产业赋能，将激发和释放出更大的市场消费潜力。

除了智慧平台创新，快乐车行还进行了模式创新。2020年，快乐车行紧跟时代趋势，紧跟国家政策，首推“房车驿站”项目。该项目通过在全国大力铺设房车驿站，在景区及人流量大的大街小巷销售房车旅游卡，推荐旅游线路，为全国的房车爱好者提供食物、布草、洗漱用品等补给，为当地基层老百姓提供自主就业及创业平台，提高民众生活幸福指数。可以说，“约你游”平台给予了快乐车行强有力的平台支撑，而“房车驿站”项目能将快乐车行的文旅优势散播到全国各地，进一步扩大快乐车行的品牌辐射区及影响力。

面对当下房车露营产业的蓬勃发展，谭远程坦言：湖南房车露营市场未来形势看好，产业前景无限，也承担着推动湖南休闲旅游产业高质量发展的使命。当前，房车露营迎来新的发展机遇，但房车文化普及和市场培育任重而道远。为加快湖南旅游复苏和消费振兴，快乐车行以政府引导、市场运作为原则，以房车旅游为媒介，以湖南知名景区景点、特色小镇为依托，以连接景区的公路、干道为轴线，以网红直播、旅游访谈节目制作为手段，全力开展2020年湖湘首批房旅精品线路打造计划之“房旅V计划”，打造湖南首批房车自驾游精品线路，让“房车带你游湖南”。这也是在网红经济时代下，快乐车行的又一创新举措。我们非常期待用更新的商业模式、更先进的科技去实现行业的跨越。

当下，中国房车露营产业挑战与机遇并存。种一棵树最好的时间是十年前，其次是现在。伊宅购十年前的播种哺育，如今盛开出一树繁花。在文旅融合、智慧房旅品牌、打造万亿旅游产业的征途上，我们期待谭远程带领快乐车行交出一份耀眼答卷。

姜万强

Jiang Wanqiang

现任山东世拓房车集团有限公司董事长，以家具制造、建材研发生产起家，后进入房车行业。经过9年多的不懈努力，缔造了国内著名的营地房车品牌——“头等舱”。2020年，姜万强又先后创立了“沃德佳”和“星玥”两个拖挂房车品牌，进一步扩大了房车的事业版图。

姜万强，祖籍浙江省江山市。出生在久负盛名的江郎山下，秉承了浙商智慧和传奇般经历。

1996年，凭着过硬的技术和吃苦耐劳的精神，姜万强创办了江山市阳光家具制造有限公司。1999年，公司荣获江山市委、市政府“发展民营经济先进企业”奖牌。随着市场上兴起的仿古家具潮，2000年，他又在济南投资成立了世拓仿古家私厂，这也是他迈向更大成功的关键一步。

2003年，为响应济南市委、市政府“建设工业强市”和“开发大济南”的号召，姜万强投资800万元，成立了济南世拓高分子材料有限公司，正式进入建材行业，开始文化石的生产销售。2004年度，姜万强在建材行业取得了极大的成就，先后荣获“济南市十大杰出青年企业家”“济南市优秀青年星火带头人标兵”等荣誉称号，并带领公司研发出上百种人造艺术浇筑石，迅速跻身文化石行业前列。

随着房地产行业的快速发展，别墅、洋房等高端地产墙面装饰材料迎来了巨大的发展机遇。2007年，姜万强投资1.2亿元，在沈阳创办了沈阳世拓筑屋材料有限公司，专门从事人造文化石的研发、生产以及施工安装。2014年，公司生产的文化石应用到全国600多个地产项目中，到目前已超过1000个。房地产行业的经验及资金积累，为他进入房车行业打下了坚实的基础。

那时，国内对于房车的概念还很模糊，怀着对房车行业的梦想和情怀，为了更深入了解房车制造工艺及配套产业链，姜万强毅然去了国外，参观学习国外房车的先进制造工艺和发展历程。受国外先进理念的影响，更坚定了他创建自己百年房车品牌的决心，并始终在追求梦想的道路上孜孜以求。2011年，姜万强投资3.3亿元创立山东世拓车辆有限公司（后更名为山东世拓房车集团有限公司），正式跨入房车行业。

世拓房车集团占地面积10万多平方米，建筑面积5万余平方米。成立之初，姜万强便引进全球前沿的房车应用科技与工艺，致力于研发出富有影响力、具有品质感、经典实用且能引导房车行业的车型，

■广东惠州老嬉山68号房车营地

并创造了属于自己的品牌——“头等舱房车”，一面市即成为当年房车行业中冉冉升起的一颗新星，荣获2016~2017年度中国房车露营行业“最受欢迎房车品牌”。IT团队在房车智慧服务方面，率先实现了一部手机无接触式房车开锁、入住、结算。

世拓房车集团在姜万强董事长的带领下，用不到两年时间完善并升级了现有美式拖挂房车，研发生产了欧式等不同风格的营地房车，使房车的产品线日益完善、丰富，满足了不同客户的需求。同时，完成了上路拖挂房车的研发和相关资质的获得，实现了由静到动的转换。目前，头等舱房车已经与国内外众多营地商家签约合作，产品销售遍及全国实力营地，并远销韩国、日本以及东南亚等国家，从极寒雪地到闷热潮湿的南粤，经受住了非凡的考验，赢得了一致好评。

■ 山东世拓房车集团外景

随着营地房车制造及营地经营建设的成熟，2019年，姜万强进一步扩大了房车产业版图，适时打造了“沃德佳”和“星玥”两个拖挂房车品牌。并在2020年7月份的上海房车展上，隆重推向市场。刚一亮相，即以尊贵大气的造型、宽敞实用的内部空间、精致高雅的内饰配置赢得了各界人士的青睐。

■ 公司所产高档商务房车内景

姜万强提出了强化产品质量意识，通过树立用户至上的理念，实施用户满意工程，确立以满足用户需求为中心，对外充分适应、快速响应，对内高效沟通、灵活决策的营销体系，才能使企业在激烈的市场竞争中立于不败之地。同时，进一步推进企业的规范化经营，增强抵御市场风险的能力；提升企业层次，打造企业核心竞争力；创新经营，为全面提升企业整体竞争力和增强在市场经济大潮中的话语权奠定了坚实的基础。并将带领团队继续开拓创新，在坚持做好品质房车的前提下，把专业化服务做到极致，为中国制造走向世界贡献力量。

姜万强在创业之初，就决心要做出富有影响力、具有品质感的中国好房车，把世拓公司经营成具有社会责任感和使命感的知名企业。一路走来，初心不忘，企业始终以自主创新为理念，融中西方先进的文化与工艺于一身；同时，海纳百川，广邀良才，兼容并蓄，不断进步。直至成为以房车生产与销售为龙头，兼具露营地规划与设计、特色旅游产品的投资与运营等项目的多元化、立体化集团公司。

姜万强积极倡导“团队、本分、品质、创新”的世拓企业理念，帮助员工树立正确的价值观、行为规范，并把此渗透到企业文化建设的各个方面。始终坚持“以人为本”的原则，为员工创造宽松愉悦的工作生活环境，从员工切身利益出发，参与社会保险，解决员工的后顾之忧。强调员工自我价值的实现和全面发展，为他们提供发展的机会和平台。多次参加省市人才交流会，加强对人力资源的引进、开发和培养，建立和完善有利于人才竞争和流动的机制。通过专家系列讲座、外部拓展训练、内部培训等多种方式，营造浓厚的学习氛围，引导员工提高业务技能水平。同时，在企业内部加快推进信息化建设步伐，通过引进用友ERP软件系统，推动了电子商务、物流配送、财务电算化、生产管理、供应链管理等先进技术在企业的应用。

姜万强认为，中国的房车行业及露营地目前正处在初级阶段，未来的露营地一定是多元的、主题鲜明的，并透着人文与自然之爱。养生、体育、休闲、亲子、农耕等内容丰富的特色小镇或庄园，与造化万千的自然景观及巧夺天工的人文景观和谐并存，为人们提供一个又一个心灵栖息的暖巢与加油站。

雄关漫道，迈步以越。道阻且长，唯有志坚。在中国，房车产业依然处于成长阶段，因此，在未来的发展中肯定还会有很多坎坷。这些年，姜万强带领世拓房车集团取得了骄人的成绩，但是面对成绩，他不骄不躁，在迎接挑战的同时，已为世拓房车集团勾勒出了新的宏伟蓝图。展望未来，他开拓的脚步将更加坚实。

潘红建

Pan Hongjian

中国汽车工业协会房车委员会前理事长，宇通客车股份有限公司总经理助理，宇通客车专用车分公司总经理。近年来，专注于房车产业研究和行业发展实践，主导引进国外先进房车设计理念，结合国内房车发展特点，探索适合中国房车发展的新模式；致力于推动中国房车行业健康、高效、可持续发展。

房车简称 RV，在国内称为旅居车，兼具“房”与“车”两大功能，其属性仍是车，集“衣、食、住、行”于一体，是一种可移动、具有居家必备设施的车种。根据自身有无驱动力，房车又可分为自行式房车和拖挂式房车两大类。

房车始于 20 世纪初的欧美等发达国家，经过长达一个多世纪的发展历程，已形成了涵盖房车制造、销售及露营地和旅游等方面的成熟行业，并成为欧美等国家人们经济生活的重要组成部分。

与欧美等国家相比，我国房车发展还处于起步阶段。1999 年，房车开始在国产影视作品中出现，使更多民众认识了房车，了解了房车露营这种随走随停、自由自在的生活方式。2001 年，我国首辆自主知识产权的自行式房车下线。自 2013 年后，房车行业连续六年持续高速增长，年复合增长率达 53.7%。

经过 20 多年的不断前进，我国房车行业初步形成了“研发→生产→销售→消费→露营”的产业链条。目前，我国房车市场规模总量不大，但市场需求处于持续增长状态。2019 年，市场需求量突破万台，市场保有量达 10 万台，从我国的人口基数来看，保有量还偏低，整体市场还有很大发展空间。

国家层面也高度重视房车产业发展。自 2009 年起，国家相继出台了《关于加快发展旅游业的意见》《国民旅游休闲纲要（2013~2020 年）》《“十三五”旅游业发展规划》等政策文件，为房车旅游发展营造了良好的政策环境。

对于房车客户来说，房车是流动的家，是可移动的别墅，能够满足都市人的基本生活需求，特别是很大程度上可以替代都市人“第二家”的功能。房车有其独特的经济性，能有效节省土地资源，房车结构适应性强，可在较恶劣气候下使用，其生态适应广泛的特点使都市度假族可以以较低的价格，得到较高的度假旅游满意度。

■ 宇通 C 型房车

目前，房车属于小众市场，国内消费者对房车旅游这种新型旅游方式的知晓度和参与度较低，房车旅游的宣传力度仍需加强。

从世界房车发展情况来看，中国家庭房车普及率（千人保有量 0.1）远低于发达国家（美国千人保有量 34.7，欧洲千人保有量 14.5，日本的千人保有量 0.9）。未来五年，预计运营市场（租赁公司、共享房车）需求会快速发展。个人购买类客户需求培育还需要较长时间，以下几方面因素短期内制约着房车市场的发展：

1. 房车停放难，中国中高产阶级主要集中在城镇，受到城镇交通和住房建设的影响，房车停放难成为制约消费的主要问题；2. 休假制度缺陷，完善的休假制度在中国多数企业尚未实施，个体客户在购买房车后使用率较低；3. 消费观念问题，国内人工成本仍然较低，中产阶级习惯于宾馆酒店服务，需较长时间培养完全自主旅游的消费休闲方式；4. 营地及其他基础设施问题，中国主要旅游线路上宾馆、酒店等基础设施建设很齐全，但房车营地建设还需要较长周期，且现存营地也存在数量少、不健全、不规范等问题。

2020 年，受疫情影响市场需求出现下滑，但全年预测仍将处于同比微增状态。此次疫情使得房车的公众认可度以及市场基础建设速度得到一定的提升，人们更加认可这种“小聚集，大空间”的出游方式。未来五年，整体来讲中国房车市场需求量将呈稳步增长态势，预计年均增幅维持在 25% 左右；整体市场规模将逐步增大。

宇通房车（YUTONG RV）是宇通客车旗下的高端房车品牌，作为技术水平、质量标准、创新能力以及经典车型款式的代表，宇通房车秉承宇通客车先进的技术和工艺，引进国外先进房车设计理念，结合国人使用习惯，实现了产品实用性、可靠性、舒适性和安全性的统一。

公司自 2008 年开始研发房车，2009 年第一款自行式 A 型房车下线，经过十年发展，目前产品已全面覆盖自行式房车和拖挂式房车，产品长度覆盖 5-13 米，产品价格从 15 万到 1000 万之间不等，产品种类 20 余款，覆盖国内外各类主流房车底盘。房车年

■ 宇通上路版拖挂房车

■ 宇通营地版拖挂房车

产销量从 2009 年的几十台上升至 2019 年的 1700 余台，2020 年销量有望突破 2000 台。

宇通房车的快速成长，得益于宇通特有的发展模式，通过产品技术研发、创新营销模式、渠道覆盖多样、售后高效便捷、战略采购联盟协同配合实现五位一体，有效推动宇通房车高速发展。

安全可靠、绿色环保、智能创新的产品，是宇通房车获得客户认可，抢占市场份额的基础；特有的线上营销，线下体验营销创新模式，通过线上全方位、多角度的营销宣传推广，线下多地域、高频次的各类营销体验活动，实现与客户的高效沟通，是传递产品价值、满足客户需求的方式；而高效便捷、客户满意的售后服务以及定期的客户回访与关怀是宇通房车守住市场地位，提升客户口碑进而实现客户转介绍的有效支撑。

宇通房车从创立之初，就始终将客户需求作为产品研发的原点，宇通深知房车不仅是一种交通工具，更是家庭生活的延展。向往大自然、喜欢户外、热爱旅游是房车客户的生活态度，将理想的房车生活方式变成可能，为客户打造精彩房车生活将是宇通房车的长期发展目标。

中国人多地少，人均资源占比偏小；农耕文化的烙印根深蒂固，对家庭、子女、财富、生命价值、生产方式、生活质量等方面的观念有较大差异；社会制度、政府管控方式、市场化程度、公路使用费用、汽车普及程度等方面有所不同，诸如此类，不胜枚举。因此，在借鉴国外成功经验的同时，要求同存异，从国情出发，坚持中国特色，走国际化道路，开创出房车产品的民族品牌。

刘玉蛟

Liu Yujiao

2004 年，入职长城汽车，从事市场营销及售后服务管理工作。2008 年，调入长城汽车专用车事业部，负责专用车全球市场推广及销售工作。2010 年，专用车事业部更名为览众房车，负责市场营销工作至今。连续多年被评为中国房车行业领军人物。

2011 年，欧洲的学者提出了工业 4.0 的概念，德国等更是率先行动，在信息化建设、智能生产、快速集成等方面制定了长远战略。与此同时，我国政府出台了《中国制造 2025》，并于 2015 年 5 月正式宣布实施。《中国制造 2025》计划通过“三步走”实现制造强国的战略目标。

我从事汽车销售工作已经有 16 年了，其中从事房车销售就占了 12 年。面对“全球工业 4.0”热度升温和陆续实施，我也借用一下工业 4.0 的概念，对中国房车制造业的现状和未来谈一下个人不太成熟的看法。

我把 2000~2010 年这一阶段定义为中国房车 1.0 时代。这个时期是中国房车产业的萌芽和起步期。在这段时期，中国的房车就像“马路边的小摊贩”，只有长城、中天等少数的几个摊位，既不成规模也没有影响力。从执法的警察到买房车的用户，绝对都是“房车初体验”，国人对房车的所有认知几乎都来自电影《不见不散》。因此，中国房车 1.0 时代，只是解决了“我有，我存在，我是谁”的基本问题。在汽车产业的这个大舞台上，房车还是跑龙套的替补者。

2010~2025 年这一阶段，我将其定义为中国房车 2.0 时代。欧美房车史已有百年之久，在经历了第一次世界大战、大篷车发展史之后，欧美的房车终于在 20 世纪 80 年代迎来了黄金时期，一直持续到今天。如今，美国、欧洲是房车产销最主要的地区。年产销量大约超过 60 万台（大家可参考更准确的数据）。

相比之下，2.0 时代的中国房车发展呈现出了以下几个态势：房车制造企业如雨后春笋，数量已达数百家之巨，但规模、水平、实力不一；房车产销量增速明显，特别是在最近五年平均增速超过了 30%（2020 年是个特殊年份）；从国家宏观政策调控来看，从中央到地方关于房车露营等相关政策、标准及指导意见陆续出台，这是一个利好的信号，也为中国房车产业未来更好的发展奠定了基础；中外交流与合作日益加强，在行业会议、房车沙龙、露营大会、产业合作等方面表现尤为突出，

■ 览众房车车友露营掠影

这说明中国房车市场越来越受到国际同行的关注。

与此同时，我个人认为这一阶段中国房车产业也面临着诸多问题和不确定因素：中国房车产业链发展尚不成熟也不均衡。从房车制造企业规模和数量来讲虽然比较乐观，但前端的零部件体系、后端的露营地建设与发展匹配性均不成熟；在生产与消费快速对接的同时，也暴露出了供应与使用、销售与售后、房车使用与引导等诸多矛盾。

■ 览众房车车友夜间露营掠影

房车快速增量的表象下面是产品质量的亟待提升。毋庸讳言，对标欧美依然是中国房车发展的必经之路，但中国很多企业在借鉴和对标的过程中并没有沉下心来，进行认真地研究，只是取其形而忘其神，热衷于造型、尺寸和概念的模仿，但没有对设计理念、工艺、消费环境做深入地研究，这就导致了我们的产品形似而神不似，严重地水土不服。

缺乏坚持、缺乏人才、缺乏品牌理念。在21世纪初期，我们的制造业发展是粗放的，我们能够做出任何产品但很少出精品，这是因为我们缺乏坚持，缺乏把一个东西彻底搞懂弄透的执念。房车不但是工业品更是工艺品，我们既要追求品质也要追求美感，这就需要高端人才，但我们缺乏这样的人才。如何培养优秀卓越的房车设计师、工艺师和品控人员是我们行业当下的痛点。同样，我们缺少对品牌的正确认知，品牌不等于产品名称，不是为了方便宣传而随便起得一个名字。品牌包涵了一个企业的使命、追求、价值观和产品主张特点等。一个优秀、卓越的品牌可以为企业带来更多的附加值、也可以为消费者带来自豪感和信任度。品牌塑造是更高层面的产品设计，是企业能够行稳致远必然要做的一项工作。但在我看来还没有哪个企业在长期的战略规划上能够把产品、价值主张、营销规划和用户体验与品牌战略做到清晰的结合。

各环节的功能缺失。我认为应该放大房车产业各协会与组织的作用和价值，以便在政府对接、产业引导、消费主张等方面做出更大贡献，但目前看来这项工作任重而道远。与欧美相比，我们也没有更多的培训教育平台和机构，例如在房车改装、户外越野、俱乐部等众多环节西方国家都有很多成熟的组织或机构，他们能够为消费者提供更多、更专业的培训和帮助，这有利于整个消费市场的良性发展。

未来可期，中国房车3.0时代将会更加美好。任何事物的发展都是一个对立统一体，既有好的一面，也有不好的一面。最近十年，中国房车产业从小到大，在制造、传播、消费、露营等方面取得了长足的进步，但同时也存在着质量事故频发、产业门槛过低、消费缺乏引导等诸多问题，这虽然是必经的过程，但我希望这些问题能够更好解决，尽快进入下一个发展阶段。

再过十年，中国将会成为世界房车产业的重要一极，产销规模很可能会比肩欧洲，想达到这样一个高度，我们全行业应努力完成以下几个目标：到2030年，中国房车产业应打造出几个具有代表性的优秀企业品牌，在产品设计、品质和美誉度等方面接近国际水平。借助中国经济内循环启动和“中国制造2025”的机遇，充分发挥中国制造产业的全方位优势，在房车智能化、轻量化、环保以及生产工艺越级提升方面打好基础，努力打造适合中国国情，具有中国特色的高品质精美产品。加强与欧美先进企业的合作和交流，在制造、信息共享、房车文化交流互动、平台共建等方面谋求更深层次的合作，利用中国的市场红利拉动消费升级和产业升级。通过行业协会和各级政府的支持与帮助，在立法和标准化层面进一步规范行业发展，净化行业发展环境，确保产业健康、快速、平稳发展。以政策为导向，以教育为基础，通过行业实践与交流，为中国房车制造夯实人才基础。

柯传灯

Ke Chuandeng

2000 年，入职奇瑞汽车公司，先后从事质量、工艺管理工作。2004 年，开始从事奇瑞国际市场开发与营销、海外办事处 / 合资公司运营管理等工作。2018 年，调入奇瑞商用车公司，负责奇瑞集团与北美 REV 集团的特种车合资项目，现任奇瑞瑞弗特种车公司总经理。

房车最早从美国发展而来，目前是欧美等国家的主流旅游方式之一。房车产业共分为两个主要组成部分，第一是房车的生产、销售与租赁；第二是房车营地的建设与运营，二者相辅相成，在互联网等现代技术的支持下，共同形成了一个有机的行业生态圈。

房车产业在全国全面建成小康社会进程中，有力助力了休闲旅游和美丽中国建设，促进全域旅游工作发展。以房车文化为主线，房车旅居生活为内涵，涵盖运动休闲、文化、旅游、健康、教育培训等多种功能的旅游休闲产业，是符合当下中国旅游进入自驾游时代的必然选择。随着居民生活水平的不断提升，大众对休闲旅游，尤其是自驾游消费需求持续高涨，自驾游比例逐渐攀升，自驾游形式也趋于多元，向旅居方向转变。

我们认为，当下的中国房车市场需要立足产业“特而新”、功能“多而强”、业态“全而美”、机制“精而活”，推动创新性的供给与多元个性化的需求之间的有效对接，打造适合互联网时代下的创新平台和房车服务的有效载体。不能把房车产品当成改装特种车来做，房车是一个产业，应该有自己的一套价值生态链体系。瑞弗在这样的背景下与美国 REV 集团强强联手，打造国内具有竞争力的合资房车企业。从 2018 年成立合资公司按照乘用车标准用 1 年的时间研发产品，到 2019 年 3 月品牌产品上市以来，经过 2 年的发展，在市场建设、市场销售、销售网络建设和售后服务网络建设以及渠道创新推广上，逐渐形成了瑞弗独特的发展道路。在产品设计上不但延续了美国 REV 集团的设计理念及 60 年的房车改装经验积累，且融合了奇瑞 20 年“匠心” 造车的产业

■ 瑞弗房车俱乐部车友活动

精神；在产品设计语言上，融入多方位的国际流行元素，体现家族化、生态化的特征，散发着独特的魅力，全方位的满足追求沉浸式旅行一族的出行需求。在行业发展的大趋势下，瑞弗进入了发展快车道，不但携手奇瑞金融、途居露营、捷途共同打造瑞弗房车生态链体系，而且围绕房车文化、购车金融、用车指导、出行规划、营地停靠、全球售后服务及共享租赁等方面打造健康的旅行生态圈。瑞弗在发展过程中坚持顶层设计的整体思维，抓大放小的同时，注重文化推广、品牌建设、线上线下渠道建设、体验式营销及无忧的售后服务，做好房车在用户心中的产品信赖度，树立房车品牌的自信心。

■ 瑞弗房车体验官张昕宇梁红夫妇

立足当下，中国房车产业虽然迎来了快速发展期，但未来的发展之路还很长，我们认为，房车产业应强化以下几个方面的内容。

加强品牌建设。鼓励和支持房车企业进行自主品牌有计划、有重点地实施品牌战略。在符合国家相关政策标准的基础上，引导房车企业积极推进营销和管理创新，不断完善 VI 视觉体系和标识体系，并通过差异化的元素形成文化特色识别系统。打造具有 IP 性质的项目名称、LOGO、标志等无形资产的企业，保护自主品牌和知识产权。

■ 瑞弗房车车友青海行

引导客户需求。虽然近年来中国市场房车产销量增长明显，基本上达到了 30% 以上的年复合增长率，但整体用户群体基数还是太少，房车文化的普及远远不够。企业的目的就是创造顾客，房车企业的目的就是要创造房车顾客。在缺乏引导的情况下，顾客往往没有察觉到这种需求。对房车而言，真正已经有想法要购买一辆房车的客户群体少之又少，而如何拓展外缘客户，创造需求，引导需求，在更多的潜在消费群体心中种草，或许是一片更大的天空。有条件的房车企业需要跳出现有的竞争环境和客户群体。

依托线下渠道。房车经销模式将是未来的主流趋势。但面临有限的渠道建设，在选择经销商层面则不能降低标准，反而要更加严谨，择优选择。这不仅是对区域经销商的一种负责任的态度，更是对消费者最基本的承诺。正因为这种“苛刻”的招商标准，才会有优质的经销商，这样客户无论是购买产品还是享受服务都会更加贴心便捷。只有真正为客户着想、贴近客户的企业才会走得更远。

完善服务体系。房车营地、营地教育、体育赛事、露营活动、线路产品、房车展销、整车制造、销售租赁等房车产业各门类需要协同发展，产业互联网、平台化、聚集度将更加丰富明显。售后服务对于房车用户尤为重要，有资源和条件的改装厂，可以依托母公司服务体系和经销服务网络，没有条件和主机厂背景的改装厂可能在服务方面面临困境。目前，国内部分机构已经在着手整合全国房车服务网络的工作，全国织成一张网，为用户提供及时便捷的服务，各主要主机厂和机构应该积极响应配合协作，互利互惠。同时，房车用户自驾出国旅游也在逐渐兴起，全球性的服务也将显得越来越重要，底盘厂家、改装厂和主要备件供应商应提前布局主要线路的全球服务网络体系建设。

培育多元市场主体。遵循市场发展规律，优化市场环境，完善政策标准，优化土地、教育、宣传、政策扶持等资源配置，提升房车产业对社会资本吸引力。充分发挥行业协会聚合协调作用，引导房车整车制造、标准制定、线路开发、房车营地建设等领域发展。鼓励具有自主品牌和创新能力的企业通过管理与品牌输出等方式，延伸产业链和利润链，支持优势品牌企业优先发展。打造房车产业链展示平台，有序规范房车整车、房车零配件、房车营地配套产品、房车露营等露营大会和展览会，带动房车产业的有序健康发展。

曲作军

Qu Zuojun

大连暠霸旅行车制造有限公司创始人，董事长。从业房车制造业 20 余载。

公司位于大连市，目前业务以出口贸易为主。研发车型有拖挂、自行及营地房车。公司的经营理念：精益求精，愈久弥新，时间能证明一切。

从业 24 年以来，亲眼见证了中国房车行业的日渐成熟，目睹了与国际市场的日益接轨，作为中国房车从业较早的制造人倍感骄傲与欣慰。大连暠霸旅行车面向亚洲市场，主要出口日本和韩国。多年来通过与两个房车消费大国尤其是日本的频繁接触，让我对品质的追求有了深刻的认识与独到的理解。

日本房车市场

日本作为亚洲领先的发达国家，房车市场已经趋于成熟，稳定的供应商和客源是良性房车市场的根本。

市场良性有序。相比国内市场，日本房车制造业的同行竞争更加透明化，各家竭力通过过硬的质量和别出心裁的设计使得日本房车市场在世界舞台上占有一席之地，而不是忽视质量追求以压低价格来破坏市场的良性循环。优质的材料奠定了过硬质量的基础，严苛到近乎完美的从业标准成就了日本房车产业良性有序的发展环境。

质量精益求精。在材料选择方面，为了符合日本国情和监管局的要求，公司尽可能选择轻量化、环保化的产品。市面上做房车的材料很多，价格也是参差不齐，与其压缩成本不如提高质量，让产品经得起时间的考验；在工艺上，公司员工从业 20 余载，经验丰富，在注重车体外表设计的同时，更注重细节，小到一个小小的抽屉滑道，大到整车的防水，都要经过无数次的设计修改和质检关卡。

客户定向明确。稳定的客源使日本房

■ 暠霸自行式房车

车销售业对客人的需求及喜好有着一定的了解。每年数次的房车展在日本已经形成规模，房车迷们会主动参加。展会让客人第一时间了解最新车型、相关信息以及相应政策,也让销售对客人的需求有所了解，从而更精准地提供服务也更好地把握市场。

配套设施完善。日本房车市场后期配套设施的完整性是国家政府以及房车产业人士多年努力的结果。高速公路休息站的房车区域，旅游景点的房车营地，全面随时随地的道路援助，以及售后维修等，这些看似简单，但细致的配套设施为日本房车爱好者们提供了开房车自驾游的机会，也更加促进了消费者们的购买欲望。

■ 鬲霸拖挂式房车的精致内饰

■ 鬲[illegible]内饰

国内市场现状

品牌推广。中国房车市场涌入了一大批“新鲜血液”，房车品牌琳琅满目。前期的品牌推广以及形象打造是必不可少的。厂商应在确保自己产品新颖独立性的基础上,巧妙地在消费者心中建立良好的形象。可以将房车宣传与短视频软件结合，采取利用知名网红主播“直播带货”，或线上线下购物节加大力度促销等一系列推广手段，帮助我们开拓中国房车市场。

房车配件市场。目前为止，配件市场已经形成规模体系，在高强度的竞争下，中国的品牌也能赢得消费者的认可。从起初的国外产品完全占据中国房车配件市场，到越来越多的国产品牌完美替代进口产品，中国人的努力有目共睹。也希望中国制造商们，在学习国外产品的同时，能够在其基础上根据国情做出更合理的改进，也能将知识产权问题解决，那么中国的房车配件也终将会打开国际市场，让更多外国人接受我们高品质的中国产品。

房车改装。房车改装一直是汽车发烧友热衷的话题，房车爱好者们根据自己的喜好在爱车上添加一些个性化的设备，为自己的自驾之旅添加一份乐趣。然而改装的安全性是值得我们重视的。希望更多的厂商大力支持车主改装，或是在订车的过程中敲定个性化定制服务。广大车友也应注意改装房车的安全问题，在符合政府相关政策的同时尽可能地选择正规的产品及厂家。

国内未来趋势

中国房车市场较于国外起步晚，有制造技术不过硬，客户消费意识不明确，配套设施不完善等一系列问题，都是目前需要解决的。房车制造厂商应看重质量而不是一味地压低价格和成本，只有好的质量才能在市场上得到消费者的认可。销售厂家应明确房车产品的价格定位以及售后服务，高质量的产品值得更好的价格，而不是以价格战来填补市场空白。

销售代理商与制造商的协调一致，才能保障消费者在选车、订购、提车这一系列步骤中的基本权益，良好的购买体验才能使房车的口碑越来越好。

完善的售后服务是消费者尤其看重却被我们经常忽略的问题。客人们的问题得到妥善的解决，建立起消费者的信心才是销售商们应该重视并不断努力的方向。

从大方向来看，中国的公共配套设施是未来需要完善的重点，让消费者在购买房车之后有明确的使用场所，购买房车才能成为一件有动力、有意义的事情。

2020 年的一场疫情使国内房车市场得到了刺激性的增长，让更多中国消费者对房车有了全新的认识。房车不仅仅是“富裕阶层”的专属，更是每家每户享受生活的一种方式，以家庭为单位的出游不仅促进了家庭的和睦，为创建和谐社会做贡献，也更好地促进了市场的消费，拉动了经济的增长。

最后，祝愿中国房车市场永葆活力，越来越好！

·中国房车露营行业风云人物·

韩君善

Han Junshan

现任南京艾狄尔旅游文化发展有限公司总经理，《房车时代》杂志社执行总编辑。

曾被授予“人民日报社优秀共产党员”。房车行业多年展会组织和媒体运营领导经验，积极推动房车产业在国内的发展。

2020年初，一场牵动所有人的新冠肺炎疫情在神州大地蔓延开来，对中国国民经济、社会生活产生了非常重大的影响。从“春运”高峰的客运业开始，到其他的家政服务业、门店式金融服务业等，都受到剧烈冲击和损害。诸如旅游业、餐饮业和制造业这类容易引起人员聚集的行业，受到的影响更为明显。房车行业，由于其从产品制造到房车露营，横跨了制造业和旅游业等多个行业，更是面临着不小的挑战。复工复产的困难暂且不论，疫情期间的隔离与封闭也让房车的销售有了极大的困难。产品销售不出去，回笼不了资金，企业的生存就会受到考验。

而作为疫情最为严重的湖北，我们也看到，当地的企业遇到的难题尤为严重。外地的客户不敢到湖北来看车买车，湖北企业在展会的参与上也比较困难，而展会的销售是目前房车市场中最为重要的销售途径之一，再加上受疫情的影响，人们消费欲望下降，旅游出行也极为受限，湖北的房车企业无疑面临了更大的挑战。

面对新冠肺炎疫情的严峻挑战，全国人民众志成城，齐心协力，全员投入到了抗击疫情的斗争中。在这短短的一个月中，涌现出了很多感人肺腑的故事和感动中国的人物，让我们对战胜疫情有了坚定的信心。作为房车露营产业的一员，在这次抗击疫情的过程中，我们也看到了诸多房车企业通过他们的付出为“抗疫”工作贡献了一份力量。

■ 宇通向武汉疫区紧急捐赠10台负压救护车支援火神山、雷神山医院

湖北的不少房车企业在困难之中还向社会捐款，有些还捐赠了抗疫急需的医用酒精专用车。除了湖北的企业，全国其他地方的房车企业也都纷纷出钱出力，有些企业千方百计复工复产，来生产保证武汉需求的负压监护型救护车，有些企业将自己的产品拉上前线，去提供保障防疫检查点。而这些企业里，有些员工春节都没有回过家，有些员工到家后立即赶回工作岗位，尽自己的所能，为抗疫之战出力……

捐款捐车，尽一个企业的社会责任

在武汉宣布“封城”不久，江铃汽车股份有限公司于 2020 年 1 月 28 日决定向武汉捐赠 10 辆福特全顺负压监护型救护车；同日，宇通也宣布向武汉疫区紧急捐赠 10 台负压救护车支援火神山、雷神山医院；1 月 29 日，中意房车向溧水区红十字会捐赠一台疫情防控专用车，用于溧水区疫情防控工作。这些企业的慷慨捐赠，快速填补了武汉负压监护型救护车的部分缺口；湖北齐星集团捐款 100 万元用于疫情防治，同时齐星集团董事长徐德先生个人又捐款 500 万元，这充分体现了一家湖北房车企业的社会担当。

牺牲假期，加班加点改装救护车

新型冠状病毒感染的肺炎疫情牵动全国。为强化防控物资保障，工信部动员各机关、各生产企业克服各种困难，千方百计复工复产，保证武汉需求，能够最大限度减少医务人员交叉感染的负压监护型救护车，是当前疫区应急保障不可或缺的短缺物资。各大房车改装企业纷纷响应国家号召，包括江铃集团改装厂、宇通客车、上汽 MAXUS、南汽依维柯汽车、拓锐斯特房车、瑞弗房车、程力汽车、华晨汽车、亚特房车等在内的房车改装企业已全面投入生产，为疫情防控贡献一份力量。

据了解，为打赢疫情防控阻击战，各企业克服存货少，供应商停产等诸多困难，有些员工春节就没回过老家，有些员工到家后立即赶回，有些员工克服困难绕道回公司，尽早尽最大努力为武汉、为全国提供救护车。

■ 房车生活家提供房车保障防疫检查点

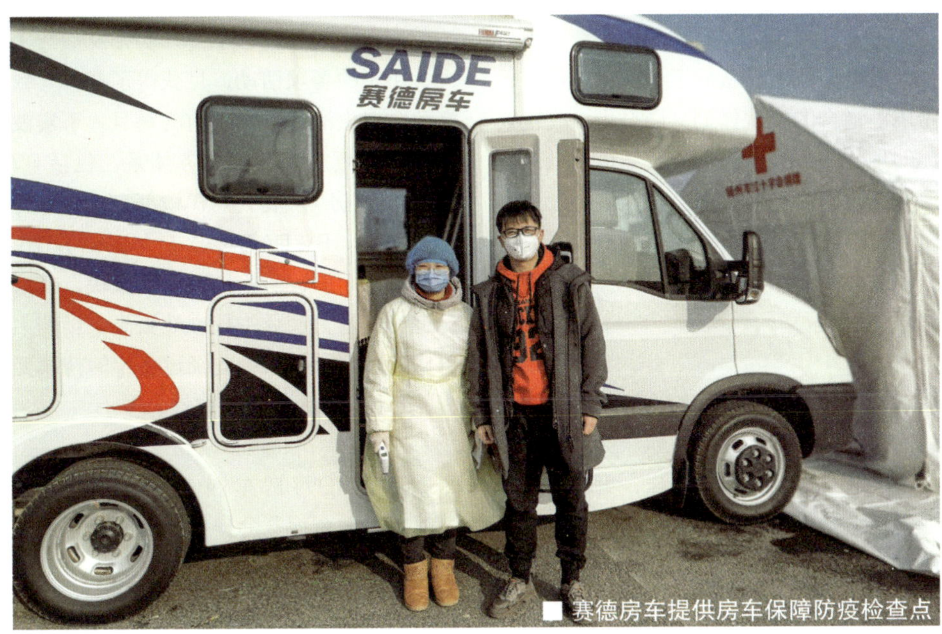

■ 赛德房车提供房车保障防疫检查点

提供房车，助力防控疫情第一线

在这次抗疫的最前线，有无数的工作人员战斗在寒冷的户外，为能改善他们的工作环境，房车生活家、帝盛房车、康派斯房车、固特房车、赛德房车、迷野房车、鲁道尔房车等企业纷纷提供房车保障防疫检查点，《房车时代》杂志社也将旗下的租赁房车提供给了北京有关社区作为防疫工作保障车。我相信，后续还会有更多的房车企业或组织加入这个温暖的团队。

无论是房车企业还是为抗疫奋战的房车人们，都足够让我们感动，都足够让我们肃然起敬！是你们，让我们继续相信，中国房车行业会有更好的未来！我们由衷期待，期待我们的房车行业和行业内的企业们，能够度过严冬，春暖花开之时，都能绽放出更加美丽的花朵！

在国家正确把控和持续投入下，在全国人民的不懈努力下，疫情有了好转，各行业逐渐恢复正常的节奏，房车行业自然也不能例外，在落实《统筹疫情防控会展活动管理规范》规定、满足“有防控方案、有防控专班、有物资设备、有操作规范”的“四有”原则的情况下，各大展会已经陆续重启。6 月底的成都中国西部博览城、9 月初的成都通用航空洛带机场以及 10 月初的北京全国农业展览馆，停摆已久的展会期待大家的到来。展会的销售作为目前房车市场中最为重要的销售途径之一，可以充分释放因疫情被抑制、被冻结的房车消费，推动行业进一步发展，成为中国房车行业的一剂强心剂！

待到春暖花开日，愿我们再次重逢，愿我们都能在顶峰相遇！

丁宏波

Ding Hongbo

路程网 × 房车行创始人，友程房车（上海）有限公司、福建路程旅游发展有限公司董事长，受聘担任中国房车租赁联盟秘书长、中华全国工商联汽车商会房车露营专委会副秘书长、第四届世界房车大会筹备委员会副秘书长、上海国际自驾游与房车露营博览会秘书长、上海市旅游标准化技术委员会房车专家。

一个个人爱好结合简单的想法，到后来一不小心就将其做成了事业，并带着一帮志同道合的小伙伴们共同努力，成就彼此的理想。2006 年，丁宏波凭借自己对会展行业及房车产业的热爱，创立了上海友擎展览有限公司；2017 年，投资成立福建路程旅游发展有限公司和友程房车（上海）有限公司。

公司在专注自驾游与房车露营行业的同时，与众多房车、营地、自驾游等行业的战略合作伙伴紧密合作，更好地为行业发展做出贡献。自公司成立以来，丁宏波所带领的团队已主承办、协办及参与了大大小小的各项活动，且获得了业内一致好评。但生活远不止眼前的苟且，丁宏波还想建立更加完善的服务体系，包括 RV SHOW（房车展）、RV MEDIAM（房车媒体）、RV DATA(房车大数据)、RV CENTER（房车行超市）四大版块，致力打造房车露营产业中权威性更高、影响力更广的行业服务平台。经过多年的持续努力，各版块体系已初显成效。

RV SHOW 房车展：RV SHOW 上海国际房车露营博览会作为国内颇具规模及影响力的一大盛会，持续指引产业发展。在 2018 年度中国会展（会奖）产业评选金手指颁奖盛典上，荣获“十大自主品牌展览会”荣誉。同时自 2011 年以来，展会已成功在上海举办 12 届，已有超 70 万专业人士参加。其中第十届上海国际房车露营博览会作为第二届进博会延展期间的重点展会之一，三天总人流量达到 10 万 +，展会现场成交量首次突破 600 台。第十一届上海国际房车露营博览会暨上海国际自驾游与户外休闲用品展览会，作为 2020 年疫情后国内首场大型房车盛会，是全行业的风向指南，现场成交近千台的销售数据创历届新高。

■ 上海国际房车展

RV MEDIAM 房车媒体：路程网 × 房车行作为公司对外品牌标识，是公司专注于房车露营旅游产业链的网络全媒体平台矩阵，主要以传播房车露营文化知识为主，致力让更多的人了解房车、喜爱房车、享受房车。

在不断迭代的过程中，公司旗下路程网 × 房车行媒体平台粉丝总量已超 800 万，自媒体平台拥有 2 亿 + 月 PV，单条播放量达 5000 万 +，30 亿 + 总流量 PV 值。而由路程网 × 房车行发起的房车露营行业实名名录已超 2.5 万人，是目前行业内影响力很大的合作互动平台。

RV DATA 房车大数据：自 2015 年以来，公司陆续被授为中国房车租赁联盟的创始发起单位 / 秘书长单位、中国汽车房车露营联盟大型活动及展览委员会秘书长单位、全国工商联汽车商会房车露营专委会副秘书长单位、中国旅游协会商旅及定制旅行分会创会单位、上海市企业联合会理事单位及上海市会展协会的理事单位、上海自驾车与房车服务规范标准制定成员单位。在行业内 300+ 房车企业、1500+ 房车营地、700+ 房车租赁俱乐部、3600+ 自驾游俱乐部、6000+ 行业企业中，公司目前拥有全面且丰富的行业数据资源。基于此，公司已连续 4 年发布中国年度房车露营产业发展趋势报告，并主承办上百场自驾游与房车露营产业相关的高峰论坛。同时作为中国露营地公共课的发起单位之一，已连续 3 年参与协办由露营天下主办的中国露营地公共课及每年露营行业年度盛典。

RV CENTER 房车行超市：虽然四大版块的构建很难，但每一版块所带来的效应是环环相扣的，自媒体数据和行业资源数据不仅仅是为房车展会而服务，它还将为成立全国性的房车行超市做准备。这也是丁宏波在路程网 × 房车行体系里一直想要打造的重要版块之一。房车行超市规划拥有房车展示交易中心、房车租赁接待中心、房车售后服务中心、房车体验活动中心以及房车企业孵化中心，并将借鉴国内外汽车、房车服务先进理念和互联网技术，致力于打造国内富有影响力的 O2O 房车新零售平台。

■ 第十一届上[illegible]营博览会现场

■ 中部房车露营体验大会现场

可以说，十余年的行业磨炼已经让丁宏波所带领的公司在房车露营行业内站稳脚跟，并有了更加广阔的发展空间。公司在做好企业服务的同时，还在 2019 年作出大胆举动，推行合伙人制度，形成更强团队，引入战略投资与江西国际汽车广场共同成立江西友擎品牌管理有限公司，把上海房车产业的优势资源和先进的房车文化产业理念带到江西，带到中部地区，以此来弥补我国中部无大型房车盛会的短板，填补中部房车市场空白。

在继 2019 年首届中部（南昌）国际汽车房车露营旅游博览会成功举办之后，2020 第二届中部（南昌）国际汽车房车露营旅游博览会（未来历届的南昌房车展）也被安排在 RV SHOW 的计划当中。而为了进一步提高江西乃至中部地区自驾游与房车露营产业的基础能力及产业链水平，辐射华南房车文化发展，公司携手江西国际汽车广场共同打造年度中部房车露营大会。

另外，2020 第十三届 RV SHOW 上海国际房车露营博览会（2020 年 11 月 19~22 日）将在上海国家会展中心拉开帷幕。2021 年开年，也将筹备首届中国（上海）房车露营行业年会及 2021 年的房车行业首展。

行路致远，砥砺前行。房车露营产业在国内的发展前景广阔，丁宏波将带领路程网 × 房车行服务平台为房车露营行业助力，为房车露营企业营销赋能。房车不仅满足了游客的享乐需要，它也是一种亲近大自然的旅行方式。正是因为有了房车旅行，人们才不会被诸多钢筋混凝土修筑的高大度假酒店遮住视野、影响了度假放松的心情，才能最大限度地接近原生态的历史与自然风光。丁宏波认为这是一个值得一生从事的事业！

李林芳

Li Linfang

现为中华全国工商联汽车经销商商会房车露营专委会副秘书长、中国房车 e 族总会长兼秘书长。2013 年进入房车领域，通过深入调研，将其确定为自己终生奋斗的目标和方向。2015 年正式创建“房车 e 族”这一玩家组织，并成为“房车 e 族”及其关联商标的唯一合法持有人。

李林芳出生于河南商丘宁陵县，成长于南阳邓州市，20 世纪 80 年代随父母移居郑州至今。在进入房车圈以前，一直从事服装和农资化肥代理的传统生意。2013 年 2 月，在朋友的引荐下进入了房车行业，并成为当时具有房车生产改装资质，且在业界颇有名气的房车生产厂家的合法投资人之一。

2014 年，李林芳应邀参加了由中国汽车工业协会发起的中国房车产业链联盟，这是她第一次真正走进全国的房车圈。在诸多业界精英的熏染和引领下，兴趣高涨的她相继参加了商协会的会员大会、房车展会、房车活动、露营集会及走访联谊，并乐在其中。2015 年，李林芳定制了人生中的第一辆房车，还给它取了一个诗意的名字——“白马王子”，并给它物色了个“宫殿”（注册了营业执照，找了办公场地，组建了运营团队等），从而开启了“白马王子”的寻亲之旅，感召来的客户最后被厂家友好接管。

通过个人玩车及实体经销房车的这些亲身经历，使李林芳与房车结下了难以割舍的情缘，自此也将自己的梦想与房车紧紧地牵系在了一起。李林芳敏锐地发现，这虽然是一个很有潜力的市场，可当时中国的房车上下游标准还未形成规范体系，整个行业针对终端客群服务的帮扶组织和机构尚属空白时期，为此她陷入了深深的思考。后经过深入的行业调研，李林芳逐步形成了自己的营销战略和商业模式。

2015 年，李林芳创建了房车 e 族这一行业团体组织，并在 2016 年的首届西部工作会议上正式启动，同时推出了房车 e 族的第一个子品牌：“移族英雄会”。“房车 e 族”和“移族”及与房车不同类别的多个商标，也在国家商标总局成功注册，李林芳成为“房车 e 族”及其关联商标的

■ 移族玩博会考察团在四川成都 318 斑竹林营地合影留念

唯一合法持有人，这也为房车 e 族的未来发展和战略布局奠定了基础。

这个以房车车友为主要成员的玩家组织从萌芽到发起，再到正式形成团体，可以说得到了多方力量的大力支持。2017 年 2 月，李林芳被中华全国工商联汽车经销商商会房车露营专委会正式任命为副秘书长及专委会中国房车俱乐部总经理。同时，房车 e 族也正式成为专委会副会长单位，并以房车 e 族的价值取向为根基和中华全国工商联汽车经销商商会房车露营专委会达成紧密性、一体化融合发展的战略关系。在现有分会基础上，融合构建全球性城市分会建设，共同推动和培育中国房车俱乐部健康发展。

宇宙万物，无移不通，李林芳肩负使命历经八载，移行四方，魂骨相融，坚守价值引领的移族之风。房车 e 族由此迎来了里程碑的转变和重大发展，在中华全国工商联汽车经销商商会房车露营专委会全员聚焦、大力推动和政策支持下，中国房车俱乐部发展战略研讨会暨房车 e 族首届会长授牌仪式于 2017 年 3 月在北京 21 世纪国际房车展上顺利举行，房车 e 族的发展正式进入了快车道。在专委会吴宝忠秘书长的带领下，及专委会和房车 e 族全体成员的共同努力下，通过线下大会授牌的形式和线上云授牌的方式，相继在国内外筹备建立了 500 余家城市分会（房车玩家各地分支机构）。

李林芳坚持“与快乐为伴 和精英同行”的基本理念，在诗和远方碰撞的浪漫情怀中，将品牌塑造与文化积淀深度融合，把车友玩家变成“文化传播使者”，为政府服务，为社会创造价值，为企业和个人创造财富。

房车旅游具有亦游亦居，随行随止的独特优势，可谓是现代版的游牧人生，实现了都市人群不受空间束缚的自由向往，是高品质生活方式的象征，且发展潜力巨大。据业内人士预测，按照现在的发展速度，10 年后，将有望达到 1.5 亿人规模的常态露营人口，按照每人年均露营消费 1000 元，年均消费规模将达到 1500 亿元，再加上拉动上下游产业链的相关行业，未来中国房车旅游业的消费规模将达到万亿级别。

■ 参加房车 e 族长沙分会的年会后留影

■ 移族玩博会成员在河南郑州沐恩生态农庄开展活动后留影

李林芳认为，伴随着人们对休闲文化的追捧和践行，车友将如潮水般席卷而来。对这一群体的精神诉求、价值归属、文化引领、优越保值等迫切需求提供深度服务已刻不容缓。对这些困惑房车终端的需求进行挖掘，并提出有效的实施方案与规划，将对房车 e 族后期的蓬勃发展提供有力支撑。

李林芳也深刻了解行业痛点，熟知行业发展需求，于是充分倾听车友玩家呼声，以房车玩家为基础，依靠云计算，汇聚诸多玩家、商家、跨界精英等对房车产业充满激情和创造力的大军，充分发挥玩家“基因”优势，正在着力打造综合性的房车运营平台。

“房车 e 族”以逐级设立城市分会、房车 + 独立 IP 赋能商家为核心支点，异业结盟提振升级，形成全新的生态经济系统。通过价值链的强关联、紧连锁模式，实现共创价值，同享成果，达到振兴产业之目的。与此同时，房车 e 族又秉承国际视野，以提供线上、线下全方位精准服务为基础，推动营运范围和内容且包括但不限于房车文化的升级和输出。

从 2019 年开始，房车 e 族又推出另一个全新子品牌——“玩博会”。它是房车 e 族旗下的异业结盟平台型分支机构，是一个专门为生产、批发、经销、招商及有影响力的个人实战玩家提供量身打造的房车 + 独立 IP 服务平台。同时结合分享经济、共享经济、免费经济等商业模式，通过房车 +IP 价值转变商家吸睛亮点，提振消费升级，增加获客通道。在不改变原有主业的前提下，用房车赋能的商业思维，由玩而商，主副兼顾，将“闲”事业、“轻”资产玩出精彩来，进而实现边玩边赚钱的美好人生愿望。

全国房车自驾游必走的32条经典线路（全国新版）

中国房车露营文化旅游实用手册

ZHONGGUO FANGCHE LUYING WENHUA LVYOU SHIYONG SHOUCE

中联华商（北京）国际文化传媒有限公司 编著

人民交通出版社股份有限公司
北 京

图书在版编目（CIP）数据

中国房车露营文化旅游实用手册 / 中联华商（北京）国际文化传媒有限公司编著. -- 北京：人民交通出版社股份有限公司, 2020.8

ISBN 978-7-114-16631-0

Ⅰ.①中… Ⅱ.①中… Ⅲ.①旅游指南－中国－手册Ⅳ.①K928.9-62

中国版本图书馆CIP数据核字(2020)第097859号

审图号：GS（2020）1386号

书　　名：中国房车露营文化旅游实用手册
著 作 者：中联华商（北京）国际文化传媒有限公司
责任编辑：董京礼 李秀平
责任校对：刘　芹
责任印制：刘高彤
出版发行：人民交通出版社股份有限公司
地　　址：(100011)北京市朝阳区安定门外外馆斜街3号
网　　址：http://www.ccpress.com.cn
经销电话：(010) 59757973、59757989
总 经 销：人民交通出版社股份有限公司发行部
经　　销：各地新华书店
印　　刷：北京印匠彩色印刷有限公司
开　　本：880×1230 1/16
印　　张：29
字　　数：1360千
版　　次：2020年8月 第1版
印　　次：2020年8月 第1次印刷
书　　号：ISBN 978-7-114-16631-0
定　　价：280.00元
书名题字：徐邦家
图片提供：爱自驾 汇图网 李绪占 王仁和 荣　玉 张铁汉 董力男 刘　勃 海　遥等

编辑出版委员会

编者简介

吴宝忠

1962年出生于中国汽车工业的摇篮——长春一汽。1984年，大学毕业分配到一汽发动机厂从事宣传和共青团工作，后调任一汽团委宣传部长，在中央和地方媒体发表近百篇新闻作品。

1993年，下海从商，先后在长春银达贸易公司、吉林省名车实业公司、吉林省国富集团、长春信泽集团任销售总经理。

2006年，到北京创业，并创办中联华商（北京）国际文化传媒有限公司等多家企业，从事广告和图书策划业务。与人民交通出版社股份有限公司合作，先后为一汽大众、一汽丰田、一汽解放和中国重汽策划出版了《一汽大众车主自驾游手册》《在路上·趣驾百城任你游》《一汽解放司机行车地图手册》《中国重汽司机行车地图手册》等图书。

2018年，一手组织创建了全国工商联汽车商会房车露营专委会，任秘书长。经过三年多的努力，会员单位从成立之初的几十家发展到几百家，连续三年被商会评为先进单位。在国内首次组织策划了《中国汽车露营地地图》，并正式出版，发行量达数十万份。与海遥合作策划《中国房车露营文化旅游实用手册》，旨在为中国房车自驾车友提供一本文化内涵丰富、出行信息实用的旅行路书。

在商海数十年，更深的感悟是：亦商亦文，乐在其中，每本图书的出版就像培养一个孩子，有说不出的成功和喜悦。

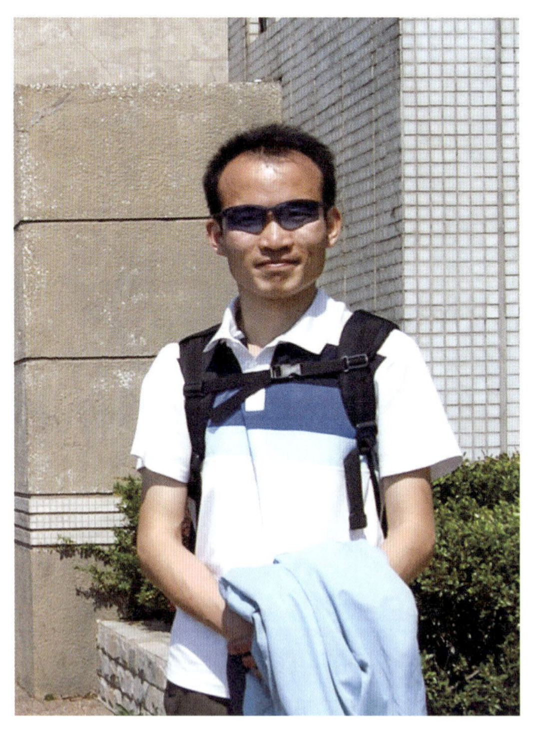

海　遥

1981年出生于陕西省佳县，2004年毕业于长春大学中文系，涉足文化旅游出版行业16年。多年来热衷于背包、骑车、自驾旅行，且爱好写作、摄影。

2002年，骑车独行900余公里往返长春与镜泊湖，自此喜欢上了单车旅行。此后十年间，以骑行、背包的方式，走过了东北平原、华北平原、黄土高原的许多地方。

自2013年起，倾心于单车亲子长途旅行，以自行车加儿童拖车的方式先后4次深入海南岛、广东、香港、澳门、广西等地旅行。从2017年开始，又以自驾的方式，走遍了长白山区、大小兴安岭、内蒙古高原等地。

在十几年不间断的旅行过程中，对不同地域的旅游文化资源形成了自己的见解，并记录了超百万字的旅行文化随笔，拍摄了十余万幅具有不同地域文化特点的风景、风物图片。努力将旅行与文化深度融合，探索人生“在路上”的深层次趣味。在行走的同时，参与编辑撰写了《院士在吉林》《千里骑遇》等文化旅游类图书十余部。

多年来一直视旅行为一种美妙的体验，因此将自己追求的生活凝结成了一句话：“在体验中生活，享受永不重复的快乐。”

出版前言

在我国城镇地区，汽车已基本普及了家庭，自驾游更是占据了国内旅游70%的市场份额。截至2019年底，自驾旅游已累计达40亿人次。房车在我国的保有量却仅有10万辆左右，还是一个非常小众的群体。可是房车旅游这种“景在移，家未变”“我的家很小，我的院子很大”的旅行生活，已渐渐开始被人们所热捧。

2017年初，全国工商联汽车商会房车露营专委会正式成立。专委会连续两年与人民交通出版社股份有限公司合作出版了《中国汽车露营地地图》。但是一张地图远远满足不了房车旅行者的出行需要。房车线路如何规划，各地有哪些地道风物、美食及民风民情等一系列问题，总在困扰着房车旅行者。基于这些实际问题，专委会组织专业人员经过一年多的努力，编写了这部《中国房车露营文化旅游实用手册》，希望能给广大房车旅行者带来方便。

《中国房车露营文化旅游实用手册》在全国上千条自驾游线路中，精选了32条适合房车自驾的经典线路，包括长江、黄河、长征3条全国自驾线路，29条区域经典线路。全书文字内容超40万字，收集了近千张精美图片，将房车自驾精品线路和各个城市富有代表性的人文景观、自然风景、富饶物产、民俗文化和特色美食尽可能全面地收入书中。同时，我们也把国家AAAAA级旅游景区、全国主要汽车露营地、全国主要房车生产改装企业名录收入书中，方便房车自驾车友查阅。

《中国房车露营文化旅游实用手册》的诞生，得到了全国各地自驾与露营协会和房车达人的帮助，他们为图书出版提出了宝贵意见并奉献出了自己跑出来的精品线路。书中不仅精选了多位房车露营行业的风云人物，对房车露营行业的现状与未来进行了阐述与展望；同时，还邀请了十位房车旅行达人深入畅谈了自己的房车旅行生活，把他们好的经验、感悟与全国房车爱好者共同分享。

在图书编写的过程中，得到了《中国汽车报》、全国工商联汽车商会的大力支持和指导，在这里致以谢意。事实上，这本书也是热爱生活、热爱旅游、热爱房车的自驾达人们集体智慧的结晶，是一本真正将文化与旅游、诗和远方融合在一起的实用工具书。

《中国房车露营文化旅游实用手册》的出版发行，会伴随着更多的房车爱好者，走遍祖国大好河山，游遍神州美丽风景，看遍华夏历史文化，吃遍中华传统美食。同时，我们希望它能伴随着房车爱好者，来一次说走就走的文化旅游，来一次给心灵放假的休闲旅游。也真诚希望这本图文并茂的实用手册，能成为自驾房车旅游者的“高德导航”和“百度搜索”。

再一次感谢专委会企业会员成为我们编辑出版委员会成员，并为本书出版发行给予的大力支持！

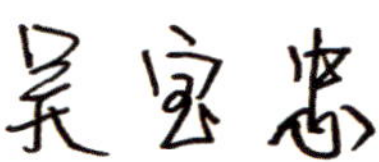

2020年8月

中国房车露营文化旅游实用手册·全国房车自驾游必走的32条经典线路

MU LU

P 002 / 房车达人

P 022 / 营地地图

P 024 / 全国线

P 082 / 华北区

P 120 / 东北区

P 152 / 华东区

P 220 / 华中区

P 262 / 华南区

P 312 / 西南区

P 364 / 西北区

附录

RV SHOW 房车展
房车行超市
路程网x房车行
出发吧！
3H
看房车·选房车·买房车·玩房车 @房车行

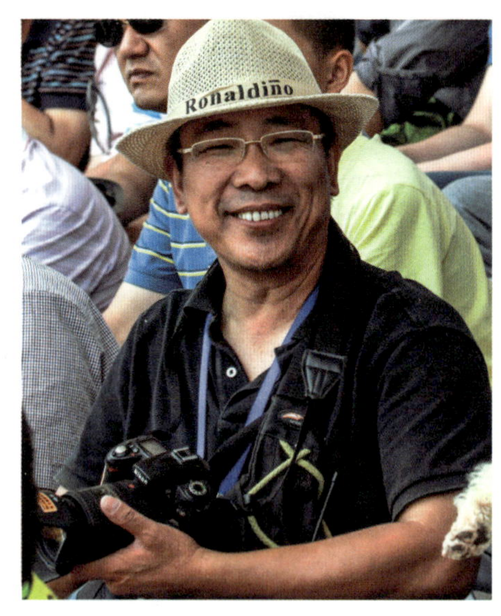

王仁和 / Wang Renhe

1955 年生人，退休前曾任江苏省自动化学会工业自动化专家委员会秘书长，是国际上目前唯一自驾改装国产房车八次去青藏高原、三次抵达珠穆朗玛峰大本营的房车旅行家。2015 年曾自驾房车穿越亚欧 20 多个国家旅行，途中穿越了世界十大难行公路之一的厄尔盖朗高原公路，并登上北极极顶。从 2013 年至今，先后被江苏省旅游局、斯图加特度假旅游与房车展、中国汽车工业协会房车委员会等单位和展会授予“中国房车旅行家”“中国房车超级玩家”“房车旅行与露营达人”等多项荣誉称号。2018 年，被人民日报旗下的《房车时代》聘请为特约编辑和高级顾问。

著名作家张贤亮说：旅游长见识，行走即读书！随着房车不断进入家庭，越来越多的车友已经不再将房车旅行当作是以酒会友的工具，房车旅行生活贯穿了许多文化内容，但由于许多车友平时多忙于公务与家务，难得有机会将地理景观与历史人文内容作为出行的参考，本文旨在将自己行走过的足迹，简略梳理并介绍些可供房车旅行与文化探讨的地方，以供房车车友们参考，希望对读者朋友们的旅行有所帮助。

“世界那么大，我想去看看”已经成为风靡一时的旅行代名词。这几年大家都在热衷地谈论着旅游与旅行，旅游的含意不用多说了，基本上就是在自己住腻的地方随着导游的小旗到别人住腻的地方去看看，以达到放松身心和精神享受的目的。但也有不少朋友则是“你去过的地方，我也要去看看”，于是跟着旅行团也到处跑起来，结果是上车睡觉，下车撒尿，到了景点只顾拍照，回到家里啥都不知道。

好在随着汽车进入家庭，自驾旅行的方式增长了旅游者的腿脚，使单纯的旅游快速延伸至自我定制式的旅行生活。而随着房车进入家庭，深度旅行又成了更多朋友的追求，但怎么旅行，旅行的目的是什么，看什么玩什么，又成了新的问题。

旅行的意义不是一两句话能说清楚的，如果说旅游是填饱肚子式的快餐，那旅行则是去慢慢品味色香味俱全的满汉全席。因此，从广义上来说，为了实现自己向往已久的一个目标而去“行万里路——阅山川无数”的探索旅游，也许是每个房车旅行爱好者所追求的体验式旅行，也是我们人生的一段再学

■ 西藏羊卓雍错

习的过程。

现在有不少朋友在满足了观光旅游后，想实践点深度旅行探索，却常常不知道从哪里入手，才能满足自己的旅行愿望。作为旅行生活，我们不可能每个内容都能尝尽，但可以根据个体不同的文化背景与内心体验，设计好适合自己的旅行计划。

这些理由就给我们提供了非常丰富的房车旅行与探索内容。从我经历的房车旅游与旅行生活来看，自然景观观摩旅行是许多房车旅行者经常追求的一种旅居生活。

我们从书本上了解到中国的西部有世界上最高的山峰——珠穆朗玛峰；自西向东有许多山川河流，孕育出的长江、黄河，随着地形变化直奔到中国东部的广阔海洋；内蒙古有草原、新疆有沙漠、甘肃则有地球上最多样的丹霞等地形地貌；长江中下游的丘陵地形则孕育了各种自然景观与人文传承。从高山地形到河海地貌，再到各种溶洞奇观等，中国无一不有，这就给我们提供了非常大的自然景观旅行探索空间。

由于中国南北东西距离跨度很大，地形地貌与气候带也有很大不同，造就的自然景观也是差异巨大。当南国夏季让人汗水淋淋之时，北方高原则常常覆以冰雪，因此我们南方的朋友不妨在炎热夏天去北方享受下清凉世界，北方的朋友在寒冷的冬季去海南享受下大海泳浴的畅爽。

如果我们想去看山峰，从矗立于中国境内藏区的七座高于 8000 米的山峰，到新疆的冰川之父慕士塔格山峰，再到位于中部的三山五岳，及由此演变出的各种地质形态，它们的雄威与壮观绝对会颠覆你心中“巍巍”这一名词的概念。如果想去看海，中国拥有近 300 万平方公里的蓝色疆域，从东北大连的渤海湾到浙江、上海的东海，延伸到岭南广东、海南的南海，直至跨越了台湾海峡的太平洋，海岸线达 32000 多公里。可供旅行休闲的地方可以说数不胜数。

再看中国境内各类地形地貌所形成的景观景致，如云南的石林、甘肃的七彩丹霞、贵州西部的喀斯特山峰及由此形成的黄果树大瀑布、新疆的雅丹地貌形成的魔鬼城等。以及亚洲第一溶洞——云南的燕子洞、贵州

■ 翻越界山达坂

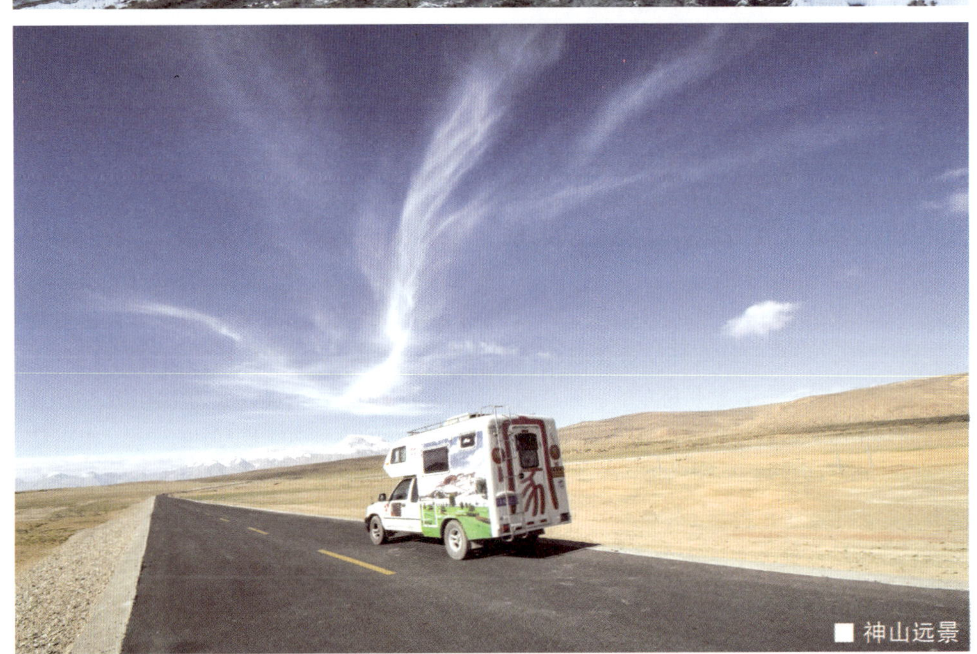

■ 神山远景

的龙宫及马岭河峡谷、陕西安康的双龙洞等丰富的岩溶性峡谷溶洞景观等。

近几年，全国各地都注重旅游大开发，对许多自然景观也在进行挖掘与开发，如新疆的库车大峡谷地质公园，甘肃的张掖，除了已经开发很多年的七彩丹霞外，近年又开发出平山湖大峡谷等过去未被发现的地形地貌景观。当然还有九寨沟、黄龙这些传统的自然景观。它们鬼斧神工的景致让游人惊叹大自然的造物力量！

湖泊则有鄱阳湖、太湖、巢湖及洞庭湖四大淡水湖泊。尤其在青藏高原上汇聚了纳木错、羊卓雍错、班公错、青海湖等大量的高原湖泊，景色壮美，非常值得去欣赏。其中纳木错与羊卓雍错是西藏地区两大具有藏传佛教神秘色彩的代表性湖泊。许多藏民为了信仰来到这里许愿或还愿，经常围着湖泊像苦行僧一样绕湖行走。当然还有更多的人喜欢去海拔更高的玛旁雍错。这些西部的神秘文化，大都和与世隔绝的自然环境有密不可分的关系。现在随着交通的发展，铁路与公路不断地延伸，让我们有机会去体验这种历史与现代交融所带来的视觉冲击。

许多爱自驾游的朋友，不妨利用小长假再匀点年假，去甘肃的张掖等地看看，那里除了没有海洋，地球上所有的地形地貌都有，从冰川到雪山、湿地到草原、戈壁沙漠到丹霞地貌，形成了冰川雪山与湿地草原相连，蓝天碧水与金色沙漠相映的景色，可以让你在短短的一周内将地球上的地形地貌美景尽收眼底。

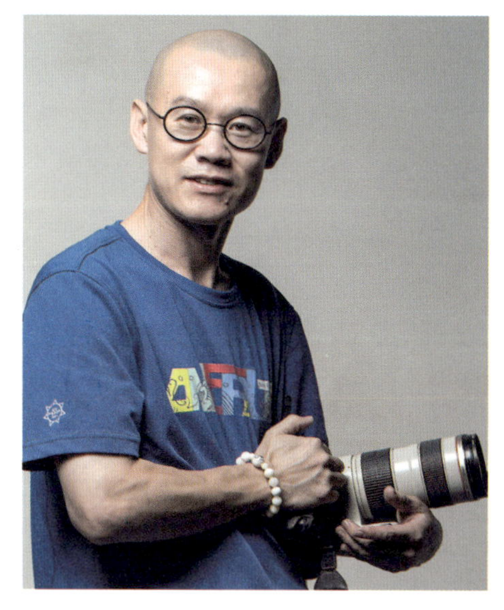

张广智/Zhang Guangzhi

张广智，60后，毕业于中国农业大学，并先后就读于中国中医药大学、清华大学美术学院和北京大学。兴趣爱好广泛，尤其热衷旅行，酷爱人在路上的感觉。18岁开始背包旅行，2003年起自己改装房车，2006年开始房车旅行，每年有4~8个月的时间在旅行的路上。曾南到西沙群岛，北至漠河北极村，西及红其拉甫口岸；也曾抵达珠峰大本营，深入沙漠腹地及高寒无人区；并走过红军长征路，且多次沿中国边疆旅行，足迹已遍及国内所有省区市。在国外，则先后5次自驾房车东西南北穿越美国和加拿大。截至目前，自驾旅游行程已达80万公里。

从涉足自驾旅行，至今已有25个年头，所用车辆也是一路升级换代，从最早的松花江微型面包车，到后来的国产拖挂房车、美国43英尺的第五轮拖挂房车等。它们伴着我尝遍了艰辛坎坷，也揽尽了绝色风光。今天，我就以所玩过的几辆房车为依托，漫谈一下房车旅行的点点滴滴。

2003年，我将一辆双环商务工具车改装成了一辆“床车”，就是将车的后部空间改造成一张床，所以被我称为“床车”。也正是这一步，使我踏入了房车旅行的长河。车有了，床也有了，再带上锅碗瓢盆等生活家当，我便沿着还没完全建好的京珠高速直奔海南岛，并环岛旅行一个月。虽说条件简陋，但这辆“床车”还是陪着我走过了大半个中国。

在海南我们在海边露营，等着渔民出海归来的海鲜，直接就地加工美餐；跟着当地的农民下地耕种，还跟着渔民出海打鱼；在五指山的大山里面游荡，在尖峰岭过春节。最后，把车停在陵水海边码头我们就坐军队补给船去了西沙群岛，成为中国当时最早到西沙旅行的不到200多人中的一员。永兴岛、七连屿、石岛都留下了我们的足迹。在西沙与世隔绝的一周是我人生最难忘的回忆，海南环岛旅行也是我环游中国旅行的开始。

2006年，我从房车厂定制了一辆依维柯小额头C型房车。因为没有模具，用纯手工的方式打造，前前后后花了8个多月时间。车子出厂第三天，我就开到了广东茂名。后来在申报国家目录的时候，又等待了半年时间，才搞定了全部手续；所以申报车牌时，它已是一辆行驶里程3万公里的“成熟”房车。

也正是这辆房车，在国内创造了多个第一：第一辆欧三排量的房车；第一辆走过中国全境的房车；第一辆根据中国路况实际及国情的定制版国产房车；第一辆加装逆变器加大水箱的房车；第一辆走过中国各种路况的房车……

■ 在美国旅行时所驾驶的第五轮拖挂房车

十五年间，我驾驶这辆房车走过川藏线、滇藏线、新藏线、独库公路（维修）、老315国道、红军长征路、中国边境线全部，经历过各种复杂的天气和路况。记忆最深的就是在房车重走长征路的72天时间里，有一天在江西，因道路艰险，跑一天下来竟然把一个轮胎的固定螺丝跑丢3个。在贵州的大山里面走机耕道，每走一段都要用大石头抵住后轮，以免车辆滑下山去。翻越雪山草地的时候，我的车坏在了松潘的草地里。

2007年，我开着房车从南疆进入新疆旅行58天。在老315国道的无人区里面，走了一天没有见到会喘气的动物，最后在南疆的魔鬼城过夜。走未修复前的独库公路时，连掉头的勇气都没有了，一天才走了不到100公里。在南疆，我们一个村庄一个村庄走过，逛巴扎，去老乡家做客。在北疆，我们骑着马三天三夜走进喀纳斯，并在边境线上的白哈巴村做了一周的神仙。我和儿子两次开着房车走进西藏，进入阿里，车坏在雅江的大山里面，为了修车就等了三天。

如今，房车已经是我生活的一部分，它已陪我及我的家人朋友，在国内行走了25万公里的路程。

2015年，我又买了一辆小型的国产拖挂房车。为了拖挂它，购置了一辆丰田霸道4.0越野车，遗憾的是只进行了几次短途旅行，我便开启了为期三年的美国、加拿大房车之旅。因为闲置，拖挂房车被我转手卖掉了。未来两三年，打算进行房车重走中国路，准备再买一辆拖挂房车，用丰田霸道越野车拖着去一些地质条件和路况比较差的地方旅行。

2016年，为了在美国、加拿大旅行，我在当地购买了福特350皮卡与美国43英尺长的第五轮五拓展房车。先后三次，耗时410天，我们开着房车走过美国最著名的66号公路，沿着美国的南部和中部，三次东西穿越，沿着美国东部和西部的海岸线2次南北穿越，5条线路走遍美国，走遍了美国本土大陆的全部州。最北到阿拉斯加州，同时东西穿越了加拿大的南部地区，总行程超过15万公里，游览了四十多个美国国家公园，从而也使我成为第一个房车漫游美国全境的中国人，三次《北京人在美国》的房车游记累计读者过千万。

■ 2003年，我用双环商务工具车改装而成的“床车”

■ 驾驶自行式房车在新疆喀纳斯旅行

我们曾在美国最南端的海岛上住了半个月，每天就是看海发呆，去著名的7英里断桥上看鲨鱼，出海钓鱼。在墨西哥湾一个只有40辆房车的小营地里面，天天坐在房车门口面对大海发呆一周，看日出到日落，我们做的唯一一件事就是见到邻居喊上一句：“HO—HUM！”在美国东北极点的缅因渔港，等待捕捞大龙虾的渔船靠港，把最新鲜美味的缅因大龙虾当汉堡吃，做成中国特色的韭菜盒子。曾在距离纽约60英里、信号三无的大山里隔绝了10天，也曾拖着房车把家安在了美国大雾山国家公园、阿卡迪亚国家公园、黄石国家公园、恶地国家公园、猛犸洞、洛基山、大沙丘、弗德台地……

在阿拉斯加的雪地冰川脚下露营时，我们和熊做邻居，与狼和狐狸打招呼，手捞三文鱼，出海钓到平生最大的比目鱼，塞满了大冰箱，以至于我们不敢再看见鱼。

最后，我们的大房车坏在了加拿大北部的一个小镇上，房车四个轮子的固定结构全部倒向了一个方向，我和小镇上的工厂老板一起修了4天，才能继续上路。

自驾旅行25年，房车旅行15年，旅途中我积累了几十万张照片，几百万字的旅游日记，还有大量的视频资料，目前正在整理出书，同时我计划2020年再次房车出发，准备重走中国路，回到我曾经走过的地方，今昔对比，讲述我旅行途中的故事！

家在路上——只有远方没有他乡！

期待我们在路上相遇！

董洋博 / Dong Yangbo

1965年生人，现任中国房车e族执行会长，爱好驾驶、探险、旅行、摄影等。近二十年来几乎踏遍国内山川大河、景观胜地，并越洋至欧洲、北美、南美、非洲、澳洲、东南亚等地旅游或自驾旅行。从2012年起，为了和家中老人一起分享旅行乐趣，分别购置了自行式房车、拖挂式房车，目前已行驶十几万公里。同时，热心联络房车同仁，参加营地建设、致力组织出行及公益活动，积极参与了2008年汶川地震赈灾，以及在西藏参与对贫困儿童捐助及慰问等公益活动。平时也关心时事政治，不断提升个人社会责任感，促进自己所参与或管理的会群圈子健康发展。

1998年，我坐着别人的车第一次沿着新藏线去西藏旅行，自此往后与西藏结下了不解之缘，从而也迷上了自驾旅行。

2005年，我购买了第一辆越野车，第二年便开车进藏。在驾驶的过程中发现，像进藏这样的复杂路况，不仅要车好，而且还要适合改装，使其适应各种路况条件。那年，我跟着一个北京的旅游达人去云南参加汽车拉力赛，然后走滇藏线进藏。后来又向阿里进发，因为心疼自己的新车，便在拉萨租了一辆越野车前往。印象最深的是在冈仁波齐附近遇到了险阻。本来这段路过车没有问题，但正逢积雪融化，汇成了一条约1公里宽的河，二三十辆车都停在水前不敢过。和我们一路同行的一位香港车友则大显身手，因为他的越野车经过改装，车身加高、车轮加大，所以他一点也不怕，开车下去转了一圈，探明路线后用牵引绳拉着我的车过了河。之后，其他车主心里也有了底儿，纷纷效仿，穿过水流。

从西藏回来后，我就开始琢磨起了改装车，为此还专门购买了一辆丰田越野车，并进行改装。日后，这辆车就成了我进藏的好伙伴，陪我先后十几次进藏，几乎走过了川藏线、青藏线、滇藏线、新藏线、唐蕃古道、茶马古道、丙察察线及可可西里边缘的大北线等所有可以汽车通行的进藏线路，并曾深入雅鲁藏布江大峡谷腹地，穿越无人区，经历了各种各样的复杂路况。这辆车光在西藏就开了十多万公里。

驾车在西藏旅行的同时，我还参与了一系列科考和公益活动，如2008年，我参与了洛阳民间科考探险活动，并担任洛阳雅鲁藏布江科考队队长，同时对藏族民间教师和藏族学生进行了慰问和捐助。这也使我感受到了旅行的另一层深刻意义。

在甘南藏族自治州露营

后来，在西藏经常能遇到开房车的外国人，于是被这种新兴的自驾旅行方式所深深吸引，也下定决心买房车。2012 年，我和房车行家相约一起去美国房车展，订购了自己的第一辆房车。下决心买房车，一是因为我本身喜欢户外活动，二是为了带着父母和家人外出方便。自从买了房车，我经常开着它带父母出游，上东北、下海南，穿越森林、草原，有时也会在海滨或沙漠露营。

不过自驾房车在国内旅行也有许多不舒服的地方，如房车营地建设还不够完善，有些营地的收费甚至和酒店的收费差不多；还有就是房车体积比较大，开着确实有很多不便，有时一个限高杆就能打乱线路规划。经过权衡，2017 年我换了一辆拖挂式房车。它的优势是，到一座城市后可以将拖车在郊区停好，单开牵引车进城，出游变得更加方便自如。

我自小喜欢足球，长大后也是中超比赛铁杆球迷，不但热衷参与国内赛事，还和中超球迷一起漂洋过海赶往日本、韩国为本国球队呐喊助威。近十年来每届国际世界杯我也积极前往观战，与国外球迷互动交流，促进外国球迷对中国的了解，增进各国球迷对中国球迷的了解，加深了不同国度民间的友谊。2010 年前往南非观看第 19 届足球世界杯比赛，2014 年前往巴西体验了足球国度的国民激情。

■ 在丽江旅行露营，遇丽江大火，消防飞机在湖中取水

■ 在甘南藏族自治州进行摄影创作

为了这份对足球的执着，2018 年，我约了朋友，开着房车带着家人前往俄罗斯看世界杯。出发前，我特意批发了不少丝巾、墨镜，还带上了球迷组织送来的 200 条河南建业足球队的围巾。墨镜和丝巾送给路上遇到的车友当纪念品，围巾还为洛阳球迷换回了不少好东西。到俄罗斯后，中国留学生热情地为我们当志愿者，我请他们在赛场外写了一块牌子“交换礼物”，用这些围巾换当地球迷的一些特色礼物，然后又给洛阳的球迷组织带了回来。

世界杯结束后，我没有原路返回，而是从俄罗斯出发驾驶房车继续游览了北欧，然后向南游览了荷兰、德国、瑞士、意大利、英国、法国、葡萄牙、西班牙等国，并将拖车留在西班牙，去了北非的摩洛哥，饱览了当地的沙漠风光。从摩洛哥回到欧洲后，经中东欧进入巴尔干半岛诸国，再向北，经过阿塞拜疆、俄罗斯、哈萨克斯坦回到国内。这次旅行前后历时半年，行程 4.7 万公里，游历大大小小 34 个国家。2022 年的足球世界杯将在卡塔尔举行，我的房车自驾看球之旅也已在规划当中。

人们常说旅行让人多知多闻，但我感到旅行却是另类的读书，不同于读死书而是身临其境读活书。2008 年，我第一次踏出国门去了欧洲十几个国家，从意大利古罗马斗兽场到音乐之都维也纳，从梵蒂冈到卢浮宫，从中感受到世界文明的启发和融合，开阔了视野，提高了历史认知，增强了民族自信心。

常旅行者既要不断充实好奇心，又需要不断挑战自己，但要有一个好身体，只有拥有了一个健康的身体，我们才有资本继续去旅行。基于这一认识，十几年中我一直坚持冬泳，并参加了几届郑州举办的马拉松长跑活动，以锻炼体魄提高身体机能。同时积极动员社区的冬泳爱好者加盟到全民健身活动中。2005 年 8 月 15 日中国抗日战争胜利六十周年纪念日，组织了社区冬泳人泅渡陆浑水库，跨度距离约 9 公里，耗时 4 个多钟头。而且我还在冬季高寒高海拔的青海湖和西藏然乌湖，多次畅游以挑战自我极限。

回首自己游历这么多年的足迹，不由得感慨有生之年能赶上改革开放的好时代，使自己能驾驶房车，忘情山水间，跨越大洲大洋，观赏不同国度的风光、感受不同的风土人情，真正提高了自己对世界的认知和对生活的热爱。

陈　江 / Chen Jiang

生于1952年，求学于上海吴淞中学，1969年参军，1976年退役进入工厂，1980调入宝钢，兼任宝钢首届摄影协会秘书长，后加入上海摄影家协会。1993年，弃政从商，承好友扶助，创办公司，边商边旅，游走于中外山水之间，自觉快乐充实。2012年退休，半生学得经济、政工、摄影三师证。因平生爱自然自由、喜摄影旅游，自诩“自然之子”。2013年，始创上海山水房车俱乐部，携车友，乐乎于游山玩水之间，至今未想悔改。自认为自驾房车旅游为非常适合中老年人的健康生活方式之一，亦为推广传播中国房车文化事业尽一己之力。

退休后驾着房车去远行，这梦生根于21世纪初上海的一次汽车展上。之后，随着国外自驾房车来中国旅行的出现，便萌发了自驾房车先远后近，先国外后国内的自驾计划。

2013年10月，我们夫妻俩都退休了，买了一台国产的中意依维柯C型房车，开始了我们的房车生涯；并发起成立了房车俱乐部，和车友们一起践行自驾房车，游山玩水，随心所欲、随遇而安、随景而歇、随意而乐的房车生活理念。

2016年5月，年龄相加已达127岁的我俩驾着一台房车，怀着一颗驿动的心，带着忐忑的心情，开始了最初计划4个月环欧亚的房车自驾旅行，没想到走着走着竟然走了7个月，直至当年12月底返沪。

自上海出发，从满洲里出关，经俄罗斯，到北欧4国，接着渡海至欧洲大陆，随后到非洲摩洛哥、亚欧交界的土耳其，并穿越中东的阿联酋、沙特、伊朗，最后绕到南亚的印度及斯里兰卡等国。一路上涉足了近40个国家，虽说经历了艰难曲折之风险，但也尝遍了酸甜苦辣之风味，揽尽了欧亚非山水之风光、人间之风情。

在总计7万公里的行程中，我写下了近万字的游记心得，拍摄了3万张照片，沿途向车友们分享了近3千张含有旅行文字资料的图片信息。

出发时，我在车体两旁特意印贴了“保护自然环境，促进人类和平”的中英文字样。不仅向世人展示了中国退休老年人自驾国产房车走向欧亚非的生活风貌，也以我们环保和平的行为精神拉近了与各国人民现代理念之间的距离，从而结识了不少各国朋友和自驾爱好者，赢得了无数外国友人对我们中国房车人的尊重和友谊。在匈牙利布达佩斯桥

■ 2016年6月22日，应俄罗斯OAMIK公司邀请游览赤塔市

边的停车场，几位外国朋友围着我们的房车，看着车身上贴着已走过的几十个国家的国旗时，一边拉着我们合影留念，一边跷起大拇指赞扬我们是“China！马可波罗！”

其实，出发前我们对遥远的路途，对那么多国家和民族的陌生，对一路上不可控的意外风险都充满着担心。一怕办理一路上人与车的各种手续麻烦，二怕各个国家民族的语言复杂无法沟通，三怕路途遥远迷失方向失去联系，四怕我们的车证驾照外国不认可怎么办，五怕万一途中车辆事故抛锚前后无人怎么办，六怕遇到秩序较乱国家发生财产被盗人身伤害怎么办……因为我们出发前夕，发生了欧洲比利时广场爆炸案，法国尼斯海滩枪杀案，以及土耳其政府军与叛军开始激战等恐怖事件及社会动乱。

为此，我们学习借鉴了国内外其他先行者的经验，做了大量旅行前的准备工作。设计了详细的路书，完善了房车上的设备设施，收集了各国的紧急救援联系电话，并在车身上安装了360度的卫星传播监控和卫星导航定位仪，使远隔万里的孩子能在手机上时时观察到我们房车的行踪。同时，车上还配备了无线车台和手台，配备了卫星通信漫游宝，下载了出国语言翻译软件，那时还没有我们2018年环游美洲时准备的灵巧如手机大小的翻译通设备。车身能源除了车行发电系统外，还配有汽油发电机，太阳能发电系统和外接220V/110V插电转换等4套系统。水系统除了自身的白水（清水）箱，灰水箱（洗刷水）以及专门装粉碎后的粪便污水的黑水箱外，还另外配装了净水系统和井水河水的抽取系统。这样的装备基本能满足我们长时间长途旅行的日常生活需求和安全保障了。

软件方面，我们对身份证、驾证、车证都作了翻译和公证件，对人员车辆都办理了合法的签证和ATA单证，对所去国家都购买了除导航仪外的地图册和景观介绍。我们也同厂家达成了互利互惠的旅行约定，由此也确保了我们一路上车辆的安全和行驶。

后来的旅程验证了我们所做的充分准备工作，是完成这次旅行必不可少的保证。一有疏漏便要吃苦，比如在奥地利，我们驾车顺着路一直开到了希茜公主居住的皇宫面前，在门前雕塑下人车摄影留念。不料，来了一辆警车，一男一女俩警察问我们怎么开到皇宫里了？说完就扣了我的两证，并开出了360欧元的罚单。我礼貌地打了招呼，表示不十分了解贵国的风俗，这一点我们也确实没有详细考虑，也据理陈述了我们一路上并未见到一块不可行驶的禁令标志，警察看了看周围，的确没见到任何禁止通行的标志。事实上，那天正好修路，禁牌被施工人员撤掉了。无奈，警察要检查我的国际驾照，碰巧路边两位华人青年为我们做了翻译。我想起出发前曾经办理过国际租车驾照，于是拿给警察过目，他们认可了，于是退还了360欧元，但要求我们把车留在皇宫里，去大使馆开证明来取车。我们反复协商，最后警察说耽误了他们两个小时，而且车辆实际闯入皇宫了，应该作最轻的50欧元罚款，最后了结了此事。这也是我们整个行程中唯一的一张罚单，也是有准备和准备不周密的最好说明。

■ 2016年6月19日，在俄罗斯赤塔经历了翻车事故

■ 2016年9月27日，在希腊雅典卫城

其实，我从心底里感谢奥地利，因为正是在这里，他们实事求是的帮助我们延长了欧盟申根签的三个月签证期，使我们能完成整个欧洲的房车游。这一路，我们也经历了太多有趣、感人的故事，限于篇幅，我也只能择其梗概，简要地分享一二。希望其中的一些准备工作及路途中的经历能够给车友们一些启示或帮助。最后，填词一首来给本文作结。

一车两人，挟山水之风穿越，环欧亚。几度惊魂，几番坎坷。克难攻坚四十旗，审时度势十万里。驾西风，扶翩追月圆，梦已遂。

真自然，求善美，民富足，人类同。数凡事万种，自由快乐。滴水长流能穿石，长意短言难攻玉，要成就人间大小事，唯坚持。

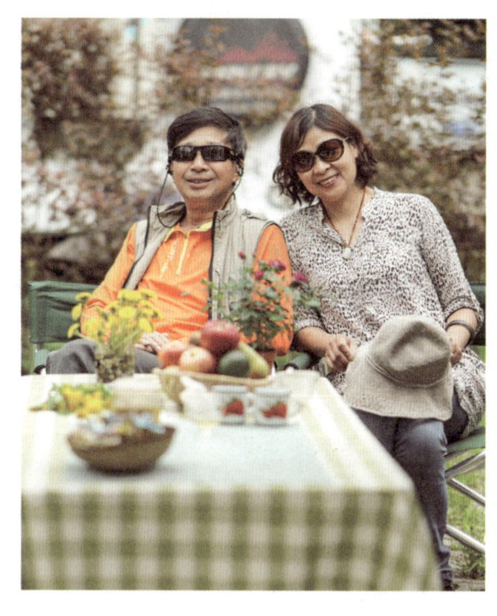

胡建军 Hu Jianjun

圈内人称老约翰，从20世纪80年代末开始从事涉外旅游英语翻译工作，90年代初接触到外国一车队自驾游到中国，其中就有房车，当时二十多岁的我第一次看到房车就被种了草。2015年，我终于购买了人生中的第一辆房车，随后开始召集车友，并于2016年从青岛出发，历时160天环游欧亚大陆。这一玩就再也停不下来，于是在随后的四年中，每年领航全国各地车友环游一次欧亚大陆。在这四年玩房车的过程中，结交了欧亚和全国各地许多的房车车友和房车爱好者。可以说，通过玩房车让我的视野越来越开阔，也更加热爱美丽的大自然和世界各地的风土人情。

经过两年多的准备，2016年，我作为老约翰欧亚房车之旅的掌舵人，带领五个家庭、五辆房车从青岛出发，正式开启了房车自驾欧亚之旅的行程。历时160天，游历欧亚大陆近30个国家和地区后，顺利返回出发地青岛。自此往后，老约翰房车的欧亚之旅年年成行，至今已完成了“四季”。接下来，我就从这“四季”的旅程中分别节选一个片段，来展现房车旅行的无限魅力。

2016年5月22日，我们抵达了欧洲大陆的西端，打算跨越英吉利海峡，前往英国伦敦。房车跨海也算是本次旅程中颇有趣味的一段经历，而且具有非常实用的参考意义，在这里分享给大家，但愿能有用。

英吉利海峡，又名拉芒什海峡，是分隔英国与欧洲大陆的法国，并连接大西洋与北海的一处海峡。其全长560公里，宽240公里，最狭窄处又称多佛尔海峡，仅宽34公里。英国的多佛尔与法国的加莱在这里隔海相望。目前，车辆穿越海峡的方式主要有两种，一是搭乘渡轮，二是行走海底隧道。

在国内的渤海海峡、琼州海峡，汽车、火车都可以搭乘渡轮摆渡，并不稀奇。至于海底隧道也有胶州湾跨海隧道等。但英吉利海峡的跨海隧道却是三条平行隧洞组成的铁路隧道，汽车要穿越，必须乘坐一种运送公路车辆的区间列车，这也正是它的独特之处。车辆一般需购买汽车专用火车票（随车人员无须再单独购票），像我们这样载重5.5吨，长5.9米，高3.05米的拓锐斯特IVECO双扩展房车，往返票价是488欧元。

履行完通关手续后，可以在休息区等候登车。登车时，每节车厢的隔离门都会敞开，整列车就是一条隧道。汽车依次进入后，隔离门会关闭，但有玻璃小门可以推开，车上人员可以在车厢间自由通行，也可以上卫生间。虽说只有短短的35分钟乘车旅行时间，但有一些注意事项必须谨记：禁止将车

2019年，队友们一起在法国著名旅游景点圣歇米尔山下合影

辆停放在车厢连接部位，车辆需熄火、拉起手刹、将挡位调到一挡或停车挡、车窗半开，禁止站立于两车之间或从两车之间通过，禁止使用闪光灯和禁止吸烟等。

2017 年 4 月，老约翰欧亚房车之旅再次开启。与上次相比可以说驾轻就熟，但依然有许多新鲜的故事。这次且说道说道在瑞士所经历的一个小故事，与房车穿越英吉利海峡一样，同样具有实用意义。

在瑞士驾车旅行，上高速行驶需要缴纳高速税，即通过购买高速贴花来完成（一般加油站都可以购买，按照自己在瑞士停留的天数购买就可以）。如果没有及时购买，被瑞士警察抓到后，可能会被给予 220 瑞士法郎的罚款。另外，宿营也一定要到正规的场所，最好是营地，否则同样会被罚款。

我们浩浩荡荡的房车队伍从意大利米兰前往伯尔尼途中，便受到了两位警察的“关照”。原来他们接到当地人的电话，担心这些外国牌照的车辆没有购买当地的高速税。在确认我们并没有逃税之后，两位警察和我们这些来自东方文明古国的面孔攀谈了起来，并欣然一起合影留念。

虽说是一件小事，但也从另一个侧面提醒我们，走出国门代表的是国家的颜面，所以一定要入乡随俗，遵守当地的法律法规，旅程自然顺顺当当、开开心心。

2018 年 4 月，老约翰欧亚房车之旅第三季如期开启。这次我带领了十个家庭、十辆房车，旅行团队规模和前两次相比进一步扩大。这次，我们十个家庭在法国波尔多著名的红酒小镇圣埃米利永举行了一场特别的庆祝宴会，充分诠释了房车集体旅行的快乐与和睦，且与大家分享一二。

因为正逢甘肃武威车友六十大寿，所以我们决定在红酒小镇圣埃米利举行一场庆祝宴会。这里是波尔多最大的法定葡萄酒产区，据说拥有两千多年的葡萄酒历史，很早就被列入了世界文化遗产名录。

抵达小镇当天下午，我们的特遣小分队——11 号车，前往当地的华人餐厅取预定的菜品和蛋糕，大部队则在营地进行布置。虽说没有国内大饭店的排场，但是来自五湖四海的十个家庭能在这样一个远离故土的浪漫小镇欢乐相聚，着实是一段令人难以忘怀的美好记忆。

■ 在俄罗斯乌法巧遇二战胜利纪念活动，与士兵一起合影

■ 2018 年，在欧洲小国列支敦士登房车露营地与外国车友合影

有意思的是，在小镇上虽说只停留了三晚两天，却给我们带来了更丰富的体验。举行完庆祝宴会的第二天，一场突如其来的人工降雨“袭击”了营地，有几家的被子被打湿了，但并不影响大家逛酒庄、品美酒。

2019 年 4 月，老约翰欧亚房车之旅第四季正式发车。这次，我带着另外十个房车家庭开启了常走常新的欧亚旅程。5 月 8 日，我们抵达了俄罗斯的乌法市，第二天便是俄罗斯的卫国战争胜利日。当地将举行盛大的阅兵、游行庆祝活动。对我们来说也是非常难得的一次旅行体验。所以，9 日一大早，我们便集体前往列宁广场，占据有利地形，准备观赏阅兵活动。

这一天，不仅是为了纪念俄罗斯人民在反法西斯战争中的胜利；也是为了缅怀在这场艰苦卓绝的世界大战中，献出宝贵生命的英烈；同时也警醒人们，苦难过去不久，不要忘记战争的苦痛，更要珍惜和平的来之不易。

给我印象深刻的是，阅兵结束后，广场上的武器装备会向民众开放，孩子们可以和这些武器装备进行亲密接触，士兵还会给孩子们认真讲解如何操作，真是一个非常难得的国防教育课堂。想必孩子们的爱国主义情怀、民族自豪感，在这一刻一定会达到高潮。当然，我们也并没有置身事外，而是完全融入了这种气氛当中，享受到了最独特的一次旅行体验。

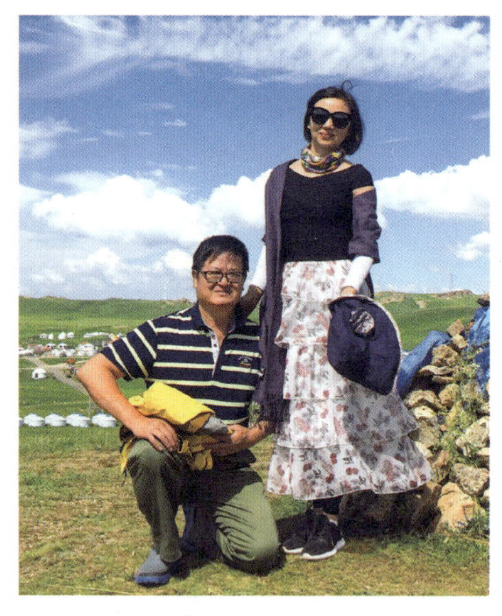

林光旭 Lin Guangxu

中国旅游双线相关理论创建人，成都大学旅游学院教授，中国旅游交通工作委员会委员。1982年毕业于西南大学物理专业，曾游学访问数十个国家，考察了欧美众多的户外旅游目的地，擅长于地理区位与旅游资源分布、区位经济、户外旅游流分析等，多次受到政府和有关部门嘉奖。最具代表性的科研成果是，在我国的户外旅游经济领域内创建了“中国旅游双线”理论。目前，在以自驾游为代表的户外旅游市场中，这一理论受到了广泛关注。近年来，“聚成都·游天下”“自驾游·从原点出发”，在我国的自驾游领域，已成为基于中国旅游双线原点理论最响亮的口号。

作为中国旅游双线理论创建人，一名研究户外旅游经济的学者，我本身也是一名热衷于房车户外旅居生活的爱好者。自2013年退休，2016年购买房车之后，便开始带着爱人，依托房车享受自由的户外旅居生活。近年来，我们开着房车与圈内的诸多房车旅行达人一起结伴出行，尽览大好河山，几乎走遍了大陆地区的所有省市自治区。对我而言，呈现在面前的景物，是一部穷尽毕生精力也读不完看不够的山河巨著！

“路在景里、景在路上”——这是户外自驾旅行对我们生命意义的最大诠释。正因为如此，我们工作再忙，每年都会安排出长短不一的自驾出游时段，房车旅行生活方式已经成了我们生活中不可或缺的一部分。

通过这些年的房车旅行生活，我们不仅收获了祖国壮美的自然景观和丰富的人文内涵；也欣慰地感受到了国家欣欣向荣的社会环境和各地人民安定和平生活的生动场景。今天在这里，我想与大家分享一下这几年玩房车的一些收获或感悟，主要集中在如下三个方面：

一、合理规划家用房车旅居出行方案

有了房车之后，我们可以比较轻松地过上候鸟式的旅居生活，但我们人类的旅居生活远比候鸟有意义，候鸟的迁徙是为了食物和生存，房车户外旅居的人们则追逐着美景。因此，有了房车之后，我最深的感悟就是哪里有美景，哪里就是我们的家。

对房车车友而言，不管自己的家在哪里，都可以规划出多个适应不同季节的房车旅居出游方案。我的家在成都，这是中国旅游双线的交汇处，也是我国最大的户外旅游集散中心，从成都出发，各个方位都可以规划出串联无数美景的旅居线路。2017年夏天，我从双线原点出发沿胡氏线东北段旅游，同时考察了沿途的景观资源和户外旅游市场现状。与我结伴同行的是成都大学医学院的熊

■ 2019年8月，在新疆哈密连霍高速服务区与房车车友合影

大侠夫妇，两家人，两部拖挂房车，7 月 19 日从成都出发，由广元出四川盆地，经汉中穿越秦岭，然后掠过关中平原和古都西安，第二天即抵达陕北高原的黄龙县。参加完黄龙户外旅游大会后，继续沿规划好的线路向东北方向挺近，跨越了无定河、毛素乌沙漠，进入内蒙古中部的阴山南麓，然后穿越了整个内蒙古地区抵达中国北极村，随后沿迷人的中俄边境来到中国旅游双线中胡氏线的最北基点黑河市。离开黑河后，穿越了肥沃的东北平原进入关内，在北京 21 世纪房车基地和郑州宇通厂区房车营地作短暂休整后，顺利回到了天府之国成都。这次旅行全程上万公里，沿途经过了十余个省市自治区，耗时 40 多天，从北纬 30 度一直到北纬 53 度，跨越了 23 个纬度，深切体会到了“江山如此多娇”给我们带来的无尽魅力。

■ 2020 年新年，在天龙八部城与大理文旅局领导及房车车友合影

■ 2017 年 7 月，在内蒙古乌兰察布大草原上欣赏绚丽的晚霞与壮观的“风车”

除了上述线路之外，近几年我们以成都为起点，还走过另外几个方位的长距离线路，总的来说，通过这些房车旅行线路实践，有了如下两点比较深的感受：

（1）一年中两次远行比较合适，冬天往热带中国走，那里有漫长的热带海岸线和多姿多彩的民族风情，是最适合的避寒之地；夏天往胡氏线西北面走，青藏高原、天山南北、内蒙古草原等都是避暑胜地。

（2）在平常的春秋两季，以家所在地为中心，利用周末节假日，到城市远郊自然风光秀美的山村走走，可以呼吸到洁净的空气，品尝到乡村特色的美食。更重要的是，我们不会为此而疏远熟悉的社区、熟悉的生活环境。

二、房车旅游 广交朋友

房车旅游，单车出行比较麻烦，虽然现在我国的治安环境比较好，但在许多地广人稀的地区，单车出游也常常会遇到一些不测之事。结伴同行，大家相互间有个照应和帮衬总是好事。我的工作室也常常组织一些吸纳全国车友的大型主题式房车户外旅居活动。大家聚在一起，不管你是来自天南还是海北，相互间交流完全没有障碍，话题也是天南海北，自由随性。除此之外，大家聚在一起，谁的车子出了问题、燃气灶点不着了、冰箱罢工了……大家都倾力相助。驻车之后煮饭、拼桌、聊天，就是一个热热闹闹的大家庭，快乐在彼此的分享中得到了最广泛的传播。大家这种毫无保留毫无顾忌地自由分享和交流，就是交真朋友的最好基础。

通过几年来的房车旅游，我结交了难以计数的好朋友，他们遍布大江南北。我每次出行，常常会有本地车友主动提供最有价值的信息，因此省去了诸多麻烦。我想，这就是为什么我们总说“房车旅游，广交朋友”的道理。

三、做好义务的房车旅居生活宣传员

通过几年来的房车户外旅居生活，我发现对大多数中国人来说，房车是一种新生事物，无论走到哪里，都是非常抢眼球的东西。在许多地方，房车会产生巨大的影响，成为典型的橱窗型产品，不管男女老少，大都非常好奇，并会主动了解它的功能和作用，很快就会明白，有了房车就能带着家去旅行。

除了了解房车的功能之外，人们最关心房车的价格、需要什么样的驾驶资质、如何上牌和年检等。这些问题可能都会向你提出，我衷心地希望大家都能认真解答，因为房车对当前的许多中国人而言，很有可能是人们对美好户外旅居生活向往的现实载体。

正因如此，作为房车户外旅居生活的先行者，在旅行中，遇到当地百姓对你的房车产生兴趣并主动向你了解房车情况之际，请不要婉拒，而是尽你所能，做一名义务的房车旅居生活的宣传员，主动向群众普及房车旅居生活方式的相关常识。这样，我们国家的房车保有量才会更加迅猛地增长，相关的社会配套才会更加完善和丰富，我们喜爱的房车旅居事业才会走向更加广阔的空间。

马希胜 / Ma Xisheng

70后，自由职业者，现专注研究亚欧大陆自驾游及房车的个性化升级改造，同时打理着老马房车俱乐部。在购买房车之前曾先后十几次到欧洲旅游，2012年的那次欧洲之行则被房车深深吸引，于是便梦想有一辆属于自己的房车开到欧洲自驾游。直到2016年10月，终于圆了自己的房车梦。2017年3月，顺利申请到欧盟五年多次往返签证，马上就开着房车就出发了。在随后的几年中，曾两次穿越俄罗斯到达欧洲，一次穿越中亚中东国家到达欧洲。每年走不同的路线，欣赏不同的风景，了解不同的故事，品尝不同的美食，至今自驾房车总行程已超过18万公里。

2012年，我去欧洲旅行时，偶然看到一对驾驶A型房车旅行的法国老夫妻。他们吃住都在车上，不像我依附旅行团，到处受约束，自此心里便种了草。随后几年，我又多次前往欧洲旅行，甚至想在当地的房车厂定制一辆开回中国，受多方条件限制，最终作罢。

2016年秋天，终于购置了属于自己的房车。经过几个月的精心准备，于2017年3月28日，正式开启了我的房车自驾亚欧之旅。这一路上有看不尽的美景，也有意想不到的困难与艰辛，当然还有温暖人心的感动。

记得在穿越俄罗斯境内时，因遇到大雪，房车先后三次受困雪中，除了一次自救脱困，其余两次均得到了俄罗斯百姓热情、无偿的救援。其中一次是在俄罗斯叶卡捷琳堡至喀山途中的基诺夫，房车被困于一道300多米的长坡下，当地人一直将我的车拖上坡顶，本想给予经济报酬，但他们硬是摆手不要，我便拿出随车携带的哈尔滨啤酒相赠，表达了我的谢意。

如果从企业服务的角度来讲，还有一件事令我非常感动：当我开着大通生产的房车穿越大半个地球，在北大西洋岛国爱尔兰参观当地最大的大通经销商时，他们整个领导班子成员在门口拉起横幅迎接我的到来。作为一个普通的大通用户，能在距祖国万里之遥，享受如此礼遇，着实受宠若惊。我也为土生土长的中国车企能在国外开拓出这样一片天地而感到高兴。最重要的是，像我这样的房车旅行者也少了许多在国外保养车辆的顾虑。

2018年4月27日，我的第二次房车自

■ 2017年5月，在爱尔兰都柏林受到大通海外经销商的热烈欢迎，并和他们总经理合影留念

驾亚欧之旅正式从山东开启。这次依然由满洲里口岸出境，横贯俄罗斯，并进入北欧的芬兰。也正是在芬兰，有幸和当地朋友度过了一个非常愉快的周末，至今使我难以忘怀。

芬兰人处事内敛，不轻易与人交朋友，一旦把你当作朋友就会对你很好。因为正逢周末，我便应邀参加了芬兰朋友的烧烤聚会。他们在饮食上除了食用无污染的绿色蔬菜，尤其偏爱鱼肉和牛肉，鱼肉则以北冰洋的大马哈鱼为主。这次的烧烤聚会便充分体现了他们的饮食特点。芬兰朋友怕我吃不习惯，带我到他们公司附近的中国餐馆，既吃了地道的中国菜，还认识了在芬兰开饭店的中国朋友，非常令人感动。

在这次旅行中，还有一个小故事使我对中国文化的深远影响有了深刻认识。当我开车来到欧洲大陆最北端的挪威北角，拿出五星红旗迎着日出拍照时，一位老人脱口而出“China 毛泽东！”并接过我手中的国旗，高兴得手舞足蹈，我则趁机给他录制了一段视频。

2019 年 4 月 29 日，我的第三次房车自驾亚欧之旅如期开启。虽说已连续走了两次亚欧大陆，但是每一次都有赏不尽如画风景、见识不够的精彩故事，也正是这些独特的体验，使我欲罢不能，于是再次出发。这次我要分享一个充满历史感，且与中国渊源深厚的故事。

正逢我国中秋节的时候，我来到了位于东南欧的内陆国家摩尔多瓦的中国村，与当地人过了一个具有特殊意义的中秋节，因为生活在这里人是地地道道的中国后裔。而且关于摩尔多瓦中国村的来历，颇有一些传奇色彩。

1900 年，正值八国联军侵华战争期间，一位名叫张青山的中国小男孩，家住在长城附近，当时他只有 12 岁。有一次在路上，他遇见了两个摩尔多瓦籍的俄国逃兵（当时摩尔多瓦的比萨拉比亚属于俄罗斯帝国的版图，俄国士兵中有不少摩尔多尔人），因为迷了路，便要求张青山给他们带路。张青山领着这两个俄国士兵，一直往北走，因为劳累便在马车上睡着了。当他醒来的时候，已经进入俄国境内。

张青山把摩尔多瓦籍的俄国士兵带到俄国境内，自己却迷路了。当时他还只是一个孩子，根本不知道俄国有多大，自己身在哪里。只得跟着摩尔多瓦籍士兵来到摩尔多瓦基希讷乌市以北 40 多公里处的一座小村庄。基希讷乌市就是现在摩尔多瓦共和国的首都。张青山在这座村庄里生活了下来，被摩尔多瓦人收为养子，还给他娶了一位摩尔多瓦姑娘，婚姻生活非常的美满。

■ 2017 年 5 月，在爱尔兰偶遇法国的哈雷摩托车队，在我的房车前合影留念

■ 2017 年 4 月，在俄罗斯境内的基诺夫遇暴风雪被困，当地人热情地给予无偿救援

在摩尔多瓦定居下来后，张青山再也没有机会回到中国。他和自己的摩尔多瓦妻子，一共生育了三个儿子和一个女儿。现在，他的家族已经繁衍到了第五代，人丁超过了 300 人了。因此，这个小村庄也就成了名副其实的中国村。

张青山的后代，基本上都是欧洲人的模样了，已很难看出中国人的样子，可以说完全融入了摩尔多瓦文化中。但是，他的后裔一直没有忘记自己的祖先是中国人。近十几年来，随着中国和摩尔多瓦越来越频繁的经济文化交流，渐渐有中国人不断来到这里。而且每当有中国人来到这里，就会听到这个带有传奇色彩的故事。张青山于 1968 年去世，终其一生再也没有回到祖国。不过他的后代们表示，很想来中国看一看。

我能在中国的传统节日——中秋节期间来到这里，倾听感受这样一个富有厚重历史感的故事，真的是感慨良多。也非常希望他们能到中国去走走看看，能寻找到失落一个多世纪的亲人。

连续三年的亚欧房车自驾游，可以说痛并快乐着。每年都有不同的路线，不同的风景，不一样的故事，不一样的美食……所以一年又一年吸引着我难以停下脚步。

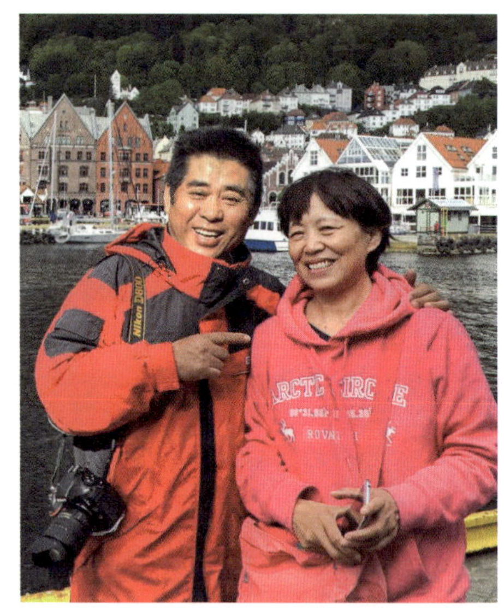

赫鹏学 He Pengxue

网名大鹏飞翔。自 2013 年以来，驾驶房车行驶 28 万公里，走遍了祖国的名山大川、城市乡村和世界 42 个国家及地区。一直奉行的玩车理念是：在一路行走中传播房车文化，把带着家去旅行的房车生活方式传递给更多的人。为此组建了“中国房车生活俱乐部”，并带领其他房车玩家一路同行。7 年来共成功组织了 11 次集体出游，还经常协助地方政府和企业组织房车露营活动，把房车旅行文化洒遍了祖国城乡。并被相关部门和房车旅游组织授予“房车文化传播大使”“中国房车达人”“优秀房车玩家”“中国房车旅行家”等荣誉称号。

2013 年的春天，我从工作岗位上退休了，终于拥有大量的时间资本，可以去实现周游世界的梦想。于是迫不及待地买了房车，打算带着老伴和一只狗狗，开始我们一家三口温馨、浪漫的房车生活。

提回车的同时，我在很短的时间里置办好家当和行装，并在网上发出“北极村风光摄影房车游”的结伴邀请，没想到迅速得到江西快乐佳友、黑龙江影子等 5 位车友的响应。于是，我们 6 台房车从四面八方聚集一起，开始了首次房车之旅。

有了圆满的房车处女秀，使我对房车旅游的热爱从此一发而不可收。张罗着组建起了“中国房车生活俱乐部”，免费组织房车活动，带领车友们夏天结队去东北、西北、内蒙古草原避暑；秋天又跟着季节的温度一路向南，边走边玩，直至冬季抵达海南岛；次年春天，我们又跟着候鸟的脚步，变换着路线和方向一路向北。

2015 年初，《21 世纪房车网》组织去欧洲旅行，我立即报名参加，用半年时间走完了欧亚大陆 38 个国家。次年又得到新疆车友的邀请，用 3 个月时间完成了新疆全境游。再后来又结伴游走了东南亚 4 个国家。

四年后，我的第一台房车长城 C6 已经跑得疲惫不堪，于是又果断换了第二台依维柯赛拉维，继续着没有走完的旅程。从第一次出发至今，一晃就是 7 年多的时间，我每年都有一大半时间行走在路上，居住在车里，可以说与房车结下了不解之缘。

这样一步步走过来，我对玩房车有了更深的认识和体会，对如何去感受房车生活，

■ 2015 年 5 月去欧洲途中，车友们在俄罗斯贝加尔湖畔聚餐

如何玩车、用车、改车也有了自己的主张和见解。接下来就和广大车友分享一二。

我以自己的经历告诉喜欢房车的朋友们，房车生活离我们并不遥远，改变固有的生活方式会给你带来无尽的惊喜与快乐。每个人都有“世界这么大，我想去看看”的梦想，但是搭乘公共交通不随意，选择其他车种不方便，只有房车，可以带着完整的家出行，带着自己的床铺、带着沙发写字桌、带着厨房、带着厕所、带着一切生活用品。而且房车也是最方便、最舒适、最浪漫、最经济、最卫生的旅行生活解决方式。尤其在新冠疫情肆虐的今天，房车旅行更突显出了卫生安全的优势。

■ 2013 年夏天，我带着爱人驾驶房车到长白山露营

在国人的传统记忆中，房车是一种奢侈的消费品，许多人认为普通民众买不起、玩不起，可望而不可即。我用我的亲身经历告诉你：现在房车的成本很经济，玩房车不必很有钱，只要你很空闲，与居家生活没有区别的消费水准会彻底打消你的高消费疑虑。我开着房车到处游玩，一年下来吃住行全部费用不超过 2 万元，去欧洲跑了半年多时间，才花了不到 15 万。而且这个行走的家，不但免收物业费，用水用电也是常年免费的。

■ 2015 年 4 月 30 日，我们在北京集结，准备向欧洲进发

玩房车不仅仅是为了旅游，而是选择了一种新的生活方式，是把传统的住在房子里闭关自守的生活带在了路上，去观览各地的不同风景，去品味所到之处的特色美食，去感受不同地域的风土人情，去结识异域他乡的朋友，领略大千世界的缤纷多彩。其中的乐趣，是你守在固定的房子里一辈子都感受不到的。

房车的随意性可以让你枯燥的生活变得温馨浪漫。景在变，家不变，车开到哪，哪里就是家。今天住海景房，明天又可以去住山间别墅，坐在家里看窗外花开花落，领略不同的风景。带着家去旅行，让我们悠闲自得地漫步在路上，停停走走，随遇而安，休闲自如。

房车生活与居家生活一样，要解决好的关键问题就是水和电。为了方便生活，我的两台房车都做过加大水箱和蓄电池的改装，在露营地或服务区加满水够一周时间使用。1000AH 的锂电在车行走中和太阳能补充下，完全能够满足每天车载电器及做饭烧水等生活用电的需求，也能使用驻车空调。如果住进露营地，切换到营地电源，则更是无拘无束的使用。

另外，房车的驾驶和驻扎一定注意安全，途中和抵达目的地一定不要忽略与当地民众交流的机会。玩房车的人有的喜欢单车游走，有的喜欢结伴而行；有的喜欢信马由缰，随风逛景；有的喜欢按照路书，有规划的前行。无论哪种方式，都不要急于赶路，笨重的车体需要我们放慢时间的脚步，何时到达并不重要，一定要把安全放在第一位。夜晚驻车要首选露营地，其次是景区和公园、广场等靠近公厕的停车场，商贸、建材市场和乡村政府机关附近都是不错的临时驻扎场所，方便、安全又不扰民。

驻车在公共环境里，每当做饭或休息时，难免引来当地民众的围观，人们很好奇地问这问那，尽管每天回答的都是类似问题，但一定不要厌烦，而要抓住这个机会热情地跟他们聊天，与他们分享房车生活的乐趣，同时了解当地的风土人情，邀请他们坐下来喝杯茶或品尝下自制的佳肴，很容易结交到五湖四海的朋友。

几年来我一直这样生活在路上，两部房车伴随我去过世界 42 个国家，走过祖国众多名山大川和城市乡村。

爱上了这种游走的生活，只为在路上遇见你我他，遇见风景，遇见途中的一切美好。

我将继续快乐的流浪着。

赵云飞 / Zhao Yunfei

我叫赵云飞，赵子龙的赵，关云长的云，张飞的飞。这是奶奶给我起的名字，说从娘胎里感觉就异于常人，名字自然也要高调。但从小到大，学校里成绩平平，最终混个文凭，埋没于人海，苟且讨生活。直到9年前拥有了人生中第一辆车，也就有了“握住方向盘，握住了全世界”的感觉。我爱人总觉这是一句玩笑话，直到7年前我们第一次自驾川西，她面对巴郎山云海时激动地流下了眼泪，自此一发不可收拾。从而有了我们驾驶拖挂房车，行走亚非欧的疯狂旅程。

从2018年5月23日出发，至2019年1月30日结束，我和爱人驾驶拖挂房车，历时八个多月，跨越亚非欧三大洲，总行程六万多公里。途中经历了欢笑、沮丧、开心、难过、友谊、背叛、倾听、争吵、感动、无助……最终，我们满载着收获完成了这次人生壮举。接下来，我给大家分享一下旅行中所经历的点滴故事。

2018年5月31日，我们从内蒙古小城阿尔山出发，计划前往中蒙边境的贝尔湖露营赏月，但是在距湖滨约10公里的地方有边防军人把守，不让进入。既然不能在贝尔湖露营，那就改道去呼伦湖。

晚上8点钟，我们来到呼伦湖岸边，循着车辙沿湖岸行走，岸边有凉亭木屋等基础设施。因为天热想好好洗个澡，便做了个昏头的决定——到湖里取水，于是脑袋一热就将车开了下去，突然发现沙子非常松软，有陷车风险，马上开启了低四，但已经于事无补。只片刻工夫，越野车的后桥已经贴在了沙地上。又是刨坑垫石头，又是绞盘，折腾了将近四个小时，毫无作用，只得筋疲力尽地瘫在车里休息。

恍惚间，听到有人敲窗，我们瞬间惊醒。就看到一个老大哥在窗外问：“咋了老弟，车进去了？”当时我就在想，一定是菩萨派人来救我们了！果不其然，我和大哥简单交流了一下情况后，他便帮忙出谋划策，并利用丰富的经验进行指导和竭力帮助。我们一起从清晨5点一直折腾到9点，终于使车辆成功脱困。

故事发展到这步，生活在城市里且防

■ 老挝云端小憩

备心过重的朋友们是不是在想：大哥或许该漫天要价了？其实，刚开始我也有这样的忧虑，后来大哥还热情地邀请我们到他家吃早饭，席间我提出给予报酬，大哥硬是分文不取。

从这往后，我常常反思，在城里生活久了，许多原本淳朴的人际情感却变得那么陌生，而且对自然也少了许多敬畏之心。这也使我在往后的旅程中，更加珍惜人与人交往的那份坦诚与真挚。接下来这个故事，则进一步诠释了人性的善良与美好。

2018 年 7 月 14 日，我们抵达了挪威第三大城市特隆赫姆。当我们从一家超市买完东西出来，正发愁晚上将车停到哪里露营时，一个亚洲面孔不住地打量着我们的拖挂房车。上前搭讪，才知道他来自成都，20 年前上海交大硕士毕业后，来到特隆赫姆的挪威科大海洋学院攻读博士学位，之后便成了当地海洋研究所的资深科学家。他姓叶，所以我就称他为叶哥。

叶哥为人爽快，对我们的旅行赞叹不已，并立刻带我们来到他工作的科大停车场，还把工作证门卡留下让我们使用研究所的卫浴间。后来还带我们品尝了当地特产三文鱼和银鳕鱼，周末又在家中给我们做了地道的川菜——水煮鱼，虽说远在万里之遥的西北欧，我们却有了回家的感觉。

叶哥叶嫂有三个孩子，暑期都在参加各自的夏令营活动，老大老二都在国外交流，小女儿今年参加了非营利组织 CISV 特隆赫姆－雅典的交换交流夏令营。家长不用像国内的培训班夏令营那样花费高昂的费用，只要花些时间精力陪伴就可以，孩子的假期过得既轻松，而且有意义，非常值得我们国内的家长学习。

在欧洲的社会治理方式中，宗教可以说起着非常重要的作用，尤其位于北欧的五个国家，作为纯基督教国家，它们不仅物质生活富足，精神信仰更是非常纯粹。遍布社区的教会和令人敬仰且为人低调谦逊的职业牧师，与百姓生活密不可分。从小受基督教平和博爱等思想的教育，使得当地民众普遍具有很高的素养。城市里没有遍布的摄像头，平日里警察也很少看到，但北欧作为世界上非常安全的区域，夜不闭户并不夸张，路边的樱桃摊下午 5 点左右就已没人值守，标好价格后，客人可以自取、自行付款及找零。从北欧五国的国旗便可以看出，他们将十字架放在了国旗上，也将宗教视为了治国的根本。这也是我们这次在北欧游走时，所产生的一些感受。

■ 芬兰森林露营

■ 俄罗斯修车被免单

2018 年 10 月，我们返程时再次进入俄罗斯境内，加上去时的行程，前前后后去了俄罗斯大大小小十几个地方。给我们的感觉是除了莫斯科、圣彼得堡这样的大城市外，其他小城市的风貌基本还停留在 20 世纪 90 年代，有些小市镇的居民生活看上去甚至有些拮据，但他们为人非常实在、友好。一路上通过行车便能深刻感受。

俄罗斯可以说没有真正的高速公路，90% 的公路都是单车道，平时行车最大的困难就是超车，尤其我还带着拖车。有时需要尾随很长时间，才能找到超车机会，也正是在这种尾随行车的过程中，使我感受到了俄罗斯司机的友好。前面的大车会帮助瞭望对向车道的情况，并主动打右转向靠右避让，主动让你超车。当不具备超车条件时，他们又会打左转向提醒你。有时对面来车冲你闪大灯，可能是在提醒你前面有警察。

2018 年 10 月 19 日，我们顺利抵达中哈边境。临近回家还发生了一点小插曲，也正是这段小插曲，使我深深感受到了祖国的伟大。邻近家门，我们却被哈萨克斯坦海关人员关进“小黑屋”，公然进行搜身劫钱。非常感动的是我国巴克图口岸的海关、武警等工作人员一直向哈方施压将一直等待我们入境，并告诉我们“那边不放行我们就不下班，我们一定等待你们入境”。有祖国做强大的后盾，也使我们有了强硬应对“非法企图”的态度。最终，我们顺利回国，海关几十个工作人员加班为我们办理了入境手续。

符全胜 / Fu Quansheng

1968年出生，安徽铜陵人，现居上海。管理学博士，生态学博士后，资深C照，有一辆大众新帕萨特和一辆汇斯诚拖挂房车。1998年学会开车，2001年拥有自己的第一辆私家车——桑塔纳99新秀。自驾区域主要集中在华东地区和海外，自驾里程至今达56万公里（其中海外约3万公里）。做过公务员，当过企业总经理，目前是一名大学教师。个人非常喜欢自驾游，喜欢那种逍遥自在的感觉。也因从事旅游休闲方面的教学和科研工作，从2010年开始对自驾车和房车旅游开始持续关注，并积极参与各种活动，融入自驾游爱好者群体。

这些年在高校工作，事务繁杂，一直忙忙碌碌，着实没有将过多时间和精力投入在自驾游上。因此，以专业水平和投入程度来衡量，我与“达人”相差甚远，应该算一个“伪达人”，或者说是非典型房车和自驾车爱好者。

作为较早从事房车和自驾车旅游研究的学者，近些年发表了大量相关文章，并出版和翻译了相关著作，同时参与编制了相关标准。因为工作需要，还担任了上海市旅游标准化技术委员会房车与自驾车专委会秘书长，以及上海市交通运输行业协会房车露营与自驾车分会副秘书长，用自己微薄的力量推动房车和自驾车事业和产业的发展。

我从小在粮食局大院里长大，经常跟大院里的司机泡在一起，看他们修车，甚至跟他们一起下乡运粮。童年时代潜移默化的经历，造就了我对汽车的痴迷，且在汽车驾驶上无师自通，更没想到日后竟然影响我在高校工作中将房车和自驾游作为研究领域。

我对房车的研究始于2010年，当时旅游局希望有个专家能研究房车，由于我的酒店管理研究背景，就被委以重任。第一个任务就是编制长三角的房车营地标准——《房车旅游服务区基本要求》。经过三年的打磨，终于在2013年完成编制工作，并作为上海地方标准颁布实施，随后陆续被江浙皖等地方标准采用并发布。

个人自驾游经历中，比较有意思的是2014年的欧洲租车自驾行。当时主要是想借参加8月底德国杜塞尔多夫房车展的机会，在欧洲自驾一圈，顺便考察欧洲的营地。出

■ 2016年，我们的房车车队行进在蒙古国境内

发之前阅读了大量的攻略，做了充分的课前作业，租车 APP、导航设备、营地 APP、随身 Wifi 等硬件软件一应俱全。我还带了个 27 寸大行李箱，里面装满了露营用品。结果，从法兰克福机场取车，到最后还车回国，一车一帐篷，周游欧洲，一路顺利。

最大收获就是比较早的实地体验了欧洲的房车营地。当时在营地老是被服务员误认为是日本人或韩国人，当他们听说我是中国人时，还是挺惊讶的。这次旅行，我拍摄了大量照片，搜集了丰富的资料，真正学习和体验了欧洲房车营地的布局、设施和服务的先进之处，为我的房车营地研究积累了素材。

在欧洲的营地，大家都非常友好，而且乐于交流，至今令人难忘。几乎在每个营地都能遇到志趣相投的旅行者，因此也结交了一些朋友。因为发展时间早，欧洲营地建设非常成熟，不仅设施齐全，服务也很好，而且分布密集，几乎任何点的 50 公里范围内总有一个营地，对自驾旅行者来说创造了最为便利的出行条件。

真正开房车自驾游，始于 2016 年的中蒙俄之行。那次旅行，我们一行 22 人首先在内蒙古的边境小城二连浩特集结，参加“丝路 · 2016 中蒙俄国际汽车房车集结赛暨二连浩特 · 国际汽车房车露营大会”开幕式活动，随后由不同车镇的 9 辆房车组成一个车队，浩浩荡荡出发。进入蒙古国境内后，虽然经历了海关和公路交警多重检查甚至扣车等糟心事，但蒙古国美丽的草原风光渐渐使我们一行人对这些不快释怀。进入俄罗斯，远东的原始森林和美丽纯净的贝加尔湖给我们留下了深刻印象。只是道路时好时坏，幸亏我们的梦之旅皮卡房车经得起折腾，一路顺顺当当，没有任何抛锚等故障与麻烦。

这次中蒙俄之行，最突出的感受就是车队出行组织工作太重要了。出国自驾游一定要提前做好计划，并委托可靠的地接单位。不同车镇的洪志伟和于铭靓两位老师作为知名领队，经验丰富，专业水平很高。两位尽心尽职工作，确保了我们中蒙俄之行安全顺利完成。同时还得力于原国家体育总局中国汽车摩托车联合露营分会秘书长郦春韦老师做总指导。郦老师临危不乱，在处理突发事件过程中总能抓住要点，迅速解决问题。

■ 陷车撒哈拉沙漠，当地好心村民挥汗如雨救援，最终却分文不取

■ 用我的新帕萨特拖我的小拖，很轻松

2017 年，为了调研美国房车营地 KOA 的营地管理情况，我又租车在美国西雅图考察了三个 KOA 营地。回国后就吃了个“螃蟹”，买了辆小拖挂房车，一不小心又成为据说是上海第一批上牌的拖挂房车车主。到目前为止，我的小拖在长三角地区行驶没有碰到任何收费和限行等问题。

去年夏天，我和爱人又在租了辆车重游欧洲。在德国期间，顺道去参观了斯图加特奔驰博物馆，感受汽车设计的精美和技术的精湛，听历史故事，体会品牌文化的精粹。从中我发现了一个有趣现象，参观者多为中国人，并且相当一部分人带着十岁以下的儿童。回国前两天，我们还在科隆大教堂附近的莱茵河畔的房车营地露营一晚。恰逢电游铁粉在此举办大赛，营地差点腾不出地方给我们扎帐篷。

环游欧洲期间，从德国直飞顺便去了一趟北非摩洛哥，第一站来到“北非谍影”故事中的卡萨布兰卡，探秘街头小巷和里克的神秘咖啡馆。然后取道红色之城马拉喀什直奔撒哈拉沙漠，在橙黄色的沙丘下驰骋，欣赏骆驼回家和夕阳西下的沙漠风情。摩洛哥的警察对中国人很友好，好几次不小心违章，警察只是提醒注意就放行了。

今年暑假，我将根据疫情发展情况，考虑拖房车去南方走走。明年则计划去日本考察。作为“伪达人”的我，只要时间和条件允许，我还是会说走就走，自驾走四方的。也许等若干年后退休了，我会成为真正的房车达人。

中国汽车露营地地图

新疆维吾尔自治区
西藏自治区
青海
甘
内
四
川
云
南
乌鲁木齐
克拉玛依
阿勒泰
塔城
博乐
伊宁
奎屯
石河子
昌吉
阜康
木垒
巴里坤
伊吾
吐鲁番
哈密
库尔勒
铁门关
库车
阿克苏
阿图什
喀什
伊尔克什坦
叶城
和田
若羌
敦煌
瓜州
嘉峪关
酒泉
张掖
金昌
武威
德令哈
格尔木
西宁
海东
兰州
共和
同仁
合作
玛沁
玉树
噶尔
双湖
那曲
昌都
拉萨
日喀则
山南
林芝
波密
拉孜
芒康
察隅
香格里拉
丽江
攀枝花
泸水
保山
大理
楚雄
昆明
曲靖
玉溪
临沧
普洱
墨江
景洪
勐腊
蒙自
文山
河口
西昌
康定
雅安
乐山
宜宾
成都
绵阳
汶川
马尔康
若尔盖
银川
天水
陇南
广元
南充
遂宁
内江
重庆
昭通
毕节
贵阳
孟加拉湾
恒河口
兰里岛
曼昂岛
比例尺1：1540万

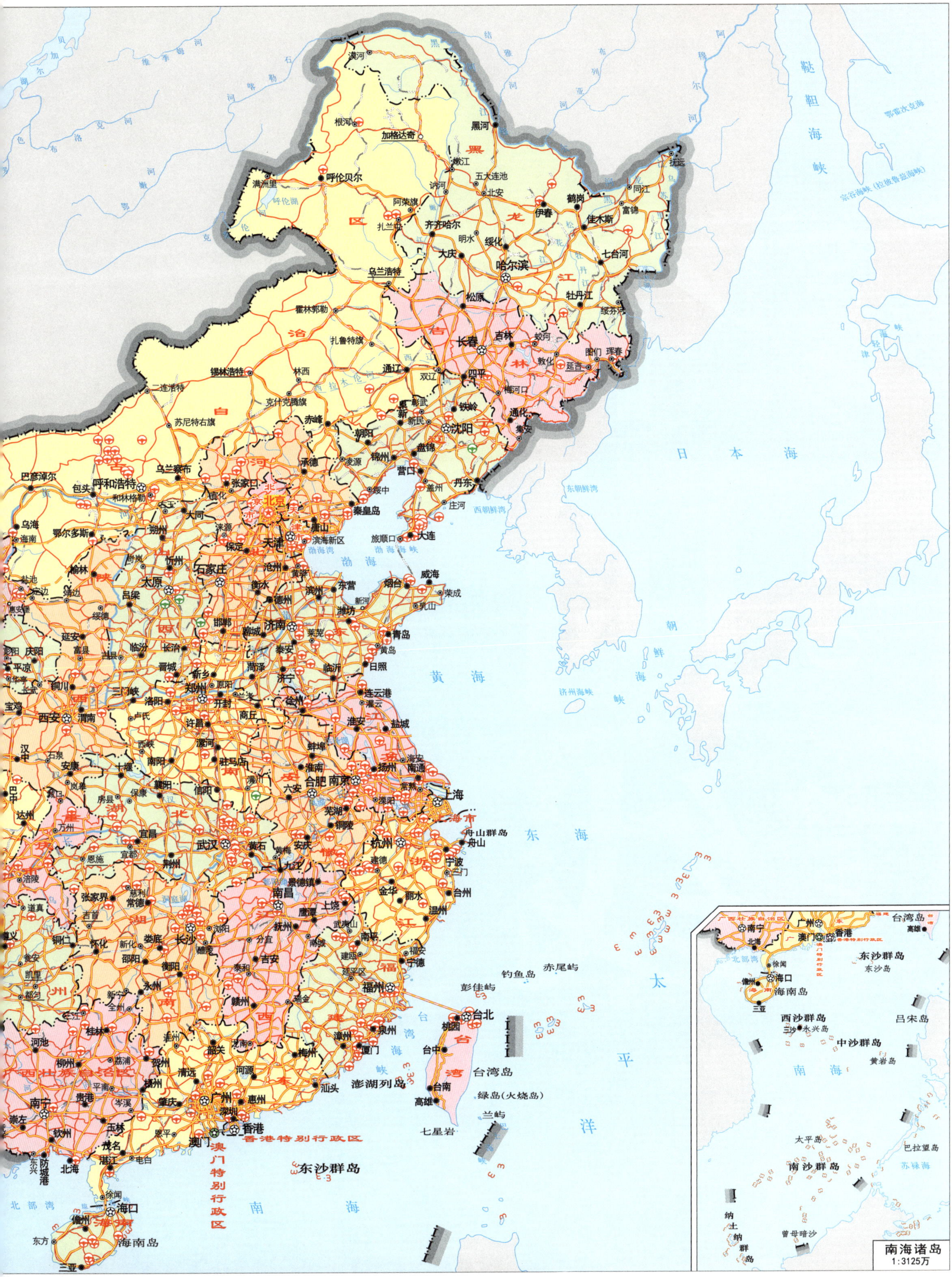

南海诸岛
1:3125万

全国线

QUAN GUO XIAN

线路①・黄河溯源线：黄河口　仰韶文化　壶口　河套　黄河三峡　龙羊峡　黄河源

线路②・长江溯源线：崇明岛　采石矶　三峡　李庄　梅里雪山　澜沧江峡谷　玉树

线路③・红军长征线：瑞金叶坪　通道侗寨　遵义　皎平渡　夹金山　毛尔盖　吴起镇

■ 金沙江大峡谷　刘勃 / 摄

①黄河溯源线地图

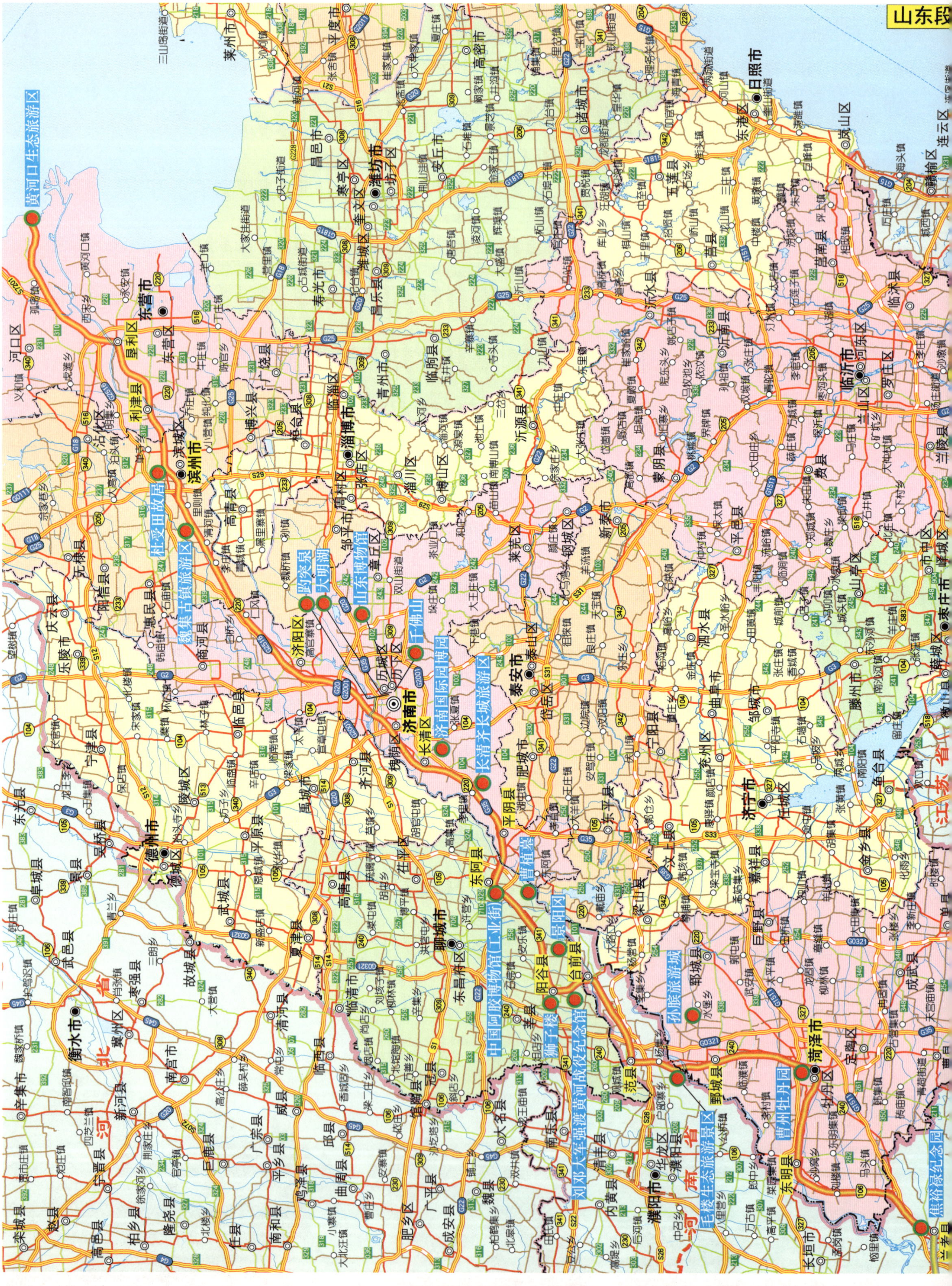

山东段

黄河口生态旅游区
孙子故居
魏集古镇旅游区
趵突泉
大明湖
山东博物馆
千佛山
济南国际园博园
长清齐长城旅游区
曹植墓
中国阿胶博物馆(工业街)
景阳冈
狮子楼
刘邓大军强渡黄河战役纪念馆
孙膑旅游城
王楼生态旅游景区
曹州牡丹园
焦裕禄纪念园

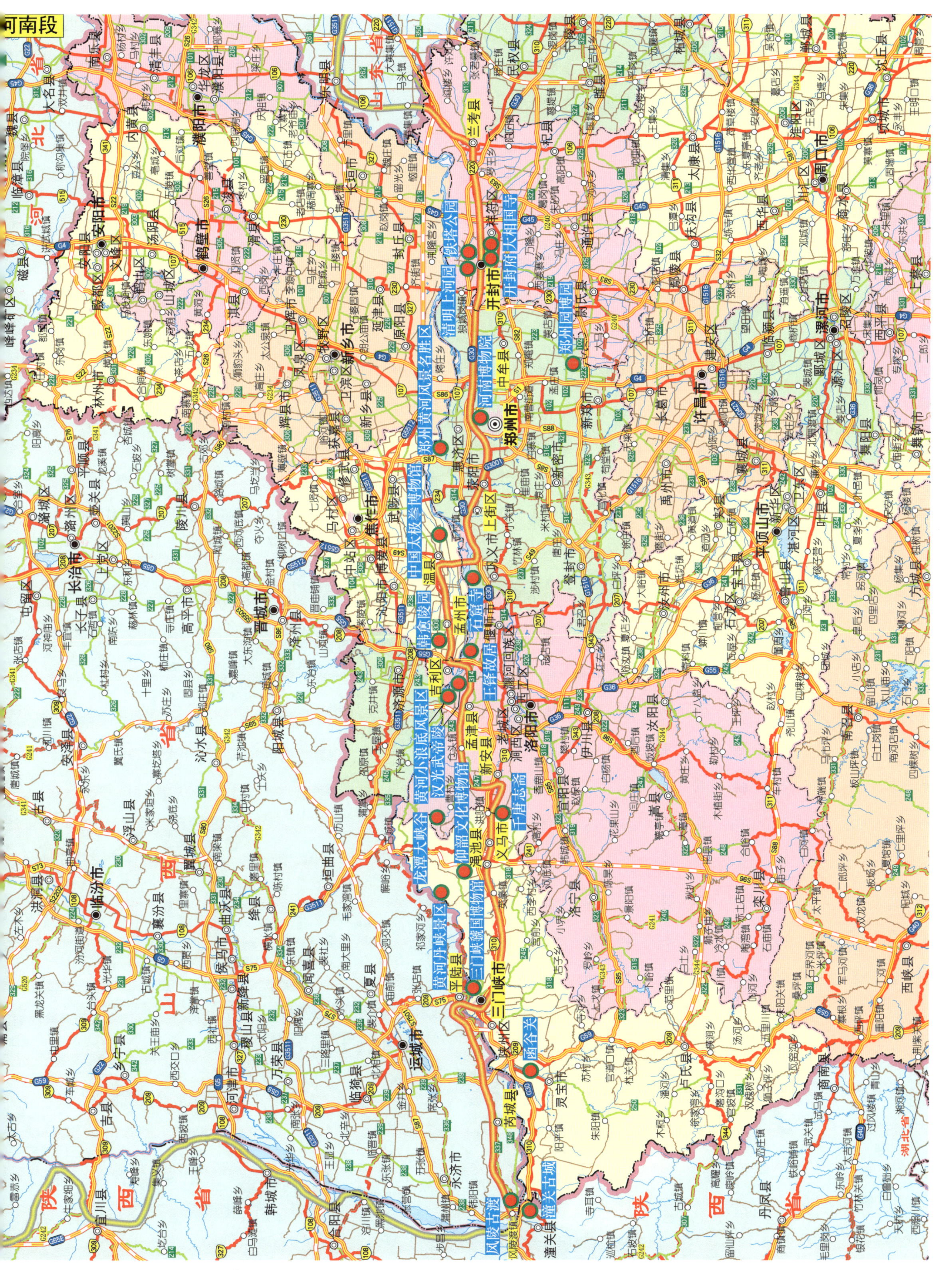
河南段
郑州市
开封市
洛阳市
三门峡市
许昌市
清明上河园
铁塔公园
开封府(大相国寺)
郑州园博园
河南博物院
郑州黄河风景名胜区
中国太极拳博物馆
韩愈陵园
石窟寺
王铎故居
黄河小浪底风景区
汉光武帝陵
仰韶文化博物馆
龙潭大峡谷
黄河丹峡景区
三门峡虢国博物馆
函谷关
潼关古城
风陵古渡

①黄河溯源线地图

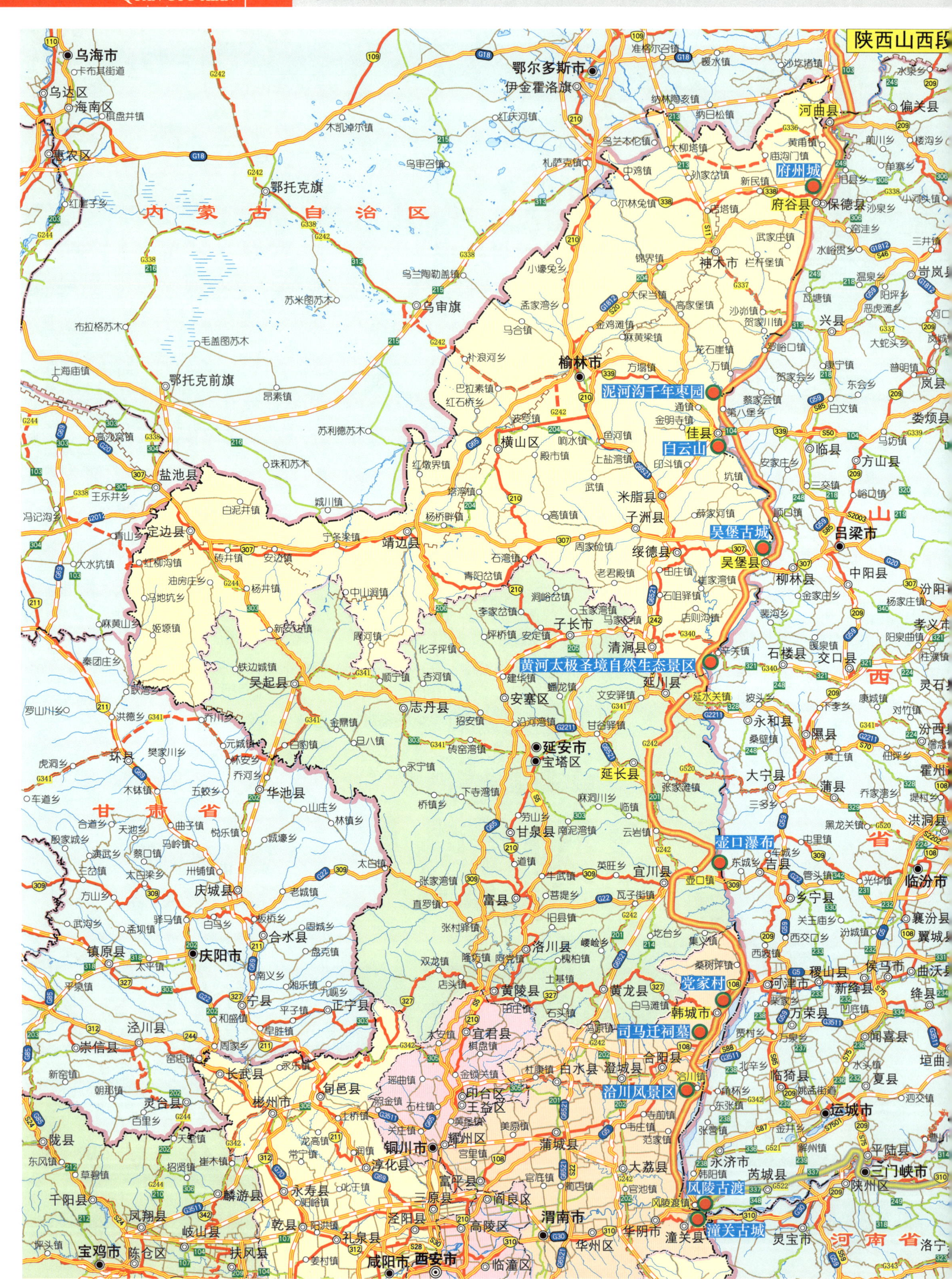

陕西山西段
乌海市
鄂尔多斯市
伊金霍洛旗
内蒙古自治区
鄂托克旗
乌审旗
鄂托克前旗
河曲县
府州城
府谷县
保德县
神木市
兴县
榆林市
泥河沟千年枣园
佳县
白云山
临县
横山区
米脂县
子洲县
吴堡古城
吴堡县
吕梁市
柳林县
绥德县
中阳县
盐池县
定边县
靖边县
子长市
清涧县
黄河太极圣境自然生态景区
石楼县
交口县
吴起县
志丹县
安塞区
延川县
延水关镇
永和县
隰县
延安市
宝塔区
延长县
大宁县
蒲县
甘肃省
环县
华池县
甘泉县
壶口瀑布
吉县
临汾市
庆城县
富县
宜川县
乡宁县
合水县
庆阳市
镇原县
洛川县
黄陵县
黄龙县
党家村
韩城市
河津市
稷山县
新绛县
宁县
正宁县
司马迁祠墓
万荣县
泾川县
崇信县
宜君县
合阳县
闻喜县
长武县
彬州市
旬邑县
白水县
澄城县
洽川风景区
临猗县
灵台县
铜川市
耀州区
蒲城县
运城市
大荔县
永济市
芮城县
三门峡市
陕州区
陇县
千阳县
凤翔县
麟游县
永寿县
淳化县
富平县
三原县
阎良区
风陵古渡
潼关古城
岐山县
乾县
泾阳县
高陵区
渭南市
华阴市
潼关县
灵宝市
河南省
宝鸡市
陈仓区
扶风县
礼泉县
咸阳市
西安市
临潼区
华州区
山西省

内蒙古段
包头市
鄂尔多斯市
巴彦淖尔市
乌海市
北方兵器城
南海湿地景区
响沙湾旅游区
五当召
乌梁素海
库布其国家沙漠公园
中国河套文化博物院
黄河河套文化旅游区
黄河三盛公水利风景区
冯玉祥西北军粮仓博物馆
乌海湖
磴口县
乌拉特前旗
乌拉特后旗
杭锦后旗
五原县
固阳县
武川县
石拐区
土默特左旗
土默特右旗
托克托县
达拉特旗
准格尔旗
东胜区
伊金霍洛旗
杭锦旗
鄂托克旗
乌审旗
海南区
乌达区
惠农区
陕西省
府谷县
保德县
河曲县
偏关县
神木市
兴县
岢岚县
宁夏回族自治区
石嘴山市
平罗县
贺兰县
银川市

①黄河溯源线地图

宁夏段
甘肃省
内蒙古自治区
阿拉善左旗
巴润别立镇
嘉尔嘎勒赛汉镇
腾格里额里斯苏木
温都尔勒图镇
宗别立镇
古勒本敖包镇
乌斯太镇
海南区
公乌素
河滨街道
火车站街道
惠农区
石炭井街道
育才街道
尾闸镇
巴音陶亥
红果子镇
沟口街道
长兴街道
燕子墩乡
礼和乡
石嘴山市
黄渠桥镇
红崖子乡
长胜街道
灵沙乡
高庄乡
太西街道
头闸镇
崇岗镇
平罗县
渠口乡
陶乐镇
姚伏镇
通伏乡
洪广镇
高仁乡
常信乡
立岗镇
镇北堡镇
月牙湖乡
丰登镇
贺兰县
黄沙古渡原始生态旅游区
银川市
西夏区
兴庆区
通贵乡
西夏王陵
金凤区
大新镇
兴泾镇
望远镇
黄河军事文化博览园
宁夏川民俗园
胜利乡
临河镇
永宁县
上海庙镇
闽宁镇
李俊镇
望洪镇
梧桐树乡
磁窑堡镇
邵刚镇
灵武市
叶盛镇
东塔镇
黄河楼
青铜峡市
崇兴镇
大坝镇
古城镇
吴忠市
金积镇
金银滩镇
高闸镇
金沙湾中华黄河坛景区
青铜峡镇
白土岗乡
青铜峡旅游区
扁担沟镇
马家滩镇
孙家滩开发区
渠口农场
冯记沟乡
白马乡
石空镇
中卫市
镇罗镇
中宁县
鸣沙镇
沙坡头旅游区
迎水桥镇
宣和镇
余丁乡
恩和镇
常乐镇
永康镇
大水坑镇
惠安堡镇
沙泉街道
大河乡
太阳山镇
红寺堡区
大战场乡
南川乡
韦州镇
五佛乡
下马关镇
甜水镇
兴隆乡
香山乡
河西镇
石门乡
永新乡
北滩乡
喊叫水乡
双龙乡
丁塘镇
同心县
东升乡
五合乡
田老庄乡
兴仁镇
徐套乡
王家山镇
兴隆乡
南湫乡
王团镇
马高庄乡
甘肃省
中泉乡
靖安乡
高崖乡
豫旺镇
水泉镇
蒿川乡
关桥乡
宝积乡
平川区
张家垣乡
刘川乡
三滩乡
东湾镇
李旺镇
小南沟乡
糜滩乡
共和镇
黄峤乡
西安镇
海原县
甘城乡
靖远县
海城镇
史店乡
贾塘乡
树台乡
七营镇

甘肃青海段
宁夏回族自治区
青海省
四川省
法泉寺石窟
兰州水车博览园
什川古梨园
甘肃省博物馆
黄河三峡风景名胜区
炳灵寺石窟
兰州黄河铁桥
孟达天池
贵德国家地质公园
贵德黄河清国家湿地公园
龙羊峡水库
尕玛羊曲黄河特大桥
拉加寺
玛多黄河源旅游区
兰州市
西宁市
白银市
海东市
定西市
武威市
中卫市
陇南市
合作市
临夏市

②长江溯源线地图

上海段

江苏省

崇明岛

长兴岛

横沙岛

启东市
汇龙镇
新安镇
东海镇
惠丰镇
惠萍镇
大兴镇
和合镇
黄金海岸
海门市永隆沙农场
海永乡
启隆乡
新江隆沙
三星镇
庙镇
港西镇
建设镇
城桥镇
崇明区
竖新镇
港沿镇
新河镇
堡镇
向化镇
中兴镇
陈家镇
崇启大桥
浏河镇
长兴乡
上海长江大桥
上海长江隧道
罗泾镇
三槐企业
月浦镇
罗店镇
徐行镇
宝山区
嘉定区
杨行镇
顾村镇
马陆镇
高桥镇
高东镇
庙行镇
南翔镇
大场镇
高行镇
东方明珠电视塔
普陀区
上海博物馆
外滩
虹口区
杨浦区
曹路镇
金桥镇
江桥镇
天目西路街道
上海市
长风新村街道
长宁区
静安区
黄浦区
瑞金二路街道
浦东新区
上海城隍庙
上海科技馆
合庆镇
华漕镇
唐镇
张江镇
徐汇区
川沙新镇
北蔡镇
虹桥镇
七宝镇
九里亭街道
三林镇
康桥镇
上海野生动物园

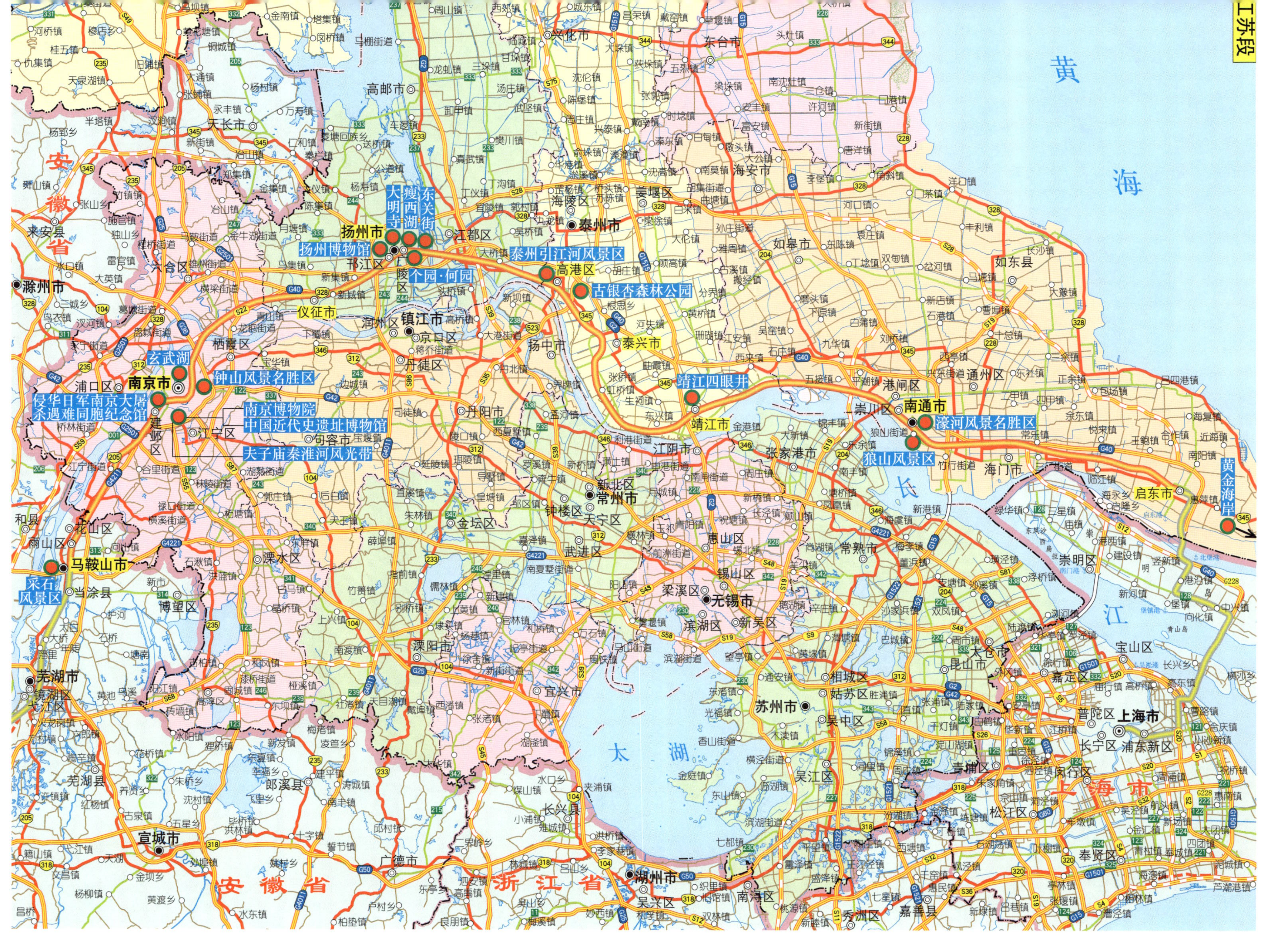
江苏段
黄海
长江
太湖
上海市
南通市
濠河风景名胜区
狼山风景区
黄金海岸
启东市
海门市
靖江四眼井
靖江市
泰兴市
古银杏森林公园
泰州引江河风景区
泰州市
高港区
扬州市
扬州博物馆
大明寺
瘦西湖
东关街
个园·何园
邗江区
江都区
仪征市
镇江市
丹阳市
南京市
玄武湖
钟山风景名胜区
侵华日军南京大屠杀遇难同胞纪念馆
南京博物院
中国近代史遗址博物馆
夫子庙秦淮河风光带
句容市
常州市
江阴市
张家港市
常熟市
无锡市
宜兴市
溧阳市
苏州市
昆山市
太仓市
湖州市
长兴县
马鞍山市
采石风景区
芜湖市
宣城市
滁州市
来安县
天长市
高邮市
海安市
如皋市
如东县
东台市
安徽省
浙江省

②长江溯源线地图

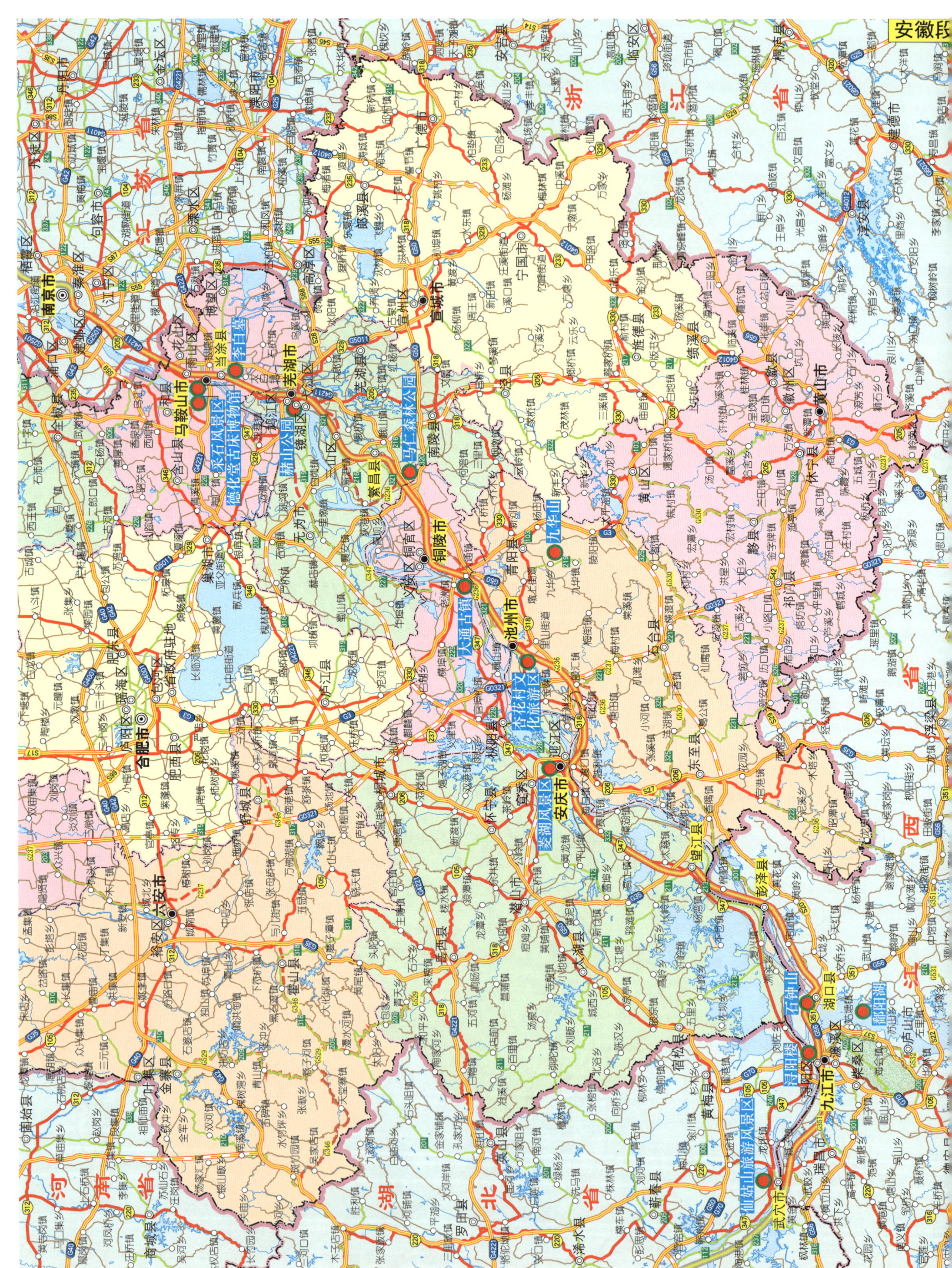

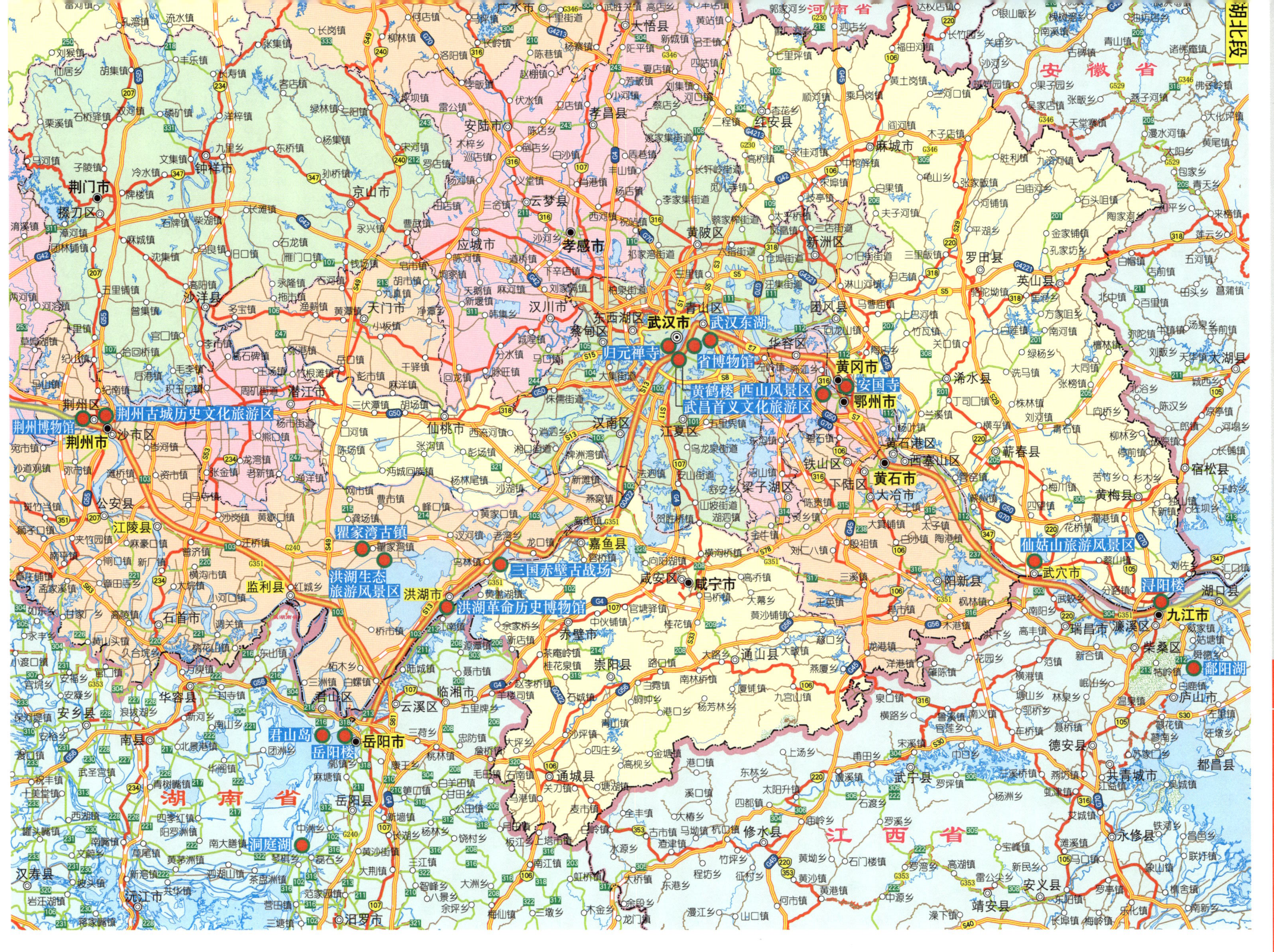
湖北段
河南省
安徽省
湖南省
江西省
武汉市
武汉东湖
归元禅寺
省博物馆
黄鹤楼
西山风景区
武昌首义文化旅游区
黄冈市
安国寺
鄂州市
黄石市
咸宁市
孝感市
荆门市
荆州市
荆州博物馆
荆州古城历史文化旅游区
瞿家湾古镇
洪湖生态旅游风景区
三国赤壁古战场
洪湖革命历史博物馆
仙姑山旅游风景区
浔阳楼
九江市
鄱阳湖
君山岛
岳阳楼
岳阳市
洞庭湖

②长江溯源线地图

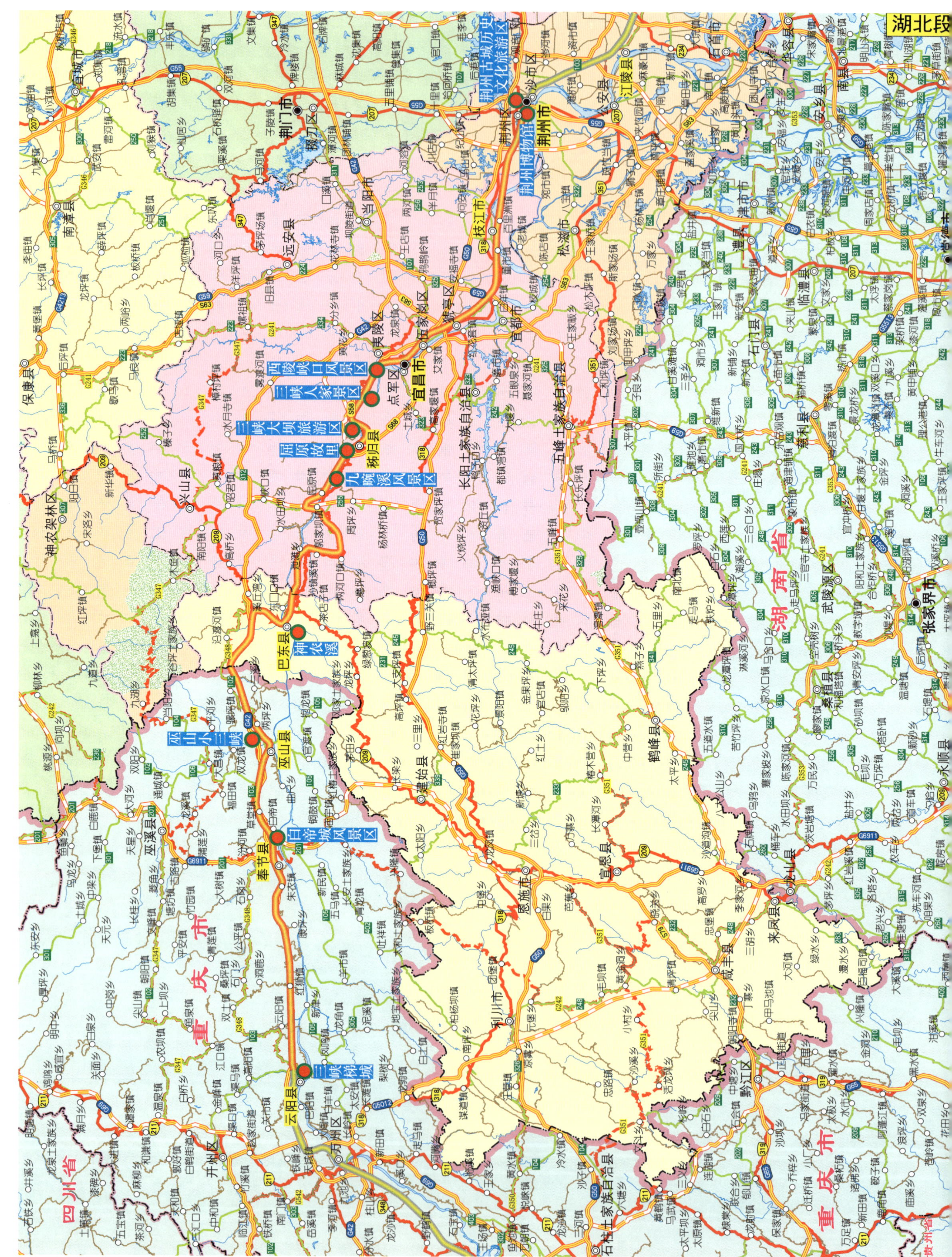

湖北段
荆州市
荆州古城历史文化旅游区
荆州博物馆
沙市区
荆州区
枝江市
松滋市
宜都市
宜昌市
西陵峡口风景区
三峡人家景区
三峡大坝旅游区
屈原故里
秭归县
九畹溪风景区
长阳土家族自治县
五峰土家族自治县
兴山县
远安县
当阳市
荆门市
南漳县
保康县
神农架林区
巴东县
神农溪
巫山小三峡
巫山县
白帝城风景区
奉节县
巫溪县
建始县
鹤峰县
恩施市
宣恩县
利川市
咸丰县
来凤县
三峡梯城
云阳县
万州区
开州区
石柱土家族自治县
黔江区
张家界市
桑植县
湖南省
重庆市
四川省

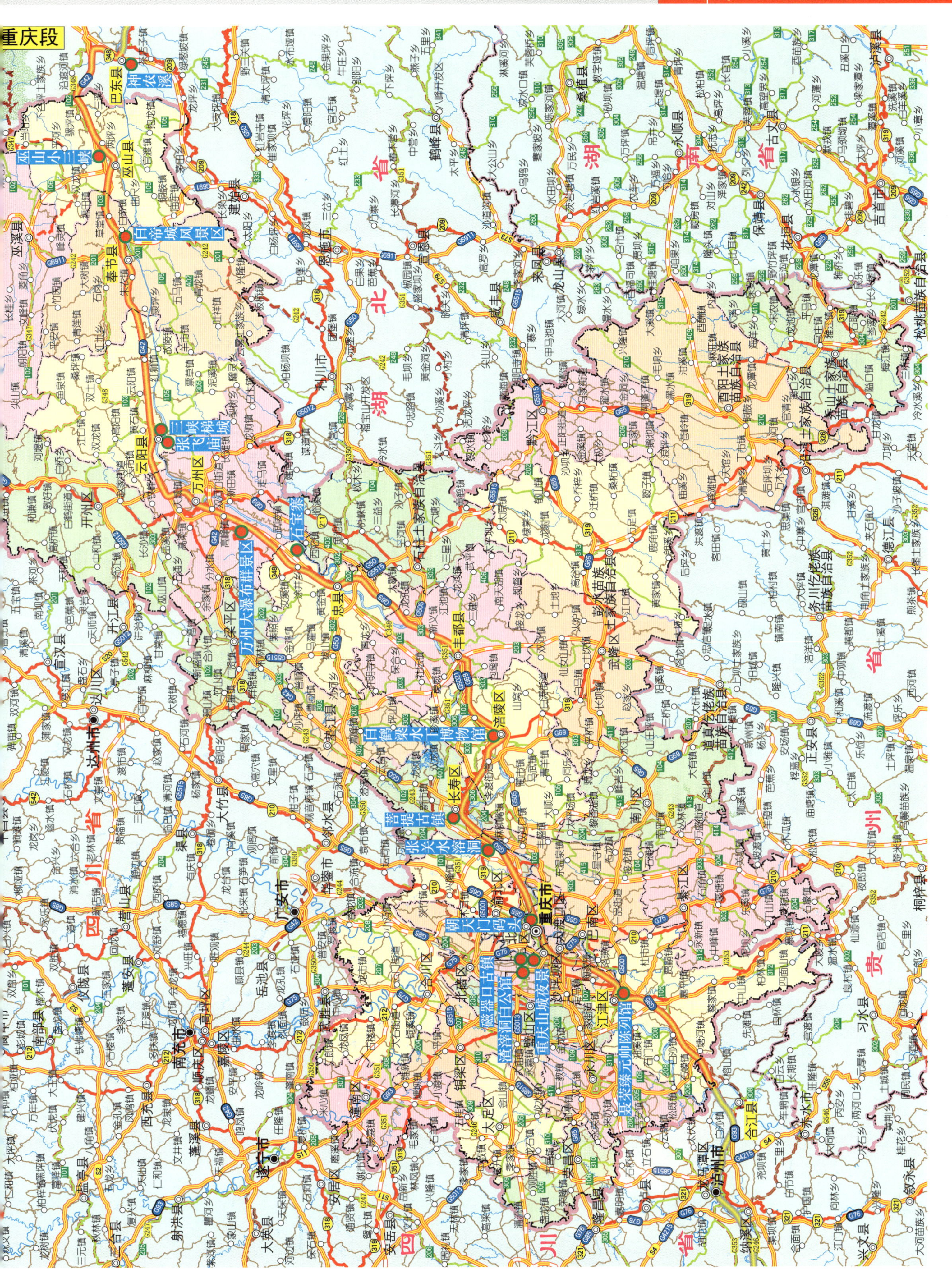
重庆段
神农溪
巴东县
巫山县
奉节县
白帝城风景区
云阳县
万州区
开州区
石宝寨
万州大瀑布群景区
忠县
丰都县
涪陵区
白鹤梁水下博物馆
长寿区
重庆市
磁器口古镇
重庆山城夜景
江津区
聂荣臻元帅陈列馆
达州市
广安市
南充市
遂宁市
泸州市
合江县
湖北省
湖南省
贵州省
四川省

②长江溯源线地图

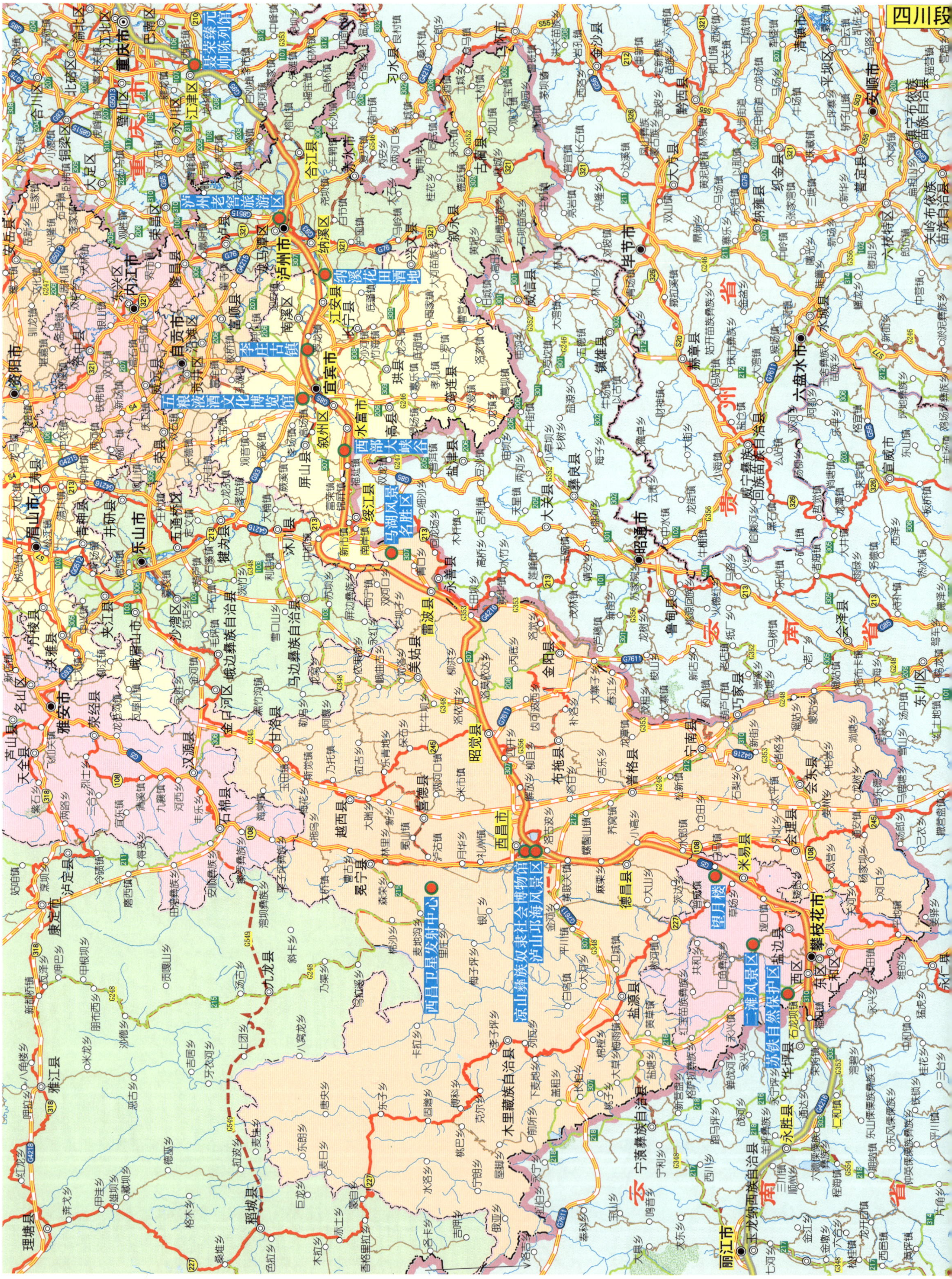
四川段
重庆市
泸州市
宜宾市
自贡市
内江市
资阳市
眉山市
乐山市
雅安市
西昌市
攀枝花市
昭通市
毕节市
六盘水市
安顺市
丽江市

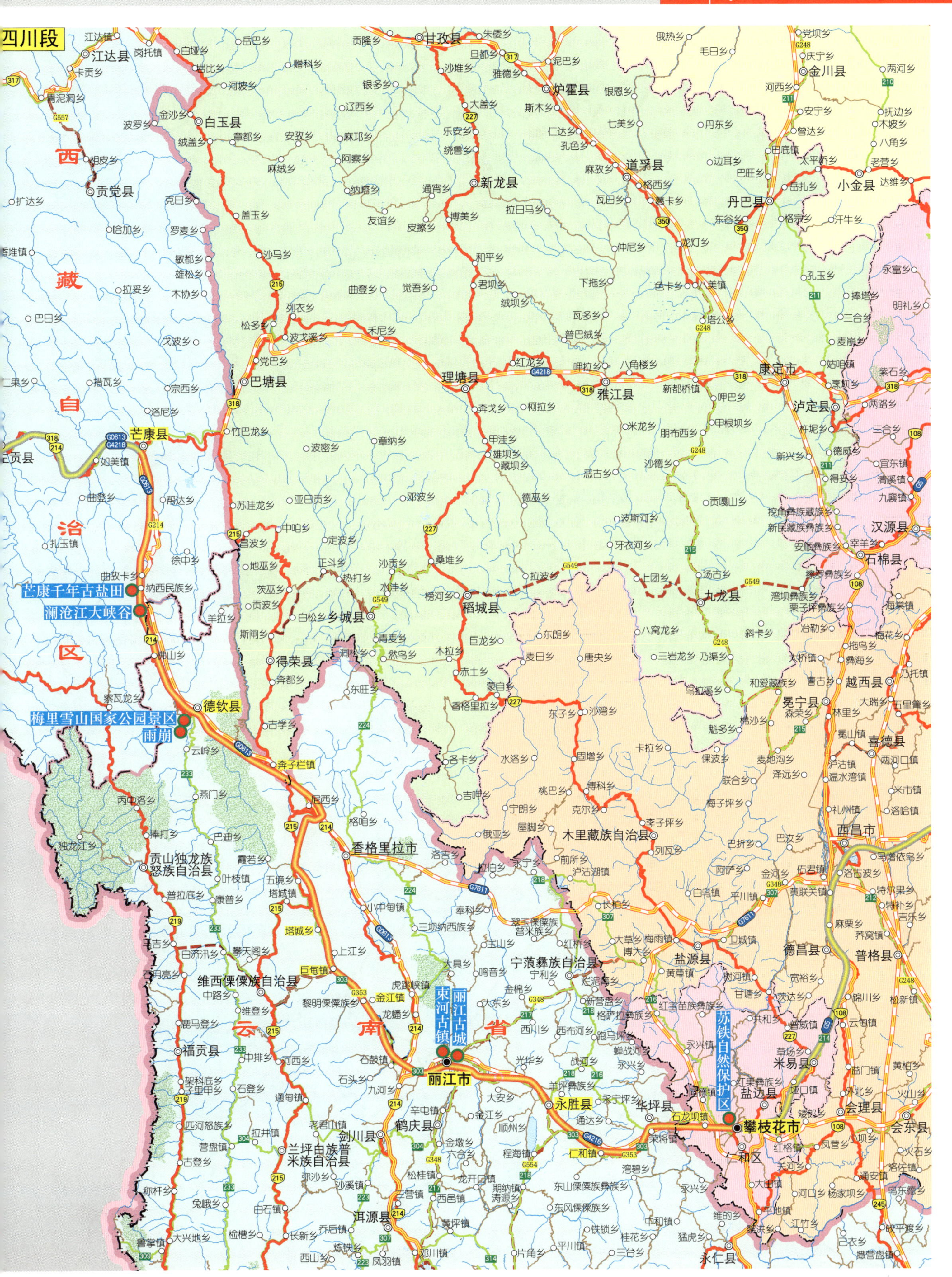
四川段
西藏自治区
云南省
甘孜县
炉霍县
道孚县
丹巴县
金川县
小金县
白玉县
新龙县
江达县
贡觉县
巴塘县
理塘县
雅江县
康定市
泸定县
芒康县
乡城县
稻城县
得荣县
九龙县
德钦县
汉源县
石棉县
越西县
冕宁县
喜德县
西昌市
木里藏族自治县
盐源县
德昌县
普格县
米易县
盐边县
会理县
会东县
攀枝花市
仁和区
华坪县
永胜县
宁蒗彝族自治县
丽江市
鹤庆县
剑川县
洱源县
永仁县
香格里拉市
维西傈僳族自治县
贡山独龙族怒族自治县
福贡县
兰坪白族普米族自治县
芒康千年古盐田
澜沧江大峡谷
梅里雪山国家公园景区
雨崩
束河古镇
丽江古城
苏铁自然保护区

②长江溯源线地图

西藏段
青海省
四川省
云南省
玉树市
嘎结古寺
玉树州博物馆
称多县
杂多县
石渠县
囊谦县
类乌齐寺
类乌齐县
丁青县
昌都市
江达县
德格县
白玉县
贡觉县
察雅县
边坝县
洛隆县
八宿县
美玉草原
左贡县
芒康县
巴塘县
波密县
林芝市
墨脱县
米林县
察隅县
芒康千年古盐田
澜沧江大峡谷
梅里雪山国家公园景区
雨崩
德钦县
贡山独龙族怒族自治县
得荣县
雅鲁藏布江

江西段
叶坪红色旅游景区
共和国摇篮景区
中央革命根据地历史博物馆
瑞金市
会昌县
汉仙岩风景区
福建省
广东省
于都县
中央红军长征出发地
于都县屏山旅游区
安远县
寻乌县
兴国县
宁都县
赣县区
赣州市
章贡区
南康区
大圣寺塔
信丰县
龙南县
万安县
遂川县
上犹县
阳岭国家森林公园
丫山景区
崇义县
大余县
梅关古道
南雄市
上堡梯田
始兴县
仁化县
汝城县
桂东县
炎陵县
湖南省
广东省
武平县

③红军长征线地图

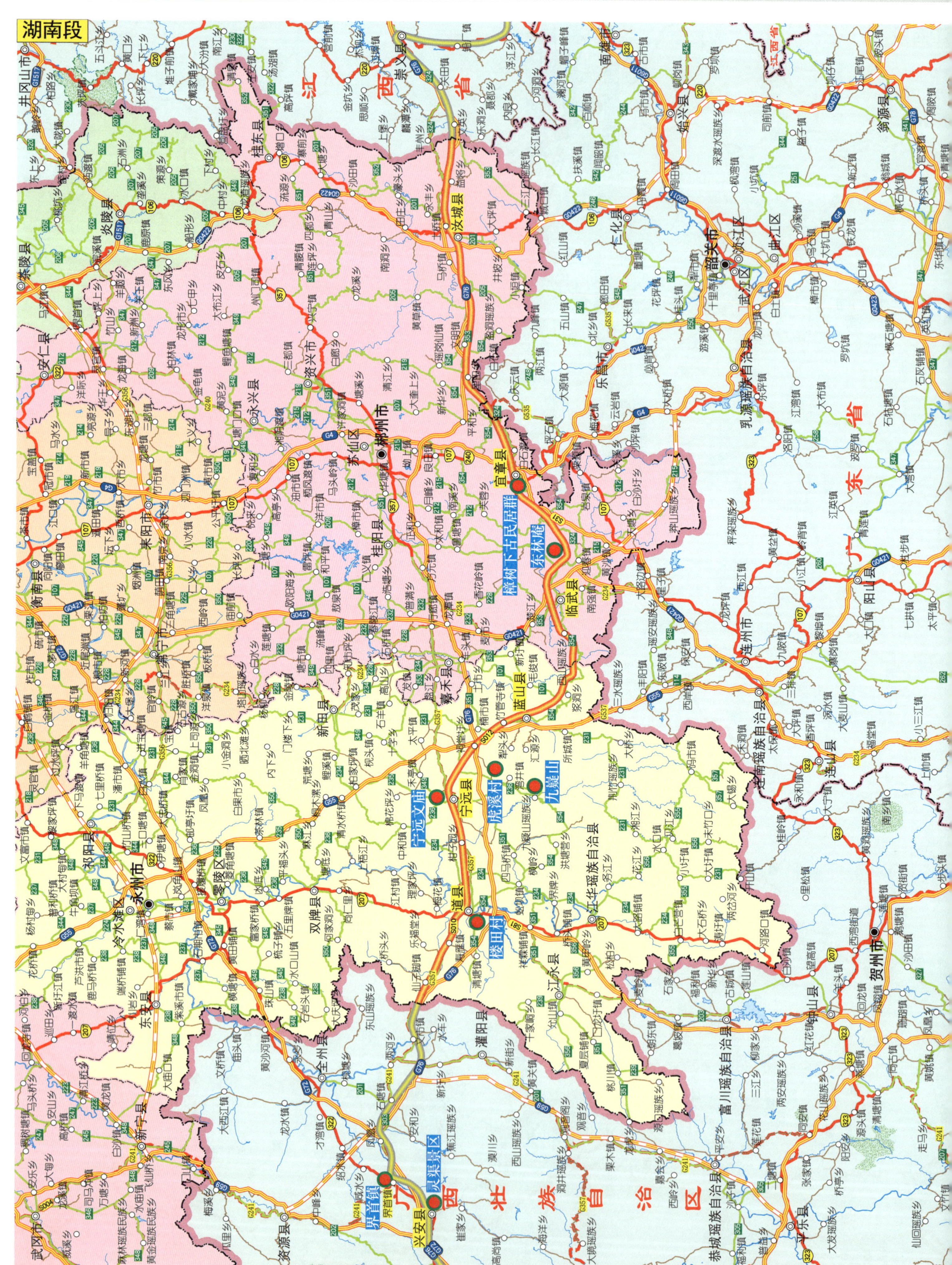

湖南段
江西省
广东省
广西壮族自治区
郴州市
永州市
韶关市
贺州市
汝城县
宜章县
临武县
嘉禾县
蓝山县
宁远县
道县
江永县
江华瑶族自治县
新田县
双牌县
桂阳县
资兴市
永兴县
苏仙区
北湖区
来阳市
常宁市
祁阳县
零陵区
冷水滩区
东安县
新宁县
全州县
灌阳县
兴安县
资源县
炎陵县
茶陵县
安仁县
衡南县
耒阳市
桂东县
乐昌市
仁化县
始兴县
南雄市
乳源瑶族自治县
连州市
阳山县
连山壮族瑶族自治县
连南瑶族自治县
富川瑶族自治县
恭城瑶族自治县
平乐县
钟山县
江永县
武冈市
井冈山市
崇义县
翁源县
浈江区
武江区
曲江区
桂东
宁远文庙
虎溪村
九嶷山
楼田村
东林舵
樟树下古民居群
灵渠景区
界首镇

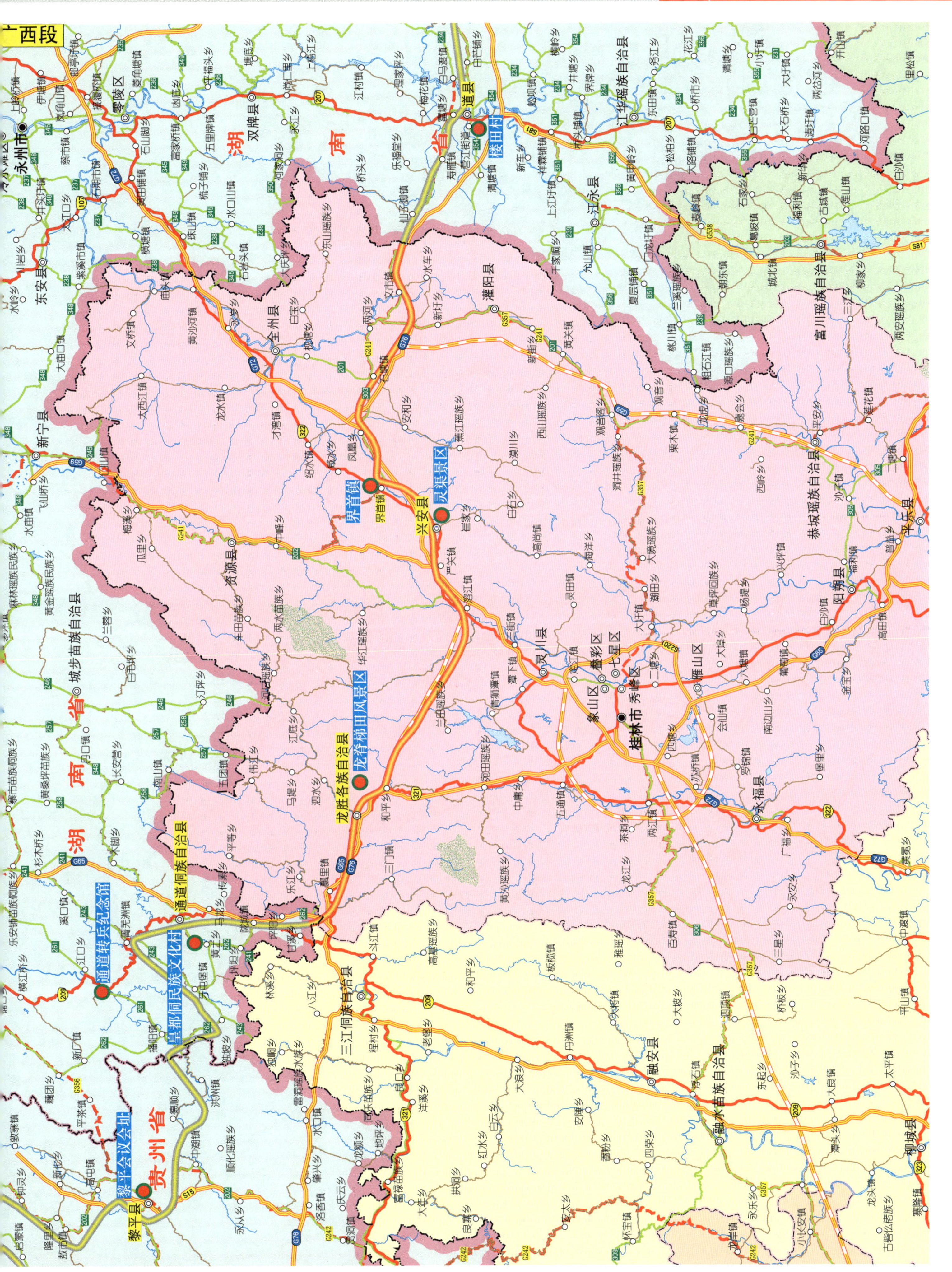
广西段
永州市
零陵区
双牌县
道县
楼田村
江华瑶族自治县
江永县
东安县
全州县
灌阳县
富川瑶族自治县
新宁县
界首镇
兴安县
灵渠景区
资源县
城步苗族自治县
恭城瑶族自治县
平乐县
阳朔县
灵川县
桂林市
秀峰区
叠彩区
七星区
象山区
雁山区
永福县
龙胜各族自治县
龙脊梯田风景区
通道侗族自治县
通道转兵纪念馆
皇都侗民族文化村
三江侗族自治县
融安县
融水苗族自治县
柳城县
黎平县
黎平会议会址
湖南省
贵州省

③红军长征线地图

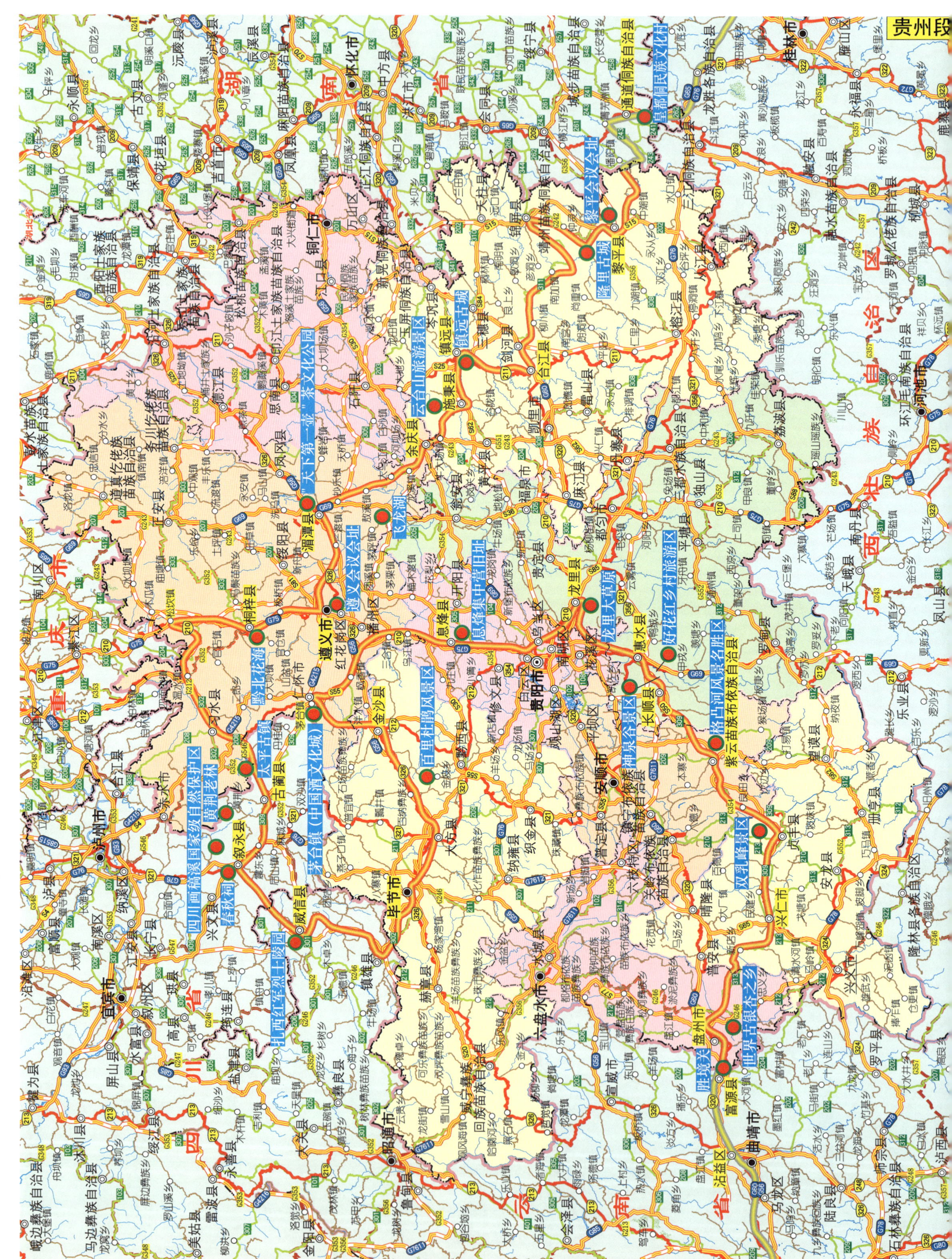

云南段
安顺场景区
石棉县
孟获城
甘洛县
冕宁县
越西县
冕宁红军长征纪念馆
灵山旅游景区
西昌卫星发射中心
喜德县
四
川
省
昭觉县
西昌市
凉山彝族奴隶社会博物馆
泸山邛海风景区
布拖县
金阳县
德昌县
普格县
宁南县
米易县
会理会议遗址
会理县
会东县
攀枝花市
仁和区
盐边县
皎平渡
皎平渡乡
马边彝族自治县
屏山县
雷波县
美姑县
犍为县
沐川县
宜宾市
叙州区
南溪区
江安县
长宁县
高县
珙县
筠连县
兴文县
叙永县
泸州市
龙马潭区
纳溪区
富顺县
沿滩区
贡井区
绥江县
水富市
永善县
盐津县
大关县
彝良县
威信县
镇雄县
昭通市
鲁甸县
巧家县
赫章县
毕节市
威宁彝族回族苗族自治县
纳雍县
六盘水市
水城县
会泽县
宣威市
东川区
寻甸回族彝族自治县
禄劝彝族苗族自治县
沾益区
曲靖市
富源县
胜境关
盘州市
嵩明县
马龙区
陆良县
罗平县
师宗县
富民县
禄丰县
武定县
元谋县
五华区
盘龙区
西山区
官渡区
昆明市
安宁市
宜良县
石林彝族自治县
呈贡区
晋宁区
澄江市
易门县
双柏县
贵
州
省
镇宁布依族苗族自治县
普安县
晴隆县
兴仁市
兴义市
隆林县各族自治区

③红军长征线地图

四川段
甘肃省
青海省
云南省
腊子口景区
俄界会议旧址
巴西会议遗址
毛尔盖会议会址
达古冰川风景名胜区
卓克基土司官寨
马尔康红军长征纪念馆
两河口会议会址
红军懋功会议遗址
夹金山风景区
硗碛藏寨·神木垒景区
二郎山喇叭河旅游景区
二郎山
泸定县
泸定桥
海螺沟冰川国家森林公园
安顺场景区
孟获城
冕宁红军长征纪念馆
灵山旅游景区
成都市
雅安市
乐山市
眉山市
德阳市
绵阳市
陇南市
资阳市
自贡市
宜宾市
内江市
马尔康市
小金县
宝兴县
天全县
石棉县
冕宁县
越西县
松潘县
若尔盖县
黑水县
金川县
红原县
阿坝县
壤塘县
色达县
炉霍县
道孚县
丹巴县
康定市
理塘县
雅江县
九龙县
稻城县
新龙县
班玛县
久治县
玛曲县
迭部县
舟曲县
九寨沟县
茂县
汶川县
理县
都江堰市

甘肃段
吴起镇革命旧址
吴起县
中央红军长征胜利纪念园
志丹县
安塞区
西安市
咸阳市
铜川市
宝鸡市
汉中市
庆阳市
平凉市
固原市
天水市
陇南市
定西市
白银市
兰州市
临夏市
合作市
会宁县
宁夏回族自治区
将台堡红军会师纪念馆
红军长征界石铺纪念园
红军会宁会师旧址
榜罗会议纪念馆
武山水帘洞景区
狼渡湿地草原
哈达铺红军长征纪念馆
腊子口景区
俄界会议旧址
巴西会议遗址
四川省
青海省
陕西省

线路① · 黄河溯源线

人文景观

杜受田故居

杜受田故居是清朝帝师杜受田的旧居，也是杜家众多名臣的旧居。这座建筑为四合大院，占地约 25 亩，内含 28 个小院，有堂屋、绣楼、厢房、祠堂等房屋 300 余间。现仅存绣楼、客厅和部分堂屋、厢房。建筑风格简单、朴实，具有典型的明清鲁北建筑特色。

地址： 山东省滨州市滨城区滨北街道南街

门票： 50 元 / 人

开放时间： 8:00~17:00

魏集古镇旅游区

魏集也叫魏家集。明洪武年间，魏氏先祖魏自显于河北枣强迁居于此，因立有集市，故取名魏家集。镇内有目前发现的我国最大、保存最完整的清代城堡式民居魏氏庄园，系晚清武定府同知魏肇庆的宅第，建成于 1893 年，由城堡式住宅区、广场、池塘、花园等部分组成。魏集古镇是国家 AAAA 级旅游区，以庄园为依托，汇聚了手工作坊街、民俗文化街、小吃主体街、农家乐、特色民宿客栈等旅游模块。通过文物保护、非遗展示、风味小吃等体现古镇风貌。

地址： 山东省惠民县魏集镇魏集村

门票： 50 元 / 人（魏氏庄园）

开放时间： 9:00~17:00

趵突泉 （见华东区 P169）

大明湖 （见华东区 P170）

千佛山 （见华东区 P170）

山东博物馆 （见华东区 P170）

免费 济南国际园博园

济南国际园博园是第七届中国（济南）国际园林花卉博览会的会址，占地面积 5176 亩，其中陆地面积 3736 亩，是目前国内最大的陆地园博园。园区展园总数达 108 个，包括 17 个省内城市、45 个国内其他城市以及 21 个国外城市，9 个设计师展园和 13 个专类园，可谓异彩纷呈，美不胜收。

济南国际园博园

地址： 山东省济南市大学路 3366 号

开放时间： 8:30~16:30

长清齐长城旅游区

齐长城西起济南长清区南部，向东到泰安至胶南琅琊台入海，是我国唯一起于黄河止于大海的长城，也是我国最早的长城。目前，在长清大峰山顶保存有 1500 多米齐长城遗迹，以及 200 多间屯兵营房，适合游览访古。

地址： 山东省济南市长清区孝里镇广里村

门票： 40 元 / 人

开放时间： 8:00~18:00

中国阿胶博物馆

中国阿胶博物馆由我国最大的阿胶生产企业东阿阿胶集团出资兴建，是我国首家以阿胶发展为主题的专题博物馆。博物馆共设有 11 个展厅，由古代和现代两部分组成。其中古代部分主要体现阿胶从古至今的发展演化过程；现代部分主要表现的是现代阿胶人的艰辛创业历程和辉煌成就。

地址： 山东省东阿县阿胶街 78 号

门票： 30 元 / 人

开放时间： 8:30~17:30

景阳冈

景阳冈因《水浒传》所述武松打虎而闻名，随着历史变迁，如今已变成一片缓起的沙冈。沙冈顶部有一座始建于明朝的武松庙。1994 年，景区开发建设时，又发现了龙山文化城遗址。目前，主要景点有三碗不过冈酒店、武松打虎处、乡民告示处、县衙告示处等。

地址： 山东省阳谷县张秋镇 021 县道附近

门票： 30 元 / 人

开放时间： 8:30~17:00

曹植墓

曹植是三国时期魏国著名文学家、建安文学代表人物。生前曾被封为东阿王，在东阿时常登鱼山游览，有安寝于此的愿望，死后其子遵嘱将其葬于此。墓冢始建于三国魏太和七年，依山以砖石垒筑而成，占地面积约 1200 余亩。新中国成立初期曾清理出 132 件文物，后对墓园进行了修缮，始成今日风貌。

地址： 山东省东阿县铜鱼路东 100 米

门票： 20 元 / 人

开放时间： 8:30~17:00

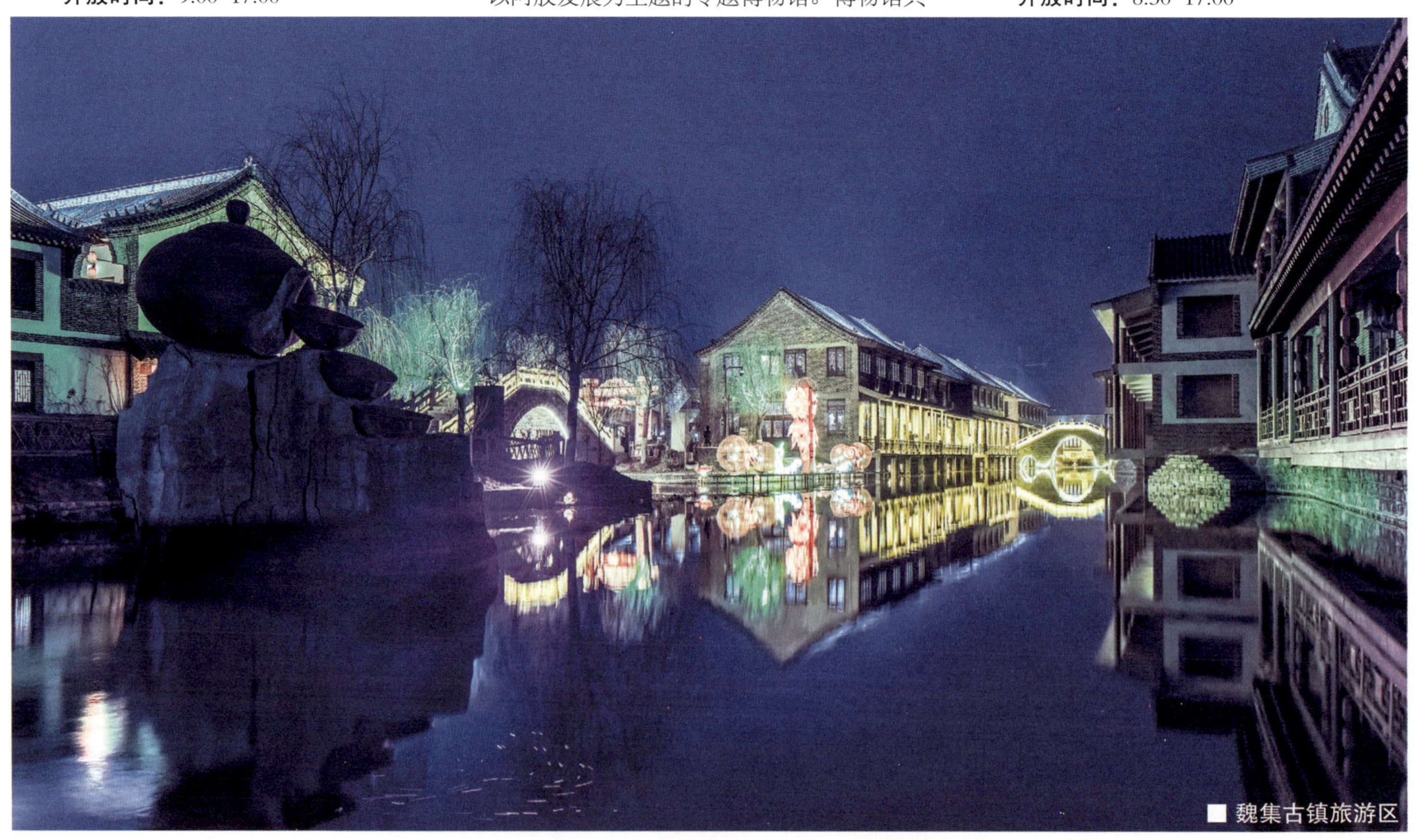

■ 魏集古镇旅游区

狮子楼

狮子楼始建于宋景佑三年，因水浒英雄武松为兄报仇在此怒杀西门庆，而使其名扬四海。今天的狮子楼为 1983 年重修，是一座两层五开间的宋式建筑。当代名人沈雁冰、刘海粟、李苦禅、顾颉刚等均有题咏留此。目前，以狮子楼为中心兴建了《水浒传》《金瓶梅》文化旅游区，主要景点有王婆茶馆、武大郎家、冷酒馆、纸扎店、西门药店等。

地址：山东省阳谷县紫荆街 1 号

门票：40 元 / 人

开放时间：8:00~17:30

免费 刘邓大军强渡黄河战役纪念馆

刘邓大军强渡黄河战役纪念馆位于当年战役的中心渡口附近，共设置了 9 个展厅，分别为序厅、战略态势、渡前准备、强渡黄河、渡河战役、人民支前、革命儿女、老区新貌、治黄成就。通过大量图片、文字资料及实物，生动再现了刘邓大军强渡黄河的动人场景，体现了战争年代老区人民和子弟兵的鱼水深情。

地址：山东省阳谷县城南寿张镇沙河崖村

孙膑旅游城

孙膑旅游城是在古亿城寺遗址基础上兴建的大型旅游景区，共划分为孙膑纪念区、佛教文化区、园林游览区三大区域，主要景点有孙膑纪念馆、孙膑墓、佛塔、孙膑书院、圆融湖、天王殿、约帅殿、大雄宝殿等。整个旅游城内遍植各种树木花草，非常适合休闲观光。

地址：山东省鄄城县箕山镇孙花园村北

门票：50 元 / 人

开放时间：8:00~17:00

曹州牡丹园

菏泽古称曹州，其牡丹栽培已有近千年历史，尤其明清两朝，曾引领牡丹风潮 500 余年。目前，曹州牡丹园共设有主题牡丹观赏区、曹州牡丹园古谱区、桑篱园古谱花田区等十二大景区。其中国花馆是国内唯一的牡丹主题博物馆。园区内牡丹芍药种植面积大、品种多，共栽培牡丹 1237 个品种，总量达 80 万株，芍药 600 多个品种。

地址：山东省菏泽市牡丹区人民路 1000 号

门票：75 元 / 人（盛花期）

开放时间：7:00~21:00

免费 焦裕禄纪念园

1964 年，兰考县委书记焦裕禄因积劳成疾，在郑州病逝。1966 年，河南省政府追授其为革命烈士，并在兰考县城北的黄河故堤上修建了焦裕禄烈士陵园。2007 年，陵园更名为焦裕禄纪念园。园内主要建筑有革命烈士纪念碑、焦裕禄烈士墓、焦裕禄同志纪念馆等。

地址：河南省兰考县裕禄大道 88 号

开放时间：8:30~17:30

■ 曹州牡丹园

■ 焦裕禄同志纪念馆

清明上河园 （见华中区 P251）

开封府 （见华中区 P251）

铁塔公园 （见华中区 P251）

大相国寺 （见华中区 P251）

河南博物院 （见华中区 P251）

郑州园博园 （见华中区 P251）

石窟寺

石窟寺始建于北魏时期，原名希玄寺，宋朝改称十方净土寺，清朝改为石窟寺，是中原地区重要的佛教石窟。现存洞窟 5 个，千佛龛 1 个，小佛龛 255 个，摩崖大佛 3 尊，佛像 7743 尊，碑刻题记 200 余块。其中的《帝后礼佛图》是我国现存的唯一石刻图雕，具有极高的研究和欣赏价值。

地址：河南省巩义市寺湾村

门票：30 元 / 人

开放时间：8:00~18:00

中国太极拳博物馆

中国太极拳博物馆是我国首座国家级非物质文化遗产博物馆，馆舍主体建筑为太极阁，其外观呈八边形，寓意太极衍生八卦，源自我国古老的传统文化。馆内分为两仪堂、四象堂、文修堂、三省堂四部分，集中展示了太极拳的基础文化、拳史、拳理、拳法，系统阐述了太极拳的起源、衍变和发展。

地址：河南省温县赵堡镇太极拳祖祠陈家沟景区

门票：40 元 / 人

开放时间：8:00~18:00

免费 韩愈陵园

韩愈陵园始建于唐敬宗宝历元年，是为纪念伟大的文学家韩愈而建。陵园南濒黄河，北倚太行，丘陵环抱，古柏苍翠，雄伟庄严。墓冢高 10 余米，冢前建有祠堂，计有飨堂三间，门房三间。祠内共有石碑 13 块，记载有韩愈生平事迹等。墓前院内有古柏两株，相传为唐代栽植，有清乾隆年间孟县（今孟州市）知县仇汝瑚碑记“唐柏双奇”。

地址：河南省孟州市西虢镇韩庄村

开放时间：7:00~19:00

■ 黄河小浪底 董力男 / 摄

■ 党家村

黄河小浪底风景区 （见华中区 P241）

汉光武帝陵

汉光武帝陵古称原陵，当地人也称汉陵，俗称刘秀坟，是东汉开国皇帝刘秀和光烈皇后阴丽华合葬的陵墓。整个墓区由神道、陵园和祠院组成。陵园呈长方形，占地 6.6 万平方米，墓冢位于陵园正中，为夯土丘状，高 17.83 米，周长 487 米。园内有隋唐时栽植的古柏 1458 株，拔地通天。与其他帝陵相比，汉光武帝陵一反常规，改背山面河格局为枕河蹬山。

地址：河南省孟津县白鹤镇铁谢村

门票：30 元 / 人

开放时间：8:00~19:30

王铎故居

王铎故居是明清大书法家王铎的宅第。王铎曾官至明礼部尚书，清加太子太保职位，遂建官邸。后因历史变迁，战争纷扰，其故居毁于战火。为了弘扬王铎书法艺术，陈列其书法手迹、碑刻、拓片和展示明清建筑艺术，于 20 世纪末，按王铎故居原貌进行了修复重建。

地址：河南省孟津县会盟镇老城村

门票：15 元 / 人

开放时间：8:00~17:00

免费 千唐志斋

千唐志斋是我国唯一的墓志铭博物馆，由辛亥革命元老张钫先生创建。馆内珍藏有 2000 余件墓志铭及历代名家书画石刻。近年来，千唐志斋经过不断修葺整理，吸引了许多国内外专家学者，这里已成为史学家们研究唐史的一条“通幽曲径”。

地址：河南省新安县铁门镇铁门村

开放时间：8:30~17:00

仰韶文化博物馆

仰韶文化博物馆于 2011 年正式建成对外开放，是国内首家仰韶文化专题博物馆。馆内共设有三个专题展厅，第一展厅展出了仰韶村遗址三次发掘的主要成果；第二展厅展出了仰韶村遗址发现者——瑞典学者安特生在仰韶村和中国其他地方的主要考古活动；第三展厅展出了中原地区各个仰韶文化遗址出土的 226 件代表性文物。

地址：河南省渑池县仰韶镇马良路仰韶小学附近

开放时间：9:00~17:00

三门峡虢国博物馆

三门峡虢国博物馆是一座建立在西周虢国墓地遗址上的专题性遗址类博物馆。馆内设有虢旗猎猎、吉金灿灿、美玉灼灼、奇珍熠熠、车马辚辚、古墓秩秩六个基本陈列，对虢国的历史文化进行了全面的展示。代表性展品有铜方彝酒器、“昶伯”匜、阳燧等。

地址：河南省三门峡市湖滨区六峰北路

门票：40 元 / 人

开放时间：9:00~17:00

函谷关 （见华中区 P233）

潼关古城 （见华中区 P233）

司马迁墓和祠

司马迁墓和祠始建于西晋永嘉四年，经金、元、清四次修葺，至今完好。祠院占地 4.5 万平方米，内有牌坊、山门、献殿、寝殿、墓冢等。其中寝殿和山门为宋代木结构建筑遗存。墓系砖砌，呈圆形，高 2.15 米，周长 13.19 米。墓壁周围嵌有砖雕八卦图案和花卉图案 16 幅，墓顶有古柏一株，墓前石碑上刻“汉太史司马公墓”，为清乾隆年间陕西巡抚毕沅题书。

地址：陕西省韩城市芝川镇芝马路

门票：80 元 / 人

开放时间：8:00~18:00

党家村

党家村始建于元至顺年间，坐落在东西走向的泌水河谷北侧，所处地段呈葫芦形状，俗称党圪崂。村中至今完整保留有 123 座四合院和 11 座祠堂、25 个哨楼及庙宇、戏台、文星阁、看家楼、泌阳堡、节孝碑等古建筑，属于典型的北方传统民居村落，被国内外专家誉为“东方人类古代传统文明居住村寨的活化石”“民居之瑰宝”。

地址：陕西省韩城市党家村

门票：50 元 / 人

开放时间：8:00~16:00

免费 吴堡古城

吴堡古城又叫吴堡石城，始建于北汉时期，是西北地区迄今保存最完整的千年古县城。古城三面环水，北面通连后山，地形险要、易守难攻，曾是边关的重要门户。1936 年，吴堡县政府由古城迁至宋家川后，古城渐渐被荒置，但也使其在新中国成立后的拆城运动中免遭破坏，得以完整保存基本概貌。

地址：陕西省吴堡县宋家川镇北 2.5 公里黄河西岸山巅

开放时间：全天

白云山（见西北区 P380）

免费 府州城

府州城是陕北著名的古代军事要塞，历史上曾为宋、辽、西夏、金的鏖战之地。城墙依山势而建，大致呈靴状，周长 2320 米，共有四个大门和两个小门，城门上曾有城楼，其中大南门和小西门外建有瓮城。城内有文庙、城隍庙、文昌阁、关帝庙、上帝庙、荣河书院、千佛洞、娘娘庙、悬空寺等建筑。除城墙建于五代十国和宋朝外，其余均为明清建筑。

地址：陕西省府谷县马家沟路东 150 米

开放时间：全天

五当召（见华北区 P095）

北方兵器城（见华北区 P095）

黄河河套文化旅游区（见华北区 P095）

中国河套文化博物院（见华北区 P095）

库布齐国家沙漠公园七星湖景区

库布齐国家沙漠公园七星湖景区是由亿利资源集团在其几十年治理沙漠的基础之上，投资兴建的沙漠生态旅游度假区。景区内七个美丽的湖泊与雄浑的沙漠景观完美融合，辅以一簇簇顽强的沙漠植物，展现出了一种独特的自然景观形态。同时还建有七星湖沙漠酒店、沙漠科技馆等，可以给游客带来非常特别的旅行体验。

地址：内蒙古自治区杭锦旗境内库布齐沙漠腹地

门票：100 元 / 人

开放时间：8:00~18:30

免费 三盛公国家水利风景区

黄河三盛公水利枢纽是新中国成立之后，在黄河干流上游建设的主要工程之一，也是全国特大型灌区——内蒙古河套灌区的引水龙头工程。工程造型别致，宏伟壮观，素有“万里黄河第一闸”之称。景区以水利枢纽工程为核心，又开发建设了天下第一同心锁、低空飞行营地、黄河三盛公景区博物馆和三盛公黄河风情小镇等景点。

金沙湾中华黄河坛

地址：内蒙古自治区磴口县东升路

开放时间：全天

免费 冯玉祥西北军粮仓博物馆

冯玉祥西北军粮仓博物馆是以三盛公粮库原址为基础而建立的反映粮食仓储文化的特色博物馆。馆内共设有 11 个展厅、3 个互动展示区，通过大量的实物、文字、图片、场景等展陈方式，集中展示了磴口乃至河套地区从清朝至新中国成立后，有关粮食仓储、转运及保障供应的相关史实。

地址：内蒙古自治区磴口县磴二线东 50 米

金沙湾中华黄河坛景区

金沙湾位于青铜峡水库上游，浩浩荡荡的黄河自南向北经过一个 S 形大湾进入青铜峡峡谷，峡谷入口西侧山体被一片金光闪闪的黄沙覆盖，金沙湾由此得名。站在坡顶眺望，牛首山隔河屹立，黄河在此形成十余公里的长滩，滩上绿草如茵，阡陌纵横，一片秀美的田园风光。景区内主要景点有中华黄河坛、齐河殿等。

地址：宁夏回族自治区青铜峡市 109 国道附近

门票：40 元 / 人

开放时间：8:00~18:00

黄河军事文化博览园

黄河军事文化博览园是一处集军事博览、国防教育、拓展训练、互动体验、度假休闲于一体的军事文化主题旅游区。园区主要由银川舰、银川舰纪念馆、陆海空三军武器装备展示馆、和平广场游览区等板块组成。其中银川舰是我国自主研发的第一代导弹驱逐舰，于 2012 年退役后，移交故乡银川，驻泊黄河之滨。

地址：宁夏回族自治区银川市滨河新区 203 省道附近

门票：50 元 / 人

开放时间：8:30~18:30

黄沙古渡原生态旅游区

明清时期，在宁夏有许多古老的渡口，其中最负盛名的便是横城渡口。由于横城之北有个地名叫黄沙嘴，所以明朝时又把横城渡称为黄沙古渡。目前，景区通过挖掘黄沙古渡历史文化，恢复建设了黄河祭台、宁河台、观日台、禹王井、古渡口、黄河渔村、黄河古镇、古渡人家等一系列景点，复原了大漠驼场、漠北大营、黄河滩老羊圈等历史场景。

地址：宁夏回族自治区银川市兴庆区 244 国道

门票：198 元 / 人

开放时间：8:30~18:30

■ 库布齐国家沙漠公园七星湖景区

西夏王陵（见西北区 P381）

宁夏川民俗园

宁夏川民俗园依托古老的纳家户清真大寺和回族风情浓郁的纳家户村所建，是一处以展示伊斯兰建筑文化、礼俗文化、饮食文化、宗教文化、农耕与商贸文化为特色的主题景区。园区内建有民族大团结广场、回族博物馆、礼仪大殿、回乡民俗村、回族商贸一条街等景点，其中博物馆是全国最大的一座回族博物馆。

地址：宁夏回族自治区永宁县纳家户清真大寺北侧

门票：30 元 / 人

开放时间：8:00~17:30

中华黄河楼

中华黄河楼是一座新建的仿明清塔楼式古建筑，屋面为金黄色琉璃瓦，楼高 108 米，由地下、城台、楼阁三部分组成。楼内设有黄河中国历史文化展览馆、黄河宁夏历史文化展览馆、黄河印象展览馆、黄河文化演艺厅等，对五千余年灿烂的黄河文化进行了比较全面的展示。

地址：宁夏回族自治区青铜峡市黄河路与滨河大道交汇处

门票：40 元 / 人

开放时间：9:30~17:30

免费 **法泉寺石窟**

法泉寺石窟原名红山法泉寺，开凿于北魏时期，宋崇宁、明景泰及嘉靖年间不断扩建，逐渐形成连片洞窟，分布于长约 1000 米、宽约 150 米深沟的东、北、西三面崖壁上。现存千佛洞、天王洞、达摩洞等 36 个洞窟，藏经楼、大佛殿、文昌宫、钟楼、木卧桥及清泉、唐榆等十多处其他历史遗迹。

地址：甘肃省靖远县东湾镇大坝村

开放时间：8:00~18:00

炳灵寺石窟

甘肃省博物馆（见西北区 P386）

兰州黄河铁桥（见西北区 P386）

兰州水车博览园（见西北区 P386）

炳灵寺石窟

炳灵寺石窟开凿于西晋初年，最早称为唐述窟，是羌语“鬼窟”之意，唐代称灵岩寺，宋代称灵岩寺，明朝永乐年后始称炳灵寺，为藏语“仙巴炳灵”的简称，意思为“十万弥勒佛洲”。现存窟龛 183 个，石雕造像 694 身，泥塑 82 身，壁画约 900 平方米，分布在大寺沟西岸长约 200 米，高 60 米的崖面上。其石刻造像，因时代不同，风格也各异；壁画则反映了十六国时期西北地区的社会风貌、音乐舞蹈以及装饰艺术。

地址：甘肃省积石山县大寺沟村

门票：50 元 / 人

开放时间：全天

免费 **龙羊峡水库**

龙羊峡水库位于黄河上游青海省共和县和贵南县交界的龙羊峡谷，是黄河上游已规划河段的第一个梯级。水库坝高 178 米，大坝全长 1140 米，其中主坝长 396 米。它可以将黄河上游 13 万平方公里的年流量全部拦住，形成了一座面积为 380 平方公里，库容达 240 亿立方米的大型人工水库。从而呈现出了一幅高峡平湖的壮美风光。

地址：青海省共和县

开放时间：全天

尕玛羊曲黄河特大桥

尕玛羊曲黄河特大桥全长 2410 米，主桥全长 730 米，引桥全长 1680 米，主墩最高 111 米，最大桩深 60 米，是青海省长度最长、主跨最大、墩身最高的连续钢构桥梁。也是跨越黄河天堑，连接共和县、兴海县与贵南县的重要桥梁。

地址：青海省贵南县 572 国道

拉加寺

拉加寺初名扎西功德林，后改名甘丹扎西炯尼，又称嘉祥寺，是黄河沿岸最著名的格鲁派寺院。清乾隆年间，由阿柔格西主持创建，建筑风格融合了藏族与汉族佛教寺院的特点，形成了一座近似中原古典园林的建筑群落，且依山傍水，地势优美，景色十分宜人。

地址：青海省玛沁县 101 省道附近

线路①·黄河溯源线

自然风光

黄河口生态旅游区

黄河口生态旅游区地处黄河入海口，区内拥有河海交汇、湿地生态、石油工业和

龙羊峡水库

滨海滩涂等独具特色的旅游资源。这里也是世界上陆地增长最快的地区，因黄河泥沙沉积，一直在演绎着沧海桑田的故事。广袤的滩涂又吸引了天鹅、丹顶鹤等众多珍稀鸟类前来栖居。目前，主要景点有生态木栈道、河口柽柳、芦花飞雪、红地毯、黄河入海口和瞭望塔等。

地址：山东省东营市垦利区黄河三角洲自然保护区大汶流管理站

门票：60 元 / 人

开放时间：8:30~17:00

黄河口生态旅游区

毛楼生态旅游区

毛楼生态旅游区紧邻黄河大堤，且位于河水 90° 拐弯的地方，是游览观赏黄河非常理想的去处。目前，景区内有黄河画廊、垂钓中心、天然浴场、飞天渡、听涛亭、观澜亭、郑板桥纪念馆、开心园等多个景点，呈现出一派美丽的黄河田园风光景色。

地址：河南省范县辛庄乡毛楼村

门票：25 元 / 人

开放时间：8:30~17:30

郑州黄河风景名胜区 （见华中区 P255）

新安龙潭大峡谷

新安龙潭大峡谷是一条由紫红色石英砂岩经流水侵蚀下切形成的 U 型峡谷，全长 12 公里。谷内嶂谷、隘谷呈串珠状分布，不同时期的流水切割、旋蚀、磨痕十分清晰，巨型崩塌岩块形成的波痕大绝壁国内外罕见。景区内被人总结出了六大自然谜团、七大幽潭瀑布和八大自然奇观，非常值得探究。其中一些代表性景观景点有天碑、一线瀑、虎头崖、五虎登天、仙人足迹、蝴蝶泉、千年古檀、五龙瀑、龙涎潭、黄龙峪等。

地址：河南省新安县石井镇龙潭沟村

门票：85 元 / 人

开放时间：7:00~17:00

黄河丹峡景区

黄河丹峡是一条由红色石英砂岩构成的峡谷，从谷底到崖壁全呈红褐色。12 亿年前这里曾是一片汪洋大海，如今在峡谷中还能看到当年海洋波浪冲刷留下的石印，使其成为沧海桑田的有力见证。景区内还保留有波纹石、树模石等罕见化石及多种珍贵药材和野生植物。除此之外，还开发了多处人文景点。

地址：河南省渑池县坡头乡北 2 公里

门票：60 元 / 人

开放时间：8:00~17:00

洽川风景区

洽川位于合阳县城以东的黄河之滨，是一处著名的湖泊型湿地景观，且诗经文化、黄河文化、古莘文化源远流长，除了自然风光，遗留有众多文化遗迹。主要景点有芦荡湿地、神瀵奇泉、十里荷塘、处女泉、商鞅墓、有莘氏国遗址、帝喾陵等。

响沙湾旅游区

地址：陕西省合阳县洽川镇

门票：55 元 / 人

开放时间：8:00~18:00

壶口瀑布 （见华北区 P106）

清涧太极圣境景区

清涧太极圣境位于清涧县城东 45 公里处的玉家河镇赵家畔村，黄河在此地流转近乎 360 度大湾，入湾至出湾水流总距离为 8000 米，形成了一幅天造地设的太极图。其最佳观赏位置在赵家畔村东南角上的寡妇坪。

地址：陕西省清涧县玉家河镇赵家畔村

免费 泥河沟千年枣园

泥河沟千年枣园核心面积达 36 亩，共有古枣树 1100 余株。其中树干周长超过 3 米的枣树就有 3 棵，其中最大的一棵，树干周长达 3.45 米，体高 13 米，年龄已经超过 1300 年，在当地有“枣树王”的称谓，同时被《中国枣树志》誉为“枣树活化石”。

地址：陕西省佳县朱家坬镇泥河沟村

开放时间：全天

老牛湾 （见华北区 P106）

响沙湾旅游区

响沙湾旅游区地处库布其沙漠最东端，是一处集观光与休闲度假为一体的综合性沙漠旅游景区。其中响沙湾沙高 110 米，宽 400 米，面临大川，背风向阳，地形呈月牙形，坡度约 45 度，形成一个巨大的沙丘回音壁。沙子干燥时，游客从沙丘顶部往下滑溜，沙丘会发出轰鸣声。除此之外，景区还拥有全世界最长的骆驼队，为游客提供了独特的骑乘、拍摄体验。

地址：内蒙古自治区达拉特旗 210 国道西侧

门票：130 元 / 人

开放时间：8:00~18:30

包头南海湿地景区 （见华北区 P098）

乌梁素海 （见华北区 P098）

免费 **乌海湖**

乌海湖属于黄河水域的一部分，是黄河海勃湾水利枢纽建成后，蓄水形成的一座总面积达 118 平方公里的人工湖，因在乌海市境内故名乌海湖。虽说是非常年轻的一座湖泊，但湖水的聚集，使乌海的生态环境发生了巨大变化，其单调的煤城形象被赋予了一份北国水乡的诗意。

地址：内蒙古自治区乌海市海勃湾区

开放时间：全天

青铜峡旅游区（见西北区 P382）

沙坡头旅游区（见西北区 P382）

黄河石林风景旅游区

大约在 210 万年前，由于地壳运动、风化、雨蚀等地质作用，形成了今天以黄色砂砾岩为主，造型千姿百态的黄河石林地貌奇观。景区内峡谷蜿蜒曲折，到处陡崖绝壁；石柱石笋高低错落，造型千姿百态；既适合观光览胜，又适合猎奇探险。目前，已开发的饮马沟大峡谷，内有雄狮当关、猎鹰回首、大象吸水、千帆竞发、西天取经、月下情侣、屈原问天等众多景点。

地址：甘肃省景泰县中泉乡龙湾村

门票：20 元 / 人

开放时间：全天

免费 **什川古梨园**

什川的梨树栽培源自明朝，距今已有 400 多年历史。园中树龄最长的梨树已有 300 多年，百年以上的梨树则有一千余株，虽古茎虬曲，依然枝繁叶茂，这对于只有数十年寿命的梨树来说，可谓是奇迹。每逢春、秋两季，是梨园风景最美的季节，春可赏满树梨花莹白似雪，秋可观金色梨子压弯枝头。

地址：甘肃省皋兰县什川黄河吊桥西侧

开放时间：全天

黄河三峡风景名胜区

在甘肃省中部西南的永靖县境内，黄河呈“S”形蜿蜒一百多公里，并形成了炳灵峡、刘家峡、盐锅峡三大峡谷景观。境内自然风光俊奇秀美，名胜古迹星罗棋布，古今文化交相辉映，是一处内涵丰富、特色鲜明的旅游胜地。主要景点有炳灵湖、太极湖、毛公湖等。

地址：甘肃省永靖县

门票：20 元 / 人（刘家峡电厂）

开放时间：8:00~18:00

孟达天池

孟达天池所在的孟达山位于青藏高原与黄土高原结合部，具有多雨的气候特点，素有青海高原“西双版纳”之称，因此森林覆盖率高，动植物资源丰富。至于天池，一般认为是第四纪冰川消退后形成的堰塞湖，虽说面积不大，但是池水清澈碧澄与蓝天一色，群峰倒影，随波微动，有一份灵动却不失清静的诗意之美。

地址：青海省循化撒拉族自治县孟达国家级自然保护区

门票：65 元 / 人

开放时间：9:00~16:30

贵德国家地质公园

贵德国家地质公园地处青藏高原和黄土高原交汇区域，涵盖了多种地质生态及地质演化遗迹。尤以红色砂砾岩构成的丹霞地貌著称，是我国一级、二级阶梯过渡带地貌单元内的典型丹霞地貌风景区。这里也是藏传佛教圣地。因紧邻李家峡电站，在公园还能看到高峡平湖的壮丽景观。

地址：青海省尖扎县李坎公路

门票：50 元 / 人

开放时间：7:00~19:00

贵德黄河清国家湿地公园

贵德黄河清国家湿地公园地处黄河上游龙羊峡水电站和李家峡水电站之间，全长 28 公里，平均宽 2.1 公里，总面积 8.32 万亩。整个公园的地势西高东低，首尾高差达 281 米。由于河流的切割和冲刷作用，园区内形成三河河谷盆地，在其独特的地理和自然环境作用下，又形成了美丽壮观的溶蚀地貌和丹霞地貌，山、水、林交相辉映，构成了一道道亮丽的自然景观。

地址：青海省贵德县西久公路附近

门票：60 元 / 人

黄河源头景区

黄河源头之一卡日曲是以五个泉眼开始的，另一个源头玛曲仅有一个泉眼。滔滔黄河，滚滚东流数千公里，正是源于青藏高原上的这几股涓涓细流。这里风光宜人，水草丰美，湖泊、小溪星罗棋布，景色壮美又不失诗意。需要注意的是，这里海拔均在 5000 米以上，空气稀薄，很容易发生高原反应，想要看美景也一定要量力而行。

地址：青海省玛多县

门票：80 元 / 人

开放时间：4~10 月

■ 黄河石林风景旅游区

■ 黄河三峡风景名胜区

线路① · 黄河溯源线

富饶物产

黄河口黑陶

黄河口黑陶因起源于佛头寺也叫佛头黑陶。据史载，明洪武年间，山西洪洞县移民将黑陶制作手艺带到了黄河口，依托黄河的天然淤泥原料，开始了制陶为生的生活。鼎盛时期，不足50户人家的佛头寺村，曾有20余座陶窑。1988年，村中制陶师傅经过技术改良，使佛头黑陶因“色如墨、声如钟、薄如纸、亮如镜、硬如瓷”的特性，赢得了“齐鲁黑陶之花”的美誉。

黄河刀鱼

黄河刀鱼学名为刀鲚，又叫茅刀鱼，因其身薄色亮，细鳞小肚，吻短圆突，形似一口尖刀而得名。刀鱼在中国黄海、渤海、东海也时常可见，但黄河支流繁多，沿途汇集了大量的浮游生物，尤其山东境内的东平湖中饵料富集。每年农历三月中旬前后，成群结队的刀鱼，便会逆流而上到东平湖产卵、孵化，然后再回到黄河入海口附近生长、越冬。其具有脂肪丰富、肉质细嫩的特点。

平阴玫瑰

平阴玫瑰栽培历史悠久，据传最早始于唐代翠屏山宝峰寺僧人慈净在翠屏山周围的种植。清顺治年间的《平阴县志》对玫瑰栽培进行了确切记载。在当时，人们用玫瑰花进行酿酒、制酱、入药等，如今则广泛应用于日用化工、食品等行业。平阴玫瑰的主要品种有单瓣红玫瑰、含苞玫瑰、重瓣红玫瑰等，其中重瓣红玫瑰以花大、瓣厚、色艳，香味浓郁而最为著名。

阿胶

阿胶是一味有着三千多年应用历史的传统中药材，因出产于山东省东阿县，故名阿胶。自北魏起便被列为进贡朝廷的珍品。其以驴皮为主要原料熬制而成，具有色光洁、味甘咸、气清香的特点，历来被视为补血圣药、滋补国宝。

■ 平阴玫瑰

■ 阿胶

鄄城鲁锦

鄄城鲁锦是鄄城当地妇女用染色棉线按照设计好的经纬，以手工提花织布工艺，织造成的带有几何图案的棉布。这些广泛应用于日常生活的布匹，看似普通，却需要经过数十道繁复的工序才能织成。而且因图案绚丽多姿、千变万化，在清朝时曾被作为朝廷贡品。如今则因手工织造、纯棉质地、民族图案三大特点，而受到市场的热烈追捧。

糖果饯

糖果饯是鄄城县著名特产，其前身是模制面质的动物造型，主要在春节期间的“请新客”民俗活动中使用。随着白糖在民间应用的普及，逐渐以白糖为原料，浇注出各种糖质造型，代替了以往的面质造型。

菏泽牡丹 · 牡丹籽油

菏泽牡丹属中原牡丹种群，花色丰富多彩，花型千变万化。目前已发展出粉色、红色、紫色、蓝色、黄色、白色、黑色、绿色、复色九大色系，根据花朵形态和雌雄进化程度，又分为单瓣型、荷花型、菊花型、托桂型、蔷薇型、金环型、皇冠型、绣球型、千台阁型、楼子阁型十个花型。且每个色系中都有名贵品种，诸如掌花案、梨花雪、蓝绣球、冠世墨玉等。牡丹籽油又称牡丹油，是由牡丹籽提取的木本坚果植物油，色泽呈黄色到金黄色，具有牡丹鲜花的清香味，且富含有多种对人体有益的营养物质。

陈集山药

陈集山药是菏泽市定陶区陈集镇特产，因其体表生长着像鸡皮毛囊的粗糙斑点，很像鸡皮而得名鸡皮糙山药。其一般在冬季茎叶枯萎后采挖，然后切去根头，洗净、干燥。具有体形修长，圆润、顺直；断面肉质细腻、洁白，富含营养的黏液汁；质地硬实如铁棍，久煮质不散、形不变的特点。食用则有“面、甜、香、绵、爽”的丰富口感。

开封盘鼓 （见华中区民俗文化P260）
汴绣 （见华中区P257）
黄河鲤鱼 （见华中区P257）
四大怀药 （见华中区P246）

仰韶大杏

仰韶大杏是渑池县特产，因渑池县为仰韶文化的发祥地故名仰韶大杏。其果形似鸡蛋，俗称鸡蛋杏。果实成熟后，核肉分离，摇晃有响声，又称“响铃杏”。具有色泽鲜艳、皮薄肉厚、无筋、酸甜可口的特点。

仰韶酒

仰韶酒也是渑池县特产，像仰韶大杏一样，同因产于仰韶文化的发源地而得名。其以小麦、高粱为主要原料，采用醴泉甜水，

华莱士瓜

■ 文冠果油

以人工培养老窖泥池的工艺酿造而成，属于浓香型白酒。具有清澈、清爽、口感绵甜、回味悠长的特点。

屯屯枣（见华北区 P108）

洽川乌鳢

乌鳢俗称乌鱼、黑鱼，主要生活于水体底层，是一种经济价值和营养、医学价值较高的淡水名贵鱼类。洽川乌鳢是黄河洽川段的特有鱼种，其体色墨绿，腹部渐淡，花纹似蟒蛇皮，头顶部有七星状斑纹，类似汉字“夔”字形状，尾鳍上有小型黑色斑点，背鳍、臀鳍均有黑白相间的花纹。食用肉质鲜美、营养丰富，且具有去瘀生肌、滋养补血的功效。

大红袍花椒

大红袍花椒在全国多个地方均有栽培，但尤以韩城大红袍花椒最为著名。韩城当地已有600余年的花椒栽培历史，清康熙年间的《韩城县续志》中即有关于“大红袍”的记载。与其他花椒相比，其具有穗大粒多、皮厚肉丰、色泽鲜艳、香味浓郁、麻味适中的特点，因此享有“中华名椒”的美誉。

佳县红枣（见西北区 P382）
陕北剪纸（见西北区 P383）
海红果（见华北区 P107）
蒙古族银器（见华北区 P099）
包头三蓝地毯（见华北区 P099）
佘太翠（见华北区 P099）
河套硬质小麦（见华北区 P099）

磴口华莱士瓜

磴口华莱士瓜在我国已有近80年的种植历史。相传20世纪40年代初，美国当时的农业部长华莱士先生到我国的西北地区访问，在宴席上拿出两个美国甜瓜让大家品尝。事后，瓜籽流传民间与当地的铁蛋瓜、黄蛋瓜混种而天然杂交，形成了珍贵的育种材料，并落户磴口县，遂被称为磴口华莱士瓜。其外形美观，色泽金黄，食用口感绵甜，且汇聚有多种水果的芳香味。

肉苁蓉（见华北区 P098）

太西煤

太西煤产自石嘴山市汝箕沟矿区，因开采地地处太西镇，故名太西煤。其具有“三低”“六高”的特点，即低磷、低灰、低硫，高发热量、高块煤率、高比电阻、高化学活性、高精煤回收率和高机械强度。

黄渠桥羊羔肉

黄渠桥羊羔肉是平罗县特产。据《平罗食志》记载，民国时期，已有饭馆开始经营羊羔肉。至20世纪末，在黄渠桥当地一整条街都在经营羊羔肉，从而使“黄渠桥羊羔肉”一时名声大噪。其鲜肉呈淡红色、肌纤维细，烹制后色泽棕红，肉嫩鲜美，且没有膻味。

贺兰砚（见西北区 P383）
滩羊（见西北区 P383）
枸杞（见西北区 P383）

条山梨

条山梨是景泰县特产，其主要栽培品种为早酥梨和皇冠梨。早酥梨果实呈倒卵圆形，平均重269克，果皮浅绿色，果肉白色，肉质酥脆，石细胞及残渣极少，且汁多味甜，有香味。

靖远羊羔肉

靖远羊羔肉选取的是母乳育肥30~45日龄左右滩羊奶羔，肉质具有肌肉纤维细、交联少、嫩度高，低级脂肪酸、氨基酸、含氮浸出物含量丰富的特点。适合爆炒、红烧、黄焖、干炸、烧烤、清炖、清蒸等多种烹制方法，食用时膻味轻微、香味浓郁。

文冠果油

文冠果油是靖远县特产。早在明崇祯年间，靖远已开始零星种植文冠果，在当地东湾镇砂梁村乃家台子，依然保留有一株树龄达300年的文冠果树。目前，当地文冠果树种植已形成规模，并催生了极富特色的木本油料文冠果油。其既可作为高档食用油，又可广泛应用于化工产业。

靖远黑瓜籽

20世纪初期，靖远县开始种植籽瓜，并于80年代培育出了靖远大板一号、大板二号两个优质高产品种，从而助推黑瓜籽发展为当地的拳头农产品。其具有片大、皮薄、板平、肉厚、饱满、均匀、整齐、口松及色彩黑白分明、外形美观、易剥离等特点。

小口大枣

小口大枣是靖远县特产，因最早栽培于小口村而得名。目前，已在靖远县的多个乡镇广泛种植。其具有个头大，肉质厚，含糖量高，维生素丰富，味美香甜等特点。靖远干旱的环境条件，又使其具有了久旱亦可结实的显著特点。

软儿梨（见西北区 P391）

羊筋

羊筋就是羊蹄的韧带。在青海许多地方，逢宰杀季节，人们会将羊筋经过剔取、拉直、阴干等工序，制成一把把可以长期储藏的食材。食用时可以像干制海参、鲍鱼一样，经过泡发、清洗，即可做出烧羊筋、蜜汁羊筋等美味的特色菜品。

贵德蜂蜜

贵德蜂蜜采自青藏高原特有的珍贵天然野花，如野薄荷、野党参、野藿香、野荆棘等，且保留了蜂蜜中的天然酶和原有营养物质。原蜜波美度能达到41度，一般呈乳白色或金黄色自然结晶状态。具有口味甜润、香味自然的特点。

贵南藏绣

贵南藏绣又称贵南针线，是贵南地区藏族妇女以藏族装饰图案为主要内容的传统刺绣技艺。过去主要用于民族服饰的绣制，如今已广泛应用于工艺品的绣制。在针法上有平针、串针、跳针、回旋针等十余种；内容上除了唐卡和传统图案外，还有山水、人物、动物等。

冬虫夏草（见西北区 P397）

甘德牦牛

甘德牦牛系青藏高原地区特有的古老食材，牦牛大多生活在海拔3700米，甚至4000米以上的高寒地区。具有耐高寒、耐劳苦、耐粗放、善攀登、抗病力强的特性，素有“高原之舟”的美誉。其肉质鲜美细嫩，色泽鲜红，肌红蛋白含量高，保水性好，且贮存损失及烹饪损失小，烹煮后具有其他牛肉无法比拟的独特风味。

线路①·黄河溯源线 特色美食

油爆双脆（见华东区 P178）
九转大肠（见华东区 P178）

五更炉熏鸡

五更炉熏鸡是鲁西阳谷县的名吃，起源于明洪武年间。当年因黄河泛滥及连年战乱，导致鲁西等地人口稀少，有兄弟俩便从山西洪洞随移民大军来到了阳谷。一年中秋，弟弟五更起床，打算煮一只鸡去十里外看望哥哥，忽见后厨有梨木，便临时起意用梨木生火做成了熏鸡，其兄长吃了觉得别有一番风味。这一做法逐渐开始被人效仿，并发展为今日的五更炉熏鸡。

濮城滑脊汤

濮城滑脊汤是濮阳市的著名传统小吃，其以猪瘦肉、红薯粉为原料，制作时将猪瘦肉切片或条，用盐和味精调味，再将红薯粉加水和鸡蛋搅成糊状，然后把肉片或条均匀挂糊下入汤锅中，煮约15分钟，捞入凉水盆中。最后，重新烧水，添加生姜粒、蒜末、葱丝、胡椒粉等佐料，放入过凉后的滑脊烹煮，起锅时调入盐、香油、陈醋等即成。看起来油润滑爽，吃起来软烂醇香。

什集烧羊肉

什集烧羊肉是鄄城县什集镇特产，其以生长不足半年、重量不超过10斤的鲁西南山羊为原料，辅以丁香、肉蔻、花椒等10余种调料，放入盛有鄄城亘古泉水的铁锅中，用木柴猛火煮。待水沸腾后，再用文火慢慢烹煮4个小时即成。食之具有香而不腻、不腥不膻、味道爽口、回味无穷的特点。

羊双肠（见华中区 P261）

平乐脯肉

平乐脯肉是孟津县平乐镇的特色美食，由平乐镇平乐村人郭积礼创制于19世纪中期。其以当地产的红薯淀粉、红薯粉条、笨猪肉和土鸡蛋为原料，制作时将红薯粉条煮至六七成熟后剁碎，加入肉馅儿、红薯淀粉、鲜肉汤、葱姜蒜及秘制调料一起搅拌，再铺成长方块放入油锅炸至七成熟，然后上笼蒸一小时即成。具有色泽鲜亮、松软筋道、香而不腻的特点。

水花佛手糖糕

水花佛手糖糕是三门峡市的地方传统小吃，相传是陕州知州为了讨好西逃返京的慈禧太后，特意请高厨制作的一款造型别致的点心。其以面粉、白糖、黑芝麻粉为主要原料，做成佛手状的带馅坯料，然后入油锅炸制而成，具有外酥内软、软而不粘、香而不腻的特点。

羊肉焖饦

羊肉焖饦是合阳县黑池镇的一道特色美食，据说是元朝时由蒙古族人传入并一直流传了下来。制作时先用羊肉辅以胡椒、茴

■ 油爆双脆

■ 什集烧羊肉

香、草豆蔻、丁香等十余种调料熬制羊汤，再用烫面烙制面饼，并将其切成宽窄均匀的细条。食用时，根据需要取适量羊汤煮沸，下入面饼条及辣椒、葱花等佐料，略微烹煮即成。具有油水厚、味道美的特点。

韩城十三花

韩城十三花即以猪身上不同部位的肉，经煮、炸、蒸、烧等工艺制作而成的十三道菜。分别由“五大、五小、一糕、一汤、一丸子”组成。“五大”即红肉、白肉、酥肉、杂烩、蛋卷，“五小”即烧肚丝、烧腰花、烧肥肠、烧蹄筋、海带粉，“一糕”为甜糕，“一汤”为勾芡甜汁，“一丸子”为瘦肉丸子汤。

杏瓣儿（见华北区 P110）
焙子（见华北区 P100）
拔丝奶豆腐（见华北区 P100）
稍美（见华北区 P100）
兰州牛肉拉面（见西北区 P394）
甜醅子（见西北区 P394）

线路②·长江溯源线

人文景观

外滩（见华东区 P206）
东方明珠电视塔（见华东区 P206）
上海城隍庙（见华东区 P206）
上海博物馆（见华东区 P206）
上海科技馆（见华东区 P207）

狼山风景区

狼山风景区由狼山、马鞍山、黄泥山、剑山和军山组成，西临长江、山水相依，通称五山。其中狼山居中，最为挺拔峻秀，且文物古迹众多，从而成为五山之首。至于狼山之名，一说山上曾有白狼故名，另一说因山形似狼而得名。山中主要景点有啬园、骆宾王墓、三仙祠、狼山天主教堂等。

地址： 江苏省南通市崇川区城山路

门票： 70 元 / 人

开放时间： 6:00~16:30

濠河风景名胜区

免费 濠河风景名胜区

濠河是国内保存最为完整的古护城河之一，距今已有 1000 多年的历史。其全长 10 公里，水面 1040 亩，最宽处 215 米，最窄处仅 10 米。河道曲曲折折，迂回激荡，呈倒置的葫芦状环抱老城区，形成了“水抱城、城拥水，城水一体”的独特风貌。除了河，景区内还有南通博物苑、文峰塔、天宁寺等景点。

地址： 江苏省南通市崇川区濠北路 508 号

开放时间： 全天

免费 靖江四眼井

靖江四眼井建造于明崇祯年间，据传是由崇圣寺一位名叫了凡的和尚所建。井深约 7 米，井内最大直径约 3 米，井口上方用青砖拱砌出四个井眼，可同时从四个井眼里吊水，所以称之为四眼井。待井水平静时，对着井口可以照出四个人影，充满了趣味。虽说已历经 380 余年，井中泉水依然四季长涌不涸，许多人依然习惯于到井里打水，洗菜、淘米。

地址： 江苏省靖江市骥江路 160 号

开放时间： 全天

免费 泰州引江河风景区

泰州引江河风景区是以水利工程为依托而形成的一处国家级水利风景区。沿河堤两岸出色的绿化管护，构建起了“桃李争春，绿荫护夏，枫叶染秋，红梅暖冬”的四季美景，再与浩渺的江水、翻飞的江鸥及穿梭不息的舟船相配，更是美不胜收。景区内还建有棋园、琴园、巨型壁画等独具特色的景点。

地址： 江苏省泰州市高港区港城西路

开放时间： 全天

瘦西湖（见华东区 P180）
个园·何园（见华东区 P180）
扬州博物馆（见华东区 P180）
扬州东关街（见华东区 P181）
扬州大明寺（见华东区 P181）
夫子庙秦淮河风光带（见华东区 P181）
钟山风景名胜区（明孝陵、中山陵）（见华东区 P181）
中国近代史遗址博物馆（见华东区 P181）
南京博物院（见华东区 P181）
玄武湖（见华东区 P182）
侵华日军南京大屠杀遇难同胞纪念馆（见华东区 P182）

采石风景区

采石风景区由采石矶、濮塘、青山、横山等片区组成，总面积 64.85 平方公里，是一处以诗仙李白为灵魂，以深厚的历史文

■ 大通古镇

化内涵为底蕴，以“翠螺浮大江”的自然景观为特色，以文化欣赏、自然观光和休闲为主要功能的综合型风景区。主要景点有太白楼、林散之艺术馆、三台阁、三元洞、蛾眉亭、翠螺湾等。

地址：安徽省马鞍山市雨山区唐贤街 1 号

门票：80 元 / 人

开放时间：8:30~17:30

德化堂古床博物馆

德化堂古床博物馆是我国最大的私人古床专题博物馆，由刘维先生创办，并于 2012 年正式对外开放。馆内共设有 5 个陈列区，12 个专题馆，收藏有明清至民国时期各类古床 300 余张。其中代表性藏品有明代金丝楠木架子床、近代紫檀雕花架子床等。

地址：安徽省马鞍山市雨山区九华路与康乐路交会处

门票：60 元

开放时间：9:00~17:00

李白墓

诗仙李白去世后，当涂县令李阳冰将他葬于城南龙山东麓。多年后，李白生前好友范伦之子范传正与当涂县令诸葛纵合力迁葬李白于与龙山相对的青山，即今天所见的李白墓。墓地分前、中、后三个部分，有牌坊、太白碑林、眺青阁、太白祠、李白墓、十咏亭、青莲书院、盆景园等景点。

地址：安徽省当涂县太白镇

门票：30 元 / 人

开放时间：8:00~17:30

免费 赭山公园

赭山位于安徽省芜湖市中心，因土石殷红故名赭山。其由大小两个山头构成，由于山势较高，风景优美，登高可俯视江城芜湖，历来被视为芜湖的象征，素有“玉峰”“百尺浮图”的美誉。因历代均有文人名仕登临，所以在山中留下许多脍炙人口的诗文。1958 年，当地政府将其开辟为赭山公园。园内主要景点有赭塔晴岚、广济寺、翠明园等。

地址：安徽省芜湖市镜湖区九华路 345 号

开放时间：4:30~21:30

大通古镇

大通古镇始建于西汉时期，古名澜溪，唐朝时设大通水驿，北宋时正式建镇。清末民初，其曾与安庆、芜湖、蚌埠齐名，并称安徽“四大商埠”，可谓繁盛一时。至今，澜溪老街上依然保留有众多明清及民国时期的老建筑，以及杆秤制作、渔网编织、藤艺编织等传统手工技艺。

地址：安徽省铜陵市郊区大通镇

门票：70 元 / 人

开放时间：全天

免费 杏花村文化旅游区

因唐代大诗人杜牧的一首《清明》，使得山西汾阳和安徽池州都在争夺“诗中的杏花村”。为此，池州特意打造了杏花村文化旅游区。整个旅游区以彰显原生态的山水风貌、古朴的乡村风韵、江南味的田园风光和市井里的诗酒风情为特色，突出展示盛唐时期的诗酒、山水农耕、传统民俗和江南村落四大文化。

地址：安徽省池州市贵池区昭明大道南 100 米

开放时间：8:00~17:30

浔阳楼 （见华东区 P198）

浔阳楼

杏花村文化旅游区

免费 仙姑山旅游风景区

仙姑山相传为何、陈、许三姓女子入山修炼处。山顶有始建于隋朝的仙姑寺，以及太平天国时修筑的石城和抗日战争时的战壕，山下有国民党元老、司法院长居正先生的家族墓地，并刻有孙中山、蒋介石、林森的悼念祭文。此外，山中还有仙姑洞、老虎洞、猴儿洞、响水洞等洞窟景点。

地址：湖北省武穴市 061 乡道附近

开放时间：全天

安国寺

安国寺又称护国寺，始建于唐显庆年间，据传其规模曾非常宏大，需要“骑马关山门，鸣锣开斋饭”。今存建筑面积约 1400 平方米，高大门楼上嵌有“安国禅林”的匾额，进门后，有约 130 平方米的方形院坪，穿过院坪为天王殿，天王殿后有 500 余平方米的长方形花园，中间有路直通大雄宝殿，其后为观音殿。寺内珍藏唐代所传玉印一枚，《大藏经》一部。

地址：湖北省黄冈市黄州区西湖一路 11 号

门票：20 元 / 人

黄鹤楼 （见华中区 P252）

武汉东湖 （见华中区 P252）

归元禅寺 （见华中区 P253）

湖北省博物馆 （见华中区 P253）

武昌首义文化旅游区 （见华中区 P253）

三国赤壁古战场 （见华中区 P253）

屈原故里

石宝寨

免费 **洪湖革命历史博物馆**

洪湖革命历史博物馆始建于1963年，“文革”期间，大量馆藏文物和史料被毁，而被迫闭馆、撤销。1984年，新馆建成对外开放，现有馆藏文物1893件，其中革命文物379件，包括自辛亥革命到新中国建立各个历史时期的文献、印信、旗帜、武器、公文、标牌、纪念章、货币、名人遗物和烈士遗物等。

地址：湖北省洪湖市新堤街道玉沙路29号

开放时间：8:00~17:00

免费 **瞿家湾古镇**

瞿家湾曾是湘鄂西苏区的革命中心。中共中央湘鄂西分局、中共湘鄂西省委、湘鄂西省苏维埃政府、湘鄂西省军事委员会以及下属的二十余个机关均先后设在这里。贺龙、周逸群、段德昌、谢觉哉、柳直荀等均在瞿家湾领导过根据地的革命斗争。如今，这些机关旧址依然完整分布于瞿家湾的明清老街上。

地址：湖北省洪湖市瞿家湾镇

开放时间：全天

岳阳楼（见华中区P253）

君山岛（见华中区P253）

荆州古城历史文化旅游区（见华中区P243）

荆州博物馆（见华中区P243）

三峡大坝旅游区（见华中区P243）

屈原故里

屈原故里景区位于秭归县新县城，毗邻三峡大坝，直线距离仅600多米，高峡平湖美景尽收眼底。因三峡大坝蓄水的影响，以屈原祠、江渎庙为代表的24处峡江地面文物全部集中搬迁至屈原故里景区，形成了以屈原祠为主的屈原纪念景区。此外，景区内还有以新滩古民居、峡江石刻、峡江古桥等为重点的三峡古民居区，以及屈原文化艺术中心、滨水景观带等景点。

地址：湖北省秭归县平湖大道

门票：80元/人

开放时间：8:00~17:30

白帝城风景区

白帝城位于奉节县城东十里的白帝山上，曾因李白的《早发白帝城》而名扬天下。其始建历史可以上溯至西汉末年，当时公孙述据蜀，自号白帝，曾在白帝山筑城，名白帝城。后人便在山上修筑庙宇祭祀公孙述，直至明朝起，则改祀马援、刘备、诸葛亮等人物。后庙宇屡遭兵火，今存建筑大多为清朝时所建，主要有托孤堂、明良殿、武侯祠、观星亭等。

地址：重庆市奉节县白帝镇白帝村1号社

门票：60元/人

开放时间：9:00~18:00

免费 **三峡梯城**

三峡梯城位于云阳县城区龙脊岭山脉，是一处集山、水、林、寺于一体，既有历史人文景观又有自然景观的旅游胜地。景区内主要景点有磐石城、三峡文物园、登云梯、龙脊岭公园等。其中，登云梯梯道长1388.68米，宽30米，垂直高差200多米，共1975级，构成了六十层叠、万步云梯的景观，梯城之名也正是源于此。

地址：重庆市云阳县新县城望江大道与梨园路交会处

开放时间：8:30~17:00

云阳张飞庙

张飞庙又名张桓侯庙，始建于蜀汉后期，后经宋、元、明、清历代扩建，现存建筑面积1400平方米。因三峡工程建设的需要，2002年，整座庙宇从原云阳老县城对岸的飞凤山搬迁至盘石镇龙安村，参照原址西移32千米。庙内主要建筑有正殿、旁殿、结义楼、助风阁、杜鹃亭等。

地址：重庆市云阳县南滨路15号

门票：35元/人

开放时间：8:00~17:30

石宝寨

石宝寨始建于明万历年间，后经康熙、乾隆年间修建完善。塔楼倚玉印山修建，依山耸势，飞檐展翼，造型奇异。整个建筑由寨门、寨身、阁楼组成，原来为9层，寨顶有古刹天子殿，隐含“九重天”之意。1956年修补时，在上面增建了3层，成为12层，总高56米，全系木质结构。因建筑结构为全木质，造型奇特，又濒临长江，故有“江上明珠”之誉。

地址：重庆市忠县石宝镇

门票：50元/人

开放时间：8:00~18:00

白鹤梁水下博物馆

由于三峡工程的兴建，白鹤梁题刻将永沉江底。为了让后人能观赏这一文物，国家投入2亿元建设了白鹤梁水下博物馆。整个保护工程，由水下博物馆、连接交通廊道、水中防撞墩和岸上陈列馆四部分组成。游客可以下到带参观窗的水下通道，透过玻璃舷窗欣赏白鹤梁题刻。同时，少数专业人士，还可通过潜水的方式参观白鹤梁。

地址： 重庆市涪陵区滨江大道二段 185 号

门票： 50 元 / 人

开放时间： 9:00~17:00

免费 菩提古镇

菩提古镇是一处非常年轻的“古镇”，作为一个旅游项目，于 2012 年才建成开放。其依托“古镇”的形式，将吃、住、行、游、购、娱等旅游文化要素汇聚一起，以巴渝文化为灵魂，吸引各地游客前来凑热闹、放松身心。如果不去深究古镇本该依托的历史文化，单从外在表现上来看，这里有仿古建筑群、有人气，走走看看也无妨。

地址： 重庆市长寿区桃兴路

开放时间： 全天

重庆山城夜景 （见西南区 P350）

朝天门码头 （见西南区 P351）

磁器口古镇 （见西南区 P351）

渣滓洞·白公馆 （见西南区 P351）

免费 聂荣臻元帅陈列馆

聂荣臻元帅陈列馆由主馆和铜像广场组成，占地约 20 亩。其中铜像广场分为上下两级，视域开阔、气势雄伟。聂荣臻元帅铜像有 4 米高，屹立在广场中央。主馆由瞻仰大厅、陈列厅、聂荣臻元帅模拟办公室和卧室、中国卫星发射演示厅、游客接待中心等几部分组成。陈列厅通过丰富的图片、文物及史料，再现了聂荣臻元帅为我国革命和建设事业所做出的丰功伟绩。

地址： 重庆市江津区几江镇鼎山大道 386 号

开放时间： 9:00~17:00

泸州老窖旅游区 （见西南区 P349）

李庄古镇

李庄古镇始建于南朝梁武帝时期，距今已有 1480 多年历史。镇内完整地保存有明代的慧光寺、东岳庙、旋螺殿，清代的禹王宫、文昌宫、南华宫、天上宫、张家祠等祠庙建筑及古街古巷和古民居四合院等。建筑专家梁思成将旋螺殿、奎星阁、九龙石碑、百鹤窗誉为李庄“四绝”。抗战期间，十多家高等学府和科研机构迁驻李庄，使其成为当时大后方著名的文化中心之一。

李庄古镇

地址： 四川省宜宾市翠屏区李庄镇

门票： 20 元 / 人

开放时间： 9:00~18:00

五粮液酒文化博览馆 （见西南区 P349）

凉山彝族奴隶社会博物馆 （见西南区 P340）

西昌卫星发射中心 （见西南区 P340）

米易望月楼

米易望月楼建于清朝康熙年间，是我国清真寺的早期建筑之一。其以木构榫结，四方形底层与两层六方形楼阁及六角攒尖顶有机连结，承托得四平八稳。虽经历二百多年风雨和数次大地震依然完整保存至今，非常难得。

地址： 四川省米易县挂榜乡

二滩风景区

二滩风景区可分为二滩国家森林公园和二滩库区两个部分。这里特指二滩库区，其由大坝、展览中心、水库风景和欧方营地四部分组成。其中大坝是亚洲第一，世界第三的双曲拱大坝；展览中心则通过图片及实物展出了二滩的修建过程及秀丽风景；电站截流后形成了一个长 145 公里的巨型水库，呈现出了湖光山色的壮美风光；欧方营地是参与二滩建设的数十个国家专家的居住地。

地址： 四川省米易县德盐路

门票： 大坝 10 元 / 人，展览中心 10 元 / 人

开放时间： 9:00~18:00

丽江古城 （见西南区 P340）

束河古镇 （见西南区 P340）

芒康盐井古盐田

芒康盐井古盐田位于西藏自治区芒康县盐井镇澜沧江东西两岸，早在唐朝时就已开始晒盐，“盐井”之名正是源自盐业生产，其藏族名称为“擦卡洛”，而“擦”即为盐的意思。虽说经历了近 1300 年的历史变迁，当地依然保持着最原始的手工晒盐方式。同时，也在峡谷中呈现出了一道壮丽的人

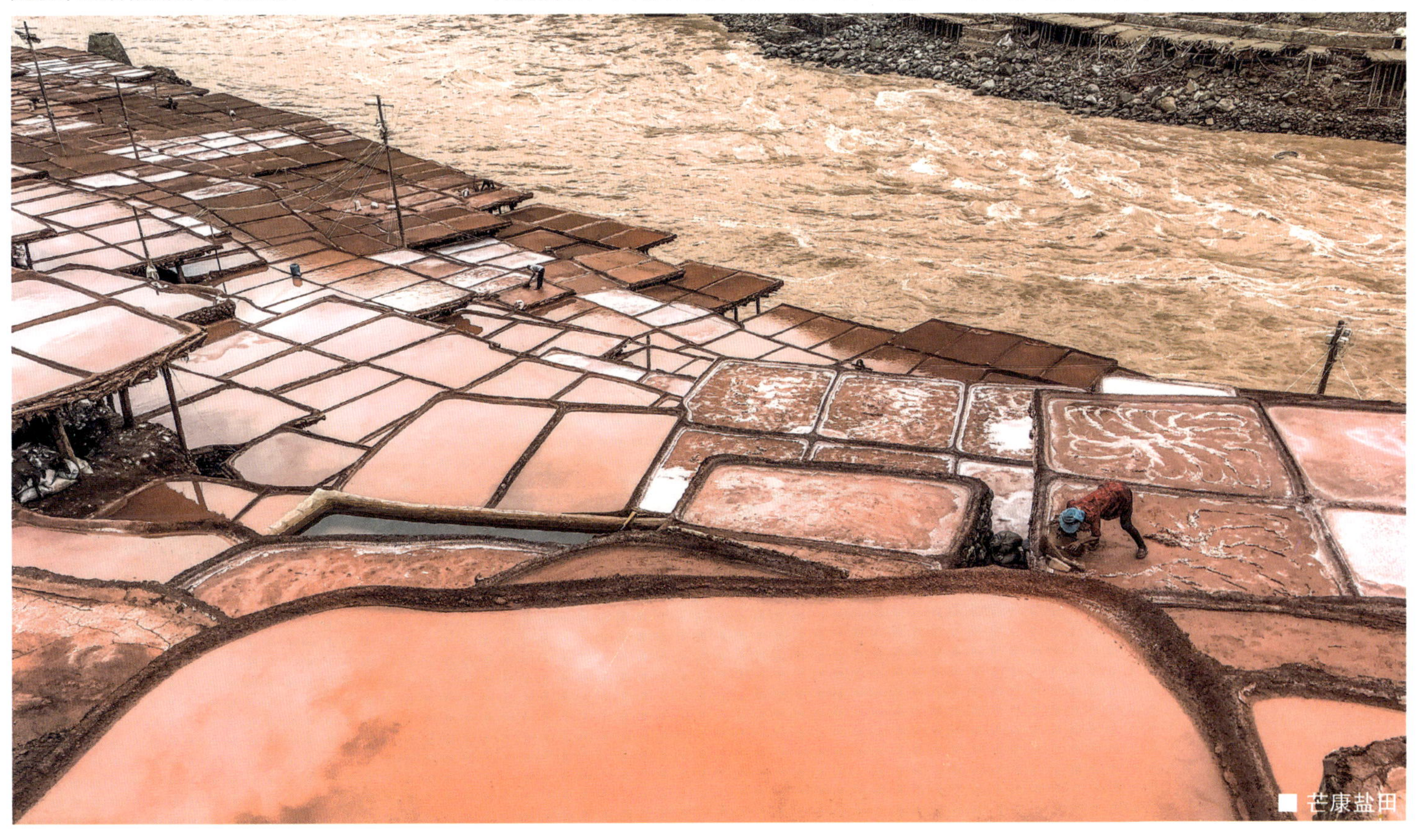

■ 芒康盐田

造美景。

地址：西藏自治区芒康县盐井镇纳西民族乡

门票：90 元 / 人

开放时间：8:00~19:00

免费 类乌齐寺

类乌齐寺本名扬贡寺，藏语称为“查杰玛”或“格培林”。由桑吉温创建于 1277 年，是西藏东北部著名的噶举派寺院，具有藏、汉及尼泊尔结合的建筑风格。寺内珍藏有传说中的格萨尔王的九龙镀金马鞍、格萨尔王部下的宝刀、八瓣莲花的时轮金刚像、明清时期的唐卡等文物。

地址：西藏自治区类乌齐县类乌齐镇

结古寺

结古寺

结古寺是藏传佛教萨迦派在玉树地区的主寺，在藏语中被称为“结古顿珠楞”，意为“结古义成洲”。整个寺院依山势而建，殿堂僧舍错落有致，远望似多层楼阁耸立。经堂和殿堂内主供释迦牟尼佛、莲花生大士、吉祥天女、宝帐怙主、旃檀木雕度母和西藏萨迦五祖等各类铜制镏金和优质木雕佛像 3400 多尊。珍藏有《甘珠尔》和《丹珠尔》等各种经典近万卷。

地址：青海省玉树市结古镇北木它梅玛山

门票：10 元 / 人

免费 玉树州博物馆

玉树州博物馆成立于 2012 年，属于玉树地震灾后重建的十大标志性建筑之一。展厅总面积 2700 多平方米，分为序厅、自然展区、人文展区三个部分。其中，序厅为三江流域大型沙盘，自然展区分为三江源自然生态陈列和可可西里展示中心，人文展区分为历史厅、民俗厅和宗教厅。虽说成立时间很短，但展陈内容具有很明显的地域特色，值得一看。

地址：青海省玉树市结古镇结古松朵巷 2 号

开放时间：10:30~16:30

线路② · 长江溯源线

自然风光

免费 崇明岛

崇明岛是长江三角洲的冲积岛屿，也是我国第三大岛屿。唐朝初年，长江口有两个小沙洲露出水面，后经过 1300 多年的泥沙淤积，始成今日崇明岛的面貌。由于长江泥沙依然在持续堆积，所以崇明岛还在不断地“生长”。岛上地势平坦、土地肥沃、自然环境优美，不仅是鱼米之乡，也是休闲度假的好去处。

地址：上海市崇明区

开放时间：全天

黄金海滩

黄金海滩位于启东圆陀角旅游度假区东侧，总占地面积约 2700 亩，拥有丰富而独特的江海旅游资源，是一个集看海、听海、玩海、吃海于一体的原生态旅游目的地。景区以生态“铁板沙滩”和湿地风光为依托，开发了金滩拾贝、海上牛车、快乐渔村、海滩风筝、激情快艇、沙滩摩托等众多游乐项目。

地址：江苏省启东市寅阳镇东侧

门票：20 元 / 人

开放时间：8:30~17:30

免费 泰兴市古银杏森林公园

泰兴市古银杏森林公园坐落在素有“中国银杏第一镇”的宣堡镇境内。公园占地面积 9800 亩，包括 1 条水上风光带、6 个功能区、15 个主题园和 42 个景点。仅公园核心区就有定植银杏树 13800 余株，其中千年古银杏 3 株，200 年以上的银杏树 1600 余株，100 年以上的银杏树 3800 余株。春夏秋冬，无论哪个季节漫步其间，都会给人以赏心悦目、心旷神怡的感觉。

地址：江苏省泰兴市宣堡镇张河村

开放时间：全天

马仁山国家森林公园

马仁山旧名马人山，因有巨石如马如人而得名。山中石壁形状多样，雄伟峻峭，且森林茂密，松、楠、杉、竹繁生，素有“皖南张家界，江滨小黄山”之称。园内自然风光也被人总结为“六奇”，即奇峰、奇壁、奇柱、奇洞、奇林。除此之外，山中还有马仁寺、天下第一香炉、马仁奇峰红色收藏馆等人文景点。

地址：安徽省繁昌县孙村镇马仁路

门票：95 元 / 人

开放时间：8:00~17:00

■ 崇明岛

九华山

九华山古称陵阳山、九子山，据传因李白诗句“昔在九江上，遥望九华峰”而更名为九华山。其属于皖南三大山系之一，主体是由花岗岩岩体组成的强烈断隆带，最高峰十王峰海拔1342米。景区内处处清溪幽潭、飞瀑流泉，构成了一幅幅清新自然的山水画卷，同时还有云海、日出、雾凇、佛光等自然奇观，气象万千，美不胜收。除此之外，从山麓至天台峰，名刹古寺林立，文物古迹众多，尚存化城寺、月身宝殿、慧居寺、百岁宫等古刹78座，素有“莲花佛国”之称。

地址：安徽省青阳县九华镇九华街

门票：140元/人

开放时间：全天

九华山

免费 **菱湖风景区**

菱湖原是一片天然湖泊，因盛产菱藕和鱼虾著称，早在清朝时即被扩建为游览胜地。如今，则被开发为菱湖风景区，由菱湖、莲湖、小菱湖、东湖、西湖五个湖泊组成，并细分为菱湖公园、莲湖公园、皖江公园和文化广场四大景区。逢夏秋时节，菱荷茂盛，莲花斗艳，景区内四处飘散着醉人的清香。

地址：安徽省安庆市迎江区菱湖南路

开放时间：全天

石钟山（见华东区P201）

鄱阳湖（见华东区P201）

免费 **鄂州西山风景区**

鄂州西山古称樊山，因位于鄂州古城之西，故名西山。全山东西长约1.6公里，南北宽约1.2公里，主峰170米，总面积4000多亩。山上六条谷涧，串联七泉、三池、一湖和两道瀑布。形成了翠壑丹崖，飞瀑漱玉的壮丽景观。其中主要景点有吴王避暑宫、古灵泉寺、松风阁、九曲亭等。

地址：湖北省鄂州市鄂城区公园路9号

开放时间：全天

洪湖生态旅游风景区

洪湖生态旅游风景区位于洪湖西北部，曾因电影《洪湖赤卫队》而被世人所熟知。景区以“荷”为主题，开发了十里荷花带、万亩莲藕区、观荷长廊、九曲桥廊、观音座莲台、荷花仙子、钓鱼岛情人屋、湖心岛莲花源等十多处景观。尤其荷花盛开的季节，景色最美。秋季则可以体验采莲的乐趣。

地址：湖北省洪湖市瞿家湾镇

门票：70元/人

开放时间：8:30~16:30

洞庭湖（见华中区P256）

西陵峡口风景区（见华中区P245）

三峡人家景区（见华中区P245）

九畹溪风景区

九畹溪发源于云台荒南麓，依河段可分为三渡河、林家河、老林河、九畹溪河，统称九畹溪。溪流经过的地方，以峡谷、喀斯特地貌为主。两岸风景奇特秀丽，大部分地区人员稀少，生态环境良好，形成多处别具特色的景观，是新三峡十景之一。景区可分为陆路和漂流两个区段，且每个区段都有独特的景观特色。

巫山小三峡

地址：湖北省秭归县九畹溪镇钟阳平村

门票：180元/人

开放时间：9:00~16:00

神农溪（见华中区P236）

巫山小三峡

巫山小三峡由龙门峡、巴雾峡、滴翠峡组成，南起巫山县，北至大昌古城，全长约50公里，是大宁河风景最精华的部分。与长江三峡的宏伟壮观、雄奇险峻相比，小三峡则显得秀丽别致，精巧典雅，有人将其风光总结为“六奇”，即山奇雄、水奇清、峰奇秀、滩奇险、景奇幽、石奇美，并誉之为“天下奇峡”。

地址：重庆市巫山县宁江路

门票：120元/人

开放时间：8:00~17:30

万州大瀑布群景区

万州大瀑布又名青龙大瀑布，宽151米，高64.5米，面积9739.5平方米，是亚洲第一大瀑布，也是亚洲第一宽瀑布。瀑布下面有1600余平方米的水帘洞，给游客提供了全方位、无死角观瀑和亲水的独特体验。此外，景区内还有牵手栈道、观音古洞、冰雪奇园、丛林飞车、竹筏穿瀑等景观和娱乐项目。

地址：重庆市万州区甘宁镇甘宁河段

门票：98元/人

开放时间：9:30~15:30

张关水溶洞

张关水溶洞是位于重庆近郊的一座大型天然溶洞，经过漫长的地质运动之后形成了层层叠叠的四层溶洞，现已开发的部分是其中最为壮观的一层。洞内除了造型各异的石钟乳、石笋、石幔外，还有潺潺的地下河，及各种地衣类、蕨类、苔藓类植物。洞内空气清新，冬暖夏凉，常年恒温18℃，有地腹深处的“天然大氧吧”之称。

地址：重庆市渝北区洛碛镇水溶洞村

梅里雪山国家公园

门票：100 元 / 人
开放时间：9:00~17:00

纳溪花田酒地

纳溪花田酒地是依托清溪河下游河畔，而新建的一处以展示花田景观和酒文化的旅游景区。里面汇聚了长江上游典型的丹霞地貌，富有诗意的田园湿地，令人迷醉的四季花海，盛名远播的白酒酒庄群落，惊险刺激的丛林漂流等多种景观及娱乐项目，充分展示了景区“花田酒飘香、酒庄花芬芳”的独特魅力。

地址：四川省泸州市纳溪区大渡口镇308省道南侧
门票：20 元 / 人
开放时间：7:30~19:30

西部大峡谷

金沙江在流经水富市向家坝时，湍急的江水在这里切割出了一个山青、水急、峡险的河谷，被人称为西部大峡谷。1978 年，云南省地质勘探队在峡谷底部发现了一处水温高达 85℃的温泉，后被开发为富有云南民族风情特色的温泉景区。向家坝水电站开建后，温泉景区由江畔搬迁到了 300 多米高的山顶。

地址：云南省水富市坝尾槽
门票：158 元
开放时间：8:00~23:00

免费 马湖风景名胜区

马湖属高原大型天然深水湖泊，水域面积 7.3 平方公里。东、西、南三面以高山为屏障，北面为玄武岩、石灰岩碎块堆积而成的天然石坝。湖区港湾深幽，湖岸曲折多变，湖水四季盈盈，清澈透明，无任何污染。景区内还分布有大量的原始森林，并聚居富有彝族特色的村寨。可以说湖光山色交相辉映，风光秀美绮丽，民族风情浓郁。

地址：四川省雷波县 307 省道附近
开放时间：全天

泸山邛海风景区 （见西南区 P342）

攀枝花苏铁国家级自然保护区

攀枝花苏铁是 1971 年发现的苏铁新种，1981 年才正式定名，1984 年被列入我国第一批珍稀濒危保护植物名录，属于世界性珍稀濒危残遗物种。攀枝花苏铁国家级自然保护区是我国目前唯一苏铁类植物国家级保护区。区内有天然生长的攀枝花苏铁 23 万余株，是一个天然的物种基因库，是欧亚大陆苏铁类植物自然分布纬度最北、海拔最高、面积最大、株数最多、分布最集中的天然苏铁林。

苏铁

地址：四川省攀枝花市西区河门口北街 98 号
门票：20 元 / 人
开放时间：7:00~18:30

梅里雪山国家公园

梅里雪山国家公园地处滇、川、藏三省结合部，是香格里拉旅游区和三江并流世界自然遗产腹心地，由金沙江大湾、飞来寺明珠拉卡、雾浓顶迎宾台、明永冰川、雨崩等景区组成。公园内自然风光绚丽多彩，有着犹如鬼斧神工的雪山、气势磅礴的现代海洋性山谷冰川、雄浑壮阔的深山大断裂带、茫茫林海、四季不败的高山花卉、恬静安详的藏族村寨等。

地址：云南省德钦县东北部 10 公里处
门票：150~230 元 / 人不等
开放时间：7:00~16:00

免费 澜沧江大峡谷

澜沧江大峡谷北起佛山乡，南至燕门乡，长 150 公里，以谷深长而闻名，以江流湍急而著称。峡谷江面海拔 2006 米，左岸的梅里雪山卡瓦格博峰海拔 6740 米，右岸的白马雪山扎拉雀尼峰海拔 5460 米，峡谷最大高差 4734 米，从江面到顶峰的坡面距离为 14 千米，每千米平均上升 337 米。再加上极其悬殊的流水落差，真可谓“隔河如隔天，渡河如渡险”。峡谷中的溜筒江渡，则是一处艰险的古渡口，也是茶马古道的必经之地。直至 1946 年，铁索桥普渡桥的建成，才改变了这种危险的过江方式。

地址：云南省德钦县与西藏自治区芒康县交汇处
开放时间：全天

美玉草原风景区 （见西南区 P336）

线路②·长江溯源线 富饶物产

奉贤黄桃 （见华东区 P215）

顾绣 （见华东区 P215）

崇明老白酒

崇明老白酒创制于明正德年间，名为老白酒，其实并非蒸馏酒，而是以糯米为原料，经淋饭后拌药加水精心酿造而成的米酒。其酒味甜润，色呈乳白，故又被称为甜白酒，并以“酒体丰满、米香浓郁、入口绵甜、酒度适中”的独特风味而闻名，素有“名扬江北三千里，味占江南第一家”的盛誉。

吕四海蜇

吕四海蜇因盛产于启东市吕四沿海而得名，明朝时曾有渔民将其进贡朝廷，得到了明太祖的赏赐，足见其捕捞食用历史的久远。成品海蜇皮不仅色泽光亮，无泥沙杂质，肉质坚实松脆，而且还具有滋阴润肠、清热化痰的功效。

狼山鸡

狼山鸡原产于南通市如东县，是我国古老的优良地方品种，以产蛋多、蛋体大，体肥健壮、肉质鲜美而著称。按毛色可分为纯黑、黄色和白色三种。其中，黑色被称为“狼山黑”，羽毛黑而发绿、发蓝，熠熠生辉，色彩绚丽；白色被称为“狼山白”，羽毛洁白无瑕，但数量极少。

长江三鲜

长江三鲜是指在中国长江下游水域中出产的三种肉质鲜美的鱼类，即河豚、鲥鱼和刀鱼。自六朝以来，由于士大夫阶层和文人墨客的极力推崇，长江下游城市形成历史悠久的品尝江鲜的狂热嗜好。如今，因为过量捕捞，鲥鱼已经野外功能性灭绝，刀鱼也濒临灭绝的边缘，野生河豚因含有剧毒，需谨慎食用。现在端上餐桌的长江三鲜大都属于人工养殖，除了河豚，鲥鱼、刀鱼即使人工养殖，依然价格不菲。

泰兴白果

泰兴银杏已有1000多年的栽培历史，而且在鸦片战争之前，即以白果与山西、山东等地的大枣、柿子进行易货贸易。泰兴白果又名大佛指、佛子等，是经嫁接繁衍的银杏树“大佛指”所结果实的果核。其外形呈纺锤形或长卵形，果大壳薄，果仁饱满，且具有浆水足、糯性强、贮藏期久的特点。

扬州漆器 （见华东区P190）
邵伯菱 （见华东区P190）
南京云锦 （见华东区P190）
南京雨花茶 （见华东区P190）

芜湖铁画

芜湖铁画原名铁花，起源于北宋时期，清康熙年间自成一体，开始享誉四海，是我国工艺美术百花园中的一朵奇葩。其以低碳钢作原料，以铁代墨，以锤代笔，在吸取我国传统国画的构图法及金银首饰、剪纸、雕塑等工艺技法的基础上，通过出稿、剪、砸、烧打、上漆蜡、上框等工序，制成山水、人物、花卉、虫鱼、飞禽、走兽等内容的精美画作。

凤丹

凤丹又名铜陵牡丹、铜陵凤丹。与洛阳、菏泽牡丹的种植不同，凤丹的种植主要是为了取其根皮；因为其根皮具有镇痛、解热、抗过敏、消炎、免疫等药用价值，是一味传统的名贵中药材，与白芍、菊花、茯苓并称为安徽四大名药。其成品具有根粗、肉厚、粉足、木心细、亮星多、久贮不变质等特点。

铜陵白姜

铜陵的生姜种植始于春秋时期，北宋时已是著名的产区，所产生姜还被列为贡品。至民国年间，周边地区的酱园每年都会通过私营行商收购大量的铜陵白姜，加工糖冰姜、糖醋姜、酱姜等姜制品。其成熟姜块具有瓣粗肥厚、姜指饱满、块大皮薄、汁多渣少、肉质脆嫩、香味浓郁、味辣而不呛口的特点。

西山焦枣

西山焦枣是池州市特产，创始于五代十国时期，距今已有1000多年的历史。其以当地所产的冬瓜枣、牛蜂枣等为原料，经杀青、蒸制、烘干等工艺制作而成。成品色如紫金，形如玛瑙，食用则柔软鲜嫩，甘甜溢香。

九华黄精

九华黄精又被称为地藏黄精，是安徽省青阳县特产。其新鲜根茎横生，肥大肉质，近链珠形，节处较膨大；蒸制后进行晒制或烘干即为成品，可切成薄片泡水或嚼食，也可添加到茶及其他饮品中。具有补肾、降血脂、防止动脉血管硬化、促进胰岛素活性等功效。在民间有“北有长白人参，南有地藏黄精”之称。

望江挑花

望江挑花是扎根于安徽望江民间，土生土长的一种传统手工技艺。据考证，其创始于唐朝，在传承发展的过程中逐步形成挑、钻、游、织等四种针法技艺。构图元素大都取材于生活，除各类几何图形外，常见的植物有藤蔓、花果、茎叶，动物有蝴蝶、蜜蜂、孔雀、喜鹊、鸳鸯等。此外还有反映生活方方面面的太极八卦、日月星辰、福禄寿喜等图案。其还有一个显著的特点就是“正反成趣”，无论从正面看还是反面看，图案都是一样的。

■ 长江河豚鱼

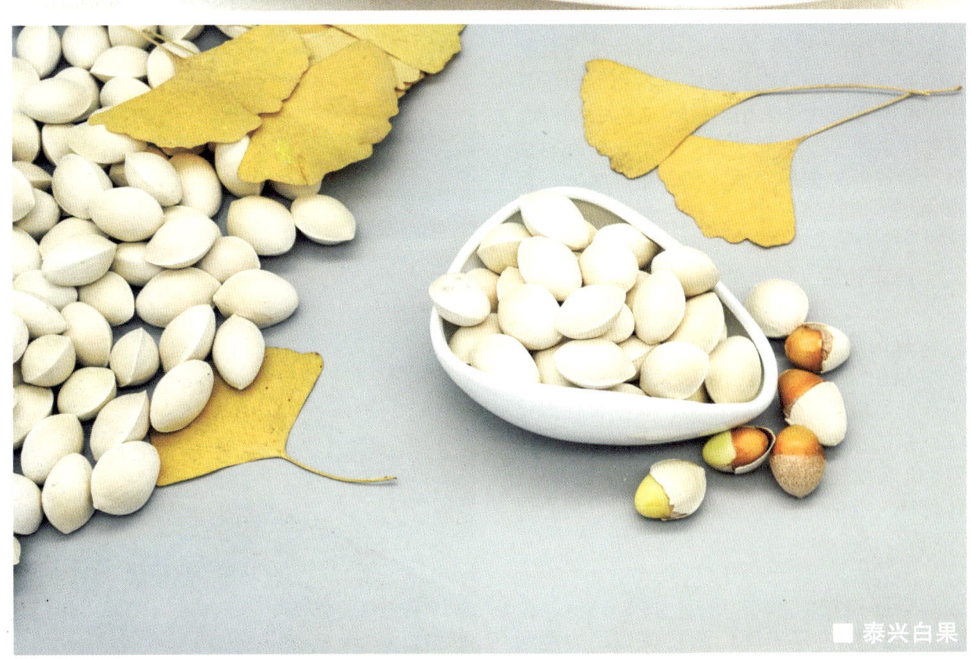
■ 泰兴白果

庐山云雾茶 （见华东区 P204）
星子金星砚 （见华东区 P204）
庐山三石（石耳、石鱼、石鸡） （见华东区 P204）

武穴菜籽油

武穴是我国著名的油菜之乡，从 20 世纪 70 年代起，当地便以水田三熟油菜闻名全国，且所种油菜全为“双低”油菜，即菜籽榨油后芥酸含量低、硫代葡萄糖甙含量低，因此有“东方橄榄油”的美誉。

汉绣 （见华中区 P259）
梁子湖大河蟹 （见华中区 P259）
洪山紫菜苔 （见华中区 P259）

洪湖莲子

洪湖自形成以来，就自然生长着大量野生莲藕，再加上 2000 多年的人工栽培，使洪湖成为我国著名的莲子产区。湖中主要有红花莲子和白花莲子两大类，所产莲子颗大粒圆、皮薄肉厚，兼有清香甜润、微甘而鲜的风味。具有广泛的食用和药用价值。

岳阳黄茶 （见华中区 P259）
张谷英油豆腐 （见华中区 P259）
岳州扇 （见华中区 P259）

监利粮酒

监利因三国东吴在此“令官督办，以监盐渔之利”而得名。当地因江湖交错，粮运受阻，民间遂成余粮酿酒之风，已有 1000 多年的历史。其以高粱、稻谷、苦荞麦等为原料，用传统工艺酿造而成，酒体色泽微黄，清亮透明，具有酒度高而不烈，低而不淡，尾净香长的典型风格。

八岭山朱橘 （见华中区 P247）
窑湾蜜桔 （见华中区 P247）
百里洲砂梨 （见华中区 P247）

秭归桃叶橙

秭归桃叶橙是 20 世纪中期，秭归县新滩镇龙马溪村在普通甜橙中选育出的橙子品种，因其末梢叶片狭长似桃叶，故名桃叶橙。成熟果实呈圆形，果面橙红光滑，脐部有印圈，果皮薄，肉质细嫩化渣，且风味浓，富香气。

巴东独活 （见华中区 P238）

巫山庙党

巫山庙党又名巫山庙参，属于川党参，因产于巫山县庙宇镇而得名。其生长在海拔 1500 米的深山丛林中，以皮细肉白、参气浓烈、肉实皮软、味香醇厚、嚼之化渣而著称。具有补气益血、润肺生津、壮元阳、利心肾等功能。

故陵椪柑

故陵椪柑是重庆云阳县特产。故陵为先秦巴楚文化交汇地，早在汉朝时就曾盛产柑橘，历史上曾两度设郡，均设橘官一职。成熟椪柑果实呈扁圆或高腰扁圆形；果皮颜色鲜艳，橙黄色，蜡质层厚，有光泽，易剥；果基平，有放射状沟纹；果顶广凹，部分有小脐。入口则脆嫩汁多，爽口化渣。

万州红橘

万州红橘古称丹橘，是栽培历史悠久的古农作物良种之一。因为基因传承的唯一性，虽说历经数千年，其依然沿袭了祖先的样子和特性。其橘果个大色艳，形如灯笼，色似红霞，入口清香沁脾、酸甜可口、汁多味美。同时，还具有生津止渴、清胃利肠、止咳止痢、疏肝解郁等功效。

忠州豆腐乳

忠州豆腐乳是重庆忠县特产。其创始于唐朝，盛于清朝，所用菌种系从清雍正年间启用并延续至今的霉房分离而得，酶系多样性和分解力为我国独有。腐乳成品呈金黄色或杏黄色，鲜艳有光泽，块型整齐而绵软，厚薄均匀而细腻，入口清香味美，余味绵长。

丰都肉牛

丰都肉牛是在丰都县境内长江沿岸独特的水土、中高山气候的自然条件下，由丰都本土的黄牛与西门塔尔、利木赞、红安格斯肉牛杂交选育、饲养而成。其具有相对一致的外貌特征及体型结构，被毛颜色一致、光泽油亮，肉质细嫩，胴体脂肪覆盖率达 75% 以上。

涪陵榨菜 （见西南区 P354）

长寿血豆腐

长寿血豆腐起源于明朝。因当地人喜欢吃豆腐，但豆腐又极易变质，于是便开始在豆腐里加盐，来延长保质期；后来，发展到往豆腐里加猪瘦肉，用来增加鲜味。当肉嵌在雪白的豆腐中，经切片后便会显露出红润的色泽，从而得了血豆腐之名。其味道咸鲜而有腊香，入口绵韧耐嚼，回味浓郁，是佐酒的佳品。

■ 洪湖莲子

■ 菜籽油坊

石蟆橄榄

石蟆橄榄是重庆江津特产，因主产于石蟆镇而得名。其在当地种植历史悠久，仅500年以上的古树就有100余株。如今，种植面积已临近10万亩，是西南地区最大的橄榄生产基地。其品种则可分为油用、果用两种。橄榄果也被深加工为饮料、果冻等多种多样的食品，行销全国各地。

江津花椒

江津花椒的主要品种名为九叶青，与汉源贡椒、韩城大红袍、云南大红袍并称为我国四大花椒品种。其种植始于元朝，在毛里求斯海岸打捞出的一艘300多年前的沉船上，曾发现了一桶江津花椒，可见其在几百年前已享誉世界。成熟花椒果实饱满、色泽油润、清香扑鼻，且具有麻味醇正、出油率高等特点。

先市酱油

先市酱油又名先市豆油，是四川合江县特产，因出产于先市镇而得名。据《合江县志》记载，先市酱园因明末清初赤水河沿岸盐运的兴盛而兴起。其以赤水河流域所产小麦大豆、赤水河水以及四川井盐为原料，利用当地特有的天然微生物发酵精酿而成，具有色泽棕红、味醇柔和、清香回甜、盐度适中的特点。

泸州老窖 （见西南区P353）
分水油纸伞 （见西南区P353）
宜宾五粮液 （见西南区P353）
宜宾芽菜 （见西南区P353）
宜宾早茶 （见西南区P353）
宜宾油樟 （见西南区P353）

金江奇石

金江奇石是云南水富市特产。金沙江与其支流关河在流经水富市时，由于水道和缓，各种类型的岩石经过水流的长期冲刷、磨砺后，在这里形成了大片的卵石河滩，这便给奇石爱好者、收藏者提供了丰富的采集、发掘条件。从而使金江奇石渐渐在圈内有了名气。

先市酱油

凉山苦荞麦

漆蜡

漆蜡是从漆树种子中压榨出来的一种油脂，常态为白色固体，可以少量食用，主要被应用于日化产品的生产制作，如肥皂、香皂、雪花膏等。作为一种非常小众的油脂产品，主要出产于我国云南的几个市县，如水富市。

酒香虫

酒香虫学名蜣象，当地人叫打屁虫，是绥江的著名特产。其大小似指甲，复翼善飞，落地后蠢笨无比，任人摆布，可以泡酒喝，也可以炸了吃。其蛋白质含量高，油炸后酥香诱人，是非常难得的一种天然健康食材。

马湖莼菜

马湖莼菜产于我国第三大高山深水湖泊马湖。早在民国时期，中央大学教授肖楠森在凉山地区考察时，就已发现马湖出产野生莼菜。因环境条件限制，一直未能形成商品对外销售。直至1990年，马湖莼菜由野生转为栽培种植成功，才正式开始商业种植。其成品具有质地柔嫩、色泽碧绿、嫩滑清香的特点。

凉山苦荞麦

凉山州是人类历史有文字记载以来最早种植和食用苦荞麦的地方，也是世界苦荞麦的核心起源地和全球最大的苦荞麦种植中心、加工中心和市场中心。成熟的苦荞麦多为三棱型，呈黑、灰白、棕、褐等色，无光泽。具有降血糖、降血脂，增强人体免疫力、治疗胃疾、除湿解毒等功效，对糖尿病、高血压、高血脂等疾病有辅助治疗作用。

建昌鸭 （见西南区P344）
彝族漆器 （见西南区P345）
西昌高山黑猪 （见西南区P345）

德昌桑椹

德昌桑椹产业的发展始于20世纪50年代，直至80年代起才开始规模化种植，如今已成为当地的支柱产业。2015年，德昌还被中国蚕学会评为“中国果桑之乡”。成熟桑椹果实饱满、颗粒大而紧、颜色紫黑油亮、有光泽，食用口感则甜软清香。

米易何首乌

米易县山地面积广阔，自古山民就有采掘何首乌药用的传统。近些年，依托自然环境优势，米易县开始广泛种植何首乌。其成品横切面呈红褐色，有菊花云锦状花纹，散发着浓浓的人参香味，味微苦而干涩，尤其卵磷脂含量是其他地区所产何首乌的三倍以上，同时还富含有硒、铁等元素。

苴却砚

苴却砚是攀枝花市仁和区特产，砚材取自攀西大裂谷金沙江沿岸的悬崖峭壁之中，因此地古称苴却，故称之为苴却砚。其石色紫黑沉凝，石质致密细腻，莹洁滋润，

类乌齐牦牛肉

武穴酥糖

发墨如油，存墨不腐，且因石晶绚丽丰富，故又有“中国彩砚”之誉。

程海螺旋藻

程海螺旋藻是云南省永胜县特产，因产于程海湖而得名。1940年，法国药物学家格瑞奇到非洲探险时，在乍得湖发现了螺旋藻这种独特的藻类。因其富含丰富的营养物质及广泛的药用价值，而受到了人们的追捧。程海湖则是我国唯一、世界仅有的三个天然生长螺旋藻的湖泊之一。如今，这里已成为世界上规模最大的螺旋藻产区。

迪庆高原葡萄酒

清朝末年，法国传教士把著名的葡萄品种“玫瑰蜜”带到了迪庆高原，并在教堂附近种植。经过当地居民一个半世纪的精心培育，其在云南德钦发展的愈发枝繁叶茂，并孕育出了独具地方特色的高原葡萄酒。进入21世纪，又有酒企将赤霞珠引入迪庆高原，并开始酿制流行世界的赤霞珠干红葡萄酒。

藏猪 （见西南区 P338）

藏雪莲 （见西南区 P339）

类乌齐牦牛肉

类乌齐牦牛大都放养于海拔3700米以上的类乌齐县天然牧场中，牧民们从古至今一直沿用了最古老的牦牛放牧办法。因此，所产牦牛肉称得上十足的“原生态、纯天然、全绿色”。其肉质颜色鲜红，致密有弹性，富含蛋白质和氨基酸，有特殊的腥膻气味，烹煮后具有口味浓郁的显著特点。

玉树黑青稞

青稞有白青稞、黑青稞、墨绿色青稞等几大种类，在青海均有种植。其中，黑青稞是玉树州的著名特产。其裸粒呈黑褐色，椭圆形，颗粒饱满、均匀，是制作糌粑的主料，也是加工酿皮等各种特色食品的主要原料，还可以用来酿制青稞酒。目前，当地已推出了以黑青稞为原料酿制的啤酒。

冬虫夏草 （见西北区 P397）

线路②·长江湖源线

民俗文化

秦淮灯会 （见华东区 P194）

湖口草龙

湖口草龙俗称谷龙，以稻草为主要材料，辅之以竹木做支架，采用编、织、插、嵌、镶、绕、缠、悬、挂、空、别、剔、镂、透等十多种工艺技巧制作而成。虽说材料普通，但工艺精湛，最终展现出来的形态不仅生动逼真，而且各个关节灵活自如，舞动起来活灵活现。

岳家拳

岳家拳是较为完整地流传下来的我国传统拳术之一，为民族英雄岳飞根据自身所学结合与敌作战的实战经验而创立。据《岳氏宗谱》记载，岳飞后裔在湖北武穴已相传三十三代，有2000多人。且自宋代至今，岳家人对岳家拳的练习从未间断，而岳家拳的最初拳谱，就保留在《岳氏宗谱》中。1986年，岳飞后裔、岳家嫡传拳师岳进将岳家拳古拳谱原本捐献给国家，才揭开岳家拳的神秘面纱。

西河戏 （见华东区 P205）

铅锡刻镂技艺 （见华中区 P248）

枝江民间吹打乐 （见华中区 P248）

纳西族服饰 （见西南区 P345）

线路②·长江湖源线

特色美食

上海蟹壳黄 （见华东区 P218）

五香豆 （见华东区 P218）

扬州三丁包 （见华东区 P195）

金陵盐水鸭 （见华东区 P195）

采石矶茶干

采石矶茶干是马鞍山市著名特产，源于清嘉庆年间，曾是当地进贡清廷的贡品。其以豆干为主料，配以鸡汁、八角、桂皮、甘草、茴香等佐料制成，具有色泽暗红、细嚼韧性强、对折不裂缝、撕开有裂纹等特点。

武穴酥糖

武穴酥糖原名“桂花董糖”，也称“广济酥糖。是湖北省传统名点之一。其以麻屑、白糖、香条、桂花等为主要原料制作而成，具有香、甜、酥、脆四种特色，同时还有止咳润肺的作用。

黄州烧梅

黄州烧梅是黄冈市黄州区的传统名点，

从创制至今已有1000多年的历史。其以肥肉、熟馍、橘饼、花生、葡萄干、冰糖、桂花、红绿丝等为馅料，再用薄面皮包制而成，下面似石榴形，封口处呈梅花形，所以也称石榴烧梅。食用时可蒸、可炸、可烤，味道香甜可口。

热干面（见华中区 P261）
清蒸武昌鱼（见华中区 P261）

嘉鱼鱼圆

嘉鱼鱼圆起源于簰洲湾，因长江在这里自西向东、自东向西的回环转折，使大量江鱼汇聚于此，而且非常鲜活，这便为鱼圆的制作创造了得天独厚的条件。制作时先将鲜鱼去皮剔刺，然后选择白色的嫩肉刮茸，配以肥肉、蛋清、葱白等剁碎，与鱼茸一起搅拌成型，上笼屉蒸制即成。具有色泽洁白、口感细腻、鲜香滑嫩的特点。

荆州鱼糕（见华中区 P249）

油醪糟

油醪糟是重庆涪陵的著名小吃。制作时用糯米制成醪糟坯，再下油锅，加芝麻、橘饼、核桃仁、油酥花生仁、蜜枣、白糖等稍煎，然后放入开水煮沸即成，具有香甜可口，油而不腻的特点。

重庆小面（见西南区 P355）
重庆火锅（见西南区 P355）
合川桃片（见西南区 P355）
林黄粑（见西南区 P355）
宜宾燃面（见西南区 P355）

油底肉

油底肉是攀枝花的一道著名食材，其加工工艺也是过去人们对肉食进行防腐保存的一种独特方法。制作时将猪肉切割成一斤左右的块状，待锅里的猪油烧沸后，把切好的猪肉放入油锅中，再放入适量的食盐，直至肉中的水分煎熬干后，将肉取出放入备好的陶瓷罐内，然后将油倒入罐中即成。

线路③ · 红军长征线

人文景观

免费 中央红军长征出发地

以前总是笼统地说中央红军从瑞金出发开始长征，仔细探究发现，中央红军主力的集结地及长征最后的出发地则是于都。如今，于都县修筑了中央红军长征出发地纪念园、纪念馆等纪念性建筑。其中纪念园门口有宏伟的主题雕塑，展现了红军当年夜渡于都河出发长征的情景；纪念馆则以长征前夕中央红军在于都的主要活动，以及中央红军长征历程为主线，采用文字、图表、照片、实物模型等展示手法，实事求是地再现了中央红军主力部队从于都出发长征的历史。

地址：江西省赣州市于都县渡江大道

开放时间：纪念园全天开放，纪念馆9:00~12:00，14:30~17:30

瑞金叶坪红色旅游景区

瑞金叶坪是我国第一个全国性的红色政权——中华苏维埃共和国临时中央政府的诞生地，也是中共苏区中央局的第一个驻地。红军长征后，这些建筑物被国民党瑞金当局拆毁。新中国成立后，在旧址上进行了重建。目前，景区内保存有革命旧址和纪念建筑 22 处，主要景点有第一次苏维埃代表大会旧址、中共苏区中央局旧址、博生堡、公略亭、红军烈士纪念塔、红军烈士纪念亭、红军检阅台等。

地址：江西省瑞金市苏维埃大道

门票：25 元 / 人

开放时间：8:00~17:30

共和国摇篮景区（见华东区 P213）
中央革命根据地历史博物馆（见华东区 P213）

大圣寺塔

大圣寺塔始建于三国时期，晚唐时被毁，北宋治平年间在原址上重建，为平面六角形九级楼阁式砖塔。每级设有平座、檐、廊、栏杆、砖叠涩出檐，檐下为砖砌额坊。塔内共 17 层，有明暗层之分。1984 年至 1990 年，曾对其进行了全面维修，复原了栏杆、飞檐、塔刹和副阶等，通高达 66.45 米，为江南现存最高宋塔，堪称“江南第一塔”。

地址：江西省信丰县圣塔广场

门票：10 元 / 人

梅关古道（见华南区 P277）

免费 樟树下古民居群

樟树下古民居群始建于清乾隆年间，历经道光、咸丰年间的不断续建，逐渐形成今日所见规模。整个建筑群均为青砖青瓦两

中央红军长征出发地

层砖木结构建筑，硬山顶、封风墙、垂脊墙、马头墙兼有。门楣、窗格多数雕刻有精美的人物、草虫、花卉图案。巷道通达、宽敞，青石铺地，且修有较为科学的排水系统。墙体相连，布局合理，纵横皆有章法。

地址： 湖南省宜章县梅田镇

开放时间： 全天

免费 虎溪村

虎溪村位于蓝山县与宁远县交界处，因村后石山如虎形，村前溪水潺流不绝，故以“虎溪”为名。唐宋时期村中有谢姓人居住，明末清初黄姓人迁居于此，至今已历千年。村中建筑群以黄氏宗祠为中心，向左右及祠后依次修建，飞檐翘角，门窗雕花，显露出浓郁的湘南古民居特色。

地址： 湖南省蓝山县虎溪村

开放时间： 全天

东林庵

东林庵原名月庵，始建于明洪武年间，清朝时曾重修，直至新中国成立，依然香火不绝。文化大革命时遭到了破坏，20 世纪 80 年代得以恢复。整个建筑群坐落在低谷盆地中，四面山峦环绕，近处绿荫叠翠。幽静僻雅，别有天地。

地址： 湖南省郴州市临武县汾市乡东南部

宁远文庙

宁远文庙始建于宋乾德年间，明、清两朝多次重修，今存建筑为清同治年间易址重建。整个建筑群南北长 170.8 米，东西宽 60.2 米，占地 10282 平方米，建筑物采用中轴线对称式布局。中轴线上自南至北分别为照壁、泮池、棂星门、大成门、大成殿、崇圣祠；两侧对称式排列着登圣坊、步贤坊、腾蛟门、起凤门、乡贤祠、名宦祠、东西庑、尊经阁、明伦堂等建筑。其规模在全国现存文庙中屈指可数，现为全国重点文物保护单位。

灵渠景区

地址： 湖南省宁远县文庙街 78 号

门票： 20 元 / 人

开放时间： 8:00~17:30

道县楼田村

道县楼田村是北宋思想家、哲学家周敦颐的诞生地，又被称为濂溪故里。村中古民居保存良好，无论整体布局，还是房屋的各种装饰，都遗留有宋、元、明、清历朝的时代印迹。近年来，围绕周敦颐这张名片，村中重建了濂溪书院，开发了道山道岩，建造了太极亭，恢复了五星墩、大富桥、濯缨亭，建起了周敦颐纪念馆，将古村作为景区进行了大力开发。

地址： 湖南省道县楼田村

免费 界首镇

界首镇地处兴安、全州、灌阳、资源四县交界处，自古以来就是商贸重镇，湘桂古商道上的咽喉。红军长征时，著名的突破湘江战役便发生在这里，镇上依然保留有当年的指挥部旧址红军堂及大量的明清古建筑。如今，当地政府以红军堂为核心，将镇上的古街打造成了“红军街”，以此来充分彰显红色文化。

地址： 广西壮族自治区兴安县界首镇

开放时间： 全天

灵渠景区 （见华南区 P275）

免费 通道转兵纪念馆

1934 年 12 月，中国工农红军长征途经湖南通道，召开了通道会议，决定转道贵州，不仅为之后遵义会议的召开打下了重要基础，还在危急关头挽救了中国革命。2014 年，在通道会议召开 80 周年之际，通道转兵纪念馆正式落成对外开放。馆内共设有战略转移、通道转兵、走向胜利、红色印记四大板块，真实客观地再现了红军长征“通道转兵”这一辉煌历史。

地址： 湖南省通道侗族自治县县溪镇红长路

开放时间： 9:00~17:00

通道皇都侗民族文化村

通道皇都侗民族文化村由头寨、尾寨、新寨、盘寨等四村组成。这里的侗族人民擅长手工艺，以侗锦、挑花手帕、刺绣最为有名，同时还擅长歌舞。寨内建有鼓楼、凉亭、风雨桥等富有民族特色的建筑。在过去，他们处在一个封闭的环境中，自娱自乐；20 世纪末，当地政府开始发展旅游，从而使更多的游客将目光投向了这里。

地址： 湖南省通道侗族自治县黄土乡

门票： 100 元 / 人

开放时间： 全天

免费 黎平会议会址

黎平会议会址是一座修建于晚清的民

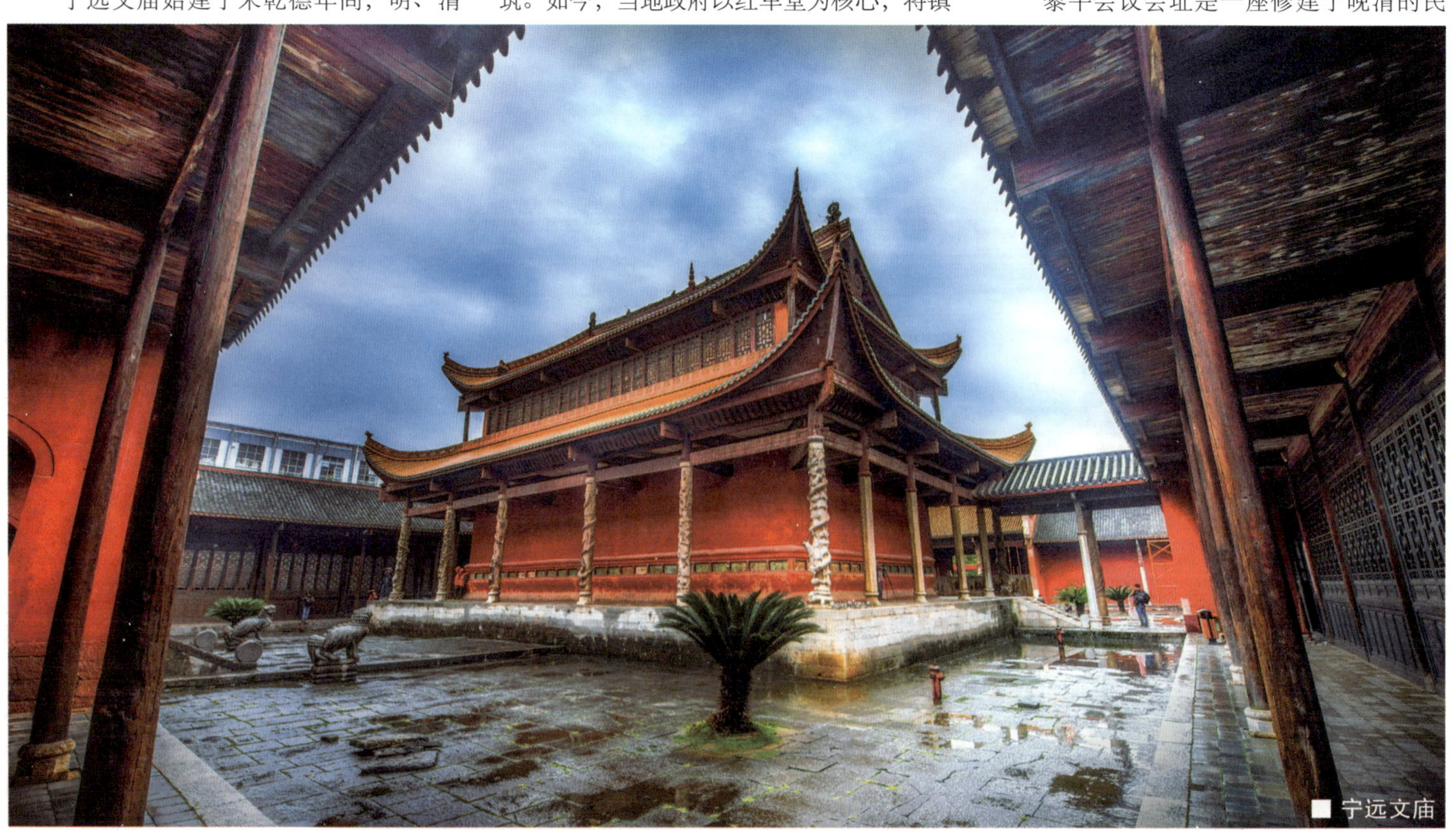

宁远文庙

居建筑，房屋面宽五间，两端有高大的封火墙，正中有一座门楼，走进门楼，里面是一个大院，有9个大小不同的天井，建筑面积近800平方米。1934年底，中央红军由湖南通道进入贵州，占领黎平后，总司令部就设在这里，并于12月18日在此召开了中央政治局会议，史称黎平会议。

地址：贵州省黎平县德凤镇二郎坡52号

开放时间：8:30~17:00

免费 **隆里古城**

隆里原名井巫城、龙标寨、龙里，明朝时在这里设置千户所，同时兴建古城，永乐年间再次修筑古城堡。清顺治15年，取“隆盛之意”把“龙里”改为“隆里”。古城近似长方形，南北宽217米，东西长222米，城内依然完整保存有大量的古祠、古庙、古民居与古街巷。主要景点有蜈蚣街、来龙街、陶家院、书香第、三槐第等。

地址：贵州省锦屏县隆里乡

开放时间：全天

镇远古城（见西南区P358）

“天下第一壶”茶文化公园（见西南区P350）

遵义会议会址（见西南区P350）

太平古镇（见西南区P349）

春秋祠

春秋祠又名春秋池、春秋阁，主要供奉关圣帝君，因传说关羽喜读《春秋左氏传》，故名春秋祠。其建于1900年，当时建筑面积4500平方米，保存下来的建筑面积2500平方米。坐南向北，长方形布局，沿中轴线从前到后有4个封闭式四合院，依次为乐楼、大厅、正殿、三官殿。整个建筑群以精湛的木雕艺术见称。

地址：四川省叙永县西大街287号

门票：10元/人

扎西红军烈士陵园

扎西红军烈士陵园建于1984年，园内建有高10米、碑体边长2米、占地1189平方米的柱形红军烈士纪念碑一座，纪念碑南北两面分别刻有毛泽东书体的“红军烈士纪念碑”和“英勇奋斗的红军万岁”碑文。同时，还建有红军烈士个人生平事迹碑83块，成排树立在“红军烈士纪念碑”周围，隐现于花草丛中，整洁优雅，庄严肃穆。

地址：云南省威信县爱民路16号

茅台镇（见西南区P123）

免费 **息烽集中营旧址**

息烽集中营是抗日战争时期国民党军统局所设立的一处规模最大、等级最高的秘密监狱，由设于息烽阳郎坝的本部和玄天洞囚禁处组成。其从设立到撤销的近8年间，先后关押共产党人、进步人士1220余人。抗日爱国将领杨虎城将军与家眷曾被长期秘密囚禁于此。如今，在旧址上建立了纪念馆，作为爱国主义教育基地对外开放。

隆里古城

息烽集中营

地址：贵州省息烽县北郊66公里处

开放时间：8:30~16:30

免费 **好花红乡村旅游区**

好花红乡村旅游区是一处以布依族文化为土壤，集休闲度假、康体养生、乡村体验、民俗旅游为一体的旅游区。其主要景点有中华第一布依堂屋、千户布依寨、桂乡花海、兰花馆、叶辛书屋、音乐小镇、连心玻璃桥等。尤其在“三月三”“四月八”“六月六”“跳花会”等节日期间，景区内的民族文化氛围将更加浓郁。

地址：贵州省惠水县101省道西150米

开放时间：全天

免费 **胜境关**

胜境关又称界关，是自元朝以来由内地进入云南最重要的通道，被称作“入滇第一关”。明朝初年大兵进军云南，1936年红军二方面军长征入滇，新中国成立之初，解放大军援助云南和平起义，都从这里通过。明景泰年间曾在关口建起一座界坊，数百年间多次修葺，至今尚存。界坊高约12米，宽12米，坊匾上书“滇南胜境”4个大字，楹柱涂金绘彩，重檐翘角，雄伟壮观。

地址：云南省富源县320国道附近

开放时间：全天

免费 **皎平渡**

皎平渡是位于金沙江上的一座渡口。1935年的5月1日至9日，中国工农红军第一方面军3万余人，在皎平渡36名船工7条船9天9夜奋力地拼搏下，胜利摆脱了几十万国民党军队的围追堵截，真正跳出了敌人的包围圈，自此皎平渡写入了中国革命的历史。1992年，云南省在皎平渡建造了红军渡江纪念碑和红军渡江纪念馆。

地址：云南省禄劝彝族苗族自治县皎西乡皎平村

开放时间：全天

免费 **会理会议遗址**

1935年5月12日，中共中央政治局在

安顺场景区

夹金山风景区

四川省凉山州会理县城郊铁厂举行扩大会议，史称会理会议。这次会议统一了中央红军的战略思想，进一步巩固了遵义会议的成果，是遵义会议精神的延续。如今，当年的会议遗址仅剩几块零散的大石头。2008 年，当地政府修建了会理会议遗址纪念碑，并作为红色旅游景点来打造。

地址：四川省会理县外北乡铁厂村

开放时间：全天

西昌卫星发射中心 （见西南区 P340）

凉山彝族奴隶社会博物馆 （见西南区 P340）

冕宁红军长征纪念馆 （见西南区 P340）

免费 孟获城

孟获城是一个很容易产生歧义的名字，其实它并不是一座城，而是一处拥有高山生态的草甸。因诸葛亮在此地第七次擒住了孟获而得名。整个景区占地约 17.7 平方千米，平均海拔约 2600 米，全年平均气温为 17 度。著名的景点有大草甸、红石滩、烽火台、月亮湖等。高山草甸区可常见珍稀动植物，也是大熊猫的重要放归地。

地址：四川省石棉县栗子坪彝族乡孟获村境内

开放时间：全天

免费 安顺场景区

安顺场原名紫打地，地势非常险要，太平天国著名军事将领翼王石达开曾在此全军覆灭。1935 年，中国工农红军长征至此强渡大渡河获胜，安顺场从此载入中国革命史册。如今，在渡口遗址建有“中国工农红军强渡大渡河纪念碑”。2004 年，纪念馆落成对外开放，里面陈列有红军当年用过的枪炮、大刀、旗帜、马灯等珍贵文物。

地址：四川省石棉县安顺彝族乡

开放时间：全天

泸定桥 （见西南区 P334）

硗碛藏寨 · 神木垒景区

硗碛藏寨 · 神木垒景区位于夹金山南麓，景区面积达 100 平方公里，有高山草甸、原始森林、雪山湖泊、高山钙化池、红叶彩林等自然景观以及咎落村、泽根村、夹拉村、勒乐村等藏族村寨和毛泽东、朱德旧居等特色鲜明的人文景观。同时也是四川旅游西环线、大熊猫生态旅游线、汶川大地震生命通道线上的重要节点。

地址：四川省宝兴县硗碛藏族乡神木垒内

门票：60 元 / 人

开放时间：8:30~17:00

免费 夹金山风景区

夹金山又名大雪山，是中国工农红军长征时翻越的第一座大雪山，也是雅安通往四姑娘山的必经之道。其主峰海拔 4930 米，山顶终年积雪，山下原始森林茂密，自然风光旖旎。从而形成了以高山湖泊、红军遗迹、民族风情及大熊猫半野生放养为特色的观光旅游线路。

地址：四川省宝兴县东部夹金山北麓

开放时间：9:00~18:00

免费 红军懋功会师遗址

1935 年 6 月 12 日，红一方面军先头部队红四团与红四方面军七十四团在达维桥胜利会师；6 月 14 日，毛泽东率红一方面军主力部队与红四方面军在达维桥会师，从而掀开了红军长征史上新的一页。6 月 21 日，在懋功的天主教堂，召开了中央红军和红四方面军干部同乐联欢会。当年的会师地达维桥、猛固桥及天主教堂依然完整地保留了下来。

地址：四川省小金县小金红军会师广场

开放时间：全天

免费 两河口会议会址

1935 年 6 月 26 日，中共中央在两河口召开了政治局扩大会议，通过了《关于一、四方面军会合后战略方针的决定》，否定了张国焘的错误主张，决定集中主力向北进攻，在运动中大量消灭敌人。当时的会议是在关帝庙中召开的，目前，主体建筑已毁坏，仅存后部马房。2010 年，两河口会议纪念馆建成对外开放，对当时的会议场景进行了还原，并展出了大量实物及文献资料。

地址：四川省小金县两河口镇

开放时间：9:00~17:00

免费 马尔康红军长征纪念馆

马尔康红军长征纪念馆于 2013 年正式建成对外开放，整体布局为 6 个展室，即万里长征、转战阿坝、三进三出马尔康、英明永存、红色记忆、迈向新长征，一个名为红色足迹的下沉式沙盘，一个多功能演播厅，一个休闲中厅。通过多种方式，全方位地展示红军长征途经阿坝州，爬雪山过草地和建立革命政权时艰苦卓绝的革命奇迹。

地址：四川省马尔康市卓克基镇

开放时间：9:00~18:00

卓克基土司官寨

卓克基土司官寨始建于清乾隆年间，为四层碉房，1936 年毁于大火，1938~1940 年，土司索观赢组织人力进行重建。1935 年 7 月，毛泽东及中央机关长征途中曾在官寨住宿一周。目前，官寨经过修葺与装饰后，开辟成了展览馆，一楼为生产工具和放牧打猎的器械等；二楼为红色文化展示厅，介绍了红军在这一带进行革命活动的基本情况；三楼为土司文化展厅，对土司家庭的衣食住行进行了介绍；四楼为宗教文化展厅；五楼是民风民俗展览馆，展出了许多富有藏文化特色的展品。

地址：四川省马尔康市卓克基镇西索村

门票：60 元 / 人

开放时间：8:30~17:30

免费 毛尔盖会议会址

1935 年 8 月 20 日，中共中央政治局在毛尔盖寺召开会议，史称毛尔盖会议。当时开会的寺庙已经损毁，仅存残垣断壁。1984 年，对毛尔盖寺进行了重建。2010 年、2013 年先后拨款，又对遗址进行了修缮，并作为红色景点着手开发。

地址：四川省松潘县上八寨乡附近

开放时间：全天

免费 巴西会议旧址

1935 年 9 月 9 日，中共中央政治局针对张国焘的右倾机会主义在班佑寺大雄宝殿内召开了著名的“巴西会议”。会议批判了张国焘的错误，决定中央红军继续北上。会议旧址现仅存夯土残墙。

地址：四川省若尔盖县巴西乡

开放时间：全天

免费 俄界会议旧址

1935 年 9 月 12 日，中共中央在高吉村召开了政治局紧急扩大会议，史称俄界会议。会议对确定红军北上进入甘肃的战略方针，战胜张国焘分裂党和红军的错误，对胜利完成红军长征具有极为重要的意义。会议旧址是一座典型的藏族山寨土围墙木楼建筑，至今保存完整，并被开辟为展览室。

地址：甘肃省迭部县达拉乡 593 乡道附近

开放时间：9:00~17:00

红军会宁会师纪念碑

免费 哈达铺红军长征纪念馆

1935 年 9 月 18 日，党中央率领红一方面军突破天险腊子口，占领哈达铺。20 日下午，毛泽东、周恩来等中央领导到达哈达铺，在这里制定了挥师陕北，建立革命根据地的伟大战略决策，为中国革命史写下了光辉的一页。纪念馆共由 7 处革命遗址构成，即义和昌药铺、同善社、关帝庙、张家大院、邮政代办所、哈达铺苏维埃政府、苏维埃哈达铺游击队司令部。红军走后，当地党员群众冒着生命危险，把革命遗址保存下来，使其成为继井冈山、延安之后，遗址最大、最全面，保存原貌最完整的革命纪念地。

地址：甘肃省宕昌县哈达铺镇

开放时间：9:00~17:00

免费 红军会宁会师旧址

1936 年 10 月 8 日清晨，中国工农红军第一、二、四方面军三大主力胜利会师于会宁城。始建于明洪武年间的西津楼（1958 年改为会师楼）和古城墙，以及红军会师联欢会会址文庙大成殿，成了这次胜利会师的重要见证。如今，这些旧址依然保存完整，与后来新建的“中国工农红军第一、二、四方面军会师纪念塔、红军会宁会师革命文物陈列馆、红军烈士纪念堂等建筑一起组成了会宁的红色文化景区。

地址：甘肃省会宁县会师镇会师路 7 号

开放时间：8:30~ 17:30

免费 榜罗会议纪念馆

1935 年 9 月 27 日，毛泽东等中共中央领导人在榜罗小学校长办公室，召开了中共中央政治局常委紧急会议，即著名的榜罗会议。1979 年，当地政府在原榜罗小学旧址上成立了红军长征榜罗会议纪念馆，以翔实的史料、图片、实物等，对中国工农红军红二十五军及红一、二、四方面军长征过境通渭的历史进行了全面展现。

地址：甘肃省通渭县榜罗镇

中国工农红军长征界石铺纪念园

界石铺是中国工农红军第二十五军和红一、二、四方面军长征途经的主要地区，留下了毛泽东、周恩来等一代开国元勋和数万红军将士的历史足迹。2009 年，纪念园正式落成对外开放，主要建筑有纪念馆、南大门、红色记忆长廊、宣传教育中心、管理接待中心、毛泽东旧居、红军楼等。馆内陈列有长征时期的珍贵图片、实物资料千余件，

■ 卓克基吐司官寨

并运用现代声光电技术，真实再现中国工农红军长征中可歌可泣的历史场景。

地址：甘肃省静宁县界石铺镇

门票：5元/人

开放时间：8:00~18:00

将台堡红军会师纪念馆

继会宁会师后，1936年10月22日，中国工农红军一、二、四方面军的另一部分，在将台堡胜利会师，这也是红军长征中的最后一次会师。1996年，为纪念红军三大主力会师暨长征胜利结束60周年，中央正式将“10月22日”确定为红一、二、四方面军胜利会师纪念日。同时，在将台堡修建了“中国工农红军长征将台堡会师纪念碑”。2006年，又修建了红军纪念园，设置了三军会师展厅、建设成就展厅、将军翰墨碑林等。

将台堡红军会师纪念碑

地址：宁夏回族自治区西吉县将台乡固将路

门票：20元/人

开放时间：8:00~19:00

免费 中央红军长征胜利纪念园

2009年，当地政府以当年胜利山“切尾巴战役”遗址为基础，建设了中央红军长征胜利纪念园。园内主要建筑有中央红军长征胜利纪念碑、中央红军长征胜利纪念馆、红军烈士陵园等。是一处以弘扬长征精神，回顾长征历史，保护长征战场遗址地为主要内容，兼有教育、旅游、休闲功能的纪念性主题公园。

地址：陕西省吴起县环城路与和平路交叉口附近

开放时间：8:00~16:00

免费 吴起镇革命旧址

1935年10月19日，中共中央率领中央红军经过二万五千里长征到达吴起镇，在吴起县胜利山彻底击退了国民党追兵，标志着红军长征的结束。在吴起镇遗留下来的革命旧址有毛泽东旧居、张闻天旧居和革命烈士陵园等。1966年，在毛泽东旧居的基础上成立了毛主席革命旧居纪念馆，1967年改称吴旗镇革命旧址纪念馆，1976年正式更名为吴旗革命纪念馆。目前，馆内藏有革命文物近2000件。

地址：陕西省吴起县拥军巷与长征街交叉口东北150米

开放时间：全天

线路③·红军长征线
自然风光

屏山旅游风景区

屏山又叫屏坑山，海拔1312米，是于都县境内最高峰。其海拔900米以下悬崖壁立，奇石众多，原始森林郁郁葱葱，遮天蔽日，属于典型的喀斯特地貌风光；900米以上则是5万亩连绵起伏的高山草原。这种将南方的高山雄姿和北国的草原风光融为一体的景观特色，可以说既壮美，又奇特。

地址：江西省于都县靖石乡境内

门票：40元/人

开放时间：8:00~17:30

汉仙岩风景区

汉仙岩因八仙之一的汉钟离在此修炼成仙而得名，其坐落在闽、粤、赣三省交界处，为赣南最典型的丹霞地貌景观，自古以来就有“虔南第一山”和“江南小蓬莱”的称誉。景区共有景点近百处，其中代表性景点有汉仙岩、汉仙湖、盘古山、一线天、千手观音、望天台、羊角水堡、汉仙温泉、过江坪古松林等。

地址：江西省会昌县筠门岭镇营坊村

门票：45元/人

开放时间：8:30~17:30

丫山景区

丫山因最高峰双秀峰呈“丫”形而得名。景区占地3万余亩，森林覆盖率高达92.6%，集山、林、泉、湖、瀑、洞等灵秀的自然奇观于一体，融佛、道、儒“三教”于一山，风光怡人，宛如仙境。主要景点有雨后云海、四季花海、万亩竹林、龙鼎湖、道源书院、灵岩寺等。

地址：江西省大余县黄龙镇

门票：100元/人

开放时间：8:00~18:00

阳岭国家森林公园

阳岭古称观音山，后因明朝哲学家、政治家、军事家王阳明先生剿匪立县，为了纪念他改称阳岭。公园内动植物资源丰富，有4800亩原始森林，森林覆盖率高达

上堡梯田

96.8%，亚热带动植物种群绝大多数都有分布，因此又有“亚热带动植物基因库”之称。除了苍山翠竹，公园内还有云隐寺、观音泉、阳明湖等景点。

地址：江西省崇义县城南郊3公里处
门票：40元/人
开放时间：全天

上堡梯田

上堡梯田位于海拔1741米的华仙峰周围，位置最高的田块在海拔1260米处，与山脚形成了近千米的垂直落差。有的梯田从高到低不断延续，竟然达百层之多，就像长梯一样架在山间岭谷。其最美的季节是春播阶段，五月末，尚未插下秧的梯田里田水如镜，倒映着青山和蓝天，层次感最为丰富。

地址：江西省崇义县上堡乡水南村领顶子
门票：110元（套票）
开放时间：8:00~18:00

九嶷山 （见华中区P245）
龙脊梯田风景区 （见华南区P278）

施秉云台山旅游景区

施秉云台山旅游景区由云台山、外营台、轿顶山及大田垴等群峰组成。主峰团仑岩海拔1066米，突起于群山之间，因山形“四面削成，独出于云霄之半”，山巅如台，加之云雾缭绕，故名云台山。景区以原始自然生态、天象奇观、奇峰丽水、佛教遗址、道教古刹等自然和人文景观为特色。主要景点有排云关、笔架峰、印斗阁、老虎背等。

地址：贵州省施秉县北部约10公里处
门票：120元/人
开放时间：6:30~17:30

飞龙湖

飞龙湖是构皮滩水电站建成蓄水后形成的人工湖，使乌江峡谷呈现出了高峡平湖的壮美风光。湖内有34个孤岛和众多半岛，非常适合水中观峡、峡中观景、湖中观岛、岛中赏湖。也是进行水上娱乐、水上运动的理想之地。

地址：贵州省余庆县花山苗族乡花山村
门票：45元/人
开放时间：9:00~18:00

黄荆老林

清乾隆年间，川黔两省边民因抢占林地而经常发生边界争端，于是经四川永宁和贵州遵义、仁怀三府官员会勘，拟定地界，搬迁移民，实行封禁，迄今该地区已封禁两百多年，“黄荆老林”因此得名。目前，这里森林覆盖率高达99.14%，是地球同纬度唯一保存完好的亚热带原始常绿阔叶林区。现已被开发为旅游景区，同时被细分为八节洞瀑布群、环岩、普照山、红龙湖、官山、笋子山6个景区，涵盖了众多景点。

地址：四川省古蔺县黄荆镇黄荆老林

■ 黄荆老林

■ 黔北花海

门票：50元/人
开放时间：7:00~18:00

黔北花海

黔北花海又称杉坪花海，是贵州省内为数不多的四季花海之一。其占地面积1500余亩，主要种植有映山红、四季樱花、薰衣草、向日葵、波斯菊、百合、紫薇、马鞭草等花种。主要景点有紫薇爱情长廊、五彩滑草游乐场、林下花园、野生动物园等。

地址：贵州省桐梓县娄山关镇
门票：60元/人
开放时间：8:30~18:00

免费 画稿溪

画稿溪位于云贵高原黔山地北缘与四川盆地中部低山丘陵的过渡地带，以其独特的地质地貌，孕育了独特的山水景观、丰富多彩的植被和动植物自然资源。景区内土岩皆赤，重峦叠嶂，峰岩陡峭，飞瀑流泉，山水天然成趣，素有“小峨眉”之美誉。主要景点有龙潭岩、箱子岩、神雕岩、青龙嘴、茅山寨门、牛心山、猫鼻梁、二十四道拐等。

地址：四川省叙永县水尾镇境内
开放时间：全天

贵州百里杜鹃风景区

贵州百里杜鹃风景区实为一座规模宏伟的天然花园，因以大面积原生杜鹃林为主要特色，且杜鹃林带绵延百里，故称“百里杜鹃”。目前，初步查明公园内有马缨杜鹃、露珠杜鹃、团花杜鹃等41个品种，囊括了世界上杜鹃花所有的5个亚属。每年的3~5月份，杜鹃花会漫山遍野竞相怒放，整个山岭都会被装扮得五彩缤纷。

地址：贵州省大方县普底乡大荒村
门票：50元/人
开放时间：8:00~20:00

龙里大草原

龙里大草原总面积9万余亩，由五里坪、亮山坪、谷鸟坪、王寨坪等组成。草原地势平坦，天际线分明，海拔高度在1500~1700米之间，年平均气温13℃，气候凉爽宜人。

妥乐古银杏旅游景区

达古冰川

在这里，既有贵州高原的山峦叠峰，更有内蒙古草原的悠远宽广，尤其是喀斯特台地草原的独特性和唯一性，使它成为龙里自然景观中一道亮丽的风景线。

地址： 贵州省龙里县龙山镇中排村

门票： 58 元 / 人

开放时间： 9:00~18:00

神泉谷景区

神泉谷景区位于乌麻河流域，河水流经之处耸立着典型的喀斯特峰林，河岸边的谷地上，种植有大片的鲜花，其与河水交相辉映，形成了旖旎的自然风光。景区内还建有艺术创作基地、紫薇林、游览步道、滨水栈桥等景点设施，游客既可以沿河慢行，也可以顺河漂流。

地址： 贵州省长顺县威远社区永增村

门票： 98 元 / 人

开放时间： 8:00~18:00

格凸河风景名胜区

格凸河风景名胜区是一处集岩溶、山、水、洞、石、林为一体，融雄、奇、险、峻、幽、古为一身，喀斯特地貌类型发育齐全的自然风景区。整个风景区又被细分为大穿洞、大河、小穿洞、妖岩 4 个景区及多处独立景点。除了缤纷多彩的自然景观，景区内还对苗族传统文化进行了展示，诸如蜘蛛人徒手攀岩、上刀山下火海等项目。

地址： 贵州省紫云苗族布依族自治县格凸河镇

门票： 50 元 / 人

开放时间： 9:00~18:00

贵州双乳峰景区 （见西南区 P359）

妥乐古银杏旅游景区

妥乐古银杏村是我国首屈一指的古银杏产地。目前，村中拥有古银杏 1200 余株，胸径一般在 50~150cm，最大 220cm。一般树龄在 300 年以上，最长者约为 1500 年，是世界上古银杏生长密度最高、保存最完好的地方。再辅以小桥流水人家，每逢秋天，这里便是一个充满诗情画意的世界。

地址： 贵州省盘州市石桥镇妥乐村

门票： 30 元 / 人

开放时间： 8:00~18:00

泸山邛海风景区 （见西南区 P342）

冕宁灵山旅游景区 （见西南区 P342）

四川海螺沟国家森林公园 （见西南区 P335）

二郎山 （见西南区 P335）

喇叭河旅游景区

喇叭河旅游景区位于夹金山东南麓，处在绵延起伏的龙门山、邛崃山脉的南缘，是四川盆地向川西高原过渡的高山深谷地带，也是我国极具代表性的山地旅游景区。景区内地质古老、地貌奇特、动植物资源丰富，且群山相连、秀峰林立、飞瀑流泉，风景壮丽无比。代表性景点有鹿池、红石滩、银洞海、焦山、杜鹃湖等。

地址： 四川省天全县紫石乡

门票： 60 元 / 人

开放时间： 8:00~18:00

达古冰川风景名胜区

达古雪山山顶终年积雪，在阳光的照射下银光灿灿，十分壮观。雪山的北坡和南坡发育有厚 60~200 米的现代山地冰川，其中最为壮观的是 1、2、3 号冰川，面积约 8.25 平方公里，形成年限达亿年，是整个景区的灵魂所在。除此之外，景区内还有瀑布、湖泊、原始森林、成片的杜鹃林和星罗棋布的草甸，呈现出了丰富多彩的景观特色。

地址： 四川省黑水县芦花镇马桥

门票： 120 元 / 人

开放时间： 8:30~17:00

免费 腊子口国家森林公园

腊子口地处甘南的原始森林及高山峡谷地带，是红军长征腊子口战役的发生地。1999 年起被开辟为森林公园，其依托丰厚的绿色森林生态、自然山水文化、长征红色文化、地域民族文化和宗教文化等旅游资源，建设了铁尺梁、一线天、梅鹿沟、老龙沟、腊子河和朱李沟六大景区，涵盖了照壁山、长征桥遗址、摩崖题刻、八路峡、镜湖、红军峡等 88 个景点。

地址： 甘肃省迭部县腊子口镇

开放时间： 全天

免费 狼渡湿地草原

狼渡湿地草原位于青藏高原东段和秦岭山脉西缘过渡带，地势东南高、西北低，呈平原丘陵地貌。境内山体浑圆，地势平坦开阔，气候凉爽宜人，狼渡河蜿蜒曲折，各色野花竞相开放，牛羊房舍点缀其间，形成了美丽的草原湿地风光。在历史上，狼渡滩曾是秦汉牧马之地，明清屯兵之所，长征期间，红二、四方面军曾北上穿越狼渡滩。

地址： 甘肃省岷县礼岷公路附近

开放时间： 全天

武山水帘洞景区

武山水帘洞是一座高约 50 米、深约 20 多米的天然岩洞，洞内常年细流不断，雨天洞檐飞流直下如水帘，因而得名。整个景区包括水帘洞、拉稍寺、千佛洞、显圣池等多个景点，是仅次于麦积山石窟的一个石窟群。这些石窟寺庙建筑始建于十六国时期的后秦，以后历朝均有修建。现存遗迹中，尤以拉稍寺、千佛洞的摩崖题记、雕塑作品、壁画等最为珍贵。

地址：甘肃省天水市钟楼山峡谷中

门票：30 元 / 人

开放时间：8:00~18:00

线路③ · 红军长征线

富饶物产

株木油

株木油是以株木果为原料，经压榨、过滤、脱色、脱臭等工艺而制成的油脂，是于都县特有的传统食用油。其外观呈黄色透明状，主要成分为月桂酸、肉豆蔻酸、棕榈酸、硬脂酸、油酸、芥酸、亚油酸、亚麻酸等，非常适宜人体吸收。同时，它还对高血压、脑血管硬化有辅助疗效。

会昌橘柚

橘和柚原本是柑橘属下面的两个不同品种，会昌的客家人则以两者为基础，进行了嫁接培育，并最终形成了会昌橘柚这一品种。其成熟果实扁圆、外表金黄艳丽、果汁清甜爽口、果肉细嫩化渣，兼具橘和柚的香气，且食用后不会上火。

赣南脐橙

赣南脐橙是江西省赣州市特产。早在南北朝时期，今天赣南一带就已开始橘、橙的栽培，北宋时已蔚然成林。清朝时，赣南脐橙曾是进贡朝廷的佳果。如今，则已被列为“中华名果”。其成熟果实果大形正，橙红鲜艳，光洁美观，且具有肉质脆嫩、化渣，风味浓甜芳香的特点。

大余金边瑞香

大余金边瑞香又名千里香、风流树，是瑞香的变种，属瑞香科瑞香属，为多年生常绿小灌木，在大余当地已有近千年的栽培历史。其叶缘金黄色，叶片密集、轮生、椭圆形，顶生头状花序，花被筒状，由数十朵小花组成，由外向内开放，是著名的观赏花卉。

崇义南酸枣

南酸枣是一种漆树科落叶乔木，过去多以野生形态分布于我国长江以南大部分地区。其成熟果实呈椭圆形，可鲜食，滋味酸中沁甜，且具有极高的营养价值。从 20 世纪 80 年代起，崇义县对其进行了培育驯化及栽培推广，并开发出了南酸枣糕、南酸枣茶等一系列食品。如今，崇义县已成为我国著名的南酸枣之乡。

汝城白毛茶

汝城白毛茶又名毛茶，是由野生毛叶茶驯化栽培后开发的新茶产品，属于我国罕见的大叶多毛野生茶，尤其适合制红茶、绿茶。制红碎茶，外形棕褐油润多毫，香气浓有花香，滋味浓强，汤色红亮；制绿茶，条索肥硕，遍身披毫，滋味鲜爽。

宜章红鞭炮

宜章是我国红鞭炮的原产地，也是主产区。20 世纪 80 年代，宜章鞭炮在传统生产工艺基础上引进了电光炮的加工技术，并改进配方，使用经红粉手工染色的红纸，因其燃放后，遍地红色纸屑，非常喜庆，所以深受百姓喜爱，并逐渐称其为宜章红炮。

临武鸭

临武鸭当地百姓俗称勾嘴鸭，自古生活在珠江源头的舜峰山涧、武水河流域，多被野外放养，属于地方传统麻鸭品种。其生长周期很长，每只约两斤半重，但具有肉质细嫩、味道鲜美等特点。无论烧、炒、炖，还是加工成盐水鸭、板鸭，均别具风味。在国内众多麻鸭中其品质居首位。

蓝山黑糊酒

蓝山黑糊酒俗称牛屎酒，因在牛圈或牛粪垒砌的洞中窖藏，又因酒液褐黑如牛屎，故得牛屎酒之名。其以当地所产糯米为原料，用特制的大木桶蒸熟以后，掺和酵母，用缸盛起来，半月后倒入甘甜可口的井水，并配以多种名贵药材酿造，酒成后将其盛入缸中，加盖密封，然后窖藏。成品酒具有香浓醇甜、芳香独特、回味悠长的特点。

九嶷山兔

九嶷山兔因产于宁远县九嶷山而得名，是一种经过长期自然选择和人工选择而形成的中型地方肉用兔种。成年兔体重多在 2 千克左右，结构紧凑，头型清秀，呈纺缍形；

■ 赣南脐橙

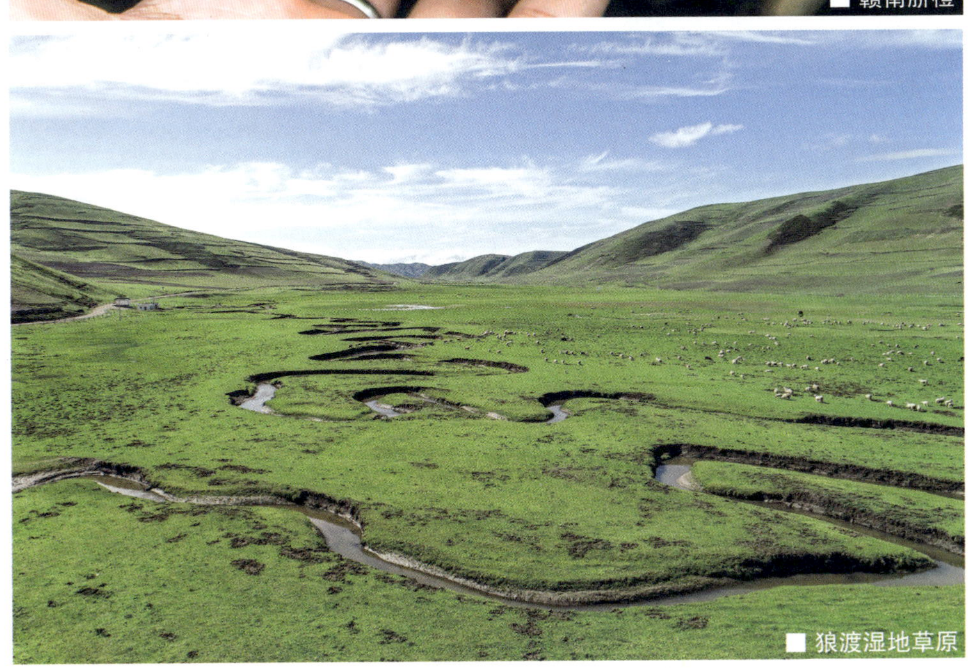

■ 狼渡湿地草原

兔毛短而密，以纯白毛、纯灰毛居多。且耐寒、耐热、耐湿，抗病力强，成活率高，并具有肉质细嫩、肉味鲜美的特点。

永州山苍子油（见华中区 P248）
桂林腐竹（见华南区 P280）

芦笙

芦笙是西南地区苗、瑶、侗等民族的一种簧管乐器，其发源于中原，唐朝时传入少数民族地区，前身为汉族的竽。在贵州各地少数民族居住的村寨，那些民间的能工巧匠利用竹、木和铜片等材料即可制造出各式各样的芦笙，从而使这些地方成了“芦笙之乡”“歌舞之乡”。

侗锦

侗锦是由木棉线染成五色织造而成，花纹丰富多彩，主要有花木形、鸟兽形、物器形及几何图案等。生活中多用于衣裙、被面、门帘、背包、胸巾、枕头、头帕、绑腿、侗带等织物，或镶边，或整面使用。侗族青年男女谈情说爱，女方常用侗锦作为信物赠予男方，以表爱慕之情。此外，还有一种用黑白线织成的侗锦，多用作老人的寿毯、祭祀挂单等。

黎平香禾糯

黎平香禾糯俗称籼禾，是一种宝贵而独特的本土农作物品种。具有米粒大、色泽洁白、糯性强、口感好、香味特浓等特点，素有“一亩稻花十里香”“一家煮饭全寨香”之誉。

天印贡茶（见西南区 P362）

余庆苦丁茶

余庆苦丁茶主要指余庆小叶苦丁茶，属木樨科粗壮女贞，主要生长在乌江沿岸及苗岭山区，是贵州特有的一种珍稀植物。一般在立春时节开始采摘，以早为贵，只采完整成朵的芽尖。成品茶外观细紧，色泽绿润，香气清纯，冲泡后汤色绿亮，叶底翠绿鲜活。具有降血压、抗衰老、清热解毒、健胃消积等多种功效。

湄潭翠芽（见西南区 P354）
董酒（见西南区 P354）

桐梓方竹笋

桐梓方竹笋是贵州桐梓县特产，主要产于境内的大娄山脉。其外形略呈方形，触摸有棱角感，笋肉丰腴，腹空极小，肉质脆嫩，质佳味美。除了鲜食，还可制成保鲜笋、烘干笋、盐干笋等。

郎酒

清朝末年，荣昌商人邓惠川聘请茅台镇“荣笔酒坊”的师傅张子兴酿造出一种与茅台酒风格相近，开坛时香气扑鼻，入口酱香更浓的白酒，即郎酒的前身。1933 年，雷绍清等生意人合股办了集义新糟坊，高薪从茅台镇聘来师傅，酿造出一种既有焦香、酯香、醇香，又略带浓香的酱香酒，为彰显此酒是用有美丽传说的郎泉水酿造，故命名为“郎酒”。如今，郎酒已成为除茅台酒之外，另一大酱香型白酒的典范。

古蔺肝苏

古蔺肝苏是引用苗族传统验方，以乌蒙山原始森林生长的珍贵道地药材古蔺赶黄草为原料，生产的单方中药制剂。其具有降酶、保肝、退黄、健脾的功能，多用于急性病毒性肝炎、慢性活动性肝炎和乙型肝炎的治疗。

清池茶

清池茶是贵州金沙县清池镇特产，至今境内仍保存有 40 余株上千年历史的人工栽培古茶树。清嘉庆年间，当地茶农以茶代税，将清池茶专程送往朝廷，获贡茶美誉。其成品茶外形扁、平、直、光滑匀整，色泽翠绿油润，香气高爽持久，冲泡后汤色黄绿、明亮，叶底嫩绿、鲜明、匀齐完整，品饮滋味鲜爽。

金沙回沙酒

金沙回沙酒由茅台酿酒师刘开庭创制于 20 世纪初期。其以小麦制曲，采用两次投料、九次蒸煮、八轮发酵、七次摘酒的茅台酒生产工艺酿造而成。成品酒微黄透明，无沉淀、无悬浮，具有酱香突出、酒体丰满、细腻幽雅、尾净味长、空杯留香持久的特点。

禹谟醋

禹谟醋是贵州金沙县特产。1954 年，禹谟供销合作社酱醋厂成立，开始酿制酱油、食醋，禹谟醋自此诞生。其以优质麦麸、玉米、大米为原料，配以 100 多种中草药制曲，采用固态醋醅经露天发酵 180 天以上酿制而成。成品头醋呈棕褐色，酯香浓郁，酸味柔和纯厚，回味绵长，澄清，无浑浊；二醋呈红棕色，酯香较浓酸味柔和纯正，回味较长，澄清，无浑浊。

茅台酒（见西南区 P353）

■ 芦笙表演 王仁和 / 摄

■ 余庆苦丁茶

龙里刺梨

刺梨又名送春归，属蔷薇科野生植物，是云贵高原及攀西高原特有的野生资源。其富含多种营养物质，尤其维 C 含量极高。除了鲜食，还可以制成果干等产品。2000 年，龙里开始引种刺梨，经过近二十年发展，已成为我国著名的刺梨之乡。

惠水黑糯米

惠水黑糯米是一种地方稀有糯稻品种。从宋朝起即为历朝地方官府向皇帝进贡的贡米，也是贵州六大贡米中历史最悠久的一种。其米皮紫黑、内质洁白，煮后黝黑晶莹、芳香浓郁、口感绵软而有弹性，且因稀有而珍贵，被誉为“高原黑珍珠”。

枫脂染 （见西南区 P361）

长顺绿壳鸡蛋

20 世纪 60 年代，人们在长顺县鼓扬镇马场村、岩腊村、纪堵村一带，发现有下绿壳蛋的鸡群。因传说绿壳蛋能治疗伤风感冒，因此受到保护，并得以长期繁衍。2000 年之后，经过提纯扩繁，绿壳蛋鸡得到广泛养殖，如今已成为长顺的著名特产。与普通鸡蛋相比，绿壳鸡蛋最显著的特点是胆固醇含量低，硒、碘、锌等矿物含量高。

紫云花猪

紫云花猪主产于贵州省紫云县宗地乡，百姓也称其为六花猪或宗地花猪，据传是由野猪驯化而来。其被毛颜色为黑白花，即额心、四肢、腹部、尾根等处为白色，其余部分为黑色。因交通信息闭塞及“不借种”的封建思想影响，群众一直采用留仔配母的闭锁繁殖方式，进行高度的近亲繁殖，历经百年，形成了这样一个体貌别致、肉质独特的优良品种。

兴仁薏仁米

薏仁米适合在海拔 2000 米以下的地区种植，是药食两用价值较高的杂粮，在贵州兴仁已有上千年的种植历史。同时，兴仁也是世界上薏仁的起源中心之一。在当地不仅薏仁种质类型丰富，而且野生类型随处可见。依托丰富的薏仁资源，更是研发出了种类丰富的薏仁食品，如薏仁豆沙粑、薏仁面条、薏仁粉、薏仁酒等。

■ 龙里刺梨

■ 紫云花猪　王仁和 / 摄

盘县火腿

盘县火腿是贵州省盘州市特产。早在元朝时，当地人便已开始用猪后腿制作火腿。清朝时，盘县火腿更是走俏滇黔两地。整只火腿形似琵琶，皮色亮黄；切开后肉色红润鲜艳，红白分明，肉质细腻，香味清正浓郁；入口则味道咸香、油而不腻。

杨林肥酒

杨林肥酒是云南省嵩明县特产，以玉米、稻谷、大麦等为原料，先酿制出基酒，经反复提纯后再加入党参、陈皮、丁公香、拐枣、茴香等十三味中药材和蔗糖、蜂蜜制作而成。酒色呈碧绿色，莹亮透明，气味清香无药味，饮后令人心旷神怡。

禄劝撒坝猪

新中国成立前，禄劝县非常闭塞，因地处高山深谷，各民族间的交流非常少，很多地方在猪的繁育上只能被动地采取近亲交配的选育方法。经过千百年的自然选择，猪种的体形外貌、生产性能等特征便趋于一致，从而形成了优良的地方猪种——撒坝猪。其全身被毛黑色，少数火毛；体型中等，身躯狭长；肌内脂肪含量高，风味独特。

德昌桑椹 （见长江湖源线 P067）
建昌鸭 （见西南区 P344）
彝族漆器 （见西南区 P345）
西昌高山黑猪 （见西南区 P345）

老鹰茶

老鹰茶是四川省石棉县特产。其以毛豹皮樟的嫩芽叶为原料，经采摘、分选、萎凋、杀青、揉捻、烘干等工序制作而成。成品茶色泽棕红，形态圆浑肥大、壮实，冲泡后汤色黄亮，品饮滋味醇和爽口、回甜、樟香浓郁。除了消渴去暑，老鹰茶还具有明目健胃、散瘀止痛、止泻、止嗝等多种功效。

石棉枇杷

石棉是世界枇杷栽培种的原产地。目前，在石棉境内仍然分布有众多野生枇杷树，其中百年以上的古树 150 余株，年龄最大的约有 800 多年。但石棉枇杷的大规模栽培却是近二三十年的事情，且大都为晚熟品种。其成熟果实呈圆形或卵圆形，果皮橙黄色，皮薄且极易剥，并具有果肉厚、汁多、细嫩、风味浓郁的特点。

磨西老腊肉 （见西南区 P338）

天全川牛膝

牛膝是传统地道药材之一，其资源仅分布于四川、云南、贵州等省份。四川为牛

■ 小金松茸

■ 岷县当归

膝主要产地，故所产牛膝有“川牛膝”之称。天全则又是川牛膝的主要产地。早在清咸丰年间，天全便已开始人工栽培川牛膝，并培育出了独有的纯白川牛膝，且具有粗壮、质地润、富含油质、不易折断等特点。

小金松茸

小金县是我国四大松茸产区之一，从1985年起，所产松茸已开始销往国际市场。当地松茸主要分布在海拔3000~3800米的高山向阳坡面上，体形肥大，形若伞状，菌盖呈褐色，菌柄白色，均有纤维状茸毛鳞片。菌肉则具有白嫩肥厚、质地细腻、口感极佳、香气浓郁的特点。

麦洼牦牛

麦洼牦牛是四川红原县特产，主要生活在海拔3000米以上区域，是青藏高原牧区的珍稀畜种资源，因中心产区原属麦洼部落，故名麦洼牦牛。其全身被毛一般为黑色，前胸发达，体躯较长，背腰平直，四肢较短，蹄质坚实。鲜肉肉色深红有光泽，肌肉脂肪分布均匀，有大理石花纹，肌纤维清晰坚韧。煮熟后肉质密实鲜美，浓厚香醇，适口性好，汤汁澄清透明，具有牦牛肉的特殊香味。

岷县当归

岷县素有千年药乡和中国当归之乡的称谓，是全国著名的道地中药材主产区，境内盛产当归、黄芪、红芪、党参、丹参等名贵中药材238种。其中岷县当归又被称为岷归，在当地已有1500多年的种植历史和1700多年的药用历史。具有补血活血、调经止痛、润肠通便的功效，号称“妇科圣药”。

鸳鸯玉

鸳鸯玉是指产于甘肃省武山县鸳鸯镇一带的超基性岩石，化学成分是蛇纹石、碳酸盐、滑石、磁铁矿及铬尖晶石等。矿物名称叫蛇纹岩，属年青碧玉的一种。因其结构细密，质地细腻坚韧，抗压、抗折、抗风化性好，可琢性强，光泽晶莹，而成为玉雕工艺品及高级饰面的理想材料。

会宁胡麻油

西汉时，张骞出使西域带回了胡麻种子，并在甘肃、内蒙古、山西等地开始种植。会宁的胡麻种植大约始于唐朝，当时即作为油料作物，至今依然是当地重要的油料作物。与其他油类相比，会宁胡麻油富含有很高的α-亚麻酸，又因α-亚麻酸在抗肿瘤、抗血栓、营养脑细胞、调节自主神经等方面的显著作用，使其得到了较多的关注。

荞麦香醋 （见西北区 P382）

线路③ · 红军长征线

民俗文化

会昌匾额

匾额的起源非常早，据《说文解字》记载，可能始于西汉初年。赣南地区匾额的兴起，源自北方士族的南迁，并逐渐在客家人中形成了浓厚的挂匾习俗。如今，会昌匾额已被列为国家级非物质文化遗产进行传承保护。县里同时兴建了“百匾堂”，对历史上传承下来的一些优秀匾额进行展示。

侗戏

侗戏源于清嘉庆至道光年间，由黎平县腊洞村侗族歌师吴文彩始创。其全部用侗语对白演唱，语言生动，比喻形象，与音乐紧紧吻合，朗朗上口，清晰明快，具有浓郁的侗族特色，深受侗族群众喜爱。其代表性曲目有《梅良玉》《凤娇李旦》《毛洪玉英》《吴勉》《顾老元》《秦娘美》等。

苗族姊妹节 （见西南区 P362）

反排苗族木鼓舞 （见西南区 P362）

刻道

刻道又称刻木，汉语译为《苗族开亲歌》，是贵州省施秉县的地方传统民间文学，主要流传于杨柳塘镇飞云大峡谷的一个山坡洼地里。它是苗族古歌中历史最长、规模最大、流传最广的酒歌，有一万多行的歌词。所反映的主要是舅权制下的婚姻状况，被民族学家和民俗学家称为“苗族最古老的婚姻‘活化石’”，在苗族发展史的研究上具有非常重要的价值。

布依族盘歌

布依族盘歌是用原生态布依语创作并传唱的一种民间文学作品。主要流传于北盘江流域的布依村寨中，尤其以盘州羊场布依族白族苗族乡境内的布依族盘歌最具代表性。其种类可分为古歌、酒歌、情歌、祭祀歌、礼教歌等，内容涉及劳作、时政、仪式、爱情、生活环境、历史传说等诸多方面，一般在婚丧嫁娶、迎来送往、生产劳动、休闲娱乐、谈情说爱等场合以各种曲调进行演唱。

环县皮影

皮影戏发源于西汉时期的陕西，距今已有 2000 多年的历史，是世界上最早由人配音的活动影画艺术，有人认为皮影戏是现代电影的始祖。但环县皮影的历史却并不长，是 20 世纪中期，当地人在陕西学习后，将皮影技艺带到了环县。虽说发展时间短，但在皮影的制作上却非常讲究，选材非牛皮不用，且质量要求严苛，刻工精细，最终成品刀路清晰、线条流畅、粗细得当，堪称精品。

线路③ · 红军长征线

特色美食

芋子饺

芋子饺是客家地区的著名传统风味小吃，在江西石城、瑞金，福建长汀、连城较为常见。其制作较为麻烦，一般的饺子都是以面粉做皮，而芋子饺则是将芋子煮熟后剥去皮，碾成泥加适量地瓜粉来做皮。馅料则多以五花肉配香菇、冬笋、萝卜、葱白等。食用时除了水煮，还可以油炸、油煎等，而且各具风味。

酒糟红鱼 （见华东区 P219）

道州鲊肉

道州鲊肉是道县的传统名菜，是一种以传统熏制工艺制作而成的顶级美食。其以肥瘦相间的农家土猪肉为原料，制作时将肉切成小块，放入油锅中烫皮，同时淋上红薯酒，均匀撒上食盐，随后，将肉放入特制的铁皮桶中，以锯木灰、橘皮等为燃料慢火熏制，直到鲊肉呈金黄色，再拌入辣椒粉入味即成。

酸鱼

酸鱼是贵州省黔东南地区侗族人家的传统美食。每年水稻插秧完成后，侗族人便会在稻田中放一些鱼苗进去，待水稻成熟之前放水捞鱼。宰杀清理干净后，展平鱼肉，将鱼腹朝下分层码入陶罐中。码一层鱼，撒一层由糌粑、食盐、花椒、烤酒等调和而成的佐料，直至装满坛子，然后密封，放到阴凉处，半个月后即可开坛食用。不管生吃还是熟吃，无不酸鲜可口。

汽锅鸡

汽锅鸡是云南最著名的经典菜品，因以汽锅蒸制而得名。早在清乾隆年间，就已在滇南一带开始流行，并随着时间的推移，不断改进不断传播。民国时期成为云南菜的典型代表。要做出正宗的汽锅鸡，必须要用建水产的土陶汽锅，再选择大小适中的嫩母鸡或小公鸡做主料，辅以生姜、小葱、胡椒、精盐等佐料上火蒸制 2~4 个小时即成。

荞圈圈

荞圈圈是甘肃通渭的特色小吃，也是一种古老的传统面食。其以荞麦面为主要原料，制作时用开水烫面，拌少量小苏打调成糊状，旋入特制的木勺或铁勺中，再浸入沸油锅炸制而成。出锅后形如镯子，颜色棕红，入口松软香酥、丰润细腻。

■ 汽锅鸡

华北区

HUA BEI QU

线路①・内蒙古东部纵贯线：坝上　克什克腾　阿尔山　呼伦贝尔　额尔古纳河
线路②・内蒙古中西部穿越线：胡杨林　河套　五当召　敕勒川　云冈石窟
线路③・山西人文大环线：晋祠　五台山　碛口古镇　平遥古城　皇城相府
线路④・华北平原人文线：赵州桥　暖泉古镇　故宫　避暑山庄　清东陵

■呼伦贝尔草原　吴宝忠 / 摄

华北地区地图

富蕴
喀拉通克
青河
萨尔托海
塔克什肯
博斯塘
下涝坝
三塘湖
七角井
巴里坤
奎苏
淖毛湖
三道岭
白石头
盐池
伊吾
天山
下马崖
哈密
南湖
大泉湾
乌拉台
新
疆
雅满苏
双井子
星星峡
马鬃山
柳园
转渠口
瓜州
敦煌
安至
桥湾
七墩
玉门
多坝沟
阳关
阿克
和平
肃北
石包城
独山子
老君庙
嘉峪关
酒泉
金塔
冷湖
阿勒腾
盐池湾
甘
清水
高台
尕河
苏里
肃南
临泽
张掖
山丹
民乐
祁连
大柴旦
鱼卡
乌图美仁
锡铁山
德令哈
蓄集
柯鲁柯
天峻
刚察
西海
门源
格尔木
乌兰
都兰
巴隆
香加
沟里
大通
湟源
西宁
互助
平安
海东
民和
乐都
青
海
曲麻河
麻多
叶格
玛多
花石峡
黑河
黄河
扎河
曲麻莱
治多
多彩
巴干
扎朵
清水河
查旦
杂多
称多
立新
隆宝
玉树
结古
歇武
四川
西
藏
荣青
上拉秀
下拉秀
石渠
宜牛
虾扎
共和
贵德
尖扎
循化
同仁
夏河
兴海
唐乃亥
贵南
下大武
同德
泽库
拉加
宁木特
河南
玛沁
优云
当洛
青珍
甘德
达日
满掌
久治
玛曲
四川
若尔盖
卡坝
迭部
碌曲
临潭
卓尼
合作
临夏
和政
康乐
积石山
永靖
临洮
永登
兰州新区
兰州
白银
靖远
会宁
平川
定西
陇西
渭源
岷县
武山
甘谷
天水
礼县
西和
宕昌
舟曲
徽县
凤县
宝鸡
陇县
秦安
静宁
通渭
庄浪
华亭
平凉
泾源
泾川
固原
西吉
海原
宁
夏
中卫
景泰
红寺堡
同心
吴忠
青铜峡
灵武
银川
石嘴山
平罗
惠农
乌达
海南
乌海
阿拉善左旗
吉兰泰
红沙岗
红沙梁
武威
民勤
金昌
永昌
古浪
天祝
西营
额济纳旗
赛汉陶来
苏泊淖尔
马鬃山苏木
东风
阿拉善右旗
雅布赖
阿拉腾敖包
巴音前达门
乌拉特中旗
乌拉特后旗
潮格温都尔
杭锦后旗
巴彦淖尔
五原
乌拉特前旗
包头
呼和浩特
白云鄂博矿区
达尔罕茂明安联合旗
固阳
达拉特旗
土默特左旗
托克托
准格尔旗
磴口
蒙西
千里山
杭锦旗
东胜
鄂尔多斯
伊金霍洛旗
鄂托克旗
阿尔巴斯
鄂托克前旗
乌审旗
毛盖图
盐池
定边
靖边
横山
榆林
神木
府谷
米脂
绥德
子洲
吴起
志丹
延安
清涧
陕
西
环县
庆阳
华池
合水
富县
宜川
宁县
正宁
旬邑
宜君
黄陵
洛川
铜川
彬县
长武
乾县
咸阳
西安
三原
印台
渭南
华阴
韩城
合阳
运城
三门峡
临汾
吕梁
方山
满都拉
江岸
G7
G6
G30
G18
G20
G22
G65
G70
G85
G75
G109
G110
G210
G211
G215
G227
G309
G310
G312
G315
G214
G213
G212
G216
G316
G3011
G0612
G0615
G0613
G0611
G1816
G2012
G1811
G3017
G8513
G7011
G5011
G3511
G1812
G40
G59
G5512
G108
G307
首旅东风胡杨林房车露营地
敦煌山庄露营地
格尔木318营地公园
嘉峪关国际自驾游营地
青海湖大水桥房车营地
青海湖鸟岛房车露营地
金昌飞行营地
沙坡头露营地
腾格里沙漠房车营地
西北大营房车度假营地
兰州房车营地

黑龙江
吉林
辽宁
内蒙
日本海
渤海
黄海
北京
天津
哈尔滨
长春
沈阳
石家庄
济南
太原
郑州
呼伦贝尔
齐齐哈尔
大庆
牡丹江
佳木斯
鸡西
双鸭山
七台河
鹤岗
伊春
绥化
黑河
松原
吉林
通化
白山
辽源
四平
通辽
赤峰
承德
张家口
乌兰察布
大同
秦皇岛
唐山
廊坊
保定
沧州
衡水
邢台
邯郸
大连
营口
鞍山
辽阳
本溪
抚顺
铁岭
阜新
锦州
葫芦岛
朝阳
盘锦
丹东
烟台
威海
青岛
潍坊
淄博
东营
日照
临沂
连云港
徐州
商丘
新乡
安阳
濮阳
聊城
德州
泰安
济宁
菏泽
枣庄
长治
晋城
焦作
洛阳
开封
锡林浩特
乌兰浩特
白城
满洲里
海拉尔
漠河
塔河
加格达奇
根河
额尔古纳
牙克石
扎兰屯
阿尔山
霍林郭勒
东乌珠穆沁旗
西乌珠穆沁旗
二连浩特
苏尼特右旗
苏尼特左旗
多伦
延吉
珲春
敦化
和龙
图们

①内蒙古东部纵贯线地图

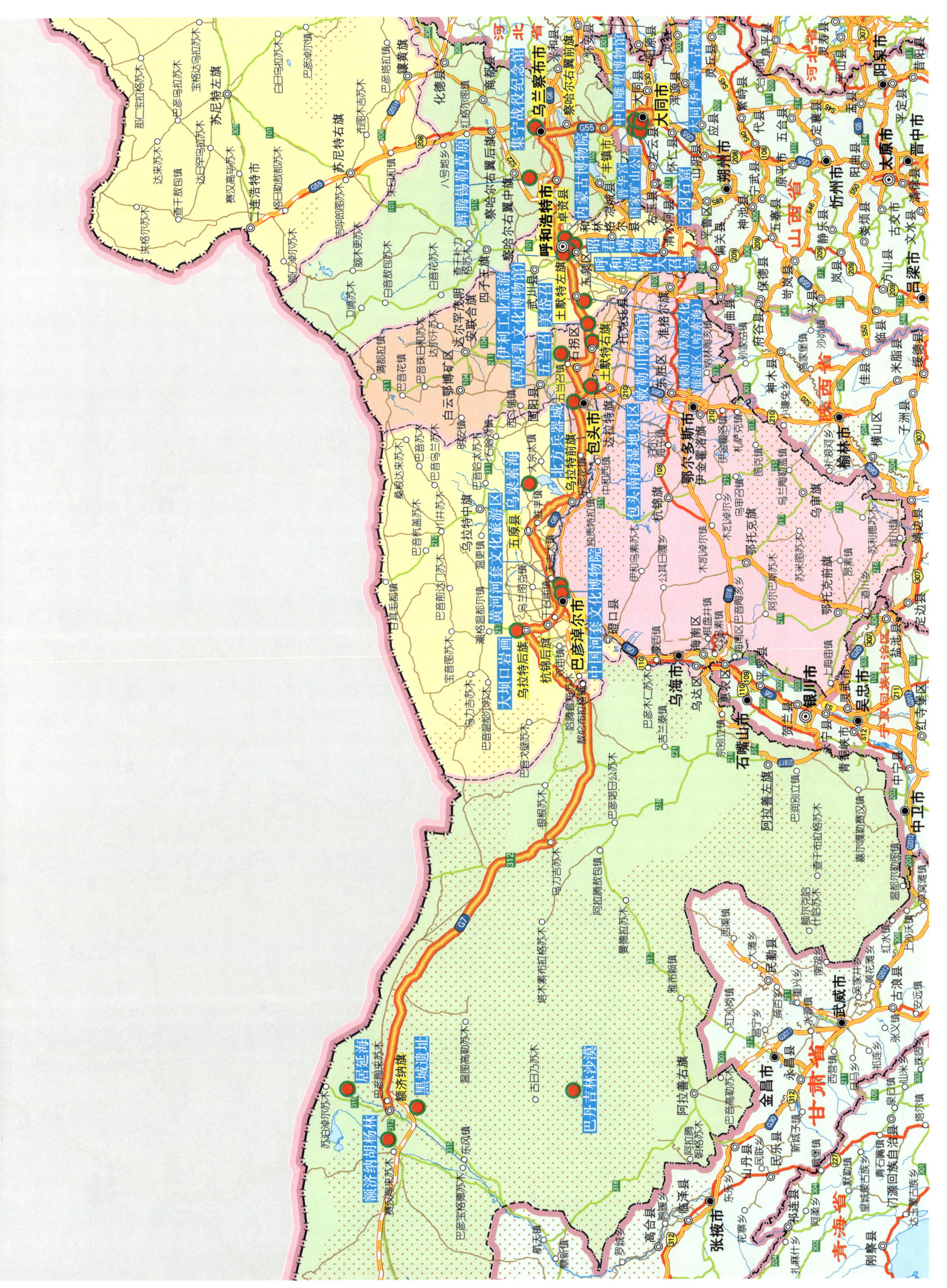
呼和浩特市
包头市
巴彦淖尔市
乌海市
鄂尔多斯市
乌兰察布市
大同市
银川市
榆林市
朔州市
忻州市
太原市
武威市
金昌市
张掖市
石嘴山市
吴忠市
中卫市
阿拉善左旗
额济纳旗
山西省
陕西省
甘肃省
青海省
河北省
宁夏回族自治区

③山西人文大环线地图

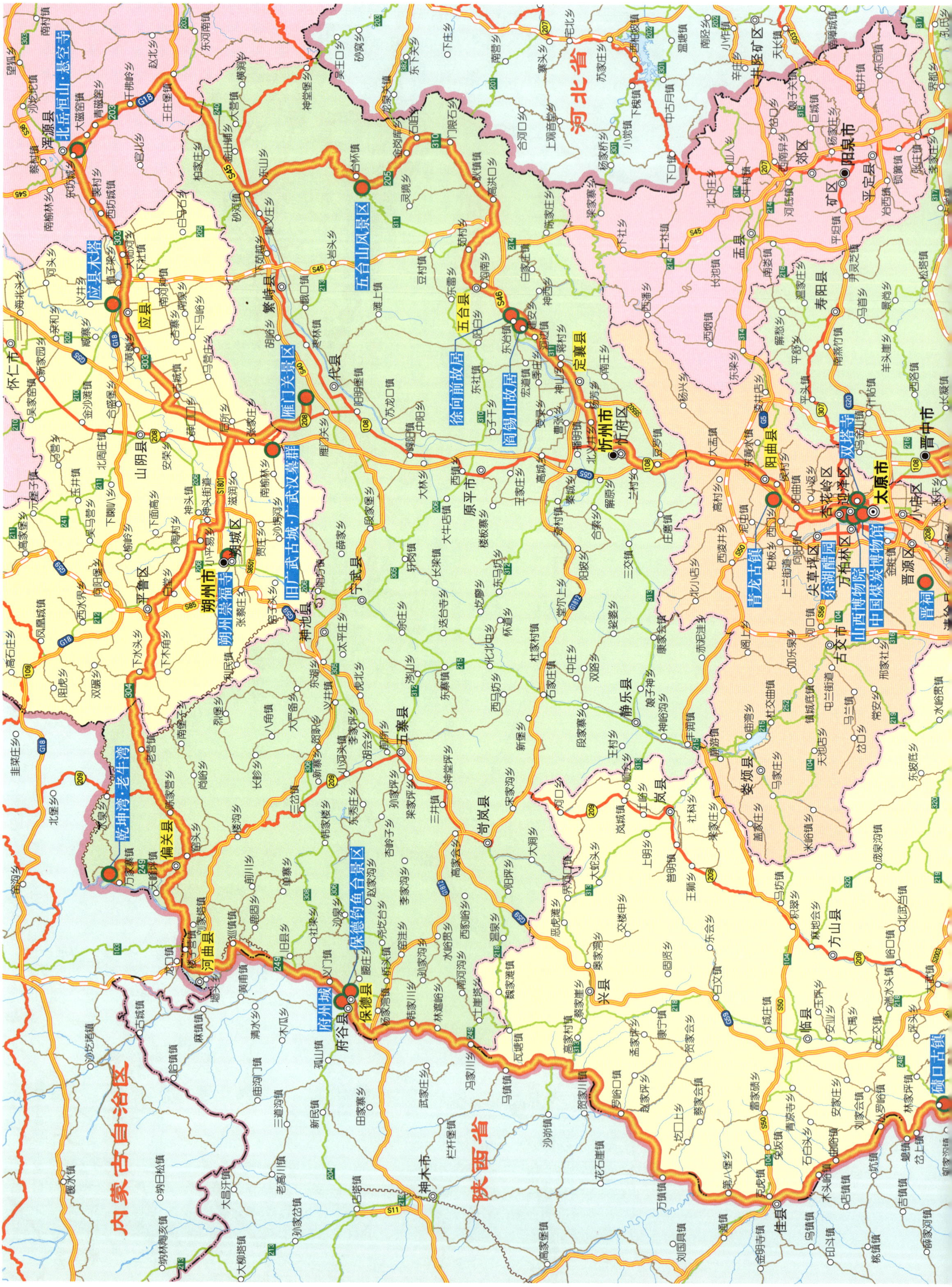
河北省
内蒙古自治区
陕西省
太原市
忻州市
朔州市
阳泉市
北岳恒山·悬空寺
应县木塔
雁门关景区
五台山风景区
徐向前故居
阎锡山故居
朔州崇福寺
旧广武古城·广武汉墓群
乾坤湾·老牛湾
保德钓鱼台景区
府州城
青龙古镇
双塔寺
晋祠
山西博物院
中国煤炭博物馆
东湖醋园
碛口古镇

陕西省
河北省
河南省
山东省
太原市
晋中市
吕梁市
长治市
晋城市
临汾市
运城市
三门峡市
洛阳市
焦作市
新乡市
郑州市
开封市
鹤壁市
安阳市
邯郸市
邢台市
延安市
渭南市
双塔寺
山西博物院
中国煤炭博物馆
晋祠
榆次老城
常家庄园
无边寺
太谷区
曹家大院
乔家大院
镇国寺
祁县
昭馀古城
平遥古城
双林寺
平遥县
碛口古镇
天下黄河第一湾
王家大院
张壁古堡
介休市
灵石县
八路军太行纪念馆
武乡县
绵山景区
延川黄河蛇曲国家地质公园
霍州署
霍州市
霍州娲皇庙
洪洞大槐树寻根祭祖园景区
洪洞县
壶口瀑布
新绛龙兴寺
降州大堂
古渡龙门风景区
河津市
绛州文庙
太行大峡谷
龙岩寺
崇安寺
西溪二仙庙
陵川县
大阳古镇
小会岭二仙庙
三圣瑞现塔
皇城相府
郭峪古城
晋城青莲寺
普救寺
永济市
解州关帝庙
鹳雀楼
永乐宫
芮城县

④华北平原人文线地图

内蒙古自治区
北京市
天津市
山西省
山东省
普陀宗乘之庙
普宁寺
避暑山庄
承德市
普乐寺
金山岭长城
司马台长城
八达岭长城
居庸关长城
清东陵
颐和园
天坛
故宫博物院
中国国家博物馆
北京市
北京
天安门
唐山地震遗址纪念公园
唐山市
开滦国家矿山公园
暖泉古镇
野三坡景区
飞狐峪空中草原
清西陵
白石山景区
石家大院
五大道风情旅游区
津门故里
天津博物馆
天津市
白洋淀
保定市
廊坊市
沧州市
定州古建
开元寺塔、贡院、文庙居、清真寺
定州市
定州博物馆
荣国府与宁荣街
隆兴寺
广惠寺
天宁寺
开元寺
河北博物院
石家庄市
阳泉市
衡水市
永通桥
赵州桥
赵县
德州市
崆山白云洞
扁鹊庙
中国邢窑博物馆
邢台市
朱山石刻
永年广府古城
邯郸市
邯郸市博物馆
聊城市
济南市
张家口市
滨州市
淄博市

线路①·内蒙古东部纵贯线

人文景观

元中都国家考古遗址公园

元中都始建于元大德十一年（1307 年），是元代仅次于元大都（今北京）、元上都（今内蒙古正蓝旗）的第三大都城。遗址由“回”字形嵌套的外城、皇城、宫城三重城郭组成，尤其是宫城城郭及内部建筑遗址保存完好。2014 年起，张北县将其建设为国家考古遗址公园（2017 年正式入选国家考古遗址公园名单）。

地址：河北省张北县城西北 15 公里处

门票：50 元 / 人

开放时间：8:00~18:00

元上都遗址（博物馆）

元上都是元朝及蒙元文化的发源地，忽必烈在这里登基建立了元朝。目前，宫城、皇城及外城城墙遗迹保存完整，城内外的街道布局还依稀可辨，与国内其他草原城市遗迹相比，元上都是规模最大、级别最高、保存最为完整的一座。2012 年，元上都遗址正式列入《世界遗产名录》。

地址：内蒙古自治区正蓝旗东北部 20 公里处

门票：30 元 / 人

免费 霍林河露天煤矿

霍林河露天煤矿是我国五大露天煤矿之一，也是我国第一个现代化露天煤矿。在这里能够看到机械化采煤的全过程，尤其适合亲子旅行的家庭，可以让孩子感受工业文明的震撼场景。

地址：内蒙古自治区霍林郭勒市

中国温泉博物馆

中国温泉博物馆事实上就是一个大型的温泉疗养院。一个类似温室的大型钢架结构建筑，将 37 眼温泉、热泉、高热泉圈入其中，同时还建有一座小型的温泉游泳池，使游客在泡温泉的同时认识了解各种类型的温泉、热泉、高热泉。除了室内温泉，博物馆还有室外温泉池，尤其是冬天在室外泡温泉将是非常独特的一种感受。

地址：内蒙古自治区阿尔山市温泉街海神圣泉旅游度假区内

门票：298 元 / 人

开放时间：9:00~24:00

满洲里国门景区

2008 年，在满洲里中俄边境我国一侧兴建了第五代国门。高大庄严的新国门使国门景区在软硬件服务上得到了大幅提升。游客可以登临国门，在横跨中俄铁路的塔楼上眺望俄罗斯一侧的风景，在国门脚下还可以参观 41 号界碑等景点。

地址：内蒙古自治区满洲里市华埠大街西端

门票：80 元 / 人

开放时间：8:00~17:30

满洲里套娃广场

满洲里套娃广场是一个富有异域风情与民族特色的主题游乐园，也是我国唯一以俄罗斯传统工艺品——套娃形象为主题元素的旅游度假景区。景区里到处可见套娃造型的建筑，在里面体验游玩各种娱乐设施的同时，可以深刻感受浓郁的俄罗斯民族风情。

地址：内蒙古自治区满洲里市华埠大街 23 号

门票：148 元 / 人

开放时间：9:00~17:00

免费 恩和·室韦俄罗斯族民族乡

恩和·室韦是我国最富特色的两个俄罗斯族民族乡镇。镇子上居住着大量金发碧眼却操着满口东北方言的俄罗斯族人。街头建筑几乎全是俄罗斯传统民居——木刻楞，在距室韦镇不远的临江村，至今还保留着一栋超过百年的老木刻楞建筑。街道两边随处可见面包房，它们大都会在房檐下挂出“列巴”（俄语面包的意思）的招牌。所以说，在恩和与室韦游走，让人感受到的是与众不同的异域风情。

地址：内蒙古自治区恩和俄罗斯族民族乡·室韦镇

线路①·内蒙古东部纵贯线

自然风光

免费 张北草原

在元中都国家考古遗址公园东西两侧约二十公里的范围内，分布着中都和安固里两片草原，被统称为张北草原。尤其是安固里草原，坐拥华北最大的高原内陆湖——安固里淖，滋养出了水草丰美、碧野万里的美丽风光。

地址：河北省张北县北部

■ 满洲里国门景区

■ 恩和俄罗斯族民族乡街景

■ 坝上草原·塞罕坝 马冀/摄

■ 克什克腾世界地质公园

免费 张北草原天路

张北草原天路以野狐岭为界，分为东线和西线。目前，开发成熟的是东线，即野狐岭至桦皮岭之间的道路。这条道路的与众不同之处是它如蛟龙般蜿蜒回环于群山峻岭之巅，跌宕起伏，行走其间仿如漫步云端，因此被人冠以“天路”之名。沿途再辅以草原、风车、梯田、村落等景色，使得草原天路更是美不胜收。

地址：河北省张北县城南侧约13公里处（东线野狐岭入口）

坝上草原

坝上是一个涵盖范围比较广的地理名词，一般指河北省向内蒙古高原过渡的地带，因此，在这个范围内的草原都称为坝上草原。如草原天路就属于张北坝上草原，另外还有丰宁坝上草原、沽源坝上草原、围场坝上草原等。这条自驾线路基本上穿越了整个坝上草原，草原风光多样而美丽。

地址：河北省丰宁县大滩镇周围（丰宁坝上）、河北省围场县北部约50公里处（围场坝上）

门票：京北第一草原（免费）、木兰围场（塞罕坝林场、御道口牧场和红松洼保护区一票通150元）

多伦湖

多伦湖的前身是1997年开工建设的西山湾水库。如今，每年都会举办环多伦湖公路自行车赛事，因沿湖建有依山傍湖的环湖公路，只需驾车环湖一周，便可阅尽多伦湖美丽的湖光山色。

地址：内蒙古自治区多伦县大河口乡

门票：40元/人

开放时间：8:00~18:00

乌兰布统草原

乌兰布统草原在清朝曾是皇家木兰围场的一部分，因此，它也属于广义的坝上草原。在景区内，保存有完整的草原、湖泊、沙地、湿地及原始次生林，每逢夏秋季节景色异常迷人，吸引着众多游客及摄影人蜂拥而至。在欣赏自然风景的同时，也可以感受浓郁的蒙古族风情，还可以亲临古战场怀古。

地址：内蒙古自治区克什克腾旗南部约100公里处

门票：120元/人

免费 锡林郭勒草原

锡林郭勒草原是我国温带草原中最具代表性和典型性的草原，也是我国四大草原之一。与其他草原相比，锡林郭勒草原具有极其丰富多样的形态，从东部到西部分别分布着草甸草原、典型草原、沙地疏林草原等。因此，走进锡林郭勒感受的将是草原景观的缤纷多彩。

地址：锡林浩特东南部

达里诺尔景区

达里诺尔湖是仅次于呼伦湖的内蒙古第二大湖，属于低浓度盐水湖，而且湖水中还含有一定的碱分，因此形成了独特的湖水水质，许多鱼类无法在湖里生存，却盛产肉质鲜嫩细腻的华子鱼。达里诺尔湖还是我国北方最大的候鸟迁徙驿站，逢春秋季节则是观鸟的天堂。在湖区北部的熔岩台地上，还分布着一百余座火山锥，为达里诺尔景区又增添了几分地质风光的壮美。

地址：内蒙古自治区克什克腾旗西部约75公里处

门票：南岸景区120元/人，北岸景区90元/人

开放时间：8:00~18:00

克什克腾世界地质公园·克什克腾石阵

克什克腾世界地质公园以第四纪冰臼群和花岗岩石林地貌及地质构造为主要特色。公园涵盖了冰川地貌、花岗岩地貌、火山地貌、泉类地貌、峡谷地貌等十种类型的地质地貌景观。其园区也被细分为克什克腾石阵、平顶山园区、西拉木伦园区等多个园区，克什克腾石阵则是地质公园最具代表性的一个园区。石阵是因冰川的作用而形成，因此又被称为冰石林，其最大的特点是花岗岩的层状性，也就是说这些形状各异的石头像用“千层饼”雕琢而成一般，极具观赏性。

地址：内蒙古自治区克什克腾旗北部

门票：140元/人（含车票20元）

开放时间：7:00~17:30

免费 乌珠穆沁草原

乌珠穆沁草原是锡林郭勒大草原的一部分，其范围涵盖了东乌珠穆沁旗和西乌珠穆沁旗。这里保存了最为完整的原生态草原，而且这里的劳动生产都以畜牧业为主，因此，在这里旅行能真正感受到扑面而来的蒙古族风情。

地址：内蒙古东乌珠穆沁旗与西乌珠穆沁旗境内

布林泉景区

布林泉是一眼温泉矿泉，相传由大蒙古国的开创者铁木真所发现，今天已被人们

称为布林圣泉，并开发成为景区。距泉眼约 1.5 公里处建有布林庙，清朝末年这里曾香火鼎盛，1945 年被毁于战火，如今在遗址上进行了复建。

地址：内蒙古自治区乌拉盖巴音胡硕镇北部约 11 公里处

门票：40 元 / 人，观光车 30 元 / 人

开放时间：7:00~18:00

乌拉盖九曲湾

乌拉盖河是内蒙古第一大内陆河，九曲湾位于乌拉盖湖东面，与湖入口相连，属低山丘陵地带，也是乌拉盖河最为蜿蜒曲折的河段。蜿蜒曲折的河水，辅以绿草如茵、野花盛开的河岸，再点缀以悠然饲草的牛羊，整个乌拉盖九曲湾就是一幅清新美丽的画卷。

地址：内蒙古自治区东乌珠穆沁旗乌拉盖湖东侧

门票：50 元 / 人

开放时间：9:00~17:00

阿尔山国家森林公园

阿尔山国家森林公园属于火山熔岩地貌，拥有亚洲最大的火山熔岩台地与世界第二大功能型矿（温）泉群。得天独厚的自然条件造就了阿尔山集原始森林、火山遗迹、高位火山口湖、熔岩堰塞湖、温泉矿泉．高山湿地、河流湖泊、峡谷奇峰等诸多景观为一体的壮美风景。

地址：内蒙古自治区阿尔山市

门票：180 元 / 人，观光车票 105 元 / 人

开放时间：8:00~17:00

贝尔湖银海岸

贝尔湖

贝尔湖古称捕鱼儿海，是哈拉哈河和乌尔逊河的吞吐湖，属于中蒙两国的共有湖泊，仅湖区西北部 40.26 平方公里的面积属于我国，约占湖区总面积的十五分之一。但狭长的湖岸边却是细腻的沙滩，被称为“银海岸”，可以游泳、戏水、做日光浴。

地址：内蒙古自治区新巴尔虎左旗西南部约 50 公里处

门票：免费（停车收费）

呼伦湖

呼伦湖又名达赉湖，是我国第四大淡水湖。整个湖区身处呼伦贝尔大草原腹地，素有“草原明珠”“草原之肾”的称谓。自驾可以从西部与北部抵达湖边，西部湖岸还处于天然状态，岸边的野韭菜花在盛夏季节会大面积盛开，与湖光相映非常漂亮。北部湖岸则经过了成熟的开发，目前已成为收费景区。

地址：内蒙古自治区新巴尔虎右旗、新巴尔虎左旗和扎赉诺尔区之间

门票：40 元 / 人（北湖湖岸），免费（西部湖岸）

免费 呼伦贝尔草原

呼伦贝尔草原因呼伦湖和贝尔湖而得名，是世界上著名的天然牧场，也是世界四大草原之一。从大兴安岭西麓起，由东向西，3000 多条河流纵横交错，500 余个湖泊星罗棋布，森林草原、草甸草原、干旱草原依次铺陈，最终造就了呼伦贝尔大草原的辽阔与壮美。自驾驰骋在呼伦贝尔大草原上，根本无须特意去寻觅景点，几乎处处都是赏心悦目、涤荡心扉的美景。

地址：内蒙古自治区呼伦贝尔市大兴安岭以西

免费 额尔古纳河

额尔古纳河是黑龙江正源，中俄界河。驾车从扎赉诺尔区东部约 20 公里处向北拐入 904 县道直至室韦，左手边便是一路相随的额尔古纳河。河流蜿蜒曲折，与青青草原、蓝天白云相伴，使人不觉中放松身心，陶醉其中。沿途随处可见点缀在草地上的牛羊、蒙古包、勒勒车等最富蒙古族风情的元素。

地址：内蒙古自治区呼伦贝尔市西北部中俄边境

线路① · 内蒙古东部纵贯线

富饶物产

坝上莜面

莜面就是用莜麦（也称裸燕麦）加工成的面粉。因为莜麦在坝上地区种植普遍，莜面也就成了当地人的主食，坝上莜面随之成为“口外之宝”中的第一宝。在吃法上，当地人一般会将莜面做成莜面鱼鱼、莜面窝窝、莜面饸饹来食用。

口蘑

口蘑是生长在蒙古草原上的一种白色伞菌属野生蘑菇，一般生长在有羊骨或羊粪

呼伦贝尔草原

的地方，味道异常鲜美。在以前，张家口作为蒙古货物的集散地，许多像蘑菇这样的土特产都会运到张家口加工后，再销往内地，所以被称为“口蘑”。直至今天，依然是张家口及锡林郭勒盟等地的主要特产。

口皮

张家口自古以来皮毛业兴旺发达，素有“皮都”之称。这里所出产的皮毛具有皮板洁白、皮毛舒展、丰满柔软、富有弹性等特点，国内外市场上便将这些来自张家口的皮毛称之为“口皮”。口皮所指并非单一皮毛，而是将来自张家口的百余种皮毛统称为口皮，诸如山羊皮、绵羊皮、口羔皮、兔皮、貂皮、狐皮、黄狼皮、灰鼠皮等。

达里湖华子鱼

达里湖微咸且含有碱分的水质使得外部鱼种很难在湖里生存，但华子鱼却繁衍生长的异常肥美。华子鱼学名瓦氏雅罗鱼，肉质细腻，蛋白质含量较高，而脂肪含量却较低，微量元素中钠、铜等含量高于其他同类鱼，所以，走进达里湖一定要尝尝华子鱼。每年冬天，达里湖还会进行一年一度的冬捕，这时也是华子鱼的主要收获季节。

乌珠穆沁羊（羊肉）

乌珠穆沁羊产于内蒙古锡林郭勒盟东部乌珠穆沁草原，主要分布在东乌珠穆沁旗、西乌珠穆沁旗等地区。它是蒙古羊在当地条件下，经过长期选育形成的一个优良类群。独特的生长环境使得乌珠穆沁羊肉肉质更加细嫩，且高蛋白、低脂肪、无膻味，人体所需的几种氨基酸明显高于其他羊肉。

野韭菜（花）

野韭菜是葱科葱属植物，在我国北方，尤其在内蒙古草原上广泛分布，每逢花期，野韭菜花几乎能开遍整个原野。野韭菜叶和花都可以食用，而且营养物质普遍高于栽培韭菜。生活在草原上的牧民会用野韭菜花做酱，吃火锅、手把肉的时候是非常好的佐料。

■ 手把肉

■ 野韭菜（花）

科尔沁肥牛肉

科尔沁草原优良的牧草，充沛的阳光、雨水，传统的自然放养方式，加上长期对肉牛品种的改良，使得科尔沁肥牛肉组织嫩化，尤其脂肪含量适度，且大都沉积于肌肉里，切面呈大理石花纹状，烹煮时变得易熟，口感也更加鲜嫩。

呼伦湖白鱼

呼伦湖白鱼学名红鳍鲌。红鳍鲌在全国南北方的水体中都有分布，唯有呼伦湖能够成规模的收获。过去，因为鱼刺多，呼伦湖白鱼并不受人待见，近些年却因白鱼鲜美的味道及较高的药用价值受到了人们的热捧。与其他水体相比，呼伦湖水温低，白鱼的生长周期长，因此就显得愈发珍贵。

呼伦贝尔蓝莓

蓝莓俗称笃斯、都柿，又名越桔，在我国主要分布于大小兴安岭和长白山地区。蓝莓果实中含有丰富的营养成分，尤其富含花青素，对人体有良好的保健作用。呼伦贝尔蓝莓则主要分布于呼伦贝尔东部的大兴安岭地区，除了野生蓝莓，近些年当地人开始了蓝莓的人工栽培。

马奶酒

马奶酒是蒙古族人日常生活中最喜欢的饮品。每年七八月份膘肥马壮的时候，蒙古族妇女便会将马奶收集贮藏在皮囊中进行搅拌，经过数日，乳脂分离后即可发酵成酒。这也是最简单、传统的马奶酒制作技艺。随着现代工艺的应用，又出现了用蒸馏法酿制的烈性马奶酒。

线路①·内蒙古东部纵贯线

特色美食

正蓝旗奶皮子·奶豆腐

奶皮子在蒙语中叫作乌如木，制作方法并不复杂，就是将马、羊、牛和骆驼的鲜乳倒入锅中慢火微煮，等其表面凝结出一层薄皮，再用筷子挑起挂通风处晾干即成。味道醇香，且营养丰富。奶豆腐在蒙语中叫作胡乳达，是马、羊、牛等动物奶经发酵、熬煮、过滤、成型等工序制作而成的奶制品，因其形似豆腐，故称为奶豆腐。味道有的微酸、有的微甜，且乳香浓郁。正蓝旗至今完整地传承着元代奶制品制作工艺，是传统奶制品的中心产区，因此，这里出产的奶皮子、奶豆腐成了草原特产的代表。

手把肉

手把肉是呼伦贝尔草原上生活的蒙古、鄂温克、达斡尔、鄂伦春等游牧、狩猎民族千百年来的传统食品。因为食用时一手把着肉，一手持刀剔割，故称为手把肉。其做法也极其简单，就是将新宰杀的羊剥皮后，带骨分割成小块放入清水锅中炖煮，不加任何佐料，待血水消失不久即可上桌，食用时蘸点盐面即可。

烤全羊

烤全羊是新疆和内蒙古草原最传统的一种风味肉制品。在内蒙古一般会选择 1~2 岁的乌珠穆沁羯羊来烤制，其基本步骤是宰杀、烫皮、褪毛、腌渍、调味，然后挂入烤炉内封口慢火烤制，大约 3~4 小时后，待羊皮变得黄红酥脆，肉质嫩熟时即可。虽说在全国各地的一些大饭店也有烤全羊，但是在草原上吃烤全羊将是非常独特的一种体验。

涮狗肉

在全国许多地方都有吃狗肉的习俗，吃法也是千差万别。在大兴安岭西侧的海拉尔等地，人们一年四季都有涮狗肉的饮食习惯。这一吃法融合朝鲜族烹食狗肉与蒙古族炖煮羊肉的吃法，形成了一种新颖独特的狗肉饮食文化。

鱼匹子

鱼匹子是最富特色的一道满洲里美食。做法并不复杂，将鱼收拾干净后，从尾鳍顺脊梁到头部切成片状，然后鳞片朝下放入大缸内层层撒盐，装满后用草袋盖起来，再用石头压紧。当鱼片有七成干时，可堆成垛捂上发酵两天，然后再进行晾晒。当鱼片呈红白色，干度达到八九成即算腌好。将腌制好的鱼匹子去鳞洗净，切成一寸左右的鱼段，用锅蒸熟即可食用。

线路② · 内蒙古中西部穿越线

人文景观

黑城遗址 · 怪树林景区

黑城始建于西夏时期，属于居延文明的一部分，也是古丝绸之路北线上现存最完整、规模最宏大的一座古城遗址。现存城墙为元代扩筑而成，平面为长方形，周长约 1 公里，城墙西北角上保存有高约 13 米的覆钵式塔一座，城内的官署、府第、仓敖、佛寺、民居和街道遗迹仍依稀可辨。怪树林其实就是大片胡杨林枯死后依然矗立不倒，从而形成了形态怪异的一种悲凉景观。

地址：内蒙古自治区额济纳旗达来呼布镇东南约 28 公里处

门票：120 元 / 人，景区交通费 40 元 / 人（仅国庆期间提供）

开放时间：8:00~18:00

黑城遗址

五当召

免费 大坝口岩画

大坝沟又称为阿尔泰沟，蒙语意为金沟。沟全长 70 公里，沟畔重峦叠嶂，奇岩耸峙，沟内溪水淙淙，常年不息。在崖畔石壁上，留下了大量古代猎手和牧人凿刻的岩画，尤以沟口处的最为集中，是一处新石器时代的岩画群。这些岩画内容丰富，有各种野生动物、神灵图形、星星、人足印等，主要表现了古代狩猎、祭祀、生殖等社会生活。

地址：内蒙古自治区乌拉特后旗巴音宝力格镇乌兰嘎查大坝口水库附近

免费 中国河套文化博物院

中国河套文化博物院是我国首个以文化丛命名和展示的博物院。博物院陈列布展共分文化生态篇、先人演进篇、岩刻春秋篇、青铜铸史篇、长城嬗替篇、水利开拓篇、文化升华篇七大单元，集中展示了河套文化萌生、发展、成熟、兴盛的历史全貌。

地址：内蒙古自治区巴彦淖尔市临河区五一街

开放时间：9:00~16:30

免费 黄河河套文化旅游区

黄河河套文化旅游区是巴彦淖尔市最大的开放性湿地旅游区。景区包括文博中心、蒙古大营、塞上明珠广场、黄河广场、黄河水利文化博物馆等十几个主要景点，全方位、多角度展示了几千年来黄河文化、草原文化、农耕文化和移民文化在河套地区聚集、融合、传承、积淀的历程。

地址：内蒙古自治区巴彦淖尔市临河区金川大道旁

北方兵器城

北方兵器城是中国兵器内蒙古北方重工业集团有限公司投资筹建的集兵器展览、军工文化传播、休闲娱乐于一体，且具有国防、科普、环保、爱国主义教育功能的特色旅游景区。是我国华北地区第一家以军事为特色的旅游景区，对军事感兴趣的朋友不要错过，尤其是亲子旅行的家庭值得前往一游。

地址：内蒙古自治区包头市青山区青山路 2 号

门票：15 元 / 人

开放时间：8:00~18:00

五当召

五当召始建于清康熙年间，“五当”

是蒙语，“召”是藏语，如果直译成汉语就是“柳树寺”。乾隆十四年重修，赐汉名广觉寺，后经过历代不断扩建，最终形成今天的规模。其主体建筑，以八大经堂（现存6座）、3座活佛邸和一幢安放本召历世活佛舍利塔的灵堂组成；另有僧房60余间以及塔寺附属建筑，全部房舍2500余间，占地300多亩。它与西藏的布达拉宫、青海的塔尔寺和甘肃的拉卜楞寺齐名，并称为中国藏传佛教四大名寺。

地址：内蒙古自治区包头市石拐区东北约45公里处

门票：60元/人

开放时间：8:30~17:45

免费 敕勒川博物馆

敕勒川博物馆是内蒙古自治区唯一一座以区域性历史文化为背景的博物馆。博物馆共分历史厅、革命史厅、民俗厅、成就厅、临展厅、城市产业未来厅以及共享序厅7大展区，全景展示了敕勒川地区自新石器时代至明清时期的各类代表性文物，多角度、多层次展现了敕勒川文化多姿多彩的历史脉络。

地址：内蒙古自治区包头市土默特右旗工业大街1号

呼和浩特大召寺

大召寺汉名原为弘慈寺，后改为无量寺，因为寺内供奉一座银佛，又称银佛寺，是蒙古族少有的不设活佛的寺庙。大召寺的建筑物现存有山门、过殿、经堂、九间楼及佛殿等，其中经堂和佛殿紧紧相连在一起，通称为大殿。大昭寺的藏品也非常丰富，其中明代的历史遗物银佛、龙雕、壁画被称为大召寺“三绝”，具有极高的文化价值和观赏价值。

地址：内蒙古自治区呼和浩特市玉泉区大召前街

门票：35元/人

开放时间：9:00~17:00

美岱召

美岱召原名“灵觉寺”，后改“寿灵寺”，是内蒙古地区重要的藏传佛教建筑之一。其依山傍水而建，在建筑风格上非常独特，既仿中原汉式，又融合了蒙藏风格，形成了一座“城寺结合，人佛共居”的喇嘛庙。美岱召四周建有敦厚结实的城墙，四角建有角楼，城门上嵌有明代的石匾额，佛殿墙壁则绘满了壁画，描绘了蒙古贵族拜佛的场面，具有很高的艺术价值，非常值得一游。

呼和浩特大召寺

地址：内蒙古自治区包头市土默特右旗美岱召村

门票：30元/人

开放时间：8:00~18:00

免费 内蒙古博物院

内蒙古博物院是内蒙古自治区最大的集文物收藏、研究、展示于一体的综合性博物馆。博物院重点设立了远古世界、文明曙光、边关岁月、大辽契丹、天骄蒙古、草原丰碑六大基本陈列，以及北疆桦歌、高原壮阔、飞天神舟、廉政文化、石破天惊五个专题展览。馆藏文物以古生物化石、契丹历史文物、蒙古族文物最富特色。

地址：内蒙古自治区呼和浩特市新城区新华东街27号

网址：http://www.nmgbwy.com

电话：0471-4614000

开放时间：9:00~17:00

昭君文化旅游区

2017年，呼和浩特市在昭君墓的基础上，建成了昭君文化旅游区。旅游区涵盖了博物馆、陵寝、游园三大区域。昭君墓又被称为“青冢”，始建于西汉时期，是我国最大的汉墓之一。至于墓中人物到底是不是昭君，历来颇有争议，因为没有经过发掘，所以无法下定论。除了墓冢，旅游区内还建有匈奴文化博物馆、中国历代和亲文化馆、单于大帐、汉式昭君故里等建筑，对汉匈两族的经济文化交流进行了全方位的展示。

地址：内蒙古自治区呼和浩特市玉泉区小黑河镇

门票：65元/人

开放时间：8:30~18:00

免费 草原乳文化博物馆

伊利集团草原乳文化博物馆坐落在内蒙古呼和浩特市伊利乳都科技示范园区内，是系统介绍北方游牧民族乳文化发展历程的主题博物馆。馆内藏有大量反映北方游牧民族乳食文化及衍生文化的珍贵文物和展品，是了解我国北方游牧民族发展史、草原乳文化发展史以及伊利集团历史和成就的一个专业展示平台。

地址：内蒙古自治区呼和浩特市土默特左旗金山开发区金四路8号

免费 集宁战役纪念馆

解放战争时期，国共两党在集宁地区共进行了三次大规模的战役，后被统称为集

集宁战役纪念馆

宁战役。集宁战役纪念馆便是为缅怀这三次大规模战役中牺牲的先烈而修建。馆内基本陈列包括“抗战胜利”“光复集宁”“集宁争夺战”“大同——集宁战役”“解放集宁”“支援前线”“缅怀丰功伟绩”7 个部分、18 个单元。通过多种先进的陈展技术和富有感染力的艺术手段，生动再现了集宁战役的历史全貌。

地址： 内蒙古自治区乌兰察布市集宁区生态大道 1 号

开放时间： 9:00~11:00，15:00~17:00（周一、周二闭馆）

云冈石窟

云冈石窟原名“武州（周）山石窟寺”，明代改称“云冈石窟”。是北魏时期的大型石窟寺文化遗存，这些石窟的雕凿大约历时近 70 年之久。石窟艺术内容丰富，雕饰精美，是当时统治中国北方的北魏皇室集中全国技艺和人力、物力所雕凿，是由一代代、一批批的能工巧匠创造出的一座佛国圣殿。它以壮丽的典型皇家风范造像而异于其他早期石窟，展现的佛教文化艺术涉及历史、建筑、音乐等多个方面，代表了公元 5~6 世纪佛教艺术的最高成就。

地址： 山西省大同市云冈区云冈镇 1 号

门票： 120 元 / 人

开放时间： 8:30~17:30

■ 云冈石窟　王仁和 / 摄

■ 大同古城墙

晋华宫国家矿山公园

晋华宫矿是同煤集团主力生产矿井之一，矿井于 1956 年建成投产，全矿原来由大井和南山井两对生产井口组成，曾是同煤集团唯一一个多井口矿井。2005 年，晋华宫国家矿山公园被国土资源部正式批准为我国首批国家矿山公园。矿山公园内建有煤炭博物馆，详细展示、介绍了煤的生成及成分、煤炭与人类、矿山标本、煤炭与艺术等方面知识，同时还以矿井为依托开展了井下探秘游。

地址： 山西省大同市云冈区云冈镇晋华宫

门票： 160 元 / 人（井下探秘 120 元，博物馆 40 元，60 岁以上不能参加井下探秘）

开放时间： 9:00~16:00

大同华严寺

大同华严寺始建于辽重熙七年（1038 年），后毁于战争，金天眷三年（1140 年）重建。寺院坐西向东，山门、普光明殿、大雄宝殿、薄伽教藏殿、华严宝塔等 30 余座单体建筑分别排列在南北两条主轴线上，布局严谨，是中国现存年代较早、保存较完整的一座辽金寺庙建筑群。

地址： 山西省大同市平城区下寺坡街 459 号

门票： 50 元 / 人

开放时间： 8:30~18:00

免费 大同古城墙

大同古城墙为明洪武五年（1372 年），在辽、金、元旧城基础上增筑而成。城墙一律以规整有制的石条、石板、石方为基础，在原城墙基础上用“三合土”夯成，外包青砖。城墙四周建有望楼、窝铺，四角建有角楼、控军台，城设四门，门上建城楼，门外建瓮城、月城、护城河，使得整个大同城高大雄伟，固若金汤。后来在战争中，大同城墙遭到了破坏，大部分地方只保留了夯土城墙。2008 年，大同对古城墙展开了全面修复，今日已再现大同古城的雄风。

地址： 山西省大同市市区

开放时间： 8:00~22:00

免费 中国雕塑博物馆

中国雕塑博物馆位于大同市北城墙瓮城内，建筑面积 3.2 万平方米，展览面积 2.6 万平方米，展线长达 2100 米，每年都以不同形式展示中国雕塑名家的作品。在游览大同古城墙的时候，不妨留出一点时间，看看雕塑博物馆中千姿百态的各种雕塑，感受一番雕塑艺术的造型之美。

地址： 山西省大同市武定街 10 号

开放时间： 9:00~16:30

线路② · 内蒙古中西部穿越线

自然风光

额济纳旗胡杨林

胡杨是杨柳科杨属胡杨亚属的一种植物，常生长在沙漠中，由于它具有惊人的耐寒、耐旱、耐盐碱、抗风沙能力，且有很顽强的生命力，因此又被人们赞誉为“沙漠英雄树”。胡杨也是神奇多变的一个树种，春夏时为绿色，深秋变为黄色，入冬则呈红色，极具观赏价值。位于额济纳旗的弱水河畔、居延海边是胡杨的故乡，这里的 39 万亩胡杨林是当今世界仅存的三处天然河道胡杨林之一。

地址： 内蒙古自治区额济纳旗达来呼布镇东部

门票： 150 元 / 人

开放时间： 7:00~19:00（9 月初至 10 月底）

■ 巴丹吉林沙漠

■ 肉苁蓉

居延海

居延海是我国第二大内陆河黑河的尾闾湖。历史上的居延海水量充足，湖畔是美丽的草原，有着肥沃的土地，丰美的水草，是我国最早的农垦区之一。1961 年起居延海彻底干涸，成为北方沙尘暴的发源地。2002 年，长期断流的黑河水再次流入居延海，时至今日，居延海水面不断扩大，曾经的塞外明珠再次焕发出波光粼粼的生机。

地址： 内蒙古自治区额济纳旗达来呼布镇东北约 40 公里处

门票： 60 元 / 人

开放时间： 5:00~18:00（9 月 -10 月）

免费 巴丹吉林沙漠

巴丹吉林沙漠是阿拉善沙漠的主体，位于内蒙古自治区西部的银额盆地底部，是中国四大沙漠之一。驾车由额济纳旗往东，直至巴彦淖尔，可以横穿整个巴丹吉林沙漠，无须特意去哪个景点，即可感受大漠的广袤与苍凉。

地址： 内蒙古自治区阿拉善盟

乌梁素海

乌梁素海是黄河改道形成的河迹湖，也是全球荒漠半荒漠地区极为少见的大型草原湖泊，位列我国八大淡水湖之一。20 世纪 90 年代起，因补水减少与城市废水污染，使得乌梁素海的水体及生态环境迅速恶化，近些年经过治理，乌梁素海又渐渐恢复了生机，尤其是各种鸟类再次在乌梁素海汇聚，使这里成为了鸟的世界。

地址： 内蒙古自治区乌拉特前旗东北部 14 公里处

门票： 30 元 / 人

开放时间： 8:00~18:30

免费 包头南海湿地景区

包头南海湿地景区是黄河改道南移后形成的一片水面与滩头草地。老包头素有“水旱码头”之称谓，其中水码头就是指南海子码头，清朝康熙年间这里曾船来舟往，是一个繁忙的吞吐口岸。今天，这里已被包头市开发为一座富有水乡气息的大型湿地公园。

地址： 内蒙古自治区包头市东河机场东南侧

敕勒川草原文化旅游区（哈素海）

敕勒川草原文化旅游区哈素海景区地处土默特左旗与右旗之间，在历史上正是敕勒川草原的核心区。如今这里被开发建设成一个集草原、湿地、湖泊、温泉等众多旅行观赏与体验元素为一体的景区。驾车穿行这里的时候，可以多吟诵几遍北朝民歌《敕勒川》，用古人的视角感受一番敕勒川的美景。

地址： 内蒙古自治区呼和浩特市土默特左旗西南方约 24 公里处

门票： 30 元 / 人

辉腾锡勒草原

辉腾锡勒草原当地人称之为黄花沟，是世界上保持最完好的典型高山草甸草原之一。平均海拔 2100 多米，面积达 600 平方公里，植被覆盖率 80% 以上，长满了适合海拔 2000 米以上高山草甸生长的植物，如蒿草、狐茅、脉苔等。这里天气多变，一山之间、一沟之隔，往往这边浓云密布、大雨滂沱，而那边却晴空朗朗、阳光闪耀。进入夏季，辉腾锡勒草原上最高 18℃的平均温度，更是凉爽宜人，成为避暑消夏的极好去处。

地址： 内蒙古自治区乌兰察布市察哈尔右翼中旗中南部

门票： 90 元 / 人

开放时间： 8:00~18:30

线路② · 内蒙古中西部穿越线

富饶物产

阿拉善双峰驼

阿拉善骆驼总数曾占我国骆驼总数的三分之二，因此阿拉善又被称为中国驼乡。阿拉善双峰驼则是阿拉善荒漠地区特有的畜种资源，经过长期的随机选育，成为独具特色的地方良种。这种骆驼集产绒毛、产肉、产奶、役用等多种经济特征于一体，是当地牧民重要的生产资料和生活资料。

肉苁蓉

肉苁蓉别名寸芸、查干告亚（蒙语），是一种寄生在沙漠树木梭梭根部的寄生植物，具有极高的药用价值，是我国传统的名贵中药材，素有“沙漠人参”的美誉。阿拉善盟地处亚洲大陆腹地，为内陆高原，远离海洋，周围群山环抱，形成典型的大陆性气候，非常适宜肉苁蓉的种植，也是我国肉苁蓉的核心产区。

戈壁红驼

戈壁红驼主要分布在我国内蒙古乌拉特后旗靠近中蒙边境的荒漠地带，因此又被称为乌拉特后旗戈壁红驼。这种骆驼体毛多数为紫红色，绒层厚密，所产驼绒纤维长、绒丝细，且产量高，成为当地非常重要的一种经济动物，因此戈壁牧人又将其视为“苍天赐予的神兽”。

星火花葵

星火花葵原产于欧洲，最近几十年才在我国开始种植，尤其是内蒙古杭锦后旗、察哈尔右翼后旗等地有广泛种植，并形成了一定规模。星火花葵个大籽实，壳薄有棱和花纹，是食用花葵的优良品种。

河套向日葵

河套向日葵是巴彦淖尔市的主要经济作物。位于巴彦淖尔市的河套平原地势平坦、土层深厚，且土质较好，又有黄河灌溉的便利条件，非常适宜向日葵的生长。从20世纪70年代开始，河套地区向日葵种植逐渐兴盛起来，直至今天的规模化种植，使得河套向日葵成为一个响亮的农产品品牌。

河套枸杞（先锋枸杞）

枸杞，是茄科、枸杞属植物。我们一般说的枸杞都指枸杞的果实——枸杞子，而且以宁夏枸杞最为著名。其实，在内蒙古河套地区，枸杞的栽培种植已成为面积广、产量大的药材品种，其影响力已直逼宁夏枸杞。

河套硬质小麦

河套硬质小麦是内蒙古巴彦淖尔市河套平原所产优质小麦的统称。由于当地气候特殊，具有昼夜温差大、光照时间长、无霜期长等特点，从而使出产的小麦品质优良。以河套硬质小麦为原料而生产加工的河套面粉，更是国内众多面粉产品中屈指可数的名优产品。

佘太翠

佘太翠又称佘太玉，是2007年在内蒙古新发现的一个玉种。这种玉石大约形成于18~24亿年前，是中国玉种中的一个硬玉品种，与翡翠有相似之处。狭义佘太翠主要指产自乌拉特前旗大佘太镇的玉石矿，有翠绿色、白色、青色三种基本颜色。广义佘太翠则包括周边山脉同类石英岩玉。

佘太翠

包头三蓝地毯

包头是内蒙古最早用羊毛织造地毯的地区，尤其是三蓝地毯最负盛名。三蓝地毯指用蓝靛将毛线染成深蓝、浅蓝、旅蓝三种颜色，用这三种蓝色毛线织成的地毯则被称为三蓝地毯。除了这一核心特点，包头三蓝地毯还有两个典型特点，一是用绵羊毛纺成的线，二是图案源于自然，大都是山水祥云、鸟兽花卉等。

蒙古族银器

早在元朝以前，蒙古族即以使用银器而闻名，元朝则是蒙古族银器制作的鼎盛时期。银器的种类更是涉及生活的方方面面。其品种有银碗、蒙古刀、银壶、饮酒器、头饰、各种马具鞍花等，造型大方淳朴，工艺精巧细致，色彩纹样古雅且具有鲜明的民族特色。如今，蒙古族银器已成为非常热门的旅游工艺品。

大同黄花菜

黄花菜别称萱草、金针菜，是一种营养价值很高的蔬菜。我国南北各地均有分布，大同是黄花菜比较著名的产区之一。明末清初，大同黄花菜的种植、贸易、流通得到空前发展。在街市中有以“黄花”命名的街道，并有专营黄花等干菜的干菜行。时至今日，黄花菜依然是大同最著名的特产之一。

大同铜器

大同铜器历史悠久，早在北魏时期便已享有盛名，明清两朝则进入鼎盛时期，尤其是铜火锅，结构设计精巧合理，畅销全国各地。当年曾有“大同城里买铜，五台山上看佛”的民间说法。今天，大同铜器制作技艺已成为国家非物质文化遗产，铜器产品也更加丰富多样，除了传统的锅碗瓢盆，缤纷多彩的旅游工艺品已成为主流产品。

线路②·内蒙古中西部穿越线

民俗文化

二人台

二人台俗称双玩意儿、二人班，因其剧目大多采用一丑一旦二人演唱的形式，所以叫二人台。起源于山西，成长于内蒙古，是流行于内蒙古中西部及山西、陕西、河北三省北部地区的传统戏曲剧种。在内蒙古旅行，不妨找机会看上一场。

蒙古族长调

蒙古族长调是一种具有鲜明游牧文化

河套向日葵

和地域文化特征的独特演唱形式。一般会在野外放牧和传统节庆时演唱，演唱者根据生活积累和对自然的感悟来自由发挥。内容大都是描写草原、骏马、骆驼、牛羊、蓝天、白云、江河、湖泊等富有草原特色的元素。旋律悠长舒缓、意境开阔、声多词少、气息绵长，极富“装饰”性。

线路②·内蒙古中西部穿越线

特色美食

其蛋子·凉拌蹄黄

其蛋子和凉拌蹄黄是阿拉善当地的两种特色美食。其蛋子是一种油炸面制品，做法极其简单，就是将和好的面擀开后，切成条状或块状，再放入热油锅中炸制即成，是一种易储存携带的干粮。蹄黄即骆驼掌心似鹅卵大小的两块纤维组织，因其活动最多，所以肉质细腻且富有弹性，用其制作成的凉拌蹄黄脆嫩爽口，是离开阿拉善很难吃到的美食。

稍美

稍美是流传在内蒙古西部地区的一种传统美食，其名称、造型及吃法与流传甚广的“烧麦”非常相似，但二者在馅料上却有很大不同，稍美只用牛羊肉和大葱做馅料。其一般在专门的稍美馆里出售，在内蒙古西部各城市，基本上以早点为主，也有很多店铺全天经营。稍美的计量单位是两，一般一两6~8个不等。

拔丝奶豆腐

拔丝奶豆腐是一道地道的内蒙古风味菜品。其做法与拔丝地瓜、拔丝香蕉、拔丝苹果这些拔丝菜一样，只是主料换成了奶豆腐。拔丝奶豆腐最大的特点就是有浓郁的奶香味，充分体现了草原菜的特点。

焙子

焙子是呼和浩特和包头地区特有的面点，它是用发面团兑食用碱、植物油、糖、鸡蛋等食材后再成形烤制而成。品种有白焙子、咸焙子、甜焙子，形状则可以做成圆形、方形、三角形及牛舌形。吃起来外皮干脆，内部暄软，既可以作早点，又可以作行旅的干粮。

■ 稍美

■ 拔丝奶豆腐

卓资山熏鸡

卓资山熏鸡是内蒙古卓资县的著名特产，其制作历史已将近百年。1956年，在全国食品展销会上，卓资山熏鸡与德州扒鸡、道口烧鸡一起被誉为中国“三鸡”。用以制作卓资山熏鸡的鸡坯是当地产的一种土鸡——红羽边鸡，此鸡个大体肥、肉质细嫩，制作出的熏鸡色泽红润、口味纯正，深受当地人及过往客商的欢迎。

沙葱包子

在乌兰察布的荒漠草原上，生长着一种名为沙葱的植物，高不过半尺，葱叶尖而细，折一段放入口中嚼，有似葱、似韭、似香草的美妙味道。当地人会用新鲜的沙葱与新宰杀的大尾羊肉拌馅，做成沙葱包子招待客人，是像烤羊腿、手把肉一样尊贵的菜肴。

丰镇月饼

丰镇月饼是一种以小麦粉、纯胡麻油、白糖或红糖、矿泉水为主料，再配以冰糖或蜂蜜等辅料，通过烘烤后制成的传统月饼。成品大约二两一个，根据单位面粉加油加糖量的不同，又分成三油三糖月饼、五油五糖月饼等，最高可制成九油九糖月饼。

线路③·山西人文大环线

人文景观

晋祠博物馆

晋祠原名为晋王祠，是为纪念晋国开国诸侯唐叔虞（后被追封为晋王）及母后邑姜而建，也是中国现存最早的皇家园林。目前，晋祠内保存有从宋到民国各个时期的古建筑，其中历史超过300年的建筑多达98座，可以说是一座名副其实的古建筑博物馆。除了古建，晋祠内还有盛名远播的“晋祠三绝”——周柏唐槐、宋代彩塑（侍女像）、难老泉。山西的文化底蕴有多深厚，只需窥晋祠一斑便可知。

地址： 山西省太原市晋源区晋祠镇

门票： 80元/人

开放时间： 8:00~18:00

免费 山西博物院

山西博物院是山西省最大的文物收藏、保护、研究和展示中心，目前有藏品约40万件，其中新石器时代陶寺遗址文物、商代方国文物、两周时期晋及三晋文物、北朝文物、石刻造像、山西地方陶瓷、金元戏曲文物、明清晋商文物等颇具特色。山西博物院

■ 五台山风景区

还开设了分馆——山西青铜博物馆，是目前国内最大的青铜专题博物馆，共展出青铜器 2200 余件，对青铜器感兴趣的朋友一定不可错过。

地址：山西省太原市滨河西路北段 13 号

山西省太原市长风商务区（山西青铜博物馆）

网址：http://www.shanximuseum.com

电话：0351-8789188

开放时间：9:00~17:00

免费 东湖醋园

东湖醋园是山西省第一家动态展示传统与现代老陈醋生产工艺流程和老陈醋历史文化内涵的博物馆，也是我国唯一一个醋文化旅游园。在醋园中，展示了自西汉以来的各种酿醋器具、农耕器具以及 700 余个醋疗药方。游客还能参与部分酿醋流程的实际操作，并可以尽兴品尝、感受老陈醋的“绵、酸、香、甜、鲜”之感。

地址：山西省太原市杏花岭区马道坡街 26 号

开放时间：8:00~17:30

中国煤炭博物馆

中国煤炭博物馆是全国煤炭行业历史文物、标本、文献、资料的收藏展示中心。博物馆的基本陈列可以概括为“七馆一井”，即煤的生成馆、煤炭与人类馆、煤炭开发技术馆、当代中国煤炭工业馆、煤炭艺术馆、煤炭文献馆、中外交流馆和模拟矿井，尤其是模拟矿井，是中国煤炭博物馆最有特色的展览体验项目。

地址：山西省太原市迎泽西大街 2 号

网址：http://www.coalmus.org.cn

门票：60 元 / 人

电话：0351-6180108

开放时间：8:00~18:00

免费 青龙古镇

青龙古镇原名菁蒿嘴，清朝时村中富商王绳中为朝廷捐赠百万银两，皇帝御赐“百万绳中”匾额一块和绣有“青龙”图案的大旗一面，示意满汉一家，从此菁蒿嘴便更名为青龙镇。青龙镇南北长约五里，因地形弯曲起伏，整个建筑群像一条腾飞的巨龙。直至今天，古街两侧依然店铺林立，且大都为明清建筑。

地址：山西省太原市阳曲县南约 5 公里处

开放时间：全天

永祚寺双塔

永祚寺始建于明万历二十七年，寺内建有文峰塔和舍利塔两座凌霄宝塔，因此永祚寺又被民间称为双塔寺。双塔高均为 54 米，砖砌仿木结构，塔心中空，游人可以盘旋登塔。在 400 多年的历史进程中，双塔一直是太原大地上的地标建筑，“凌霄双塔”则被历代志书记载为太原八景之一。

永祚寺双塔

地址：山西省太原市迎泽区郝庄镇郝庄村

门票：30 元 / 人

开放时间：8:30~17:30

阎锡山故居

阎锡山故居是民国时期曾统治山西近 40 年的阎锡山的一座私宅，始建于 1913 年，至 1937 年抗战爆发前夕，先后建成了都督府、将军府、老太爷府、管家院、客房院、文沱草庐（东花园）、西花园等大小 30 多座院落，近千余间房屋。1989 年，阎锡山故居被改造建设为河边民俗博物馆，并正式对外开放。

地址：山西省定襄县河边镇

门票：50 元 / 人

开放时间：8:00~18:00

免费 徐向前故居

徐向前故居始建于清道光初年，后因年久失修逐渐破落，1990 年，即徐向前元帅逝世当年，当地政府对老屋进行了修缮。这是一幢典型的晋北四合院式的建筑，院内正面为主房，两侧是厢房，上下两层是徐向前青少年时期生活和学习的地方，里面陈列展出了他生前所用过的诸多实物，可以说是缅怀徐向前元帅最好的去处。

地址：山西省五台县东冶镇永安村

开放时间：8:00~17:00

五台山风景区

五台山是由一系列大山和群峰组成，因五峰如五根擎天大柱，拔地崛起，峰顶平坦如台，故名五台。五台分别为东台望海峰、西台挂月峰、南台锦绣峰、北台叶斗峰、中台翠岩峰，其中北台最高，海拔 3061.1 米，是华北最高峰，素有“华北屋脊”之称。五台山也是文殊菩萨的道场，并以其悠久的历史文化和规模宏大的寺庙建筑群位居四大佛教名山之首。目前，台内外尚有寺庙 47 座。其中佛光寺和南禅寺是中国现存最早的两座

悬空寺 王仁和 / 摄

木结构建筑。显通寺、塔院寺、菩萨顶、殊像寺、罗睺寺被列为“五台山五大禅处”。

地址：山西省五台县台怀镇

门票：135 元

开放时间：8:00~23:00

北岳恒山 · 悬空寺

北岳恒山又名“太恒山”，明末清初被确定为五岳之北岳。主峰天峰岭，海拔2016.1 米，号称“人天北柱”“绝塞名山”。西汉初年，恒山就建有寺庙。明、清时期恒山已经寺庙群居，规模很大，人们称之为“三寺四祠九亭阁，七宫八洞十二庙”，有恒山十八景之称。悬空寺位于恒山翠屏峰的峭壁间，素有“悬空寺，半天高，三根马尾空中吊”的俚语，以如临深渊的险峻而著称。同时，悬空寺也是一座佛、道、儒三教合一的独特寺庙。

地址：山西省浑源县南部约 3 公里处

门票：30 元 / 人（大门票），60 元 / 人（寺庙群），130 元 / 人（悬空寺）

开放时间：8:00~18:00

应县木塔（释迦塔）

释迦塔全称佛宫寺释迦塔，俗称应县木塔，建于辽清宁二年（1056年），是我国现存最高最古的一座木结构楼阁式佛塔。塔高 67.31 米，底层直径 30.27 米，呈平面八角形。全塔纯木结构，无钉无铆，共应用 54 种斗拱，因此又被称为“中国古建筑斗拱博物馆”。塔内供奉有两颗释迦牟尼佛牙舍利。

应县木塔

地址：山西省应县城内西北角佛宫寺院内

门票：60 元 / 人

开放时间：8:00~18:00

雁门关景区

雁门关是万里长城上非常重要的一座关隘，以“险”著称，素有“天下九塞，雁门为首”之说。与宁武关、偏关合称为“外三关”。目前，雁门关景区内保存有关城、长城、隘城、兵堡、烽火台等不同等级、不同功能、不同形制的历史建筑遗存，形成了苍凉、凝重、雄浑、大气的边关特色旅游风情。

地址：山西省代县县城北部约 10 公里处

门票：90 元 / 人

开放时间：8:00~18:00

免费 旧广武古城 · 广武汉墓群

旧广武古城是山西省现存最完整的古城之一。古城城墙的确切建筑年代史籍无载，据有关文献佐证和现存建筑考究，始建于辽代，当时为夯筑城垣，明洪武七年（1374）包砖，清代曾作过维修和补葺。现存城墙除外观具有明代特点外，其主体规制和构造基本为辽代故物。广武汉墓群位于旧广武古城北面的开阔地上。据史料记载，其中大部分墓葬属于当年征战疆场的将士，如今封土堆星罗棋布，给人以穿越历史的苍凉与悲壮。

地址：山西省山阴县城南约 35 公里处

开放时间：全天

朔州崇福寺

崇福寺始建于唐代麟德二年（公元 665 年），由唐代大将军、朔州人、鄂国公尉迟敬德奉旨建造。到辽代，曾被改为林太师府衙，后又改为寺庙，取名林衙寺。金代熙宗年间，对寺庙进行了扩建。今天，崇福寺由山门、天王殿、钟楼、鼓楼、千佛阁、文殊堂、地藏殿、三宝殿、弥陀殿、观音阁等建筑组成。寺内金代建筑、塑像、壁画保存完好，且至今存有金海陵王完颜亮“崇福禅伟”的题额。

地址：山西省朔州市朔城区东大街

门票：35 元 / 人

开放时间：8:30~18:00

免费 府州城

府州城是古代陕北著名的军事要塞，历史上曾为宋、辽、西夏、金的鏖战之地。城墙始建于五代后唐时期，北宋曾多次修葺，一直沿用。城内有文庙、城隍庙、文昌阁、关帝庙、上帝庙、荣河书院、千佛洞、娘娘庙、悬空寺等建筑。除城墙建于五代和宋代外，其余均为明清建筑。

地址：陕西省府谷县马家沟路东侧

开放时间：全天

免费 碛口古镇

碛口古镇是明清至民国年间，凭借黄河水运而发展起来的北方商贸重镇，享有“九曲黄河第一镇”的美誉。因为黄河碛口以下河段有约 500 米的暗礁险滩，使得船只无法通行，所以南来北往的货物都通过碛口来实现转运，日复一日，碛口便以“水旱码头小都会”的美名传遍南北。现镇内有数量丰富且保存完好的明清古建筑，涵盖了货栈、票号、当铺、庙宇、民居、码头等多种类型，是一座典型的古代漕运商贸集镇。

地址：山西省临县碛口镇

开放时间：全天

鹳雀楼

鹳雀楼又名鹳鹊楼，因时有鹳雀栖于其上而得名。鹳雀楼始建于北周时期，历经隋、唐、五代、宋、金 700 余年后，毁于元初战火。当年曾因楼体壮观，结构奇巧，加之周围风景秀丽，唐宋文人纷纷登临，并留下了诸多诗篇，尤以王之涣的《登鹳雀楼》最负盛名。1997 年，当地政府在旧址上开始复建鹳雀楼，并于 2002 年落成开放。

地址： 山西省永济市西部约 15 公里处

门票： 60 元 / 人

开放时间： 8:00~18:00

永济市普救寺

永济市普救寺始建于唐武则天时期，原名西永清院，是一座佛教十方禅院。也曾是历史名剧《西厢记》故事的发生地。在沧桑的历史岁月中，普救寺的殿阁僧舍均已毁坍湮没，唯有舍利砖塔传承至今，砖塔不仅形制古朴，而且结构奇特，在塔侧以石叩击，塔上会发出清脆悦耳的蛤蟆叫声，被称为“普救蟾声”，为古时永济八景之一。1986 年，依据唐代佛教寺院的布局和《西厢记》故事的格局修复了普救寺。

地址： 山西省永济市蒲州镇西厢村

门票： 60 元 / 人

开放时间： 8:00~18:00

永乐宫

永乐宫于元代定宗贵由二年（公元 1247 年）动工兴建，至正十八年(公元 1358 年)竣工，施工期达 110 多年。因建于永乐镇而名永乐宫，又名大纯阳万寿宫。1959 年，我国开始兴建三门峡水库，永乐宫位于水淹区，因此被整体搬迁至芮城县城北郊的龙泉村附近。现存主要建筑为龙虎殿、三清殿、纯阳殿、重阳殿，也正是布满这四大殿墙壁的精美壁画，使得永乐宫声名远播。

地址： 山西省芮城县永乐北街 78 号

门票： 50 元 / 人

开放时间： 8:00~18:00

解州关帝庙

解州关帝庙创建于隋开皇九年（589 年），宋、明时曾扩建和重修，清康熙四十一年（1702 年）毁于火灾，后经十余年修复。它是现存规模最大的宫殿式道教建筑群和武庙，被誉为“关庙之祖”“武庙之冠”。建筑群以一条东西向的街道为界，分南北两大部分：街南称结义园，由结义坊、君子亭、三义阁、莲花池、假山等建筑组成；街北是正庙，坐北朝南，仿宫殿式布局，由前院和后宫两部分组成，全庙共有殿宇百余间，主次分明，布局严谨。

地址： 山西省运城市盐湖区五一路 145 号

门票： 70 元 / 人

开放时间： 8:00~18:00

新降古建（降州大堂、新绛龙兴寺）

降州大堂始建于唐代，现存大堂建筑为元代构架，但堂内仍遗留有唐代的 4 块大型石质覆盆式莲花柱础。在结构上，全国州衙正堂规制通例为五间，而绛州独为七间，乃国内少见。新绛龙兴寺也始建于唐代，现存大雄宝殿同为元代构架，殿内塑有宋金时期彩塑、卢佛、释迦牟尼佛等。大殿后建有龙兴宝塔，据记载建于唐代，清乾隆年间进行了大规模修葺。

地址： 山西省新绛县城内

门票： 降州大堂（免费）、龙兴寺 20 元 / 人

开放时间： 8:00~18:00

洪洞大槐树寻根祭祖园景区

元朝末年，战乱、瘟疫、水旱灾害使得中原地区人口锐减，但山西却受影响较小，与相邻省份相比，社会安定，经济繁荣，人丁兴旺。明朝建立后，为了巩固统治，实行了移民屯田的战略。从洪武二年至永乐十五年，在近 50 年的时间里，官方在洪洞大槐树下组织了 18 次大规模的移民。经过六百年的辗转迁徙、繁衍生息，如今全球各地凡有华人的地方就有大槐树移民的后裔，洪洞大槐树寻根祭祖园也就成了寻根祭祖的圣地。

地址： 山西省洪洞县古槐北路公园街 2 号

门票： 80 元 / 人

开放时间： 7:00~18:30

霍州娲皇庙

娲皇庙始建于明代，后损毁，清同治四年重修。庙内现存有悬塑及壁画，尤以正殿内壁画而闻名。画面采用通景式构图，利用建筑、树木将人物有机的组合在一起，采用勾线填色技法，略有渲染，颜色以矿物颜料朱、青、绿、白、黄为主。整组画面表现了圣母宴请百官时，宫廷内忙碌、热闹的生动情景。

地址： 山西省霍州市贾村

门票： 30 元 / 人

开放时间： 8:30~18:00

霍州署

霍州署始建于唐代，元大德七年（1303 年）因地震损毁，次年开始重建，后经明

解州关帝庙

洪洞大槐树寻根祭祖园景区　王仁和 / 摄

清两代陆续增补修葺，日臻完善。清末至民国，天灾兵祸，霍州署外围建筑损毁严重，但中轴线建筑得以完整保留。今天，它已是国内唯一一座保存较完整的古代州级署衙。

地址：山西省霍州市东大街16号

门票：40元/人

开放时间：8:30~18:00

王家大院

王家大院是由静升王氏家族经明清两朝、历300余年修建而成，包括五巷六堡一条街，总面积达25万平方米，而且是一座具有传统文化特色的建筑艺术博物馆。其建筑风格，有着“贵精而不贵丽，贵新奇大雅，不贵纤巧烂漫”的特征。且凝结着自然质朴、清新典雅、明丽简洁的乡土气息。就晋商大院而言，无论规模，还是观赏性，王家大院可以说独占鳌头。

地址：山西省灵石县静升镇静升村

门票：55元/人

开放时间：8:30~18:00

绵山风景名胜区

绵山风景名胜区跨介休、灵石、沁源三市县地界，属于太岳山的一条支脉。春秋时期，割股奉君的介子推和母亲曾隐居于山中。当时，晋文公重耳为使介子推出山，放火焚烧绵山，没想到介子推竟然抱树不出，死于山中，所以绵山又被称为介山。早在北魏时期，绵山就已有寺庙建筑，唐初已是初具规模的佛教禅林。今天，绵山除了遗留古建，还有大规模的仿古建筑群，整个景区共有14个大景点，360余个小景点。

地址：山西省介休市绵山镇南槐志村

门票：105元/人

开放时间：8:00~19:30

张壁古堡

张壁古堡是我国现存较为完好的一座融军事、居住、生产、星象、宗教活动为一体的古代袖珍“城堡”。古堡面积虽说仅有0.12平方千米，却具有完备的城市形态，保留着隋唐时期盛行的里坊格局。关闭巷门后，各个里坊就成为相对封闭的堡中之堡，里坊之间既可各自为战，又可相互呼应，其军事防御能力令人称道。古堡在建设时还遵循古代传统星象与堪舆理念，将地面布局与天上的二十八星宿相对应，因此张壁古堡又被誉为“星象奇村”。

地址：山西省介休市龙凤乡张壁村

门票：60元/人

开放时间：8:00~17:00

■ 王家大院　王仁和/摄

■ 平遥古城之平遥县衙

平遥古城

平遥古城始建于周宣王时期，直至明朝初年，为了抵御外族袭扰，才在旧墙垣的基础上修建了青砖包砌的城墙。因其完整地保留了明清时期县城的基本风貌，被联合国教科文组织世界遗产委员会列入《世界遗产名录》。平遥古城的魅力就在于，它不仅保存了完整的城墙，更重要的是完整保留了城内的民居建筑群落及商铺、衙署等建筑，使古城从历史中走来，依然鲜活如初。

地址：山西省平遥县

门票：古城免费，城内景点通票125元/人

开放时间：8:00~17:30

双林寺·镇国寺

双林寺原名“中都寺”，大约在宋代改为“双林寺”。经岁月剥蚀，战乱破坏，到元朝末年，双林寺已破败倾颓。明清两朝对其进行了大规模的重修，现在留存建筑全为明清建筑。镇国寺创建于五代十国时期，原名京城寺，明朝嘉靖年间改名为镇国寺，遗址沿用至今。虽历经1000多年，寺内仍然完整保留了五代时期的佛殿——万佛殿，其文化价值与国内众多木结构古建相比，可以说非同凡响。

地址：山西省平遥县双林正街28号（双林寺）

山西省平遥县郝洞村（镇国寺）

门票：35元/人（双林寺），25元/人（镇国寺）

开放时间：8:30~17:30

昭馀古城

祁县古称“昭馀”，所以今天的祁县老城又被称为“昭馀古城”。新中国成立前，昭馀古城还保留有完整的城墙，后来被陆续拆除，但城内的一些街巷和大院保留了下来，如渠家大院、何家大院、长裕川茶庄等。与平遥古城和其他晋商大院相比，这里更有生活气息。

地址：山西省祁县东大街

门票：古城免费，渠家大院42元/人

开放时间：8:00~18:00

乔家大院

乔家大院又名“在中堂”，始建于1756年，整个院落呈双“喜”字形，分为6个大院，内套20个小院，三面临街，四周是高达10余米的全封闭青砖墙，大门为城门洞式，是一座具有北方传统民居建筑风格的古宅。除了院落本身，大院还珍藏了5000多件文物，属

■ 曹家大院

于国家二级博物馆。同时，乔家大院也因门票太贵，商业化太浓，而受到了游客的诟病。

地址：山西省祁县东观镇乔家堡村

门票：135 元 / 人

开放时间：8:30~18:30

曹家大院

曹家大院又名三多堂，是明清时期太谷富商曹氏家族的一处宅院，距今已有 400 多年的历史。大院整体结构呈篆书“寿”字形，主体建筑三多堂，取多子、多福、多寿之意，由三座四层的堂楼组成，楼顶还分别建有亭台。不仅融合了南北方建筑风格，而且还吸收了欧洲的古建筑风格。

地址：山西省太谷县北洸村

门票：60 元 / 人

开放时间：8:00~18:00

常家庄园

常家庄园是被称为“儒商世家”的榆次东阳镇车辋村常氏家族的宅院建筑群。庄园始建于明朝末年，清乾隆年间开始大规模建设。“文革”期间及改革开放初期，庄园遭到了严重破坏，后按原貌进行了修缮修复。今天常家庄园开放的部分，仅仅是原常家庄园遗存的半条街，虽说面积达到了 12 万平方米，却仍然不及原建筑群落的四分之一。

地址：山西省晋中市榆次区东阳镇车辋村

门票：80 元 / 人

开放时间：8:00~18:30

太谷无边寺

太谷无边寺俗称白塔寺、南寺，创建于西晋泰始八年（272 年），北宋治平年间易名普慈寺，元明清历代均有修葺，1906 年改建后复名无边寺。寺内建有一座宋代风格的八角形白塔，登塔可以眺望整个太谷县城，因此白塔便成了太谷县城的标志。除了白塔，寺内还保留有倒座戏台、天王殿、大雄宝殿等历代古建筑。

地址：山西省太谷县南寺街 10 号

门票：35 元 / 人

开放时间：8:00~19:00

榆次老城

榆次老城是隋开皇二年（公元 582 年），在汉代旧城址上修筑起来的。直至 20 世纪 40 年代，老城依然保存完整。新中国成立后，在火热的新社会建设浪潮下，榆次老城逐渐被拆毁。进入 21 世纪，当地政府又开始修复榆次老城。今天，老城内建有城隍庙、县衙、文庙、凤鸣书院等众多人文景观，成为许多影视剧最为热衷的取景地。

榆次老城

地址：山西省晋中市榆次区府兴路 225 号

门票：60 元 / 人

开放时间：8:00~18:00

免费 八路军太行纪念馆

八路军太行纪念馆是中国唯一一座全面反映八路军 8 年抗战历史的大型专题纪念馆，也是全国最大的抗战历史文物收藏、保护、研究、展示中心之一。目前，纪念馆的基本陈列为《八路军抗战史陈列》，同时还推出了《太行精神光耀千秋》《八路军总部在太行》《党风楷模周恩来》等多个专题陈列，是全面深入了解八路军抗战历史的最佳去处。

地址：山西省武乡县太行街 363 号

开放时间：8:30~18:00

免费 陵川古建（崇安寺、龙岩寺、三圣瑞现塔、小会岭二仙庙、西溪二仙庙）

崇安寺现存主要建筑为明清遗物，部分构件保留了宋金元特征。目前，主要建筑有山门、过殿、大雄宝殿、西插花楼等。龙岩寺原名龙泉寺，始建于唐代，金代进行了重修，并改名为龙岩寺。寺内建筑主要有过殿、正殿、配殿、廊庑等，大都为金、明时期的建筑。三圣瑞现塔俗称积善塔，是我国辽金时期密檐式砖塔的典型代表。小会岭二仙庙创建年代不可考证，但现存建筑正殿为宋代遗构，其余皆为明清所建。西溪二仙庙又称真泽宫，始建于唐代，以后历代皆有修葺，现存建筑后殿、东西梳妆楼为金代遗构，其余皆为明清所建。

地址：山西省陵川县

郭峪古城

郭峪古城是一座城堡式村落，当年为了防御农民起义军的袭扰，在当地官宦富商的倡议与带领下，用不到十个月的时间，建成了这座面积达 18 万平方米的古城堡。其建筑群落涵盖了城垣城楼、官宦府邸、宅第民居、庙宇祠堂、店铺作坊、苑囿园林、门楼影壁、水井等，且大都为明清遗物。最有特点的是在古城的内墙上分三层砌筑了600多孔窑洞，远观酷似蜂窝，因此又被称为“蜂窝城”。

地址： 山西省阳城县北留镇皇城村

门票： 40元/人

开放时间： 全天

皇城相府

皇城相府是清朝文渊阁大学士陈廷敬的故居，曾因康熙皇帝两次下榻于此，故名“皇城”。整个建筑群由内城、外城、紫芸阡等部分组成。内城为陈廷敬伯父陈昌言在明崇祯六年（1633年），为避战乱而建；外城完工于康熙四十二年（公元1703年），有前堂后寝、左右内府、书院、花园、闺楼、管家院、望河亭等。是一处罕见的明清两代城堡式官宦住宅建筑群。

皇城相府

地址： 山西省阳城县北留镇皇城村2号

门票： 120元/人

开放时间： 8:00~18:00

晋城青莲寺

青莲寺，初名硖石寺，因寺内的释迦牟尼端坐于莲花座之上，故名青莲寺。青莲寺分为古、新两部分，古青莲寺在南，新青莲寺居北。古寺东侧有明代建造的砖砌藏式佛塔，西侧有唐代建造的惠峰石塔，正殿内则存有6尊唐代彩塑，这些塑像面容丰满，肌肉健美，身式微曲，姿态自然，皆与唐塑风格一致，是不可多得的艺术珍品。

地址： 山西省晋城市东部约10公里处

门票： 10元/人

开放时间： 8:00~18:00

大阳古镇

大阳古称阳阿，历史上先后为县、侯国、郡的治所长达800余年。丰富的矿藏资源使大阳成为我国冶铁业的重要发源地之一，尤其是制针业异常发达，曾被誉为“九州针都”。如今，大阳古镇保存有非常完整的明清古建筑群，这些建筑沿阳阿河呈东西走向排列，且古镇南北筑有四寨，俯视古镇，犹如一只活灵活现的灵龟。

地址： 山西省泽州县大阳镇

门票： 80元/人

开放时间： 9:00~17:30

线路③·山西人文大环线

自然风光

老牛湾

老牛湾位于山西省偏关县，内蒙古自治区清水河县、准格尔旗三个旗县交界的地方，也是长城与黄河“握手”的地方。景区由包子塔湾、老牛湾、四座塔湾和杨家川小峡谷组成。黄河在这里逶迤曲折，并在悬崖峭壁间切割出多个河中半岛，登高远眺蔚为壮观。

地址： 山西省偏关县万家镇北侧

门票： 96元/人

开放时间： 7:00~19:00

免费 天下黄河第一湾

黄河在流经山西省石楼县辛关镇马家畔和陕西省清涧县玉家河镇舍峪里村之间的河段时，甩出了两个巨大的河湾，一直以来“养在深闺”无人识。2005年，石楼县教育局工作人员郑化民拍摄了河湾的全景图片，从而让更多人看到了河湾的壮美，后来被地方政府纳入旅游开发计划，直至今天有了“天下黄河第一湾”的盛名。

地址： 山西省石楼县辛关镇马家畔

开放时间： 全天

延川黄河蛇曲国家地质公园

延川黄河蛇曲是发育在秦晋大峡谷中的大型深切嵌入式蛇曲群体。整个公园由四个地质遗迹景观区组成，分别为延水关河谷阶地貌旅游区、苏亚湾高原生态旅游区、乾坤湾蛇曲地貌旅游区、清水湾蛇曲地貌旅游区。其中乾坤湾和清水湾所形成的连续S型河湾是地质公园内最有气势，且最奇特、最壮丽的一道风景。

地址： 陕西省延川县乾坤湾镇

门票： 90元/人

开放时间： 8:00~19:00

壶口瀑布

黄河在晋陕峡谷间奔流至陕西宜川县壶口乡与山西吉县壶口镇相望的地方，河面宽度在不到500米的距离内由300米收缩为二三十米，并从20多米高的悬崖上倾泻而下，形成了“千里黄河一壶收”的壮丽景观。伴随着瀑布倾泻，还会形成一系列奇特的景观，诸如：水底冒烟、旱地行船、霓虹戏水、山飞海立、晴空洒雨、旱天惊雷、冰峰倒挂、十里龙槽等。每逢汛期，前往壶口观瀑的人

■ 延川黄河蛇曲国家地质公园

更是如潮。

地址：山西省吉县壶口镇

门票：100元/人

开放时间：6:30~19:00

免费 古渡龙门风景区

龙门是黄河的咽喉，其北面是群山夹道的晋陕峡谷，南面则是坦坦荡荡的关中平原与运城盆地。黄河水突然从不足40米宽的"龙门"中奔涌而出，波涛滚滚，颇有破门而出的气势。流传甚广的"鲤鱼跳龙门"，指的就是这里；传说这里还曾是大禹治水的地方，因此又被称为禹门。

地址：山西省河津市西部约5公里处

开放时间：全天

太行大峡谷国家森林公园

太行大峡谷国家森林公园位于长治市壶关县东部的晋豫两省交界区，公园以五指峡、龙泉峡、王莽峡和紫团山为主线，串联起了真泽宫、紫团洞、九龙洞、女妖洞、云盖寺、崇云寺、万佛寺、"猫路"险道、"天桥"奇观等景点。

地址：山西省壶关县桥上乡

门票：140元/人（三日有效）

开放时间：7:00~18:00

线路③·山西人文大环线

富饶物产

山西老陈醋

砂器制作

山西老陈醋

山西老陈醋是选用优质高粱、大麦、豌豆等五谷，经蒸、酵、熏、淋、晒等工艺酿造而成的优质食醋，以色、香、醇、浓、酸五大特征著称于世，距今已有3000多年的历史，享有"天下第一醋"的盛誉。根据新的质量标准，只有酸度达到6度的醋才能叫"老陈醋"，且无须标注保质期，在山西旅行买醋时，别忘了多看一眼瓶标上的说明。

澄泥砚

澄泥砚是四大名砚中唯一一种由泥制成的名砚，它色彩多变，造型独特，在中国砚文化的历史长河中，占据非常重要的地位。在山西，降州澄泥砚曾被列为贡砚，由于制作工艺繁复，到清代时几近失传，直至20世纪80年代末，版画艺术家蔺永茂携其子蔺涛，历经千辛万苦终于重新做出了传统工艺的澄泥砚，使其在砚海中再次崭露头角。

段亩砚

段亩砚产于五台县城南40公里滹沱河南岸的段亩山（又称文山）。当地所产石料有紫、黑、绿三种，尤以紫色最佳。占据如此便利的条件，使得段亩山西麓成为当地有名的"砚乡"。

恒山黄芪

恒山黄芪是一种药用价值很高的中药材，生长在绵延广阔的恒山背阴山坡上，尤以山下浑源县所产的黄芪质量最好、数量最多，因此浑源县又被誉为"黄芪之乡"。黄芪除了药用，还可以食用，烹肉、泡酒、煮汤都可以放点黄芪。

恒山老白干

恒山老白干始产于明代，盛产于清代。1948年，国家以当地四家大型酿酒作坊为基础，成立了山西恒山酒厂（今酒业公司），酿造恒山老白干。恒山老白干系清香型新曲酒，晶莹透明、清香味正、醇和绵软、回甜爽口，色、香、味俱佳。

浑源砂器

浑源砂器制作始于唐代，从宋代起当地就涌现出大批砂器工匠，到明清时期砂器制作已有很高名气，并在民间广泛应用。清道光十五年，河东河道总督栗毓美把浑源砂锅带入朝内，得到道光皇帝的赞赏，并被封为"朝廷贡品"，从此，浑源砂器享誉全国。

海红果

海红果树源自秦晋蒙三省交界处，已有1000多年的栽培历史，属于我国的稀有果树资源。海红果营养丰富，尤其是钙的含量居百果之首，被誉为果中钙王。其除了鲜食，还可以制成果干、果酱、果酒等产品。

油枣

油枣原产于山西兴县，如今在黄河沿岸多地均有种植。其个大、长圆形，成熟后呈暗红色，与其他枣相比，含糖量高，且富有油性，可鲜食，也可制成干枣、蜜枣等。

黄河滩枣

黄河滩枣通俗讲就是生长在黄河边上的红枣，当地人也叫河畔枣，主要品种为木枣。其主要生长在距黄河50~1500米范围内的沙滩上，独特的生长环境，造就了滩枣颗粒硕大、肉厚核小、甜软润香的特点。

■ 山西琉璃

■ 平遥推光漆器

山西琉璃

琉璃在中国陶瓷工艺发展史上是一个非常重要的品类。琉璃制作在山西境内不仅分布广泛，而且千余年来，这一行业承继不衰，许多匠人都掌握有精湛的技艺，从而使得山西琉璃不仅工艺精、质量高，而且造型美、色泽艳。进入现代社会后，因琉璃需求日渐减少，山西琉璃业也随之凋敝。目前，其已被列为国家级非物质文化遗产，亟须保护。

梨枣

梨枣又名大铃枣、脆枣，原产于山西运城，目前已推广到了全国各地。果实多数似梨形或近圆形，个头大，果肉厚，质地酥脆，多汁，味极甜，是枣树中稀有的鲜食品种。

永济芦笋

芦笋又名石刁柏，嫩茎是含有多种营养物质的高档蔬菜。1986 年，永济市率先从欧洲引种芦笋获得成功，经过多年推广普及，已成为中国最大的芦笋生产基地。永济市地处黄河、涑水河、弯弯河形成的河谷平原，土质疏松、肥沃、透气性好、有机质含量丰富，为芦笋种植提供了得天独厚的条件，因此造就了永济芦笋色白、皮薄、香脆和肉质细腻的优异品质。

屯屯枣

屯屯枣，也称圆枣，产于山西芮城县。其果实大而短，呈短圆柱形，成熟后呈浅红色，肉厚核小，肉质疏松，汁液含量低，非常适合干制。

新绛云雕漆器

云雕工艺始于唐朝，明朝时进入鼎盛时期，当时主要供宫廷使用，民间极为少见。清朝末年，皇室衰败，战乱频发，宫廷艺人纷纷流落民间。当时的绛州工商业兴盛，许多艺人汇聚于此，重操旧业，从而使云雕漆器在绛州得到了长足发展。如今，新绛云雕漆器有家具、礼品、文房四宝等多个系列，上千种产品。

平遥推光漆器

平遥推光漆器是一种工艺性质的高级大漆器具，以手掌推光和描金技艺著称。制作时需经历木胎、灰胎、漆工、画工和镶嵌五道工序，尤其是漆工工序可以说异常繁复，一般需要上五至八道漆，而且每一道都需打磨推擦，最后一遍则需要用手掌蘸上特制的细砖灰和麻油推光。然后再描绘、镶嵌出山水花鸟、亭台楼阁或人物故事等图案。成品古朴雅致，手感细腻润滑，且环保无毒、耐热防潮。产品种类也异常丰富，既有箱、柜、几、案等适用家具，也有屏风、漆画等陈设装饰品。

祁县酥梨

酥梨原产于安徽砀山，是非常古老的地方梨种。因适应性非常广，在全国许多地方都有栽培，祁县酥梨便是其中一种。祁县酥梨主要分布在祁县东南部海拔 800~1200 米的丘陵半山区，因受光条件独特，雨量适中，昼夜温差大，有效积温高等原因，使得祁县酥梨不仅果形端正漂亮，而且汁水多、糖分高，口感香甜酥脆。

太谷壶瓶枣

壶瓶枣下大上小，中腰稍细，形似一只红釉瓶，因此得名壶瓶枣。其原产于山西省晋中市太谷区美庄村，以前并未受到人们的重视，直至改革开放后才得到了长足发展。壶瓶枣成熟后呈深红色，皮薄、肉厚、质脆，可鲜食，也可制成干枣、枣酒，与其他枣相比，它的维生素 C 含量极高。

太谷龟龄集

龟龄集原是方士邵之节和陶仲文为明朝嘉靖皇帝炼制的补药。当时陶仲文有一个山西太谷籍的义子，具体负责龟龄集的炼制，后来他告老还乡，将龟龄集处方带回，自家升炼服用，并馈赠亲友。随着时间推移，龟龄集处方传入广盛药店，后来便渐渐成了山西太谷的独特方剂，作为商品开始广泛流通。直至今天，龟龄集依然是太谷享誉海内外的著名中成药品。

潞绣

潞绣是古潞州山西长治特产，历史上仅靠民间手工制作，并未形成规模，因此与其他著名绣品相比缺乏知名度与影响力，但这并不影响潞绣的精美。它在工艺上保持了传统的绣法，并将包梗绣、贴布绣、镂空绣等多种绣法结合了起来，平针、回针、套针等针法互补，多变而细腻。绣品整体呈现出色彩艳丽、雅俗共赏的特点。

长治堆锦

长治堆锦，又称堆花，属于山西民间画类工艺品。其以丝绸织物为主要面料，草板纸、棉花为骨架，经剪裁、贴飞边、压纸捻、续棉花、拨硬折、捏软褶、渲染描绘等十余道工序制成。堆锦既有中国画的笔墨韵味，又有油画的塑造效果，同时还产生浮雕式立体感。

阳城蚕茧

阳城县古称获泽，是著名的蚕桑之乡，栽桑养蚕已经有 3000 多年的历史，是当地的传统产业。阳城蚕茧则以茧大、粒匀、色泽好、茧层匀等优点闻名全国。用阳城蚕茧所缫的桑蚕丝，质地柔软，光润洁白，是丝织行业最优质的原料。

线路③·山西人文大环线

民俗文化

五台山佛乐

五台山佛乐是指在佛教圣地五台山寺庙中长期流传的传统佛教音乐。其源于印度佛教音乐，又吸收了中国古代传统音乐的成分，成为北方佛乐的代表。演奏乐器由打击乐器和吹奏乐器组合而成，演奏出的音乐具有古朴、典雅、庄重和肃穆的特点，既有较浓郁的民族音乐韵味，又有鲜明的佛乐特色。

河曲民歌

河曲民歌是一种传统民歌音乐。其产生的背景是，河曲当地交通阻隔、土地贫瘠，百姓被迫到内蒙古大青山、河套一带打短工、拉长工，这种年复一年离妻别子的生活，催生出了许多咏叹人间离苦、别绪、思念、期盼的“走西口”民歌，这些民歌又被当地人称为“山曲”。其多采用非常古朴的比兴、反复、排比、重叠、对称、双关、夸张等手法，且旋律简单、音调高亢、节奏自由，听起来极富感染人的张力。

绛州鼓乐

绛州鼓乐又称绛州大鼓，泛指山西新绛县民间流行的锣鼓乐和吹打乐。其以花敲干打著称，这种鼓乐的演奏者充分利用鼓的各个部位以及鼓槌、鼓架的最佳声音进行演奏，有击鼓边、敲鼓边、蹭鼓面、打鼓帮、抽鼓皮、磕鼓环、碰鼓架、单槌滚、双槌擂等十几种技法，演奏起来气势恢宏磅礴，声韵粗犷豪放，素有“地动山摇”“闻声十里”之誉。

纱阁戏人

纱阁戏人俗称纱阁人，又简称纱阁，因最初常放置于有碧纱罩遮的阁内得名。它是流传在山西平遥的一种集雕塑、纸扎、戏剧、造型、色彩、舞美为一身的工艺美术珍品。纱阁戏人所表现的内容，多取材于当地老百姓熟知和喜爱的晋剧、京剧、昆曲舞台上的传统剧目，一阁一戏，一戏一场，犹如一个小舞台，将生动的戏剧人物和场景浓缩于方寸木阁之中。

线路③·山西人文大环线

特色美食

剪刀面

剪刀面是山西的一种传统面食，其制法起源于隋朝末年，因制作工具是剪刀而得名，又因剪出的面条呈鱼形，亦被称为剪鱼子。

剔尖

剔尖又称拨鱼、剔拨股，是发源于山西运城、晋中等地，流行于晋、蒙、陕、冀等地的一种传统面食。白面、杂粮面均可用来做剔尖，制作时用特制的铁筷子将剔面板子上的面团快速剔拨成面条，飞入开水锅内，出锅后，面条两头细长，中间稍宽厚，吃起来软而筋道。

刀削面

刀削面

刀削面可以说是山西面食的一张名片，全国各地几乎处处可见它的身影。在山西又以大同刀削面最为有名。刀削面与其他面条相比，不仅有中厚边薄、棱锋分明、形似柳叶的独特外形，而且还有外滑内筋、软而不粘、越嚼越香的诱人口感。到山西一定得尝一碗刀削面，离开山西或许还能吃到技艺精湛的刀削面，却不一定能吃到富有山西特色的臊子。

万卷酥

万卷酥是山西省五台山的传统特色糕点。相传乾隆皇帝来五台山拜佛时，吃后赞不绝口，从而使五台山万卷酥声名远播。其大体做法是用上等面粉、胡麻油、碱水酵面和成的面团，反复擀压成薄片，然后卷合，每卷一次上一层油，最后上烤炉烤制而成。

■ 绛州鼓乐

应县滴溜儿

应县滴溜儿是采用优质玉米面制成的一种地方特色小吃。成品滴溜黄莹莹颤悠悠，灿如美玉，细如凝脂，看似柔嫩，实则筋韧，富于弹性。食用时调以醋、盐、葱花、辣椒油，再配以地产的豆腐干、莲花豆、熏鸡蛋，食之必将令人胃口大开。

杏瓣儿

杏瓣儿是山西省河曲县的地方传统名点。制作时将杏仁经过煮、泡等工序，先做成去除种皮，且脱毒的白杏瓣儿。最后，把白杏瓣儿和粗糠一起放在锅里干炒，待杏瓣儿变成浅黄色即成。吃的时候香脆可口，且有清肺利痰的功效。

泡泡糕

泡泡糕是山西侯马、临汾、芮城等地的一种传统风味食品。用白面、猪油、糖、陈皮、香料等做原料，经过烫面、制馅、油炸等几道工序制成。因在油炸时，糕表面会鼓起许多泡泡，人们便依它的外观，给它取名泡泡糕。

闻喜花馍

闻喜花馍是山西闻喜县的传统名点。其实，闻喜花馍也是馒头，只不过这馒头被闻喜人做出了百变的花样，有“花糕”“花馍”“吉祥物”“盘顶”四大系列200多个品种。虽说本质上是馒头，但是想被称为花馍，却需经过凝水、箩面、制酵、揉面、捏形、醒馍、蒸制、着色、插面花九大工序，100多道小工序，其繁复程度可想而知。

贯馅糖

贯馅糖又称灌馅糖，是山西介休市的特色糖点，也是介休八珍之一。其主要成分是用大麦芽和小米熬制而成的糖稀，再配以绵白糖、核桃仁、蜂蜜、桂花、青红丝做的馅料，成品皮儿薄、馅儿香、气味芬芳，是入冬后的上佳点心。因糖稀天热易化，贯馅糖一般只在冬天制作，与北方各地流行的灶糖有些类似。

灵石骨累

灵石骨累是一种很有特色的地方小吃，其用料范围及其广泛，过去多用红面、杂面、玉米面等粗粉制成，如今大都用白面或少兑一点玉米面制作。其他材料则菜、肉皆可，因此骨累又分为菜骨累和肉骨累。菜骨累可以用槐花、榆钱、苜蓿等野菜，也可以用萝卜、豆角、白菜等常见蔬菜，制作时将它们切碎或擦碎，与面粉充分搅拌，上笼蒸熟即可。肉骨累则繁复一些。

平遥牛肉

平遥牛肉起源于何时已无从考证，但在清朝时已是山西名产。其制作工艺非常独特，从选牛到制出成品牛肉，有十分讲究的操作程序和方法，被概括为精炼的五个字：相、屠、腌、卤、修。即为：相必健，肉牛必须健硕；屠必静，宰杀娴熟、迅速，筋肉相连；腌必足，腌制要精细、充分；卤必精，老汤煮肉，且要掌握好文武火候；修必正，去糟取精，对熟肉要精心精细的休整才能出售。

太谷饼

太谷饼是面制炉烤的实心饼，始于清朝，因产于太谷县而得名，是山西省传统名吃。由白面、白糖、胡麻油、芝麻、蛋清等原料制成，饼呈面糊自然漫流的圆形，烤熟后表皮呈茶黄色，吃起来酥而不碎、甜而不腻，且耐储存，不易变质，既可作茶点，又可作旅行干粮。

擦面

擦面又名擦圪蚪，是山西民间非常传统的一道面食。制作也非常简单，就是将和好的白面按在扁眼的擦子上，擦入滚沸的开水锅中煮熟，然后配上各种浇头（臊子）食用。擦面因为短小，易咀嚼、好消化，所以非常适合老人或体弱者食用。

上党腊驴肉

上党腊驴肉原专指砂锅腊驴肉，因制作创始于腊月而得名。其起源于唐宋，鼎盛于明清，因风味独特，久负盛名。制作腊驴肉的原料为驴、马、骡的鲜肉，尤以驴肉为最佳。制作时将驴肉按部位分割为1~2千克的肉块，用清水浸泡12小时，放入80℃左右清水锅，配以各种调料滚煮3~4小时，出锅晾凉后，再放入盛满老汤的砂锅，上压小石块，慢火炖煮12小时，才可以上市销售，其工艺烦琐程度可见一斑。

肉罐肉

肉罐肉是阳城最著名的一道地方特色菜品。肉罐肉之所以诱人，其最坚实的后盾则是阳城肉罐。肉罐看似粗瓷，内壁却施以细釉，口颈小、肚儿大，瓯式盖子，盖与罐口大小合度，放之平稳、严密，用它炖煮、焖肉，方便好看，更重要的是用它做出的肉软烂喷香、风味独特，深受食客欢迎。

■ 闻喜花馍

■ 平遥牛肉

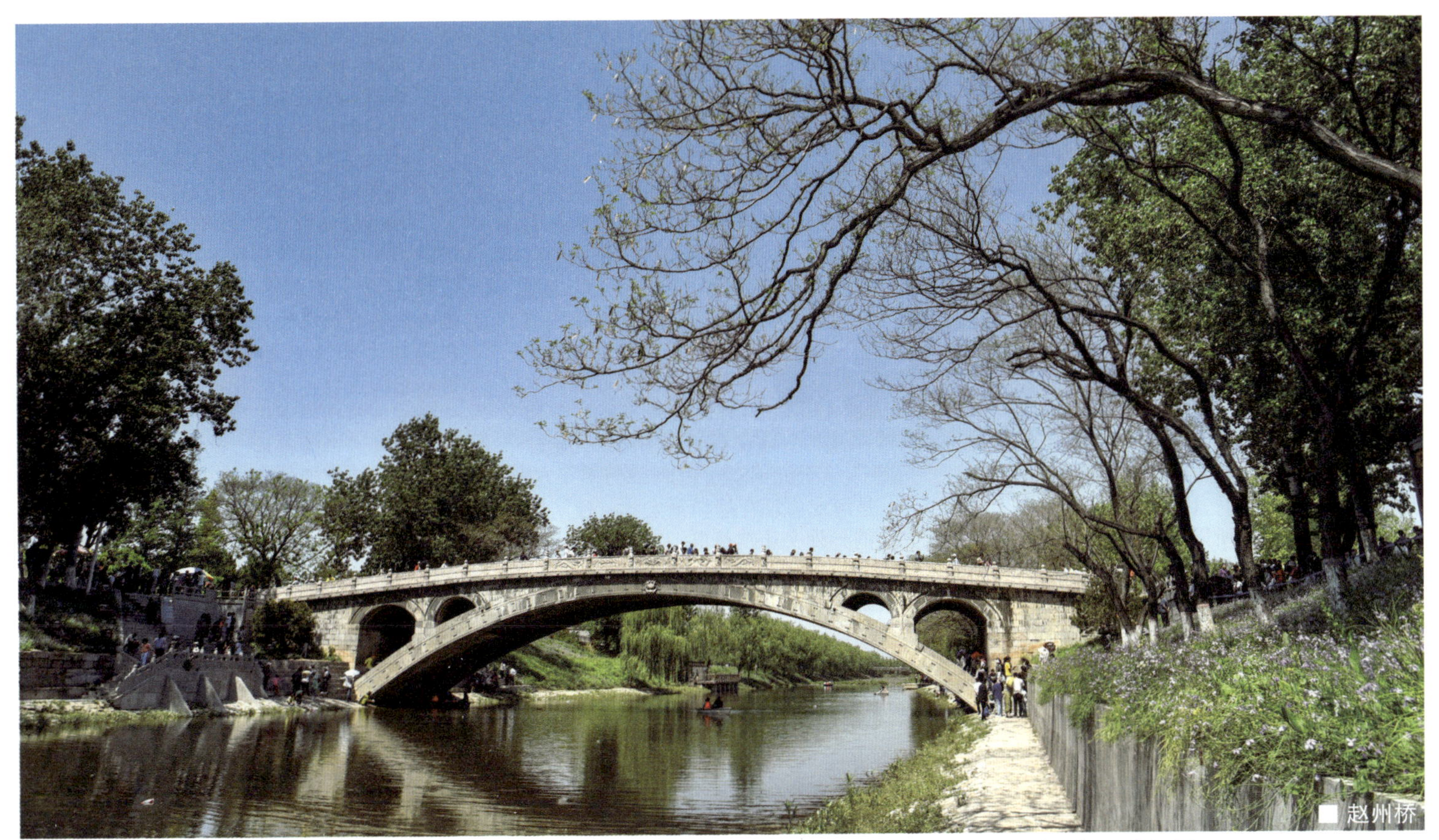
赵州桥

线路④·华北平原人文线

人文景观

永年广府古城

永年广府古城的历史最早可以上溯至春秋时期，今天遗留的古城墙是元明清各朝沿袭修葺后的“作品”。如今，古城保存完整，城垣上建有四座角楼，四门上建有城楼，门外建有瓮城。城内的四大街、八小街、七十二道小拐弯，仍然保留了原貌。永年广府还是杨式太极拳、武式太极拳的发祥地。

地址：河北省邯郸市永年区广府镇

门票：100 元 / 人（古城免费，内部景点收费）

开放时间：9:00~21:00

免费 邯郸市博物馆

邯郸市博物馆的前身是 1968 年建成的“毛泽东思想胜利万岁邯郸展览馆”，1984 年正式成立邯郸市博物馆。馆内共布置了磁山文化、赵文化、中国磁州窑瓷器、茹茹公主墓、邯郸古代石刻艺术五大基本陈列。馆藏精品有青铜马、“蜀西工”造金银涂乘舆大爵酒樽、酒海、文字缸等。

地址：河北省邯郸市丛台区中华北大街 118 号

开放时间：9:00~17:30

朱山石刻

朱山石刻是河北最早的西汉石刻之一，是西汉文帝后元六年侯国赵国大臣为赵王祝寿时所刻。石刻内容记载了汉高祖刘邦之孙赵王遂与群臣在朱山饮酒应对的情景。石刻距今虽说已有 2000 多年，但是直至清道光年间才被发现，其拓片随之流传海内外。

地址：河北省邯郸市永年区

门票：30 元 / 人

开放时间：8:00~23:00

中国邢窑博物馆

中国邢窑博物馆是国内首家以邢窑为主题的遗址博物馆，也是河北省第一座建在遗址上的博物馆。博物馆由 7 个高低不同的碗形建筑组成，富有独特的美感。馆内则通过现代科技手段对 700 多件邢瓷藏品进行了系统、全方位的展示。邢窑创烧于北朝时期，唐代达到高峰，历经五代、宋金、元明，绵延 1000 多年。其产品以白釉瓷为主，同时兼顾色釉瓷、唐三彩、硬白陶等品类。

地址：河北省内丘县中兴北大街西侧

门票：30 元 / 人

开放时间：9:00~17:00

内丘扁鹊庙

扁鹊庙，俗称神头庙，始建年代已不可考证，自汉至今，历代均有修葺，现存为元代建筑。建筑群总体呈长方形，由扁鹊殿、后土殿、玉皇殿、三霄殿、百子殿、药王庙等 20 多座单体建筑组成，整个庙群以扁鹊殿为起点，增设了具有道教色彩的庙宇，是北方典型的道教庙群。

地址：河北省邢台市内丘县南赛乡神头村

门票：40 元 / 人

开放时间：8:30~17:30

赵州桥·永通桥

赵州桥又称安济桥，俗称大石桥，是河北赵县境内一座横跨洨河的石拱桥，建于隋朝开皇十五年至大业元年，由著名工匠李春设计建造。它也是世界上现存年代最久远、跨度最大、保存最完整的单孔坦弧敞肩石拱桥。永通桥位于赵县西门外的清水河上，与赵州桥相距仅约 3.5 公里。其建于金明昌年间，建筑风格和结构形式与安济桥近似，且小于安济桥，故又称小石桥。桥上有 22 根正方形的望柱，桥身及栏板有优美的浮雕，虽说不及安济桥历史悠久，却比安济桥更加精美。

地址：河北省赵县

门票：40 元 / 人（赵州桥），永通桥免费

开放时间：9:00~18:00

免费 河北博物院

河北博物院分为南北两个院区，北院区 1968 年建成，南院区 2013 年建成，相互贯通，总建筑面积 5 万多平方米，是河北省规模最大的文物收藏、研究、展示中心。博物院共设石器时代的河北、河北商代文明、慷慨悲歌——燕赵故事、大汉绝唱——满城汉墓、战国雄风——古中山国、名窑名瓷、北朝壁画、曲阳石雕、抗日烽火——英雄河北九大常设展览。

地址：河北省石家庄市东大街 4 号

网　址：http://www.hebeimuseum.org.cn

长信宫灯

电话：0311－85286688
开放时间：9:00~17:00

隆兴寺·广惠寺

隆兴寺，别名大佛寺，是国内现存宋代建筑、塑像及石刻最多的寺院之一。寺内更是有多项寺庙之最，如形制奇特的摩尼殿被梁思成誉为世界古建筑孤例，被鲁迅誉为“东方美神”的最美五彩悬塑观音像，还有古老的转轮藏，高大的千手千眼观音等。广惠寺始建于唐贞元年间，因寺内建筑仅存一座华塔，所以又称华塔寺，现存华塔为金大定年间重修后的重要遗存。

地址：河北省正定县
门票：50元/人（隆兴寺），广惠寺免费（登华塔15元/人）
开放时间：8:00~17:00

荣国府与宁荣街

荣国府与宁荣街是为拍摄电视连续剧《红楼梦》而修建的一座大型仿古建筑群。荣国府建筑分东、中、西三路。西路依次是垂花门、穿堂、花厅、贾母正房、凤姐家；中路是府大门、外仪门、向南大厅、内仪门、荣禧堂、后围房；东路是王夫人院、贾赦院。宁荣街位于荣国府右侧，共有51家店铺，店前挂着仿古招牌、幌子，是一条仿古味极浓的商业街。

地址：河北省正定县兴荣路51号
门票：40元/人
开放时间：8:00~17:00

定州古建（开元寺塔、贡院、文庙、清真寺）

开元寺塔建于1055年，平面呈八角形，共11层，高84.2米，是世界上现存最高的砖木结构古塔之一。塔内建有阶梯，可登临塔顶，过去曾被用来瞭望敌情。定州贡院始建于清乾隆三年，是我国保存最为完好的清代科考场所。定州文庙又称“孔子庙”，始建于公元848年，占地1.2万多平方米，是河北省现存规模最宏大、建筑格局最完整的一处文庙建筑群。定州清真寺又名礼拜寺，始建于元代至正八年，为坐西朝东四合院式建筑，经历代重修保留至今，其后窑殿仍然保留了部分元代建筑形式，是我国现存最早的砖无梁殿结构。

地址：河北省定州市
门票：10元/人（开元寺塔），20元/人（定州贡院），10元/人（定州文庙），定州清真寺免费
开放时间：8:30~17:30

免费 定州博物馆

河北定州为汉代中山国故地，定州博物馆在建设时以中山国文化为依据，将台地、坡屋顶、斗拱等元素应用其中，使整个博物馆显得气势恢宏。博物馆目前布置有汉家陵阙、北朝佛陀、天下大白、尘外千年、畿南文献、故乡星空等基本陈列。

地址：河北省定州市中山路
网址：http://www.dzhmuseum.com
电话：0312-2305100
开放时间：9:00~17:00

清西陵

清西陵始建于1730年，完工于1915年，历时185年，相继建成了皇帝陵、皇后陵等陵寝14座。埋葬着雍正、嘉庆、道光、光绪4位皇帝及皇后、妃嫔、王爷、公主、阿哥等共计80人。是清朝最后一处帝王陵墓群。它的选址、设计和营建，严格在中国古代风水理论指导下进行，选址在永宁山下，易水河畔的宽阔谷地，这里万山拱卫、众水朝宗，金碧辉煌的古建筑群在苍松翠柏的掩映下，既雄奇壮丽，又清幽典雅。2000年，被列入《世界文化遗产名录》。

地址：河北省易县西陵镇南大地村
门票：108元/人（通票，有效期两天）
开放时间：8:00~17:30

暖泉古镇

暖泉古镇始建于元朝，因镇上有一年四季水温如一的泉水而名暖泉。明清时期发展为“三堡、六巷、十八庄”，成为蔚县西部重要的交通枢纽和商贸中心。镇上除了古民居、古寺庙、古城堡、古戏楼等系列古建外，还有非常吸引人的一个观赏项目——打树花，就是将铁熔炼成1500℃的铁水击打到城墙上，使其迸发出“火树银花”的亮丽景观。

地址：河北省蔚县暖泉古镇
门票：120元/人（不含打树花）
开放时间：全天

■ 暖泉古镇

天安门

天安门是明清两朝北京皇城的正门，始建于明永乐十五年，最初名承天门，寓"承天启运，受命于天"之意。设计者为明朝御用建筑匠师蒯祥。清顺治八年更名为天安门。由城台和城楼两部分组成，有汉白玉砌成的须弥座，总高 34.7 米，城楼长 66 米、宽 37 米。城台下有券门五阙，中间的券门最大，位于皇城中轴线上，过去只有皇帝才可以由此出入。如今，正中门洞上方悬挂着毛泽东画像，两边分别是"中华人民共和国万岁"和"世界人民大团结万岁"的大幅标语。游客则可以在门洞中自由穿行。

地址：北京市东城区长安街

门票：15 元 / 人

开放时间：8:30~16:30

故宫博物院

故宫博物院成立于 1925 年，是在明清两朝皇宫——紫禁城的基础上建立的综合性博物馆，也是我国最大的古代文化艺术博物馆，其主要藏品来自清朝的宫中旧藏，同时还通过国家调拨、社会征集、私人捐赠等方式极大地丰富了博物院的藏品。目前，博物院共有各类藏品 186 万余件。除了琳琅满目的各种藏品，故宫建筑群本身就是一件最大的文物，而且是世界上规模最大、保存最完整的木结构宫殿建筑群。

地址：北京市东城区景山前街 4 号

网址：https://www.dpm.org.cn

门票：60 元 / 人

电话：010- 85007938

开放时间：8:30~17:00

长城（八达岭、居庸关、司马台、金山岭）

八达岭长城建于明弘治十八年，是万里长城的精华区段，也是明长城的代表区段。该段长城顺山势蜿蜒于群山峻岭间，视野所及不见尽头，给人以气势磅礴的雄伟气概。居庸关是长城上的一座重要关隘，长城建在长约 15 公里的山谷间，两旁山峦重叠，树木葱郁，早在金明昌年间，"居庸叠翠"已是著名的燕京八景之一。司马台长城因构思精巧、设计奇特、形态多样，而被誉为"奇妙的长城"。这里的长城墙体既有常见的城墙类型，也有依山势而建的半边墙类型；既有坡度舒缓的马道，也有直上直下的天梯；敌台上的望亭则更是多种多样。金山岭长城东接司马台长城，西连古北口长城，沿线关隘、敌楼密集，在苍茫山野中蜿蜒，非常壮观。此外，障墙、文字砖和挡马石又被誉为金山岭长城三绝。

地址：北京市延庆区·昌平区·密云区，河北滦平县

门票：40 元 / 人（八达岭），45 元 / 人（居庸关），40 元 / 人（司马台），65 元 / 人（金山岭）

开放时间：6:00~19:00

■ 长城

■ 承德避暑山庄

免费 中国国家博物馆

中国国家博物馆的前身可追溯至 1912 年成立的国立历史博物馆筹备处，2003 年根据中央决定，中国历史博物馆和中国革命博物馆合并组建成为中国国家博物馆。博物馆建筑面积近 20 万平方米，是世界上单体建筑面积最大的博物馆。目前，馆藏文物 140 余万件，涵盖古代文物、近现代文物、图书古籍善本、艺术品等多种门类。

地址：北京东城区东长安街 16 号天安门广场东侧

网址：http://www.chnmuseum.cn

电话：010−65116400

开放时间：9:00~17:00

颐和园

颐和园前身为清漪园，始建于清朝乾隆十五年，咸丰十年被英法联军烧毁。光绪十二年，清廷挪用海军经费等款项开始重建，并于两年后更名颐和园，作为慈禧太后的颐养之所。新中国成立后，又陆续复建了四大部洲、苏州街、景明楼、澹宁堂、文昌院、耕织图等重要景区。颐和园集传统造园艺术之大成，既有皇家园林恢宏富丽的气势，又充满了自然之趣，高度体现了中国园林"虽由人作，宛自天开"的造园准则。

地址：北京市海淀区新建宫门路 19 号

门票：30 元 / 人（联票 60 元 / 人）

开放时间：6:30~18:00

天坛公园

天坛公园是明清两朝皇帝每年祭天和祈祷五谷丰收的地方，也是世界上最大的祭天建筑群。天坛是圜丘、祈谷两坛的总称，有垣墙两重，分为内坛、外坛两部分，均为南方北圆，象征天圆地方。主要建筑集中于内坛，圜丘坛在南，祈谷坛在北，二坛同在一条南北轴线上，中间有墙相隔。圜丘坛内主要建筑有圜丘坛、皇穹宇等，祈谷坛内主要建筑有祈年殿、皇乾殿、祈年门等。

地址：北京市东城区天坛东里甲 1 号

门票：15 元 / 人

开放时间：6:00~22:00

承德避暑山庄

承德避暑山庄又名承德离宫或热河行

清东陵

唐山地震遗址纪念公园　荣玉 / 摄

宫，始建于 1703 年，历经康熙、雍正、乾隆三朝，耗时 89 年建成，是清代皇帝夏天避暑和处理政务的场所。山庄分宫殿区、湖泊区、平原区、山峦区四大部分，整体布局巧用地形，因山就势，以朴素淡雅的山村野趣为格调，吸取南北方不同地域的风景特色，成就了中国古典园林的最高典范。山庄共有大小建筑 120 多组，其中康熙以四字命名的有 36 景，乾隆以三字命名的有 36 景，合起来被誉为山庄 72 景。

地址： 河北省承德市丽正门大街 22 号

门票： 130 元 / 人

开放时间： 8:00~17:30

普乐寺·普宁寺·普陀宗乘之庙

普乐寺俗称圆亭子，始建于乾隆三十一年，全寺建筑为汉藏结合式风格，具有民族团结的寓意。主体建筑旭光阁，重檐圆顶类似北京天坛祈年殿。普宁寺始建于乾隆二十年，也是一座汉藏结合式的寺庙。前半部为汉式，具有汉族传统佛教寺庙的特征；后半部为藏式，仿西藏桑鸢寺而建，两种不同风格的建筑融为一体，显得雄伟壮观。普陀宗乘之庙是乾隆皇帝为了庆祝他本人 60 寿辰和母亲 80 寿辰而下旨仿西藏布达拉宫而建，俗称小布达拉宫。主体建筑大红台，通高 43 米，台中央万法归一殿是主殿，殿顶高出群楼，全用鎏金鱼鳞铜瓦覆盖，富丽堂皇，极其雄伟壮观。

地址： 河北省承德市

门票： 30 元 / 人（普乐寺），80 元 / 人（普宁寺），80 元 / 人（普陀宗乘之庙）

开放时间： 8:00~17:30

清东陵

清东陵始建于顺治十八年，历时 247 年，陆续建成 217 座宫殿牌楼，组成 15 座大小陵园。埋葬着顺治、康熙、乾隆、咸丰、同治 5 位皇帝，15 位皇后、136 位妃嫔、3 位阿哥、2 位公主，共计 161 人。是中国现存规模最宏大、体系最完整、布局最得体的帝王陵墓建筑群。今天，它不仅是著名的景区，也是研究清代陵寝规制、丧葬制度、祭祀礼仪、建筑技术与工艺的重要实物例证。

地址： 河北省遵化市六盘营村

门票： 108 元 / 人

开放时间： 8:00~17:00

免费 唐山地震遗址纪念公园

唐山地震遗址纪念公园是世界上首个以“纪念”为主题的地震遗址公园。公园设计充分体现“敬畏自然、关爱生命、探索科学、追忆历史”的理念，以原唐山机车车辆厂铁轨为纵轴，以纪念大道为横轴，分为地震遗址区、纪念水区、纪念林区、纪念广场等区域。公园内建有地震博物馆，其中纪念展馆展出了唐山大地震的大量图片、实物以及还原场景等；科普展馆则全面介绍了古今中外的地震现象，普及宣传地震知识。

地址： 河北省唐山市路南区岳各庄大街 19 号

开放时间： 全天（博物馆 9:00−17:00）

开滦国家矿山公园

开滦国家矿山公园是以 1881 年即建成出煤的开平煤矿为依托，而修建的一座集工业遗迹保护，煤炭文化、近代工业文明展示于一体的近代工业主题国家级矿山公园。公园主要包括开滦博物馆、“中国第一佳矿”分展馆、“电力纪元”分展馆、井下探秘游、中国音乐城、三大工业遗迹等主题景区。开平煤矿引进了当时西方的先进开采技术，首开我国机器采矿业、铁路运输业和电力工业的先河，可以说是我国北方工业文明的摇篮。

地址： 河北省唐山市路南区新华东道 54 号

门票： 30 元 / 人（进下探秘 100 元 / 人）

开放时间： 8:00~17:00

免费 五大道风情旅游区

五大道风情旅游区是指坐落在天津市和平区成都道以南，马场道以北，西康路以东，马场道与南京路交汇处以西的一片长方形地区，由北至南依此分布着东西走向的成都道、重庆道、常德道、大理道、睦南道及马场道等。这里保留着天津乃至中国最为完整的洋楼建筑群，拥有 20 世纪 20、30 年代不同国家建筑风格的花园式房屋 2000 多所，其中最具典型风貌的建筑 300 余幢，因此又被誉为万国建筑博览苑。

地址： 天津市和平区

开放时间： 全天

免费 津门故里

津门故里即天津古文化街，街上有近百家店铺，汇聚了天津最著名的老字号，如杨柳青、泥人张、果仁张、皮糖张、蹦豆张、风筝魏、狗不理等。整个街区的建筑风貌、店铺装修、匾额楹联都充满了古意。位于古街上的天后宫则是天津市区最古老的建筑，它始建于元泰定元年，明永乐元年重建，如今被辟为天津民俗博物馆，陈列着各种民俗风情实物。

地址：天津市南开区通北路与东马路交叉口

开放时间：全天

免费 天津博物馆

天津博物馆是一座历史艺术类综合性博物馆，其收藏特色是中国历代艺术品和近现代历史文献、地方史料等，有馆藏文物近20万件，图书史料20万册。目前共设有《天津人文的由来》《中华百年看天津》和《耀世奇珍——馆藏文物精品陈列》三个基本陈列，同时策划展出书法、绘画、瓷器、玉器、吉祥文化、文房清供、民间艺术等八个文物艺术品专题陈列。

地址：天津市河西区平江道62号

网址：http://www.tjbwg.com

电话：022–83883000

开放时间：9:00~16:30

石家大院

石家大院始建于1875年，是清末天津八大家之一石元士的住宅，曾有“华北第一宅”之称。整个大院，60米长的大甬道两侧共有四合套式12个院落，所有院落都是正偏布局，四合套成，院中有院，院中跨院，院中套院；从寝室、客厅、花厅、戏楼、佛堂到马厩，无论是通体格局、建筑风格、还是艺术装饰，都反映了清末民初的文化遗存和当时的民俗民风。

地址：天津市西青区杨柳青镇估衣街47号

门票：25元/人

开放时间：8:30~18:00

线路④·华北平原人文线

自然风光

崆山白云洞

崆山白云洞是全球同纬度最大的溶洞，洞内四季恒温17℃。初步探明并对外开放有五个洞厅，根据洞厅的景观造型特点，分别被命名为“人间”“天堂”“迷宫”“地府”和“龙宫”，总面积4000多平方米，游览线路2300多米，主要景观150多处。

地址：河北省临城县西竖镇山南头村

门票：120元/人

开放时间：8:30~17:30

白洋淀

白洋淀是保定、沧州交界处143个相互联系的大小淀泊的总称，总面积366平方公里，平均年份蓄水量13.2亿立方米，是河北省最大的湖泊。人们对它的熟知，离不开以著名作家孙犁为代表的“荷花淀派”所创作的文学作品，以及《小兵张嘎》《白洋淀水战》等电影电视剧的广泛传播。今天，白洋淀已是著名的风景名胜区，湖岛、温泉、荷花丛、芦苇荡成为吸引游客的亮点。

地址：河北省保定市安新县旅游路

门票：40元/人（大门票，其他景点另行收费）

开放时间：8:30~17:30

白石山景区

白石山风景区又名白石山国家地质公园，因山体遍布白色大理石而得名，又因其风光酷似安徽黄山而被人们称为小黄山。白石山山体高大，奇峰林立，绝壁横陈，险壑纵布，到处直上直下如刀削斧劈，少曲线，多棱角，充分体现出了雄、奇、险的山岳景观特色。

地址：河北省涞源县下银线白石口村

门票：135元/人

开放时间：8:00~18:00

空中草原

空中草原位于河北省蔚县、涞源县、山西省灵丘县交界处的太行山山顶，海拔2158米，其中绝大部分面积位于蔚县。在逶迤曲折的盘山公路上行驶，穿越太行八陉之一的飞狐峪，眼前豁然开朗，坦荡如砥、绿草如茵、野花遍地的大草原已然眼前。这里因为海拔高，所以夏季无暑期，春秋无尘沙，空气湿润，气候温凉，是许多喜好低温动植物的“美好家园”，也是夏季避暑的好去处。

地址：河北省蔚县宋家庄镇北口村南

门票：65元/人

开放时间：8:00~18:00

野三坡景区

野三坡风景名胜区地处太行山脉和燕山山脉交汇处，东南界房山，东北临宛平，西北以长城为界与涿州接壤，地势由南向北逐渐增高，差异很大，因此分为上、中、下三坡。其以“雄、险、奇、幽”的自然景观和丰富的历史文化遗迹而著称。主要景区景点有百里峡、拒马河、龙门天关、白草畔森林、鱼谷洞、印象野三坡等。

地址：河北省涞水县三坡镇

门票：115元/人（百里峡）

开放时间：8:00–18:00

■ 白洋淀

北京果脯

景泰蓝颜料

线路④·华北平原人文线

富饶物产

邯郸丛台酒

邯郸是战国时赵国的都城，当时建筑的“丛台”为有名的历史遗迹，酒厂位于丛台的东侧，丛台酒故以此为名。丛台酒以当地糯高粱为主要原料，以小麦焙制中高温曲为糖化发酵剂，以老窖泥池为酿造容器，经固态发酵精工蒸馏而成。是我国黄河以北地区，由发酵酒到蒸馏酒演变过程中生产最早的高粱白酒。

富岗苹果

富岗苹果因生长于太行山深处的河北省内丘县富岗山庄而得名。这里空气清新，日照丰富，昼夜温差大，非常有利于糖分的积累；沙质偏碱性的土壤中富含多种矿物质，再浇灌以密林中的山泉水，使富岗苹果不仅颜色、果型漂亮，而且口感细脆酸甜。

赵县雪花梨

河北赵县地处太行山东麓中段的山前冲积平原上，一年四季分明，且夏季炎热，高温多雨，初秋多连阴雨，中秋天高气爽，非常适合雪花梨的栽培，因此远在秦汉时期，赵县雪花梨已声名在外。其果形端正，呈卵圆形或阔圆形；色泽鲜艳而有蜡质，且有浅褐色斑点；果肉洁白如玉，有冰糖味和特殊的怡人香气。

中山松醪酒

中山松醪酒是河北定州特产，是以当地特有的黑龙泉泉水为基础，辅以松子、陈皮、葛根等数十种传统药材，经蒸制发酵等多道工序酿制而成。享有“一口品三酒（米酒、药酒、白酒），五味（醇味、松香味、蜜味、酸味、苦味）归一盅”的美誉。

定州鸭梨

鸭梨在定州已有2000多年的栽培历史，经当地果农持久选育，培育出了富有地方特色的定州鸭梨品种，乾隆年间曾作为贡品进贡朝廷。定州鸭梨果实外形美观，梨梗部突起状似鸭头，具有个大、皮薄、核小、肉细、酸甜适口的特点。

保定铁球

保定铁球，又名健身球，最初只作为一种玩赏或护身器械在民间流传。明朝出现了专门制作铁球的烘炉，铁球开始广为流行，朝廷便向民间索取贡品，并召铁匠艺人进宫，专门制作铁球。起初，铁球全为实心球，后又发展出了能发出音响的空心球，使得保定铁球在健身功能的基础上，又增添了娱乐功能。

保定面酱

保定面酱主要指甜酱，是当地烧菜、佐餐必不可少的调味料。之所以有名，因曾是清宫御膳房的常备酱料。据传慈禧喜欢吃酱肘子、酱羊肉，且非用保定面酱不可，所以，当时北京的几大酱园都请保定的师傅去传授手艺。至于做法，就是先用水和面，不经发酵即上笼蒸熟，再经伏天日晒加温发酵，秋冬即可食用。

蔚州贡米

蔚州贡米又名蔚州小米，是河北蔚县的著名特产。蔚县地处冀西北山间盆地，坡地多、水量少，且十年九旱，抗灾力强而又耐旱的谷物适宜于在这里生长，因此在粮食作物的种植上，谷子成了首选品种。当地又采用“一步五株”的疏植法，使谷子采光充足、颗粒饱满，也正是这些主客观条件造就了蔚州贡米的品质。

北京果脯

北京果脯是蜜饯的一种，其制作工艺来源于宫廷的御膳房。当时是为了让皇帝一年四季都能吃上新鲜果品，厨师们就将各季节所产的水果，分类泡在蜂蜜里，给皇帝备着。后来，这种制作方法从皇宫里传出来，北京就有了专门生产果脯的作坊。现在的果脯工艺是预处理、熏硫、糖煮，与给皇帝用蜂蜜泡相比，肯定不可相提并论。

京白梨

京白梨为秋子梨系统中品质最为优良的品种之一，是北京果品中唯一冠以“京”字的地方特色品种。其主要产于门头沟区军庄镇东边的东山村、孟悟村一带，由于历史悠久，果肉细腻，酸甜适口，风味独特，明清时期一直是朝廷贡品，乾隆年间更是培植有御梨园。

景泰蓝

景泰蓝又称铜胎掐丝珐琅，是北京著名的传统工艺品。因在明景泰年间这种工艺技术达到了巅峰，制作出的工艺品最为精美、著名，故后人称这种金属器为景泰蓝。关于“景泰蓝”这一称谓，最早见于 1728 年的清宫造办处档案。北京景泰蓝以典雅雄浑的造型、繁复的纹样、清丽庄重的色彩著称，给人以圆润坚实、细腻工整、金碧辉煌、繁花似锦的艺术感受。

燕山板栗

燕山板栗属于北方栗，主要分布于燕山山脉，在当地的种植历史已有2000多年，素有“铁杆庄稼”的美誉。其主要特点是个大、皮薄，肉质细腻、糯性强、香味浓，是老北京糖炒栗子的主要原料。

板城烧锅酒

板城烧锅酒是河北承德板城镇特产，曾因乾隆与纪晓岚的一副对联而闻名，这副对联是“水木金火土，板城烧锅酒”，下联将上联作为偏旁嵌入其中，一时成为绝对。板城烧锅酒以东北产优质高粱和小麦为主要原料，采用传统老五甑工艺，经固态泥池双轮发酵酿造而成。酒体纯正、酒液清亮，口感绵甜爽净、香浓甘润，具有饮后“口不干、不上头”的特点。

唐山骨质瓷

骨质瓷原产于英国，它是以动物的骨炭、黏土、长石和石英为基本原料，经过高温素烧和低温釉烧两次烧制而成的一种瓷器。用薄如纸、白如玉、明如镜、声如磬这四大特征，可以形象地概括骨质瓷。1964 年，唐山开始骨质瓷的研制工作，并于 1973 年获得成功，这在我国属于首创，填补了国内高档瓷生产的空白。

泥人张彩塑

泥人张彩塑是天津有名的一种民间手工艺品，由民间艺人张明山于清道光年间所创。张明山心灵手巧，富于想象，时常在集市上观察各行各业的人，在戏院里看多种角色，然后在袖筒里偷偷捏制，因他捏出来的泥人非常逼真，一时传为佳话。经过数十年的辛勤努力，他一共创作了上万件作品，这些作品深受百姓喜爱，于是送了他一个昵称泥人张。

线路④·华北平原人文线

民俗文化

冀南皮影戏

冀南皮影戏是河北省的地方传统戏剧，邯郸市肥乡区是它的发源地，当地将皮影称为牛皮影、皮子戏、戳皮戏、一只眼戏。在制作上，冀南皮影具有造型古朴、简练，雕绘结合的特点，体现了皮影戏的早期风貌。在演出上，冀南皮影没有文本，完全靠口传心授的方式传承，且对白口语化，表演起来通俗易懂，富有很强的地方特色。

沙河藤牌阵

藤牌阵是中国北方仅存的一种古代兵法实战技术，自明朝至今已历经数百年的历史。实战时藤牌阵法变化无穷，常见的有一字长蛇阵、八卦连环阵、梅花五方阵、四门迷魂阵、八门穿心阵等，阵容可随实战需要扩大到成千上万人。如今，这一古代兵法实战技术仅存于河北省沙河市十里铺村，当地人称其为“打藤牌”。

正定高照

高照，又叫中幡。起源于民国以前，已有百余年历史。据说，皇帝出行有盛大的仪仗队，其中，幡旗必不可少。打举幡旗的人在闲暇之时都在不停地练习，最终练得一身绝活。后来出宫，到正定，把此技艺传给喜爱的村民，相传沿袭。如今，正定高照已是民间花会表演的一个重要项目。

常山战鼓

常山战鼓历史悠久，早在战国时期已具雏形，至明代已盛行于民间，因其发源地正定县在历史上是常山郡所在地，故称其为常山战鼓。它是由鼓、大钹、中钹、小钹、小锣等打击乐器组合而成的一种民间清锣鼓。其曲牌大都由多个能单独演奏的锣鼓段子联结而成，如今主要用于广场表演。

子位吹歌

子位吹歌是一种世代相传的传统民间音乐艺术，至今已有 400 余年的历史，因其发生发展的中心地都在定州的子位镇而得名，该镇也成为冀中平原享有盛誉的吹歌之乡。子位吹歌的主奏乐器以管子为主，配以唢呐、笙、笛以及锣、鼓、钗等打击乐器，吹奏内容多表现冀中平原的风土人情。

定州秧歌戏

定州秧歌戏又称定县大秧歌，是流行于华北平原中西部的一个古老传统戏剧曲种，因发源地在定州而得名。其在语言、唱腔、调式、剧目等方面独具特色，戏文浅显易懂，且包含有大量的方言俚语，生

■ 泥人张彩塑

■ 皮影

■ 北京烤鸭

活气息浓郁。男女唱腔均以宫调式为主，演唱用本嗓、真嗓大喊的方法。传统演唱没有文乐伴奏，没固定调门，演员可以随意起调。剧目涉猎范围广泛，爱情、节孝、公案、滑稽皆有。

蔚县剪纸

蔚县剪纸最早可追溯到明成化年间，当时的剪纸为单色，不镂空，形象古拙。后来，剪纸艺人借鉴年画和皮影的色彩，创作出彩色剪纸。清末，蔚县剪纸工具改革，由“剪”变“刻”，剪纸式样也随之增加了镂空效果，从而开创了蔚县彩色镂空剪纸的先河。如今，蔚县剪纸则朝着工艺品剪纸的方向发展，并形成了花鸟虫鱼、戏曲人物、戏曲脸谱几个大类。

蔚县秧歌

蔚县秧歌又称蔚州梆子，是一种古老的传统剧种。其产生年代已不可考证，早期的蔚县秧歌是用“训调”（民歌）演唱，以“两小”（小生、小旦）或“三小”（小生、小旦、小丑）戏为主，常在农村的“社火”中演出。后来，蔚县秧歌受山西梆子的影响，增加了角色，添置了行头，唱起了袍带大戏。

厂甸庙会

厂甸庙会是北京最古老的春节庙会，其始于明嘉靖年间，兴盛于清康乾时期。新中国成立后中断，直至2001年，北京市政府再次恢复厂甸庙会。曾经百货云集、千门联络、图书充栋、宝玩填街的场景重新走进了现代人的生活。庙会一般会在每年的正月初一至初五举行，想凑热闹一定不要错过时间。

线路④·华北平原人文线

特色美食

一篓油水饺

一篓油水饺是河北省邯郸市的风味小吃，由邯郸市洛新街水饺馆的王金堂于1944年创制。其选料精细，坚持用新肉（当天宰杀的肉），再配上小磨麻油和上等调味品，精心制馅、包制，成熟后里面灌满汤汁，咬一口喷香的油汁外溢，因此得名一篓油水饺。

薛家烧饼

薛家烧饼又名石塔烧饼，因烧饼铺子开在赵县陀罗尼经幢（俗称石塔）附近而得名。薛家烧饼的个头跟小柿饼差不多，色泽金黄，有甜、咸两种，咸的上面有黑芝麻。吃起来香脆酥软，略有些油，但甜而不腻，两三口就能吃掉一个。

驴肉火烧

马家卤鸡

马家卤鸡始创于清朝初年，是河北正定马家老鸡店的特色产品。马家是回民，对卤鸡的选料特别讲究，一律采用鲜嫩活鸡，在如今以笼养鸡为主流时则尽量采用山区散养鸡。煮好的卤鸡黄里透红、颜色鲜亮，鸡皮油光平展，不破皮、不脱骨、不塞牙、不腻口，老幼皆宜。

正定崩肝

据说正定崩肝源于唐朝，当时唐朝大将郭子仪在真定（今正定）征战退敌回营后，将士们以炖糊的牛肝为食，虽有煳味吃起来却是满口香味。后来真定的一位厨师将炖牛肝进行了改良，终成崩肝开始流行。如今崩肝的制作依然选用优质黄牛肝，并需经过高温蒸煮等十几道工序才能制成。

驴肉火烧

驴肉火烧是河北的传统名吃，尤以河间驴肉火烧最为有名。关于它起源的传说也比较多，但不管故事怎么演绎，都离不开一点，那就是河间自古以来水草丰美，盛产驴肉。在过去，驴肉火烧大都由摊贩在集市上贩卖，顾客可以任意挑选自己相中的驴肉，现场切片加上香焖（用烹制驴肉的汤加驴油和淀粉调制而成，驴肉火烧好不好吃的关键就在于“香焖”）夹入刚出炉的火烧，一个喷香的驴肉火烧即成。如今，几乎华北平原的任何一个地方都能吃到驴肉火烧。

保定白肉罩火烧

白肉罩火烧是河北保定的地方名吃之一，源自清朝光绪年间开业的义春楼。义春楼的前身是肉铺，后开始经营廉价的猪头肉锅罩火烧，很受穷苦百姓的欢迎。因冯玉祥回保定时总去吃，而且还带给身边的战士们吃，义春楼的白肉罩火烧因此名声大振。其吃法就是先把烤好的火烧一层一层撕开，将煮透的白肉薄片和葱段放在碗里，上面覆盖着火烧片再将开锅的头汤一遍又一遍地浇在火烧片上面，直到烫透即可，配以其他辅料上桌食用。

北京烤鸭

烤鸭是一道具有世界声誉的北京传统菜品。北京烤鸭依烤制方法被分成两个流派挂炉烤鸭和焖炉烤鸭，前者以“全聚德”为代表，后者以“便宜坊”为代表。二者的区别是焖炉烤鸭口感更嫩一些，鸭皮的汁也明显丰盈饱满，而挂炉烤鸭因用果木烤制，所以带有的果木清香。均有色泽红艳、皮脆肉嫩、味道醇厚、肥而不腻的特点。

豌豆黄

豌豆黄是北京的一种传统小吃。起初只在民间流传，多在庙会等场合售卖，制作时大都会加入小枣，俗称粗豌豆黄儿。后传入宫廷，清宫御膳房的厨师对其进行了改进，这一改又被称为细豌豆黄儿。其制作流程大体是将豌豆磨碎、去皮、洗净、煮烂、糖炒、凝结，最后切块即成。吃起来清凉爽口，味道香甜。

茯苓饼

茯苓饼又名茯苓夹饼，因皮薄如纸，且颜色雪白，很像中药里的云茯苓片，故称为“茯苓饼”，是北京当地的滋补性传统名点，尤以稻香村所产最佳。一般用优质淀粉烙制外皮，精选多种果仁，辅以桂花、蜂蜜、白糖和纯正云贵茯苓粉制作夹心，吃起来入口即化，清爽适口。

南沙饼

南沙饼又名八勾糖饼，是河北承德的一道传统小吃。据传，当年清朝皇帝命承德避暑山庄的御膳房大量制作南沙饼，供往返的蒙古王公当干粮。御膳房一时忙不过来，便让外面的饭馆“代工”，这工艺配方也就流传到了民间。其以白糖、青红丝、瓜子仁、核桃仁作馅，小麦粉、荞麦粉和面，包馅成型，烙制而成，吃起来酥脆、香甜、爽口。

饹馇

饹馇又称咯扎、搁着，是唐山的一种面食小吃。因唐山盛产绿豆，人们便将绿豆磨成豆瓣，用水泡发，漂去豆皮，然后上水磨磨成汁，再加水过箩去渣，经过三次去毛浆，待成洁白的淀粉后，再兑好汁，搅成糨糊状，用尖锅缓火摊制成圆形薄饼，一张饹馇就做成了。可以直接食用，也可以熬菜吃、炸着吃或炒菜吃。

桂发祥十八街麻花

桂发祥十八街麻花原名贵发祥十八街麻花，1956 年公私合营时改“贵”为“桂”。其运用了面肥发面、熬糖提浆、热油烫酥、糖粒拌馅等多项传统工艺，并需经过发肥、熬糖、配料、制馅等 20 多道关键工序才能完成制作。与其他麻花不同的是，桂发祥十八街麻花入油锅炸透后并非最终成品，还需在上面夹上冰糖块，撒上青红丝、瓜条等小料才算大功告成。

狗不理包子

狗不理包子的名声在外，只要提及天津总让人不由得就会想到狗不理包子。清朝同治年间，一个名叫高贵有的人，以自己的小名“狗子”作店名开了一间包子铺，做的包子好吃，卖得很快，因此总是忙的顾不上和客人说话，人们便戏说“狗子卖包子不理人”。虽说高贵有将自己的店名改成了“德聚号”，但人们还是习惯称其“狗不理”，最终，“狗不理”和包子一起声名远播。

熟梨糕

熟梨糕又叫甑儿糕，是极富天津风味的一种传统小吃，它用大米磨成粉渣，蒸熟后作为主料，与梨毫无关系。但是这梨到底怎么冒出来的，一般认为其原意可能是“熟哩儿”，就是糕熟了，为了好听借来了“梨”。制作时将米面置于袖珍的木甑中，放在蒸锅上蒸一分钟，取出放在一张脆饼上，然后涂上五颜六色的小料即成，既好看，又好吃。

■ 豌豆黄

■ 熟梨糕

东北区

DONG BEI QU

线路①·环渤海线：白玉山　老虎滩　红海滩　兴城海滨　山海关　北戴河

线路②·火山 / 中朝边境线：伊通火山　龙岗火山　长白山　长寿王陵　鸭绿江

线路③·中俄边境线：防川　兴凯湖　珍宝岛　黑瞎子岛　茅兰沟　北极村

线路④·东北平原纵贯线：沈阳故宫　伪满皇宫　中央大街　五大连池

线路⑤·森林穿越线：千山　枫叶之路　仙人桥　镜泊湖　五营森林公园

■ 伪满国务院旧址　海遥 / 摄

东北地区地图

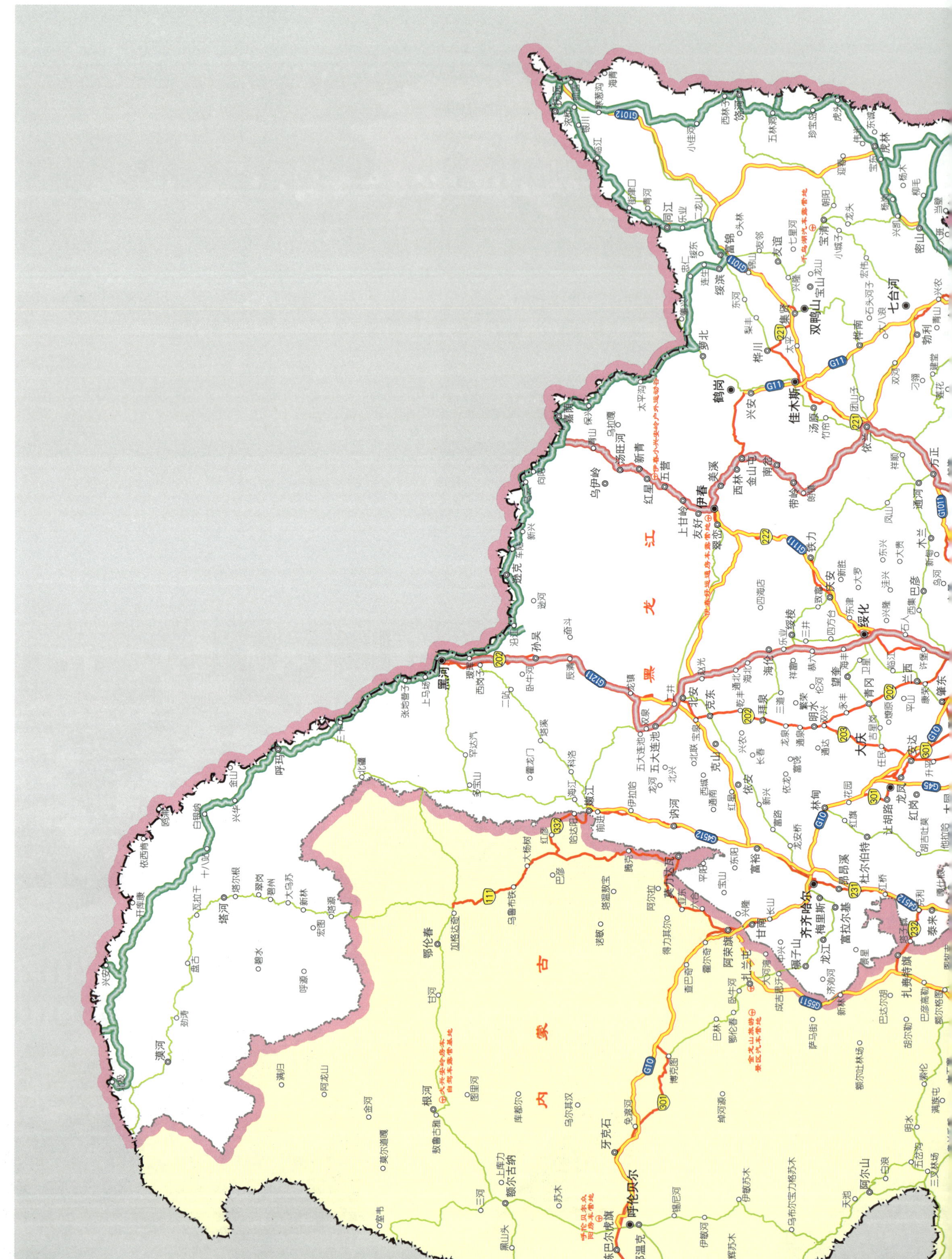

黑龙江
内蒙古
黑河
伊春
佳木斯
鹤岗
双鸭山
七台河
绥化
大庆
齐齐哈尔
呼伦贝尔
漠河
塔河
呼玛
嫩江
北安
海伦
五大连池
牙克石
扎兰屯
根河
额尔古纳
鄂伦春
满洲里

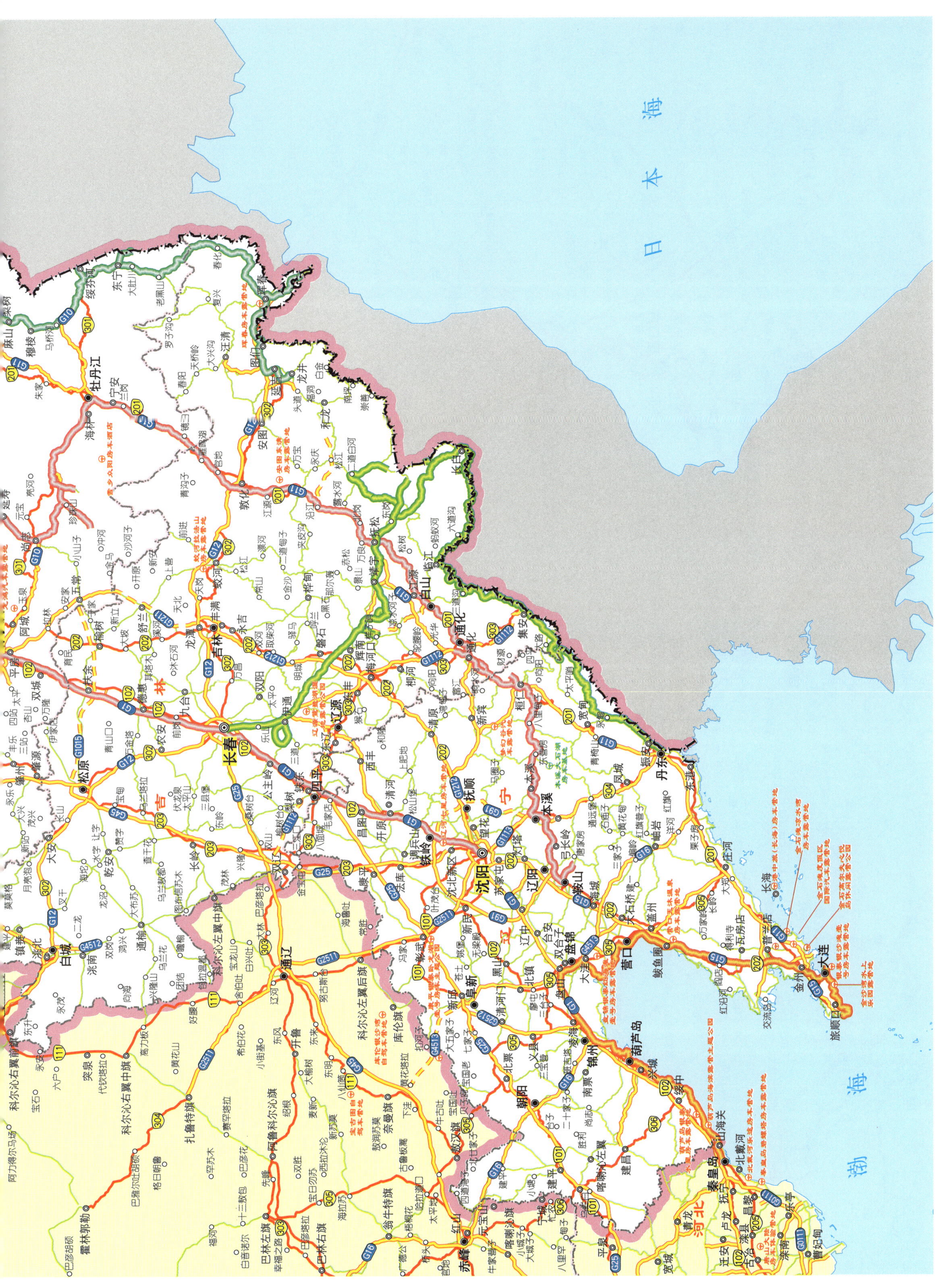
日本海
渤海
吉林
辽宁
河北
牡丹江
长春
吉林
四平
辽源
通化
白山
松原
白城
延吉
敦化
沈阳
抚顺
铁岭
本溪
丹东
辽阳
鞍山
营口
盘锦
锦州
葫芦岛
阜新
朝阳
大连
旅顺口
瓦房店
庄河
秦皇岛
山海关
通辽
赤峰
乌兰浩特
科尔沁右翼前旗
科尔沁右翼中旗
科尔沁左翼中旗
科尔沁左翼后旗
霍林郭勒
扎鲁特旗
库伦旗
奈曼旗
敖汉旗
翁牛特旗
巴林左旗
巴林右旗
阿鲁科尔沁旗
喀喇沁左翼
宽甸
集安
长白
抚松
临江
珲春
图们
龙井
和龙
安图
汪清
宁安
东宁
绥芬河
穆棱
海林
五常
舒兰
蛟河
桦甸
磐石
梅河口
柳河
辉南
伊通
双辽
公主岭
梨树
洮南
大安
乾安
长岭
前郭
扶余
农安
德惠
榆树
九台
新民
法库
康平
昌图
开原
西丰
清原
新宾
桓仁
凤城
东港
岫岩
海城
大石桥
盖州
普兰店
金州
北镇
黑山
台安
义县
凌海
兴城
绥中
北票
建平
凌源
建昌
彰武
双台子
大洼
长海
卢龙
昌黎
抚宁
青龙
宽城
平泉

①环渤海线地图

内蒙古自治区
建平县
凌源市
平泉市
喀喇沁左翼蒙古族自治县
建昌县
青龙满族自治县
河北省
九门口水上长城
秦皇岛市
海港区
北戴河
北戴河区
山海关区
东戴河
迁安市
卢龙县
抚宁区
滦州市
昌黎县
乐亭县
绥中县
兴城市
兴城海滨国家风景名胜区
葫芦岛市
连山区
龙港区
锦州笔架山
锦州市
南票区
辽沈战役纪念馆
凌海市
盘锦红海滩风景区
红海滩国家风景廊道
大洼区
盘锦市
兴隆台区
双台子区
盘山县
台安县
辽阳市
辽阳县
鞍山市
海城市
营口市
西市区
老边区
站前区
大石桥市
盖州市
鲅鱼圈山海广场景区
鲅鱼圈区
岫岩满族自治县
瓦房店市
庄河市
普兰店区
长海县
金州区
甘井子区
大连市
中山区
沙河口区
旅顺口区
大连滨海路
老虎滩海洋公园
大连贝壳博物馆
旅顺白玉山景区
黄渤海分界线·老铁山灯塔

黑龙江省
辽宁省
长春市
吉林市
伊通满族自治县
伊通火山群
伊通满族博物馆
龙岗火山群
长白山北坡、西坡、南坡
四保临江战役纪念馆
鸭绿江风光
十五道沟望天鹅火山
长白朝鲜族自治县
灵光塔
云峰水库
集安市
世界文化遗产 - 高句丽文化遗迹
集安博物馆
通化市
白山市
临江市
抚松县
靖宇县
辉南县
梅河口市
柳河县
敦化市
蛟河市
桦甸市
磐石市
永吉县
舒兰市
辽源市

②火山 / 中朝边境线地图

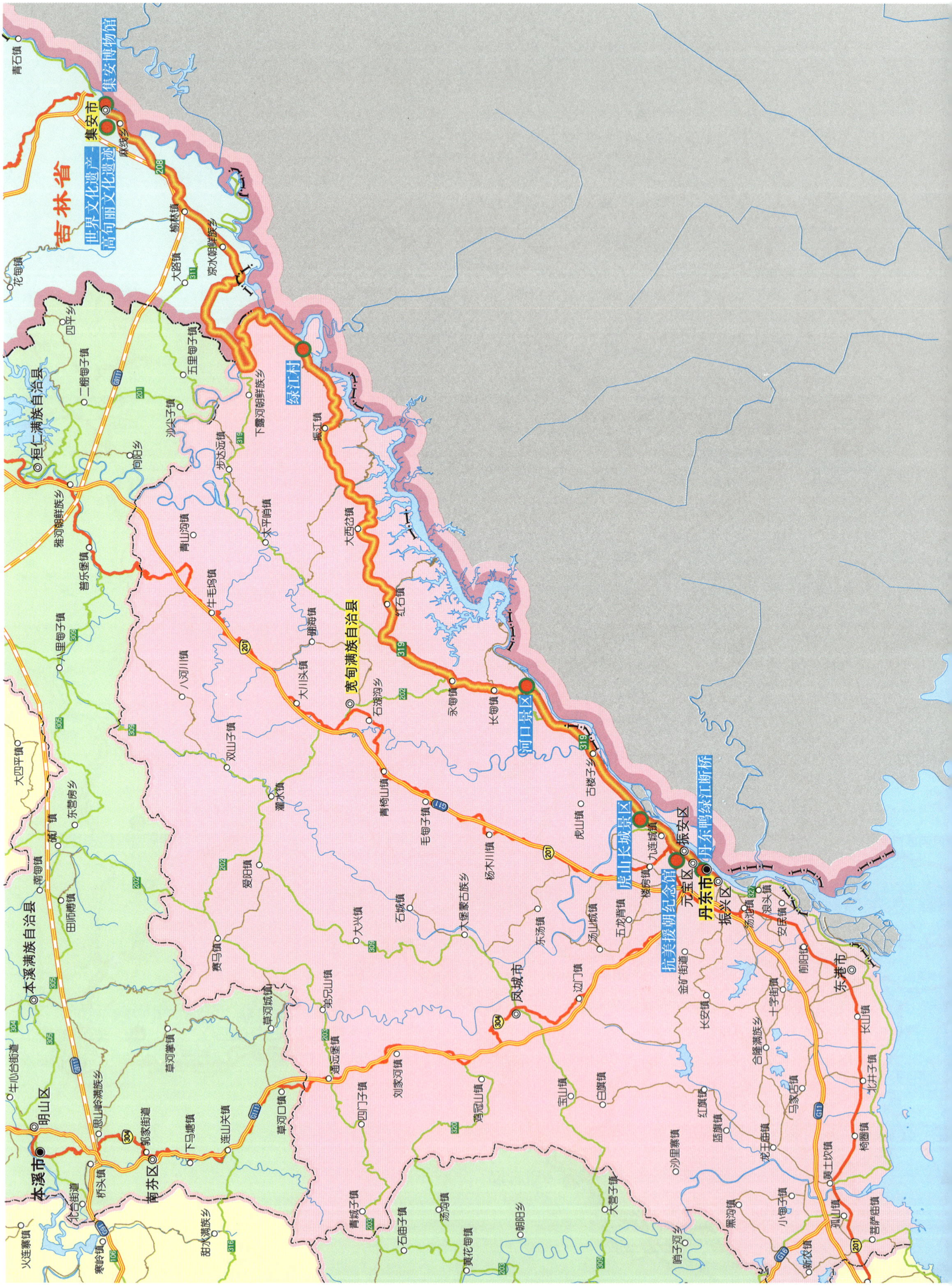
吉林省
集安博物馆
集安市
世界文化遗产——
高句丽文化遗迹
绿江村
桓仁满族自治县
宽甸满族自治县
河口景区
虎山长城景区
丹东鸭绿江断桥
抗美援朝纪念馆
振安区
元宝区
丹东市
振兴区
东港市
凤城市
本溪满族自治县
明山区
本溪市
南芬区

茅兰沟国家森林公园
嘉荫恐龙国家地质公园
嘉荫县
乌伊岭区
汤旺河区
红星区
新青区
太平沟古镇
五营区
上甘岭区
友好区
乌马河区
伊春市
翠峦区
美溪区
西林区
金山屯区
萝北名山岛风景区
萝北县
鹤岗市
兴安区
绥滨县
同江市
同江三江口风景区
同江市赫哲族博物馆
街津口赫哲族乡
抚远市
黑瞎子岛
富锦市
桦川县
南岔区
带岭区
铁力市
佳木斯市
东风区
汤原县
集贤县
友谊县
乌苏里江国家湿地公园
饶河县
双鸭山市
岭东区
宝山区
珍宝岛
宝清县
依兰县
桦南县
巴彦县
木兰县
通河县
方正县
七台河市
茄子河区
勃利县
密山市
虎林市
兴凯湖
宾县
延寿县
林口县
滴道区
城子河区
鸡西市
鸡东县
麻山区
恒山区
梨树区
尚志市
穆棱市
东安区
海林市
牡丹江市
宁安市
绥芬河国门
绥芬河市
东宁市
东宁要塞
蛟河市
敦化市
汪清县
中国朝鲜族非物质文化遗产展览馆
安图县
延吉市
图们市
珲春市
吉林省
延边博物馆
图们口岸
龙井市
和龙市
防川风景区
抚松县

③中俄边境线地图

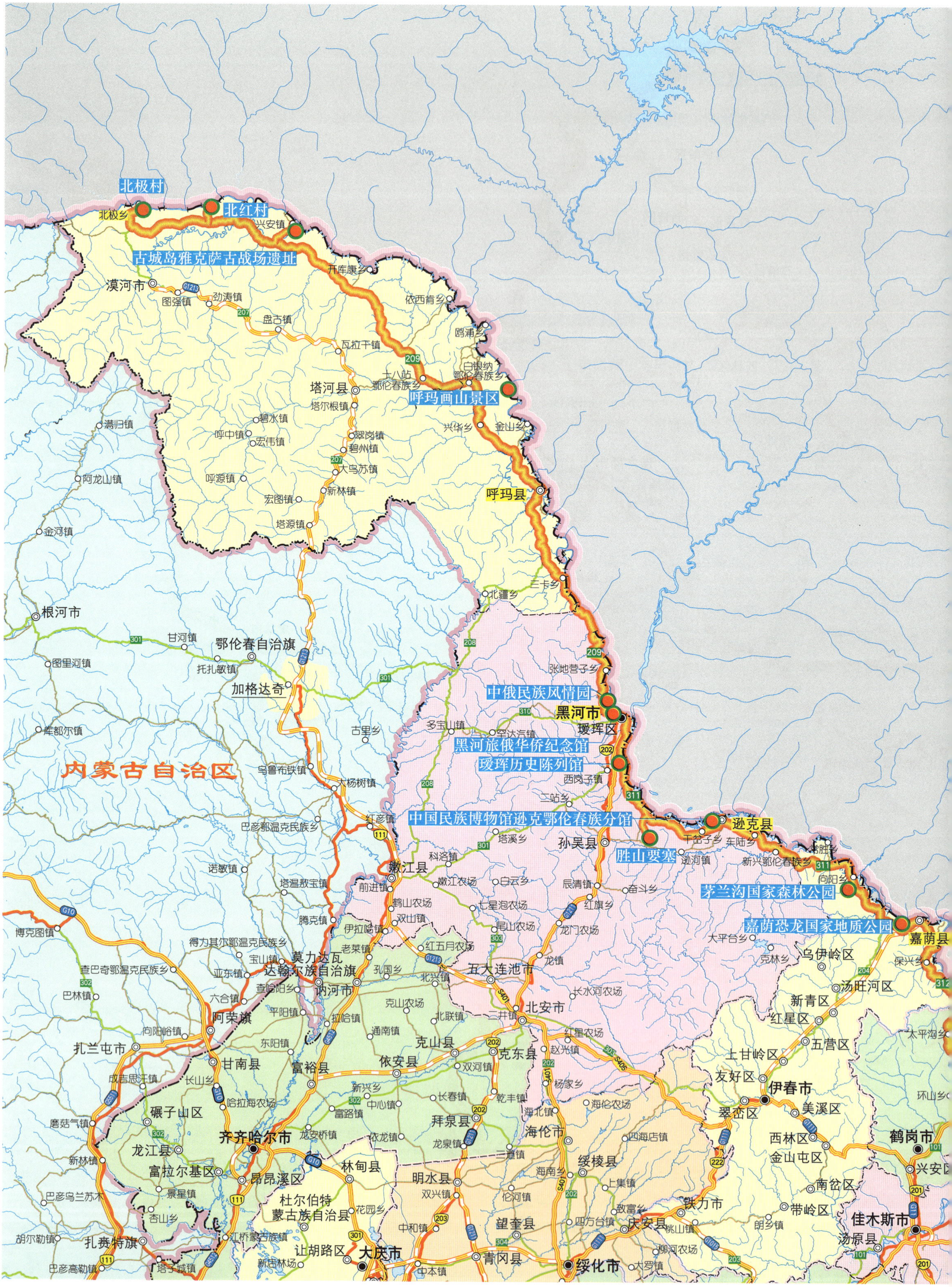

北极村
北红村
北极乡
兴安镇
古城岛雅克萨古战场遗址
漠河市
图强镇
劲涛镇
盘古镇
开库康乡
依西肯乡
鸥浦乡
瓦拉干镇
十八站鄂伦春族乡
白银纳鄂伦春族乡
呼玛画山景区
塔河县
塔尔根镇
碧水镇
呼中镇
宏伟镇
翠岗镇
碧州镇
大乌苏镇
新林镇
呼源镇
宏图镇
塔源镇
兴华乡
金山乡
呼玛县
满归镇
阿龙山镇
金河镇
根河市
三卡乡
北疆乡
甘河镇
鄂伦春自治旗
图里河镇
托扎敏镇
加格达奇
张地营子乡
中俄民族风情园
黑河市
瑷珲区
库都尔镇
多宝山镇
黑河旅俄华侨纪念馆
瑷珲历史陈列馆
古里乡
内蒙古自治区
乌鲁布铁镇
大杨树镇
西岗子镇
二站乡
中国民族博物馆逊克鄂伦春族分馆
逊克县
胜山要塞
孙吴县
巴彦鄂温克民族乡
红彦镇
塔溪乡
科洛镇
嫩江县
诺敏镇
塔温敖宝镇
前进镇
嫩江农场
白云乡
辰清镇
奋斗乡
茅兰沟国家森林公园
嘉荫恐龙国家地质公园
嘉荫县
干岔子乡
车陆乡
逊河镇
新兴鄂伦春族乡
向阳乡
鹤山农场
双山镇
七星泡农场
尾山农场
龙门农场
红旗乡
大平台乡
克林乡
乌伊岭区
博克图镇
腾克镇
伊拉哈镇
得力其尔鄂温克民族乡
宝山镇
老莱镇
红五月农场
莫力达瓦达斡尔族自治旗
杏巴奇鄂温克民族乡
亚东镇
孔国乡
北安乡
五大连池市
龙镇
长水河农场
汤旺河区
新青区
红星区
巴林镇
六合镇
查哈阳乡
讷河市
二井镇
北安市
红星农场
赵光镇
平阳镇
拉哈镇
克山农场
阿荣旗
北联镇
五营区
向阳峪镇
扎兰屯市
东阳镇
通南镇
克山县
克东县
甘南县
富裕县
依安县
双河镇
杨家乡
上甘岭区
友好区
伊春市
成吉思汗镇
长山乡
新兴乡
中心镇
长春镇
乾丰镇
海北镇
海伦农场
美溪区
翠峦区
碾子山区
哈拉海农场
富路镇
拜泉县
海伦市
四海店镇
西林区
鹤岗市
磨菇气镇
齐齐哈尔市
龙安桥镇
依龙镇
龙泉镇
三道镇
金山屯区
龙江县
绥棱县
新林镇
富拉尔基区
昂昂溪区
林甸县
明水县
海南乡
上集镇
南岔区
兴安区
景星镇
巴彦乌兰苏木
双兴镇
伦河镇
铁力市
杏山乡
杜尔伯特蒙古族自治县
花园乡
敌富乡
带岭区
佳木斯市
胡尔勒镇
中和镇
望奎县
四方台镇
庆安县
朗乡镇
扎赉特旗
江桥蒙古族镇
汤原县
让胡路区
大庆市
青冈县
柳河农场
巴彦高勒镇
塔子城镇
新店林场
中本镇
绥化市
大罗镇

④东北平原纵贯线地图

内蒙古自治区
吉林省
双辽市
四平市
铁西区
铁东区
梨树县
公主岭市
伊通满族自治县
辽源市
龙山区
西安区
东辽县
东丰县
磐石市
辉南县
梅河口市
柳河县
通化市
通化县
昌图县
西丰县
康平县
法库县
调兵山市
开原市
清河区
银州区
铁岭市
铁岭县
清原满族自治县
沈北新区
抚顺县
抚顺市
望花区
新宾满族自治县
铁西区
沈河区
于洪区
浑南区
沈阳市
苏家屯区
"九一八"历史博物馆
沈阳故宫博物院
张氏帅府博物馆
辽宁省博物馆
灯塔市
辽阳市
文圣区
太子河区
宏伟区
弓长岭区
辽阳县
溪湖区
本溪市
平山区
明山区
本溪满族自治县
本溪水洞
南芬区
桓仁满族自治县
高句丽五女山山城
中华枫叶之路
鞍山市
立山区
铁东区
千山区
鞍山千山
宽甸满族自治县
凤城市

④东北平原纵贯线地图

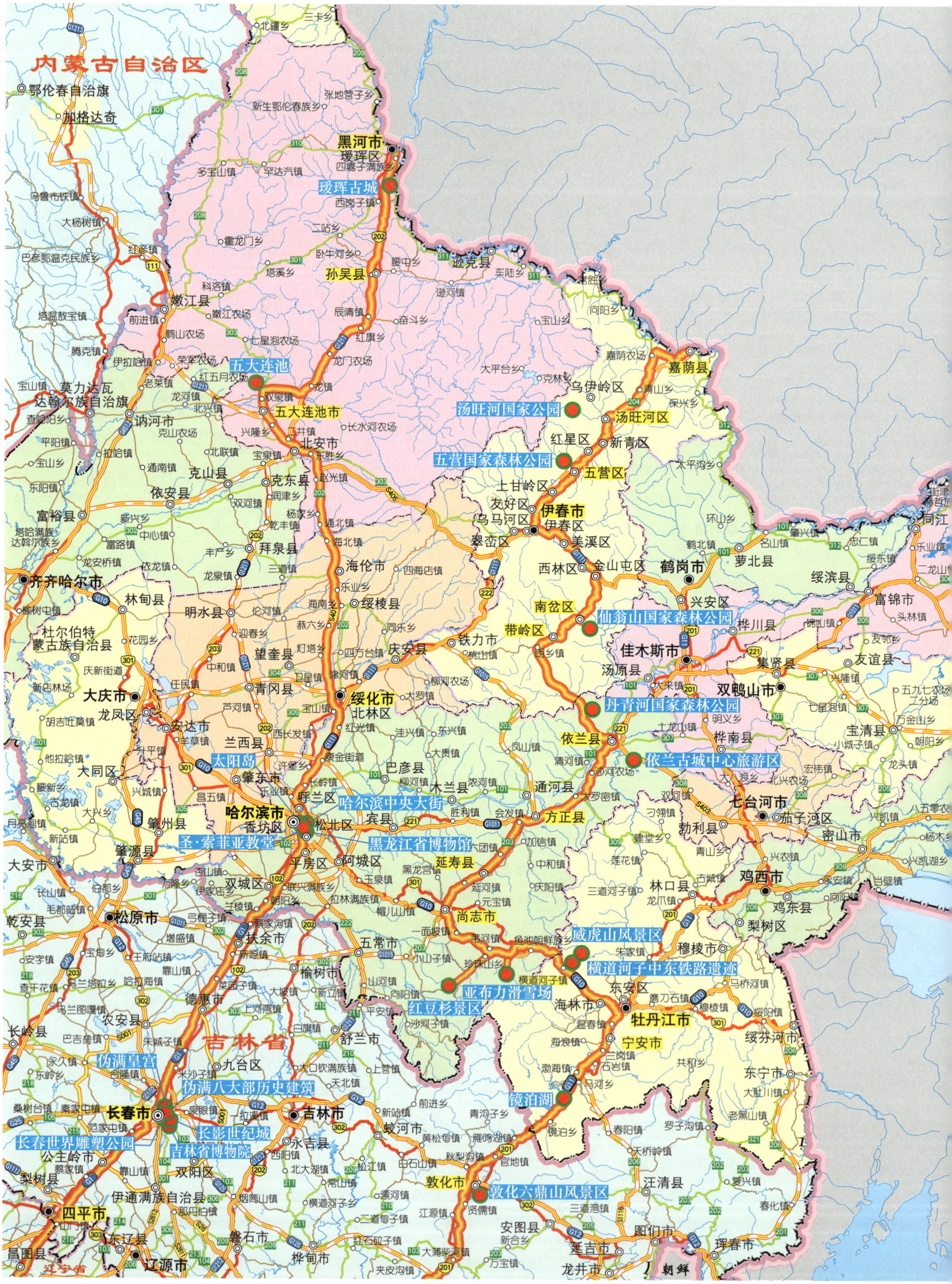

内蒙古自治区
吉林省
黑河市
瑷珲古城
孙吴县
嫩江县
五大连池
五大连池市
北安市
汤旺河国家公园
五营国家森林公园
汤旺河区
五营区
伊春市
嘉荫县
鹤岗市
仙翁山国家森林公园
佳木斯市
丹青河国家森林公园
依兰县
依兰古城中心旅游区
齐齐哈尔市
大庆市
绥化市
海伦市
哈尔滨市
太阳岛
哈尔滨中央大街
黑龙江省博物馆
圣·索菲亚教堂
方正县
延寿县
尚志市
威虎山风景区
横道河子中东铁路遗迹
亚布力滑雪场
红豆杉景区
海林市
牡丹江市
宁安市
镜泊湖
七台河市
鸡西市
双鸭山市
绥芬河市
东宁市
松原市
长春市
伪满皇宫
伪满八大部历史建筑
长影世纪城
吉林省博物院
长春世界雕塑公园
吉林市
四平市
敦化市
敦化六鼎山风景区
延吉市
图们市
珲春市

黑龙江省
辽宁省
哈尔滨市
长春市
吉林市
牡丹江市
沈阳市
四平市
辽源市
通化市
白山市
敦化市
松原市
鸡西市
鞍山市
本溪市
抚顺市
铁岭市
辽阳市
镜泊湖
敦化六鼎山风景区
亚布力滑雪场
红豆杉景区
威虎山风景区
横道河子中东铁路遗迹
仙人桥温泉
千饭盆国家森林公园
长白朝鲜族自治县
伪满皇宫
长春世界雕塑公园
吉林省博物院
伪满八大部历史建筑
长影世纪城
通化云霞洞
高句丽五女山山城
中华枫叶之路
本溪水洞
鞍山千山
辽宁省博物馆
沈阳故宫博物院
张氏帅府博物馆
"九一八"历史博物馆
黑龙江省博物馆
圣·索菲亚教堂
万良人参市场
白城市
洮南市
通榆县
双辽市
科尔沁左翼中旗

线路①·环渤海线

人文景观

免费 旅顺博物馆

旅顺博物馆前身为日本统治大连时期、始建于1915年的满蒙物产陈列所。1916年定名为关东都督府满蒙物产馆，1917年4月正式对外开放。现为国家重点文物保护单位，其基本陈列为馆藏青铜器、陶瓷器、历代佛像、历代货币等。其中印度犍陀罗石刻艺术品是目前中国唯一的收藏。

地址：大连市旅顺口区列宁街42号

开放时间：9:00~16:30

免费 大连贝壳博物馆

大连贝壳博物馆是目前国内唯一、世界最大的集贝类研究、科普教育、展览与展示、收藏与国际交流为一体的专业性博物馆。展厅分为地上四层和地下一层，共展出现代贝类标本近万种数量达5万多枚、古生菊石动物化石标本3000多块及大量大型软体动物头足类塑化标本。可以说这里是另一个浩瀚的海洋世界。

地址：大连市沙河口区星海广场D区2号

门票：100元/人

开放时间：8:30~17:30

老虎滩海洋公园

老虎滩海洋公园是位于大连南部海岸的一座现代化海洋主题公园。公园内建有极地海洋动物馆、海兽馆、海盗村，以及中国最大的珊瑚馆。在园内还可以乘坐跨海空中索道、海上游艇，欣赏大海风光和虎滩乐园的全貌。四维电影院则为游人带来了新奇的娱乐享受。园外的鸟语林则营造了一个巨大的半自然状态下的鸟语花香世界。

地址：大连市中山区滨海中路9号

门票：220元/人

开放时间：8:00~17:00

大连贝壳博物馆

兴城古城

免费 鲅鱼圈山海广场景区

鲅鱼圈山海广场景区位于辽宁营口经济技术开发区西部海滨，由山海广场、新月牙湾浴场、观海堤（栈桥）、观景台及鲅鱼公主雕塑等组成。适合看海或者带孩子在海边挖挖蛤蜊、找找螃蟹。

地址：山海大道西端

开放时间：全年

免费 辽沈战役纪念馆

辽沈战役纪念馆坐落在锦州辽沈战役纪念塔北侧，基本陈列设有序厅、战史馆、支前馆、英烈馆和全景画馆，陈列内容全面反映了东北解放战争历史，突出展示了辽沈战役的胜利进程，揭示了战役胜利的诸多因素及伟大意义。其中，《攻克锦州》全景画馆是中国第一座全景画馆，被誉为中国博物馆和世界美术史的经典之作和艺术精品。

地址：辽宁省锦州市凌河区北京路5段1号

开放时间：9:00~16:30

兴城古城

兴城古城也称“宁远古城”，是我国目前保存最为完整的四座明代古城之一，也是唯一一座方形卫城。在城墙上设有东西南北四门，城门外筑有半圆形瓮城，城墙四角筑有炮台，用来架设红夷大炮，城中心位置设有钟鼓楼。城中的文庙、都督府、将军府、周家住宅等都是新修的仿古建筑，所以不想花钱看假文物，只需在古城各处逛逛即可（古城墙可以购票攀登参观）。

地址：兴城市区西部

门票：100元/人（包含都督府、城墙、文庙、钟鼓楼、将军府、周家住宅），只逛古城免费

开放时间：8:00~17:00（古城无限制）

九门口水上长城

九门口水上长城最大的特色是，长城在伸入九江河百米宽的河道时，筑起了规模巨大的过河城桥。8个用巨型条石包砌的梭形桥墩与两侧河岸构筑成了9个水门，形成了“城在水上走，水在城中流”的独特景观，九门口之名也正是由此而来。

地址：辽宁省葫芦岛市绥中县李家堡乡新台子村境内

门票：60元/人

开放时间：8:00~17:00

山海关

山海关古称“榆关”，因其北倚燕山，南连渤海，故得名山海关。山海关城，周长约4公里，与长城相连，以城为关，城高14米，厚7米，有四座主要城门，多种防御建筑。其中，出镜率最高且最值得游览的便是名为“镇东楼”的箭楼。“天下第一关”的匾额正是悬挂于箭楼之上。

地址：河北省秦皇岛市山海关区

门票：40元/人（天下第一关），50

旅顺口

元 / 人（老龙头）

开放时间：8:00~17:00

线路① · 环渤海线

自然风光

黄渤海分界线 · 老铁山灯塔

1893 年，在辽东半岛最南端的老铁山角，清朝海关当局请法国人设计，由英国人修筑了一座灯塔——老铁山灯塔。历经 120 余年，灯塔依然引导着过往船舶。1998 年，老铁山灯塔被国际航标协会列为世界 100 座著名航标灯塔之一。黄渤海分界线则正位于灯塔脚下，想要看到清晰的分界线，也得碰运气。天气晴好、风浪小的时候，一般都能看到。

地址：辽宁省旅顺新港南部老铁山角

门票：25 元 / 人

开放时间：8:00~17:30

免费 旅顺白玉山景区

白玉山位于大连旅顺口城区中央，海拔高度仅有 134.6 米，因此东麓有盘山公路可直通山顶，然后再由南麓下山（整条线路单行）。山顶有日本人在日俄战争后修建的“表忠塔”，今名白玉山塔。站在山顶，整个旅顺军港尽收眼底，一条“老虎尾”将军港护得严严实实，真不愧为天然良港。

地址：辽宁省大连市旅顺口区白玉山街 158 号

开放时间：6:00~18:00

大连滨海路

大连滨海路东起海之韵广场，西至星海广场，全长 32 公里。游人最多且最为知名的是滨海路中段（虎滩乐园至傅家庄公园），沿途分布有北大桥、燕窝岭、秀月峰等景点。无论是自驾还是徒步，苍翠的山色与碧蓝的大海，不仅令人赏心悦目，而且令人心旷神怡。

地址：辽宁省大连市东南海岸

开放时间：全年

红海滩国家风景廊道

红海滩国家风景廊道是在原有防潮大坝的基础上，修建的双向四车道的景观公路，并于 2013 年开放。廊道北接赵圈河红海滩景区，南抵大洼区的二界沟镇，全长约 18 公里。廊道沿途包括苇海寻踪、小岛闲情、踏霞漫步、岁月小栈、油田观景、廊桥爱梦等步道和景点。廊道靠海一侧，除少量地方外，其余均为茂盛的红海滩。

地址：辽宁省盘锦市大洼区赵圈河镇

门票：120 元 / 人

开放时间：8:00~18:00

盘锦红海滩风景区

盘锦红海滩风景区与红海滩国家风景廊道所看的海滩，基本上属于同一片海滩，只是观看角度不同。红海滩是一种湿地生态景观，其大面积的红色主要是生长在海滩上的碱蓬草所汇聚而成。一般从 5 月份开始海滩便会渐渐变成红色，且一直会持续到 11 月。

地址：辽宁省盘锦市大洼区赵圈河镇

门票：85 元 / 人（含电瓶车票 35 元）

开放时间：8:00~18:00

锦州笔架山

锦州笔架山以笔架山岛和天桥为主要景点。笔架山是道教名山胜地，山有三峰，二低一高，因形如笔架而得名。天桥则是一条连接大陆海岸与笔架山岛的礁石“道路”，涨潮时会被潮水淹没，退潮后则自然裸露，因此被人视为奇观。出行前请留意潮汐时刻表。

地址：辽宁省锦州市经济技术开发区渤海大街 1 号

门票：65 元 / 人

开放时间：8:00~17:00

免费 兴城海滨国家风景名胜区

兴城海滨国家风景名胜区位于兴城市东部海岸，由兴海湾、小坞湾、邴家湾、老龙湾多个海湾组成，以兴海湾为核心景区。兴海湾海滩全长约 1.5 公里，沙子细腻、水中无暗礁，适合游泳戏水。海滩北部是游船码头，可以乘船前往觉华岛。

地址：辽宁省兴海南街东端

开放时间：全年

免费 东戴河

东戴河旅游区位于辽宁省绥中县，距山海关的直线距离仅 10 公里左右。但与前者相比，在知名度上却相去甚远。正因为知名度不高，使得东戴河成为渤海湾地区难得的清净海滩。对于自驾游者来说，到东戴河感受原生态海滩的魅力，不失为一种新的选择。

地址：辽宁省绥中县东戴河大街南端

开放时间：全年

北戴河

北戴河是我国开发最早、最成熟的海滨度假区，也是国家各政府机关扎堆设立疗养院的地方。北戴河海滨沙滩众多，除

白玉山塔

老虎石公园需购票外，其余皆免费。每逢7、8月，沙滩上到处是看海、游泳、戏水的人潮。除了优质的海滩浴场，北戴河也是观鸟圣地，每逢春秋两季候鸟迁徙的时候，会有大量的丹顶鹤、白鹳在这里停留。

地址：秦皇岛市北戴河区东部沿海区域

门票：免费（老虎石公园8元/人）

开放时间：全年

线路①·环渤海线

富饶物产

旅顺赤贝

旅顺赤贝是辽宁省大连市旅顺口区特产，贝壳大、坚厚，壳面白色，棕色绒毛状壳皮，出肉率高，且肉质红嫩、鲜美。旅顺当地还有生吃赤贝的习俗，在当地旅行时不妨一试。

大连紫海胆

大连紫海胆是一种具有很高食用和药用价值的海洋生物，为上等的海鲜美味，可以生食，也可以加工成冰鲜海胆、酒精海胆和海胆酱等。而且，还是名贵的营养滋补品和中药材。

营口海蜇

身处渤海湾深处的营口，在全国的海蜇贸易中占据了80%的份额，因此海蜇便成了营口的一张城市名片。在营口沿海游走时一定要尝尝海蜇菜品，要是有机会也可以看看海蜇的传统加工工艺展示。

盖州水果

位于辽南的盖州，三面环山，一面濒海，山林丰茂，滩涂辽阔，优越的自然环境为瓜果产业的发展创造了良好条件。诸如盖州苹果，已有百年的栽培历史，其产量曾居全国各县之首；盖州桃的栽培据说始于金朝，可以说历史更加久远。除了苹果和桃，盖州还盛产梨、葡萄、西瓜等水果，可以说是名副其实的水果之乡。要是驾车行经盖州，别忘了尝尝这些瓜果。

盘锦大米

盘锦地处辽河三角洲，境内地势平坦，多水无山，土壤纯净没有工业污染；且温度适宜，有较长的植物生长期，非常适合水稻的种植。这些有利的自然条件，造就了品质优良的盘锦大米。

盘锦河蟹

盘锦河蟹和阳澄湖大闸蟹都属于中华绒螯蟹，区别是一个生活在辽河三角洲的滩涂湿地中，被当地人称为“溜达蟹”；一个生活在湖泊中。辽河三角洲富集的饵料资源不仅使盘锦河蟹黄满膏肥，而且独特的盐碱地环境，造就了盘锦河蟹特殊的风味。要是秋天行经盘锦一定不要错过这口美味。

■ 盘锦河蟹

■ 沟帮子熏鸡

虹螺岘干豆腐

虹螺岘是辽宁省葫芦岛市的一个镇，位于葫芦岛市东部与锦州接壤，当地所产的干豆腐因“干、薄、细”而久负盛名，尤其“薄”在全国也是首屈一指。如今，虹螺岘干豆腐的制作技艺面临着失传的危险，葫芦岛市为了抢救这一技艺，将其纳入了市级非物质文化遗产进行保护。

建昌荷包猪

荷包猪是东北民猪的一个小型类群，因其外形酷似“荷包”而得名。主要分布于辽西交通不便的山区一带——葫芦岛市建昌县和朝阳市凌源、喀左等地。在当地旅行肯定不能买头猪回去，但是可以找机会尝尝荷包猪肉，看看它到底有什么特色。

绥中白梨

绥中白梨又名秋白梨，广泛分布于辽西地区，尤以绥中最为有名。梨果采收时果皮黄绿色，贮藏后变为黄色；果心小，果肉白色，肉质细脆，多汁，风味酸甜。与其他梨相比，绥中白梨极耐储存，而且贮藏后颜色愈加漂亮并伴有馥郁香气。

线路①·环渤海线

特色美食

炒焖子

大连炒焖子的制作原料主要是地瓜粉。基本做法就是：将地瓜粉用水调制后，放在锅里熬制成胶状，盛入容器后冷却凝固成焖子。街头小摊会备一平底锅，倒上油，将切成条或块的焖子放入其中边炒边卖。吃时浇上兑了盐的蒜汁和芝麻酱等作料，从口感到味道都很诱人。

碱蓬菜团子

碱蓬草不仅成就了盘锦红海滩，同时

还是一道美味的山野菜。在碱蓬生长的季节，盘锦当地人会将肉馅、虾胶、碱蓬沫等主料辅以各种作料搅匀，然后制成丸子状，放入油锅炸制，名为碱蓬菜团子。尤以盘锦大洼区最为有名。

锦州虾油什锦菜

锦州虾油什锦菜是一种利用虾油的独特调味功能制成的中国传统酱腌菜，早在康熙年间就已出现。一般在中秋前后制作，主料和辅料一般有小黄瓜、小辣椒、豇豆、芹菜、结球卷心菜、小茄子、豌豆、宝塔菜、生姜片、杏仁、虾油、食盐等，成品色泽漂亮，芳香独特。

沟帮子熏鸡

沟帮子熏鸡的来历像许多老字号一样，背后也有一个传奇故事。据说，当年沟帮子熏鸡创始人尹玉成救助了一位衣衫褴褛的老人，没想到这位老人曾经是宫廷御厨。为了感恩，老人将自己独创的熏鸡秘方赠予尹玉成，为此也就有了今天的沟帮子熏鸡。故事是真是假不重要，重要的是游走锦州一定要亲口尝尝这熏鸡，看看它到底是徒有虚名，还是实至名归。

长城饽椤饼

长城饽椤饼是河北秦皇岛市山海关区特色传统面食。每年五月前后，当长城沿线的饽椤叶鲜嫩之时，当地人便会采摘饽椤叶洗净，裹在淀粉作皮、三鲜为馅的饼外面，上锅蒸制，整张饼便会散发出饽椤叶的清香。所以说想吃饽椤饼不是什么时候都行，一定得赶对了季节。

线路②·火山 / 中朝边境线

人文景观

免费 伊通满族博物馆

作为一个县级博物馆，伊通满族博物馆的规模和藏品可以说可圈可点。与满族相关的服装服饰、民俗文化、宗教信仰、生产生活等，在这里都能看到相应实物，诸如曾在东北广泛流行的靰鞡鞋，与萨满教相关的法器饰品等。

靰鞡鞋

地址：吉林省伊通满族自治县伊通镇人民大路1129号

开放时间：9:00~17:00

免费 灵光塔

灵光塔坐落在吉林省长白朝鲜族自治县长白镇西北郊塔山的山顶上，建于唐代渤海国时期，距今已一千多年。塔身用青灰色方砖砌成，为楼阁式空心方塔。虽说塔身青砖略有剥蚀，且塔身也略有倾斜，但砖塔的整体结构依然坚固。作为仅存的渤海国时期的塔形建筑，途径长白还是值得一看。

地址：吉林省长白县长白镇西北郊

开放时间：全年

免费 四保临江战役纪念馆

为了弘扬四保临江精神，宣扬革命烈士事迹，1992年，临江市建成了四保临江烈士纪念馆。2005年，在纪念馆的基础上改扩建成今天的四保临江战役纪念馆。纪念馆由战前运作、战役详情和拥军支前等8个展厅组成，馆内藏品千余件，有各大军区提供的枪支等武器，从烈士陵园出土的烈士遗物，参加过四保临江战役的老将军遗物等。

地址：吉林省白山市临江市新市街道帽儿山路2号

开放时间：9:00~16:30

云峰水库

云峰水库始建于伪满时期，当时由日本人设计，伪满洲国当局和朝鲜共同出资建设，朝鲜负责建设大坝主体，伪满洲国负责建设电厂，还未完工，日本人战败投降。1958年10月重新开工，大坝还是由朝鲜承建，其他配套和发电设备由中国负责。1965年9月第一台机组发电，1967年完全建成。目前，由中朝双方共同运营，也是中超友谊的一座桥梁。

地址：吉林省集安市东北方向40公里处

门票：40元／人

开放时间：8:00~17:00

高句丽文化遗迹（将军坟、好太王碑、洞沟古墓群、丸都山城）

高句丽王朝在我国东北和朝鲜半岛存续了七百多年，在今天集安市的定都时间更是长达四百多年，留下了大大小小诸多遗迹，诸如：将军坟（长寿王陵）、好太王碑、洞沟古墓群、丸都山城等，如今都已被列为世界文化遗产。尤其是将军坟（长寿王陵），因其建筑结构类似金字塔，又被称为“东方

■ 将军坟（长寿王陵）

金字塔”。好太王碑则完全由一块天然巨石雕刻而成，四面刻满了汉字，已成为高句丽王朝最古老的研究史料。洞沟古墓群开放的五盔坟5号墓，墓室墙壁上绘有精美的壁画，值得一看。丸都山城至今残留有当时的城郭遗迹，经保护性修复后可以环城徒步参观。

地址：吉林省集安市区、市郊

门票：四个景区门票分别均为30元/人，联票100元/人

开放时间：8:00~17:30

集安博物馆

集安博物馆是一座以展示高句丽历史文物为主的专题博物馆。基本陈列有“集安出土历史文物陈列”“高句丽文化专题陈列”。对高句丽文化感兴趣的朋友可以去看看。与国内大多数主流博物馆不同，集安博物馆不仅需要购票参观，而且禁止拍照。

地址：吉林省集安市建设街与云水路交汇处

门票：60元/人

开放时间：8:00~17:00

虎山长城景区

虎山长城始建于明成化五年，是由当时的辽东副总兵韩斌督建，也是明万里长城的东端起点。景区内现有虎山长城、中朝边境“一步跨”、睡观音、长城历史博物馆、古栈道遗址等景点。登上景区顶端的烽火台，可以一览境外的朝鲜风光。

地址：辽宁省宽甸县虎山乡虎山南麓

门票：60元/人

开放时间：7:30~17:30

丹东鸭绿江断桥

丹东鸭绿江断桥曾是鸭绿江上第一座桥梁。其始建于1909年，长944.2米，宽11米，十二孔，从中方数第四孔为开闭梁，以四号圆形桥墩为轴，可旋转90°，便于过往船只航行。抗美援朝战争期间被美军炸毁。中方一侧残存四孔，成为抗美援朝战争的历史见证。现为国家级爱国主义教育基地。

地址：辽宁省丹东市江岸路

门票：30元/人

开放时间：8:30~17:00

免费 抗美援朝纪念馆

抗美援朝纪念馆坐落于辽宁省丹东市，是全国、全军唯一一座全面反映抗美援朝历史的国家级重大战争纪念馆。纪念馆由纪念塔、陈列馆、全景画馆和国防教育园4部分组成。对抗美援朝历史感兴趣或者亲子游的家庭可以去看看，这里不仅是一个景区，也是接受教育的一间课堂。

地址：辽宁省丹东市振兴区山上街7号

开放时间：9:00~16:00

线路②·火山 / 中朝边境线
自然风光

免费 伊通火山群

世界上的绝大多数火山都与喷发紧密相连，但伊通火山群所涵盖的火山，则是以“挤牙膏”的方式，由地下缓慢“侵出”而形成的熔岩穹丘。“侵出式”火山属国内唯一，国际上也罕见。对地质感兴趣的朋友，一定不要错过。

地址：吉林省伊通满族自治县西北部平原上

开放时间：全年

龙岗火山群

龙岗火山群孕育了我国最大的火口湖群。在吉林省辉南与靖宇两县交界处，分布着大龙湾、三角龙湾、东龙湾、南龙湾、二龙湾、小龙湾、旱龙湾、金顶龙湾等大大小小十余个火口湖。这些火口湖如宝石般镶嵌在龙岗山脉的密林中，如盛夏前往，带来的必将是一种清爽怡人的享受。

地址：吉林省辉南县金川镇周边

门票：通票120元/人（三角龙湾50元/人，吊水壶50/人，大龙湾30元/人，其他龙湾免费）

开放时间：8:00~16:30

长白山北坡、西坡、南坡

长白山在我国境内一共开发了北坡、西坡、南坡三个景区，且每个景区都有各具特色的景点，即使天池也因观看角度不同，而会带来不同的观感。长白山作为东北最高峰，其实是一座巨大的火山锥体，火山口内部则因冰雪融水与地下水上涌而形成了巨大的火山口湖——天池。也正是神秘的天池，每年吸引着成千上万的游客前往览胜。

地址：吉林省东南部

■ 长白山天池

网址： http://www.ichangbaishan.com

门票： 105 元 / 人（山门门票），85 元（景区大巴车票）

电话： 0433-5742286（北坡），0439-6331900（西坡）

开放时间： 北坡、西坡常年开放，南坡 6 月 ~10 月开放

十五道沟望天鹅火山

位于十五道沟的望天鹅火山是一个被风雨侵蚀切割的破火山口，也正因为破，才使得火山岩石大面积裸露，最终形成了今天壮丽的火山石柱状节理景观。同时，十五道沟的幽深又造就了沟内独特的小气候，茂密参天的林木加上山体两侧到处流泻的山泉，即使炎炎夏日，沟内依然清爽怡人。

地址： 吉林省长白朝鲜族自治县西部十五道沟内约 7 公里处

门票： 100 元 / 人

开放时间： 9:00~17:00

免费 鸭绿江风光

因长白山脉的夹峙，鸭绿江上到处是弯曲迂回的江湾，为此造就了许多美丽的江景。尤其是朝鲜一侧，受自然地理环境的影响形成了许多和缓的江湾台地，几乎每块台地上都有村落分布。开车沿江而行，时刻都能感受异域的神秘。鸭绿江上还有一道不容错过的风景——放排，排工操纵着原木捆扎而成的木排顺江漂流而下，从而实现将原木从上游运到下游的目的。这也应该算鸭绿江独有的一道风景。

地址： 鸭绿江上游至云峰水库

观赏时间： 夏季

免费 绿江村

在辽宁省宽甸县东部的鸭绿江边，一座半岛向东伸入江中，使得鸭绿江在此拐了一个近似 180° 的大湾，从而形成一道独特的江景。绿江村即位于岛上，每逢端午节前后，油菜花沿江盛开，整个绿江村如在画境中一般迷人。另外从地理位置上而言，因绿江村地处辽宁省最东端，又被称为“辽东第一村”。

地址： 辽宁省宽甸满族自治县振江镇绿江村

开放时间： 全年

河口景区

河口景区地处鸭绿江下游，优越的地理环境，丰沛的水资源，将这里滋养为关外的“鱼米之乡”。尤其是每年的 4 月末 5 月初，万亩桃花竞相绽放时，景色更是美不胜收。除了自然风景，河口还有断桥、铁路抗美援朝纪念馆等人文景点。河口断桥也曾是志愿军首次渡江参与抗美援朝战争的地方。

地址： 辽宁省宽甸县南部鸭绿江边

门票： 断桥 25 元 / 人，长河岛 30 元 / 人，龙泉山庄 30 元 / 人

开放时间： 全天

■ 鸭绿江风光

■ 矿泉城靖宇

线路② · 火山 / 中朝边境线

富饶物产

辉南大米

辉南大米已有 400 多年的种植历史，据称从清太祖努尔哈赤当朝时就已成为朝廷贡米，史实是否如此暂且不论，但从另一个侧面可以看出，辉南大米的品质的确不错。决定大米品质好坏的核心因素是生长环境。辉南地处龙岗火山群腹地，肥沃的火山质土壤加上丰富的天然地下矿泉，为辉南大米的种植创造了最为有利的条件。

靖宇矿泉水

吉林省靖宇县因丰富的地下矿泉资源，近年来被冠以“矿泉城”的美名，国内各大饮用水企业纷纷在此设厂。市场上许多冠以不同品牌的矿泉水，事实上都源自长白山北麓、龙岗火山群腹地的这座小城。

抚松人参

作为东北地区最知名的宝物——人参，几乎天下尽人皆知。在众人趋之若鹜之时，野山参资源基本枯竭，人工养殖的园参几乎成了东北人参的唯一主角。抚松有亚洲最大的人参养殖场，因此抚松人参又成了东北人参的一面旗帜。在抚松，人参被加工成了各种各样的人参制品，例如人参茶、人参酒，甚至还能吃到人参宴。

长白山菌类、野菜、药材

长白山特殊的地理位置和独特的地形地貌及气象条件，造就了丰富的生物物种。野生食用菌、山野菜、野果以及中草药材储量非常丰富，大家熟知且具代表性的有猴头菇、松口蘑、刺嫩芽、桔梗、松子、软枣猕猴桃、刺五加、天麻等。深入长白山林区，在看风景的同时，别忘了关注这些富有地方特色的风物，兴许能带来意外的收获。

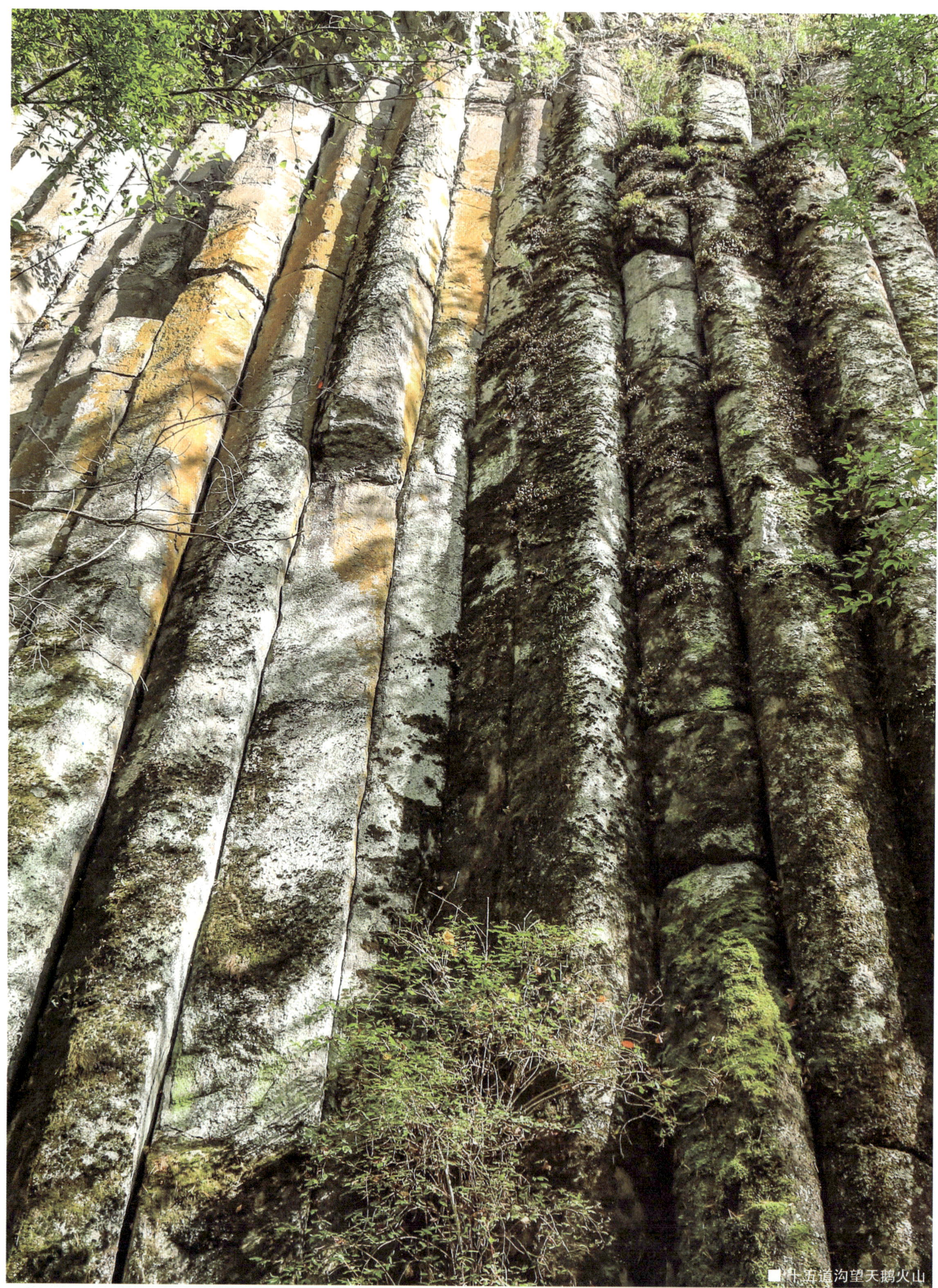

■十五道沟望天鹅火山

夹皮沟黄烟

夹皮沟位于六道沟镇东侧的鸭绿江边，当地村民几乎家家种植黄烟。每逢秋天，道路两侧的河滩、山坡上晾晒的全是金黄色的烟叶，空气中也到处弥漫着烟草的味道。喜欢烟草的朋友，途径夹皮沟可以好好感受一番，路边有售卖烟叶、烟丝的小摊可以光顾。

圆枣子

圆枣子又称为软枣猕猴桃，几乎遍布于整个长白山区，入秋下霜后成熟，因为不便于储藏运输，在外地吃到的机会并不多。如果是秋天走进长白山地区，一定不要错过这种味道绵软酸甜的诱人野果。

集安板栗

在集安市北部，高大的老岭山脉形成了一道巨大的屏障，挡住了向南侵袭的寒流，从而在岭南形成了一个暖湿的小气候环境，为板栗的生长创造了天然条件。尤其是进入9月份，日暖夜凉的巨大温差，非常有利于板栗干物质的积累，从而造就了集安板栗独特的风味。

集安边条参

集安边条参是集安人在普通参栽培方式的基础上，用通过长期生产实践总结出的独特栽培方式培育出来的优良人参品种。边条参在培育期须经两次移栽，每次移栽都要严格筛选种苗，并将选用的种苗进行两次下须整形，然后按等级分节进行移栽。生长6~8年下山的人参，具备须长、形美、圆膀、圆芦、酷似人形的特点。

集安山葡萄

集安山葡萄的栽培历史并不长，始于1976年的一次试验性栽培，没想到适宜的土壤与气候条件，使得山葡萄在集安迅速扎根并形成规模。驾车经过集安东部的青石镇后，在和缓的谷地中，会看到大面积的山葡萄园。这些山葡萄最终会被用来酿成山葡萄酒。

石柱参

石柱参因出产于宽甸满族自治县的石柱子村而得名。它是石柱人利用野山参种源，经过几百年的人工栽培驯化而来。与其他普通人参相比，石柱人参芦细而长，体较短，膀头较圆，纹深而密，须细长柔软、清疏，与山参无大差别，与普通参差别明显。培育的石柱参有四个品系：圆芦、线芦、草芦、竹节芦。

丹东草莓

在我国，从南到北几乎到处都有草莓的种植，丹东草莓可以说独得头筹。除了品种的优势，主要还是产量的优势，在国内的草莓总产量中，丹东草莓的占比超过了10%，因此成了我国最大的草莓生产与出口基地。赶上草莓成熟的季节走进丹东，一定不能错过吃草莓的良机。

■ 夹皮沟黄烟

■ 伊通烧鸽子

大黄蚬子

大黄蚬子是蛤蜊的一种，学名青柳蛤，产于黄海浅海处，外壳呈黄色，其肉也呈黄色，斧型的贝壳，暗黄色的斑纹。由于丹东东港附近的海域养分充足，因此这里盛产的黄蚬子比其他地方的个头更大，肉更肥，味道更鲜美，营养更丰富。

线路②·火山 / 中朝边境线 特色美食

伊通烧鸽子

伊通烧鸽子是非常传统的一道满族菜品，在伊通当地，甚至整个吉林省都非常有名。烧是不同于烤的一种烹制工艺，它是将宰杀好的鸽子，用锡纸包裹埋入滚烫的炭灰之中，至八分熟时取出，再用明火烤至熟透。由于鸽子的脂肪含量极少，烧制可以避免焦糊及鸽肉的水分流失，但是最后的短暂烤制却可以提升鸽肉的口感及香味，或许这也正是伊通烧鸽子的魅力所在。

朝鲜族泡菜、狗肉等

朝鲜族喜欢食用腌、拌的小菜，所以在泡菜的制作上创造出了很多品种，如辣白菜、桔梗、牛板筋等。此外，朝鲜族人还喜食狗肉，并衍生出了许多与狗肉相关的美味菜品，如手撕狗肉、带皮狗肉、狗肉炖豆腐、狗肉汤等。走进朝鲜族聚居地，这些富有民族特色的美食很值得品尝。

线路③·中俄边境线 人文景观

免费 延边博物馆

延边博物馆始建于1960年，坐落在延边朝鲜族自治州政府所在地延吉市，是一座集地方历史和朝鲜族民族特色于一体的综合性博物馆。现有三大基本陈列：《朝鲜族民俗陈列》《千秋正气中国朝鲜族革命斗争史陈列》《延边出土文物陈列》，还有《中国朝鲜族农乐舞》和《延边历程延边朝鲜族自治州成就展》两个专题展览。

地址：吉林省延吉市长白西路 8627 号

网址：http://www.ybbwg.org.cn

电话：0433-4311033

开放时间：9:00~16:30

图们口岸

图们口岸是我国对朝鲜的第二大口岸，分为铁路口岸和公路口岸。游客购票后可以走进口岸大桥进行参观，感受一下边境边疆的庄严气氛。如果不想购票也可以沿图们江游览，由于江面不是太宽，朝鲜人的生活图景近在眼前。

地址：吉林省延边朝鲜族自治州图们市口岸大街

门票：20 元 / 人

开放时间：8:00~16:00

中国朝鲜族非物质文化遗产展览馆

中国朝鲜族非物质文化遗产展览馆位于图们市图们江公园广场，是目前中国唯一的朝鲜族非物质文化遗产专题展览馆。该展览馆分为两层 10 个展区。其中，第一层包括朝鲜族民间舞蹈、朝鲜族传统乐器制作技艺和朝鲜族传统音乐等多个展区；而朝鲜族民间体育和游戏、朝鲜族民族礼仪、朝鲜族饮食文化和朝鲜族服饰文化等其他展区则分布在第二层。

地址：吉林省延边朝鲜族自治州图们市图们江公园广场

门票：40 元 / 人

开放时间：8:30~11:30，13:30~17:00

防川风景区

防川位于中朝和朝俄界河图们江的日本海入海口，素有“鸡鸣闻三国，犬吠惊三疆，花开香四邻，笑语传三邦”之誉。除了独特的边疆风情，防川还有中俄“土”字界碑、日苏张鼓峰战役遗址、朝鲜族民俗村等人文景观。来到防川能让人深刻感受什么叫“望洋兴叹”，在这里，中国距日本海的直线距离只有约 10 公里，却无法畅畅快快地出海。

地址：吉林省延边朝鲜族自治州珲春市敬信镇防川村

门票：40 元 / 人，套票 100/ 人（含门票、龙虎阁、边防文化展览馆、生态体验馆、土字碑）

开放时间：8:00~17:00

免费 东宁要塞

东宁要塞是侵华日军为防御苏联的进攻而修筑的军事堡垒，北起绥阳镇北阎王殿，南至甘河子，正面宽 100 多公里，纵深 50 多公里。有飞机场 10 个，永久性工事 400 多处，野战炮阵地 45 处。是亚洲最大的军事要塞。目前对游客开放的是勋山地下要塞。

地址：黑龙江省东宁市三岔口镇南山村

开放时间：9:00~16:30

绥芬河国门

绥芬河口岸是国家一类口岸，与此相对应的宏伟国门建筑，也就成了游客走进绥芬河必游的景区。截至今天，绥芬河国门已经历了三代的变迁，从最初的道闸到现在高大宏伟的建筑，也从另一个侧面映照出了国家经济社会的巨大进步。在景区中可以同时参观三代国门，并可以登上新国门的观景塔楼眺望。

地址：黑龙江省绥芬河市乌苏里大街 254 号

门票：50 元 / 人

开放时间：8:00~16:00

免费 街津口赫哲族乡

赫哲族是我国人口数量极少的“六小民族”之一，约 0.5 万的民族总人口，分布在黑龙江和乌苏里江沿岸的数个赫哲族乡镇里。街津口则是最具代表性一个乡镇，尤其是建在乡里的街津口赫哲族文化村，对赫哲族文化进行了比较全面的展示。对渔猎文化感兴趣的朋友，一定不要错过。

地址：黑龙江省同江市街津口赫哲族乡

门票：12 元 / 人（街津口赫哲族文化村）

免费 同江市赫哲族博物馆

同江市赫哲族博物馆是全国唯一一座藏品较丰富，风格独特，且能较为全面展示和介绍赫哲族政治、经济、文化、历史、渔猎生产生活、宗教信仰和风俗习惯的民族博物馆。馆舍主体建筑风格融合了赫哲族古老民居地窨子、马架子和撮罗子的元素，很有民族特色。

地址：黑龙江省同江市三江口风景区广场旁

开放时间：8:00~11:30，14:00~17:00

嘉荫恐龙国家地质公园

嘉荫是我国第一块恐龙化石发现地，恐龙国家地质公园便建在当年发现恐龙化石的地方。目前，从这里出土的恐龙化石已修复成十多具恐龙骨架，陈列在世界各地的博

■ 嘉荫恐龙国家地质公园

物馆中。在地质博物馆的广场上陈列着各种各样的恐龙模型，位于园内的恐龙博物馆里则陈列了各种珍贵的恐龙化石。恐龙大都是孩子们的最爱，所以这里非常适合自驾亲子旅行的朋友。

地址：黑龙江省嘉荫县西部约9公里处

门票：80元/人

开放时间：8:00~17:00

太平沟古镇

太平沟黄金古镇风景区是以清晚期太平沟采金历史为背景，通过深入挖掘历史文化及特色旅游资源，展示了太平沟从18世纪中叶到20世纪末，前后近250年的采金发展历程。景区分为黄金古镇度假村、九龙文化广场、淘金体验区三个部分。在古镇游玩不仅可以了解淘金者曾经的生活状况，还可以亲自体验淘金的过程。

地址：黑龙江省萝北县北部约85公里处黑龙江边

门票：50元/人

开放时间：8:00~17:00

免费 逊克鄂伦春族民族博物馆

与赫哲族一样，鄂伦春族也属于人口极少的"六小民族"。位于逊克县的中国民族博物馆逊克鄂伦春族分馆，是鄂伦春族主要栖居地——黑龙江省唯一一座鄂伦春族博物馆。博物馆面积不大，却是鄂伦春族民族文化集中展示的重要平台。像这样小众的旅行目的地，有些时候却能有不一样的收获，尤其是自驾旅行更不应该错过。

地址：黑龙江省逊克县国防街

免费 瑷珲历史陈列馆

瑷珲历史陈列馆是全国唯一一处以全面反映中俄东部关系史为基本陈列内容的专题性遗址博物馆。馆内展览紧紧围绕着黑龙江由中国内河变成中俄两国界河、瑷珲城由繁盛至衰败的历史变迁，充分展示了黑龙江作为中国北方民族母亲河所拥有的辉煌历史和饱受摧残的屈辱历程。所以说这里是一个爱国主义教育与国防教育的理想去处。

地址：黑龙江省黑河市瑷珲镇萨布素街

开放时间：全年

胜山要塞

胜山要塞始建于1934年，与虎头要塞、东宁要塞属同一时期，都是二战时期侵华日军在中国修建的庞大军事工程之一。要塞所处位置，今天已被开辟为国家森林公园，因此在参观要塞遗址、遗迹的同时，还可以融入自然，放松身心。

地址：黑龙江省逊克县沿江满族乡西南七八公里处

门票：40元/人

开放时间：9:00~17:00

中俄民族风情园

在电视剧《这里的黎明静悄悄》拍摄地的基础上，以民族文化为核心，通过拓展

北极村

兴凯湖

建设，最终形成今天的中俄民族风情园。园内建有鄂伦春、达斡尔、满、俄罗斯四个民族村，园门景观带、八旗迷宫游乐城、戏水垂钓湖、休闲度假营、特色体育场等五个专项旅游服务功能区。游客在园内既可以欣赏不同民族风格的建筑，还可以欣赏不同民族的舞蹈和民俗表演。

地址：黑龙江省黑河市环城东路1号

门票：40元/人

开放时间：9:00~15:30

免费 黑河旅俄华侨纪念馆

黑河旅俄华侨纪念馆是全国唯一以旅俄华侨和留苏俄学生为陈列主题的纪念馆。纪念馆通过图片、油画、实物组成的展览，完整呈现了当时的东北流民成为旅俄华侨的艰辛历史。馆内还展示了早年赴苏俄学习回国传播马列主义思想的革命先驱和几条红色通道。

地址：黑龙江省黑河市王肃街72号

开放时间：8:40~11:30，14:00~16:30

免费 古城岛雅克萨古战场遗址

古城岛是位于黑龙江中的一座江心岛，也是黑龙江上的第二大岛。岛屿对岸为雅克萨城，今为俄罗斯阿尔巴金诺。在雅克萨之战期间，清朝军队在岛上筑土城、建营盘，设置指挥部，成为清军收复雅克萨的桥头堡，也因筑土城而得现名。如今，岛上依然保留有城堡与炮台遗迹。所以这里适合对历史感兴趣的朋友怀古。

地址：黑龙江省漠河市兴安镇东部江心

开放时间：全年

北极村与北红村

在很长的一段时期内，大多数人都将北极村当作我国大陆的"北极"（有人居住的大陆最北端），这里也有许多中国最北的标志物：最北的邮局、最北的银行、最北的雕塑等。随着北红村的开发建设，旅行者将目光投向了这个比北极村更北的村庄。这座被森林环绕，北依黑龙江的小村庄，不仅充满了诱人的原始气息，也是真正意义上的中国大陆"北极"，走近它，带给人的是一种庄重的仪式感。

地址：黑龙江省漠河市北极村·北红村（两村相距约97公里）

中国黑瞎子岛湿地公园

门票：北极村 60 元 / 人，北红村免费

线路③·中俄边境线

自然风光

免费 兴凯湖

兴凯湖原为我国的内湖，只因 1860 年的一纸中俄《北京条约》，丢掉了兴凯湖三分之二的水面。今天，在我国境内兴凯湖又被一道湖岗分为大兴凯湖和小兴凯湖。大湖水面辽阔，有宽阔的沙滩，每逢夏天，可以像在海边一样游泳、晒太阳。小湖湖水清澈，水草丰美，是水鸟的乐园。

地址：黑龙江省密山市当壁镇

开放时间：全年

免费 珍宝岛

位于乌苏里江上的这座状如元宝的小岛，原本籍籍无名，只因 1969 年的一场战争（珍宝岛自卫反击战），使它驰名中外。可以说参观珍宝岛的政治意义远远大于它自身的景观意义。目前，珍宝岛依然属于军事管理区，必须按部队要求参观，况且岛上仍残留有战时埋下的 2000 余颗地雷，所以千万不能随意乱跑。

地址：黑龙江省饶河县五林洞镇东南 25 公里

开放时间：全年（视部队要求）

免费 乌苏里江国家湿地公园

乌苏里江是目前国内未被污染的少数大江河之一，不仅盛产各种肥美的冷水鱼，位于饶河县的乌苏里江国家湿地公园还为人们呈现了一片美丽的湿地景观。公园主要由岛状林、湖泊、沼泽和草甸等组成，新建的观光木栈道和森林步道，可以使游人最大限度地亲近湿地，感受湿地风景的美。

地址：黑龙江饶河县乌苏里江西岸

开放时间：全年

黑瞎子岛（华夏东极）

位于我国大陆最东端的黑瞎子岛，自 1929 年起被苏联占领，直至 2004 年收回一半，中俄领土争端才算画上句号。目前，黑瞎子岛已向游客开放，岛上大部分地方依然是原生态的密林和湿地。登岛后可以前往中俄国界东段交接仪式碑和 259 号界碑，这里是真正意义上的华夏东极点。所以说，去黑瞎子岛旅行具有非常神圣的仪式感。

地址：黑龙江省抚远市境内黑龙江和乌苏里江交汇处

门票：60 元 / 人

开放时间：8:00~18:00

免费 同江三江口风景区

松花江作为黑龙江的支流，在同江市汇入黑龙江，按常理这里应该叫两江口，只因黑龙江和松花江汇流后的黑龙江段又被称为“混同江”，于是有了三江口之名。三江口风景区则是一个滨江的带状公园，在这里可以看到两江汇合后的独特景观。另外，纵贯我国南北 5700 余公里的同三公路起点位于景区广场上，可以顺便看看。

地址：黑龙江省同江市东北部约 7 公里处

开放时间：全年

萝北名山岛风景区

萝北名山岛古称黑龙岛，是黑龙江上三座黑龙岛之一。岛上生态环境保护极佳，生长着桦、柳、榆、杨等多种阔叶树林，以及狐狸、黄鼬、松鼠等小动物。今天，名山岛已被开发成由多个功能区组成的旅游区，岛与江岸有浮桥连接，能够直接开车上岛。登上近 30 米高的瞭望塔，可以饱览对岸俄罗斯风光，也可以在沙滩浴场畅游、浴日。

地址：黑龙江省萝北县名山镇名山岛景区

门票：30 元 / 人

开放时间：6:30~17:30

茅兰沟国家森林公园

茅兰沟原名“猫狼沟”，因涧深林茂，常有狼虫虎豹出没而得名，后因风景优美以及取“猫狼”谐音，更名为“茅兰沟”。1992 年，茅兰沟国家森林公园建立。公园以山奇、水秀、林茂、潭幽、瀑美著称，因此又被誉为黑龙江的“九寨沟”。由于位置偏远，茅兰沟国家森林公园游人不多，非常适合喜欢清静的朋友，也非常适合自驾前往。

地址：黑龙江省嘉荫县向阳乡南部约 10 公里处

门票：65 元 / 人

开放时间：8:00~17:00

免费 呼玛画山景区

呼玛画山是黑龙江上最美的一段风景。山体临江而立，裸露的岩石五颜六色，远远望去就像一幅挂在黑龙江边的巨幅油画，所以人们称此山为“画山”。画山旁边还有一个半岛，岛上草木茂盛，可深入林子采食野果、采集蘑菇等山珍，还可以临江垂钓。

地址：黑龙江省大兴安岭地区呼玛县金山乡旺哈达村

开放时间：全年

线路③·中俄边境线

富饶物产

延边黄牛肉

延边黄牛是我国六大黄牛品种之一，曾经是朝鲜族人民主要的耕作畜力，如今则是非常重要的优良肉牛品种。走进朝鲜族聚居的延边地区，不妨尝尝延边小黄牛肉，别有一番风味。

明太鱼

明太鱼是朝鲜族人对黄线狭鳕的称谓，也是他们最喜欢食用的鱼类，所以提及明太鱼，首先想到的肯定是朝鲜族人。明太鱼有多种吃法，以鱼干最为流行。每逢入冬，位于延边地区的朝鲜族人家，会将明太鱼洗干净，去内脏，然后挂在外面冻干。食用时只需一条一条撕下来放在嘴里嚼，越嚼越香。超市里有包装好的明太鱼干销售，可以买来当零食食用。

边塞三珍

一是兴凯湖大白鱼，学名翘嘴红鲌，因色白如玉，被称为大白鱼。肉质洁白细嫩，味美而不腥，清蒸后品尝有一种蟹香味。据称，大白鱼还有补肾益脑、开窍利尿的药用价值。二是乌苏里江大马哈鱼，又称鲑鱼，是一类典型的洄游鱼类。每年秋风开刮的时候，乌苏里江里聚满大马哈鱼。居住在沿岸的赫哲族人便会欢呼雀跃的喊“达依马哈。”意思是说定时往来的鱼儿到了。这就是大马哈鱼名字的来源。大马哈鱼肉质细腻，呈红色，味鲜美，脂肪含量极为丰富，鱼籽更是极品美味。三是绥芬河滩头鱼，学名亚细亚陆鱼，是一种生在河里长在海里溯河洄游性珍贵鱼类。每当绥芬河河面解冻，滩头鱼便从日本海的阿木尔湾沿着老爷岭和太平岭沟岔之间的绥芬河谷游来。滩头鱼肉质呈雪白色，细嫩且不肥腻。

建三江大米

建三江位于黑龙江、松花江、乌苏里江交汇的三江平原腹地。肥沃的土质，充沛的水资源，为水稻种植创造了得天独厚的自然条件。再加上昼夜温差大、日照时间长等因素，使得建三江大米更富有营养。

逊克玛瑙

逊克玛瑙以宝山玛瑙为最。在宝山出产的玛瑙，颜色多以纯红、粉红、深红、火红为主，手感圆润、透明度高，色泽明亮艳丽，块头大、品质高、质地坚硬，硬度可达8度以上，尤以10米以下深土层中矿石色质最佳。

呼玛果酒

位于大兴安岭东北端，小兴安岭北端的呼玛，拥有丰富的森林资源，尤其是林间野果，为呼玛果酒提供了充沛的原料。野果成熟的季节，人们便会进山采摘野生都柿（蓝莓）、野玫瑰果、稠李果等，酿制成各种果酒。对现代人来说，并不缺乏果酒，缺的是用这种来自无污染的原始森林中的野果酿制的果酒。途径呼玛，可以寻觅一下这些原生态的果酒。

线路③·中俄边境线

民俗文化

赫哲族鱼皮服饰

鱼皮文化是北纬45°以上区域内存在的特色文化，因为高纬度地区的冷水鱼，皮质厚且有韧性，在生活中使用时比较耐磨。赫哲族人根据不同鱼类的特点，用胖头鱼、狗鱼、捣子鱼的皮制作鱼皮线和裤子，用大马哈鱼、细鳞、哲罗、鲤鱼的皮制作手套，槐头鱼皮较大，适合做套裤、口袋以及绑腿、鞋帮等。这些鱼皮制品一般都在冬季穿着，因为这些鱼皮沾水后容易泡胀损坏。只有鳇鱼皮制品可以防水，能够在夏季穿着。喜欢的朋友，路过赫哲族乡镇时，可以购买。

赫哲族鱼骨工艺品

赫哲族鱼骨工艺是在传统桦皮、木雕工艺基础上形成的一项技艺。鱼骨工艺品就是将天然鱼骨用鳔胶粘接，制作成构思巧妙，造型精美的摆件、挂件以及各种配饰。这在工艺品界应该说是一朵盛开的奇葩。

桦树皮工艺品

桦树皮工艺，是一种独特的树皮加工技艺。生活在大小兴安岭的鄂伦春人，就地取材，将桦树皮制作成各种各样的桦树皮器皿，诸如衣箱、水桶、盒子、盆、碗，以及桦树皮船等。除了这些实用器，鄂伦春人还

■ 赫哲族鱼皮服饰

■ 明太鱼

朝鲜族米肠

沈阳故宫博物院

会用桦树皮做成桦树皮画、桦树皮首饰，以及一些兼具实用性的工艺品，例如笔筒、茶叶盒、杯子、鞋垫等。在当地旅行时，完全可以作为伴手礼选购。

线路③ · 中俄边境线

特色美食

朝鲜族系列美食（冷面、打糕、米肠、泡菜、狗肉）

在“火山 · 中朝边境”线路中，曾介绍了泡菜、狗肉等朝鲜族美食。除了这两种美食，朝鲜族还有驰名的冷面、打糕、米肠等美食。冷面面条的种类很多，尤以荞麦面最受欢迎，最富特色的是冷面汤汁，大多数会调成甜味，要是夏天还会镇出冰碴，吃一碗既充饥，又解暑。打糕是朝鲜族人用以招待贵宾的上等食品，逢年节或红白事时制作，如今街头常有流动小贩销售。米肠曾作为祭祀的祭品，今天已是最富朝鲜族特色的美食。制作时将泡过的大米、糯米、鲜猪血及各种调料混合后灌入猪场中，然后下锅煮熟、晾凉即成。

赫哲族生鱼片

赫哲族是一个纯粹的渔猎民族，不仅以鱼为主要食物来源，而且还以鱼皮为制作衣着穿戴的主要材料。赫哲族生鱼片做法非常简单，就是将活鱼肉切成薄片直接上桌，然后蘸着盐、醋及辣椒油等佐料食用，与时下流行的鱼生相似，但是赫哲人已经吃了几百年。

赫哲族炒鱼毛

炒鱼毛是一道风味独特的赫哲族美食。它是将各种鲜嫩的肥鱼切成鱼块或鱼丝，放入大锅中不停地搅动翻炒，直至骨肉分离，鱼肉疏松，有时也会加入白糖等作料进行炒。最终成品看上去和肉松非常像，口感也接近于肉松。赫哲族人用它来当零食，也用它来佐酒或包饺子。

桦树汁饮料

在小兴安岭腹地，丰富的桦树资源催生出一种新的饮料——桦树汁饮料。它以桦树汁为原液，添加砂糖、蜂蜜等原料调制而成，是非常小众的一种饮品。虽说桦树汁含有多种人体所需的微量元素与维生素，但是想通过这样一款饮品来获取，等同于相信夸大其词的广告。既然深入了小兴安岭，可以找机会尝尝原汁原味的桦树汁。

线路④ · 东北平原纵贯线

人文景观

沈阳故宫博物院

沈阳故宫是清代初期营建和使用的皇家宫苑，占地面积 6 万多平方米，有古建筑 114 座，500 多间，至今保存完好，是一处饱含丰富历史文化内涵的古代遗址。在宫廷遗址上建立的沈阳故宫博物院是著名的古代宫廷艺术博物馆，藏品中包含了十分丰富的宫廷艺术品。目前，其已被列入世界文化遗产保护单位，也是中国仅存的最完整的两大古代宫殿建筑群之一。

地址：辽宁省沈阳市沈河区沈阳路 171 号
网址：http://www.sypm.org.cn
门票：60 元 / 人
电话：024-24843001
开放时间：8:30~17:30

张氏帅府博物馆

张氏帅府博物馆是在全国重点文物保护单位——大帅府遗址上建立起来的，是北洋政府末代国家元首、奉系军阀首领张作霖及其长子张学良主政东北时期的官邸和私宅。总占地面积 5.3 万平方米，建筑面积 3.5 万平方米，为东北地区规模最大、保存最为完好的名人故居。

地址：辽宁省沈阳市朝阳街少帅府巷 46 号
网址：http://www.syzssf.com
门票：60 元 / 人
电话：024-24842454
开放时间：8:30~17:00

免费 “九一八”历史博物馆

“九一八”历史博物馆坐落于震惊中外的“九一八”事变发生地，南满铁路柳条湖路段遗址的东南侧。始建于 1991 年，占地面积 3.5 万平方米，建筑面积 1.26 万平方米，展览面积 9180 平方米。是国内外迄今为止唯一一座全面反映“九一八”事变历史的博物馆。基本陈列“九一八历史陈列”，通过大量文物、历史照片及多种现代化展示手段，真实反映了日本帝国主义策划、发动“九一八”事变及对我国东北进行残酷殖民统治的屈辱历史。这里应该说是爱国主义教育的绝佳场所。

地址：辽宁省沈阳市大东区望花南街 46 号

网址：http://www.918museum.org.cn

电话：024-88338981

开放时间：9:00~17:00

免费 辽宁省博物馆

辽宁省博物馆新馆分为陈列展览、观众服务、文物库房、文物保护、综合业务等五个业务区。陈列展览区共设有 22 个展厅，所展内容囊括了中国古代碑志、明清玉器、明清瓷器、辽瓷、货币、佛教造像、玺印、铜镜，以及馆藏书法、绘画与丝绣等。对历史文化及各种文物感兴趣的朋友，不要错过。

地址：辽宁省沈阳市浑南区智慧三街 157 号

网址：http://www.lnmuseum.com.cn

电话：024-22741193

开放时间：9:00~17:00

伪满皇宫博物院

伪满皇宫博物院是清朝末代皇帝爱新觉罗·溥仪称帝"满洲国"的宫廷旧址，占地面积 13.7 万平方米，是国内现存比较完整的宫廷遗址之一。遗址核心保护区现存文物建筑多处，以中和门为界分为内廷和外廷。内廷主要有缉熙楼、东御花园、西御花园、同德殿、书画楼等，是溥仪及其眷属的生活区。外廷区主要有勤民楼、怀远楼、嘉乐殿、宫内府等，是溥仪的政务活动区。此外，还有建国神庙、植秀轩、畅春轩等附属设施。

地址：吉林省长春市光复北路 5 号

网址：http://www.wmhg.com.cn

门票：70 元 / 人

电话：0431-82866611

开放时间：8:30~17:20

长春世界雕塑园

2003 年，长春世界雕塑园正式对外开放。目前，园内荟萃了来自 216 个国家和地区、404 位雕塑家的 454 件（组）雕塑艺术作品，堪称世界之最。对于喜欢雕塑艺术的朋友来说，这里绝对是不容错过的雕塑艺术课堂。除了雕塑，公园本身也融入了许多独到的造园艺术，且园区面积开阔，非常适合休闲漫步。

地址：吉林省长春市人民大街 9518 号

门票：30 元 / 人（入园门票），60 元 / 人（园、馆通票）

开放时间：8:30~17:30

免费 伪满八大部历史建筑

伪满八大部是对伪满时期八大统治机构的统称（治安部、司法部、经济部、交通部、兴农部、文教部、外交部、卫生部），这些统治机构在当时都修建了自己的衙署。八大部各幢建筑的风格都各不相同，集中西方风格为一体，既有外观宏伟的大楼，又有垂花拱门的庭院。时至今日，这些衙署建筑依然完整留存，在长春市新民大街两侧形成了一个极富特色的历史街区。除了新民大街，在人民广场、南广场等地也遗留了不少伪满建筑，可以去看看。

地址：吉林省长春市新民大街、人民大街、人民广场、南广场等地

开放时间：全年

长影世纪城

长影世纪城是我国独有的世界级特效电影主题公园。园内有揭示电影特技奥秘的银河宫电影特技馆，再现玛雅文明神秘消失的火山爆发，模拟太空历险的极速穿梭，阴森恐怖的古堡惊魂，极具象征意义的神秘古树，独有的大型特色表演项目英雄秀场，世界首个具有中国特色的主题节目"斗转星移"等。各种新奇的体验对孩子有很强的吸引力，所以非常适合亲子游。

地址：吉林省长春净月国家高新技术产业开发区净月大街与永顺路交汇

门票：240 元 / 人

电话：0431-84550888

开放时间：9:00~17:30

免费 吉林省博物院

吉林省博物院是一座历史与艺术博物馆，现有文物藏品 12 万余件，始自远古，及至现代，精华荟萃，内涵丰富。其中高句丽、渤海、辽金时期的文物以及中国历代书法绘画、东北抗日联军文物在全国占有重要地位。另外，中国历代陶瓷器、萨满民俗文物也有一定的收藏。与博物馆相邻的还有吉林省科技馆、中国光学科技馆，时间宽裕时可以一并看看。

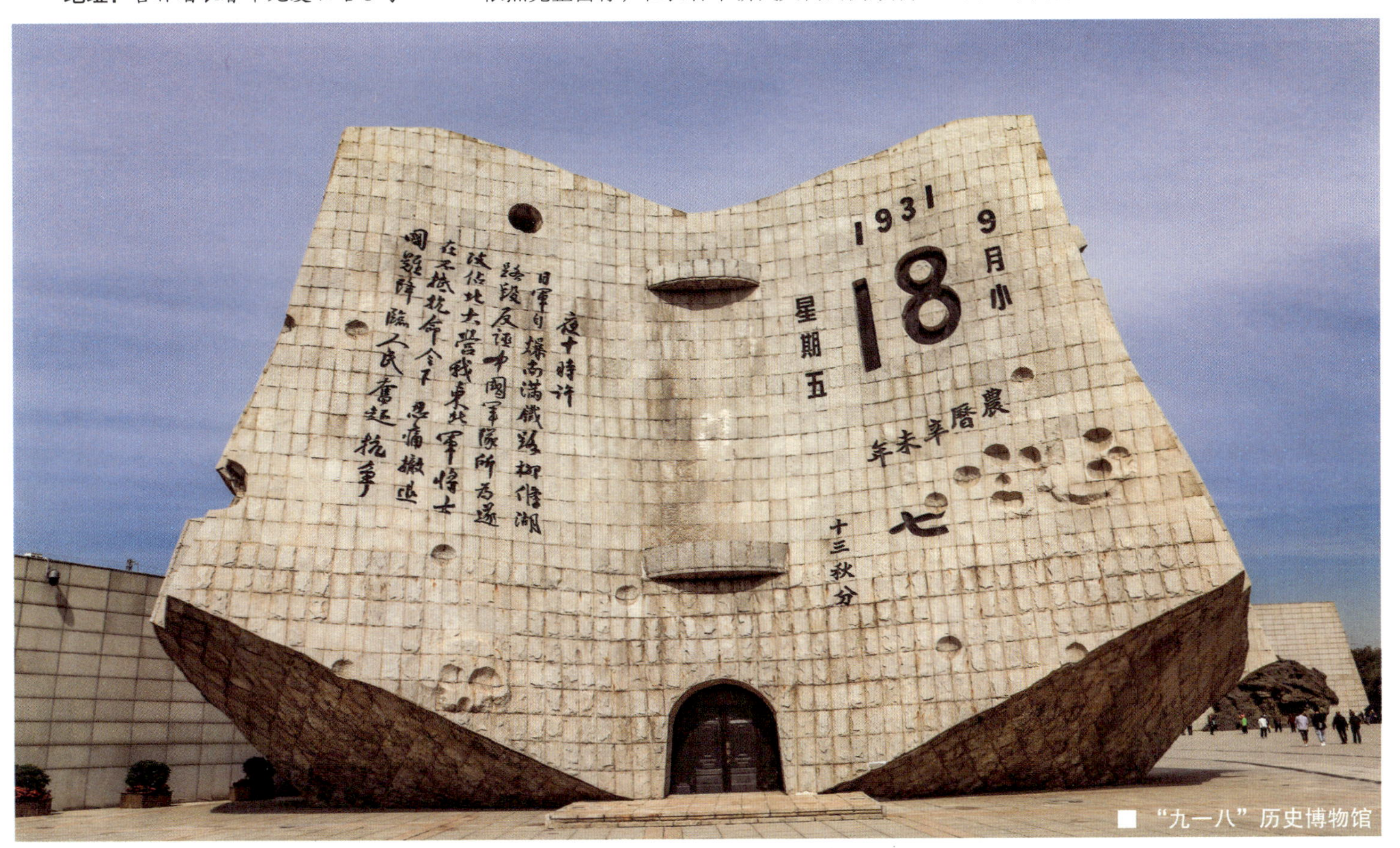

■ "九一八"历史博物馆

地址：吉林省长春市净月国家高新技术产业开发区永顺路1666号

网址：http://www.jlmuseum.org

电话：0431-88917353

开放时间：9:00~16:30

免费 哈尔滨中央大街

中央大街是哈尔滨市很繁华的一条商业步行街，北起松花江畔的防洪纪念塔广场，南接新阳广场，长1400米。其始建于1900年，街道建筑包罗了文艺复兴、巴洛克等多种风格的建筑71栋，是国内罕见的一条建筑艺术长廊。很有特点的是，整条街道全用长18厘米、宽10厘米的方块花岗岩石铺就，经过近百年的历史，已被磨得光滑锃亮。

哈尔滨中央大街

地址：黑龙江省哈尔滨市中央大街

开放时间：全年

圣·索菲亚教堂

圣·索菲亚教堂是一座始建于1907年拜占庭风格的东正教教堂，也是远东地区最大的东正教堂。教堂由俄国建筑师科亚西科夫设计，通高53.25米，建筑面积721平方米，可容纳2000人。正门顶部为钟楼，7座铜铸的乐钟恰好是7个音符，要由训练有素的敲钟人手脚并用才能敲打出抑扬顿挫的钟声。教堂建筑平面呈希腊十字方式布置，主穹顶、钟楼则为俄罗斯传统的“帐篷顶”“洋葱头”造型。

地址：黑龙江省哈尔滨市道里区索菲亚广场

门票：15元/人

免费 黑龙江省博物馆

黑龙江省博物馆是一座省级综合性博物馆，现有各类藏品约11万余件。馆内常年设置的基本陈列有《黑龙江历史文物陈列》《自然陈列》《邓散木书刻艺术陈列》。新石器时代玉器、唐代渤海鎏金铜佛和金佛、金代丝织品服饰、金代铜坐龙以及《蚕织图》《九歌图》等书画作品均为精品。馆内还藏有鸭嘴龙、披毛犀、猛犸象的大型骨架化石。

地址：黑龙江省哈尔滨市南岗区红军街50号

网址：http://www.hljmuseum.com

电话：0451-53644151

开放时间：9:00~16:30

太阳岛

太阳岛位于哈尔滨市区松花江北岸，岛上建有大量的欧式建筑，是当年俄罗斯人夏季避暑的场所，今天已是驰名中外的避暑胜地。岛上有太阳岛湖、太阳岛山、水阁云天、清泉飞瀑以及疏林草地、白桦林、湿地等景观。还有最有趣的松鼠岛，里面有漂亮的长尾红松鼠，游人可以喂食。进入冬季后，雪雕、冰雕又会将太阳岛装扮成一个美丽的冰雪世界。

地址：黑龙江省哈尔滨市松北区太阳大道1号

门票：30元/人

开放时间：9:00~17:00

免费 瑷珲古城

瑷珲古城始建于明永乐年间，其名字源于附近的瑷珲河，语出达斡尔语音译。在清代，瑷珲古城曾是黑龙江流域最大的城镇，因《中俄瑷珲条约》而使大家熟知。历史上，瑷珲城曾历经磨难数次被毁，今日所见瑷珲古城是在原遗址上复建的“新城”，由城隍庙、龙王庙、文庙、真武庙、关帝庙、大佛寺、魁星阁等建筑组成，对历史感兴趣的朋友，可以前去看看，感受一下历史气息。

地址：黑龙江省黑河市瑷珲镇

线路④·东北平原纵贯线 自然风光

五大连池

五大连池地处小兴安岭山地向松嫩平原的过渡地带。1719~1721年，因火山喷发阻塞了白河河道，形成五个相互连接的湖泊，因而得名五大连池。如今的五大连池风景区已发展成集火山景观、温泉疗养为一体的综合性景区。景区景点较多，且比较分散，主要分布在五大连池市北部与东部。以圣水广场为中心，老黑山景区位于广场西北部约6.5公里处，堰塞湖景区位于广场东北约10公里处，水晶宫景区位于广场东部约9公里处，广场附近还有药泉景区和温泊景区。

地址：黑龙江省五大连池市北部

门票：200元（联票）

开放时间：8:00~17:00

圣·索菲亚教堂 吕金辉/摄

二人转

鸡汤豆腐串

线路④ · 东北平原纵贯线

富饶物产

沈阳羽毛画

沈阳羽毛画是运用各种禽鸟毛，汲取国画构图技法制成的一种工艺画。根据画作内容及主题，在制作时分别采取平贴、浮雕和圆雕三种表现手法，从而使画面层次清晰，形象逼真。这种独特的工艺形式，也使沈阳羽毛画富有极强的装饰性，很适合家居悬挂。

老龙口白酒

老龙口白酒是辽宁省沈阳市大东区特产，创始于 1662 年，距今已有 300 多年的历史。老龙口酒酿造所用窖池经过长久的驯化，富集了霉菌、酵母菌等种类繁多的微生物，为酿酒提供了呈香呈味的前驱体，形成了“浓头酱尾，绵甜醇厚”的独特风格。

双阳梅花鹿

双阳梅花鹿是世界上第一个通过人工培育定型的优良梅花鹿品种。经过几十年的发展，梅花鹿养殖已成为长春市双阳区的支柱产业。梅花鹿可以说浑身是宝，除了大家熟知的鹿茸，鹿胎、鹿心、鹿尾、鹿筋、鹿鞭、鹿角、鹿肉、鹿皮以及鹿血都有很高的经济价值，而且其中的绝大多数都有很高的药用价值。

五大连池矿泉水

五大连池区域内的天然矿泉水是铁锶硅质重碳酸盐、碳酸气泉，属于复合型的低温冷矿泉，也是世界上三大著名冷矿泉之一。泉水中富含铁、镁、钾、钡、碘、硒、溴、钙、硅等 14 种元素，与人体所需相符，是名副其实的好泉水。至于有些资料说泉水具有各种各样的治病奇效，还需谨慎看待。

五大连池鱼类（草鱼、鲫鱼、鲤鱼、鲢鱼）

五大连池作为火山堰塞湖，其水体中除了高纬度地区特有的冷水鱼类外，更多的还是像四大家鱼这样的淡水鱼类。大家之所以看中五大连池鱼类的品质，主要还是看中了五大连池富含矿物质的冷泉水水质。这应该是其他地区鱼类无法比拟的天然优越条件。

孙吴大果沙棘

我国的沙棘主产区大都在内蒙古、山西等地，孙吴作为后起之秀，舍弃了中华沙棘品种，直接从俄罗斯新西伯利亚等地引进了大果沙棘品种，经过多年的培育种植，形成了孙吴大果沙棘品种，并被确定为国家地理标志产品。随着沙棘产业的发展，营养丰富的沙棘果，除了鲜食还被加工成了果汁、果酒、保健品、药品等。

线路④ · 东北平原纵贯线

民俗文化

二人转

东北特色二人转主要来源于东北大秧歌和河北的莲花落。用东北人的俏皮话说就是“秧歌打底，莲花落镶边”。经过 300 多年的发展，二人转已成为根植于东北民间文化的一种走唱类曲艺曲种。21 世纪初，因赵本山等东北二人转演员的走红，使得东北二人转红遍了大江南北。目前，在东北的各大城市都有红火的二人转剧场，花几十元便可以看上一场。

线路④ · 东北平原纵贯线

特色美食

鸡汤豆腐串

鸡汤豆腐串是流行于长春街头的一道小吃，最有名气的要数“老韩头”豆腐串，因为正是“老韩头”（韩再发）琢磨出了干豆腐的这一独特吃法。随着“老韩头”豆腐串的声名日隆，许多模仿者便如雨后春笋般出现在了长春的大街小巷。其实，豆腐串的做法并不复杂，就是将干豆腐叠成小卷，用牙签串起来，然后放在鸡汤中炖煮，等其入味后，捞出控干。可以直接装盘佐酒，也可以浇上鸡汤，放入辣椒油、香菜等佐料食用。

红肠

红肠，也称里道斯，是一种原产于俄罗斯、立陶宛，用猪肉、淀粉、大蒜等材料加工制作的香肠，因颜色火红得名。中东铁路修建后，由俄国人引进中国，成为东北的哈尔滨、佳木斯、七台河、满洲里等地特产，以哈尔滨所产红肠最为著名。

大列巴

列巴是俄语“面包”的音译。它像

■ 万良人参市场

红肠一样，随着中东铁路进入中国，因其个头巨大，又被称为“大列巴”，今天已成为哈尔滨的著名特产，尤以秋林公司所产最为地道。大列巴为圆形，标准直径在23~26厘米之间，厚度16厘米以上，净重约2.5公斤。以前装在白屉布做的袋子里销售，现在大都换成了印有俄罗斯风情图案的无纺布袋。

格瓦斯

格瓦斯是一种盛行于俄罗斯、乌克兰和其他东欧国家的含低度酒精的饮料，用面包发酵酿制而成，颜色近似啤酒而略呈红色。格瓦斯这一名称则直接来源于俄语音译，它是随中东铁路进入我国东北的又一大俄罗斯特产（格瓦斯在我国新疆北部哈萨克族聚居的地方也非常盛行），在哈尔滨等地已流行了100多年，尤以秋林格瓦斯最为有名。如今，在各地超市中也能买到瓶装的格瓦斯。

线路⑤·森林穿越线
人文景观

高句丽五女山山城

高句丽五女山山城是高句丽开国君主高朱蒙所筑纥升骨城的遗址。山城依山势而建，呈不规则的楔形，南北长1540米，东西宽350~550米，分山腰的外城和山顶的内城两部分。山城东、西、北三面都是百尺峭壁，南面是险峻的陡坡，地形易守难攻。目前，城内主要发现了3处大型建筑遗址以及城墙、哨所、兵营、蓄水池等遗址。

地址：辽宁省桓仁满族自治县城东北8公里处

门票：80元/人

开放时间：7:00~16:30

免费 万良人参市场

万良人参市场位于人参之乡抚松县万良镇，是国内最大的人参集散地。途径万良一定不要错过，即使不买人参，也可以感受一下浓厚的人参文化，认识了解一下各种各样的人参及人参制品。

地址：吉林省抚松县万良镇

敦化六鼎山风景区

敦化六鼎山风景区的核心依托是全国重点文物保护单位六顶山古墓群。在这一基础上，当地政府对六鼎山进行了全新规划建设，将渤海文化、佛教文化和清始祖文化集中整合并融入了景区景点建设。最终呈现给游客的是由清祖阁、金鼎大佛（正觉寺）以及六鼎山水库所组成的一个全新人造景区。景区历史文化积淀显得单薄，可看性因人而异。

地址：吉林省敦化市南部

门票：90元/人

开放时间：7:30~16:30

威虎山风景区

威虎山风景区主要包括威虎山影视城、东北虎林园、俄罗斯风情园、佛手山、俄罗斯老街、七里地民俗生态村等自然风光和人文景观。曲波的长篇小说《林海雪原》中所描写的剿匪故事正是发生在威虎山一带。为了拍摄电视剧《林海大英雄》，剧组在这里建设了威虎山影视城。所体现的完全是一种硬朗的东北风情。

地址：黑龙江省海林市横道河子镇

门票：45元/人(影视城)，50元/人(虎园)

开放时间：7:30~16:30

免费 横道河子中东铁路遗迹

始建于1897年的中东铁路是东北地区最早的铁路干线，也是东北地区主要城市建设的源头。今天，在铁路沿线遗留了众多中东铁路建筑，尤以海林市的横道河子镇最多。镇内有沙俄时期遗留下来的俄式保护建筑104处。其中，东正教圣母进堂教堂、中东铁路机车库、大白楼等国家级文物保护单位5处，中东铁路建筑群更是位列我国近现代九大工业遗产之一。

地址：黑龙江省海林市横道河子镇

亚布力滑雪场

亚布力之名源自俄语亚布洛尼，即“果木园”的意思。在清朝时，这里曾是皇室及清朝贵族的狩猎围场。今天已被开发为国内最大的滑雪场，及最大的综合性雪上训练中心。滑雪场主要由高山滑雪场、自由式滑雪场、跳台滑雪场、越野滑雪场和冬季两项滑雪场等五个竞技，训练场地和两个旅游滑雪场组成。

地址： 黑龙江省尚志市亚布力镇西南 20 公里处

门票： 10 元 / 人（滑雪另行收费）

免费 **依兰古城中心旅游区**

依兰是满语“依兰哈喇”的汉译，“依兰”意思是“三”，“哈喇”意思是“姓”，故依兰又有“三姓”之称。1000 多年前，这里已是东北政治、军事、文化的中心，千百年来，依兰的行政建制从未间断。目前，古城中心旅游区主要景点有倭肯哈达洞穴遗址、五国城遗址、环城公园、坐井观天园、慈云寺、清真寺、民俗馆博物馆、东山大佛、怪坡等。

地址： 黑龙江省哈尔滨市依兰县城内

线路⑤ · 森林穿越线

自然风光

鞍山千山

千山，古称积翠山，又名千华山、千顶山、千朵莲花山，以峰秀、石峭、谷幽、庙古、佛高、松奇、花盛而著称，也可以用四句话来总结千山的四季景色：春看梨花开遍，夏望叠嶂层峦，秋赏万山尽染，冬观雪狼连绵。除了壮美的自然风光，厚重的历史宗教文化，古往今来一直是吸引游人的最美佛教圣山，更有“释道同源、皇家仙山”之美誉。

地址： 辽宁省鞍山市东南 17 公里处

门票： 80 元 / 人

开放时间： 8:00~16:30

本溪水洞

本溪水洞是目前发现的世界上第一长的地下充水溶洞。水洞内部又分水、旱二洞，进洞口是一座高、宽各 20 多米，可容纳千人的“迎客厅”。大厅向右，有长 300 多米的旱洞，洞穴高低错落、曲折回环，洞顶和岩壁钟乳石多沿裂隙成群发育，蔚为壮观。大厅正面，是通往水洞的码头，千余平方米的水面位于前方，洞中石景在灯光的映照下倒映其中，呈现出一片五光十色的景致。

地址： 辽宁省本溪市本溪满族自治县谢家崴子村

门票： 140 元 / 人

开放时间： 8:30~17:00

免费 **中华枫叶之路**

位于辽宁省本溪市至桓仁县的本桓公路，每逢入秋，道路两侧的山峦便会因霜杀后的枫树、落叶松等树木，而呈现出以红黄为主色调的斑斓色彩，驾车行走其间令人赏心悦目。因此这条路被大家冠以“中华枫叶之路”的美名。途中有一个名为洋湖沟的小村，其枫叶之美更是美名在外，以致摄影师、画家蜂拥而至，将这里视为采风的圣境。

地址： 辽宁省本桓公路沿线

开放时间： 全年

通化云霞洞

通化云霞洞是第四纪火山活动所遗留下的一处天然洞穴。洞道上下起伏、左右迂回，总长超过 4000 米，串联起十个各具特色的大型洞厅。厅中怪石嶙峋，千姿百态，不仅有火山活动遗留下的气势恢宏的岩浆通道，更记录了长白山脉从六亿年前至今的地质演变过程。通过石灰岩地区地下水长期的溶蚀，洞内形成了风貌奇特的钟乳石王国，各种石钟乳、石笋、石柱、石幔、石管、石花、石瀑、石珊瑚等塑造出了众多形态逼真的拟态景观。

地址： 吉林省通化市二道江区鸭园镇以东 3 公里处

门票： 120 元 / 人

开放时间： 8:00~17:00

干饭盆国家森林公园

吉林干饭盆国家森林公园没有主峰，是由环形山峦组成的盆形大峡谷。南北长 10 公里，东西宽 7.5 里，方圆约 75 平方公里。干饭盆并非一个盆，而是大盆套小盆，小盆连大盆，据说有 81 个。以前曾因人进入干饭盆很容易迷失方向，并困死其中，所以干饭盆曾被视为长白山区的“百慕大”。除了森林景观，在干饭盆还可以看到“寒武—奥陶”界限区，对地质感兴趣的朋友不要错过。

地址： 吉林省江源区大阳岔林场

门票： 40 元 / 人

开放时间： 8:00~16:00

仙人桥温泉

仙人桥地热温泉群位于长白山腹心地带，属硅酸盐碳酸盐高热氡泉，各项指标达

■ 鞍山千山

镜泊湖

五营国家森林公园

到国家规定的第一类医用矿泉。温泉所处环境四周环山，山势奇特，树木葱茏，具有得天独厚的长白山森林小盆地气候。气温夏季平均22.5℃，冬季平均－19.5℃。自然环境无污染，空气新鲜，氧量丰富，非常适合度假疗养。

地址： 吉林省白山市抚松县仙人桥镇温泉村

开放时间： 8:00~22:00

镜泊湖

镜泊湖是中国最大、世界第二的高山堰塞湖，它是因火山喷发熔岩汇集阻塞牡丹江河道及其支流而形成。整个镜泊湖风景区由百里长湖景区、火山口原始森林景区、渤海国上京龙泉府遗址等组成。位于湖区北部的吊水楼瀑布，每逢丰水期，三面溢水，飞流直下，声震如雷，蔚为壮观。镜泊湖水质澄清、水产丰富、鱼肉鲜美，每年冬天都会举办冬捕节，游客可以看到传统的渔猎方式。

地址： 黑龙江省宁安市渤海镇

门票： 100元／人

开放时间： 全天

红豆杉景区（苇河林业局）

苇河林业局红豆杉旅游风景区是集森林旅游观光、漂流、东北红豆杉及红松坚果林观赏为一体的综合景区。与其他森林景区相比，这里最值得看的应该是珍稀濒危树种——东北红豆杉。它可以一天24小时吸入二氧化碳，呼出氧气，而且能吸收多种有害气体，具有极强的空气净化能力。也是被世界公认的一种天然抗癌植物，其抗癌物质来自树皮提取物紫杉醇（有些人用红豆杉木头所制水杯饮水，想起到抗癌的作用，并不科学）。

地址： 黑龙江省苇河林业局驻地西南约45公里处

丹青河国家森林公园

丹清河国家森林公园地处小兴安岭南坡低山丘陵地带，巴兰河、丹清河贯穿公园中部，形成了森林、山峦、河流相映的景色。公园内主要有四块石抗联遗址、红松母树林、原始森林、冰川峡谷、巴兰河漂流等景区。与一些知名的森林公园相比，丹青河寂寞了不少，但并不代表风景逊色，往往这样的去处更适合自驾旅行。

地址： 黑龙江省哈尔滨市依兰县北部丹清河实验林场境内、松花江北岸45公里处

仙翁山国家森林公园

仙翁山国家森林公园分为前后两个景区，前景区由仙翁得意、登崖忘忧、杜鹃啼情、神龟越涧四个景群构成；后景区由石宫圣境、幽谷天音、密林仙踪三个景群构成。仙翁山的雾海堪称一大奇景，每年秋季，由于永翠河与汤旺河潮气上升，形成雾海，蔚为壮观。

地址： 黑龙江省宜春市南岔区郊外10公里处

门票： 27元／人

汤旺河国家公园

汤旺河国家公园是我国第一个国家公园，因有着上千种奇石怪岩而闻名，这些石头的前身是熔积层的花岗岩层，由于亿万年的陆地板块移动挤压和常年的日晒雨淋侵蚀，形成了今日各种形态的奇石景观。除了千姿百态的怪石，这里还有各种高耸入云的参天古木和栖居动物，是一处森林与奇石相映生辉的美丽景区。

地址： 黑龙江省伊春市汤旺县西部约9公里处

门票： 90元／人

开放时间： 8:00~17:00

五营国家森林公园

五营国家森林公园位于被誉为红松故乡的林都伊春，公园里保存了我国规模最大、最完整的红松原始森林带，这也是它与其他森林公园相比，最大的亮点。由于开发时间比较早，目前在公园里形成了松乡桥、观涛塔、森林小火车、绿野仙居、黑瞎岭、虎啸山、观松大道、森林浴场、响水溪、园中园、兴安鹿苑、丽丰湖等众多景点。夏秋季节前往，景色体验最佳。

地址： 黑龙江省伊春市原五营区北部约17公里处

门票： 60元／人

开放时间： 5:00~18:00

线路⑤·森林穿越线

富饶物产

南果梨

南果梨是辽南特产，主产地为辽宁省鞍山市、辽阳市。这是一种需要富铁土壤才能孕育出的独特水果品种，果扁圆形到近球形，个头较小，果肉细腻，爽口多汁。除了鲜食，还可用来榨汁、酿酒。

辽砚

辽砚产自辽宁省本溪市南芬区。因当地特有的地质地貌，经过上亿年演变，形成了紫云石和青云石两种奇石。石质“叩之如铜”，色彩丰富，有翠绿、绛紫、骆青、紫绿相间四种不同的色调，且有丰富多彩的天生纹理，为石砚的雕刻制作创造了天然条件，因此也成就了辽砚这一风物。

桓仁山核桃油

桓仁山核桃油是桓仁境内所产野生核桃楸种仁，经过挑选、冷榨、低温精炼等多道工序精制而成，外观呈金黄色澄清透明状，口感醇厚绵香，回味无穷。桓仁山核桃油富含多种人体需要的微量元素，尤其亚麻酸的含量为食用油类之最，是纯天然保健食品。

松花砚

松花砚

松花砚是由产自吉林省长白山地区的松花石雕制而成。用松花石制砚始于明朝末年，推崇于清朝，自清末后便销声匿迹，1979 年发现旧矿，重放异彩。松花砚以其温润如玉，纣绿无瑕，质坚而细，色嫩而纯，滑不拒墨，涩不滞笔，能使松烟浮艳，毫款增辉的特点深受帝王喜爱。今天，只要喜欢，寻常百姓也可以觅得一方。

通化葡萄酒

通化葡萄酒公司诞生于 1937 年，是我国最早的葡萄酒生产商之一，公司所生产的葡萄酒曾持续多年被列入国宴用酒。事实上，决定通化葡萄酒品质的核心因素还是自然因素，通化不仅位于葡萄种植最优的纬度带，而且还位于自然环境优越的长白山脉，也正是这些独特的天然条件赋予了通化葡萄酒不一样的灵魂。

长白山林蛙油

长白山林蛙油又被称为蛤蟆油、蛤士蟆油，也就是雌蛙林蛙的干燥输卵管。吉林省长白山区域的 25 个县（市、区），由于地形、植被、水源、温湿度、昆虫种类等放养林蛙的生态环境得天独厚，为林蛙自然繁衍提供了最佳生境。因此该区域出产的长白山中国林蛙具有体大、发育快、繁殖力强、产油率高、油质好的特点，而且其蛙油药用价值高。

长白山矿泉水

长白山被国际饮水资源保护组织列为全球三大天然矿泉水富集地。长白山区和缓的火山台地，覆以茂盛的原始森林，使丰富的自然降水得以涵养，并缓慢渗入地下，经过地下火山岩、玄武岩漫长的溶滤、矿化和运移，源源不断地生成矿泉水，并通过涌泉的形式出露地表。这种水循环条件，在国内也是独一无二的。

镜泊湖红尾鱼

镜泊湖红尾鱼，学名蒙古红鱼白、拟赤梢鱼，是一种淡水野生鱼类。因镜泊湖水深且水流平稳，适于红尾鱼生长繁殖，所以在镜泊湖的蕴藏量比较丰富。镜泊湖红尾鱼脂肪含量少，肉质银白细嫩，一般制成咸鱼供食用，也可以做成干炸红尾鱼。

亚布力晒烟

晒烟是最传统的一种烟草品种，一般把成熟的烟叶采摘扎把，挂起来晒干即成，全国各地分布甚广。亚布力地处张广才岭以西，是著名的晒烟产地，所产晒烟色泽鲜亮，香气浓郁，劲头适中，灰白易燃，在国内晒烟产地中很有名气。

一面坡酒花

酒花是酿造啤酒的主要原料，因此它是与啤酒一起进入我国的。大约在 1900 年前后，俄国人最先在一面坡种植啤酒花，因此一面坡也就成了我国啤酒花生产的发源地。1904 年，俄国人在一面坡创办中东啤酒厂时所用酒花均出自一面坡。

方正银鲫

方正银鲫的原产地是黑龙江省方正县双凤水库，是一种高背型的鲫鱼品种，具有背高、头小、肥满度系数高、尾柄较短、生长快等优点。鱼肉蛋白质和氨基酸含量高，脂肪含量低，因此也是一种营养丰富的鱼类。

伊春红松子

别看松树的品种很多，真正出产松子的却不多，在少数几种松子中，红松子最好，也最负盛名。伊春作为红松故乡，红松子自然是当地最好的物产。每逢入秋，国内许多地方善于攀爬的人群便会涌向伊春，参与一年一度的采山作业——攀爬高大的红松树，采摘松塔。红松子富含脂肪、蛋白质、碳水化合物等，不仅是重要的坚果食品，也是重要的中药材。

线路⑤·森林穿越线

特色美食

得莫利炖鱼

“得莫利”一词是满语“渡口”的音译，它所指的是黑龙江省方正县伊汉通乡得莫利村。因为这个村子北靠松花江，村民主要靠打鱼来维持生计，做鱼手法自然了得。其基本做法就是将当地所捕捞的活鱼（鲤鱼、鲫鱼、嘎牙鱼），与卤水豆腐、粉条、大白菜、五花肉、榛蘑等食材一起炖煮，味道极其鲜美，因此得莫利炖鱼的美名也就不胫而走。

■ 铁锅炖鱼（得莫利炖鱼）

华东区

HUA DONG QU

线路①·山东人文大环线：趵突泉　周村　刘公岛　青岛海滨　曲阜　泰山
线路②·江浙赣闽纵贯线：瘦西湖　中山陵　苏州园林　黄山　武夷山
线路③·徽赣河湖穿越线：微山湖　巢湖　大别山　庐山　鄱阳湖　井冈山
线路④·沪浙闽滨海风情线：外滩　杭州西湖　普陀山　霞浦　湄洲岛　土楼

■安徽宏村　李绪占／摄

华东地区地图

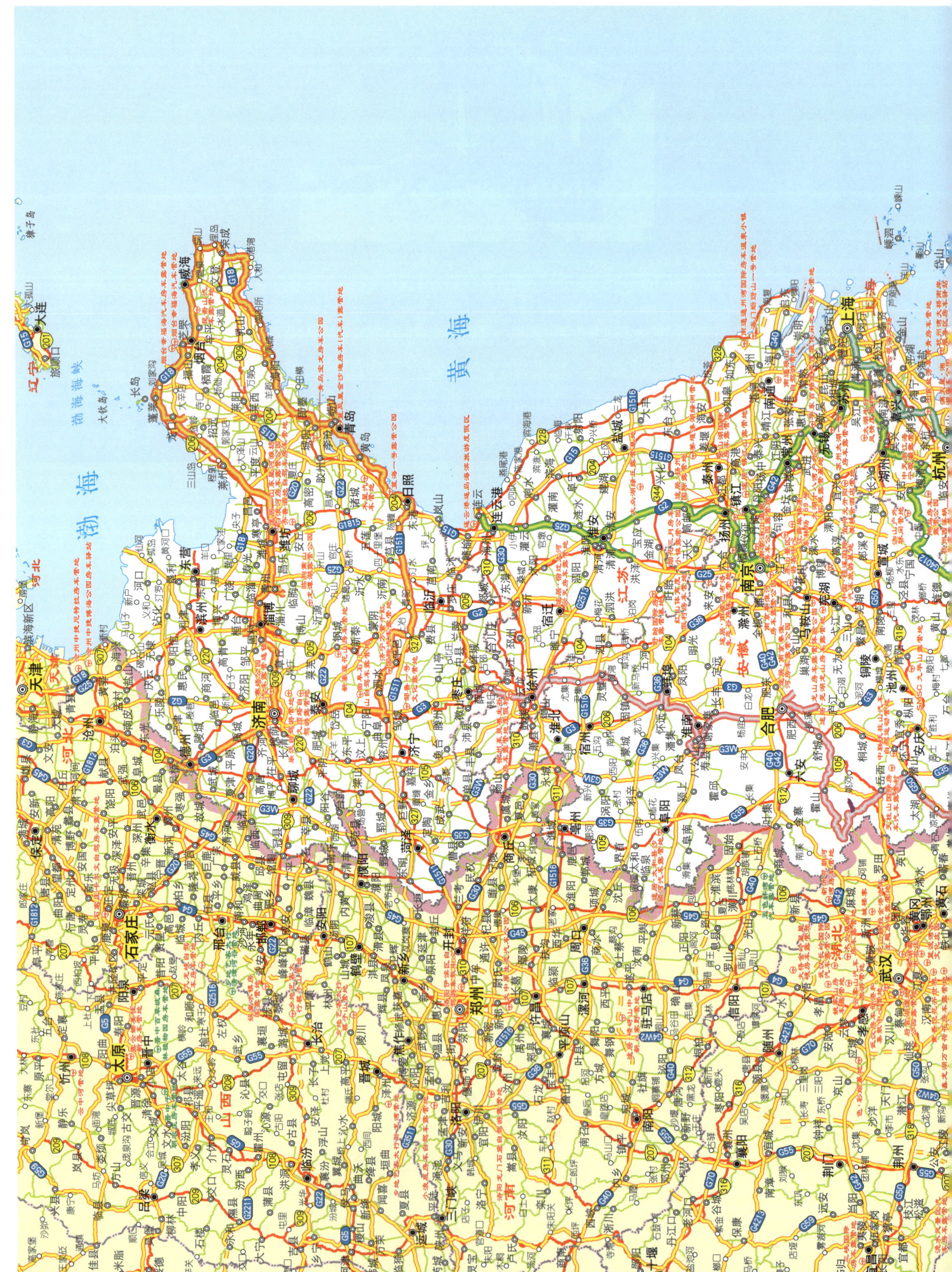

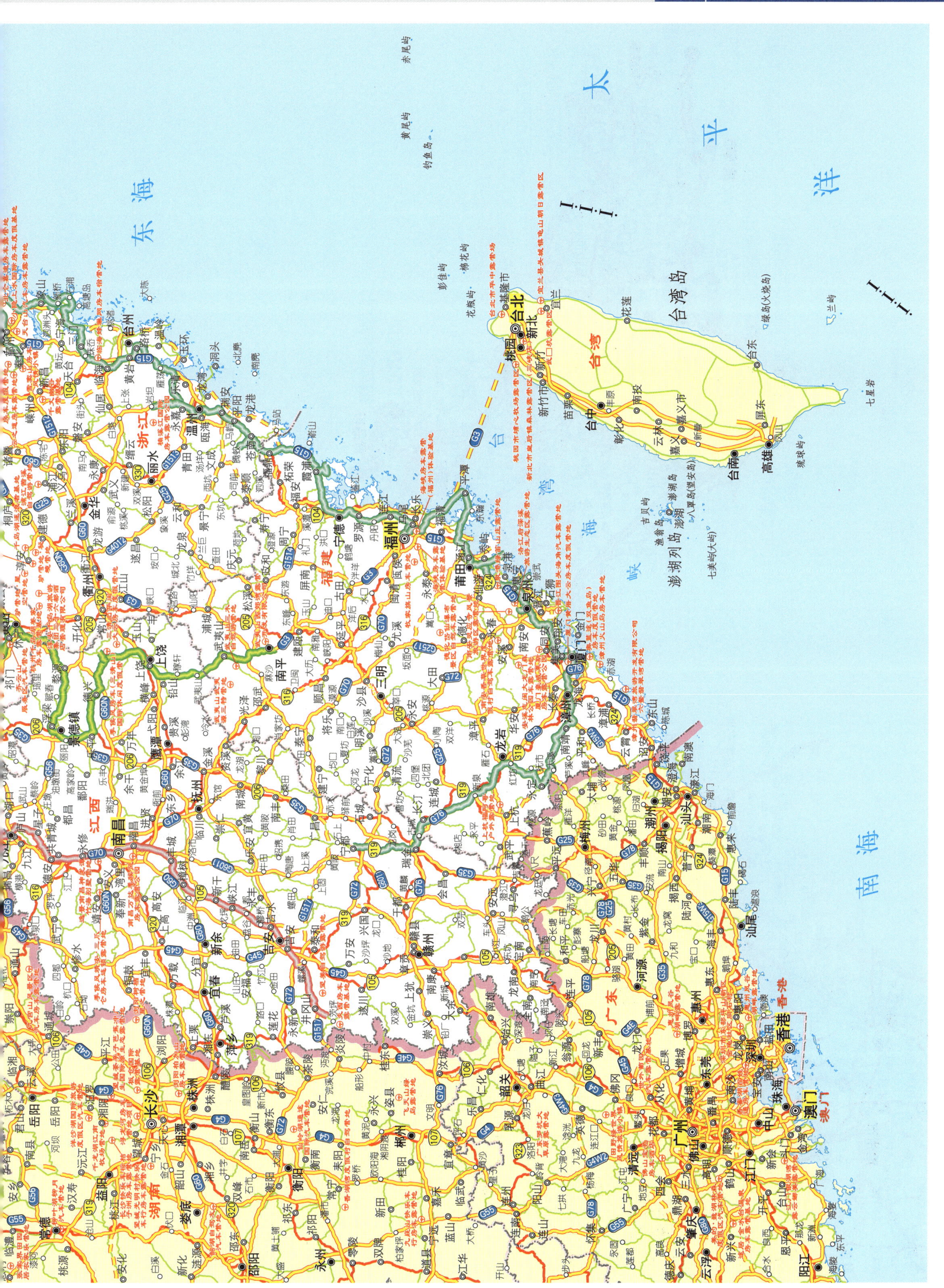
东海
太平洋
台湾岛
台湾海峡
澎湖列岛
南海

①山东人文大环线地图

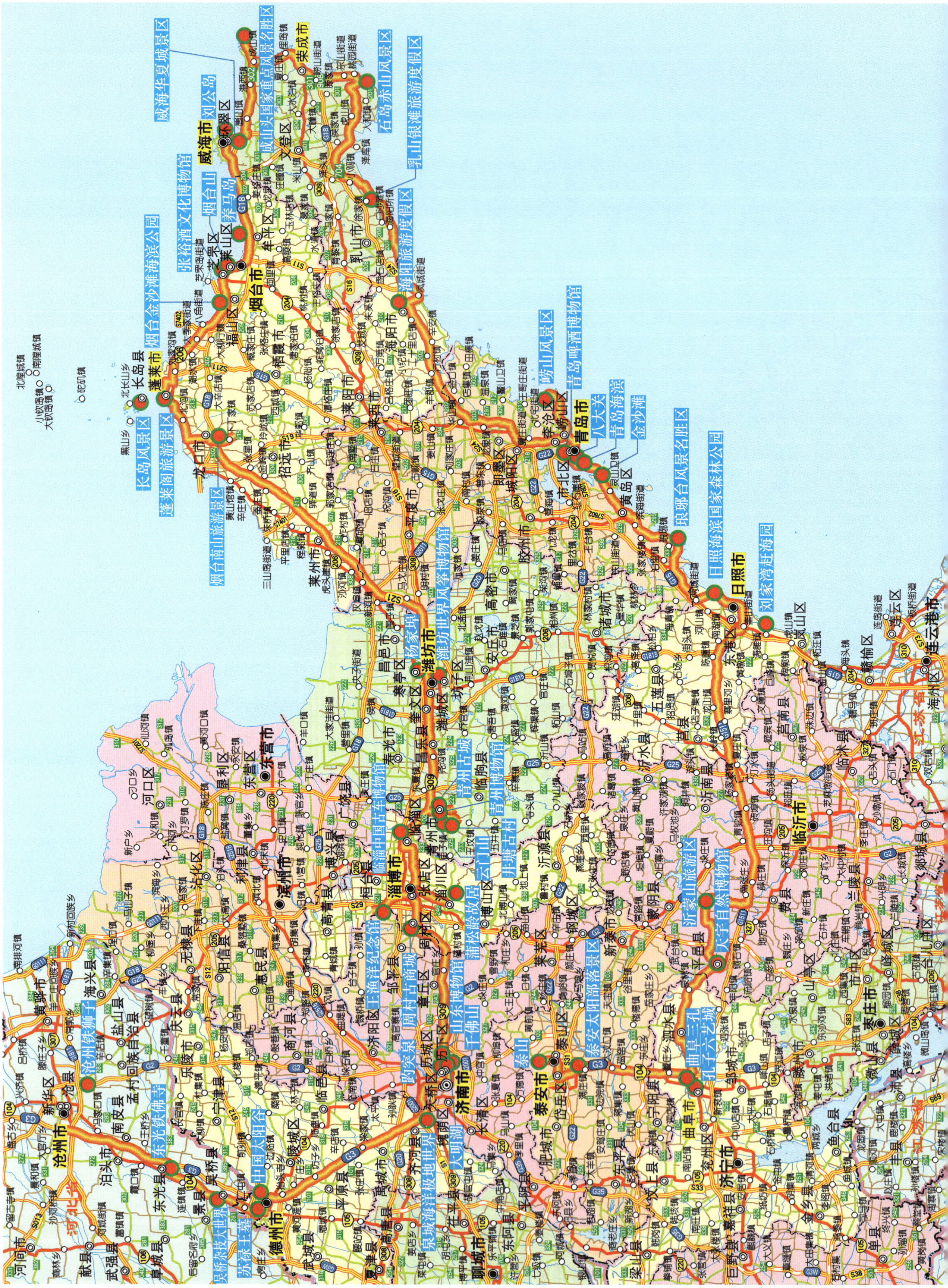

山东省
临沂市
连岛海滨度假区
连云区
花果山
连云港市
赣榆区
灌云县
灌南县
响水县
滨海县
阜宁县
射阳县
宿迁市
沭阳县
泗阳县
淮安市
古淮河文化生态景区
中国漕运博物馆
河下古镇
淮安府署
周恩来纪念馆
洪泽湖
洪泽区
淮安区
清江浦区
淮阴区
盐城市
建湖县
宝应县
大丰区
东台市
高邮湖
盂城驿·平津堰
高邮市
高邮镇国寺
兴化市
金湖县
盱眙县
天长市
安徽省
明光市
定远县
来安县
滁州市
扬州大明寺
扬州博物馆
瘦西湖
东关历史文化旅游区
个园·何园
扬州市
江都区
泰州市
海安市
如皋市
如东县
西津渡历史文化街区
京口三山
镇江市
江苏宝华山国家森林公园
仪征市
玄武湖
南京市
钟山风景名胜区
南京博物院
侵华日军南京大屠杀遇难同胞纪念馆
南京中国近代史遗址博物馆
夫子庙秦淮河风光带
句容市
丹阳市
中华恐龙园
常州市
常州天宁寺
淹城
武进区
江阴市
张家港市
南通市
海门市
无锡清名桥历史文化街区
无锡市
太湖鼋头渚
灵山
三国水浒景区
苏州园林
虎丘山风景名胜区
苏州市
寒山寺
苏州博物馆
同里古镇·周庄古镇
昆山市
太仓市
常熟市
吴江区
宜兴市
溧阳市
溧水区
高淳区
马鞍山市
芜湖市
含山县
和县
无为县
巢湖市
繁昌县
铜陵市
南陵县
宣城市
郎溪县
广德县
长兴县
湖州市
浙江省
南浔古镇
南浔区
嘉兴市
嘉善县
上海市
松江区
闵行区

②江浙赣闽纵贯线地图

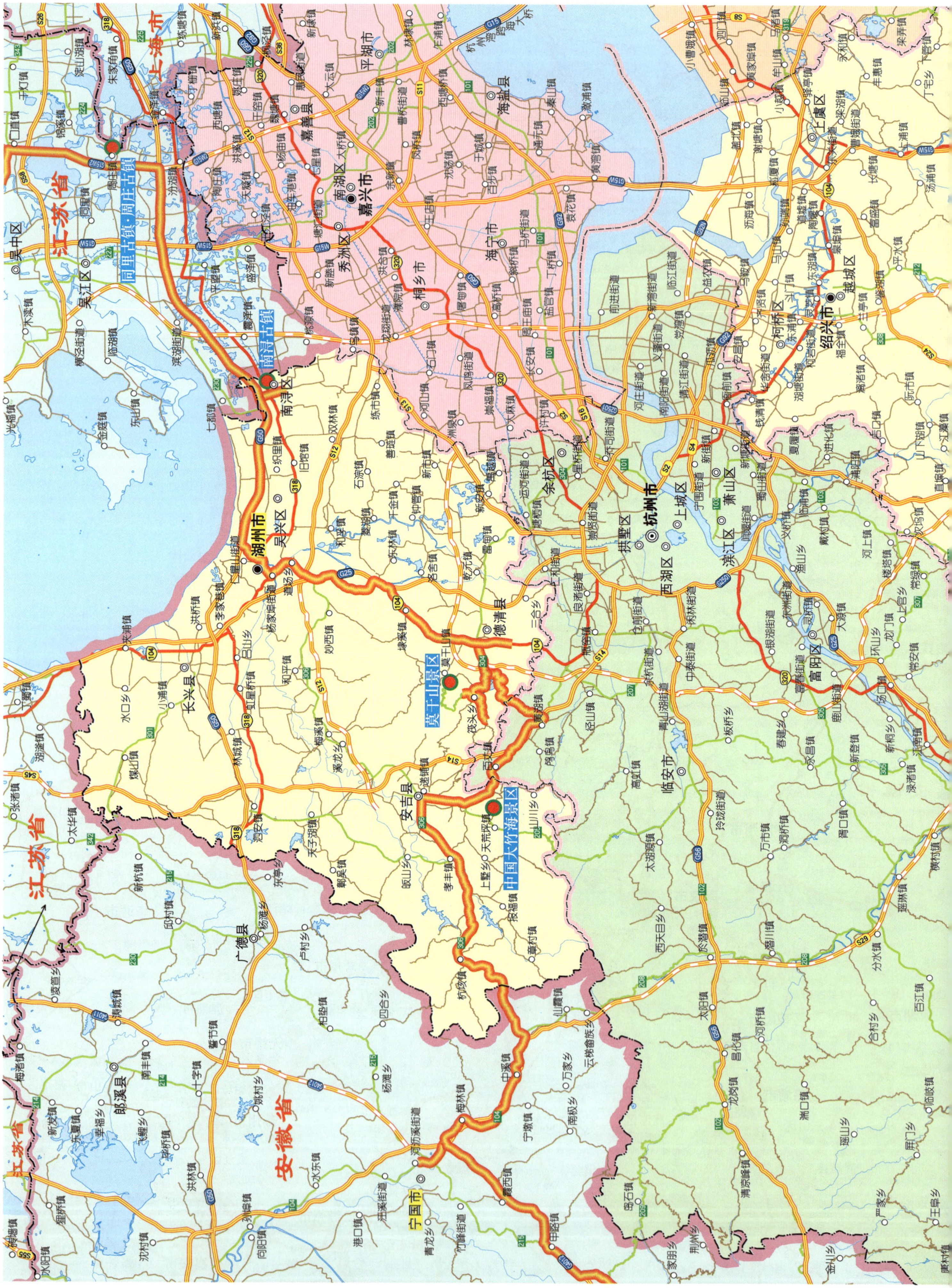
江苏省
上海市
安徽省
嘉兴市
湖州市
杭州市
绍兴市
南浔古镇
周庄古镇·同里古镇
莫干山景区
中国大竹海景区
长兴县
安吉县
德清县
临安市
广德县
郎溪县
宁国市

浙江省
江西省
黄山市
(屯溪区)
徽州区
歙县
休宁县
黟县
祁门县
黄山区
绩溪县
旌德县
泾县
宁国市
淳安县
建德市
兰溪市
婺源县
浮梁县
景德镇市
珠山区
池州市
贵池区
青阳县
石台县
东至县
黄山风景区
徽州古城
屯溪老街
齐云山
徽州文化博物馆
潜口明代民居建筑群
鲍家花园·棠樾牌坊
宏村·西递·南屏
婺源江岭风景区
江湾·汪口·李坑·篁岭景区
徽杭古道
太极湖村
龙川景区

②江浙赣闽纵贯线地图

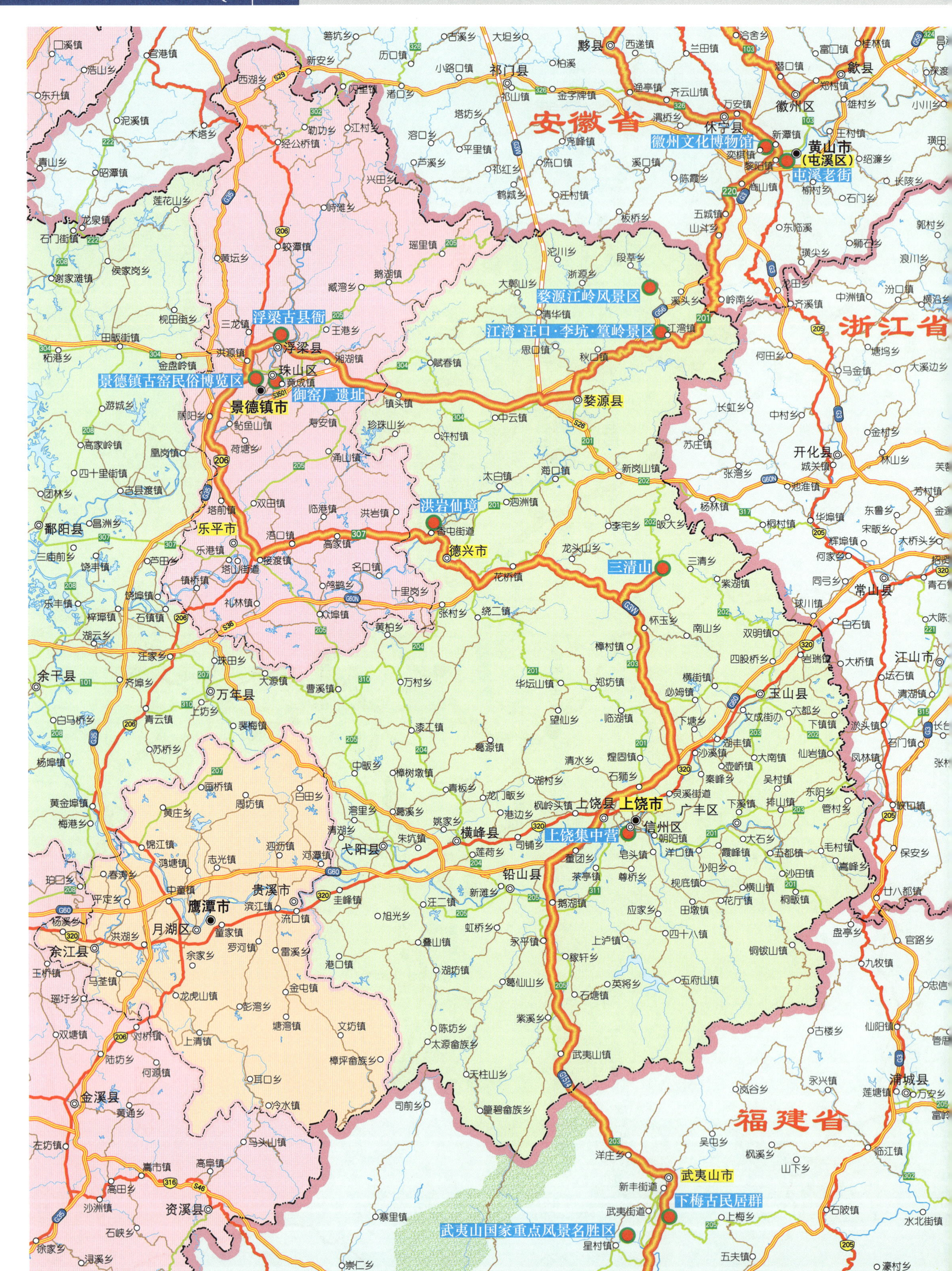

浙江省
江西省
福建省
上饶市
上饶县
信州区
上饶集中营
横峰县
铅山县
广丰区
武夷山市
下梅古民居群
武夷山国家重点风景名胜区
闽越王城博物馆
南平市
建阳区
浦城县
石人乡
临湖镇
文成街办
六都乡
下镇镇
漆工镇
葛源镇
下塘乡
湖丰镇
沙溪镇
大南镇
仙岩镇
新塘边镇
泌头镇
长台镇
石门镇
张村乡
煌固镇
壶峤镇
凤林镇
青板乡
湖村乡
清水乡
石狮乡
秦峰乡
吴村镇
龙门畈乡
灵溪街道
东阳乡
峡口镇
港边乡
枫岭头镇
下溪镇
排山镇
管村乡
姚家乡
朝阳镇
大石乡
朱坑镇
司铺乡
莲荷乡
重团乡
皂头镇
洋口镇
霞峰镇
泉波镇
毛村镇
保安乡
嵩峰乡
五都镇
茶亭镇
尊桥乡
少阳乡
沙田镇
新滩乡
枧底镇
横山镇
汪二镇
鹅湖镇
花厅镇
桐畈镇
廿八都镇
田墩镇
应家乡
虹桥乡
黄沙岭乡
盘亭乡
永平镇
四十八镇
叠山镇
上泸镇
铁山乡
官路乡
稼轩乡
铜钹山镇
九牧镇
湖坊镇
五府山镇
葛仙山乡
英将乡
忠信镇
石塘镇
紫溪乡
陈坊乡
古楼乡
仙阳镇
管厝乡
太源畲族乡
武夷山镇
天柱山乡
岚谷乡
永兴镇
莲塘镇
万安乡
司前乡
水南乡
富岭镇
篁碧畲族乡
吴屯乡
枫溪乡
临江镇
山下乡
洋庄乡
新丰街道
武夷街道
石陂镇
上梅乡
水北街镇
星村镇
祖墩乡
五夫镇
濠村乡
花桥乡
黄坑镇
崇雒乡
兴田镇
回龙乡
郑墩镇
将口镇
漳墩镇
水吉镇
东平镇
麻沙镇
莒口镇
童游街道
小湖镇
下沙镇
书坊乡
莒口街道
吴家塘镇
龙村乡
川石乡
徐市镇
大竹镇
小松镇
东游镇
G60
G3
G1514
S0311
G205
320
205
202
306
302
204
G25

③徽赣河湖穿越线地图

山东省
河南省
江苏省
微山湖·微山岛
台儿庄古城
台儿庄大战纪念馆
龟山汉墓
云龙湖
徐州汉文化景区
徐州市
枣庄市
淮北市
宿州市
亳州市
虞姬文化园
奇石公园
垓下遗址
蚌埠龙子湖
蚌埠闸风景区
蚌埠市
蚌埠博物馆
八公山风景区
焦岗湖国家湿地公园
寿县孔庙·古城墙
淮南市
阜阳市
六安市
李鸿章故居
安徽省博物院
合肥市
省政府驻地
巢湖国家重点风景名胜区
三河古镇
滁州市
马鞍山市

河南省
湖北省
江西省
合肥市
省政府驻地
庐阳区
瑶海区
蜀山区
包河区
肥东县
肥西县
安徽省博物院
李鸿章故居
巢湖国家重点风景名胜区
三河古镇
六安市
裕安区
叶集区
金寨县
霍山县
舒城县
万佛湖风景区
天堂寨
铜锣寨
大别山主峰白马尖
岳西县
天柱山
潜山县
怀宁县
桐城市
枞阳县
庐江县
池州市
贵池区
安庆市
迎江区
宜秀区
太湖县
花亭湖风景区
五千年文博园
宿松县
石莲洞国家森林公园
望江县
东至县
石台县
祁门县
黄梅县
四祖寺
彭泽县
湖口县
石钟山
浔阳楼
浔阳区
九江市
濂溪区
柴桑区
瑞昌市
庐山国家重点风景名胜区

③徽赣河湖穿越线地图

湖北省
江西省
湖南省
九江市
浔阳楼
石钟山
庐山国家重点风景名胜区
白鹿洞书院
庐山西海风景区
鄱阳湖
梅岭国家森林公园
安义古村
滕王阁
南昌八一起义纪念馆
江西省博物馆
南昌市
宜春市
新余市
萍乡市
樟树市
吉安市
吉州窑博物馆
渼陂古村
井冈山市
井冈山风景名胜区
抚州市

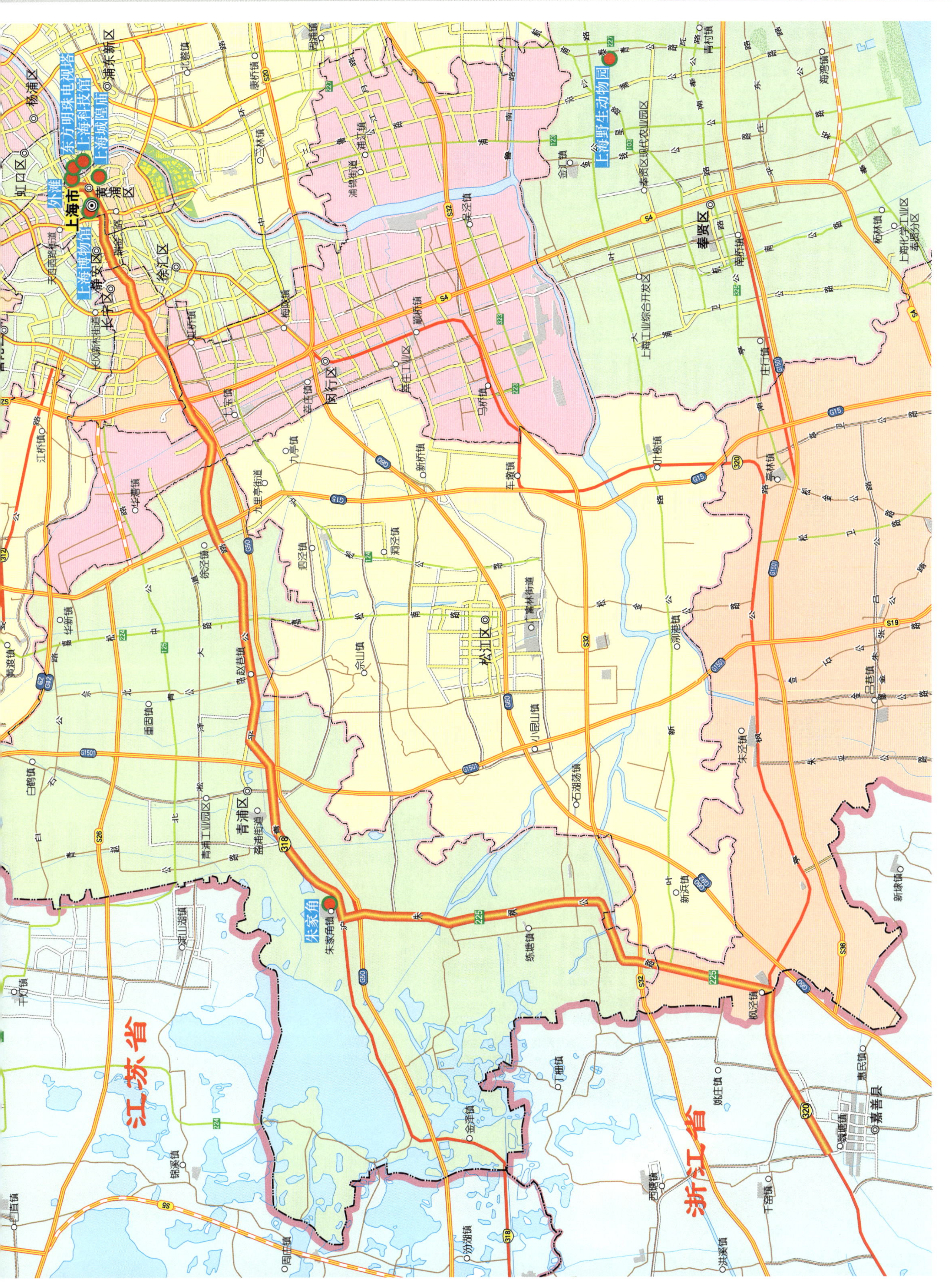
上海市
外滩
东方明珠电视塔
上海科技馆
上海城隍庙
上海博物馆
上海野生动物园
朱家角
奉贤区
闵行区
松江区
青浦区
江苏省
浙江省
嘉善县

④沪浙闽滨海风情线地图

浙江省
南雁荡山风景区
碗窑古村
福鼎市
太姥山
福安市
霞浦县
霞浦滩涂
中华畲族宫
宁德市
罗源县
连江县
福建省博物馆
闽侯县
三坊七巷
晋安区
鼓山风景区
福州市
仓山区
马尾区
中国船政文化博物馆
长乐区
永泰县
福清市
平潭县
平潭石头厝
莆田市
荔城区
涵江区
仙游县
秀屿区
湄洲岛
泉港区
惠安县
中国闽台缘博物馆
清源山
开元寺
东西塔
泉州市
鲤城区
丰泽区
洛江区
崇武古城
晋江市
石狮市
南安市
同安区
安溪县
永春县
德化县
尤溪县
闽清县
古田县
屏南县
周宁县
寿宁县
柘荣县
政和县
松溪县
庆元县
泰顺县
苍南县
龙港市
平阳县
南平市
建瓯市
延平区

④沪浙闽滨海风情线地图

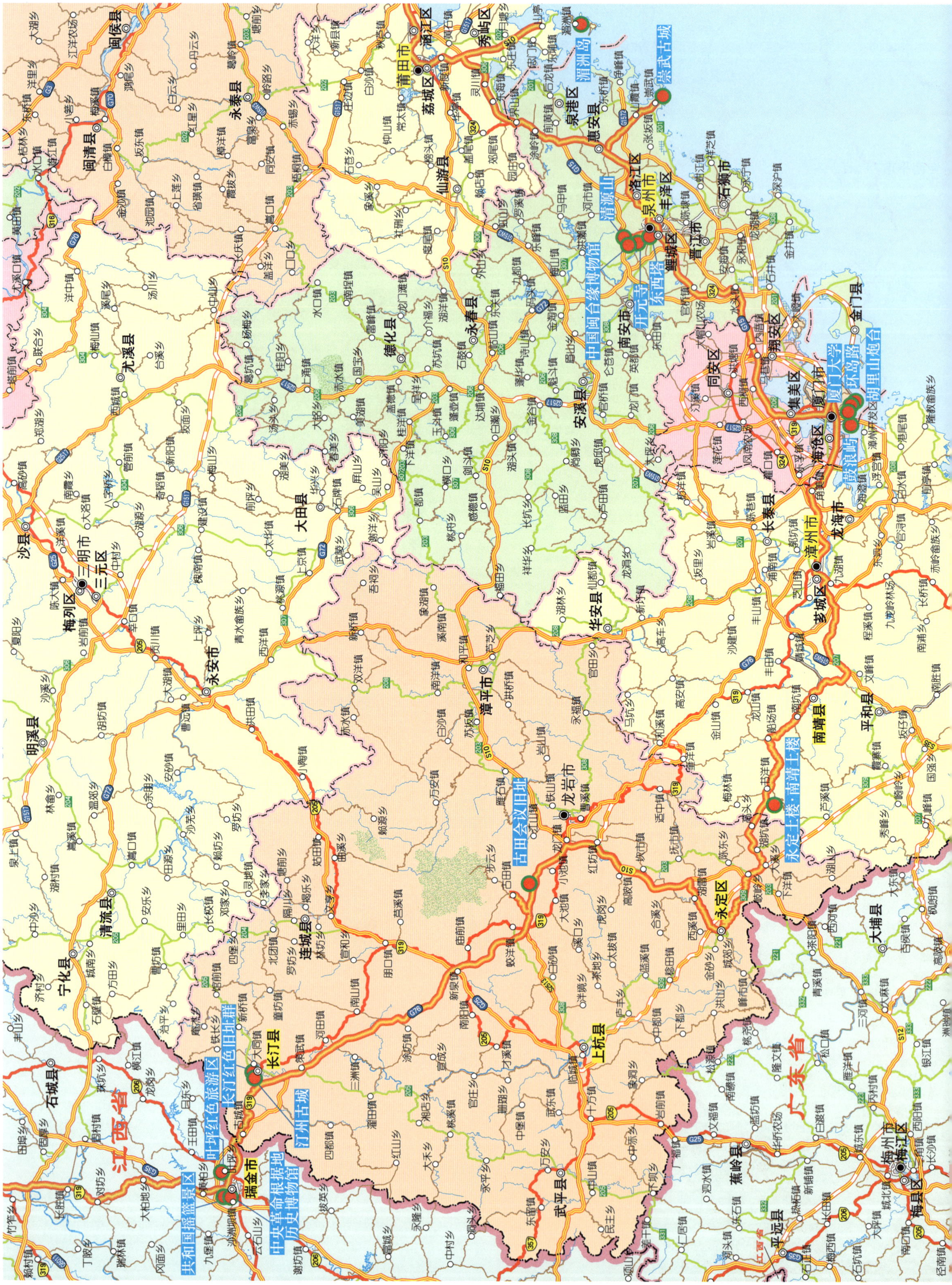

线路① · 山东人文大环线

人文景观

沧州铁狮子

沧州铁狮子又称“镇海吼”，铸造于953年，身长6.264米，体宽2.981米，通高5.47米，重约32吨，采用一种特殊的“泥范明铸法”分节叠铸而成。其腹内光滑，外面拼以长宽三四十厘米不等的范块，逐层垒起，分层浇铸，共用600余范块拼铸而成，是研究我国古代冶金、雕塑和佛教史的珍贵实物。

地址：河北省沧州市旧州镇

门票：20 元 / 人

开放时间：8:00~18:00

免费 东光铁佛寺

东光铁佛寺原名“普照寺”，始建于973年，因寺内释迦牟尼佛体态硕大而闻名。遗憾的是，“文革”期间铁佛寺遭到了严重破坏，铁佛被砸碎炼了钢铁。1989年，铁佛寺完成重建。新铁佛寺由山门、天王殿、大雄宝殿、东西配殿等组成，是一组仿宋古建筑群。

地址：河北省东光县普照大街 59 号

开放时间：8:00~18:00

吴桥杂技大世界

吴桥是我国杂技的发祥地之一，也是被国内外杂技界公认的杂技之乡。依托这一得天独厚的优势，1993年，吴桥县政府与香港国旅合资兴建了“吴桥杂技大世界”，把杂技艺术作为一项独特的旅游资源进行了开发。杂技大世界内设江湖文化城、魔术迷幻宫、红牡丹剧场、马戏游乐园、吴桥杂技博物馆等十个景点，集游乐、人文、博物、民俗、杂技培训、比赛交流于一体，淋漓尽致地展现了杂技之乡的古老民间文化。

地址：河北省吴桥县京福路 1 号

门票：144 元 / 人

开放时间：8:30~17:30

免费 苏禄王墓

苏禄王墓又称苏禄国恭定王墓，建于1417年，安葬着苏禄国东王巴都葛叭剌和他的王妃及两位王子，是我国境内仅有的两座外国君主陵墓之一，也是唯一驻有外国王室后裔守陵的异邦王陵。长久以来，由于战乱、水患，除王墓、石人、石马及墓碑外，其他建筑荡然无存。从1980年起，当地政府陆续对苏禄王墓及地表建筑进行了修葺、建设。

地址：山东省德州市德城区青年路 356 号

开放时间：9:00~16:30

中国太阳谷

中国太阳谷是我国最大的太阳能产业聚集地，也是目前世界上最大的太阳能高科技孵化器。这里涵盖了太阳能热水器、太阳能热水系统、太阳能与建筑一体化、太阳能高温热发电、太阳能锅炉、太阳能光伏发电、太阳能光电照明等多个门类的太阳能产业，同时也是一个太阳能旅游观光中心。游客通过参观体验，可以多维度地认识太阳能及人类对太阳能的开发利用。

地址：山东省德州市德城区崇德一大道

门票：101 元 / 人

开放时间：8:30~12:00，13:30~17:30

泉城海洋极地世界

泉城海洋极地世界拥有8.8万平方米的展示面积，曾经是世界上规模最大的室内海洋馆。里面有热带雨林、海龟岛、鲨鱼湾、海底隧道、精品馆、极地馆、4D影院、科普馆、水下剧场等十几个展馆，汇集了北极熊、北极狐、白鲸、伪虎鲸、领航鲸、海豚等近千种海洋生物、万种珍稀鱼类，是一个集观赏性、娱乐性、趣味性和展示海洋文化、海洋科技为一体的综合性展馆。

地址：山东省齐河县黄河国际生态城旅游路 8 号

门票：190 元 / 人

开放时间：8:30~17:30

趵突泉

趵突泉最早并没有正式名字，因趵突泉是古泺水的源头，所以历史上经常以“泺”代指趵突泉。宋人曾巩出任齐州知州时，写了一篇《齐州二堂记》，第一次提到了“趵突之泉”。乾隆南巡时因趵突泉水泡茶味醇甘美，曾册封其为“天下第一泉”。泉水共有三个出水口，每天涌出7万立方米泉水，水温四季恒定在18℃左右。在泉水周围还有泺源堂、观澜亭、尚志堂、李清照纪念堂、李苦禅纪念馆等景点可以参观。

地址：山东省济南市历下区趵突泉南路 1 号

门票：40 元 / 人

■ 趵突泉

■ 大明湖

■ 周村古商城之大清邮局

开放时间：7:00~19:00

免费 大明湖

大明湖史称历下波或历水波，金代诗人元好问在《济南行记》中始称大明湖。明朝重修济南城墙，大明湖遂初成今日形貌。后历经清淤整治，植荷栽柳，到清朝遂形成“四面荷花三面柳，一城山色半城湖”的秀丽景色。大明湖是由济南众多泉水汇流而成，水源充足，排水便利，故有“恒雨不涨，久旱不涸”的长处，经年水位恒定。公园内除了开阔的湖面，还有历下亭、北极阁、汇波楼、铁公祠等景点。

地址：山东省济南市大明湖路 271 号

开放时间：5:00~22:00

千佛山

千佛山古称历山，传说舜曾在历山耕田，又称为舜山或舜耕山。隋朝开皇年间，因佛教盛行，随山势雕刻了数千佛像，故称千佛山。千佛山是泰山的余脉，海拔 285 米，虽说无法与泰山比高，但在济南却是与趵突泉、大明湖齐名的三大名胜之一。山上主要景点有万佛洞、千佛崖、观音园、兴国禅寺等。

地址：山东省济南市经十一路 18 号

门票：80 元 / 人

开放时间：8:00~17:00

免费 山东博物馆

山东博物馆成立于 1954 年，曾于 1991 年、2007 年两次易址建设新馆。其收藏尤以陶瓷器、青铜器、甲骨文、陶文、封泥、玺印、简牍、汉画像石、书画、善本书等见长。目前，博物馆设有佛教造像艺术展、汉代画像艺术展、山东历史文化展、鲁王之宝——明朱檀墓出土文物精品展、考古山东、山东古代科技展、万世师表展等常设展览。

地址：山东省济南市经十路 11899 号

网址：http://www.sdmuseum.com

电话：0531–85058202

开放时间：9:00~17:00

周村古商城

周村在明清时期曾是我国北方重要的商埠，也是著名的丝绸之乡，素有“旱码头”“天下第一村”的美誉，如今依然保存有完整的明清古建筑群。2001 年起，当地政府对古商城进行了保护性开放，目前已形成千佛寺庙群、大染坊、三益堂印刷展馆、谦祥益、瑞蚨祥、民俗展览馆、英美烟草公司展览馆、今日无税碑、状元府、票号展览馆等十几个景点。同时，古商城也是许多著名电视剧的取景地，如《旱码头》《大染坊》《闯关东》等。

地址：山东省淄博市周村区大街 290 号

门票：60 元 / 人（古城免费，景点收费）

开放时间：9:00~17:00（古城全天开放）

蒲松龄纪念馆

蒲松龄纪念馆是在蒲松龄故居基础上建设而成的人文纪念馆。共拥有 6 个小院，7 个展室，主要有聊斋复原陈列、蒲松龄生平展室、蒲松龄著作外文和研究成果展室、聊斋故事彩塑展、馆藏名人字画展等，馆藏文物资料 15000 余件，其中蒲松龄的四枚印章与画像属于国家一级文物。

地址：山东省淄博市淄川区蒲家村 71 号

门票：30 元 / 人

开放时间：8:00~18:00

王渔洋纪念馆

王渔洋是清初著名诗人，官至刑部尚书，在公务之余致力于诗文著述，主持诗坛 50 年之久，被誉为一代诗宗。纪念馆设有 7 个展室和一个石刻园，包括王渔洋故居、四世宫保坊、忠勤祠等，整组建筑系砖木结构，分东西主跨两院，保持了典型的明代建筑风格。

地址：山东省淄博市桓台县张田路 7998 号

门票：70 元 / 人（王渔洋故居、忠勤祠通票）

开放时间：8:30~17:00

临淄中国古车博物馆

1990 年，文物考古部门在后李文化遗址发掘了一处春秋时代的大型殉车马坑，出土了大量配套齐全、马饰精美、保存完好的车马文物，并入选当年全国十大考古新发现。1994 年，以后李春秋殉车马遗址为基础建成了临淄中国古车博物馆，成为我国首家系统完整地将车马遗址与文物陈列融为一体的古车博物馆。目前，博物馆共设有春秋殉马车和中国古车陈列两个展厅。

地址：山东省淄博市临淄区齐陵镇

门票：40 元 / 人

开放时间：8:00~17:00

青州古城

青州是古九州之一，有 12 年国都、1065 年省会、1606 年府衙、2200 余年县治的历史。自西汉初年往后，先后存在过广县城、广固城、东阳城、南阳城、东关圩子城和满族旗城六座古城。如今，青州古城内现存古街巷上百条，且大部分名称已延续数百年，甚至上千年。其中，北门大街、偶园街、东门大街是保存最完整、规模最大、内涵最丰富的街巷，游走其间可以充分感受古城历史的厚重。

地址： 山东省青州市东门大街

门票： 古城免费，城内景点另行收费

开放时间： 全天

免费 青州博物馆

青州博物馆是一座综合性博物馆，也是县市博物馆中鲜有的国家一级博物馆。目前，博物馆共有馆藏文物 4 万余件，陈列面积 7000 余平方米，布置有青州简史、陶瓷、龙兴寺佛教造像、古代书画艺术、石刻雕塑、石刻碑碣、玉器、青铜塑像等展厅。

地址： 山东省青州市范公亭西路 1 号

开放时间： 9:00~17:00

井塘古村

井塘古村始建于 1456 年，因东南纱帽山下有一清泉，常年不涸，形成一塘，村民将塘砌石筑高为井，村名便由此而来。虽说经历了 500 余年的风雨沧桑，井塘古村依然保留了较为完整的明朝建筑风貌。整个村落被青石砌筑的防御墙所包围，村中则形成了以张家大院、吴家大院、孙家大院为主体的古民居建筑群，并保存有完好的古石桥、古井、古庙、古石台等。

地址： 山东省青州市井塘古村

门票： 40 元 / 人

开放时间： 7:00~17:00

免费 潍坊世界风筝博物馆

潍坊世界风筝博物馆建于 1987 年，是我国第一座风筝主题博物馆。其建筑造型选取了潍坊龙头蜈蚣风筝的特点，屋脊是一条完整的组合陶瓷巨龙，屋顶用孔雀蓝琉璃瓦铺成，似蛟龙遨游长空伏而又起。目前，馆内共设有七个展厅和一个多功能厅，陈列展出了丰富的照片、文字、绘画资料与大量的风筝复制品，全面展示了风筝之都的风筝文化与风筝故事。

地址： 山东省潍坊市奎文区行政街 66 号

网址： http://www.wfkitemuseum.cn

电话： 0536-8251745

开放时间： 9:00~17:00

杨家埠民间艺术大观园

杨家埠民间艺术大观园的前身是杨家埠风筝厂，如今则是一个以风筝、年画为主导，民风、民俗为主题，风筝博物馆、年画博物馆、风筝作坊、年画作坊、十八女子作坊、老粗布作坊、古店铺一条街等为载体的民俗文化旅游区。

地址： 山东省潍坊市寒亭区渤海路与富亭街交汇处

门票： 60 元 / 人

开放时间： 8:00~18:00

烟台龙口南山景区

烟台龙口南山景区由宗教文化园、中华历史文化园、东海旅游度假区三部分组成。宗教历史文化园内的南山禅寺、香水庵、南山道院、灵源观等均为晋、唐遗迹，再加上现代新建的南山大佛、南山药师玉佛，使文化园的宗教氛围更加浓厚。中华历史文化园则是一个融历史文化、建筑美学及园林艺术于一体的大型主题公园，不光可以游玩，还可以快乐地学习历史文化知识。东海旅游度假区则是一片绵延 20 公里的度假海滩。

地址： 山东省龙口市东江镇

门票： 120 元 / 人

开放时间： 7:00~20:00

蓬莱阁旅游景区

蓬莱阁旅游景区由蓬莱阁、蓬莱水城、戚继光故里等景点组成。核心景点蓬莱阁始建于 1061 年，明清两朝进行了扩建重修，由蓬莱阁主阁、吕祖殿、三清殿、天后宫、龙王宫、普照楼、弥陀寺等建筑组成，形成了一座庙宇与园林交错的宏丽建筑群。蓬莱水城原为宋朝停泊战船的“刀鱼寨”，明朝洪武年间将其修筑为水城，是国内现存最完整的古代水军基地。

地址： 山东省蓬莱市迎宾路 7 号

门票： 120 元 / 人

开放时间： 7:00~18:00

烟台金沙滩海滨公园

烟台金沙滩海滨公园由万米海水浴场、天街广场、37° 梦幻海主题公园、天马栈桥等景点组成，是一处集游泳、赏景、娱乐、休闲、美食于一体的综合性公园。

地址： 山东省烟台市海滨路 40 号

门票： 免费（37° 梦幻海主题公园需购票参观）

开放时间： 全天

张裕酒文化博物馆

张裕酒文化博物馆建于 1992 年，是我国第一家世界级葡萄酒专业博物馆。它以张

■ 蓬莱阁旅游景区

裕葡萄酒110多年的发展历史为主线，通过大量的实物、照片，以及一些高科技手段，对我国的葡萄酒工业、葡萄酒文化进行了全面的展示与介绍。在博物馆地下便是酒窖，游客可以看到各个时期的橡木酒桶，还可以免费品尝葡萄酒。

地址： 山东省烟台市芝罘区大马路56号

门票： 80元/人

开放时间： 8:00~17:00

免费 烟台山

1398年，在藤峰顶设立烽烟台，作为报警场所，因而称为烟台山，后来的烟台市也由此得名。烟台山虽说只是一个海拔仅有42.5米的海边小山，却因三面环海，环境优美，而成为烟台市的标志性景区。山上除了烟台墩、灯塔等建筑，还有亚洲现存最大的近代领事馆建筑群，记录了烟台作为山东第一个开埠通商口岸的特殊历史。

地址： 山东省烟台市芝罘区历新路7号

开放时间： 7:00~17:30

烟台山

免费 养马岛

养马岛又称象岛，相传秦始皇嬴政东巡时曾到达此地，并在岛上为其放养马匹，这也正是养马岛之名的由来。目前，养马岛已被开发为旅游度假区，岛上有赛马场、海水浴场、鹿苑、锦绣城等多处景点及40多处专用和公共疗养院（中心）。海岛与大陆有跨海大桥相连，自驾前往非常方便。

地址： 山东省烟台市牟平区养马岛

开放时间： 全天

刘公岛

刘公岛地处威海湾口，距威海港码头大约2.1海里，是威海市的天然屏障。1881年，北洋水师在岛上设工程局、机器厂、屯煤所等；后又设电报局，建提督府、铁码头、炮台，并开办水师学堂。1894年的甲午海战为其烙上了深刻的印记。1898年，该岛又被英国强迫租借。新中国成立后，刘公岛一直作为军事禁区封闭了起来，直到1985年，才正式对游人开放。目前，岛上有甲午海战展览馆、中国甲午战争博物馆、北洋海军提督署、丁汝昌寓所等景点。

地址： 山东省威海市刘公岛

门票： 130元/人（含往返船票）

开放时间： 7:00~18:30（首末班船的开行时间）

威海华夏城景区

从2003年起，历经10余年，华夏文化旅游集团将威海龙山的44处矿坑进行了治理改造，最终建成了以展示东方古典文化为主的大型生态文化景区——华夏城。目前，景区内有华夏第一牌楼、夏园、圣水观音大型音乐喷泉广场、太平禅寺、禹王宫、文化谷等景点。

地址： 山东省威海市环翠区华夏路1号

门票： 98元/人

开放时间： 8:00~17:30

成山头国家级风景名胜区

成山头又名成山角，俗称天尽头，因地处成山山脉最东端而得名。这里三面环海，巨大的岩礁直插黄海，成为我国海岸线向东最突出的地方，也是我国最早看见海上日出的地方。除了日出，在成山头还能看到很多典型的海蚀地貌，以及始皇庙、拜日台、望海亭、秦汉文史馆等景点。如果时间宽裕，还可以乘船前往海驴岛观鸟。

地址： 山东省荣成市成山镇西霞口村

门票： 160元/人

开放时间： 7:50~17:00

石岛赤山风景区

石岛赤山风景区位于石岛湾西侧，赤山则是石岛山系的一座山峰，因山上岩石呈红色而得名。景区内有法华院、赤山禅院、法华塔、天后宫、赤山明神、荣成民俗馆、张保皋传记馆等景点。登上山顶可以俯瞰石岛湾。景区紧邻我国北方最大的渔港——石岛渔港，因此还可以顺道感受渔港渔村的渔家风情。

地址： 山东省荣成市石岛管理区法华路

门票： 138元/人

开放时间： 7:30~18:00

海阳旅游度假区

海阳旅游度假区濒临黄海，位于胶东半岛“仙境海岸”核心地段，其旅游资源以海取胜。目前，旅游区由万米金滩、沙雕公园、水生植物园、高尔夫俱乐部等景点组成。万米金滩绵延20余公里，沙细滩平，坡缓水清，是非常优质的滨海浴场。

地址： 山东省海阳市黄海大道南路

门票： 沙滩免费

开放时间： 全天

青岛啤酒博物馆

青岛啤酒博物馆是由青岛啤酒股份有

限公司投资建设的国内唯一一家啤酒主题博物馆。博物馆以青岛啤酒厂百年前的老厂房、老设备为依托，以青岛啤酒的百年历程及工艺流程为主线，对我国啤酒工业的发展历史及啤酒的酿造文化进行了全方位的展示。游客还可以在里面免费品尝最新鲜的生啤酒。

地址：山东省青岛市市北区登州路 56-1 号

门票：60 元 / 人

开放时间：7:30~18:30（不同月份开放时间会有不同）

青岛海滨风景区

青岛海滨风景区

青岛海滨风景区西起团岛，东至大麦岛，全长约 25 公里，共包括团岛湾、青岛湾、汇泉湾、太平湾、浮山湾 5 个风景优美的海湾。而且滨海一线也串联起了青岛众多著名的景点，如栈桥、海军博物馆、小鱼山、第一海水浴场、八大关、五四广场、奥帆中心等。在这一线游走不光能看海、玩海，还能感受近百年来青岛所形成的“红瓦绿树，碧海蓝天”的独特城市风貌。

地址：山东省青岛市市南区

门票：免费（一些景点需购票参观）

开放时间：全天

曲阜三孔之孔庙

八大关

在青岛第一海水浴场东侧，有一片建于 20 世纪初期的历史街区，其中的 8 条主要街路以我国著名的 8 个关隘命名（目前已增至 10 个关隘名称），因此这片街区也就被称为“八大关”。这里各式建筑 200 多栋，涵盖了俄、英、法、德等 20 多个国家的建筑风格，因此又被称为“万国建筑博物馆”。其中比较典型的建筑有花石楼、元帅楼、公主楼。其中花石楼是一座欧洲古城堡式建筑，新中国成立前国民党特务戴笠曾在此居住；元帅楼是一座日式建筑，彭德怀、徐向前等六位共和国元帅曾在此居住，因此得名元帅楼。

地址：山东省青岛市市南区正阳关路

门票：免费（个别景点购票参观）

开放时间：全天

琅琊台

春秋战国时期，琅琊是齐国的重要城邑。秦始皇统一中国后，大兴土木，修筑琅琊台，以观海望日，并在琅琊台两度遣徐福等方士携童男童女东渡求仙。往后历朝众多文人墨客都曾登临琅琊台，挥毫泼墨抒写盛景。1993 年，青岛市政府投资修建和修复了徐福殿、云梯、御路、琅琊刻石、始皇群雕、望越楼、琅琊石亭等名胜古迹和旅游景观。与这些仿古作品比，琅琊台的真正魅力应该是历史所赋予的文化意义。

地址：山东省青岛西海岸新区琅琊台风景名胜区

门票：50 元 / 人

开放时间：8:30~17:00

刘家湾赶海园

刘家湾赶海园依托广阔的潮间带和沿海防护林而建，由赶海园和金沙岛两大景区组成，以赶海拾贝体验为特色，设立了儿童体验区、艺术海岸带、休闲渔港、星光营地、赶海牧场、赶海活动区等，是一处集亲子休闲、滨海度假、渔业体验于一体的滨海旅游区。

地址：山东省日照市东港区涛雒镇沿海公路中段

门票：45 元 / 人

开放时间：8:00~17:30

天宇自然博物馆

天宇自然博物馆虽说身处山东的一座小县城，但它却拥有多项世界之最，其中一项便是：世界上最大的恐龙博物馆。博物馆的陈列面积达 2.8 万平方米，共有 28 个展厅，藏品 39 万余件，用琳琅满目来形容，一点也不为过。除了各种各样的恐龙化石，馆藏的矿物标本更是令人叹为观止，诸如世界上最大的白钨矿晶体、最大的绿松石标本等。作为一座自然博物馆，这里非常适合充满好奇心的孩子。

地址：山东省平邑县城莲花山路西段

门票：70 元 / 人

开放时间：8:00~17:00

曲阜三孔

曲阜三孔是孔庙、孔府、孔林的统称，是中国历代纪念孔子、推崇儒学而建设留存下来的文化遗迹。孔庙始建于公元前 478 年，历朝历代不断扩建，最终形成今天三殿、一阁、一坛、三祠、两庑、两堂、两斋、十七亭与五十四门坊的宏伟规模。孔府建于宋朝，是孔子嫡系子孙居住之地，共有九进院落，厅、堂、楼、轩 463 间。孔林则是孔子及其家族的专用墓地，整个陵区被 7000 多米的院墙围拢，内有古树两万余株，每逢春天，鹭鸶满林，鸟蛋遍地。

地址：山东省曲阜市

门票：140 元 / 人（三孔通票）

开放时间：8:00~17:30

孔子六艺城

六艺之说始于周朝，是指“礼、乐、射、

御、书、数”六种技能，孔子更是一生崇尚和倡导六艺。曲阜作为孔子的家乡，便以六艺为主线，建筑了一座孔子六艺城，以此来诠释孔子的六艺思想。整个六艺城分为“孔子列国行”“礼厅”“书厅”“御厅”“乐厅”“射厅”“数厅”等多处景观，借助现代科技手段，再现了孔子时代的各种景象，同时还有古乐舞表演，给人以身临其境的感受。

地址：山东省曲阜市春秋路33号

门票：60元/人

开放时间：7:30~17:30

泰山

泰山，又名岱山、岱宗、岱岳、东岳、泰岳。主峰玉皇顶海拔1532.7米，在广袤的华北平原上，显得气势宏伟磅礴，素有天下第一山之称，因此又被尊为五岳之首。自秦汉到明清，历朝皇帝曾到泰山封禅达27次，再加上文人墨客蜂拥而至，因此留下了大量的文化遗迹。除了山上山下的20多处古建筑群外，光碑碣石刻就达2200余处。从古至今更流传有诸多与泰山相关的文学作品，从而使泰山的魅力就像窖藏老酒的香气一样四海飘荡，人们都闻香而来。

地址：山东省泰安市岱岳区东岳大街西段501号

门票：115元/人

开放时间：全天

泰安太阳部落景区

泰安太阳部落景区是我国首家展现史前文明的特大型主题公园。景区以大汶口文化为主线，以情景体验的形式，将史前文化和游乐项目有机融合，使史前文明的场景在游客面前真实展现。整个景区共分为时光穿越、梦回大汶口、洪荒探秘、洪荒历险、情定大汶口、金乌古镇六大版块，由时空隧道、大汶口文化展示体验馆、大汶口古村、盘古狂叫、女娲补天、共工的愤怒等30余个主题项目组成，结合现代声光电技术手段，给人营造出身临其境的感觉。

地址：山东省泰安市岱岳区胜利路天颐湖南

门票：160元/人

开放时间：8:30~17:00

■青岛金沙滩

■泰山岱宗坊

线路①·山东人文大环线 自然风光

云门山

云门山海拔仅有421米，但其山形陡峭，颇有巍峨之势。山顶有一高约3米，宽约4米，且南北贯通的天然洞穴，名为云门洞。每逢夏秋季节，云雾缭绕，穿洞而过，将山顶的亭台楼阁托于滚滚云海之上，犹如仙境一般，故被称为“云门仙境”，云门山也正是由此而得名。

地址：山东省青州市城南2.5公里处

门票：80元/人

开放时间：8:30~17:30

长山群岛

长山群岛又称为庙岛群岛，是由纵列于山东半岛与辽东半岛之间的32个大小岛屿组成。岛屿周围有星罗棋布的港湾，大大小小的海水浴场、千姿百态的礁石海滩散落其间，形成了奇秀美丽的海岛风光。目前，在长山群岛上有半月湾、九丈崖、庙岛、龙爪山、宝塔礁、鸟岛、望夫礁等十几个开发成熟的景点可游览。

地址：山东省长岛县

门票：165元/人

开放时间：7:00~18:00

免费 乳山银滩旅游度假区

乳山银滩拥有21.7公里长的沙滩，且坡缓滩平，沙质细腻松软，洁白如银，故被称为“银滩”。1992之前作为军事管制区一直未被开发，之后作为旅游度假区得到了迅速发展，且被地产开发商反复热炒。作为自驾游者，无须关注房子的长长短短，只需用心感受银滩碧海蓝天的净美，充分享受海水浴、沙滩浴、阳光浴所带来的快乐。

地址：山东省乳山市长江路

开放时间：全天

崂山风景区

崂山风景区由巨峰、流清、太清、棋盘石、仰口、北九水、华楼等9个风景游览区和沙子口、王哥庄、北宅、夏庄、惜福镇等5个风景恢复区及外缘陆海景点三部分组成。其主峰崂顶海拔1132.7米，是我国海岸线上的第一高峰，被誉为“海上第一名山”。除了海天山色的自然风景外，崂山还是我国著名的道教名山，目前尤以太清宫规模最大，建筑群落最为完整。

地址：山东省青岛市崂山区

门票：180元（景区通票3日有效）

开放时间：6:00~19:00

免费 青岛金沙滩

青岛金沙滩全长约3.5公里，宽约300

■ 沂蒙山旅游区　荣玉 / 摄

米，呈月牙形东西伸展，是我国沙质最细、面积最大、景色最美的沙滩之一。由于海滩面积广阔，这便为许多海滨游戏项目提供了广阔空间，游客在游泳、戏水、做沙滩浴的同时，还可以放风筝、骑沙滩摩托、蹬水上自行车、乘坐沙滩飞机，也可以自己做沙雕玩。

地址：山东省青岛市黄岛区金沙滩路
开放时间：全天

日照海滨国家森林公园

日照海滨国家森林公园的前身是 1992 年建立的鲁南海滨国家森林公园。公园濒临黄海，地貌多为黄海退潮沉积滩地，植物多为人工种植，主要有黑松、雪松、杨树、水杉、紫穗槐、刺槐等树种。旅游景区主要由森林景区、海滨旅游区和太公文化区组成。

地址：山东省日照市碧海路北
门票：50 元 / 人
开放时间：全天

沂蒙山旅游区

沂蒙山旅游区是一个非常宽泛的概念，它包含了沂山和蒙山地理区域内的多个景区。其中主要有云蒙景区、龟蒙景区和沂山景区。云蒙景区是沂蒙山旅游的核心景区，也是沂蒙山区好风光的典型代表，由金刚门、中国瀑布、云蒙峰、天然氧仓等景点组成。龟蒙景区由万寿宫、福寿康宁鼎、九龙潭、百寿摩崖、鹰窝峰、龟蒙顶等景点组成，其中龟蒙顶是山东第二高峰，有“亚岱”之称。

地址：山东省蒙阴县桃墟镇花果庄村云蒙景区
山东省平邑县柏林镇龟蒙景区
门票：70 元 / 人（云蒙景区）
70 元 / 人（龟蒙景区）
开放时间：8:30~16:30

线路①·山东人文大环线

富饶物产

金丝小枣

金丝小枣是鼠李科枣属的一种植物，由酸枣进化而来。掰开半干的小枣，可清晰地看到由果胶质和糖组成的缕缕金丝粘连于果肉之间，拉长 1~2 寸不断，在阳光下闪闪发光，金丝小枣由此得名。小枣多为椭圆形和鹅卵形，核小皮薄，果肉丰满，肉质细腻，可鲜食，干枣可以用来煮粥，做枣糕等。尤以沧州、无棣、乐陵等地所产最为著名。

齐河西瓜

早在清朝时，齐河县即因气候、土壤、水文等自然环境条件优越，而盛产西瓜，并形成了独特的风味。齐河西瓜的基本特征是个大皮薄，椭圆形，瓜皮墨绿，间有细网纹或条带，瓜肉大红沙瓤且甜度高。

淄砚

淄砚产于山东淄博，因古称淄州而得名，历史上也曾称为淄川砚、淄州砚、淄石砚。其始于唐，盛于宋，距今已有 1300 多年的历史，但明清往后，淄砚并没有大放光彩。20 世纪 60 年代起，淄川等地成立刻砚合作社，使得淄砚得以复兴。

青州柿干

青州柿干是选用上品柿子，经去皮、吊晒后，加工制作而成的一种半干软果。青州柿树栽培历史悠久，树种选育优良，尤以小萼子柿果制成的柿干最佳，其质地柔软、肉质细嫩、霜厚均匀、维生素含量高，且色、香、味、形俱佳，又非常耐储运，所以在国际市场上深受欢迎。

青州蜜桃

北魏农学家贾思勰在《齐民要术》中便对青州广植桃树进行了记载，至明清时期，青州蜜桃已是朝廷贡品。发展至今天，青州蜜桃的品系非常繁多，被分为早熟、中熟、晚熟、特晚熟和光桃。尤以晚熟品种最为有名，当其他桃子已经下市，青州蜜桃才大量上市，且肉细、味甜、色艳，还耐储存，非常受欢迎。

云门陈酿酒

云门陈酿酒是山东青州市特产。其以高粱、小麦为原料，用纯小麦踩制的高温大曲为糖化发酵剂，经高温堆积、高温发酵、高温馏酒、长期贮存、精心勾调而成。具有酱香突出、酒体醇厚丰满、幽雅细腻、香味协调、回味悠长，空杯留香持久等特点。云门陈酿也是北方鲜有的酱香型白酒的代表。

潍县萝卜

潍县萝卜

潍县萝卜，又称“高脚青萝卜”，因原产于山东潍县而得名，已有 300 多年的栽培历史。其皮色深绿，肉质翠绿，香辣脆甜，多汁味美，有水果萝卜的美誉。在当地还流传着这样一句民谚：“烟台苹果、莱阳梨，不如潍县萝卜皮。”因为潍县萝卜不仅好吃，而且还有很高的药用价值。

敞口山楂

敞口山楂是山东青州特产，也是大山楂中品质最好的品种。其果实扁圆形，果皮涂红，果点黄白色，密集，果皮较粗糙，无光泽，因萼筒大而深，萼片张开而成“敞口”状，故名敞口山楂。

杨家埠木版年画·风筝

杨家埠木版年画是流行于潍坊杨家埠的一种传统民间版画，明朝洪武年间已初具工艺基础。其制作工艺分为画稿、刻版、印刷、装裱等，而且每一道工序都极为精细。它不同于杨柳青年画的画，而像现代印刷工艺一样，对画稿进行精细分色，然后雕刻出不同的色版，再经过数遍手工套色印刷而成。具有造型夸张、简练、粗犷、朴实的显著特点。杨家埠不仅有年画，而且还是潍坊风筝的发源地。杨家埠风筝的初始种类多为鸟虫与人物等，富有浓郁的乡土味。后经过风筝艺人的不断创新，其种类五花八门，而且融入了许多现代元素，品种已超过300多种。

烟台海参·鲍鱼

全球海洋中共有1100多种海参，其中可食用的仅有几十种，尤以产于黄、渤海海域的“烟台海参”质量最好。其海参多肽、氨基酸含量高，且不含胆固醇，深受北方人喜爱。烟台海域有许多水深流急、含盐度高、海藻丰富的礁岩地带，非常适合鲍鱼的生长，尤其是产于长岛地区的皱纹盘鲍，其活力和营养远超其他品种的鲍鱼。

张裕葡萄酒

1892年，著名华侨张弼士先后投资300万两白银在烟台创办了张裕酿酒公司，开始工业化生产葡萄酒。张裕葡萄酒便是其旗下的著名葡萄酒品牌。在1915年的巴拿马万国博览会上，张裕葡萄酒一举夺得了四枚金质奖章。如今，张裕葡萄酒有干红、干白、雷司令干白、天然红葡萄酒、天然白葡萄酒、天然玫瑰红葡萄酒等众多品种。

张裕葡萄酒博物馆

烟台苹果·大樱桃

早在1618年，烟台就有关于苹果栽培的记录。1871年，美国传教士将青香蕉、红香蕉两个西洋苹果品种引入烟台，使烟台成为现代苹果的发源地。如今的烟台，依然是我国苹果的重要产地，尤以栖霞苹果最为著名。除了苹果，大樱桃则是烟台的另一张亮丽名片。19世纪80年代，旅居国外的华侨将欧洲甜樱桃引种到了烟台，经过100多年的培育，形成今天果实大、口味美，宜鲜食，也适于加工的烟台大樱桃。

荣成大花生

荣成是我国的花生种植大县，在高峰时期，其种植面积几乎逼近全县耕地面积的一半。目前，荣成大花生的栽培品种为鲁花17、鲁花10等传统品种，经过荣成农民几十年的精心选育和荣成特殊的土壤、气候条件，形成了果实洁白较大，缩缢明显，网纹清晰，壳薄籽粒饱满且多为双仁果的特点。

威海无花果

一百多年前，英国人租借威海卫时，从欧洲将无花果引入了威海，起初仅为庭院栽培，20世纪90年代起，开始规模化种植。威海无花果具有皮薄无核，肉质柔软，风味甜美的特点，经常食用可润肺健脾、清脑化瘀。夏秋季节前往威海，街头随处可见销售无花果的摊点。由于无花果不易储存运输，所以在产地之外很难吃到鲜果，走进威海不要错过。

威海海带

威海是我国最大的海带养殖基地，其下辖的荣成市又是我国海带生产第一大县，年产量占到了全国的一半。受海域水温、气候等特定自然环境影响，与南方沿海地区所产的海带相比，威海海带藻体厚实，褐藻胶、甘露醇、碘等成分含量最高，是我国制碘业、海藻化工业的首选原料。

即墨老酒

即墨老酒是我国北方黄酒的典型代表，其酿造历史可上溯到2000多年前。其选用大黄米、陈伏麦曲、崂山矿泉水，按照“黍米必齐、曲蘖必时、湛积必洁、水泉必香、陶器必良、火剂必得”的古代造酒六法酿制而成。酒液清亮透明，深棕红色，酒香浓郁，口味醇厚，微苦而余香不绝。

青岛啤酒

1903年，英、德两国商人在青岛创建了日耳曼啤酒公司青岛股份公司，开始生产淡色啤酒和黑色啤酒。1945年，日本投降后改名为青岛啤酒厂，开始生产“青岛啤酒”。其

■ 杨家埠木版年画

日照黑陶

选用优质大麦、大米、上等啤酒花和软硬适度、洁净甘美的崂山矿泉水为原料酿制而成。原麦汁浓度为 12 度，酒精含量 3.5%~4%，酒液清澈透明、呈淡黄色，泡沫清白、细腻而持久。

日照绿茶

日照是世界公认的三大海岸绿茶产地之一，独特的临海环境孕育出了日照绿茶“叶片厚、滋味浓、香气高、耐冲泡”的独特品质。与其他茶叶产区悠久的历史不同，日照绿茶是 20 世纪 60 年代南茶北引的结果，经过 50 多年的发展已成为我国绿茶中的杰出品类。

日照黑陶

日照黑陶俗称日照土陶，是土陶器中的灰、黑色陶器，也是龙山文化最著名、最典型的陶器，被史学家称之为“原始文化中的瑰宝”。作为一项古老的传统制陶技艺，日照黑陶有色如墨，声如钟，薄如纸，亮如镜，硬如瓷的美誉。其通体漆黑、闪闪发亮的外在形态，给人以原始古拙的美感。

金星砚

金星砚以费县刘庄乡出产的金星石为材料磨制雕刻而成。这种石料稀少珍贵，由轻微泥岩构成，内含硫化铁结晶，形成大者如核桃，小者如米粒，金光闪闪、形状各异的金星，金星砚之名正是由此而来。金星石成砚后着手生润，滴水不干，寒不结冰，磨墨无声，发墨如油，涩而不损笔，即使在酷暑炎热中墨汁也不易干涸，三九严寒下也运笔自如。

平邑金银花

平邑金银花，是沂蒙山区传统的正宗药材，因主产于山东省平邑县，而被称为平邑金银花。其具有花蕾肥大、色泽纯正、味道清香，绿原酸含量高等特点。而且据山东中医药研究所和山东中医药大学测定，平邑金银花在挥发油、绿原酸的含量上均大幅高于其他地方的金银花，平邑也因此被农业部命名为“中国金银花之乡”。

沂蒙黑山羊

沂蒙黑山羊是山东省的地方优良品种，主要分布在沂河、沭河流域上游的沂源县、沂水县、蒙阴县和费县等地，是一种肉、绒、毛、皮多用型羊种。其肉质细嫩，色红均匀，膻味小，食用时味香而不腻口，是理想的高蛋白质、低脂肪营养食品。

楷雕

楷雕是用孔林中独有的楷木雕刻而成的传统工艺品，它与尼山砚、碑帖一起被誉为“曲阜三宝”。相传最早的楷树是孔子的弟子子贡奔丧时，从他经商的海南带回孔林栽植的，清康熙年间遭雷火焚烧。曲阜楷雕的历史可以追溯到西汉初年，到清朝进入巅峰时期。楷雕的传统产品是手杖和如意，也有群仙祝寿、侍女、罗汉这样的人物题材作品。

尼山砚

尼山砚是我国传统名砚，因其石材产于孔子诞生地曲阜尼山而得名。其发展历史已有五百余年，明朝万历年间被列为贡品。尼山石色呈柑黄，有疏密不匀的黑色松花纹，石面细腻，抚之生润，成砚后下墨利，发墨好，久用不乏。

泰山赤鳞鱼

泰山赤鳞鱼，又名螭霖鱼，是泰山泉水哺育的珍贵山区淡水鱼。它一般生活在海拔 270~800 米的泰山山涧溪流中，自然条件下，成鱼长不足 20 厘米，重不过百克，肉质细嫩，其味鲜美而不腥，为名贵食材，还可药用。

线路①・山东人文大环线

民俗文化

鲁绣

鲁绣是一种古老的传统刺绣工艺，也是历史文献中记载最早的一个绣种，属中国“八大名绣”之一。其绣品不仅有服饰用品，也有观赏性的书画艺术品。特点是多以暗花织物作底衬，以彩色强捻双股衣线为绣线，采用齐针、缠针、打籽、滚针、擞和针、镇绣、接针等针法，选取民间喜闻乐见的人物、鸳鸯、蝴蝶和芙蓉花等为刺绣内容。

沧县狮子舞

沧县狮子舞是一种古老的传统舞蹈。其最早起源于汉朝，明朝时已广为流传。早期的狮子舞大都为“文狮”，鼓点威武豪壮，有动有静，有紧有慢，多为对动物本身的动作模拟，并随着鼓点的变化而变化。后来又发展出了“武狮”，融合进了武术、杂技动作，从而使狮子舞变得更加欢快。以前，在庙会或花会时节，都会有狮子舞表演，如今沧县狮子舞则仅剩数支队伍。

沧州武术

沧州武术，兴于明，盛于清，至乾隆时，武术之乡已形成，到清末，则声扬海外。沧州武术的门类与拳械非常丰富，有六合、八极、秘宗、功力、太祖、通臂、弹腿、劈挂、唐拳、螳螂等 50 余种。其中既有大开大阖的勇猛长势，又有推拨擒拿的绝技巧招，一招一式无不体现着中华文化中阴阳、内外、刚柔、方圆、天地、义理等源于儒、释、道的理念和意蕴。

沧州木板大鼓

沧州木板大鼓是一种传统说唱艺术。其起源于明末清初，流行于河北省沧县、黄骅市等地农村。民国初年，曾进入鼎盛时期，后逐渐衰败。新中国成立后，又渐渐复兴。表演时一人左手持木板，右手持鼓槌，站立说唱中轮番敲击木板和书鼓，使其与说唱相配合，另有人持三弦专司伴奏。其内容表达则有英雄故事、历史故事，以及民间生活等。

吴桥杂技

关于吴桥杂技的起源，有多种说法，一说源于战国时期的军事家孙膑，另一说源于吕洞宾的徒弟纪晓堂。没有可靠的文献印证，只能算作传说。但是在吴桥发掘的东魏古墓中已有杂技表演的壁画，由此可见吴桥杂技源远流长、历史悠久。在吴桥，杂技俗称“耍玩

■ 渔灯节

■ 九转大肠

艺儿”。民谣说：“上至九十九，下至才会走，吴桥耍玩意儿，人人有一手。”无论在街头巷尾，还是田间麦场，甚至在饭桌前和土炕上，吴桥人都会随时露上一手。

周村芯子

周村芯子是山东独特的一种民间舞蹈，它是民间艺人受高跷和蜡烛灯台的启发而创造出的一种民间艺术形式。其表演方式类似于抬轿，根据剧情需要，一般会在芯子周围饰以亭台楼阁、花卉等道具，同时将芯子装扮为树枝、花束或者其他道具，由孩子扮演的各种人物，穿上飘逸的长衫，踩在芯子上，给人以飞在空中的感觉。其表演题材多以《牛郎织女》《劈山救母》《贵妃醉酒》这样的民间故事为主。

五音戏

五音戏是流传于山东济南、淄博及周边地区的一种传统戏剧。唱腔婉转、妩媚，素有“北方越剧”之称。其发生、发展、定型经历了秧歌腔、周姑子戏、杂社和五音戏四个时期。其唱词多用方言、歇后语等，亲切、形象、生动；唱腔以板腔体为主，还有部分的曲牌音乐穿插其中。代表剧目有《王二姐思夫》《拐磨子》《彩楼记》《王定保借当》《墙头记》等。

鹁鸪戏

鹁鸪戏是模仿鹁鸪鸟叫声发展而来的一个民间剧种，主要流行于淄博市临淄区上河村。其特点是在每句唱腔中加入似鹁鸪鸣叫一样的拖腔，拖腔有悲调也有喜调，如同鹁鸪鸣叫，十分婉转动听，这也是鹁鸪戏名称的由来。鹁鸪戏的伴奏乐器以打击乐为主，而且有自己独特的乐器——鹁鸪胡。由于流传范围极小，鹁鸪戏被列为全国稀有剧种、国家级非物质文化遗产。

渔灯节

渔灯节是山东烟台沿海特有的传统民俗节日，流传于辖区内山后初家、芦洋、八角等十几个渔村，距今已有500多年历史。它是从元宵节中分化出来的一个专属渔民的节日。每年正月十三或十四午后，沿海渔民以户为单位，自发地抬着祭品，打着彩旗，放着鞭炮，先到龙王庙或海神娘娘庙送灯、祭神，祈求鱼虾满舱，平安发财；再到渔船上祭船、祭海；最后，到海边放灯，祈求海神娘娘用灯指引渔船平安返航。

沂蒙山小调

《沂蒙山小调》是一首经典的山东民歌，诞生于沂蒙山望海楼脚下的费县薛庄镇上白石屋村。它的前身是1940年由驻沂蒙山区抗大文工团团员李林和阮若珊等人采集创作的《反对黄沙会》。1953年，山东省军区政治部文工团的副团长李广宗等人，将原来歌词中的抗日主题，改为歌颂家乡的主题，后面又续加了两段歌词，定名为《沂蒙山小调》，从此沂蒙山小调正式版本诞生。

祭孔大典

祭孔大典是曲阜专门祭祀孔子的大型庙堂乐舞活动，又称为“丁祭乐舞”或“大成乐舞”，是集乐、歌、舞、礼为一体的综合性艺术表演形式，于每年农历八月二十七日孔子诞辰时举行。

线路①·山东人文大环线

特色美食

德州扒鸡

德州扒鸡又称德州五香脱骨扒鸡，创始于清朝康熙年间，是在烧鸡的基础上改进而来。其初始做法就是大火煮、小火焖，如今则有一套非常规范的制作流程，即选择原料、宰杀煺毛、浸泡造型、上色晾干、烧油炸制、入汤煮制等，成品出锅后的核心特点就是五香透骨、肉烂骨酥。目前，德州扒鸡技艺已被列为国家级非物质文化遗产。

油爆双脆

油爆双脆是鲁菜中历史悠久的传统名菜。其以猪肚尖和鸡胗为原料，精心切制，沸油爆炒，使原来必须久煮的肚头和胗片快速成熟，口感脆嫩滑润，清鲜爽口。正宗的油爆双脆对火候的要求极为苛刻，欠一秒不熟，过一秒则不脆，所以说这也是极考验厨师技艺的一道菜。

九转大肠

九转大肠，原名为红烧大肠，是济南市的一道传统名菜。清朝光绪初年，由济南九华楼酒楼店主首创。许多文人雅士在酒楼设宴时，必备此菜，为取悦店家喜“九”之癖，并称赞厨师制作此菜像道家“九炼金丹”一样精工细作，便将其更名为“九转大肠”。其特点是色泽红润，质地软嫩，入口酸、甜、香、辣、咸五味俱全。

周村烧饼

周村烧饼是淄博周村的著名特产，其外形圆而色黄，正面贴满芝麻仁，背面酥孔罗列，薄似杨叶，拿起一叠，有“唰唰”之声，如风中白杨。入口一嚼即碎，香满口腹，若失手落地，则会摔成满地碎片，俗称“瓜拉叶子烧饼”。

朝天锅

朝天锅是山东潍坊的地方特色小吃，起源于清朝乾隆年间的民间大集。当时，摊贩露天支锅，锅内煮一些价格低廉的猪下货，百姓称其为杂碎锅子，又因土锅没盖，所以被戏称为“朝天锅”。其主要做法是用鸡肉、驴肉煨汤，将猪下货放入炖煮，等熟透后，按顾客要求捞取切好，配以葱段、咸菜等各种小料，一起卷入面饼中即成，再辅以加了葱末、香菜的鲜香汤汁，便是一餐美味的朝天锅。

红烧藕丸

红烧藕丸是烟台的地方特色名菜，特点是外香内脆，鲜美可口，清淡去火。其基本做法是将藕去皮斩成藕茸，加入鸡蛋、精盐、味精、面粉、葱、姜末，拌匀成馅，然后将其挤成丸子入油锅炸成金黄色，最后，倒出锅中热油，放少许开水，再倒入藕丸，烧沸，加酱油、白糖，焖烧约5分钟即成。

沂蒙煎饼

煎饼是沂蒙山区民间传统家常主食，也是久负盛名的地方土特食品。在过去，“户户支鏊子，家家摊煎饼”就是日常生活的一部分。如今的煎饼则成了商品，从闭塞的山乡走向了城里人的餐桌。与蒸馒头相比，煎饼的制作工艺还是比较复杂，它以麦子、高粱、玉米、谷子、地瓜干等粮食为原料，经过淘洗、浸泡，再用石磨磨成糊状物，然后上鏊子摊制而成。

线路②·江浙赣闽纵贯线

人文景观

花果山

花果山位于连云港市南部云台山中麓，主峰玉女峰是江苏省最高峰。虽说唐宋以来，历朝均在此修筑庙宇塔院，但真正使其名扬四海的却是吴承恩的《西游记》，从数十个景点的名称便可以看出，几乎全与《西游记》有关，因此有“一部西游未出此山半步”的说法。除了《西游记》主题，花果山本身层峦叠翠，有时还能看到云海佛光的自然奇观。

地址：江苏省连云港市海州区花果山郁林路5号

门票：90元/人

开放时间：7:00~17:00

免费 河下古镇

河下古镇已有2500多年的历史，是楚州古城保存最完好的历史街区，至今仍保持着明清时的建筑风格。代表性街巷、建筑有：湖嘴大街、估衣街、花巷、茶巷、罗家桥、吴承恩故居、左忠壮公祠、清真寺古文楼等。由于地处南北交往的中心位置，各地饮食文化荟萃，使河下古镇又成为淮扬菜的重要发源地。

地址：江苏省淮安市淮安区河下古镇

开放时间：全天

中国漕运博物馆

博物馆位于京杭大运河畔的淮安，在历史上曾是全国漕运最高管理机构漕运总督公署的驻地。随着历史的变迁，这一建筑规模宏伟、具有较高历史价值的官署逐渐倾颓毁坏，遗址也长年湮没于地下。2008年，国家在其基础上建设了中国漕运博物馆，集中陈列了古代漕运工具及附属遗留物品，漕运总督府内工作与生活用品，曾经担任漕运总督及其他漕运官员的信函、书札、墨迹和生活用品，以及历代有关漕粮流通的记录、证券、量具、代用品等。

地址：江苏省淮安市淮安区漕运广场

门票：80元/人

开放时间：8:30~17:00

淮安府署

淮安府署现存建筑原为南宋五通庙，元为沂郯万户府。明洪武年间，新任淮安知府姚斌将其加以修建改造，作为府署，一直沿用至清末。淮安府署的大堂面积超过500平方米，其体量为全国现存府署之最。目前，经过修缮与周边环境改造，淮安府署与其前方的总督漕运部院、镇淮楼连为一体，已成为国内最大的古代官衙景区。

地址：江苏省淮安市淮安区东门大街38号

门票：50元/人

开放时间：8:30~17:30

■ 河下古镇

免费 **周恩来纪念馆**

周恩来纪念馆位于江苏省淮安市，于1992年建成对外开放。整个馆区由一组纪念性建筑群、一个纪念岛、三个人工湖和环湖四周的绿地组成。主馆分三层，分别为影视厅、瞻仰纪念大厅和观景平台。底层为影视陈列厅，里面以丰富而详实的图片、实物和电视显示屏，来展示周恩来总理光辉灿烂的一生；二层为瞻仰大厅；三层为观景平台，可眺望古城及馆区风景。

周恩来纪念馆

地址：江苏省淮安市淮安区永怀路2号

开放时间：8:00~18:00

古淮河文化生态景区

淮安市清江浦区依托古淮河的原生态河岸线，进行生态修复及功能改造，并将其建设成了一个综合性文化景区——古淮河文化生态景区。里面包括中国淮扬菜文化博物馆、中国西游记博览馆、中国城市化史馆、古淮楼·江淮婚俗馆、淮安国际摄影艺术馆等众多文化馆舍。对古淮河文化进行了全方位的诠释与展示。

地址：江苏省淮安市清江浦区河畔路1号

门票：50元/人

开放时间：8:30~11:30，14:00~17:30

免费 **高邮镇国寺**

高邮镇国寺始建于874年，在历史风雨的侵蚀下，到新中国成立时，仅余河心岛上的古塔。古塔是一座风格类似于大雁塔的方形塔。清康熙年间因失火，曾烧毁了塔内木构件，嘉庆年间又因龙卷风，毁掉了上部三级，光绪年间将其修缮为如今的七级（原为九级）。2014年，作为京杭大运河的重要组成部分，镇国寺被列入世界遗产名录。

地址：江苏省高邮市湖滨路京杭大运河

开放时间：8:00~19:30

盂城驿·平津堰

盂城是高邮的别称，取意于宋代词人秦少游描写家乡“吾乡如覆盂”的诗句，盂城驿因此得名。其驿传建筑始建于明朝洪武年间，是全国规模最大、保存最完好的古代驿站，也是中国邮驿的一块“活化石”。20世纪90年代，高邮市政府修复了驿站，并在此基础上设立了我国唯一的邮驿博物馆。平津堰原是唐元和年间宰相、淮南节度使李吉甫为调节运河水位所建的水利设施，今尚存明代条石砌成的一段近百米的古石堰。这也是淮扬运河段所发现的唯一一处古堰。

地址：江苏省高邮市南门外馆驿路13号（盂城驿）

江苏省高邮市镇国寺西南100米（平津堰）

门票：30元/人（盂城驿）

开放时间：8:15~17:30

瘦西湖

瘦西湖原名保障湖，清初吴绮在《扬州鼓吹词序》中第一次记录了“瘦西湖”之名。清朝乾隆年间，扬州盐商出资疏浚了湖心，并在东西两岸兴建起许多亭台楼阁，自此瘦西湖进入鼎盛时期。后又经历了颓败与复兴的漫长过程。今天的瘦西湖则是：十里湖光，清澄缥碧；花木扶疏，连绵滴翠；亭台楼榭，错落有致；人文景观，独具风韵。其中共包括五亭桥、二十四桥、荷花池、钓鱼台等14大著名景点。

地址：江苏省扬州市大虹桥路28号

门票：30~100元（浮动票价）

开放时间：6:30~17:30

个园·何园

清嘉庆年间，两淮盐业商总黄至筠在明代寿芝园旧址上创建了个园，后历经兴衰更迭，几易其主。个园是一处典型的私家住宅园林，全园分为中部花园、南部住宅、北部品种竹观赏区。园中风景尤以叠石艺术著名，笋石、湖石、黄石、宣石叠成的春夏秋冬四季假山，融造园法则与山水画理于一体，被园林泰斗陈从周先生誉为“国内孤例”。何园又名“寄啸山庄”，由清光绪年间何芷舠所造，曾被誉为“晚清第一园”。全园分为东园、西园、园居院落、片石山房四个部分，其主要特色是充分发挥了廊道建筑的功能和魅力，1500米复道回廊，是中国园林中少有的景观。此外还有船厅、骑马楼、玉绣楼等景点。

地址：江苏省扬州市广陵区盐阜东路10号（个园）

江苏省扬州市广陵区徐凝门大街66号（何园）

门票：30元/人（个园），30元/人（何园）

开放时间：7:30~17:15

免费 **扬州博物馆**

扬州博物馆的前身是始建于1951年的苏北博物馆，经过60多年的发展，已成为

■ 瘦西湖　荣玉/摄

一座藏品丰富、功能齐全、具有鲜明地方特色的综合性博物馆。2003年，扬州广陵书社收藏的10万片古籍版片并入扬州博物馆，成立中国雕版印刷博物馆，从而使扬州博物馆的收藏特色更加突出。目前，博物馆设有广陵潮扬州城市故事、书画厅、古代艺术厅、国宝厅、中国雕版印刷展厅、扬州雕版印刷展厅等多个常设展览。

地址：江苏省扬州市邗江区文昌西路468号

网址：https://www.yzmuseum.com

电话：0514–85228003

开放时间：9:00~17:00

免费 **扬州东关街**

东关街是扬州城里最具有代表性的一条历史老街。它东起古运河边，西至国庆路，全长1122米。拥有比较完整的明清建筑群及"鱼骨状"街巷体系，保持和沿袭了明清时期的传统风貌特色。在历史上曾是扬州的商业、手工业和宗教文化中心，街面上市井繁华、商铺林立、行当俱全。时至今日，东关街依然是扬州手工业、老字号的聚集地。2010年，东关街被评选为"中国历史文化名街"。

地址：江苏省扬州市广陵区东关街

开放时间：全天

扬州大明寺

大明寺因始建于南朝宋孝武帝大明年间而得名。1500年来，寺庙建筑屡毁屡建，寺名也是屡经更改，直至1980年，为迎接鉴真大师回国巡展，才恢复其本名。现存大明寺主要建筑为清同治年间所建，民国年间及后来曾进行过多次修葺。寺内主要景点有牌楼、天王殿、平山堂、鉴真纪念堂等。

地址：江苏省扬州市邗江区平山堂东路1号

门票：30元/人

开放时间：7:45~16:30

夫子庙秦淮河风光带

夫子庙秦淮河风光带以夫子庙古建筑群为中心、十里秦淮为轴线、明城墙为纽带，串联起了众多历史文化遗迹，是一处集自然风光、山水园林、庙宇学堂、街市民居、乡土人情、美食购物、科普教育、节庆文化于一体的旅游区。在六朝时期，夫子庙地区已非常繁华，乌衣巷、朱雀街、桃叶渡等处，都是当时高门大族聚居的地方。秦淮河则是南京古老文明的摇篮，在历史上极负盛名，素有"六朝烟月之区，金粉荟萃之所"之誉。

地址：江苏省南京市秦淮区贡院西街53号

门票：免费（部分景点需购票参观）

开放时间：全天

钟山风景名胜区（明孝陵、中山陵）

钟山因山顶常有紫云萦绕，又名紫金山，属江南四大名山之一，有"金陵毓秀"的美誉。钟山风景区则是以中山陵园为中心，明孝陵和灵谷寺为依托，而形成的综合性风景区，景区内分布各类名胜古迹多达200多处，84个可供游览景点。其中尤以孙中山先生的陵墓及其附属纪念建筑群最为著名。中山陵全局呈"警钟形"图案，寓"使天下皆达道"之义。明孝陵是明朝开国皇帝朱元璋和皇后马氏的合葬陵墓，因皇后谥"孝慈"，故名孝陵。其建筑宏伟壮观，代表了明初建筑和石刻艺术的最高成就，直接影响了明清两代500多年的帝王陵寝形制。

地址：江苏省南京市玄武区石象路7号

门票：100元/人

开放时间：6:30~18:30（景点众多，各景点间会有差异）

中山陵

总统府

中国近代史遗址博物馆

中国近代史遗址博物馆就是大家所熟知的南京总统府。明朝初年这里曾是归德侯府和汉王府，清朝为江宁织造署、江南总督署、两江总督署，也曾为康熙、乾隆的行宫。洪秀全攻破南京后，曾将这里作为天王府。南京国民政府成立后，又将这里辟为总统府。如今则是中国近代史遗址博物馆。因为经历了我国历史上的诸多大事件，使得博物馆在建筑风格上也是兼容并包，融合了太平天国、清末、民国等历史时期的多种风格。

地址：江苏省南京市玄武区长江路292号

门票：40元/人

开放时间：8:00~18:00

免费 **南京博物院**

1933年，国民政府开始筹备建立国立中央博物院，拟建人文、工艺、自然三馆，后因抗战爆发而停建，直至新中国成立后，仅建成人文馆。从2009年起，博物院进行了大规模改扩建，最终形成了"一院六馆"的宏大规模。目前，博物院共有藏品43万余件（套），开放展厅面积2.6万平方米，设有江苏古代文明、江苏民俗、江苏非物质文化遗产、民国风情、胡小石书法、历代雕塑陈列、历代绘画陈列、历代书法陈列、傅抱石艺术馆等17个常设展览。可以说是一座巨大的中华民族文化艺术宝库。

地址：江苏省南京市中山东路321号

西津渡古街

淹城

网址： http://www.njmuseum.com
电话： 025-84807923
开放时间： 9:00~17:00

免费 **玄武湖**

玄武湖古名桑泊、后湖、北湖。六朝时期，出于帝王都“四神布局”的需要，又由于宋元嘉年间湖中两次出现所谓的“黑龙”，湖名开始改为“玄武”。事实上，在玄武湖所经历的2300多年人文历史中，不仅名称被屡屡更改，湖面也时大时小，北宋时甚至被废湖还田200多年，明朝又被封禁200多年。直至清末，玄武湖才真正以公园的面貌开始走进人们的生活。今天的玄武湖则已成为江南地区最大的城内公园，有“金陵明珠”之誉。

地址： 江苏省南京市玄武区玄武巷1号
开放时间： 6:00~21:00

免费 **侵华日军南京大屠杀遇难同胞纪念馆**

侵华日军南京大屠杀遇难同胞纪念馆通称江东门纪念馆，选址于南京大屠杀江东门集体屠杀遗址及遇难者丛葬地，是一座承载全民族灾难记忆的实证性、遗址型专史纪念馆，也是我国唯一一座有关侵华日军南京大屠杀的专史陈列馆及国家公祭日主办地。纪念馆由展览集会区、遗址悼念区、和平公园区和馆藏交流区4个功能性区域组成，展陈面积近1.8万平方米，馆藏文物史料20余万件。

地址： 江苏省南京市建邺区水西门大街418号
开放时间： 8:30~16:30

江苏宝华山国家森林公园

江苏宝华山因春天黄花漫山而得名，后因南北朝梁代高僧宝志来此结庵讲经，遂易名宝华山。清朝乾隆皇帝六下江南，六上宝华山，并手植御道松，使宝华山的人文底蕴愈发厚重。换一个角度再看宝华山，“林麓之美，峰峦之秀，洞壑之深，烟霞之胜”则被冠以奇景，吸引着游人。与其他名山相比，宝华山少了熙熙攘攘的喧嚣，却多了一份清新脱俗的幽静，是聆听佛音，放空身心的好去处。

地址： 江苏省句容市宝华镇312国道南侧
门票： 50元/人
开放时间： 8:00~21:00

免费 **西津渡古街**

西津渡古街全长约1000米，始创于六朝时期，历经唐宋元明清5个朝代的建设，留下了众多历史遗迹。今天已被规划建设为西津渡历史文化街区，涵盖了老码头文化园、小码头民俗历史文化街区、环云台山商业步行街、云台山景区、伯先公园、镇江博物馆等多条街路与景区景点。是镇江历史文化气息最浓郁的地方。

地址： 江苏省镇江市润州区西津渡街25号
开放时间： 全天

京口三山（金山、焦山、北固山）

金山原名氐无山，又名金鳌岭，唐代起通称金山。原来是屹立于长江中的一座江心岛屿，素有“江心一朵美芙蓉”之誉，后因长江水道变迁，于清末与江岸相连。金山寺依山而建，远远望去只见金碧辉煌的寺庙建筑群和高耸入云的慈寿塔，看不见山，因此有“金山寺裹山”之称。焦山原名樵山，相传东汉末年，河东高士焦光隐居于此，皇帝三下诏书而不出，宋徽宗为纪念焦光赐名此山为焦山。焦山虽然仅有150米高，但是耸峙江心，似中流砥柱，颇有气势。再加上山寺隐约，林木苍翠，水域广阔，景色宛若仙境般迷人。北固山因北临长江，形势险固，故名北固。其由前峰、中峰和后峰三部分组成，主峰即后峰，背临长江，枕于水上，峭壁如削，是风景最美的地方。三国时期，甘露寺刘备招亲的故事便发生在这里，北固山也因此名扬千古。

地址： 江苏省镇江市润州区金山路62号（金山）
江苏省镇江市京口区东吴路83号（焦山）
江苏省镇江市京口区东吴路3号（北固山）
门票： 65元/人（金山），50元/人（焦山），40元/人（北固山）
开放时间： 7:30~17:30

淹城

淹城建于春秋晚期，是国内保存最完整、形制最独特的春秋地面城池遗址。其“三城三河”的建筑形制在我国历史上非常罕见，可以说举世无双。今天，在淹城遗址的基础上建立了中国春秋淹城旅游区，且被分为春秋淹城遗址、淹城春秋乐园、淹城野生动物世界、淹城传统商业街坊和淹城宝林禅寺五大游览区，使淹城的游览内容更加饱满。

地址： 江苏省常州市武进区武宜中路197号
门票： 20元/人（淹城遗址），190元/人（淹城春秋乐园）
开放时间： 9:00~17:00

常州天宁寺

常州天宁寺始建于唐朝贞观、永徽年间，初名广福寺，后数次易名，诸如齐云寺、崇宁寺、广孝寺等，元朝时恢复北宋时用过的天宁寺，一直沿袭至今。清朝乾隆年间，寺庙倾颓，往后历代都曾进行恢复建设，尤其新中国成立后进行了大规模的恢复建设。目前，寺内保存有唐宋以来的部分珍贵文物，诸如唐代石佛、宋代十面观音像、明代金刚经、清代日晷等。2002 年新建的天宁宝塔，以 153.79 米的高度成为国内最高的宝塔。

地址：江苏省常州市天宁区延陵中路 636 号

门票：80 元 / 人

开放时间：8:30~16:30

太湖鼋头渚

鼋头渚是横卧无锡太湖西北岸的一个半岛，因巨石突入湖中，形状酷似神龟昂首而得名。在历史上，鼋头渚也曾建有寺庙及摩崖石刻，直至民国初年，社会名流、达官贵人纷纷在鼋头渚附近营造私家花园和别墅，从而形成了今天鼋头渚景区的雏形。目前，在鼋头渚景区汇聚了鼋头渚牌楼、牌坊、长春花漪、七桅帆船、广福寺、徐霞客铜像、藕花深处等数 10 处景点。

地址：江苏省无锡市滨湖区鼋渚路 1 号

门票：90 元 / 人

开放时间：8:00~17:30

无锡清名桥历史文化街区

无锡清名桥历史文化街区以古运河为中轴、清名桥为中心，北起跨塘桥，南到南水仙庙，东起王元吉锅厂旧址，西到定胜河沿线。街区内至今保持着路河并行的双棋盘城市格局，以及小桥、流水、人家和幽深古巷的江南水城特色。这里也曾是中国近代民族工商业发祥地，京杭大运河典型风貌地段。2010 年，无锡清名桥历史文化街区入选中国历史文化名街。

地址：江苏省无锡市梁溪区南长街

门票：免费（个别景点需购票参观）

开放时间：全天

无锡市灵山景区

无锡市灵山景区始建于 1994 年，后经过二三期工程的大规模建设，最终成为一座集湖光山色、园林广场、佛教文化、历史知识于一体，中国最为完整且唯一集中展示释迦牟尼成就的佛教文化主题园区。目前，景区内的主要景点有灵山大佛、九龙灌浴、灵山梵宫、五印坛城、祥符禅寺、天下第一掌、百子戏弥勒等。

灵山大佛

地址：江苏省无锡市滨湖区马山镇灵山路 1 号

门票：210 元 / 人

开放时间：7:30~17:30

三国水浒景区

三国水浒景区是中央电视台无锡影视基地的一部分。其中三国城是中央电视台为拍摄 84 集电视连续剧《三国演义》而兴建的大型影视文化景区，根据剧情需要，城内建造了具有浓郁汉代风格的“吴王宫”“甘露寺”“曹营水旱寨”“吴营”等几十处大型景点。水浒城与三国城相邻，是为拍摄大型电视连续剧《水浒传》而建，城内分为州县区、京城区、梁山区三大部分。分别再现了北宋街市、皇宫及水泊梁山的历史风貌。

地址：江苏省无锡市滨湖区山水西路 128 号

门票：150 元 / 人

开放时间：7:30~17:30

苏州园林（拙政园、留园、狮子林、网师园、退思园）

拙政园始建于明正德初年，400 多年来数次易主，今天所存建筑大都是其作为太平天国忠王府花园时重建。至清末形成东、中、西三个相对独立的小园。东花园开阔疏朗，中花园是全园精华所在，西花园建筑精美，各具特色。园南为住宅区，属于典型的苏州传统民居。截至目前，拙政园仍然是苏州最大的古典园林。留园始建于明朝，清朝时称寒碧山庄，俗称刘园，后改为留园。全园分为四个部分，每个部分以墙相隔，以廊贯通，又以空窗、漏窗、洞门使两边景色相互渗透，隔而不绝。游览一园可领略山水、田园、山林、庭园四种不同景色。狮子林原为菩提正宗寺的后花园，后因园内石峰林立，多状似狮子，故名“狮子林”。其建筑分为祠堂、住宅与庭园三部分，园内多精美的湖石假山，主要建筑有燕誉堂、见山楼、飞瀑亭、问梅阁等。网师园始建于南宋淳熙年间，原为南宋侍郎史正志退居姑苏时所筑的一座府宅园林，因府中藏书万卷，故名“万卷堂”。乾隆年间，光禄寺少卿宋宗元购万卷堂故址重治别业，取名网师小筑。后数易其主，多次更名，直至 1940 年起，复用网师园之名。与其他苏州园林相比，网师园是最小的一座。园内主要建筑有丛桂轩、濯缨水阁、看松读画轩、

■ 苏州园林（拙政园）

■ 周庄古镇

殿春簃等。全园处处有水可依，各种建筑配合得当，布局紧凑，以精巧见长。退思园始建于清光绪年间，由落职官员任兰生出资白银10万两建造。因寓有“退则思过”之意，故名“退思园”。退思园的设计者袁龙巧妙利用不到10亩的面积，设计了坐春望月书楼、琴房、退思草堂、闹红一舸、眠云亭等建筑。它凝聚了知识分子和能工巧匠的勤劳和智慧，蕴涵了儒释道等哲学、宗教思想及山水诗、画等传统艺术，步移景异，令人流连。

地址：苏州市姑苏区东北街178号（拙政园）

苏州市姑苏区留园路338号（留园）

苏州市姑苏区园林路23号（狮子林）

苏州市姑苏区阔家头巷11号（网师园）

苏州市吴江区同里镇古镇区新填街234号（退思园）

门票：90元／人（拙政园），55元／人（留园），40元／人（狮子林），40元／人（网师园），退思园无须单独购票，票价包含在同里古镇门票中

开放时间：7:30~17:00

寒山寺

寒山寺始建于佛教盛行的南朝梁武帝时期，名为妙利普明塔院，唐朝时更名为寒山寺，宋朝时再次更名为普明禅院及枫桥寺，元朝恢复寒山寺之名，一直沿用至今。在1000多年中，寒山寺曾屡毁屡建，清朝光绪至宣统年间，寒山寺最后一次重建，今天所见主要建筑大都为这一时期所建。寒山寺之所以闻名于世，与唐代诗人张继的《枫桥夜泊》一诗密不可分，正因《枫桥夜泊》的广为传颂，使寒山寺随之深入人心。

寒山寺

地址：江苏省苏州市姑苏区枫桥路

门票：20元／人

开放时间：8:00~16:30

虎丘山风景名胜区

虎丘，原名海涌山，据《史记》记载，吴王阖闾葬于此，传说葬后三日有“白虎蹲其上”，故名虎丘。又一说为“丘如蹲虎”，以形为名。虎丘整体高度仅30余米，却有“吴中第一山”的美誉，这得益于它深厚的历史文化底蕴。今天，虎丘山风景区内有剑池、云岩寺塔、千人石、真娘墓、断梁殿、憨憨泉等景点。

地址：江苏省苏州市姑苏区虎丘山门内8号

门票：80元／人

开放时间：7:30~17:30

免费 苏州博物馆

苏州博物馆成立于1960年，馆址为曾经的太平天国忠王府，作为一组完整的太平天国历史建筑，馆舍本身就很值得一看。2006年，由著名华裔建筑设计师贝聿铭设计的新馆对外开放，进一步扩大了博物馆的展陈面积。目前，博物馆有馆藏文物近2万件（套），尤以历年考古出土文物、明清书画、工艺品见长。基本陈列有吴地遗珍、吴塔国宝、吴中风雅、吴门书画等。

地址：江苏省苏州市姑苏区东北街204号

开放时间：9:00~17:00

同里古镇·周庄古镇

同里在历史上曾名“富土”，唐初，因其名太奢，改名铜里。宋朝是正式建镇，改名为同里。目前，镇区内始建于明清两代的花园、寺观、宅第和名人故居众多，“川”字形的15条小河把古镇分隔成七个小岛，而49座古桥又将其连成一体，古镇因此以“小桥、流水、人家”而著称。周庄最早称为摇城，隋唐时称为贞丰里，宋元祐年间才名为周庄。古镇四面环水，因河成镇，依水成街，以街为市。井字型河道上完好保存着14座建于元、明、清各代的古石桥。800多户原住民枕河而居，60%以上的民居依旧保存着明清时期的建筑风貌。镇内主要景点有富安桥、双桥、沈厅等。

地址：江苏省苏州市吴江区同里古镇

江苏省苏州市昆山市周庄镇

门票：100元／人（同里），198元／人（周庄）

开放时间：7:30~17:15（同里），7:30~19:50（周庄）

南浔古镇

明清时期，南浔是江南的蚕丝名镇，繁荣的经济，使得当地不仅富商云集，而且也汇聚了丰富的人文资源，并建起了众多私家宅第和江南园林。今天，古镇以南市河、东市河、西市河、宝善河构成的十字河为骨架，其间又有许多河流纵横交错，街和民居沿河分布，随河而走，以南东街、南西街为串联，构成了十字型格局，形成了小桥流水人家与大宅园林交相辉映的街区特色。

地址：浙江省湖州市南浔区人瑞路51号

门票：95元/人

开放时间：7:30~17:30

徽杭古道

徽杭古道起于安徽省绩溪县伏岭镇，止于浙江省杭州市临安区清凉峰镇浙基田村，全长20余公里。在杭徽公路通车前，是徽州人尤其是绩溪人通往沪、杭的捷径，也是古时徽商和浙商互通贸易的重要通道。古道宽约一米多，中间由大理石板铺就，寓意“龙脊”，两侧由卵石及其他石头堆砌，寓意“龙鳞”，蜿蜒于崇山峻岭间，犹如游龙。沿途主要景点有磨盘石、将军石、江南第一关、清凉峰等。

地址：安徽省绩溪县伏岭镇江南村

门票：62元/人

开放时间：7:30~17:00

龙川景区

龙川村是一个有着1600多年历史的古村落。明朝，龙川村的发展进入鼎盛时期，村中先后曾有10多人考中进士，因此被称为进士村。进入清朝，龙川村渐渐衰落。但是在1000多年的发展中，为龙川留下了不少历史遗迹，诸如奕世尚书坊、胡氏宗祠、胡宗宪少保府、乡贤祠等。其中的胡氏宗祠被誉为江南第一祠，素有“木雕艺术博物馆”之称，奕世尚书坊则是正宗的明代石雕牌楼，为徽派石雕之最。

地址：安徽省绩溪县086县道

门票：75元/人

开放时间：8:00~17:00

太极湖村

太极湖村是一座拥有800多年历史的古村落，村里有诸多古桥、古亭、古民居、古祠堂、古寺、千年古树，及明代吟泉街、大型砖雕门楼群等。300多米长的吟泉街是古村最有韵味的一道风景，古街沿溪两岸分布着明清时期的徽派建筑100余幢，有民居、店铺、药铺、油坊等，且有大小石桥联通两岸，错落有致，古朴雅致，一幅“小桥、流水、人家”的山野村居图。另外，古村的砖雕门楼，其雕刻技艺堪称徽州之最。

地址：安徽省宣城市绩溪县太极湖村

门票：60元/人

开放时间：8:00~17:00

徽州古城

徽州古城，又名歙县古城，古称新安郡。始建于秦朝，自唐代以来，一直是徽郡、州、府治所在地，故县治与府治同在一座城内，形成了城套城的独特风格。古城分内城、外廓，有东西南北四个门。此外还保留着瓮城、城门、古街、古巷等。目前，古城内有徽园、渔梁坝、许国石坊、斗山街、陶行知纪念馆、新安碑园、太白楼等景点，游客通过逛古城，可以多角度、全方位地感受徽州文化。

地址：安徽省黄山市歙县徽州路

门票：100元/人

开放时间：8:00~17:00

鲍家花园·棠樾牌坊

鲍家花园，原为清乾隆、嘉庆年间著名徽商、盐法道员鲍启运的私家花园。属于典型的古徽派园林与徽派盆景相结合的中国私家园林精品，在太平天国战争中被毁。目前，经过修复重建，已成为我国最大的私家园林和盆景观赏地。尤其是园中收藏的近万盆盆景，广纳各方花草藤树之名贵，荟萃海内外盆景流派精华，令人叹为观止。从1420年始往后的400年间，在棠樾村东大道上，先后建起了7座牌坊，且每座牌坊背后都有一个情感交织的动人故事。这一牌坊群不仅体现了徽文化程朱理学“忠、孝、节、义”伦理道德的概貌，也包括了内涵极为丰富的“以人为本”的人文历史，同时亦是徽商纵横商界300余年的重要见证。其建筑方式一改以往木质结构为主的特点，几乎全部采用石料，且以质地优良的“歙县青”石料为主。既不用钉，又不用铆，石与石之间巧妙结合，可历千百年不倒不败。

地址：安徽省黄山市歙县棠樾村

门票：100元/人

开放时间：7:30~17:30

免费 潜口民宅

潜口民宅，又名紫霞山庄，是按照“原拆原建、集中保护”的原则，将散落于歙县境内民间且不宜就地保护的明清古建筑进行集中保护的一个徽派古建筑群落。这些民宅从建筑类型上可划分为祠社、宅第、小桥、路亭、牌坊等，主要建筑有司谏第、曹门厅、方文泰宅、苏雪痕宅、乐善堂等。另外，这些建筑雕饰精美，在实用的基础上，又充分展示了徽派雕刻技艺的精湛。

地址：安徽省黄山市潜口紫霞山麓

开放时间：8:00~18:00

宏村·西递·南屏

宏村始建于1131年，三面环山，坐北朝南，是一座奇特的牛形古村落。雷岗山是“牛头”，村口的古树是“牛角”，村中由东而西井然有序、鳞次栉比的明清古建筑是“牛身”，村西溪水上四座桥是“牛腿”，月沼是“牛胃”，南湖是“牛肚”，水圳引

■ 棠樾牌坊 王仁和/摄

■ 徽州古城 王仁和/摄

西溪河入水口，经九曲十八弯（即“牛肠”）流经全村，最后注入南湖。目前，古村共有明清建筑 103 幢，民国时期建筑 34 幢，是徽州建筑文化的典型代表。西递别称西溪、西川，始建于 1047 年。清朝末年，曾因战乱村中 1700 余幢房舍过半被毁，目前保存完好的明清古建筑共 224 幢，村落整体布局及环境建筑风格依然完整保留了明清时期的古朴风貌。错落有致的徽派建筑，装饰以大量的砖、木、石雕刻艺术品，赋予了西递古村极高的历史、艺术、科学价值。南屏和宏村、西递一样，也是一座有着近千年历史的古村，因多部享誉国内外的影片曾在这里拍摄，南屏古村又被称为中国影视村。目前，南屏村依然完整保留着近 300 座明清古建筑，从村头到村尾 200 多米的中轴线上，依次排布着着 8 座大小祠堂，这也是南屏与其他古村相比，最富特色的地方，因此又被誉为“中国古祠堂建筑博物馆”。

地址：安徽省黟县宏村镇
安徽省黟县西递镇
安徽省黟县碧阳镇南屏村

门票：104 元 / 人（宏村），104 元 / 人（西递），43 元 / 人（南屏）

开放时间：宏村、西递全年开放，南屏 7:00~17:30

徽州文化博物馆

徽州文化博物馆的前身是始建于 1963 年的徽州地区博物馆（后来的黄山市博物馆）。2008 年，徽州文化博物馆挂牌，黄山市博物馆与文物商店整体并入。目前，该馆是安徽省第二大综合性博物馆，中国唯一能全面体现徽州文化主题的博物馆，馆藏陶瓷、砚台、徽墨、书画、徽州三雕等文物近 10 万件（册），其中歙砚、徽墨、新安书画、徽州文献是馆内的特色藏品。

地址：安徽省黄山市屯溪区迎宾大道 50 号

开放时间：9:00~11:30，13:30~17:00

屯溪老街

免费 屯溪老街

屯溪老街，原名屯溪街，是由新安江、横江、率水河三江汇流之地的一个水埠码头发展而来。主街长 1200 多米，辅以 3 条横街、18 条小巷，使整个街区呈鱼骨状。目前，老街上分布有不同年代建成的 300 余幢徽派建筑，是我国保存最完整、最具有南宋和明清建筑风格的古代街市。2009 年，入选我国首批“中国历史文化名街”。

地址：安徽省黄山市屯溪区

开放时间：全天

江湾 · 汪口 · 李坑 · 篁岭景区

江湾古村始建于隋唐时期，当时称为云湾，北宋时期改称江湾，是一座典型的徽州古村落。目前，村中保存着三省堂、敦崇堂、培心堂、滕家老屋等一大批徽派古建筑和萧江宗祠、江永纪念馆、南关亭、北斗七星井等景点。作为景区开发后，又新建了百工坊、鼓吹堂、公社食堂等景点，丰富了游客对徽州文化的体验。汪口古村始建于北宋大观年间，因地处双河汇合口，碧水汪汪而得名汪口。古村被青山环抱，绿水依流，自然环境优美。同时也因文风鼎盛、人才辈出，书香气息浓郁。明清时期繁华的商业贸易，又为古村留下了大量的历史遗迹。村中的俞氏宗祠因气势雄伟，布局严谨，工艺精湛，风格独特，被古建筑专家誉为“艺术宝库”。李坑是一个以李姓聚居为主的古村落，距今已有 1000 多年的历史。村中明清古建筑沿溪而建，依山而立，粉墙黛瓦，错落有致。村内街巷纵横，溪水贯通，各种砖石及木结构小桥沟通溪流两岸，名为两涧清流、柳碣飞琼、双桥叠锁、焦泉浸月、道院钟鸣、仙桥毓秀的景点点缀其间，形成了小桥、流水、人家的美丽画卷。篁岭古村始建于明朝中叶，属于典型的山居村落，民居围绕水口呈扇形梯状错落排布，主要景点有梯田花海、垒心桥、天街等。景区还建有索道，游客不仅可以乘坐索道进出篁岭，还可以通过索道空中览胜。除了美丽的自然风景，篁岭晒秋作为一种典型的农俗也非常有名，而且当地每年都会举行晒秋节，欢庆丰收。

地址：江西省源县云湾路（江湾）
江西省婺源县江湾镇汪口村（汪口）
江西省婺源县秋口镇李坑村（李坑）
江西省婺源县江湾镇篁岭景区（篁岭）

门票：江湾、汪口、李坑等景区分别购票均为 60 元 / 人，婺源多个景区五日通票 210 元 / 人，篁岭景区 120 元 / 人（索道 120 元 / 人）

开放时间：8:00~17:30

景德镇古窑民俗博览区

景德镇古窑始建于五代，宋往后历代

■ 篁岭景区　王仁和 / 摄

不断发展壮大。1980 年，政府把散落在市区的部分古窑场、古作坊、古建筑异地集中保护，形成了占地 83 公顷，集文化博览、陶瓷体验、娱乐休闲为一体的文化旅游景区。目前，古窑民俗博览区共分为历代古窑展示区、陶瓷民俗展示区和水岸前街创意休憩区三大景区。历代古窑展示区内有古代制瓷作坊、世界上最古老制瓷生产作业线、历代各种形制的瓷窑等；陶瓷民俗展示区有陶瓷民俗陈列、天后宫、瓷碑长廊等景点；水岸前街创意休憩区则是一个以瓷文化为主题的休息区域。

地址： 江西省景德镇市昌江区古窑路 1 号
门票： 95 元 / 人
开放时间： 8:00~17:30

浮梁古县衙

浮梁古县城始建于唐中期，在 1000 多年的发展历史中，浮梁以瓷茶互利、农工商并举的经济格局在各个时代发挥着重要的作用，县衙则多次被钦点为五品县衙。今天所见的县衙建于清朝道光年间，也是江南唯一保存较完整的封建时代县级衙署。中轴线上的照壁、头门、仪门、衙院、大堂、二堂及三堂，基本保持了县衙原有风貌。衙署内陈列了古代官服、刑具、十八般兵器等物品，置身其中，有时空穿越之感。

地址： 江西省浮梁县县衙路
门票： 50 元 / 人
开放时间： 8:00~18:00

御窑厂遗址

御窑厂始建于明洪武年间，初名御器厂。明朝灭亡后，清朝沿袭明制，改御器厂为御窑厂。直至辛亥革命爆发，推翻帝制，御窑制度被废，御窑厂随之消逝。在长达 540 余年的时间里，御窑厂作为我国烧造时间最长、规模最大、工艺极为精湛的官办窑厂，为“天下窑器之所聚”，烧制了无以计数精美绝伦的瓷器。改革开放后，政府对御窑厂遗址陆续进行了考古发掘，发掘出了大量的遗迹、遗物，获得了非常丰富的历史文化信息。

地址： 江西省景德镇市珠山区珠山中路 187 号
门票： 60 元 / 人
开放时间： 8:00~17:30

免费 上饶集中营

上饶集中营是指国民党军统特务组织在江西上饶设立的法西斯集中营，集中营由七峰岩、周田村、茅家岭、李村等处集中营组成，因都在上饶附近，故统称为“上饶集中营”。它是皖南事变的历史产物，主要用以羁押在皖南事变中下山谈判被扣押的新四军军长叶挺将军和弹尽粮绝、因病因伤而被俘的新四军排以上干部，以及三战区特务机关在东南各省搜捕来的共产党员、抗日爱国进步人士。1955 年起，政府在集中营遗址上陆续修建了革命烈士公墓、纪念碑、纪念馆、纪念亭等多处纪念建筑物。目前，已成为国内非常著名的红色景区。

地址： 江西省上饶市信州区陵园路 66 号
开放时间： 8:00~17:30

■ 御窑厂遗址 王仁和 / 摄

■ 浮梁古县衙

下梅古民居群

下梅古民居是集砖雕、石雕、木雕艺术为一体，外观古朴，乡土气息浓郁，风格别具特色的一个古建筑群落。清朝初年，下梅古村因茶叶贸易的兴盛，进入了鼎盛时期。邹氏四兄弟成为地方首富后，大兴土木，以当溪为中轴线，修建豪宅、府第、别业、书阁，再加上沿溪流分布的古街、古井、古码头、古集市等，形成了典型的江南水乡风貌。

地址： 福建省武夷山市下梅村
门票： 46 元 / 人
开放时间： 7:30~17:30

免费 闽越王城博物馆

闽越王城博物馆是以城村汉城遗址为基础修建的遗址类博物馆。目前有馆藏文物 4600 余件，设有两个展厅，用图表、文字、实物、复制品的形式，集中展示了距今 2100 多年前闽越国从汉初立国到因叛汉而被剿灭的近百年历史。博物馆距武夷山风景区不远，时间宽裕可以顺路参观。

地址： 福建省武夷山市兴田镇城村
开放时间： 8:30~17:00

线路② · 江浙赣闽纵贯线

自然风光

连岛海滨度假区

连岛古称鹰游山，由东西两岛相连而成，又称东西连岛，是江苏省第一大天然岛屿。目前，通过 6.7 公里长的拦海大堤与连云港市东部城区相连。这里风光秀丽迷人，集青山、碧海、茂林、海蚀奇石、天然沙滩及海岛渔村等人文景观于一体，成为避暑纳凉、踏浪休闲、享受海鲜美味的好去处。

地址： 江苏省连云港市连云区连岛镇

黄山风景区

门票： 免费（海滨浴场 50 元 / 人）
开放时间： 8:30~18:00

免费 洪泽湖

洪泽湖原为浅水小湖群，古称富陵湖，两汉以后称破釜塘，隋称洪泽浦，唐代始名洪泽湖。1128 年以后，黄河南徙在淮阴以东占领淮河河道入海，导致淮河失去入海水道，于是在盱眙以东潴水，使原来的小浅水湖扩大为洪泽湖。今天，洪泽湖已位列我国第四大淡水湖。在湖区，有百里长堤、老君遗踪、湿地公园等景点可以游览。

地址： 江苏省淮安市洪泽区
开放时间： 全天

中华恐龙园

中华恐龙园创建于 2000 年，是一座以恐龙为主题，融展示、科普、娱乐、休闲及参与性表演于一体的旅游度假区。园区现有 7 大主题区域、50 多个极限游乐项目、每天三四十场各种风格的主题演出，将游客带回了古老而神秘的侏罗纪。其中，中华恐龙馆是园区的主体建筑，里面收藏展示了种类最齐全丰富的中国系列恐龙化石，华龙鸟、巨型山东龙、许氏禄丰龙则为三大镇馆之宝。

中华恐龙园

地址： 江苏省常州市新北区海东路 60 号
门票： 260 元 / 人
开放时间： 9:00~17:00

高邮湖

高邮湖，古名樊良湖，又名新开湖，明朝洪武初年始称高邮湖。它属于河迹洼地型湖泊，目前为我国第六大淡水湖。从湖区的运西船闸至万家塘为历史文化保护区域，有运西船闸、镇国寺、平津堰、明清运河故道、耿庙神灯、杨家坞和万家塘等历史景观。位于湖区北部的芦苇荡湿地公园水道纵横，且水质清澈透明，风光秀丽，气候宜人，生物丰富多样，素有“水乡泽国”之称。

地址： 江苏省高邮市
门票： 60 元 / 人（芦苇荡湿地公园）
开放时间： 8:00~18:00

莫干山景区

莫干山属天目山余脉，主峰塔山海拔 719 米，以竹、泉、云等风物和清、绿、凉、静的环境著称，素有“清凉世界”的美誉。其核心景区包括塔山、中华山、金家山、屋脊山、莫干岭、炮台山等，植被覆盖率高达 92%，修竹丛生，飞瀑流泉到处可见。登主峰塔山还可看日出、云海。

地址： 浙江省德清县莫干山风景区
门票： 80 元 / 人
开放时间： 8:30~16:30

中国大竹海景区

中国大竹海景区是单纯以毛竹为主的林地，也是我国东南部最大的竹文化生态休闲旅游区。整个景区占地约一万亩左右，以原始自然风景为主，依山傍水，竹连山，山连竹，满目苍翠，是一副层层叠叠的竹画长卷。在景区中游玩，可以说时时处处不离竹，尽可以观竹王、望竹海、嬉竹泉、赏竹艺、玩竹戏、看竹业、购竹品、食竹宴、住竹居，然后尽兴而归。

地址： 浙江省安吉县天荒坪镇五鹤村
门票： 60 元 / 人
开放时间： 7:30~17:00

黄山风景区

黄山原名黟山，因峰岩青黑，遥望苍黛而名。后因传说轩辕黄帝曾在此炼丹，故改名为“黄山”。其主峰莲花峰海拔 1864.8 米，与光明顶、天都峰并称为黄山三大主峰。风景区的代表性景观有“四绝三瀑”，四绝：奇松、怪石、云海、温泉；三瀑：人字瀑、百丈泉、九龙瀑。因为黄山覆盖范围广袤，所以整个风景区又被分为温泉景区、玉屏景区、北海景区、白云景区、松谷景区等多个景区。

地址： 安徽省黄山市黄山区 205 国道旁
门票： 190 元 / 人
开放时间： 6:30~16:30

齐云山

齐云山古称白岳，因遥望山顶与云平齐得名。山内有月华街、云岩湖、楼上楼 3 个景区。自然风光与人文景观丰富多彩，其种类涵盖了奇峰、怪岩、幽洞、飞泉洞、池潭、亭台、碑铭石刻、石坊、石桥、庵堂祠庙等，主要景点有洞天福地、真仙洞府崖、月华街、太素宫、香炉峰等。齐云山也是一座宗教名山，自唐往后，道、佛两教在山上均有发展，尤以道教最为盛行。

地址： 安徽省休宁县城西约 15 公里

门票：60 元 / 人
开放时间：8:00~17:00

婺源江岭风景区

江岭是婺源田园风光的典型代表。从江岭开始，公路始终在山间盘旋，从江岭向下看，山谷盆地中层层梯田像涟漪般荡漾开，粉墙黛瓦的村落点缀在油菜花田间，构成了一幅色彩饱和却不失雅趣的田园风光画卷。

地址：江西省婺源县东北部约 30 公里处
门票：60 元 / 人
开放时间：8:00~17:30

洪岩仙境

洪岩仙境是一个以溶洞景观为主体的自然风景区，洞体全长 1620 米，洞室总面积 8 万平方米，洞中石钟乳遍布，且错落有致、千姿百态，可以说美不胜收。南宋名臣洪皓游览后，曾发出“有此乾坤有此岩，谁知仙境在人间”的感叹。位于洪岩洞顶的石林景区则怪石嶙峋，奇花异草、古藤老树植根其间，给人以赏心悦目、心旷神怡的感觉。

地址：江西省乐平市洪岩镇洪岩仙境景区
门票：81 元 / 人
开放时间：8:00~16:30

三清山

三清山又名少华山、丫山，因玉京、玉虚、玉华三峰宛如道教玉清、上清、太清三位尊神列坐山巅而得名三清山。其中玉京峰最高，海拔 1819.9 米。三清山自然风光中最富特色的便是独特的花岗岩石柱与山峰。因不同成因的花岗岩微地貌密集分布，三清山展示出了世界上已知花岗岩地貌中分布最密集、形态最多样的峰林。另外，1600 余年的道教历史，也孕育了三清山深厚的道教文化底蕴，其按八卦布局的三清宫古建筑群，被文物考证专家誉为“中国古代道教建筑的露天博物馆”。

地址：江西省玉山县三清山风景名胜区
门票：120 元 / 人
开放时间：8:00~17:00

武夷山国家级风景名胜区

武夷山是对武夷山脉的统称，其主峰黄岗山，海拔 2160.8 米，是我国整个东南地区的最高峰。武夷山国家级风景名胜区则是位于武夷山市西南方星村镇的一片区域。景区属于典型的丹霞地貌，因此具有非常好的观赏性。武夷山同时也是著名的三教名山，自秦汉以来，就为羽流禅家栖息之地，以及儒家学者倡道讲学之地，因此留下了不少宫观、道院和庵堂故址。目前，武夷山作为世界文化与自然双重遗产地，其主要景点有古汉城遗址、道教洞天、武夷宫、天游峰、九曲溪、水帘洞、大红袍景区等。

地址：福建省武夷山市星村镇
门票：140 元 / 人
开放时间：6:30~18:00

溪源大峡谷

溪源大峡谷，是南平市茫荡山自然保护区的核心景区。景区内的著名景点有峡谷画廊、世外桃源、瀑布大观、龙德寺、中莲花山等，是一处集“清、幽、灵、秀、神、奇、险、野”于一体自然风景区。

地址：福建省南平市延平区上洋村
门票：60 元 / 人
开放时间：7:30~17:00

线路② · 江浙赣闽纵贯线

富饶物产

汪恕有滴醋

汪恕有滴醋是连云港市的传统名优特产，始创于清康熙十四年。创始人汪懿余起初在家中建立一个作坊，用简单工具生产数量有限的“老糖”，后来改为生产食醋。随着生产规模的扩大且为了生意上的方便，起了店号叫“恕有”。由于汪氏做的醋酸度甜香醇和，味美津香，每次食用只需几滴则醇香弥足，故称之为“滴醋”，汪恕有滴醋从此就作为产品的正式名称流传了下来。

淮安蒲菜

蒲菜入宴在我国已有 2000 多年历史，淮安水乡泽国，盛产芦蒲，不但食用蒲菜的历史悠久，而且一直传承至今。淮安蒲菜的食用部分为幼嫩叶鞘包裹而成的假茎，菜体洁白如玉，圆润饱满，生食鲜嫩多汁，清香微甜，无涩味；熟食爽嫩柔软，无渣。

高邮鸭（蛋）

具有千年饲养历史的高邮麻鸭为全国三大优良鸭系之一，其个头大，毛皮紧，潜水深，觅食力强，一般都在水网地区放养，多食鱼虾。高邮湖丰富的水生动植物资源，不仅为高邮麻鸭提供了理想的饵料，也保证了高邮鸭蛋的出色品质。清朝老饕袁枚曾在《随园食单》中点名高邮鸭蛋：“腌蛋（即

高邮咸鸭蛋

武夷山国家级风景名胜区

咸鸭蛋）以高邮为佳，颜色红而油多。”著名作家汪曾祺更是处处不忘推介家乡特产——高邮鸭蛋。

高邮湖大闸蟹

在国内食客口中，高邮湖大闸蟹远没有阳澄湖大闸蟹那么有名，但在北宋时，著名词人秦少游已将高邮湖大闸蟹作为土特产赠予苏轼。与其他地区的大闸蟹相比，高邮湖大闸蟹有这样几大特征：背青，肚亮，爪金，膏红，腥气大，后蟹足、蟹腿的肌肉弹性好，吃起来口感紧实。

扬州漆器

扬州漆器起源于战国，兴旺于汉唐，鼎盛于明清，是我国特色的传统工艺品。其制作技艺共有点螺、雕漆、雕漆嵌玉、刻漆、平磨螺钿、彩绘（雕填）、骨石镶嵌、百宝嵌、楠木雕漆砂砚、磨漆画制作十大门类。产品有屏风、地屏、挂屏、台屏、衣柜、酒柜及各式桌、椅、几、凳、瓶、盘等300多种。

邵伯菱

邵伯菱是扬州市特产。古代邵伯是苏北运河段上的重镇，秋季菱角收获的季节，乘客经过此地必争相购菱，在船上剥菱消遣。邵伯菱鲜菱为淡绿色，绿中泛白，生食清脆爽口带甜味，煮熟后为淡黄色，香如核桃，味似板栗。

南京云锦

南京云锦的织造历史可以追溯到东晋时期，当时已设立了专门管理织锦的官署——锦署。但云锦这一名称的使用却非常晚，直至清道光年间才因南京的“云锦织所”而得名，并广泛使用。织造云锦的操作难度和技术要求都很高，必须由提花工和织造工两人配合完成，且用老式的提花木机织造，因为这种工艺至今无法用机器替代，故有“寸金寸锦”之说。

南京雨花茶

南京雨花茶创制于20世纪50年代，属于绿茶炒青中的珍品，也是优质细嫩针状春茶。当茶芽萌生至一芽三叶时，于清明前采一芽一叶，经过杀青，揉捻，整形干燥，然后涂乌桕油手炒而成。冲泡后茶色碧绿、清澈，香气清幽，品饮则齿颊留芳，滋味醇厚，回味甘甜。

■ 宜兴紫砂陶

■ 镇江香醋酿造工艺

镇江香醋

镇江香醋创制于1840年，属于黑醋、乌醋品类。其主要以糯米为原料，通过独特的固态分层发酵工艺酿造而成。成品具有“色、香、酸、醇、浓”五大特色，且酸味柔和，富有独特香气，与山西醋相比，镇江香醋的最大特点在于微甜，非常适合蘸食。

丹阳黄酒

早在东晋时期即有“云阳（今丹阳）出美酒”的记载，南北朝时期则已负有盛名，由此可见丹阳的酒文化源远流长。丹阳黄酒以优质糯米为原料，采用淋饭法工艺精酿而成。成品色橙黄有光，鲜甜香美，有独特的曲香风味，且越陈越香，是我国甜黄酒的典范。

常州三宝（梳篦、留青竹刻、乱针绣）

常州梳篦制作技艺形成于东晋时期，迄今已有1500多年的历史。明清时，其制作工艺已达到了相当高的水平，制作规模也超过历代。直至今天，常州仍然保留有篦箕巷这一地名，当年这里曾是常州梳篦业的核心聚集区。如今常州梳篦已超脱了发饰的实用功能，成了收藏把玩的工艺品。留青竹刻又称平雕、皮雕等。雕刻时留用竹子表面的一层青筠作为图案，然后铲去图案以外的竹青，露出下面的竹肌作地，故名留青竹刻。竹筠洁如玉，竹肌有丝纹。竹筠色浅，年久呈微黄；竹肌年愈久，色愈深，色如琥珀。留青竹刻正是充分利用这种质地和色泽变化的差异，采取青筠全留、多留、少留或不留的雕刻方式，使雕刻出的图案层次分明，且有色彩从深到浅，自然退晕效果。这也正是留青竹刻的魅力所在。乱针绣又名正则绣、锦纹绣，是一种适宜绣制欣赏品的刺绣工艺。由常州现代刺绣工艺家杨守玉创始于20世纪30年代。因其绣法自成一格，被誉为当今中国第五大名绣。其主要采用长短交叉线条，分层加色手法来表现画面。针法活泼、线条流畅、色彩丰富、层次感强、风格独特。非常适合绣制油画、摄影和素描等稿本的作品。

宜兴紫砂陶

紫砂陶是我国特有的手工制造陶土工艺品，其制作原料为紫砂泥，因产地在江苏宜兴，故名宜兴紫砂陶。紫砂陶的制作工艺始于宋元时期，明正德年间开始出现以紫砂制壶，在往后500多年中，紫砂壶几乎统治了整个紫砂陶的工艺圈子。直至今天，只要提到紫砂，让人想到的肯定是紫砂壶。事实上，在壶之外，还有杯、碟、瓶、盆、文具雅玩、人物雕塑等紫砂制品。

阳山水蜜桃

阳山水蜜桃是无锡市特产。清末民初，举人谭梦桃从浙江奉化引入“玉露水蜜”、留学生殷植从日本带回“白凤”“传十郎”等品种，在阳山地区进行栽培。经过数十年的发展，使阳山成了著名的水蜜桃之乡。阳山水蜜桃果形大、色泽美，皮韧易剥、香气浓郁，汁多味甜，入口即化，有“水做的骨肉”的美誉。

惠山泥人

惠山泥人是无锡惠山古镇特产。在明朝时已有关于惠山泥人的记载，到清中后期，惠山泥人的发展进入鼎盛时期。当时，每逢入秋便会有数百条货船聚集惠山采购泥人，然后销往苏北、山东及浙江等地。泥人由惠山黑泥模印或捏制而成，其主要品种有小花囡、小如意、小寿星、小佛像、叠罗汉、泥阿福以及鸡、狗、鹅等小禽兽。

太湖三宝（银鱼、梅鲚、白虾）

银鱼，俗称面条鱼，或面杖鱼，因其在湖中游洄，如银箭离弦故名银鱼。相传吴王食脍有余弃于湖水中，化而成鱼，古亦称脍残鱼。太湖银鱼体细长、洁白如玉、晶莹透亮，肉质鲜嫩细腻，无骨刺、无腥味，营养丰富。梅鲚，又名湖鲚，俗称毛叶鱼、刀鲚，宋代苏东坡称为“银刀”。肉质细嫩，味极鲜美，嫩骨和卵中含有大量的钙质，约为银鱼的三倍，是滋补佳品。太湖渔民通常习惯把刚捕捞起来的梅鲚及时用木炭火缓慢烤干，制出了鲜美而无腥味的梅鲚干，被人们视为席上珍品。白虾因甲壳较薄，色素细胞少，平时身体透明，死后肌肉呈白色，故名。太湖白虾肉质细嫩鲜美，营养价值甚高，可以其为原料做成“碧螺虾仁”“炒虾饼”和“三虾豆腐”等著名菜品。

■ 阳澄湖大闸蟹

阳澄湖大闸蟹

阳澄湖大闸蟹又名金爪蟹，因蟹身不沾泥，俗称清水大闸蟹。每年农历九月的雌蟹、十月的雄蟹性腺发育最佳，黄满膏肥，是食用的最佳时节。因其声名远播，市场上冒用其名者甚广，大家可以通过如下四大特征进行辨识：一是青背，阳澄湖蟹壳成青灰色，平滑而有光泽；二是白肚，贴泥的脐腹，晶莹洁白；三是黄毛，脚毛长黄挺拔；四是金爪，阳澄湖蟹爪金黄，坚挺有力，放在玻璃上能八足挺立，双螯腾空。

碧螺春茶

碧螺春茶属于绿茶类，主要产于吴县（今苏州吴中区）太湖的东洞庭山及西洞庭山一带，因此当地民间称其为洞庭茶。康熙皇帝巡幸太湖时，品尝了这种汤色碧绿、卷曲如螺的名茶，倍加赞赏，于是赐名“碧螺春”。其成品茶外形紧密，条索纤细，嫩绿隐翠，清香幽雅，鲜爽生津，汤色碧绿清澈，叶底柔匀，饮后回甘。高级的碧螺春，一斤干茶需6~7万个细嫩的茶芽，其名贵程度可见一斑。

苏绣

苏绣是苏州地区刺绣产品的总称，其发源地在苏州吴县（今苏州吴中区）一带，现已遍衍无锡、常州等地。关于苏绣的最早记载始于三国时期，至清朝苏绣进入全盛时期，当时的苏州被称为“绣市”而扬名四海。苏绣具有图案秀丽、构思巧妙、绣工细致、针法活泼、色彩清雅的独特风格，在绣法上则有“平、齐、和、光、顺、匀”的特点。其主要品类有零剪、戏衣、挂屏等，装饰性与实用性兼备。

桃花坞年画

桃花坞年画是江南地区的民间木版年画，因曾集中在苏州城内桃花坞一带生产而得名。其源于宋代雕版印刷工艺，由绣像图演变而来，到明代发展成为民间艺术流派。清代雍正、乾隆年间为鼎盛时期，每年出产的桃花坞木版年画达百万张以上。其画面构图对称、丰满，色彩绚丽，常以紫红色为主调表现欢乐气氛；基本全用套色制作，刻工、色彩和造型具有精细秀雅的江南地区民间艺术风格；表现内容主要以吉祥喜庆、民俗生活、戏文故事、花鸟蔬果和驱鬼避邪等为主。

安吉白茶

安吉白茶是浙江安吉县特产。在宋徽宗赵佶著的《大观茶论》中已有关于安吉白茶的记载。20世纪，人们在安吉的山岭中又数次发现古老的野生白茶树。由此可见，安吉白茶无论从社会意义，还是自然意义上讲，都有很深的历史渊源。其成品茶外形挺直略扁，形如兰蕙；色泽翠绿，白毫显露；叶芽如金镶碧鞘，内裹银箭，十分可人。冲泡后，清香高扬且持久。滋味鲜爽，饮毕，唇齿留香，回味甘而生津。

湖笔

湖笔亦称湖颖，产于湖州善琏镇，是“文房四宝”之一，被誉为“笔中之冠”。相传秦大将蒙恬“用枯木为管，鹿毛为柱，羊毛为被（外衣）”发明了毛笔。在善琏镇，人们为了纪念蒙恬，专为其修建了蒙恬庙，视其为笔祖供奉。元朝时，因大书画家赵孟頫终日手操湖笔写字作画，从而使湖笔自此蜚声海内外。湖笔选料讲究，工艺精细，品种繁多，粗的有碗口大，细的如绣花针，具有尖、齐、圆、健四大特点。笔料的种类则有软毫、兼毫、硬毫三大类300多个品种。

湖州羽毛扇

用羽毛作扇，在我国已有数千年历史，湖州羽毛扇便是其中的佼佼者。其通常选用洪泽湖、鄱阳湖等湖泊周围芦苇丛中的雁、鹰、鹳、鸹、雕和青鸡等野禽的翅尾，后因国家实施珍稀鸟类保护政策，羽毛扇的制作原料转以家禽羽为主，如鹅、鸭羽等。再经过选毛、出片、洗片、理片、缝片、接管、串毛、装柄、整形、装绒、绘画等11道工序制作而成。其花色品类约有百余种，主要品种有诸葛扇、桃形扇、圆形扇、半月扇和绒折扇等。

早园笋

早园笋又名元笋、春笋、燕笋等，是浙江德清县特产。每年春节前后，便会陆续破土而出，其色黄带白，壳薄油光，笋脯粗壮嫩白，以鲜、嫩、脆的特点闻名于江浙沪一带。

宁国笋干

宁国笋干是竹笋经蒸煮、烘烤制成的一种干菜，其色泽青绿黄亮、香气馥郁，且具有耐贮藏、易保存、易包装运输等优点。食用时方便泡发、烹调，入口则脆香爽口，不愧为“山菜之王”。

绩溪山核桃

绩溪山核桃属胡桃科山核桃属，为落叶乔木，俗称小胡桃、小核桃。独特的生长地理环境，使其与同类产品比，具有壳薄，果仁饱满，出仁率高，清香味美，营养成分高的特点。

金山时雨茶

金山时雨原名金山茗雾，时雨是皖南一种名茶的代名词，因其产于安徽绩溪县的金山村，故名金山时雨，属于上品绿茶。其成品茶条索紧细，微带白毫，冲泡后汤色清澈明亮，叶底嫩绿金黄，品饮味芳香，爽口，回味甘，且非常耐冲泡。清朝末年，每担金山时雨的收购价为200~300银圆，但当时一担大米的价钱才4~5个银圆，可见其非常金贵。

徽墨

徽墨是安徽黄山市、宣城市特产。其有落纸如漆、色泽黑润、经久不褪、纸笔不胶、香味浓郁、奉肌腻理等特点；素有拈来轻、磨来清、嗅来馨、坚如玉、研无声、一点如漆、万载存真的美誉。墨品种类繁多，主要有漆烟、油烟、松烟、全烟、净烟、减胶、加香等品种，高级漆烟墨更是会加入麝香、金箔、珍珠粉等贵重原料。

■ 绩溪山核桃

■ 太平猴魁

徽州漆器

徽州漆器是徽州地区的传统工艺品，主要产于歙县、岩寺、屯溪等地。髹漆艺人利用当地盛产的生漆为主要原料，掺以绿松石、丹砂、珊瑚、青筋蓝、朱砂等，经过一系列工艺处理而制成，古称菠萝漆器。其品种繁多，不但有家具、容器、日用品、文具和艺术品，而且还有乐器、丧葬用具、兵器等。

黄山毛峰

黄山毛峰属于绿茶，清光绪年间由徽州当地的谢裕大茶庄所创制，由于新制茶叶白毫披身，芽尖锋芒，且鲜叶采自黄山高峰，遂将该茶取名为黄山毛峰。又因其主要产于安徽黄山一带，所以也被称为徽茶。每年清明谷雨前后，选摘良种茶树“黄山种”“黄山大叶种”等的初展肥壮嫩芽，手工炒制而成，成品茶外形微卷，状似雀舌，绿中泛黄，银毫显露，且带有金黄色鱼叶；入杯冲泡雾气结顶，汤色清碧微黄，叶底黄绿有活力；品饮滋味醇甘，香气如兰，韵味深长。

太平猴魁

太平猴魁产于安徽太平县（今黄山市太平区）三门村的猴坑、猴岗等地，尤以猴坑高山茶园所采制的尖茶品质最优。由于该茶在绿茶尖茶中处于魁首，首创人又名魁成，且产地名为猴坑、猴岗，故得名太平猴魁。其成品茶挺直，两端略尖，扁平匀整，肥厚壮实，全身白毫，色泽苍绿，叶主脉呈猪肝色，宛如橄榄；入杯冲泡，芽叶徐徐展开，舒放成朵，两叶抱一芽，或悬或沉，茶汤清绿，香气高爽。

祁门红茶

祁门红茶简称祁红，由祁门茶农创制于清光绪年间，其以当地的中叶、中生种茶树“楮叶种”茶叶制作而成，属于著名的红茶精品。加工好的祁红外形条索紧结细小如眉，苗秀显毫，色泽乌润，茶叶香气清香持久，似果香又似兰花香，国际茶市上把这种香气专门叫作“祁门香”；冲泡后茶叶汤色和叶底颜色红艳明亮，口感鲜醇酣厚，即便与牛奶和糖调饮，其香不仅不减，反而更加馥郁。

三潭枇杷

景德镇瓷器

歙砚

歙砚全称歙州砚，因其由产于歙州的歙石制作而成，故名歙砚。又因婺源与歙县交界处的龙尾山所产歙石最优，歙砚也被称为龙尾砚。早在唐朝，歙砚已是驰名天下的名砚，以后历朝均对其倍加推崇。歙石的纹理结构十分突出，分为鱼子纹、螺纹、金晕纹、眉纹、刷丝纹等多种类型，且其矿物粒度细，微粒石英分布均匀，故有发墨益毫、滑不拒笔、涩不滞笔的效果，因此用其制砚，不仅美观，而且实用。

松萝茶

松萝茶属于绿茶类，创制于明隆庆年间，产于休宁县黄山余脉的松萝山，故名松萝茶。其成品茶条索紧卷匀壮，色泽绿润，香气高爽，滋味浓厚，带有橄榄香味；冲泡后汤色绿明，叶底绿嫩；饮后令人神驰心怡。与其他茶相比，松萝茶具有色重、香重、味重的三重显著特点。而且它还是我国著名的药用茶，富有消积滞、油腻、清火、下气、降痰的功效。

三潭枇杷

三潭枇杷主产于歙县境内新安江沿岸的漳潭、绵潭和瀹潭三个自然村，故名三潭枇杷。因这三个村落被群山环抱在三个大面积的深水潭边，形成了终年云雾缭绕，雨水充沛的小气候，为枇杷的生长提供了得天独厚的自然条件。从而造就了三潭枇杷皮薄肉厚，甜酸适度，柔嫩多汁，细腻化渣，清香爽口的独特品质。

婺源绿茶

婺源绿茶是众多茶叶品类中，历史极为悠久的一种，早在唐朝已被著名茶叶专家陆羽记入了《茶经》当中，明清时曾被列为贡茶，且早在 18 世纪，已远销海外。其成品茶外形紧细圆直，香气馥郁，滋味醇厚，具有“叶绿、汤清、香浓、味醇”的特点。

荷包红鲤鱼

荷包红鲤鱼是鲤科鲤属鲤鱼的一个变种，主要产于江西婺源县，是当地独有的传统养殖鱼类，因色泽鲜红、头小尾短、背高体宽、背部隆起、腹部肥大、形似荷包而得名。其肉质肥美细嫩，汤鲜味美，肥而不腻，香而无腥，除食用观赏外，还具有“妊安孕，好颜色，止咳逆，疗脚气，消水肿，治黄疸”的药用价值。

景德镇瓷器

景德镇瓷器以白瓷最佳，素有“白如玉，明如镜，薄如纸，声如磬”之称，品类更是繁多庞杂，曾有 3000 多种品名。在装饰方面有青花、釉里红、古彩、粉彩、斗彩、新彩、釉下五彩、青花玲珑等，其中尤以青花、粉彩产品为大宗，颜色釉为名产。釉色品种则有青、蓝、红、黄、黑等种类，而且每种又会细分出许多小品类，诸如红釉，又有钧红、郎窑红、霁红和玫瑰紫等品种。

上饶白眉

上饶白眉是上饶市广信区创制的特种绿茶，其满披白毫，外观雪白，外形恰如老寿星的眉毛，故得名上饶白眉。其成品茶外形壮实，条索匀直，白毫满披，色泽绿润；冲泡后则香高持久，滋味鲜浓，汤色明亮，叶底嫩绿，实为绿茶珍品。由于鲜叶的嫩度不同，其又可分为白眉银毫、白眉毛尖、白眉翠峰等品种。

武夷岩茶

武夷岩茶是具有岩韵品质特征的乌龙茶，因产于闽北武夷山一带，且茶树多生长于岩峰之中而得名。其属于半发酵青茶，制作方法介于绿茶与红茶之间。因产茶地点不同，又分有正岩茶、半岩茶、洲茶。主要品种有武夷水仙、武夷奇种、大红袍等，尤以大红袍最为著名。成品茶外形弯条型，色泽乌褐或带墨绿（沙绿、青褐、宝色）。条索紧结、或细紧、或壮结，汤色橙黄至金黄、清澈明亮。香气带花、果香型，锐则浓长、清则幽远，或似水蜜桃香、兰花香、桂花香、乳香等。

正山小种

正山小种，又称拉普山小种，属红茶类，与人工小种合称为小种红茶，首创于崇安县（今武夷山市）桐木关地区。它是世界上最早的红茶品种，因此被誉为红茶鼻祖。历史上该茶以星村为集散地，故又称星村小种。鸦片战争后，因贸易繁荣，许多其他小种茶扰乱市场，于是将其称为“正山小种”，特指正宗之意。“正山”也被圈定为桐木及与桐木周边相同海拔地域，只有这里出产的茶，且以同一种传统工艺制作，品质相同，独具桂圆汤味，才能称为正山小种。

建瓯锥栗

福建建瓯是锥栗的原产地和主产区，当地所产锥栗坚果粒大、外观亮泽、果壳薄软、果仁饱满，熟制后具有栗味浓郁、香糯甘饴、甜爽可口的特点。当地百姓习惯用锥栗粉代米给儿童食用，是老少皆宜的天然木本粮食，具有较高的经济价值和药用价值。

秦淮灯会

徽派盆景

建阳橘柚

1984年，当地从日本引进甜春橘柚、大谷伊予柑、红八朔等28个柑橘品种，经过十几年的嫁接选育，而培育出了一个全新的变异品种。2004年，被福建省非主要农作物品种认定委员会命名为建阳橘柚。其具有果大质优、汁多肉脆、清香爽口的特点，而且还有生津止咳、润肺化痰、理气健胃、散结止痛、醒酒利尿的药用功效，因此被广泛应用于食品、医药行业中。

北苑贡茶

在历史上，北苑贡茶曾在宋朝茶文化圈里独领风骚数百年，后因宋朝的灭亡而随之衰落。其在制作工艺上集合了当今绿茶的蒸青、黑茶的压制、乌龙茶的焙火等工艺，所以很难给它进行归类。新中国成立后，建瓯当地所生产的北苑贡茶已非曾经的北苑贡茶，而属于乌龙茶的一种。其成品茶外形条索紧结重实，色泽青褐油润，香气浓郁持久，具有花果香；冲泡后汤色清澈橙黄，叶底肥厚软亮，绿叶红镶边；品饮则滋味醇厚回甘。

线路②·江浙赣闽纵贯线

民俗文化

海州五大宫调

海州是江苏省连云港市的古称。海州五大宫调，又称“海州五大调”或“海州宫调牌子曲”，是以软平、叠落、鹂调、南调、波扬等为基本腔调的一种用曲牌连缀体来演唱的艺术形式。它是江苏明清俗曲重要的一脉，也是古老“诸宫调”的宝贵遗存，对我国民间音乐乃至民间曲艺研究具有难得的实证价值。

高邮民歌

高邮民歌是高邮湖以及里下河的人们在生产生活中广为流传的传统民间歌曲，主要有号子、小调、情歌及各种生活、风俗歌谣，儿歌、对歌等，它既有苏南民歌柔婉的特点，又有北方民歌爽朗的气质，节奏婉转轻盈，有着浓郁的里下河水乡风格。其经典作品有《数鸭蛋》《高邮西北乡》《送夫参军》等。

秦淮灯会

秦淮灯会是流传于南京地区的民俗文化活动，又称金陵灯会、夫子庙灯会，主要集中在每年春节至元宵节期间举行，是我国唯一一个集灯展、灯会和灯市为一体的大型综合型灯会。历史上的秦淮灯会主要分布在南京秦淮河流域，20世纪以后主要集中在夫子庙地区，如今已扩展到“十里秦淮”东侧五里的风光带上。灯会主要是通过扎灯、张灯、赏灯、玩灯、闹灯等诸种形式寄托民众的良好愿望。目前，它已成为南京文化的重要组成部分。

徽州三雕

徽州三雕是对具有徽派风格的砖雕、石雕、木雕三种地方传统雕刻工艺的简称。其主要用于民居、祠堂、庙宇、园林等建筑的装饰，以及古典家具、屏联、笔筒、果盘等工艺雕刻。明清时期，许多辛苦一辈子的徽商，为了叶落归根、光宗耀祖，于是纷纷在家乡修祠堂、树牌坊、建宅第、造水口。尤其在建筑装饰上精雕细琢、不惜工本，这也就给三雕及徽州的能工巧匠创造了展示的舞台。时至今日，歙县、黟县、婺源等地的古镇、古村落、古建筑上保留了大量的三雕作品。

徽派盆景技艺

徽派盆景技艺是安徽黄山地区一种古老的传统手工技艺。早在唐朝时期，歙县卖花渔村的花农就开始培育花木盆景。自南宋建都临安，盆景艺术借助徽州优越的地理位置，得以迅速发展。其在造型上分规则类与自然类，规则类主要有“游龙式”（多见于梅桩）“扭旋式”“三台式”“屏风式”“疙瘩式”等。自然类则师法造化和表现画意，不拘一格，匠心独运，具有鲜明的地域个性。

徽派传统民居营造技艺

徽派传统民居营造技艺是中国传统民居建筑的一朵奇葩，其以村落布局严谨周密、建筑格局紧凑精细而为人称道。徽派传统民居营造技艺在长达2000多年的建筑实践中，逐步形成以砖、木、石三种技艺相得益彰的民间建筑艺术，其中粉墙、黛瓦、马头墙、砖木石雕以及层楼叠院、高脊飞檐、曲径回廊、亭台楼榭等和谐组合，构成了独树一帜的徽派建筑基调。

婺源傩舞

婺源傩舞俗称鬼舞或舞鬼，属于我国古代长江流域流行的一种传统宗教舞蹈。在表演时，舞者头戴假面具，手执干戚等兵器，把自己装扮成想象中比鬼疫更凶猛狰狞的傩神，随着强节奏的鼓点，跳着狂热的舞蹈来祛邪。今日活跃在婺源乡间的傩舞，剧目有《开天辟地》《后羿射日》《刘海戏金蟾》等。

乐平古戏台营造技艺

位于江西省东北部的乐平，素称赣剧之乡，是赣剧的发源地之一。由明朝至今，随着戏曲的发展和攀比之风盛行，乐平当地在戏台的营建上始终热潮不减，从而使古戏台遍布城乡各地，时至今日，乐平更是被誉为“中国古戏台博物馆”。与戏台相伴相生的便是其营造技艺，在古戏台的营造中，主要由锯工、大木工、小木工、雕工、泥工、漆工、画工等通力合作，各尽其能，共同来完成。尤其是雕塑技艺凸显了乐平古戏台营造技艺的超高水平。

线路②·江浙赣闽纵贯线

特色美食

花果山风鹅

花果山风鹅是江苏灌云县特产。其采用沂河淌及周边地区的绿色鹅源，运用风鹅低盐嫩化技术，经过 63 道工序精致加工而成。成品呈酱黄色，皮薄，肉质致密，有嚼劲，老嫩适中。

砂锅炖驴肉

砂锅炖驴肉是连云港地区的传统名菜。制作时一般选用驴脯肉，切成一寸见方的块，用铁签子扎眼，下锅煮透后，用凉水浸泡一小时；然后，砂锅上火，倒入花生油烧热，放入葱姜蒜等佐料爆香，再放入驴肉及其他配料，加入鸡汤，置入料包，大火烧开，改小火慢炖两个小时，待肉酥烂，汤色棕黄即可上桌。

淮安茶馓

淮安茶馓始创于清朝末年，因为当时茶馓做得最好的人姓岳，故又名“岳家茶馓”，又因岳氏的家宅靠近淮安城鼓楼，所以也有人称其为“鼓楼茶馓”。其基本做法是用红糖、蜂蜜、花椒、红葱皮等原料熬成的水和适量的鸡蛋、清油和面，然后反复揉压，搓成或抻成由粗细匀称、盘连有序的圆条构成的环状物，然后放入油锅炸至棕黄色即成。可干吃，也可用开水冲泡着吃。

秦邮董糖

秦邮董糖又叫酥糖或董酥糖，是高邮地区的传统名点，因此糖为明朝翰林编修董璘所制，故名。董糖每块长约 3 厘米，宽、厚各约 1.5 厘米，用糯米粉、芝麻、白糖、麦芽等原料，手工精制而成。每块又由 48 层软片组成，厚薄均匀，层次分明，入口酥软，味道甜美，老少皆宜。

扬州三丁包

扬州三丁包以面粉发酵和馅心精细取胜。所谓三丁，即鸡丁、肉丁、笋丁，且鸡丁需选用隔年母鸡，既肥且嫩，肉丁选用膘头适中的五花肋条，笋丁根据季节选用鲜笋。鸡、肉、笋三种原料按 1:2:1 的比例搭配，要求鸡丁大、肉丁中、笋丁小，颗粒分明，其制作的精细程度由此可见一斑。蒸熟后，外皮吸足了馅料的卤汁，松软鲜美，馅心则咸中带甜，甜中有脆，油而不腻。

金陵盐水鸭

盐水鸭又叫桂花鸭，是南京的著名特产，因南京别称金陵，故名金陵盐水鸭；又因中秋前后，桂花盛开季节制作的盐水鸭色味最佳，于是又有桂花鸭之名。盐水鸭的制法迥异于其他卤酱腌腊制品，它是采用低温煮制的方式进行加工，从而使鸭肉的肌肉中保留有大量水分，吃起来口感嫩爽、味道鲜香。

肴肉

肴肉又名水晶肴蹄，简称肴肉，是江苏镇江的传统名菜，曾在开国大典上作为冷碟上桌。传说明朝末年，镇江一酒店老板误将硝当作盐用以腌制蹄髈，却不舍得丢掉，便用盐水泡洗后做了自己吃，没想到香味扑鼻。后来在街里传开，大家纷纷慕名前来品尝，并称其为“硝肉”，因其名不雅，于是改为“肴肉”。直至今天，肴肉制作时依然采用特殊工艺加硝腌制。

镇江锅盖面

镇江锅盖面又称镇江小刀面，关于它的传说很多，但最终指向都是误将小锅盖放进了面锅里。虽说锅盖面的吃法早在清朝时已开始流行，但真正以“镇江锅盖面”之名流传却是改革开放以后的事。锅盖面之所以好吃，根本原因不在于面锅里煮锅盖，而是其面条经过了类似竹升面的充分压制，从而使其入口筋道，再加上精制的底料，汤、面相得益彰，最终赢得了“江南天下第一面”的美誉。

常州大麻糕

常州大麻糕事实就是一种油酥烧饼，

金陵盐水鸭

常州大麻糕

之所以叫麻糕是因为其浑身粘满了芝麻。其一般有咸、甜、椒盐三种风味，只要麻糕一出炉，香味便会扑面而来，吃起来香酥，却不会觉得甜腻。常州当地人通常会将其早上当饭，下午当点心来食用。

苏州卤汁豆腐干

卤汁豆腐干是苏州的传统特产。其采用新鲜圆柱大豆为原料，经备料、除杂、浸泡、磨浆、甩浆、煮浆、凝固、压榨、成型、油炸、卤煮、冷却等多道工序制作而成。在当地宴席上一般作为冷盘出现，同时也是街头巷尾的风味小吃。

臭鳜鱼

臭鳜鱼又称臭桂鱼、桶鲜鱼、腌鲜鱼等，是一道徽州传统名菜。其制作方法非常讲究，在室温 25℃左右的环境中，把新鲜鳜鱼放入盛有淡盐水的木桶中腌渍，且肚皮朝上摆放，用山涧青石头或河卵石压住，历经六七天后，鱼体便发出似臭非臭的气味。然后入油锅略煎，配以猪肉片、笋片，小火红烧至汤汁浓缩而成。闻起来似有臭味，吃起来却醇滑爽口，齿颊留香。

高岭土煨肉

高岭土煨肉，是景德镇名菜，其源自当地矿工用高龄瓷土泥和荷叶包裹土猪肉，用炭火煨烤这一吃法。因其香味悠浓，味道鲜美，所以这一吃法渐渐流传了下来，并走上了大雅之堂，成为赣菜中的一道传统名菜。

乐平狗肉

乐平狗肉属于江西特色名菜，其在制法上以清煮白切为主，充分显露了狗肉的本色原味。因为是带皮烹煮，其又有皮糯、肉香、骨酥的特点。在过去多为货郎挑担销售，如今则可以在饭店中吃到。

胡麻饭

胡麻饭俗称麻糍，是武夷山历史最为久远的地方传统风味小吃。制作时将上好的糯米经水浸透后蒸熟，然后捣烂揉成小团，再拌上芝麻、白糖等即可食用，口感软糯，味道香甜。据传常为神仙待客所用，故又称为“神仙饭”。

■ 臭鳜鱼

■ 台儿庄古城

线路③·徽赣河湖穿越线

人文景观

台儿庄古城

在历史上，台儿庄曾是南北漕运的重要节点，为了便于运河的管理，明朝时在这里设立了邮驿、公署等机构。清顺治年间始筑土城，以后历代不断修筑建设，至抗战爆发前颇具规模。最终因一场轰轰烈烈的大战，使古城化为废墟。今日所见古城，是 2008 年以来当地政府恢复重建后的古城。其建筑汇聚北方大院、徽派建筑、水乡建筑、闽南建筑、欧式建筑、宗教建筑、岭南建筑、鲁南民居等 8 种建筑风格，属于典型的景区。

地址：山东省枣庄市台儿庄区北岸路与康宁路交会处

门票：160 元 / 人

开放时间：全天

免费 台儿庄大战纪念馆

为了纪念抗日战争初期著名的台儿庄战役，台儿庄区人民政府于 1992 年筹资建设了台儿庄大战纪念馆。目前，展览馆共有三个展室，分别对台儿庄大战战前、战役及战后影响进行了全面介绍。另外，纪念馆还设有书画馆和全景画馆，尤其是全景画馆真实地再现了台儿庄大战的战斗场景，给人以身临其境的感觉。

地址：山东省枣庄市台儿庄区沿河南路 6 号

开放时间：8:00~18:00

龟山汉墓

龟山汉墓是西汉第六代楚王刘注夫妻的合葬墓，1981 年，当地群众开山采石时被发现。墓葬东西长 83 米，南北最宽处达 33 米，总面积达 700 平方米，共有 15 间大小配套、主次分明的墓室，卧室、客厅、马厩、厨房一应俱全，且井然有序，俨然是一座地下宫殿。而且龟山汉墓还有许多神秘的未解之谜，因此被称为“东方金字塔”。

地址：江苏省徐州市鼓楼区襄王北路 3 号

门票：80 元 / 人

开放时间：8:30~17:00

徐州汉文化景区

徐州汉文化景区由核心区和外延区两部分构成，核心区由狮子山楚王陵、汉兵马俑博物馆、汉文化交流中心、刘氏宗祠、竹林寺、羊鬼山展亭、水下兵马俑博物馆等两汉文化精髓景点组成，外延区包括汉文化广场、市民休闲广场、棋茶园、考古模拟基地、滑草场等景点。是一处集历史博览、园林景观、旅游休闲于一体的汉文化保护基地和精

三河古镇

品旅游景区。

地址：江苏省徐州市云龙区兵马俑路 1 号

门票：90 元 / 人

开放时间：8:30~17:00

虞姬文化园

2000 多年前，楚汉相争的最后决战，就是在灵璧这块古老的土地上进行的。跟随项羽南征北战的绝代佳人虞姬，面对四面楚歌，兵败如山倒的绝境，唱出了“大王意气尽，贱妾何聊生”的悲歌，遂拔剑自刎而死，最后葬于灵璧当地。2011 年，灵璧县以虞姬墓为依托修建了虞姬文化园，包含虞姬文化展示区、霸王别姬休闲广场、霸王文化展示区三个功能区。

地址：安徽省灵璧县 303 省道南 50 米

门票：40 元 / 人

开放时间：8:00~18:00

免费 垓下遗址

垓下遗址是秦末汉初楚汉垓下决战时，项羽大本营和汉代交国、洨县治所故地，又名霸王城。遗址主体为一座城址，平面呈不甚规则的弧角长方形，四周有城墙残存，城墙轮廓清晰，除西城墙遭沱河故道冲刷受到一定破坏外，其余各墙保存较好。

地址：安徽省灵璧县 329 省道旁

开放时间：全天

免费 蚌埠市博物馆

蚌埠市博物馆成立于 1974 年，是一座以展示蚌埠古代历史、近现代城市发展史及淮河历史文化为主题的综合性博物馆。目前，馆内设有“孕沙成珠”“流动的文明”“记忆流年”“铲释天书”“翰墨丹青”“梳影宝鉴”等特色陈列。

地址：安徽省蚌埠市东海大道市民广场

开放时间：9:00~17:00

蚌埠闸风景区

蚌埠闸是淮河中游的大型水利枢纽工程，始建于 1962 年，后又经过数次改扩建。目前，景区由 28 孔节制闸、12 孔节制闸、老船闸、扩建船闸、水电站、分洪道和千亩湿地公园组成，具有防洪、灌溉、航运、水力发电、公路交通、旅游等综合功能。

地址：安徽省蚌埠市淮上区黑虎山路 1 号

门票：30 元 / 人

开放时间：全天

寿县孔庙 · 古城墙

寿县孔庙始建于元朝，往后历朝曾多次维修扩建，最终形成一处规模宏大、体系完备的建筑群落。现在遗存有泮宫、快睹、仰高三坊，以及泮池、戟门、名宦祠、乡贤祠、明伦堂、奎光阁等建筑。寿县古城墙始建于宋朝，砖壁石基，城开四门，各有瓮城，既拥有完整的军事防御体系，也具备防水防洪功能。明清以来，按照战争防御和防洪的需要，不断进行整修。至今仍保持着明清两朝风格，也是世界上保存最为完好的古城防御体系。

地址：安徽省淮南市寿县

门票：免费（城楼需购票参观）

开放时间：9:00~17:00

三河古镇

三河古镇，古名鹊渚、鹊尾等，其原本是巢湖中的高洲，因泥沙淤积，渐成陆地，南北朝后期称三汊河，明、清置三河镇。丰乐河、小南河和杭埠河三条河流成“口”字形布局环抱古镇，街区的基本格局以小南河为中轴，沿河成街，以码头为端点、河道为边沿，辐射状衍生成数条古商业街。镇内现有古城墙、古炮台、太平军指挥部旧址、英王府、一人巷、万年台、李府粮仓、鹤庐、刘同兴隆庄等历史遗迹。古镇同时也是庐剧的发源地。

地址：安徽省肥西县三河古镇

门票：免费（个别景点需购票参观）

开放时间：全天

李鸿章故居

李鸿章故居又名李氏家族旧宅，是晚清名臣李鸿章的家宅，属于典型的晚清江淮地区民居建筑。其由南向北分为五进，依次为门厅、前厅、中厅和走马转心楼，具有文人士大夫式的住宅、庭院和书斋相结合的典型特点。2005 年，在故居东侧又新建了仿古式二层建筑作为展厅，集中展示淮系集团对中国近代的影响。

李鸿章故居

地址：安徽省合肥市庐阳区淮河路步行街中段 208 号

门票：20 元 / 人

开放时间：8:30~18:00

免费 **安徽博物院**

安徽博物院成立于1956年，现有馆藏文物近22万件套，特色藏品包括商周青铜器、汉代画像石、古代陶瓷器、宋元金银器、文房四宝、明清书画、徽州雕刻、古籍善本、契约文书、近现代文物及潘玉良美术作品等。新旧两馆常设展览有安徽革命史陈列、安徽古生物陈列、安徽好人馆、安徽文明史陈列以及徽州古建筑、安徽文房四宝、江淮撷珍、欧豪年美术馆等专题。

地址：安徽省合肥市蜀山区怀宁路268号

网址：http://www.ahm.cn

电话：0551-63736658

开放时间：9:00~17:00

五千年文博园

五千年文博园是2010年建成开放的一座中华文化主题公园，后续又进行了二期工程建设。目前，共有“一梦千年”“十里画廊”两大版块，五千年文化长廊、五千年根雕文化园、老子天下第一、黄梅戏艺术街、“三百六十行”文化园、“清明上河图”文化园、“烟雨江南”文化园等众多景点组成。是一处旅行要素集中且想全面展示中华文化的综合性旅游景区。

地址：安徽省太湖县沪渝高速太湖收费站西侧400米

门票：120元/人（一梦千年），140元/人（十里画廊）

开放时间：8:00~18:00

免费 **四祖寺**

四祖寺创建于唐武德七年，古称幽居寺，原名正觉寺，又名双峰寺，是我国佛教禅宗第四代祖师道信大师的道场。在历史上，曾屡毁屡建，历史遗迹仅存毗卢塔、众生塔、衣钵塔、灵润桥、四祖殿、蕉云阁及多方摩崖石刻。20世纪末，在本焕长老的主持下得以重建，使千年古刹焕发生机。

四祖寺

地址：湖北省黄梅县大河镇四祖村

开放时间：7:00~18:00

庐山风景名胜区

庐山是一座历史悠久的文化名山，名胜古迹遍布景区各处。千百年来，无数文人墨客、名人志士在此留下了浩如烟海的丹青墨迹和脍炙人口的篇章。景区大部分山峰海拔在1000米以上，主峰汉阳峰海拔1473.4米，当江南许多地方如火炉般闷热时，庐山依然凉爽怡人，因此被视为避暑胜地。目前，山中的主要景点有仙人洞、石门涧、三叠泉、五老峰、白鹿洞书院、东林寺、美庐、庐山会议旧址、含鄱口、牯牛岭等。

地址：江西省庐山市牯岭镇

门票：160元/人

开放时间：全天

浔阳楼

浔阳楼初为民间酒楼，因九江古称浔阳而得名，其名最早见于唐代江州刺史韦应物的诗中。真正使浔阳楼名满天下的则是古典名著《水浒传》中，对宋江题反诗、李逵劫法场等故事的描述。但浔阳楼最终还是湮没在了历史风尘中。1987年，九江市政府参照《水浒传》插图与《清明上河图》的建筑风格，着手重建了浔阳楼。今天，其再次成为九江一景。

地址：江西省九江市滨江东路908号

门票：20元/人

开放时间：8:30~17:00

白鹿洞书院

白鹿洞书院始建于南唐升元年间，是我国首间完备的书院，也是我国历史上唯一由中央政府于京城之外设立的国学，宋代理学家朱熹曾在这里讲学。元末，书院毁于战火。明朝时得以恢复，以后历代曾进行多次维修，并持续办学至清末。书院坐北朝南，为几进几出的大四合院建筑，布局相当考究，主要建筑有大门、先贤书院、朱子祠、御书阁、明伦堂等。

地址：江西省庐山市026乡道附近

门票：40元/人

开放时间：8:00~17:00

滕王阁

唐朝初年，唐高祖李渊的儿子李元婴被封于山东滕州，是为滕王，并在当地修筑了一座滕王阁。后来，滕王调任江南洪州（今南昌），因思念故地滕州，于是又修筑了一座滕王阁，即王勃写《滕王阁序》的滕王阁，自此滕王阁名满天下。在历史上，滕王阁屡毁屡建，1989年，第29次重修的滕王阁落成，矗立赣江之滨，再次展露其江南名楼的风采。

■ 庐山风景名胜区

■ 南昌八一起义纪念馆 张铁汉／摄

■ 井冈山风景名胜区 张铁汉／摄

地址：江西省南昌市东湖区仿古街58号
门票：50元／人
开放时间：7:00~18:00

免费 南昌八一起义纪念馆

南昌八一起义纪念馆是为纪念南昌起义而设立的专题纪念馆，包括总指挥部旧址、贺龙指挥部旧址、叶挺指挥部旧址、朱德军官教育团旧址和朱德旧居5处革命旧址，于1959年正式对外开放。纪念馆共有展陈面积约4500平方米，分为“危难中奋起”“伟大的决策”“打响第一枪”“南征下广东”“转战上井冈”“群英耀中华”6个展览主题、21个展示单元。

地址：江西省南昌市中山路380号
开放时间：9:00~17:00

安义古村

2006年，安义县将原来隶属于两个乡镇的罗田、水南、京台三大自然村整体划入石鼻镇，成立安义县古村群管委会，对外统称安义古村。其中罗田村距今已有1200多年历史，村中麻石板道上的古车辙清晰可辨，并保留了古老而完整的排水系统；水南村是由罗田村的黄氏后裔所建，村中保留有规模宏大的古屋及黄氏宗祠；景台村则历史更加久远，距今已有1400多年历史，如今村中保存有石牌坊、古井石槽、古戏台、天井古屋等。

地址：南昌市安义县安义古村群
门票：80元／人
开放时间：8:30~17:30

免费 江西省博物馆

江西省博物馆筹建于1953年，1961年正式开馆，经过60多年的发展，已成为江西省最大的综合性博物馆。目前，共有馆藏文物近6万件（套），其中以青铜、陶瓷类文物最具特色，数量多、品位高，在全国省级博物馆中占有重要地位。馆内设有“赣风鄱韵——江西古代文明展”“红色摇篮”“生态鄱湖”等8个基本陈列，以及“江西客家风情展”“地球宝藏——江西地矿”等专题陈列。是全面了解江西历史、文化的最佳去处。

地址：江西省南昌市东湖区新洲路2号
网址：http://www.jxmuseum.cn
电话：0791-86525780
开放时间：9:00~17:00

吉州窑遗址（吉州窑博物馆）

吉州窑创烧于晚唐，兴于五代、北宋，极盛于南宋，迄今已有1200多年的历史。民国年间其遗址遭到了盗掘破坏，改革开放后对其进行了大规模考古发掘，出土了大量的瓷器及窑具。2012年，当地政府在遗址附近启动建设吉州窑博物馆，并于2015年正式对外开放，通过“江南望郡·首县庐陵”“埏埴成型·筑窑烧瓷”“吉州佳瓷·技奇工巧”等7个主题，全面展示了吉州窑发展历史。

地址：江西省吉安县永和镇
门票：40元／人
开放时间：8:00~17:00

渼陂古村

渼陂古村始建于南宋，属于一座典型的江右民系古村。古村布局为前村后街，错落有致，八卦巷道，卵石路面，村内28口水塘环绕，取二十八星宿之意。目前，村中保存有民居、祠堂、书院、义仓、牌坊、楼阁、店铺、码头、教堂、革命旧居旧址等明清建筑367栋，主要景点有曾山旧居、梁仁芥将军故居、渼陂古街、二七会议旧址等。

地址：江西省吉安市青原区东南部富水河畔
门票：60元／人
开放时间：8:30~17:00

井冈山风景名胜区

井冈山风景名胜区属于罗霄山脉，其海拔最高处1597.6米，共有11大景区、76处景点、460多个景物景观。其中自然景观被分为峰峦、山石、瀑布、气象、金蟾望月溶洞、温泉、珍稀动植物及高山田园8大类型；人文景观则以红色革命遗迹为主，主要有黄洋界、茨坪革命旧址群、井冈山革命烈士陵园、大井毛泽东同志旧居、井冈山革命博物馆、茅坪八角楼、会师纪念馆等。

地址：江西省井冈山市茨坪镇
门票：190元／人
开放时间：8:00~17:00

线路③·徽赣河湖穿越线

自然风光

免费 微山湖

广义的微山湖是指由南北相连的昭阳、独山、南阳和微山四湖所组成的湖泊。大多数人对微山湖的了解源自著名电影《铁道游击队》，尤其是电影主题曲中一句“微山湖上静悄悄”，使微山湖名扬天下。现实中的微山湖，湖区物产丰饶、自然风光秀美，是

■天堂寨

■万佛湖风景区

一座巨大的天然水乡。傍湖而过的京杭运河，又为微山湖平添了交通航运的便利。

地址：山东省微山县

开放时间：全年

免费 云龙湖风景区

云龙湖原名石沟湖，后讹传为石狗湖，还曾有簸箕洼、苏伯湖等名称，1960年对湖区进行疏浚后始称云龙湖。目前，景区内有汉画像石馆、汉墓、刘备泉、水上世界、生态岛、十里杏花、滨湖公园及苏公塔等众多景点。

地址：江苏省徐州市泉山区湖中路

开放时间：全天

免费 龙子湖

龙子湖坐落于蚌埠市东郊的曹山和雪华山之间，形成两山夹一湖的独特风貌。景区内青山碧水相连，湖岸曲折多变，水面纵深开阔，绝壁怪岩裸露，再辅以古银杏、古石屋、栖岩寺遗址、玲珑塔遗址等，使美丽怡人的自然风光与韵味无穷的人文景观相得益彰。

地址：安徽省蚌埠市东海大道附近

开放时间：全天

八公山风景区

八公山古称北山、淝陵、紫金山，淮南王刘安与其赏识的8位饱学之士炼成仙丹，登此山服食后得道成仙，故后人又称其为八公山，同时也留下了“一人得道，鸡犬升天”的典故。东晋十六国时期的淝水之战，使八公山再次走进了大众视野，并留下了“风声鹤唳，草木皆兵”的典故。自此奠定了八公山历史文化名山的地位。八公山也是一座生命缘起之山，发现于山中的“淮南虫”化石是迄今为止世界上最早的古生物化石，被国际地质学界誉为“蓝色星球”上的生命起源。

地址：安徽省淮南市八公山区丁山路

门票：40元／人

开放时间：8:00~17:30

焦岗湖国家湿地公园

焦岗湖是由来自颍上、六安等地的18条河流汇集而成的一个天然淡水湖泊。湖区内生物资源丰富，是许多候鸟迁徙的必经之地和水禽的重要栖息地。经规划建设后，形成了湖泊、池塘、河道、农田、村舍、果园等纵横交织，景观独特的湿地生态系统。

地址：安徽省凤台县毛集实验区兴湖路1号

门票：20元／人

开放时间：8:00~17:00

巢湖风景名胜区

巢湖又称焦湖，水域面积常年保持在760平方公里左右，是我国五大淡水湖之一。与其相对的巢湖风景名胜区更是地域宽阔，跨越了巢湖市、肥东县、肥西县、包河区和庐江县五个县（市、区）的水陆区域，因此被分为10大景区，其中代表性景点有紫微洞、银屏山、龟山、四顶山、巢湖湿地、东庵森林公园、平顶山“金钉子”、巢湖鱼龙化石、红石咀、黑石咀等。

地址：安徽省巢湖市

门票：45元／人（巢湖风景区），40元／人（姥山岛），60元／人（紫薇洞），50元／人（银屏山）

开放时间：8:00~17:00

万佛湖风景区

万佛湖是一座人工湖，其前身是始建于1958年的龙河口水库，1994年始以万佛湖之名进行对外宣传，作旅游推广。湖区四周皆为山，除了湖光山色，还有万佛石林、摩崖石刻、龙柏山道、左慈钓台、文家墩和龙王树新石器遗址以及梅岭电站、溢洪道、牛角冲进水闸等自然和人文景观，是一处集山、水、泉、石、崖、池、洞、林、花及水利设施、文化遗迹为一体的风景区。

地址：安徽省舒城县万佛湖镇

门票：105元／人

开放时间：8:00~17:30

天堂寨

天堂寨古称衡山，又名多云山，素有“华东最后一片原始森林、植物的王国、花的海洋”的美称。作为我国南北水系的分水岭，站在天堂寨山顶，北可望中原，南可眺荆楚。山顶有一口天塘，塘水不溢不涸，俗称“瑶池”。除此之外，景区内还有各种奇峰怪石、瀑布群及多处农民起义军留下的石寨遗迹。

地址：安徽省金寨县天堂寨镇

门票：100元／人

开放时间：全天

铜锣寨

铜锣寨地处大别山腹地，其主峰海拔1096米，因汉武帝巡视衡山国时，梦见一轮明月化作铜锣落于此山而得名。山寨始建于明末，今寨址已湮没，仅在寨顶发现石臼3个。寨山为孤峰耸立，怪石重叠，周围皆险径，攀登艰难。开发为景区后，到处可见奇松、怪石、险谷、幽潭等景致，因此又被誉为“江北黄山”。

地址：安徽省霍山县上土市镇铜锣寨

风景区

门票： 50元/人

开放时间： 7:00~17:00

大别山主峰白马尖

大别山主峰白马尖海拔1777米，周围则耸立有多云尖、天河尖、猪头尖，道士尖、天鹅尖等海拔1500米以上诸峰。古人将这些山峰均以“尖”命名，表示它们还有增高的趋势。白马尖作为主峰景区的核心景点，集高、雄、峻、特为一体，山上怪石林立，惟妙惟肖。常年云雾缭绕缥缈，浩瀚似海。幽谷遍布，清溪激湍，流泻交响成韵。

地址： 安徽省霍山县大别山主峰景区

门票： 95元/人

开放时间： 7:00~17:00

天柱山

天柱山又名潜山、皖山等，属于大别山脉向东延伸的余脉，主峰天柱峰海拔1489.8米。早在西汉时期就被封为“南岳”，历代均有人文活动，且留有摩崖石刻、寺庙道观等遗迹。目前，天柱山共分为主峰、大龙窝、马祖庵、虎头崖、九井河、三祖寺、龙潭河、后山8大景区。景区内千峰竞奇，万壑藏幽，其间遍布名崖奇石、异洞涧瀑、苍松翠柏、名花异草，时有云铺山谷，置身其中，宛若仙境。

地址： 安徽省潜山市天柱山路112号

门票： 130元/人

开放时间： 7:00~17:30

花亭湖风景区

花亭湖风景区地处大别山南麓，长江北岸，景区面积近200平方公里，分为花亭湖、西风洞、佛图寺、狮子山、龙山5大景区和一个温泉疗养度假区。景区内湖水碧波荡漾，岛屿星罗棋布，湖岸迂回曲折，四周则山峦起伏、果木葱茏，茶园翠绿，形成了一幅山清水秀、物产丰饶的美丽画卷。

地址： 安徽省太湖县

门票： 30元/人

开放时间： 8:00~17:00

石莲洞国家森林公园

石莲洞森林公园原为宿松县林场，1992年起被批准为国家森林公园。公园被分为河西山、孚玉山、仰角尖、罗汉尖四大景区，其中主要景点有石莲洞、五祖禅院、观音岛、九曲莲池、荷衣古池、龙啸石、对酌亭、蘑菇亭等。

地址： 安徽省宿松县孚玉镇大河村

门票： 80元/人

开放时间： 7:00~17:00

石钟山

石钟山海拔61.8米，相对高度约40米左右，面积仅有0.2平方公里。因山石多隙，水石相搏，击出如钟鸣之声而得名，曾因苏轼的一篇《石钟山记》而闻名天下，素有“中国千古奇音第一山”之称。虽说山不大，但是山上古建、碑刻等历史遗迹却不少，有昭忠祠、英雄石、碑廊、上谕亭、桃花洞、浣香别墅等。

地址： 江西省湖口县登山路22号

门票： 72元/人

开放时间： 8:00~17:00

免费 鄱阳湖

鄱阳湖古称彭蠡泽、彭泽、官亭湖等，鄱阳湖之名则来源于湖中之山鄱阳山。是我国第一大淡水湖，也是世界上最大的鸟类保护区。湖区共有41个岛屿和7个自然保护区，它们也是鄱阳湖景区的核心组成部分。主要景点有鄱阳湖国家湿地公园、老爷庙、大孤山、吴城古镇、双港塔、鄱阳文庙等。

逢春秋候鸟迁徙的季节，会有各种鸟类汇聚鄱阳湖，尤其是全世界95%的白鹤会在这里停歇或越冬。所以说，鄱阳湖也是鸟类爱好者的天堂。

鄱阳湖

地址： 江西省南昌市·九江市

庐山西海风景区

庐山西海风景名胜区主要由巾口景区、柘林景区、云居山景区组成。主要景点有柘林湖、云居山、真如禅寺、观音岛、百花谷、观湖岛等。柘林湖是由始建于1958年的柘林水力枢纽工程拦蓄修水而成，湖面碧波万顷、绿岛拥翠，非常壮美；云居山则是江南著名的佛教禅宗道场，其主峰海拔1143米，素有小庐山之称。

地址： 江西省永修县306省道附近

门票： 100元/人

开放时间： 8:30~17:00

梅岭国家森林公园

梅岭原名飞鸿山，西汉末年，南昌县尉梅福为抵制王莽专政，退隐此山。后人纪念他的高风亮节，在山上建梅仙坛，山下建梅仙观，改飞鸿山为梅岭。1993年起，建设为国家森林公园，主要景区有梅岭主峰、狮子峰、洪崖丹井、长春湖等。

地址： 江西省南昌市湾里区西郊30公里处

门票： 50元/人

开放时间： 8:00~17:00

天柱山

线路③·徽赣河湖穿越线

富饶物产

伏里土陶

伏里土陶是山东省枣庄市特产，因产于山亭区的伏里村，1982年被正式命名为伏里土陶。其几乎融合了历朝土陶艺术的优点，具有原始社会新石器时代的型制，浓郁的汉代风韵，南北朝特点，明清时期又吸纳了其他艺术的印痕特色，从而形成了自己独特的花纹饰缀手法，根据不同的器形，选用线条纹、乳钉纹、漩涡纹等。

店子长红枣

店子长红枣是山东省枣庄市特产，因产于店子镇而得名。据史载，唐宋时已广泛栽培，明清时进入繁盛时期。其鲜果酥脆酸甜，干果油润甘绵，且具有个大核小、皮薄肉厚等特点。除了食用，还具有很高的药用价值。

峄城石榴

峄城石榴是山东省枣庄市峄城区特产。西汉时，石榴从西域传入我国后，匡衡便从皇家上林苑引至其家乡峄城区匡谈村栽培，距今已有2000多年的历史。如今栽培的品种有大青皮、冰糖籽、大红袍等数十种，其具有皮薄、色泽鲜艳光洁、籽大、籽粒晶莹饱满、糖分高等特点。

山亭火樱桃

山亭火樱桃是山东省枣庄市特产，其主要产于山亭区水泉镇。每年5月中旬即进入成熟采收期，因此被誉为“江北春果第一枝”。其果形呈肾脏形、果实色泽呈紫红色、果肉厚、酸甜可口、耐储运。在营养成分中，其含铁量居百果之首。

窑湾绿豆烧

窑湾绿豆烧是江苏省新沂市窑湾镇特产。起初它只是明朝名医李时珍给朝廷官员配置的保健酒，后因御医赵学敏携此方出逃京城隐居窑湾，遂在窑湾得以传承发展。其以优质大麦、小麦和豌豆为原料，采用传统工艺酿造成大曲酒，配以红参、当归、杜仲、淡竹叶、虫衣、砂仁、栀子、藏红花等几十味中草药，辅之冰糖熬制，然后入缸静止沉淀，让酒、药、糖慢慢融为一体即成。其既有白酒的醇烈、果酒的香甜，又有独特的中药滋补、保健疗疾的功能。

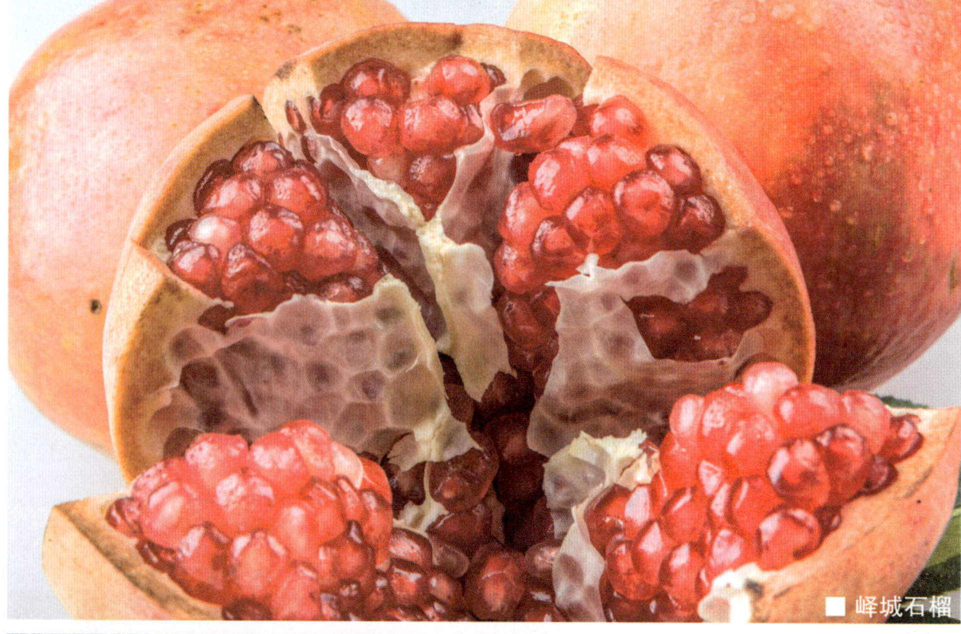
峄城石榴

灵璧石

灵璧石

灵璧石是安徽省灵璧县特产，唐宋时已被列为朝廷贡品。其具有质地细腻温润、滑如凝脂，石纹褶皱缠结，肌理缜密，石表起伏跌宕、沟壑交错，造型粗犷峥嵘、气韵苍古的特点。按形态、质地、声音、颜色、纹理可分为青黛灵璧石、灵璧纹石、灵璧皖螺石、五彩灵璧石、白灵璧石、灵璧透花石、红灵璧石七类。

沱湖螃蟹

沱湖螃蟹是安徽省五河县特产。早在明朝时五河已有养蟹记载，但直至1973年，当地政府才在沱湖投放蟹苗，开启了沱湖螃蟹的规模养殖。虽说养殖历史不长，但品质并不赖。其具有“青壳、白肚、金爪、褐螯”的特征，且成蟹壳肉盈实，膏脂丰腴，蟹肉微甜、味鲜。

怀远石榴

怀远石榴是安徽省怀远县特产。其栽培历史始于唐朝，至清朝时，怀远县境内的荆山、涂山、大洪山、平阿山等地已遍布石榴园。石榴果成熟后皮黄而透红，子莹澈如水晶，且肉肥核细，汁多味甘。

八公山豆腐

八公山豆腐又名四季豆腐，是安徽省淮南市特产。相传为淮南王刘安为求得长生不老药，遂用八公山泉水、黄豆、盐卤来炼丹，结果仙丹没成，却无意间发明了豆腐。还有版本将盐卤换成了石膏，其实都是为做豆腐定制的脚本。既然是传说且当故事听听罢了。至于八公山豆腐好吃到什么程度，这就需要大家亲自去尝，因为我国从南到北出名的豆腐太多，实在难以用寥寥地几个词汇来区别它们的与众不同。

潘集酥瓜

潘集酥瓜是安徽省淮南市潘集区特产。其属于葫芦科甜瓜属薄皮甜瓜的一个亚种，熟透后肉质呈金黄色，且肉质脆嫩，味极香甜。但其熟透后特别酥脆，不易于长途运输，所以多在淮南及周边地区销售，要是走进淮南一定不要错过。

三河米酒

三河米酒是安徽省肥西县三河镇特产。其酿造历史始于清雍正年间，民国时进入繁盛时期。成品酒色泽橙红清亮，有光泽；味

■ 六安瓜片

■ 霍山石斛

鲜美、醇厚、柔和、爽口，口味绵长。因酿造米酒的原料和水具有排他性的特点，所以离开三河很难酿造出三河米酒的味道。

六安瓜片

六安瓜片简称瓜片、片茶，产自安徽省六安市大别山一带，唐称庐州六安茶，明朝时始称六安瓜片。其属于特种绿茶，在世界所有茶叶中，是唯一无芽无梗由单片生叶制成的茶叶。去芽不仅保持单片形体，且无青草味；去梗可确保茶味浓而不苦，香而不涩。其成品茶形似瓜子，自然平展，叶缘微翘，色泽宝绿，大小匀整；冲泡后汤色清澈透亮，叶底绿嫩明亮；品饮清香高爽，滋味鲜醇回甘。

舒城小兰花

舒城小兰花产于安徽省舒城县，创制于明末清初，属绿茶类。其成品茶外形芽叶相连似兰草，条索细卷呈弯钩状，色泽翠绿匀润，毫锋显露；冲泡后如兰花开放，枝枝直立杯中，有特有的兰花清香，俗称“热气上冒一支香”；茶汤鲜爽持久，嫩绿明净，叶底匀整成朵，呈嫩黄绿色；品饮则滋味甘醇。

舒席

舒席又称龙舒贡席，是安徽省著名的传统手工艺品，因古产于舒城，而得名“舒席”。其选用水竹为原料，片成竹篾，再经过剖、刮、煮、晒等工序方可编织。成品具有色泽鲜艳、柔软光滑、折卷不断及凉爽消汗、不腐不蛀、经久耐用的特点。其除了具有实用价值，因可以将古今字画、翎毛花卉编织的惟妙惟肖，还可以作为漂亮的家居装饰品。

霍山石斛

霍山石斛俗称米斛，是兰科石斛属的草本植物，为中国特有物种，国家一级保护植物。其干燥茎和鲜斛均可入药，具有益气健阳，提高人体免疫机能的作用。

霍山黄芽·霍山黄大茶

霍山黄芽产于安徽省霍山县，与绿茶相比多了一道焖黄的工序，因此它属于半发酵的黄茶类。其成品茶外形呈条状、很直，叶片微微舒展呈朵状、很均匀，色泽黄绿披毫，香气清香持久，冲泡后汤色明亮，滋味浓厚鲜醇回甘。霍山黄大茶又称皖西黄大茶，创制于明朝隆庆年间。其采摘时要求大枝大叶，因此成品茶也是叶大梗长，叶片成条，梗叶相连形似钓鱼钩，色泽金黄显褐，冲泡后汤色深黄，入口后滋味醇厚，具有浓烈的老火香（俗称锅粑香）。

迎驾贡酒

迎驾贡酒是安徽霍山县特产。西汉时，汉武帝南巡霍山，当地官民献酒迎驾，武帝饮后御封为贡酒，“迎驾贡酒”由此得名。其采用源自大别山的剐水，配以优质高粱、大米、糯米、小麦、玉米等原料，用传统工艺酿造而成。酒体具有窖香幽雅、浓中带酱、绵甜爽口、诸味协调的特点。

岳西翠兰

岳西翠兰是安徽省岳西县特产，于1985年试制而成，属于绿茶类。其成品茶外形优美，芽叶相连，自然舒展，酷似小兰花；冲泡后汤色翠绿明亮，香气清高持久；品饮则滋味醇浓鲜爽。

岳西桑皮纸

岳西桑皮纸是安徽省岳西县特产，其生产历史距今已有1700多年。1936年，民国政府析潜山、太湖、霍山、舒城四县边陲新置岳西县，岳西桑皮纸之名则始于此。其具有质地纤维细密，纹理清晰，百折不损，光而不滑，吸水性强，色泽洁白，墨韵层次鲜明，不腐不蠹的特点。

天柱山瓜篓籽

天柱山瓜篓籽是安徽省潜山市特产，民国时期开始在潜山一带流行。其外观呈浅棕色或棕褐色、双边微凸、籽粒饱满。可以加工成甜、咸等口味，具有壳薄、仁肥、质脆、香浓、口感好的特点。

天华谷尖

天华谷尖是安徽省太湖县特产，创制于1986年，属于绿茶类。其成品茶形似稻谷，色泽翠绿；冲泡后汤色碧绿，叶底匀整明亮；品饮滋味鲜爽、醇厚。

黄湖大闸蟹

黄湖大闸蟹是安徽宿松县特产，属长江中华绒螯蟹品系。其生长速度快，体态丰腴，公蟹最大可达一斤，母蟹近八两。得益于黄湖优越的地理生态环境和丰饶的水生生物资源，蟹肉细嫩，味道鲜美，且营养价值很高。

黄梅挑花

黄梅挑花是广泛流传于湖北省黄梅县的传统民间艺术。其起源于唐宋，发展成熟于明末清初。它以元青布作底，用针将五彩

■ 庐山云雾茶

■ 樟树黄栀子

丝线挑制在底布经线和纬线交叉的网格上，形成色泽绚丽、立体感强的图案。在工艺上具有“刺绣重刺，挑花重挑”的特点，即刺绣时需在底布上下反复做刺绣的动作，挑花时只需在底布上方连续做挑花的动作。内容题材则非常广泛，花鸟虫鱼、人物故事都可以挑刺。

黄梅禅茶

黄梅禅茶是湖北省黄梅县特产，因其源于古代老祖、四祖、五祖寺中禅人所采煮的山茶，故得名禅茶。其成品茶条索挺直、细秀、显毫，色泽翠绿尚润；冲泡后汤色清澈明亮，叶底翠绿匀整；品饮则嫩香持久，鲜醇爽口。

庐山云雾茶

庐山云雾茶属绿茶的一种，因产于江西庐山而得名。最初它是一种野生茶，后来东林寺名僧慧远将其改造为家生茶，在北宋时期，已成为著名的贡茶。通常用“六绝”来形容它的特点，即“条索粗壮、青翠多毫，汤色明亮、叶嫩匀齐、香凛持久，醇厚味甘”。

星子金星砚

星子金星砚又称金星宋砚，是江西省九江市的传统手工艺品。其制砚石材金星石主要产于星子县（今庐山市）横塘镇驼岭山下的宋村，具有石质坚丽，光洁如玉，刚中含柔，柔中寓刚，重实温润，不轻不燥，金星璀璨，呵气成云的特点。成砚后又有下墨快而细腻，蓄墨时间长而不涸，墨色鲜艳香久不散三大特点，因此受到了人们的追捧。

庐山三石（石耳、石鱼、石鸡）

石鸡，学名棘胸蛙。因其肉质可与仔鸡媲美，且又生活在山涧溪流石洞内，古称为石鸡。其形体与青蛙相似，成年个体最大可达一斤左右，除了用于食用，还有很高的药用价值，具有清心、润肺、祛痰等功效。石鱼学名栉鰕虎鱼。柴桑区沙河街道因地处庐山脚下，所产栉鰕虎鱼形状特殊，味鲜美，别具风味，便与庐山同享盛名，故得名“庐山石鱼”。事实上只有常年生活在庐山泉水与瀑布中的石鱼，才是最上乘的珍品。当地会有人用鄱阳湖的小鱼冒充石鱼，所以吃鱼前一定得辨识清楚，免得上当。石耳是生长在庐山阴湿石头上的一种黛青色菌类植物。其富含有高蛋白和多种微量元素，既可食用，也可药用。因为至今无法人工培育，所以显得愈加稀有和名贵，有机会吃到也算享有口福。

安义瓦灰鸡

安义瓦灰鸡是江西省安义县特产。其羽毛呈灰色、同时有灰（毛）脚、灰喙特征。体形较小，羽毛紧贴身躯且光亮，外形美观，体态良好。耐粗饲、抗逆及抗病性强。肉质口感细嫩润滑，汁鲜、味美。

赣绣

赣绣是纪晓岚的师母熊月瑛于1751年始创的一种女红工艺，因江西南昌古代有豫章洪郡之称，故被称为豫章绣，新中国成立后统称为赣绣。其以纯棉土布、棉线为主要原料，配色、画面简洁，针法多采用平针、簪花针、飘针等工艺针法，具有民间原汁原味的特色。随着其传承人的不断开拓创新，在审美意趣上追求绘画的意境，在表现形式上讲究诗、书、画、印的融合，将刺绣的工艺技巧表现与传统绘画相融合，使赣绣从民间日用品渐渐提升为漂亮的家居装饰品、收藏工艺品。

李渡酒

李渡酒是江西省进贤县特产。早在北宋时，李渡就已出现酿酒作坊，在随后1000多年的历史进程中，其酿造工艺与规模得到了长足发展，至民国时，已是远近闻名的酒乡。与之相伴的李渡烧酒作坊遗址，也已成为我国时代最早、遗址最全、遗物最多、时间跨度最长，且最富有地方特色的大型古代烧酒作坊遗址，并沿用至今。回头再看李渡酒，其酒体具有“色泽清亮，味甘醇厚，香雅馥郁，回味悠长”的特色。

商州枳壳·樟树吴茱萸·樟树黄栀子

商州枳壳是江西省新干县特产，是一味非常重要的中药材，早在北宋时已被列为贡品。其成品具有“身干肉厚、色白质坚、菊花型、气香味苦微酸，药用有效成分高”等特点。樟树吴茱萸、黄栀子都是江西省樟树市特产，也是江西的道地药材。其中吴茱萸具有气味浓、色泽绿、颗粒饱、药性好的特点，里面富含挥发油吴茱萸烯、罗勒烯、吴茱萸内酯、吴茱萸内酯醇以及吴茱萸酸和多种生物碱。而且果柄、梗、叶、根皮也可供药用。樟树黄栀子则又名小红栀子、山栀子，药用部分是其近成熟的干燥果实。里面富含有环烯醚萜甙、异栀子甙、去羟栀子甙、山栀子甙及多种维生素，可用于黄疸尿赤，血淋涩痛，尿血崩漏等。

狗牯脑茶

狗牯脑茶主要产于罗霄山脉南麓支脉的遂川县汤湖乡狗牯脑山，该山形似狗头，取名“狗牯脑”，因此所产茶也就被称为狗牯脑茶，属绿茶类。其创制于明朝末年，成品茶外形秀丽，芽端微勾，白毫显露，香气清高；冲泡后茶叶速沉，液面无泡，汤色清明；品饮则滋味醇厚，清凉可口，回味甘甜。

泰和乌鸡

泰和乌鸡是江西省泰和县特产，原产于泰和县武山北麓，因此又称武山鸡。其具有“丛冠、缨头、绿耳、胡须、丝毛、毛脚、五爪、乌皮、乌肉、乌骨”10 大特征，而且骨、肉及内脏均有药用价值，可以配成多种成药和方剂，是非常著名的药用鸡种。但是，泰和乌鸡质弱体轻，胆小怕惊，离开原产地饲养，很容易产生变异、退化。

井冈竹笋

井冈竹笋是江西省井冈山市特产。其可分为春笋、冬笋两类。春笋为竹子春季生长的嫩笋，外壳淡黄带点粉红，笋肉色白、质嫩、味美；冬笋为竹子冬季生长于地下的嫩茎，外壳色泽黄，笋肉色洁白、质细腻、味鲜美。

线路③ · 徽赣河湖穿越线

民俗文化

岳西高腔

岳西高腔原称高腔，是安徽省岳西县的地方稀有古剧种。其所涉及的戏曲文学、戏曲音乐、表演艺术及其基本活动形式自成体系，“唱、帮、打”浑然一体，一唱众和，锣鼓伴奏，不协管弦，风格独特。剧目分为“喜曲”和“正戏”两大类，其最大特征是继承了“滚调”艺术并发展成“畅滚”。目前，岳西高腔仍保留着 250 多出高腔剧目和 100 多出唱腔录音。

黄梅戏

黄梅戏原名黄梅调、采茶戏等，起源于湖北黄梅，发展壮大于安徽安庆。其历史最早可追溯至唐朝，20 世纪 50 年代因电影《天仙配》，而使黄梅戏迅速享誉海内外。其唱腔淳朴流畅，以明快抒情见长，具有丰富的表现力；表演质朴细致，以真实活泼著称。除了《天仙配》，还有《牛郎织女》《槐荫记》《女驸马》《孟丽君》《夫妻观灯》等优秀剧目。

西河戏

西河戏又称星子西河戏，因主要声腔为皮黄，所以又称弹腔戏，是赣北地方传统剧种。其诞生于清嘉庆道光年间，流行于庐山市（原星子县）、德安县、柴桑区（原九江县）一带，因有西河水流经星子，1982 年定名为“西河戏”。其具有台词念白多乡音俚语、服装古色古香、表演古朴夸张的特点。

德安潘公戏

德安潘公戏又称布帐傩，是江西省德安县的传统民俗表演艺术。其源于唐末宋初，有“请神”“驱鬼”“捉蛇”“寻医”“关公打大刀”“竖杨树桩”“单、双杠翻杠”“倒立表演”“拜天拜地”等多种表演形式，既有一定的宗教礼仪，又有杂技表演的色彩。涵盖内容更是五花八门，但大都围绕“祈福祛灾”这一主题。

全堂狮灯

全堂狮灯是流传于井冈山东上乡虎爪坪村的传统武术竞技项目，距今已有近 200 年历史。其以少林洪家拳为基础，狮、龙表演与武术穿插相结合，展现了盾牌与刀枪棍棒为主的硬实功夫，是一项强身健体、抵御猛兽与观赏表演相融合的传统技艺。

■ 泰和乌鸡

■ 沛县狗肉

线路③ · 徽赣河湖穿越线

特色美食

沛县狗肉

沛县狗肉又名鼋汁狗肉，是江苏省沛县的传统特色名菜。其起源与汉初名将樊哙颇有渊源，《史记 · 樊哙传》记载：“樊哙者，沛人也。以屠狗为事。”因此直至今天，沛县狗肉依然以樊氏家族制作最为传统。其成品呈酱红色，色泽鲜亮，味美醇香，肉质韧而不挺，烂而不腻，且因不带皮，上桌前全用手撕而成。

大救驾

大救驾是安徽省寿县的特色名点，距今已有 1000 多年历史。据说，后周世宗柴荣征伐淮南时，命大将赵匡胤率兵急攻南唐(今日寿县)。南唐守军誓死抵抗，赵匡胤久攻不下，以致存粮短缺。后来一种油性的面饼救了他，赵匡胤当了皇帝后，人们便将这种面饼称为大救驾。其成品非常像千层状的酥皮月饼，因是炸制而成，所以吃起来酥脆甜香。

合肥四大名点（麻饼、烘糕、寸金、白切）

麻饼形如月饼，表面金黄，圆边浅黄，表皮芝麻颗粒饱满，分布均匀。入口皮松软香甜，馅甜而不腻，具有橘、梅等果料风味。烘糕是以糯米、白糖、猪油、饴糖等为原料，经制粉、潮粉、熬糖、拌糖、蒸制、烘烤等多道工序制作而成，成品金黄油润，疏松多孔，香酥可口，味美甘甜，具有润肺消喘的功效。寸金形似笔杆粗细，长约一寸，故名“寸金”。其表层脆，芯酥软，甜味醇，具有橘饼、桂花的特有香气。白切以糯米为主要原料制成，其具有乳白透明，片薄甜脆的特点，因拌有芝麻，故香、甜、脆三味俱佳。

红烧仔猪肉

红烧仔猪肉是安徽省长丰县朱巷镇的特色美食。制作时须将宰杀后的仔猪用盐腌制 3~5 天，然后在太阳下暴晒几天，再用卤水过滤，晾干水后即可备用。因选材和工艺独特，从而成就了朱巷红烧仔猪肉无污染、脂肪低、口感好的特点。

黄梅鱼面

黄梅鱼面是湖北省黄梅县特产，明朝时已是著名的贡品。其制作工艺非常繁复，且对鱼材的选用也有很高的要求。一般以上等的青、草、鲢、鲤等鱼肉为常见主材，配以精细的淀粉、白面、玉米粉，再拌上麻油、细盐，经过揉、擀、蒸、切、晒等系列手工工序精制而成。成品鱼面色青或淡黄，光滑油润，且具有鱼香鲜味；久煮不烟，口感劲道；炸食酥口焦脆，炒食柔软爽口、不粘牙。

丰城冻米糖

丰城冻米糖俗称“江南小切”，主要原料为糯米和饴糖，是江西省丰城市特产。据《丰城县志》记载，明朝万历年间，当地即已开始流行冻米糖的制作。并以“洁白如雪、香脆酥甜、落口消融”的独特风味闻名天下。由于具有无渣无屑、不粘牙、不塞牙的特点，深受老幼妇孺的喜爱。

线路④・沪浙闽滨海风情线

人文景观

免费 外滩

外滩即外黄浦滩。1844 年起，这里被划为英国租界，是上海十里洋场的核心区域，也是上海近代城市开始的起点。其全长 1.5 公里，南起延安东路，北至苏州河上的外白渡桥，东面即黄浦江，西面则是由 52 幢风格迥异的古典复兴大楼所组成的旧上海金融、外贸中心。这片建筑群落曾是老上海最亮丽的名片，今天则视其为万国建筑博览群。与其隔江相望的便是浦东陆家嘴，那里则汇聚了东方明珠、金茂大厦、上海中心大厦、上海环球金融中心等一大批高大的现代建筑，又是现代上海的典型缩影。

地址：上海市黄浦区中山东一路

开放时间：全天

东方明珠电视塔

东方明珠电视塔 1991 年开工建设，1995 年投入使用。塔高约 468 米，属于多筒结构，主干是 3 根直径 9 米，高 287 米的空心擎天大柱，大柱间有 6 米高的横梁连结；在 93 米标高处，由 3 根直径 7 米的斜柱支撑着，斜柱与地面呈 60° 交角；上千吨的 3 个钢结构圆球分别悬挂在塔身 112 米、295 米和 350 米的高空。远观有气势、有特点，已成为上海市的标志性文化景观。塔内有太空舱、旋转餐厅、上海城市历史发展陈列馆等景观和设施。

地址：上海市浦东新区世纪大道 1 号

门票：35~260 元 / 人（分为 A、B、D、E 等票种）

开放时间：8:00~21:30

上海城隍庙

上海城隍庙传说为三国时吴主孙皓所建，明永乐年间改建为城隍庙，是上海地区重要的道教宫观。自清道光时始，城隍庙在内忧外患中屡遭兵燹和火患，现存建筑大都为民国时重建，唯有门前牌坊和戏台分别建于明、清时期。目前，庙内主要建筑有庙前广场、大殿、元辰殿，财神殿、慈航殿、城隍殿、娘娘殿等。

地址：上海市黄浦区方浜中路 249 号

门票：10 元 / 人

开放时间：8:30~16:30

免费 上海博物馆

上海博物馆创建于 1952 年，是一座大型的中国古代艺术博物馆，馆藏文物近 102 万件，其中珍贵文物 14 万余件。其藏品种类非常丰富，包括青铜、陶瓷、书画、雕塑、甲骨、符印、货币、玉器、家具、织绣、漆器、竹木牙角、少数民族文物等 31 个门类，尤以青铜、陶瓷、书画最为突出。目前，馆内共设有 10 个艺术陈列专馆、4 个文物捐赠专室和 3 个特别展览厅。

地址：上海市黄浦区人民大道 201 号

网址：https://www.shanghaimuseum.net

电话：021-63723500

开放时间：9:00~17:00

■ 上海外滩・陆家嘴　马冀 / 摄

上海科技馆

上海科技馆于 2001 年建成对外开放，以科普展示为载体，围绕“自然•人•科技”的大主题，设置了生物万象、地壳探秘、设计师摇篮、智慧之光、地球家园、信息时代、机器人世界、探索之光、人与健康、宇航天地、彩虹儿童乐园 11 个常设展厅，4 个高科技特种影院，3 个古今中外科学家及其足迹的艺术长廊，蜘蛛和动物世界 2 个主题特展及若干个临时展厅。所展示内容缤纷多彩，不仅适合求知欲望强烈的孩子，同样适合想要开开眼界的大人。

地址：上海市浦东新区世纪大道 2000 号

门票：45 元 / 人

开放时间：9:00~17:15

上海野生动物园

上海野生动物园于 1995 年建成对外开放，是一座集野生动物饲养、展览、繁育保护、科普教育与休闲娱乐为一体的主题公园。园区分为车入区、步行区及水域探秘三大游览区域，里面居住着大熊猫、金丝猴、金毛羚牛、朱鹮、亚洲独角犀、白犀牛、猎豹、长颈鹿、斑马、羚羊等来自国内外的珍稀野生动物 200 余种、万余只。

地址：上海市浦东新区南六公路 178 号

门票：130 元 / 人

开放时间：8:00~17:00

免费 朱家角

在宋元时期，朱家角渐渐形成了小集镇，名为朱家村。明朝万历年间，因水运交通便利，商业日盛，朱家角逐渐成为大集镇，改名为珠街阁，又名珠里、珠溪，俗称角里。清末至民国则称为珠蔚区、珠溪镇。新中国成立后始称朱家角镇。镇内九条老街依水傍河，千余栋民宅临河而建，其中的北大街，又称“一线街”，是上海市郊保存最完整的明清老街。慈门寺、珠溪园、泰安桥、圆津禅院、涵大隆酱园等景点分布古镇各处。

地址：上海市青浦区朱家角镇

开放时间：全天

嘉兴南湖

嘉兴南湖大约形成于汉朝，三国时称陆渭池，唐朝始称南湖，后来又有马场湖、滮湖之名。北宋往后，湖畔陆续兴建了潘师旦园、高氏圃、南湖草堂、列岫亭、水心亭、乐郊亭、勺园等建筑。1921 年，中国共产党第一次全国代表大会在南湖的一艘游船上闭幕，宣告中国共产党成立。为此，南湖名扬天下。如今，游客凡到嘉兴旅行，必到南湖走一遭。

地址：浙江省嘉兴市南湖区南溪西路 1 号

门票：60 元 / 人

开放时间：8:00~17:00

乌镇·西塘

乌镇曾名乌墩和青墩，宋朝时为了避光宗讳，改称乌镇、青镇。如今，依然完整保留着原有水乡的风貌格局。整个古镇景区由东栅和西栅两部分组成，其中东栅的主要景点有茅盾故居、林家铺子、立志书院、文昌阁、修真观、皮影戏馆等；西栅则是由 12 座小岛组成，60 多座小桥将这些小岛串联在一起，河流密度和石桥数量均为全国古镇之最，景点则有亦昌冶坊、昭明书院、白莲塔寺、水上集市等。西塘明朝始成集镇，初名斜塘，后称西塘。镇内河流交错，将古镇分割为多个板块，这些板块间又被众多古老的石桥连接了起来。另外，宅弄则是西塘的一大特色，它们分为连通两条平行街道的街弄、前通街后通河的水弄以及大宅内设在厅堂侧面的陪弄，也正是这些纵横交错的巷弄，构建起了古镇的整体框架。目前，古镇内的主要景点有烟雨长廊、石皮弄、中国纽扣博物馆、五福桥、明清木雕馆等。

乌镇庙西街古民居 张铁汉 / 摄

嘉兴南湖

地址：浙江省桐乡市乌镇古镇

浙江省嘉善县西塘古镇

门票：190 元 / 人（乌镇），95 元 / 人（西塘）

开放时间：9:00~22:00（乌镇），西塘全天开放

免费 杭州西湖

从历史记载来看，西湖并非总像今天一样妩媚动人，而是经常淤塞，并在 1000 多年的时间里循环往复于淤塞与疏浚之间，诸如著名的苏堤便是疏浚西湖时，利用挖出的淤泥构筑而成。今天的西湖则已是处处美景的著名旅游景区。人们闲来无事便拿西湖的 100 多个景点进行选美，最后却有一种谁都不愿舍弃的爱恋，于是在“西湖十景”的基础上选出了“新西湖十景”，但是还觉得不过瘾，接着又弄了一个“三评西湖十景”，谁又能保证不会再来个“四评西湖十景”。

地址：浙江省杭州市西湖区龙井路 1 号

开放时间：全天

灵隐寺

灵隐寺又名云林寺，始建于东晋咸和元年，其开山祖师为西印度僧人慧理和尚。历史上曾数次颓毁，又数次复兴。1860 年，太平军进入杭州，灵隐寺大部分殿宇被毁，仅存天王殿与罗汉堂。所以，今天所见灵

■ 鲁迅故里

■ 沈园

隐寺的大部分建筑基本为民国以后所修复与新建。目前，灵隐寺景区的主要景点有飞来峰、天王殿、大雄宝殿、药师殿、灵隐铜殿等。

地址： 浙江省杭州市西湖区法云弄 1 号

门票： 75 元 / 人

开放时间： 7:00~18:15

免费 浙江省博物馆

浙江省博物馆创建于 1929 年，初名浙江省西湖博物馆。目前，已发展成为浙江省内规模最大的综合性人文科学博物馆。其藏品种类丰富且富有地方特色，主要有河姆渡文化遗物，良渚文化玉器，越文化遗存，越窑、龙泉窑青瓷，五代两宋佛教文物，南宋金银货币，历代书画和金石拓本，历代漆器等。设有“越地长歌”“钱江潮”两个基本陈列，“昆山片玉”“画之大者”“重华绮芳”“非凡的心声”等多个专题陈列和临时展览。

地址： 浙江省杭州市孤山路 25 号

网址： www.zhejiangmuseum.com

电话： 0571-87980281（孤山馆区），0571-85301081（武林馆区）

开放时间： 9:00~17:00

免费 中国京杭大运河博物馆

中国京杭大运河博物馆于 2006 年建成开放，展览面积五千余平方米，分为《地球上的运河、中国大运河》《运河的开凿与变迁》《大运河的利用》《大运河杭州段的综合保护》《运河文化》五个展厅，通过图片、实物、模型等形式，全面展示和诠释了大运河丰富的自然人文景观。

地址： 浙江省杭州市拱墅区金华路 34 号运河文化广场 1 号

开放时间： 9:00~16:30

免费 鲁迅故里

鲁迅故里由鲁迅纪念馆演化而来，是一片经过保护性修缮且富有水乡古城经典风貌的历史街区。不仅保持着鲁迅当年生活过的故居、祖居、三味书屋、百草园等建筑，同时还恢复了周家新台门、寿家台门、土谷祠等建筑，并对整个故里区域范围内的一般传统民居建筑，进行了统一修缮。行走其间能够切实感受鲁迅当年生活的真实情景，也就非常容易理解其笔下的绍兴风物。所以说，这里非常适合带孩子来。

地址： 浙江省绍兴市越城区鲁迅中路 241 号

开放时间： 8:30~17:00

沈园

沈园始建于宋朝，是当时一位沈姓富商的私家花园，初建时规模有七十多亩，至绍兴解放时，仅存一隅，面积不足五亩。直至改革开放后，才对沈园逐渐进行了修复。目前占地五十七亩，被分为古迹区、东苑和南苑三大部分，园内有孤鹤亭、半壁亭、双桂堂、八咏楼、宋井、射圃、问梅槛、钗头凤碑、琴台和广耜斋等景观。

地址： 浙江省绍兴市越城区鲁迅中路 318 号

门票： 40 元 / 人（白天），A 票 138 元 / 人、C 票 80 元 / 人（夜间）

开放时间： 8:00~17:00，17:30~22:00

大禹陵

大禹陵古称禹穴，是大禹的葬地。南朝梁武帝时期，曾在陵前修建禹庙，后屡毁屡建，现存建筑大都为清或民国时期所建。目前，大禹陵由禹陵、禹祠、禹庙三部分组成。禹陵在中，禹祠位于禹陵南侧，祠外北侧有“禹穴”碑，顺碑廊而下即为禹庙。此外还有享殿、龙杠、咸若古亭、禹井等附属建筑。

地址： 浙江省绍兴市越城区大禹陵景区

门票： 60 元 / 人

开放时间： 8:30~16:30

中国黄酒博物馆

中国黄酒博物馆是目前国内第一家专业性的以黄酒文化和产业文化为主题的博物馆。其占地近一万平方米，设有序厅、酒史厅、酒俗厅、酒业厅、酒技厅、酒艺厅、地下酒窖等。通过文字、实物，以及立体场景还原等方式，全面展示了中国黄酒的酿造技艺与历史文化。

地址： 浙江省绍兴市越城区光相桥下大路 557 号

门票： 60 元 / 人

开放时间： 8:30~17:00

免费 河姆渡遗址

河姆渡遗址是我国南方早期新石器时代遗址。1973 年，当地农民在建设排涝工程掘土时被发现。经过大规模的考古发掘后，发现从约 7000 年前至约 5000 年前的时间跨度内，遗址上共堆叠了四个不同时期的文化层，出土了陶器、骨器、石器以及植物遗存、动物遗骸、木构建筑遗迹等大量珍贵文物。进一步证明长江流域是中华文明的重要发源地之一。

地址： 浙江省余姚市经河线浪墅桥村旁

开放时间： 8:30~17:00

天一阁

天一阁建于明朝中期，由当时退隐的明朝兵部右侍郎范钦主持建造，是我国现存最早的私家藏书楼，也是亚洲现有最古老的图书馆和世界最早的三大家族图书馆之一。天一阁之名，取义于汉郑玄《易经注》中“天一生水”之说，因为火是藏书楼最大的祸患，而“天一生水”，可以以水克火，所以取名“天一阁”。馆内现藏各类古籍近30万卷，其中珍椠善本8万卷，尤以明代地方志和科举录最为珍贵。

地址：浙江省宁波市海曙区天一街10号

门票：30元/人

开放时间：8:30~17:30

普陀山

普陀山本是舟山群岛中的一座小岛，因西汉末年梅福在此修道而得名梅岑山。唐朝时，日本高僧慧锷从五台山请得观音神像回国，途经莲花洋遇风涛，以为观音不肯去日本，便将其留在岛上，自此这里的香火逐渐旺盛了起来。南宋时将这里钦定为观音的道场，改山名为普陀洛伽山。明朝时将其附近的另一小岛命名为珞珈山，自此其有了普陀山之名。如今的普陀山除了普济禅寺、法雨禅寺、慧济禅寺、南海观音大佛等宗教建筑外，景区内还遍布奇石怪岩，山海交界处则有石洞胜景，岛四周还有柔软的沙滩，不愧是海天佛国、南海圣境。

地址：舟山市普陀区梅岑路1号

门票：160元/人

开放时间：全天

中国渔村

这里的“中国渔村”指的是象山石浦综合性海洋文化休闲度假区。它由渔文化民俗街、皇城沙滩、石浦渔港、石浦古街、檀头山、渔山岛、渔人码头等组成。渔村里建有一幢幢渔家小楼，度假者可以在楼中推窗见海，卧床听涛，也可以随船出海打鱼，或观看各种渔家的传统民间文化活动。

地址：浙江省象山县石浦镇皇城沙滩

门票：60元/人

开放时间：7:00~21:00

台州府城文化旅游区

台州府城文化旅游区包括台州府城墙、紫阳古街、东湖、巾山等景区。其中台州府城墙，又称“江南长城”，始建于东晋，扩建于唐，定型于宋，完善于明清，兼具军事和防洪双重功能。城墙现存4730米，其构造独特，形制规范，保存完好，为全国罕见。紫阳街，呈南北走向，贯穿台州府城，曾是台州府城历史上最繁华的商业街区，也是目前保存较为完整的一条历史街区。

地址：浙江省临海市江滨中路

门票：60元/人

开放时间：7:00~17:00

江心屿

江心屿是位于温州瓯江上的一座小岛，呈东西长、南北狭的长条状。唐朝时在屿上建净信禅寺，北宋时又建普寂禅院，并先后建西塔、东塔，及至南宋，填塞东西两屿间的中川，使其连为一体，并在填塞处建中川寺，亦称江心寺。历史上曾有谢灵运、孟浩然、韩愈、陆游、文天祥等文化名人登临江心屿，并留下了许多咏叹诗篇。

地址：浙江省温州市鹿城区望江东路119号

门票：25元/人

开放时间：8:00~22:00

碗窑古村

碗窑旧称蕉滩碗窑，福建移民迁于此后，改称碗窑，是清朝浙南地区烧制民用青花瓷的主要基地。古村融民居、古陶瓷生产线、古庙古戏台于一体，至今仍完整保留着商品经济萌芽时期以手工业工场为中心的古老村落形态。依地势而建的吊脚楼、二层小木楼，错落有致地分布于曲折的山路两侧，使整个村落散发着浓浓地古拙韵味。

地址：浙江省苍南县桥墩镇碗窑村

门票：30元/人

开放时间：全天

免费 中华畲族宫

中华畲族宫是我国首座集中展示畲族文化的建筑物，也是全国畲族同胞的朝圣地。整个建筑群取汉代风格，展现畲族特色，包括汉阙门、龙头主杖、月亮池、祭祖坛、礼仪台、忠勇王殿、高辛帝阁及畲族历史博物馆、畲族革命纪念馆等建筑。

江心屿

地址： 福建省宁德市蕉城区金涵畲族乡
开放时间： 8:30~11:30，15:00~17:30

三坊七巷

三坊七巷是福州老城区经历了新中国成立后的拆迁建设而留存下来的一部分。由三个坊、七条巷和一条中轴街肆组成，分别是衣锦坊、文儒坊、光禄坊；杨桥巷、郎官巷、塔巷、黄巷、安民巷、宫巷、吉庇巷和南后街，自古就被称为“三坊七巷”。其起源于晋，完善于唐、五代，明清进入鼎盛时期，自古便是贵族和士大夫的聚居地。与其相关的名人更是不胜枚举，诸如林则徐、沈葆桢、左宗棠、严复、郁达夫、冰心等。

三坊七巷

地址： 福建省福州市鼓楼区杨桥东路
门票： 街区免费（景点需购票参观），90 元 / 人（通票）
开放时间： 街区全天，景点 8:30~17:00

免费 福建博物院

福建博物院始建于 1933 年，2002 年新馆建成对外开放，正式更名为福建博物院，是一座集博物馆、自然馆、积翠园艺术馆、考古研究所、文物保护中心、国家水下考古基地为一体的综合性博物馆。现拥有馆藏文物和各类标本 28 万余件，展厅面积约 1.2 万平方米，设有福建古代文明之光、弦歌悠远、意匠天工、闽迹寻踪、丝路帆远、恐龙世界、闽海蔚蓝七个基本陈列，且每年都会举办多个临时展览。

地址： 福建省福州市鼓楼区湖头街 96 号
开放时间： 9:00~17:00

免费 中国船政文化博物馆

中国船政文化博物馆是我国首个以船政为主题的博物馆，馆舍依山而建，正面造型为两艘乘风破浪的战舰，非常贴合主题，也很有气势。内部由概览厅、教育厅、工业厅和海军根基厅、船政名人堂等展厅组成，通过大量珍贵文物、图片、模型以及各种仿真场景，对我国近现代船政文化进行了非常全面的展示。

地址： 福建省福州市马尾区昭忠路 7 号
开放时间： 9:00~12:00，13:30~17:00

免费 平潭石头厝

平潭岛是一座火山喷发而形成的岛屿，岛上盛产花岗岩石，岛民便就地取材，将岩石处理成条石，砌筑起了一座座石头房子。在铺好房顶瓦片后，还会压上一层石块，防止台风来时吹走瓦片。石头厝一般只有两层高，且窗户会修的非常小，这可能与海岛环境有很大关系，主要还是便于防风，也有一说是为了减小烛火透出窗外，防止引来海盗倭寇。

地址： 福建省平潭县
开放时间： 全天

崇武古城

1387 年，江夏侯周德兴为抵御倭寇，在惠安县东南海滨兴建了崇武古城。如今已成为我国保存最完整的丁字型石砌古城，也是万里海疆上保存完好的一座明朝卫所城堡。现存主要景点有古城门、古城墙、古民居，以及一些宫庙庵堂等古建筑遗存。

地址： 福建省惠安县崇武镇
门票： 45 元 / 人
开放时间： 全天

免费 中国闽台缘博物馆

中国闽台缘博物馆是一座反映我国大陆与宝岛台湾历史关系的国家级专题博物馆。馆舍主体建筑很有特点，借鉴了“天圆地方”的设计理念，四道斜阶斜穿屋面，可以直通馆顶的观景天台，纵览泉州市区全景。馆内设有闽台缘和乡土闽台两个主要展厅，对闽台两地的历史、经济、文化及风俗民情进行了非常全面的展示。

地址： 福建省泉州市丰泽区北清东路 212 号
开放时间： 9:00~17:00

开元寺

泉州开元寺始创于唐朝初年，初名“莲花寺”，开元二十六年更名开元寺。历史上也曾数次被毁，今存建筑大都为明清时期所建，主要建筑有大雄宝殿、天王殿、藏经阁、甘露戒坛、东西二塔等。其中大雄宝殿雕塑技术高超，尤其是梁槽间的 24 尊飞天乐伎，在中国国内古建筑中罕见。殿内用近一百根海棠式巨型石柱支撑殿堂，俗称“百柱殿”，供奉的五方佛像，法相庄严，是汉地少有的密宗轨制。东西二塔则是我国现存最高的一对石塔，其初建时均为木塔，后来易为砖塔，南宋时又先后改建为仿木结构的花岗岩石塔，距今已有将近 800 年的历史。

地址： 福建省泉州市鲤城区西街 176 号
开放时间： 8:00~17:30

■ 平潭石头厝　王仁和 / 摄

鼓浪屿

鼓浪屿原名圆沙洲，南宋时命名为五龙屿，明朝始称鼓浪屿。因岛西南方海滩上有一块两米多高、中有洞穴的礁石，每当涨潮水涌，浪击礁石，声似擂鼓，人们称“鼓浪石”，鼓浪屿因此而得名。鸦片战争后，由于外国人的涌入，岛上建起了大量的西洋式建筑，许多一直保存至今，从而形成了独特的旅游风情。目前，岛上的代表性景点有日光岩、菽庄花园、皓月园、毓园、鼓浪石、鼓浪屿钢琴博物馆、郑成功纪念馆等。

地址： 福建省厦门市思明区鼓浪屿

门票： 90元/人

开放时间： 全天

鼓浪屿

免费 **厦门大学**

厦门大学由爱国华侨领袖陈嘉庚先生于1921年创办，是我国近代教育史上第一所由华侨创办的大学。校园内有芙蓉湖、情人谷水库等景点，还有许多极富特色的历史建筑，再加上优美的校园环境，使得厦门大学获得了“中国最美大学”的美誉，同时也招来了大批的游客。

地址： 福建省厦门市思明区思明南路422号

开放时间： 周一至周五上班时间，闭门谢客，其他时间均可参观

厦门大学

免费 **环岛路**

环岛路是福建省厦门市思明区思明南路422号环绕福建省厦门市厦门岛的城市干道，跨越厦门市的思明区和湖里区两个区级行政区，全长43公里。从厦门大学到前埔的一段海岸，长约9公里，被称为“黄金海岸线”，也是游客最钟情的一段路程。沿途主要景点有音乐雕塑、书法广场、木栈道等。

地址： 福建省厦门市思明区和湖里区

开放时间： 全天

胡里山炮台

胡里山炮台始建于清光绪十七年，分为战坪区、兵营区和后山区，炮台结构为半地堡式、半城垣式，具有欧洲风格，又有我国明清时期的建筑神韵。难能可贵的是，炮台上依然完整保留着一门德国克房伯兵工厂，于19世纪末生产的280mm口径大炮。当年，清政府从克房伯兵工厂采购了大量的大炮，这是我国万里海疆唯一完整保留在原址上的一门大炮。

地址： 福建省厦门市思明区曾厝垵路2号

门票： 25元/人

开放时间： 8:00~18:00

福建土楼

福建土楼起源于唐朝陈元光开漳时的兵营、城堡和山寨，成熟于明末、清朝和民国时期。其以生土为主要材料，掺上石灰、细砂、糯米饭、红糖、竹片、木条等，经反复揉、舂压、夯筑而成。造型则五花八门，有圆形、半圆形、方形、四角形、五角形、交椅形、畚箕形等，且各具特色。最著名的土楼则有南靖的田螺坑土楼群、河坑土楼群，永定的洪坑土楼群、初溪土楼群等。

地址： 福建省南靖县书洋镇566县道（田螺坑土楼群）

福建省龙岩市永定区湖坑镇洪坑村（洪坑土楼群）

门票： 90元/人（田螺坑土楼群），90元/人（洪坑土楼群）

开放时间： 田螺坑土楼群全天开放，7:00~19:00（洪坑土楼群）

免费 **古田会议旧址**

古田会议会址，原为“廖氏宗祠”，又名“万源祠”。1929年5月，红军挺进闽西古田，将其改名为“曙光小学”；12月，毛泽东同志主持的红四军第九次代表大会在此召开，通过了具有历史意义的古田会议决议案。新中国成立后，复原了当年的会场原貌，并在会址附近新建了古田会议纪念馆。

地址： 福建省上杭县古田镇曙光路1号

开放时间： 8:00~12:00，15:00~18:00

免费 **长汀红色旧址群**

长汀红色旧址群由福建省苏维埃政府旧址、福音医院旧址、辛耕别墅、瞿秋白纪念园等建筑组成。其中福建省苏维埃政府旧址原为汀州试院，始建于宋代，现被辟为博物馆，设有“汀州客家历史”“中央苏区红色小上海”等陈列。福音医院旧址则是英国传教士赖查理，于1908年主办的教会医院，原名叫“亚盛顿医馆”，建筑外观和名字都具有浓郁的西方色彩。辛耕别墅是一座典型的客家传统民居建筑，红四军入城后，司令部、政治部就设在这里。瞿秋白纪念园则是新中国成立后新建。

地址： 福建省长汀县汀州镇兆征路43号附近

开放时间： 8:00~17:00

免费 **长汀古城**

长汀古城又称汀州古城，是唐代福建著名的五大州之一。直至清代，这里一直是历朝历代州、郡、路、府的治所，为此留下了众多文物古迹。主要有古城墙、天后宫、城

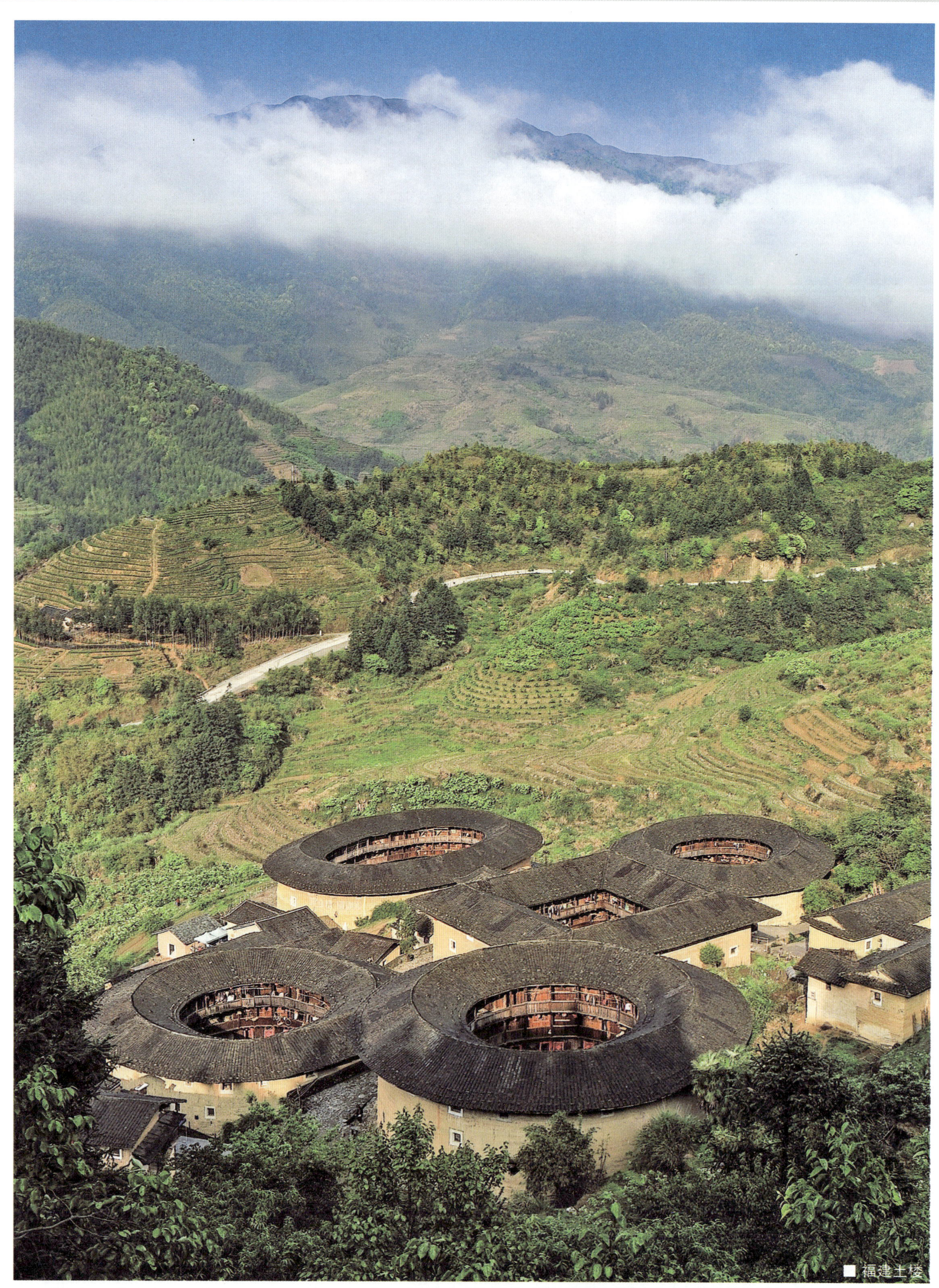

■ 福建土楼

隍庙、文庙等，其中完整保存的古城墙依然有近三千米，将朝天门、五通门、惠吉门、宝珠门联结在一起，将其他古建包容在古城之内。

地址：福建长汀县汀州镇

开放时间：全天

免费 中央革命根据地历史博物馆

中央革命根据地历史博物馆始建于1953年，曾为瑞金中央革命根据地纪念馆。2007年，新馆建成后改为“中央革命根据地历史博物馆”，是为纪念土地革命战争时期中国共产党及其领袖毛泽东、朱德、周恩来等直接领导创建中央革命根据地和中华苏维埃共和国而建立。馆内通过实物、油画、场景、多媒体等方式，再现了中国共产党领导苏区军民进行反“围剿”斗争，创建巩固革命根据地的伟大革命历史。

地址：江西省瑞金市龙珠路 1 号

开放时间：8:30~17:30

共和国摇篮景区

共和国摇篮景区由叶坪景区、红井景区、二苏大景区组成。其中，叶坪景区包括毛泽东和朱德的旧居、临时中央政府旧址、红军广场、红军检阅台等；红井景区包括中央政府大礼堂旧址、中华全国总工会旧址、中国工农红军原总政治部旧址、红井、列宁小学旧址等；二苏大景区包括中国共产党中央局旧址、中华苏维埃共和国临时中央政府大礼堂旧址等。

地址：江西省瑞金市七彩大道

门票：80 元 / 人（通票）

开放时间：8:30~18:00

■ 共和国摇篮景区

■ 雁荡山风景区

线路④ · 沪浙闽滨海风情线

自然风光

海宁盐官

盐官是良渚文化重要发源地之一，2200多年前吴王刘濞在这里置司盐之官，于是地以官名，称之为“盐官”。如今则是享誉海内外的钱塘江大潮最佳观潮胜地，也是我国唯一的潮乡。除了海宁潮，盐官还有占鳌塔、镇海铁牛、天风海涛亭、毛泽东观潮诗碑亭等景点。

地址：浙江省海宁市盐官镇

门票：90 元 / 人

开放时间：8:00~16:30

杭州西溪国家湿地公园

西溪古称河渚，以前每逢端午节，周边乡邻便会汇集于此，开展龙舟盛会。为了加强湿地保护，2005年起，西溪被建设成为国家湿地公园，并设置了费家塘、虾龙滩、朝天暮漾、包家埭和合建港五大生态保护区和生态恢复区。公园内约70%的面积为河港、池塘、湖漾、沼泽等水域，生态资源丰富、自然景观幽雅、文化积淀深厚，是我国第一个集城市湿地、农耕湿地、文化湿地于一体的国家级湿地公园，与西湖、西泠并称杭州“三西”。

地址：浙江省杭州市西湖区天目山路518号

门票：80 元 / 人

开放时间：8:30~17:30

溪口雪窦山风景区

雪窦山是一座具有悠久历史和深厚文化积淀的佛教名山，始建于晋朝的雪窦寺，千百年来香火旺盛，高僧辈出，是弥勒佛的根本道场。雪窦山景区则以雪窦古刹和千丈岩瀑布为中心，四周环列有五雷峰、屏风山、象鼻峰、石笋峰等山峦，妙高台、徐凫岩峭壁、商量岗林海、三隐潭瀑布等景观分布于其间，形成了雪窦山优美的自然风光。

地址：浙江省奉化区溪口镇西北

门票：210 元（通票）

开放时间：8:00~17:00

松兰山海滨

松兰山海滨是一处山海交融的旅游度假区。里面拥有度假酒店、海鲜美食、婚恋摄影、汽车露营、温泉养生、海上运动、旅游演艺等多种旅游业态，既适合游，也适合玩。作为自驾游者，里面配套的松兰山汽车露营地，可以提供非常完善的露营配套服务。

地址：浙江省象山县巨鹰路

门票：30 元 / 人

开放时间：8:00~19:00

雁荡山风景区

雁荡山因主峰雁湖岗上有结满芦苇的湖荡，年年南飞的秋雁栖宿于此，因而得名“雁荡山”。广义的雁荡山分为东西南北中五个雁荡山，这里的雁荡山特指北雁荡山，因为它在诸多雁荡山中最有名。北雁荡山又可分为灵峰、灵岩、大龙湫、显圣门、雁湖5个景区，景点多达380余处，其中尤以峰、洞、瀑、石取胜。雁荡奇峰林立，较为著名的有卓笔峰、独秀峰、玉女峰等；雁荡46洞中，又以观音洞最高、天窗洞最险、仙人洞最大、仙姑洞最奇；雁荡瀑布则以大龙湫、

霞浦北岐滩涂

散水岩、西大瀑、梅雨瀑、三折瀑等最负盛名。

地址：浙江省乐清市雁荡镇响岭头村

门票：140 元 / 人（景区有多种套票，这是其中一种）

开放时间：8:00~17:30

楠溪江

楠溪江风景区总面积 671 平方公里，共分为大楠溪、石桅岩、大若岩、太平岩、岩坦溪、四海山、源头七大景区，涵盖了八百多个景点。以“水秀、岩奇、瀑多、村古、滩林美”的特点而闻名遐迩，其中主要景点有龙河古渡、百丈瀑、石门台、芙蓉三崖、藤溪潭瀑、十二峰、陶公洞、永嘉书院、崖下库、石桅岩、苍坡村、芙蓉古村、狮子岩、太平岩、崖下库、丽水古街等。

地址：浙江省永嘉县

门票：景区景点分散，10-80 元 / 人不等

开放时间：7:30~18:00

南雁荡山风景区

南雁荡山的开发始于唐中期，盛于五代、两宋，以后则因战乱、迁界等原因受到了冷落，直至清光绪年间，才渐渐开始复兴。如今，南雁荡山被分为东西洞、顺溪、明王峰、碧海天城、赤岩山五大景区，且以秀溪、幽洞、奇峰、景岩、银瀑、石堑等自然风光而闻名。其中东西洞景区景点最为密集，景色雄奇，蔚为壮观。

地址：浙江省平阳县南雁镇

门票：40 元 / 人

开放时间：8:00~17:00

太姥山

广义的太姥山，指展布于宁德市东北部的太姥山脉。狭义的太姥山则指福鼎市南部秦屿镇以覆鼎峰为中心的山地，也是太姥山风景名胜区的核心地带。景区山峰多集中在 500~1000 米高度之间，岭峦交错，谷深壁陡，洞穴遍布。山上多奇花异树，如空谷兰、云雾草、感触树等，为山景增色不少。站在主峰顶端眺望东海，则可见近海的岛屿与山脚的海湾。

地址：福建省福鼎市 975 县道附近

门票：140 元 / 人

开放时间：6:30~17:30

免费 霞浦北岐滩涂

霞浦因海岸线绵长、海湾众多，为海产养殖创造了得天独厚的条件，从而成就其“中国海带之乡”“中国紫菜之乡”的美名。尤其是北岐滩涂，每当紫菜生产的繁忙季节，滩涂上万根竹竿插成一块块方形的网框，由远及近，绵延数十里，蔚为壮观。清晨六点左右，一轮火球从海面上喷薄而出，瞬间，大海像镀上了一层金色霞衣，此时，摄影师的快门声已响成一片。

地址：福建省宁德市霞浦县

开放时间：全天

免费 鼓山风景区

鼓山因山上有巨石如鼓，每当风雨大作，便簸荡有声而得名。山中有古寺涌泉寺，整座建筑群落依山就势，层层迭进，给人以“进山不见寺，入寺不见山”之感。明清时期，这里曾是全国出版佛学著作的主要场所。其主峰屴崱峰，海拔 870.3 米，峰顶状若覆釜，常年多为岚气笼罩。晴好天气，登屴崱峰可以远眺大海看海上日出，也可以俯瞰福州城。

地址：福建省福州市晋安区福马路

开放时间：全天

湄洲岛

湄洲岛是妈祖林默娘归化升天的地方，因此被视为妈祖文化的发源地，每年农历三月廿三妈祖诞辰日和九月初九妈祖升天日期间，妈祖信众会蜂拥而至，朝拜妈祖。除了影响深远的妈祖文化，湄洲岛还具有得天独厚的滨海自然资源，全岛 30.4 公里的海岸线，有近 20 公里的绵软沙滩，绵延 5 公里的海蚀岩，因此既有碧海蓝天、阳光沙滩的旖旎风光，还有湄屿潮音或如管弦细雨，或如钟鼓齐鸣的自然绝响。

湄洲岛

地址：福建省莆田市秀屿区湄洲大道 1588 号

门票：65 元 / 人

开放时间：7:00~19:00

清源山

清源山有多个名称，因山上泉眼众多别称“泉山”，又因山高入云也称“齐云山”，还因山上有三峰亦称“三台山”。景区由清源山、九日山、灵山圣墓三大片区组成，主峰海拔 453 米，与泉州市山、城相依。其中主要景点有老君岩、千手岩、弥陀岩、碧霄岩、瑞象岩、虎乳泉、南台岩、清源洞、赐恩岩等。

地址：福建省泉州市丰泽区泉山路

门票：80 元 / 人

开放时间：5:30~19:00

线路④·沪浙闽滨海风情线

富饶物产

奉贤黄桃

奉贤黄桃是上海奉贤区特产，其具有果实硕大、果型圆整、肉质柔韧、甜多酸少、香味浓郁的特点，不仅鲜食风味佳，而且还非常适宜加工成罐头食品。

顾绣

顾绣又称露香园顾绣，因起源于明代松江地区的顾名世家而得名，是上海市的传统工艺品。清初曾因顾名世的曾孙女顾兰玉设立刺绣作坊，广收门徒，传授顾绣技法，而使其在上海周边地区广泛流传。清嘉庆以后，顾绣逐渐衰落，几近失传。直至改革开放后，顾绣工艺才得以渐渐恢复。其绣品题材主要有名画、山水、人物、花鸟等，且因所绣山水、人物、花鸟气韵生动，细腻逼真，因此又被誉为“画绣”。

杭白菊

杭白菊是浙江省桐乡市特产。早在南宋时，桐乡菊花的栽培就已非常兴盛，且年年举行菊花灯会。如今，每逢深秋、初冬季节，桐乡农村到处繁花如雪，弥望皆白，清香四溢，杭白菊也就进入了收获的旺季。经过采收炮制后，不仅可以作为清香的茶冲泡饮用，而且具有很高的药用价值。

黄酒

黄酒是世界三大古酒之一，源于中国，且属于中国独有酒种。浙江则是我国黄酒的核心产区，其中又以绍兴黄酒、嘉善黄酒最为著名。绍兴黄酒又称绍兴老酒，其具有诱人的馥郁芳香，且随着时间的推移而更为浓烈，所以绍兴老酒越陈越香。嘉善黄酒则具有酒液澄黄、清亮透明，品饮醇香浓郁，味鲜甜、醇厚、柔和、爽口的特点。

南湖菱

南湖菱又名青菱、元菱、和尚菱等，是嘉兴市的著名特产，因产于以南湖为中心的水域而得名，中秋前后为采收的旺季。新采的菱角，剥开薄薄的绿色外衣，就是光溜溜的藕色菱肉，直接入口食用，脆生生，甜津津，解渴又爽口。也可以用菱角来烧肉或烧菱饭，清香扑鼻，别有风味。

杭州丝绸

杭州地处富饶的杭嘉湖平原，优越的地理环境非常适合桑树生长和桑蚕繁殖，为杭州生丝与丝绸的生产加工提供了便利条件，从而成就了杭州丝织中心的历史地位。直至今天，杭州丝绸依然是杭州最亮丽的一张名片。其质地轻软，色彩绮丽，品种繁多，有绸、缎、绫、绢等十几个大类，200 多个品种，2000 余个花色。

龙井茶

杭州的茶叶种植兴起于隋唐时期，至元朝时龙井茶已初具美名。清朝时，乾隆六下江南，四上龙井，又是题诗，又是御封茶树，将龙井茶的地位推向了极致。其素以色翠、形美、香郁、味醇冠绝天下。特级龙井茶则具有扁平光滑挺直，色泽嫩绿光润，香气鲜嫩清高，滋味鲜爽甘醇，叶底细嫩呈朵的特点。

西湖莼菜

西湖莼菜又名马蹄草，生活在西湖边的渔民很早以前便开始栽培，如今已是一种珍贵的水生食材。从每年五月初到十月底，是莼菜的采摘期，尤其是五月中旬到七月中旬的莼菜，茎叶肥壮，鲜嫩，蛋白质多，质量最佳。用新鲜莼菜可以制作“西湖莼菜汤”，“莼菜黄鱼羹”，“虾仁拌莼菜”及“莲蓬豆腐”等杭州名菜。

张小泉剪刀

张小泉剪刀是杭州著名的手工艺品。明末清初，安徽黟县人张思家为了躲避战乱来到了杭州，并以“张大隆”为名开设了一间剪刀作坊，因所制剪刀质量上乘，很快便出了名。后来，其子张小泉继承父业，将招牌改为“张小泉”，并首创了镶钢锻制技艺，从而将张家的剪刀事业发扬光大，传承至今已历三百多年。

王星记纸扇

王星记纸扇创始于清光绪年间，是杭州著名的传统手工艺品。起初，扇庄的主打产品只有黑纸扇，后来又发展出了檀香扇、香木扇、白纸扇、绢扇、装饰扇和舞扇等众多品种，王星记因此也被誉为“扇子王国”。如今的王星记也已发展成为一家集研发、生产、商贸和传统文化展示交流为一体的“中华老字号”企业。

绍兴腐乳

绍兴腐乳又称为霉豆腐、素扎肉。主

■ 龙井茶园

■ 黄酒

要品种有醉方、太方、丁方、青方和棋方5种，且每一种又可分为若干类。由于配料不同，风味各异，其中以醉方为绍兴腐乳的代表品种。醉方色泽黄亮，熟透时酥软而不变形，因以酒做佐料，所以不但咸鲜可口，而且酒味浓郁。市场上有坛装普通醉方，也有瓶装花椒醉方、麻油醉方、火腿醉方等。

余姚杨梅

据史载，余姚杨梅已有两千多年的栽培历史，而且历朝历代均有名人写诗作词予以咏颂。如今，余姚已成为我国著名的杨梅之乡。经过数千年的自然演变和人工筛选，在余姚当地已形成乌种、红种、粉红种、白种四大品种群系，一百多个细分品种。所产杨梅果具有肉质细软、肉柱圆钝、味甜微酸、核小等特点。

三门青蟹

世界上蟹类资源非常丰富，但可进行人工养殖的却非常少，三门青蟹作为海蟹的一种，其养殖历史却可以追溯到清乾隆年间。为了提高青蟹的产量，三门人在各个时期曾尝试了多种养殖方式，直至20世纪80年代才开始围塘养殖。其成品蟹具有壳薄螯大，体壮饱满，肉质细嫩，香味浓郁的特点。除了食用，还具有极高的药用价值。

天台山云雾茶

天台山云雾茶产于浙江省的天台山诸峰，以最高峰华顶所产为最佳，故又名华顶云雾、华顶茶。因其人工栽培历史在江南一带最早，又被誉为“江南茶祖”。其属于半烘半炒型绿茶，具有“外形细紧绿润披毫，香气高锐浓郁持久，滋味浓厚鲜爽清冽回甘，汤色嫩绿明亮，冲泡数次而不减真味”的高山云雾茶特点。

黄岩蜜橘

黄岩是世界柑橘始祖地之一，有典籍记载的栽培历史可以追溯到三国时期。唐朝时，黄岩蜜橘已被选为贡品。其属于宽皮橘类，主要品种有本地早、早橘、乳橘等，果皮橙黄色，肾形，中心柱空，果肉柔软化渣，甜酸适口。

■ 三门青蟹

■ 乐清黄杨木雕

乐清黄杨木雕

乐清黄杨木雕技艺肇始于宋元时期，及至清朝逐渐在木雕圈崭露头角，民国时得到了迅速发展，并涌现出了一大批著名的木雕艺人，改革开放后，则呈现出了空前繁荣。艺人在雕刻时从色、形、质、味、韵等方面保留了根的质朴和色彩，并充分利用了其天成的生动形象、纹理、疤节、洞穴等，从而使木雕作品展现出了自然、纯朴、朦胧的韵味及浑然天成的自然美。

平阳马蹄笋

平阳马蹄笋又叫绿竹笋，是浙江省平阳县传统名优特产，因笋形似马蹄，故称“马蹄笋”。它与春笋和冬笋不同，上市时节正逢盛夏，所以又被誉为“夏令第一鲜”。既可做菜，也可煮汤，并具有清爽可口、笋肉厚实、笋质脆嫩、笋汤不刺喉的特点。

瓯柑

瓯柑与黄岩蜜橘一样同属宽皮柑橘类，因温州瓯海是其原产地，于是得名瓯柑。三国时即有孙权以瓯柑为礼馈赠曹操的记载，以后历朝则屡屡作为贡品。其果型端正，果皮色泽橙黄色或金黄色，光滑油亮，果皮与果肉结合紧密，易于剥皮，果肉柔软多汁，清甜可口，初食时略带微苦。与其他柑橘相比，瓯柑还具有耐储藏的优点。

福鼎白茶

福鼎白茶就是用产自福鼎的“华茶1号”或“华茶2号”茶树的芽叶，不炒不揉，用特殊工艺制作而成。其成品茶外形芽毫完整，冲泡汤色杏黄清澈，品饮则滋味清淡、清甜爽口。根据采摘芽叶的不同，福鼎白茶可分为：白毫银针、白牡丹、寿眉、新工艺白茶等品种，近些年根据市场需求，像普洱等黑茶一样推出了紧压茶。

福鼎芋

福鼎芋又名山前芋、福鼎槟榔芋，20世纪80年代，香港市民将其称为福鼎芋，并沿用至今。其母芋呈圆柱形，形似炮弹；表皮棕黄色，芋肉乳白色带紫红色槟榔花纹；易煮熟，熟食肉质细、松、酥，浓香可口。

绿雪芽

绿雪芽是我国最古老的名茶之一，早在明朝时已负有盛名，被视为茶中珍品。在福鼎太姥山的“鸿雪洞”旁生长着一株野生古茶树，据传当地茶商曾邀众多文人为其取名，因其所产茶芽既似绿色雀舌，又似披毫银针，故被人称为绿雪芽。它也是福鼎大白茶的始祖。

福鼎四季柚

福鼎四季柚属芸香科柑橘柚类，以一年四季都能开花结果而得名，在福鼎已有200多年的栽培历史。其果实呈倒卵形，果

■ 漳州水仙

皮黄绿色，油胞细而平滑，气味芳香，皮薄籽少，果肉瓣若银梳，肉似白玉，甜酸适度。不仅可以作为水果食用，也可以药用。

霞浦紫菜

在霞浦丰富的浅海滩涂上，渔民们会搭起一排排细细的竹架，将似黑纱般飘荡的紫菜固定在上面。涨潮时，紫菜会浸泡在海水中获取水中的养分；退潮后，紫菜又会沐浴在阳光中得到光热的滋养。正是如此独特的自然地理环境，成就了霞浦紫菜之乡的美名，同时也吸引了众多摄影爱好者，在晨光中对着紫菜田一通“咔嚓扫射”。

福州茉莉花茶

福州是茉莉花茶的发源地，早在宋朝时便有关于福州茉莉花茶采摘、制作、品赏的记载，清朝咸丰年间，其作为皇家贡茶开始了大规模的商品化生产。它是用经加工的干燥茶叶，与含苞待放的茉莉鲜花混合窨制而成的再加工茶，通常以绿茶为茶坯，少数也有红茶和乌龙茶。成品茶具有外形条索紧细匀整，色泽黑褐油润，冲泡后香气鲜灵持久，汤色黄绿明亮，叶底嫩匀柔软，品饮滋味醇厚鲜爽的特点。

连江鲍鱼

连江鲍鱼是福建连江县特产。其养殖始于 1989 年，目前，连江已成为我国鲍鱼养殖第一大县，所产鲍鱼具有体肥壳艳、鲍肉细嫩、味道鲜美的特点。干制鲍鱼形态完整，外观呈不透明状麦芽糖色，肉质肥厚且有韧性，外表稍有白霜，有碳烤的清香味。

定海湾丁香鱼

定海湾是福建连江县的一个海湾，曾是历史上对外贸易港口“甘棠港”故地，因盛产丁香鱼、鲍鱼、竹蛏等海珍品而负有盛名。这里所产的丁香鱼具有味道甜嫩、咸淡适中、肉质鲜美、纯度高无杂质、不易断碎的特点，因此备受客商及消费者推崇。

福州脱胎漆器

福州漆器始于南宋，脱胎漆器的发展则始于清乾隆年间，是由漆匠沈绍安所开创。其制法又分为两种，一种是以泥土、石膏等塑成胎胚，以大漆为粘剂，然后用夏布或绸布在胚胎上逐层裱褙，待阴干后脱去原胎，然后对其进行进一步的髹漆制作；另一种是直接在木胎上进行髹漆制作，无须脱胎。其成品具有质地轻巧坚牢，造型古朴大方，装饰丰富多彩，不褪色、耐高温、耐酸碱腐蚀等特点。

平潭水仙花

1978 年，时任平潭县企业局局长的冯立朝，把家乡的野生水仙花球茎送往厦门市园林部门，经鉴定确认为中国水仙花品种之一，从此平潭水仙花得到人们的重视并被规模化驯化养殖。其具有花箭多、花味香、花姿美、花期长，抗逆性和可塑性强等特点。

漳港海蚌

漳港海蚌是福州市长乐区特产，早在明朝时就已成为宫廷贡品。20 世纪 50 年代，长乐地方政府专门组建了漳港海蚌场，进行海蚌养殖及其技术研究。其具有个体大、腹足饱满、肉质脆嫩、味极甘美的特点。

泉州木偶

泉州木偶是福建泉州的一种民间工艺品，分为提线木偶和掌中木偶两种。其中提线木偶头像较大，又被称为傀儡戏；掌中木偶则头像较小，又被称为布袋戏。除了木偶剧的表演外，泉州木偶的头像雕刻制作也很有特色。其一般选用樟木刻制头坯，造型轮廓清晰，线条洗练，继承了唐宋雕刻、绘画风格；再经过裱背、盖胶土、磨光、彩绘等工序，最后配以服饰而成。

泉州木偶

白芽奇兰

白芽奇兰是福建漳州市平和县特产，是我国珍稀的乌龙茶良种。其主产地位于大芹山一带，因大芹山上常年云雾缭绕，从而使云雾浸染的茶叶带有别样的芬芳，形成了白芽奇兰独特的品质特征。成品白芽奇兰外形条索紧结，匀整美观，色泽青褐油润稍间蜜黄，冲泡后汤色橙黄明亮，叶底软亮，具山骨风韵，品饮滋味醇爽，味似兰香幽长。

漳州水仙

水仙在漳州的栽培历史已有 500 多年，到清朝末年已开始外销吴越等地。1984 年，漳州市将水仙定为市花；1997 年，福建省又将水仙定为省花。由此可见水仙在漳州，甚至整个福建省具有很高的地位。漳州水仙花主要有两个品种，一是单瓣的“金盏银台”，俗称“酒盏水仙”；另一种是复瓣的“玉玲珑”，俗称“百叶水仙”。

片仔癀

片仔癀是明朝太医院秘方御用良药，由于外形如条索，用时切一小片内服或外敷片刻见效，所以叫作“片仔癀”。后因宫廷政变，一位闽南籍御医携带药方出逃。民国时期，片仔癀秘方为漳州馨范茶庄所得，并生产“僧帽牌”片仔癀应市。如今，它和云南白药一样，成为我国中药的两大独家生产绝密品种，其特效配方及独特工艺受国家绝密保护。其主要功能是清热解毒，凉血化瘀，消肿止痛。

永定万应茶

永定万应茶创制于清嘉庆年间，是龙岩市永定区特产。其采用 30 多种地道中药材经过传统中药制剂工艺配制而成。用开水冲泡或煎煮后汤色为淡红棕色，且具有纯正清檀的香味。品饮则味微苦、香气浓郁、回甘留香，饮用后有神清气爽、肠胃清新之感。在临床应用上，具有疏风解表、健脾和胃、祛痰利湿的功效。

长汀河田鸡

长汀河田鸡因主产于福建龙岩市长汀县河田镇而得名，是福建省的传统家禽良种，唐朝时曾作为斗鸡进贡朝廷。河田镇地处闽西山区的腹地，是武夷山山脉崇山峻岭中的一块盆地。朱溪河在此汇入汀江，有较大面积的丘陵坡地，且有温泉与丰富的稀土矿藏。为河田鸡独有的品质提供了自然环境保障，造就了其肉质细嫩，皮薄骨细，肉色洁白，口感香鲜嫩滑的显著特点。

线路④ · 沪浙闽滨海风情线

民俗文化

象山晒盐技艺

晒盐是一门非常古老的技艺，在我国沿海地区皆有传承，浙江象山便是其中的一个典型代表。其以海水作为基本原料，并利用海边滩涂及其咸泥，结合日光和风力蒸发，通过淋、泼等手工劳作制成盐卤，再通过火煎或日晒、风吹等方法，使盐卤自然结晶成原盐。这一过程需经历十几道工序，且都由人力纯手工操作完成，具有非常深厚的历史文化意义。

福鼎沙埕铁枝

福鼎沙埕铁枝俗称杠、阁，又称台阁，早期是竹、木质结构，用人抬杠，为单层2~3米高，叫平阁。随后发展成用钢管或铁条焊接成枝状，高度达到了10米，并固定于铁枝车上推行。它吸收了传统民间文艺、传统戏剧、舞蹈杂技等艺术门类的精华，成为一门独特的传统民俗表演艺术，也是闽东颇有影响的一项民间节俗活动。

畲族婚俗 · 小说歌

在畲族婚俗中有非常特殊的一个环节——考厨师。送彩礼这天，新郎的叔伯会带着歌手、厨师来到女方家中。奉上彩礼后，厨师便要在女方家厨房做菜，此时女方便会想方设法刁难厨师，比如拿走全部炊具、弄湿柴火等，厨师则要想方设法一一应对，只要把肉放入锅中，并点燃柴火，即算过关。

畲族小说歌发源于霞浦县溪南镇白露坑村，是畲族民间歌手们根据本民族生活习俗及明清小说唱本改编创作而成，可分为叙事歌、小说歌、传统山歌和现代山歌四种类型，是畲族文化的典型代表。

厦门漆线雕

厦门漆线雕起源于泉州，也称为泉州漆线雕。起初多用于佛像的装饰，漆雕艺人用熟桐油、大漆、砖粉等原料经反复舂、捶、揉、捻，使其成为富有韧性的漆线土，再用手工搓成细如发丝的“漆线”，运用盘、结、绕、堆等工艺，在佛像坯体上饰出各种图案。近年来，漆线雕已发展到装饰在盘、瓶、炉等瓷器和玻璃器皿上。

客家土楼营造技艺

福建客家土楼萌芽于11世纪前后，到明清时期臻于成熟。其营造选址时，会充分考虑地质、水文和气候等自然条件；在材料选用上，强调就地取材、循环使用，采用当地丰富的土、木、石材料；在结构手法上，以生土夯筑外墙与楼内木构架建造同步结合进行，讲究建筑的牢固性和居住的舒适性融合统一；在整体布局上，注重维护中国传统文化礼教与家族平等和谐的秩序，并满足聚族而居于一楼的使用功能需求。

长汀公嫲吹

公嫲吹是流行于福建省长汀县的一种以唢呐为演奏乐器的传统古乐，在客家话中，嫲就是母，代表雌性，与公相对应。据考证，公嫲吹起源于明代，是公吹和嫲吹的组合。两人对吹，通过乐器表演，模仿男女生产生活的情景，歌唱夫妇携手到老的生活。在民间，公嫲吹多用在红白事中，曲子演奏起来可欢快，也可哀怨。

线路④ · 沪浙闽滨海风情线

特色美食

上海蟹壳黄

上海蟹壳黄是上海当地非常著名的一种面点，创始于20世纪20年代，以上海萝春阁和吴苑饼家所制最为有名。其采用油酥面加酵面制坯，做成扁圆形饼，饼面粘上一层芝麻，贴在炉壁上经烘制而成。因饼形似蟹壳，熟后色泽如烹制后的蟹壳一样，所以称为“蟹壳黄”。口味则有咸、甜之分，咸的有葱油、鲜肉、蟹粉、虾仁等馅料，甜的有白糖、玫瑰、豆沙、枣泥等馅料。

五香豆

五香豆又称奶油五香豆，是上海市著名的传统小吃。由上海老城隍庙郭记兴隆五香豆店于20世纪30年代首创，故又称城隍庙奶油五香豆。其选用嘉定产“三白”蚕豆，添加茴香、陈皮、桂皮、食糖、香精等配料经过烧制、干燥而成，具有皮薄肉松，盐霜均匀，咬嚼柔糯的特点。

姑嫂饼

姑嫂饼是古镇乌镇的著名特产。其用料讲究，工艺复杂，制作时先将上好的白面粉用文火烘焙成嫩黄色，再将炒熟脱壳的黑芝麻磨成麻屑，加糖粉，然后放上熬好的猪板油、少量精盐、适量水，拌和成酥性面团，用糕饼模压制而成。成品扁圆形，厚薄均匀，表面印模清晰，底面光洁，粉质细腻、油润，入口有麻油香味，且酥松爽口。

■ 畲族婚俗

西湖醋鱼

西湖醋鱼别名叔嫂传珍、宋嫂鱼，源于南宋时期。如今是流行于杭州各大饭店的一道传统名菜。通常选用草鱼作原料，也有饭店用鲈鱼替代。一般选个头较小的鱼，开水下锅氽熟，然后勾上一层平滑油亮的糖醋芡汁，撒上胡椒粉即成。醋鱼胸鳍竖起，鱼肉嫩美，鲜嫩酸甜，带有蟹味。

西湖醋鱼

绍兴香糕

绍兴香糕创始于清嘉庆年间，是浙江绍兴的名点。其选用精白粳米磨成米粉，配上适量的中药丁香、砂仁、白芷、豆蔻、大茴和研成粉末的食用香料，再拌以纯白砂糖，和粉成型后，再放到白炭火上烘焙而成。具有黄而不焦，硬而不坚，入口松脆香甜的特点，同时还具有解郁、和中、开胃、健脾的功效。

宁波汤团

宁波汤团就是大家熟知的汤圆，据传其起源于宋朝。起初人们以黑芝麻、猪油、少许白砂糖做馅，裹上糯米粉搓成球煮来食用，因其煮在锅里又浮又沉，所以最早叫“浮元子”。经过几百年的发展，如今的宁波汤圆已发展出了众多口味，但是黑芝麻馅依然是其最传统的品种。

食饼筒

慈城年糕

慈城年糕是浙东地区一道传统的民间小吃。逢过年时，慈城百姓便会放鞭炮、请菩萨，在院子里摆开架势制作年糕。其一般选用当年产的粳米和望海尖山的水为原料，经过浸泡、磨粉、榨水、刷粉、蒸粉、舂粉、做年糕七道工序而完成。因为工序多，且每道工序都颇费体力，虽说是冬天，人们都会忙乎得汗流浃背。

食饼筒

食饼筒又称麦油脂、五虎擒羊，是浙江台州特有的地方传统小吃。其做法是将面粉加水调成胶糊状，倒入涂刷了食用油的平底锅中，用工具将粉浆均匀地摊开、铺平、烙熟，再将各种肉和蔬菜切成丝状，放入作料旺火炒熟作为馅料。食用时，将面饼摊开，放上自己喜欢吃的各种肉类或蔬菜类的馅料，卷成直径约5厘米的筒状即可。说白了就是一种很有特点的卷饼。

灯盏糕

灯盏糕是流行于浙江温州及福建连城的一道传统名点。一般是用大米、黄豆磨成稠浆，加入面粉，包裹萝卜丝为馅料，油炸而成。因外形酷似古代扁圆形的菜油灯盏，故得名“灯盏糕”。食用时具有外皮松脆，圆边酥软，内馅爽口的特点。

三片敲虾

三片敲虾是浙江温州地区的传统名菜。制作时将鲜虾剥壳留尾，沾上干淀粉，用小木槌敲制成虾片，因此名为敲虾。再用汆的烹调技法使虾肉变得色白透明，虾尾鲜红呈扇形，同时配以鸡脯片、火腿片、香菇片等调味，是为三片敲虾。作为一道汤菜，观之清澈，食之鲜滑。

石花膏

石花膏是泉州著名的特色小吃，它以石花菜为主要原料，经过手工熬制、过滤、冷却而成。其成品外观类似于果冻，口感则脆而嫩，食用时用刨刀将其刨成均匀的细条，然后添加红豆沙或芋泥，以及蜂蜜水等配料即可。是夏季清凉解暑的一道街头美食。

蚝仔煎

蚝仔煎在福建各地均颇为流行，其发源地则在泉州。一般在冬至后，随着生蚝的大量上市，当地人会选用新鲜且没有被水浸泡过的蚝肉，配以青蒜、薯粉，加水搅拌均匀，放入适量酱油，倒入平底锅中煎至两面金黄、里面熟透即成。

同安封肉

同安封肉据传是为纪念王审知被敕封为闽王而创制的一道菜品。当时就是将猪肉切成四四方方的大块，配上佐料，用黄巾包裹，形如大印，下锅蒸煮，食时肉香扑鼻。因四方形封肉恰似封王的大印，包裹的黄布犹如束印黄绫，布包为“封”，于是得名封肉。也有人说，因其用纱巾包裹，入笼蒸制，上桌时才掀盖，故名封肉。其实，怎么得名不重要，重要的是封肉肥而不腻、肉烂浓香的诱人味道让人难忘。

龙岩咸酥花生

龙岩咸酥花生也称盐酥花生，据史载在明朝万历年间已开始在龙岩当地流行。其制作时需经过选料、清洗、蒸煮、烘干、焙烤等多道工序，最终成品具有酥、香、脆，咸中略带甘甜的特点。

酒糟红鱼

酒糟红鱼是江西瑞金的传统特色菜品。一般选用优质的淡水鱼做原料，制作时先把鱼晾到半干，然后切成小块，以一层鱼，一层盐和红曲的方式码放在坛子里。最后将事先准备好的米酒倒入坛子，密封放置半个月后即可作为食材制作各种菜品，或蒸或炒或煎均可。因为有酒和红曲渗入了鱼肉中，肉会呈枣红色，同时伴有浓浓地酒香，非常诱人。

华中区

HUA ZHONG QU

线路①·豫鄂湘西部纵贯线：华山　武当山　神农架　张家界　矮寨奇观　凤凰

线路②·豫鄂湘中部纵贯线：红旗渠　白马寺　襄阳　荆州　桃花源　九嶷山

线路③·豫鄂湘东部纵贯线：殷墟　开封府　黄鹤楼　洞庭湖　岳麓山　衡山

■ 张家界

华中地区地图

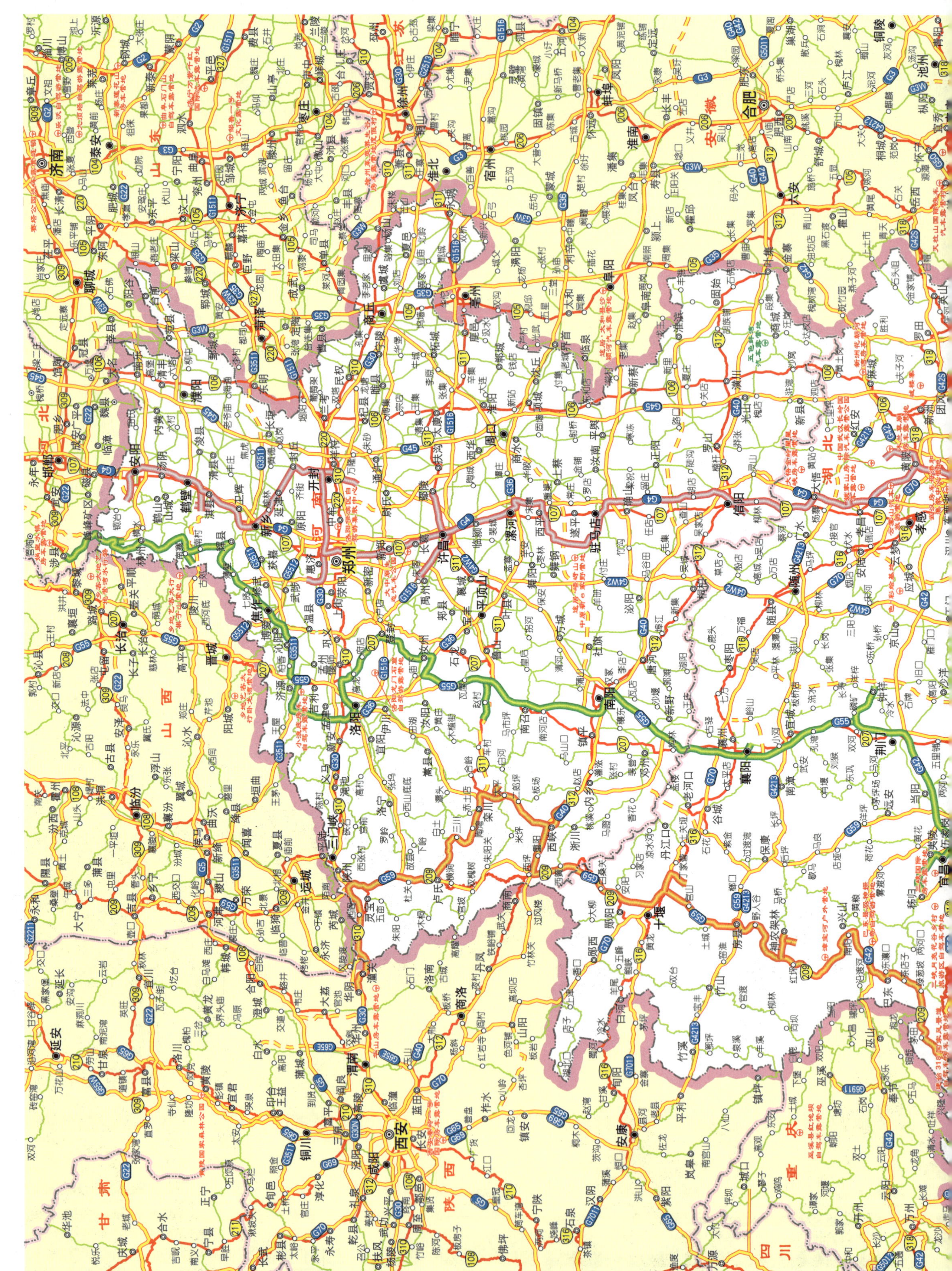

济南
聊城
邯郸
安阳
鹤壁
新乡
开封
郑州
洛阳
许昌
漯河
周口
驻马店
信阳
南阳
平顶山
三门峡
焦作
濮阳
商丘
亳州
阜阳
合肥
六安
淮南
蚌埠
宿州
淮北
徐州
枣庄
济宁
菏泽
襄阳
十堰
随州
孝感
荆门
运城
临汾
长治
晋城
延安
铜川
渭南
西安
咸阳
商洛
安康

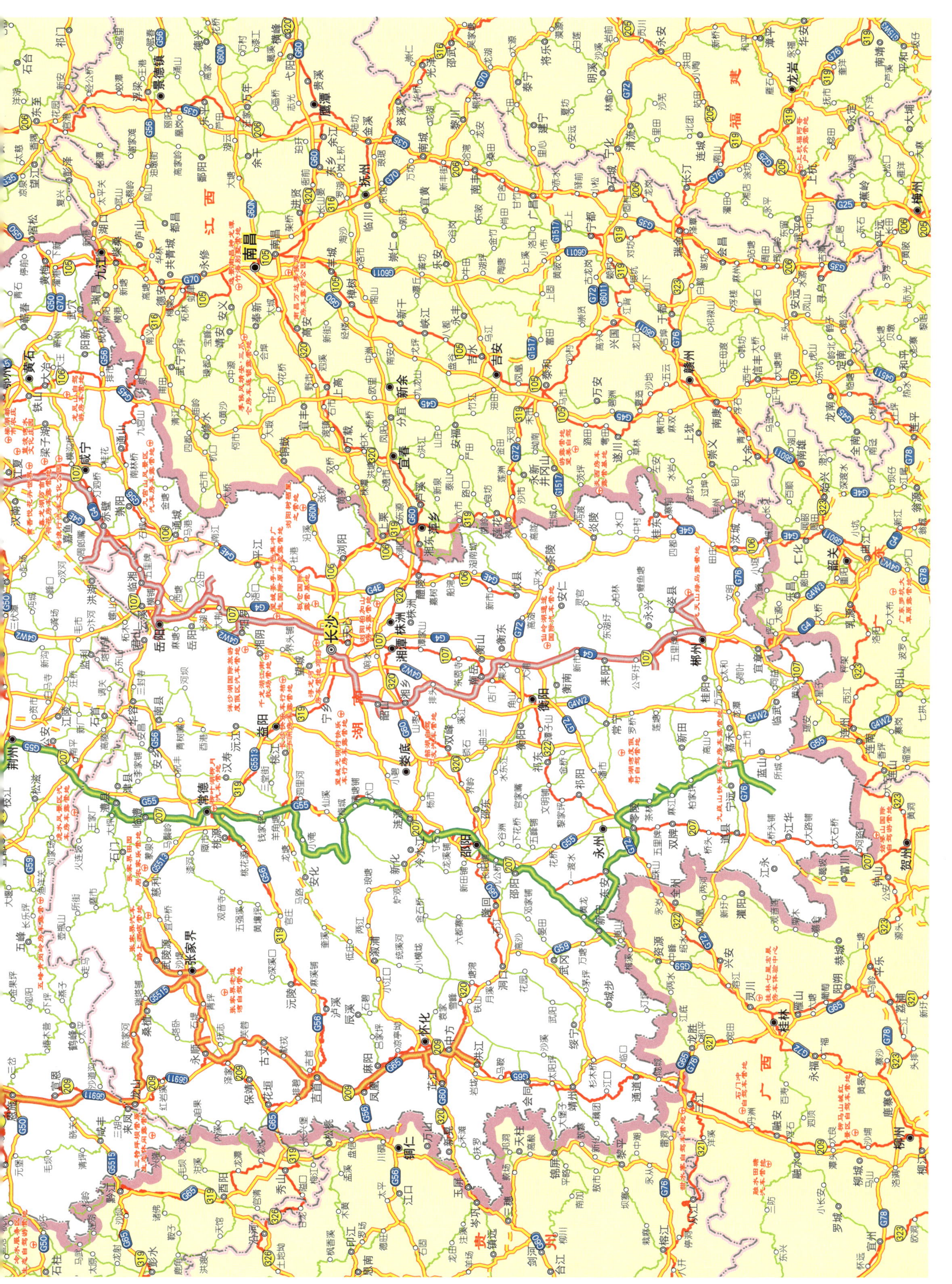

①豫鄂湘西部纵贯线地图

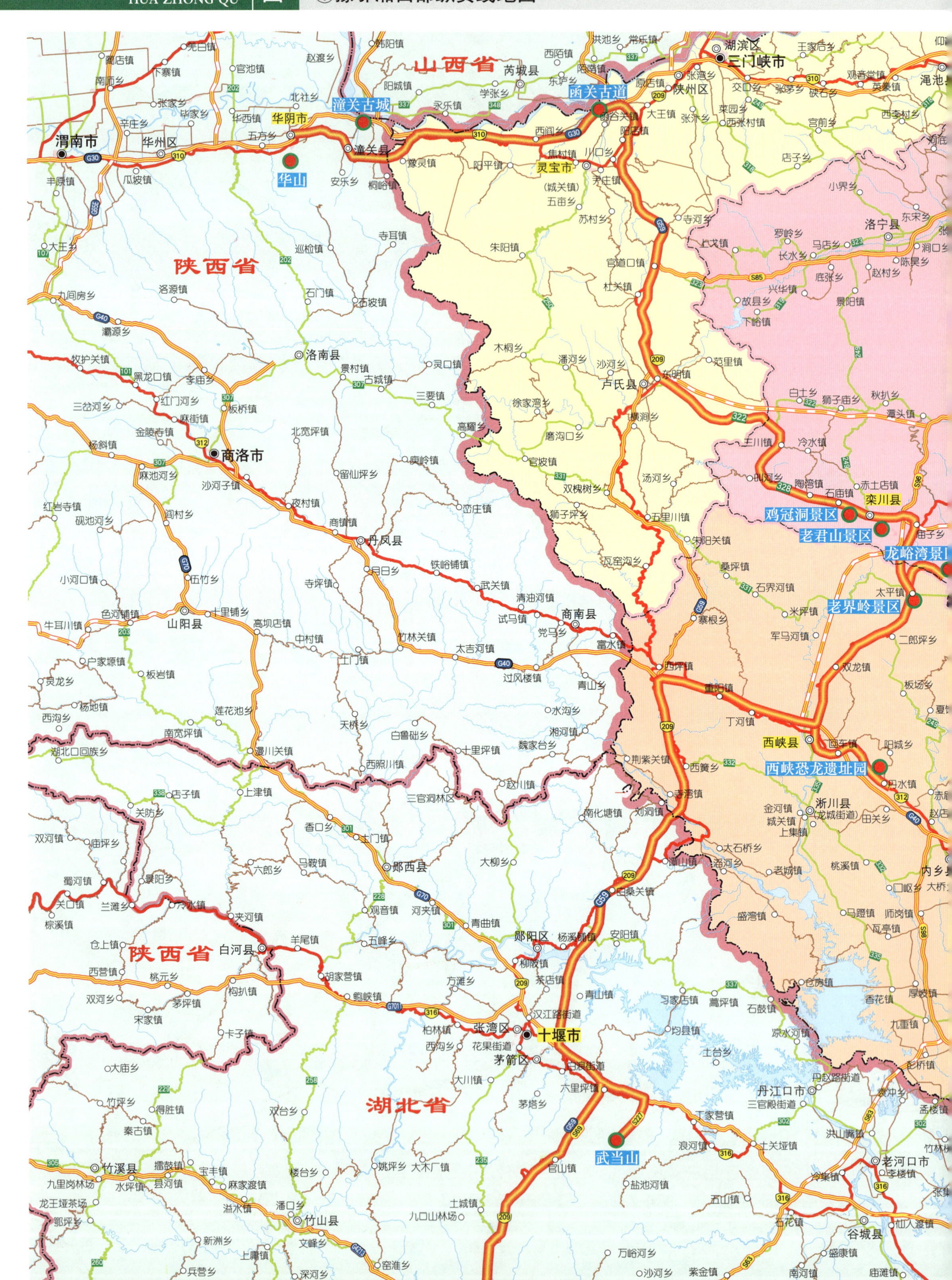

陕西省
河南省
重庆市
湖南省
十堰市
张湾区
茅箭区
郧阳区
郧西县
竹溪县
竹山县
房县
房县野人洞
神农架林区
神农架
兴山县
巴东县
神农溪
宜昌市
夷陵区
伍家岗区
点军区
猇亭区
秭归县
长阳土家族自治县
五峰土家族自治县
宜都市
枝江市
当阳市
远安县
保康县
南漳县
谷城县
老河口市
丹江口市
淅川县
西峡县
内乡县
安康市
旬阳县
平利县
岚皋县
镇坪县
镇安县
白河县
巫溪县
巫山县
奉节县
云阳县
城口县
建始县
恩施市
恩施大峡谷
恩施土司城
中国土家族博物馆
土家女儿城
利川市
宣恩县
鹤峰县
咸丰县
来凤县
龙山县
桑植县
慈利县
石门县
澧县
津市市
临澧县
松滋市
黔江区

①豫鄂湘西部纵贯线地图

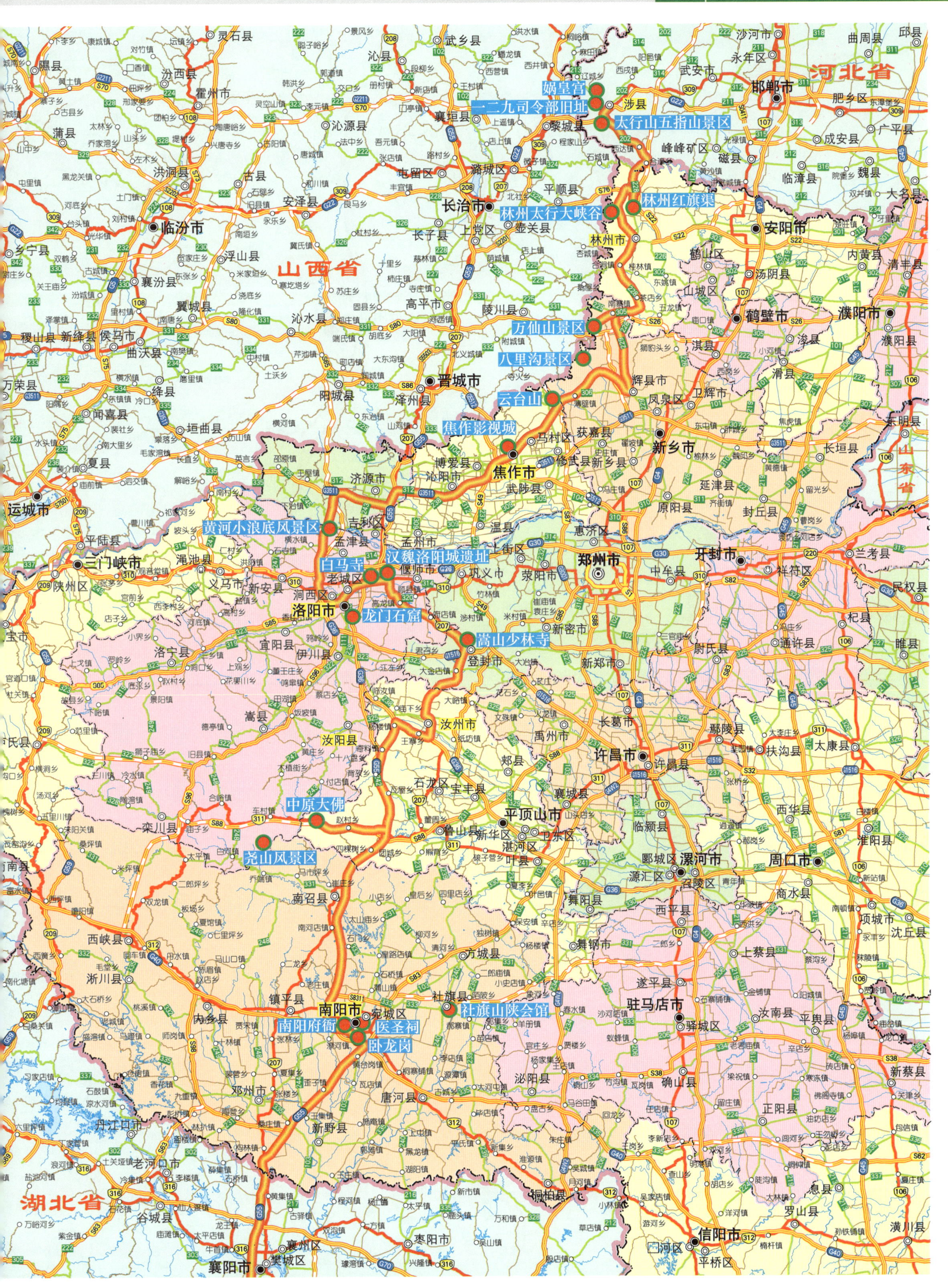
河北省
山西省
山东省
湖北省
娲皇宫
一二九司令部旧址
太行山五指山景区
林州太行大峡谷
林州红旗渠
万仙山景区
八里沟景区
云台山
焦作影视城
黄河小浪底风景区
白马寺
汉魏洛阳城遗址
龙门石窟
嵩山少林寺
中原大佛
尧山风景区
社旗山陕会馆
南阳府衙
医圣祠
卧龙岗
邯郸市
长治市
临汾市
晋城市
侯马市
运城市
安阳市
鹤壁市
濮阳市
新乡市
焦作市
济源市
三门峡市
洛阳市
郑州市
开封市
许昌市
平顶山市
漯河市
周口市
驻马店市
南阳市
信阳市
襄阳市
林州市
辉县市
卫辉市
偃师市
巩义市
登封市
新郑市
新密市
汝州市
禹州市
长葛市
邓州市
丹江口市
老河口市
枣阳市
义马市
灵宝市
项城市

②豫鄂湘中部纵贯线地图

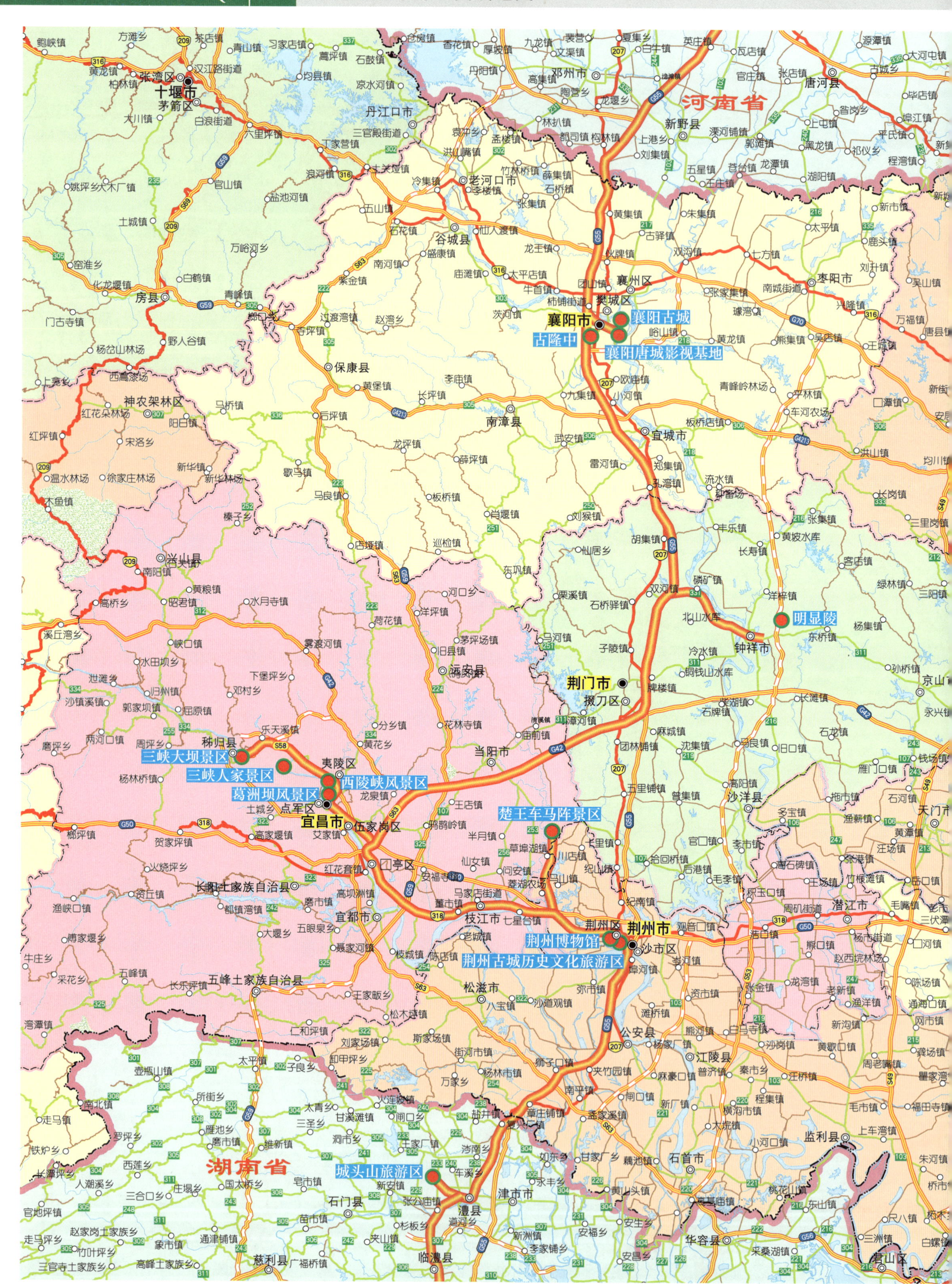

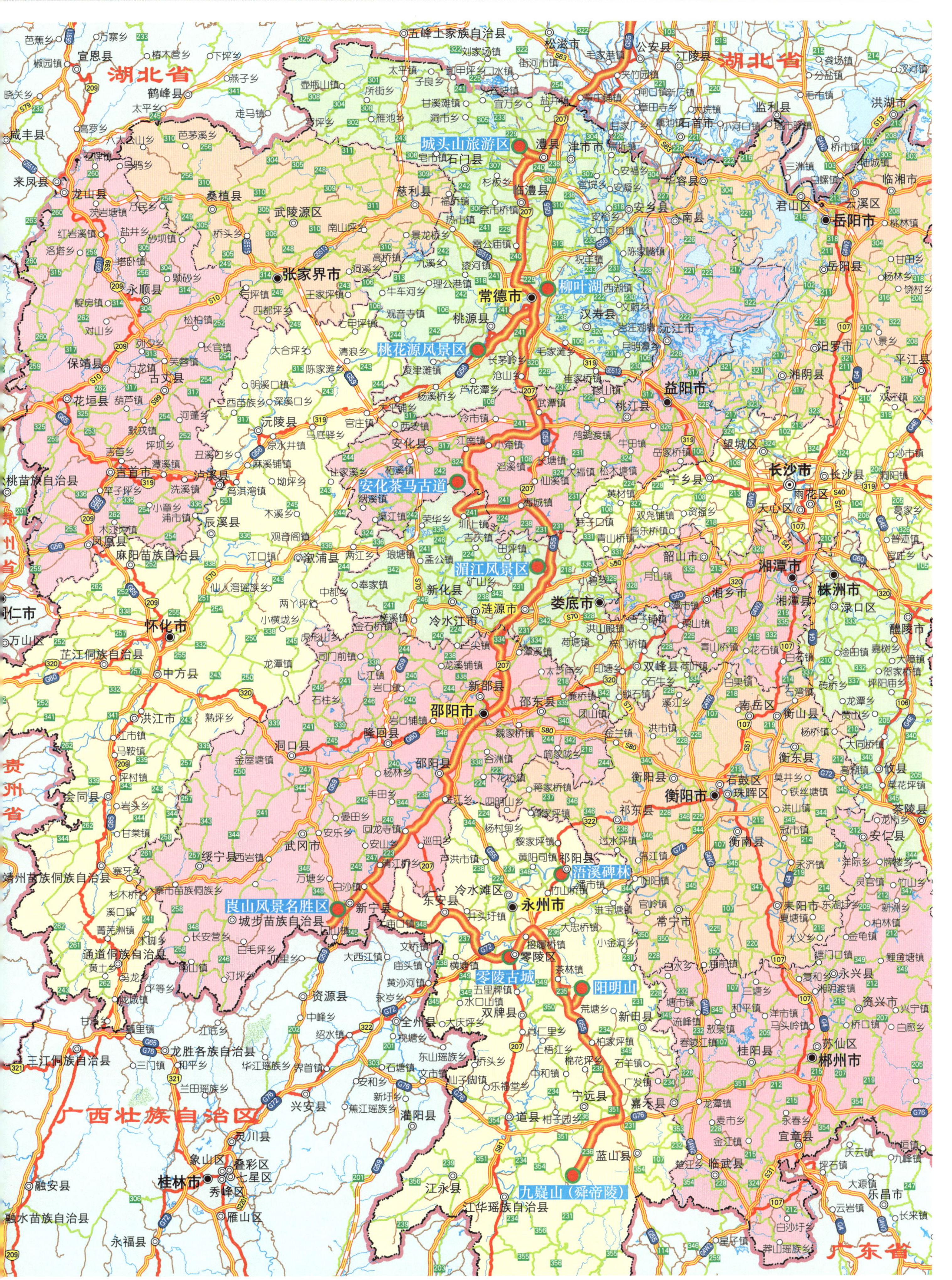
湖北省
湖北省
贵州省
贵州省
广西壮族自治区
广东省
城头山旅游区
柳叶湖
桃花源风景区
安化茶马古道
湄江风景区
崀山风景名胜区
浯溪碑林
零陵古城
阳明山
九嶷山（舜帝陵）
张家界市
常德市
益阳市
岳阳市
长沙市
湘潭市
株洲市
娄底市
邵阳市
怀化市
衡阳市
永州市
郴州市
桂林市
吉首市
澧县
临澧县
桃源县
汉寿县
沅江市
安化县
新化县
冷水江市
涟源市
新邵县
邵东县
隆回县
洞口县
武冈市
新宁县
东安县
双牌县
宁远县
道县
蓝山县
江永县
江华瑶族自治县
祁阳县
祁东县
常宁市
耒阳市
宁乡县
湘乡市
韶山市
双峰县
沅陵县
溆浦县
辰溪县
泸溪县
凤凰县
麻阳苗族自治县
芷江侗族自治县
中方县
洪江市
会同县
绥宁县
城步苗族自治县
通道侗族自治县
靖州苗族侗族自治县
资源县
兴安县
全州镇
灵川县
龙胜各族自治县
三江侗族自治县
融安县
融水苗族自治县
永福县
临武县
宜章县
嘉禾县
新田县
桂阳县
资兴市
永兴县
安仁县
茶陵县
攸县
衡东县
衡山县
南岳区
衡南县
石门县
慈利县
桑植县
永顺县
龙山县
保靖县
花垣县
古丈县
来凤县
咸丰县
宣恩县
鹤峰县
松滋市
公安县
江陵县
监利县
洪湖市
临湘市
华容县
南县
安乡县
君山区
云溪区
岳阳县
汨罗市
湘阴县
平江县
望城区
长沙县
浏阳市
醴陵市
湘潭县
株洲县
渌口区

③豫鄂湘东部纵贯线地图

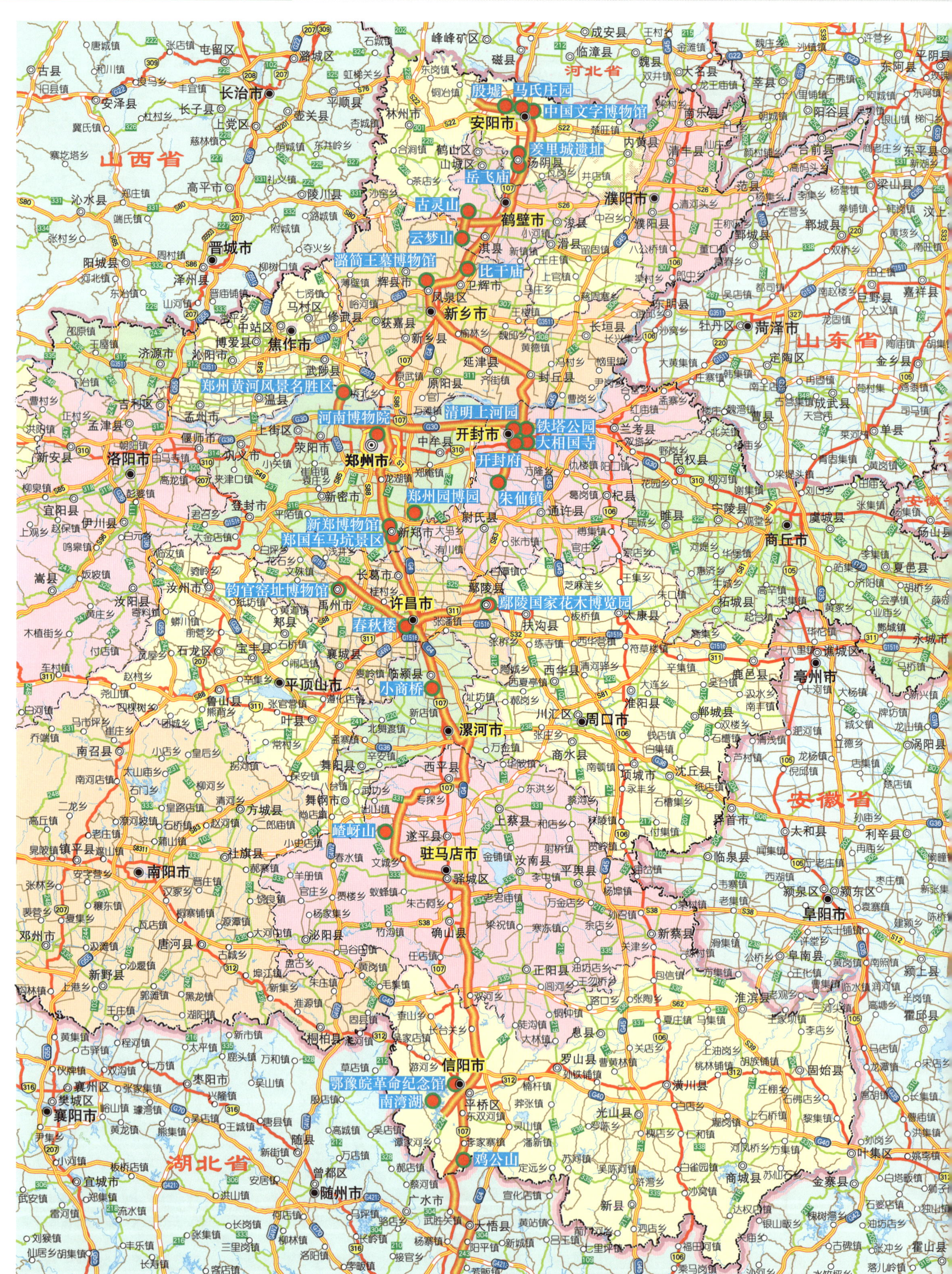

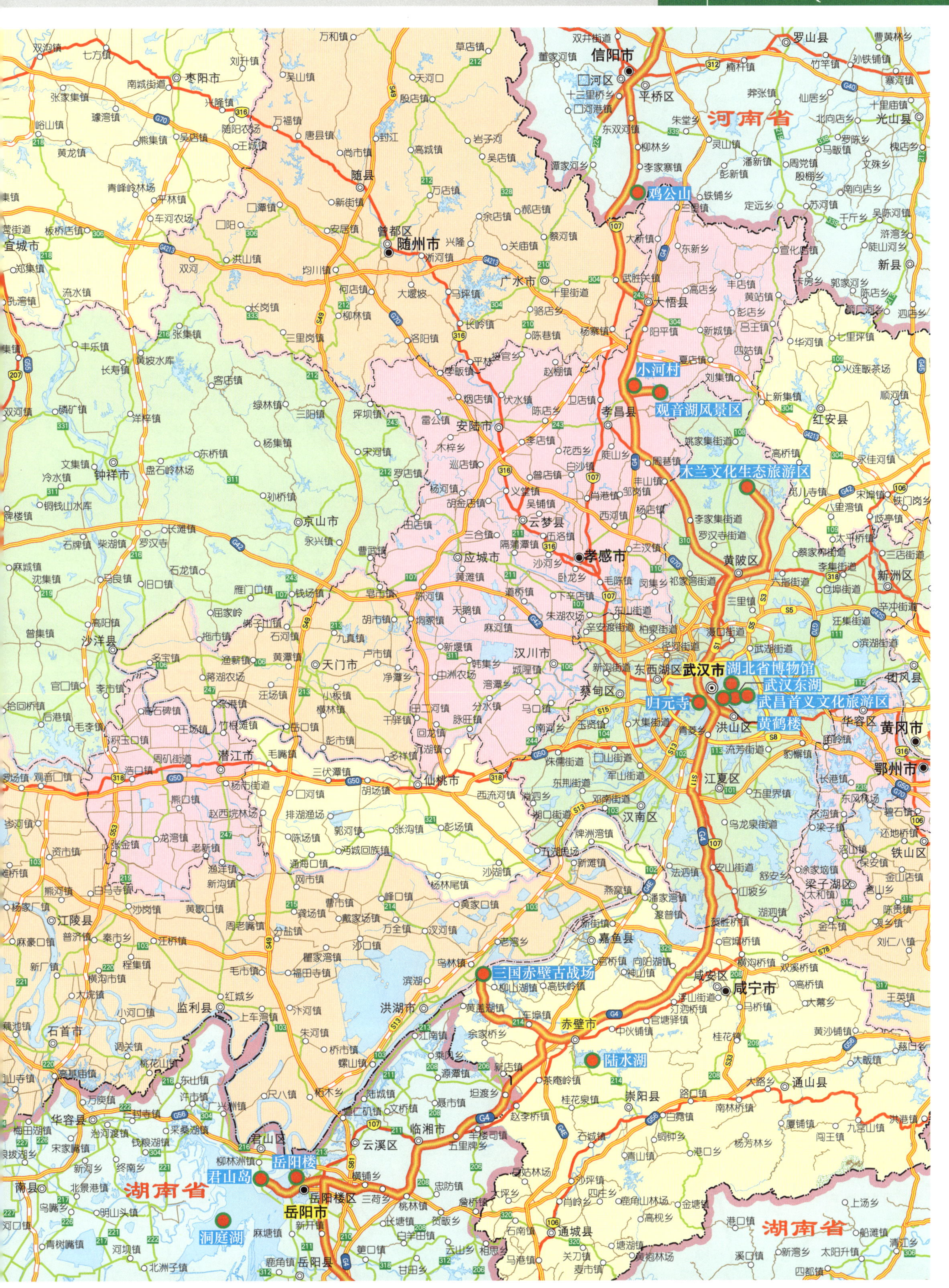
河南省
湖南省
湖南省
信阳市
鸡公山
随州市
随县
广水市
大悟县
小河村
观音湖风景区
孝昌县
安陆市
木兰文化生态旅游区
云梦县
孝感市
应城市
黄陂区
京山市
钟祥市
天门市
汉川市
武汉市
湖北省博物馆
武汉东湖
归元寺
武昌首义文化旅游区
黄鹤楼
洪山区
蔡甸区
东西湖区
江夏区
汉南区
潜江市
仙桃市
沙洋县
黄冈市
鄂州市
华容区
梁子湖区
红安县
新洲区
嘉鱼县
三国赤壁古战场
赤壁市
陆水湖
咸宁市
咸安区
崇阳县
通山县
通城县
洪湖市
监利县
石首市
江陵县
华容县
临湘市
云溪区
君山区
君山岛
岳阳楼
岳阳楼区
岳阳市
岳阳县
洞庭湖
枣阳市
宜城市
新县
光山县
罗山县
平桥区

③豫鄂湘东部纵贯线地图

线路①·豫鄂湘西部纵贯线

人文景观

免费 潼关古城

潼关古城始建于东汉，以后历朝曾多次迁址，直至明朝，在潼关设潼关卫，将关城进行了大规模的拓展与新建，清朝仍在明代关城上设防，并进行了多次复修与建设。今天所见潼关古城，即为明清时所遗留下来的潼关城池，除了古街巷与部分古城墙，大部分建筑为后来新建。

地址：陕西省潼关县港口镇

开放时间：全天

函谷关

函谷关建于西周时期，因在谷中，深险如函而得名。在历史上，函谷关曾有秦关、汉关、魏关三处，其中汉关仅存关门遗址，魏关则淹没于三门峡水库，所以作为景区供游览的函谷关主要指秦关遗址。现关内主要景点有关城遗址、函谷关东门关楼、函谷古道、战国井式箭库、鸡鸣台、望气台等。一些有名的成语典故也都与函谷关有关，诸如鸡鸣狗盗、紫气东来等。

地址：河南省灵宝市函谷关镇王垛村

门票：75 元 / 人

开放时间：8:00~18:30

武当山

武当山又名太和山、谢罗山等，古称太岳、玄岳、大岳，是我国著名的道教圣地，也是武当武术的发源地。从汉朝起，武当山的人文活动便异常频繁，经过两千多年的发展变迁，山中遗留了大量的文化遗迹。1994年，武当山古建筑群入选《世界遗产名录》。目前，山上共有古建筑 53 处，建筑面积 2.7 万平方米，建筑遗址 9 处，占地面积 20 多万平方米，全山保存各类文物 5035 件。主要景点有太和宫、金殿、净乐宫、南岩、武柱峰等。

地址：湖北省丹江口市太和街道

门票：128 元 / 人

开放时间：7:00~17:30

恩施土司城

恩施土司城

恩施土司城是一座新建的仿古土司庄园建筑群，包括门楼、侗族风雨桥、廪君祠、校场、土家族民居、土司王宫、城墙、钟楼、鼓楼等三十多个景点，是国内规模最大、风格最独特的土司文化标志性工程。

地址：湖北省恩施市土司路 138 号

门票：45 元 / 人

开放时间：8:00~17:00

免费 中国土家族博物馆

中国土家族博物馆与恩施州博物馆属于一个馆舍两块牌子，是一家综合性少数民族博物馆。其藏品主要以反映巴文化、崖葬文化、土司文化和民族风情的历史、民俗文物为主，且以巴文化的实物最为珍贵，土司文化、崖葬文化和民族文化最具特色。馆内设有《武陵足音》《恩施记忆》和《生态恩施》等基本陈列。

地址：湖北省恩施市金桂大道恩施州文化中心内

开放时间：9:00~17:00

免费 土家女儿城

土家女儿城是一座以土家族民俗文化为主题的新建仿古建筑群落。囊括了旅游、餐饮、住宿、商业、休闲娱乐、民俗文化等多种业态。其主要景点有小吃街、水上乐园、女儿城大剧院、民俗博物馆等。典型的土家族民俗文化展示有摔碗酒、摆手舞、女儿会、十大碗、哭嫁等。可以说是集中了解、感受土家族文化的一个理想去处。

地址：湖北省恩施市马鞍山路 41 号

开放时间：全天

张家界土家风情园

张家界土家风情园是一座人文景观与自然景观相融合，集旅游观光、文艺表演、奇珍展览、住宿、餐饮、娱乐、购物等于一体的综合性旅游区。园内建筑多为木石结构，充分展现了土家族的建筑风格特色，诸如土司城堡、摆手堂、土家山寨、厘王宫、冲天楼等。同时，也聚拢了许多展示土家族民俗文化的传统项目，诸如土家婚俗、蜡染、织锦以及茅古斯舞、铜铃舞、摆手舞等。

地址：湖南省张家界市永定区南庄坪

门票：116 元 / 人

开放时间：8:00~17:00

免费 大庸府城

大庸府城是以张家界老府衙旧址为基

■ 武当山

凤凰古城

芙蓉镇

址，由八座新建的少数民族风格仿古建筑所组成。整个建筑群落融合了土家吊脚楼的古朴大气，苗寨的神奇秀美，侗族风雨桥的浪漫多姿，瑶族盘王殿的神秘威严，以及白族的三坊一照壁的清幽绚丽。目前，景区内设有张家界多民族非物质文化遗产展示馆和张家界博物馆两大主题展馆，以展示张家界几千年的历史及土、白、苗、瑶、侗五大少数民族的非物质文化遗产。

地址：湖南省张家界市永定区解放路152号

开放时间：全天

芙蓉镇

芙蓉镇本名王村，原为西汉酉阳县治所所在地，距今已有2000多年的历史。因得酉水舟楫之便，上通川黔，下达洞庭，素有“楚蜀通津”之称。1986年，电影《芙蓉镇》上映后，作为拍摄地的王村随之声名鹊起，当地人也就顺势改王村为芙蓉镇。除了电影带来的光环，镇中本就有许多古迹美景，如溪州铜柱、五里石板街、芙蓉镇大瀑布、土司行宫等。

地址：湖南省永顺县芙蓉镇芙蓉路

门票：80元／人

开放时间：8:00~19:00

墨戎苗寨

墨戎苗寨即龙鼻嘴村，在过去几十年中，墨戎和龙鼻曾数次交替使用。如今虽说习惯上叫其墨戎苗寨，但它的正式称谓依然是龙鼻嘴村。“墨戎”为苗语，意为“有龙的地方”。目前，寨子将富有民族特色的服饰银饰、刺绣、建筑、赶秋、苗歌、四方鼓、荡秋千、舞狮耍龙、上刀梯下火海、巫傩绝技等文化艺术进行整合整理后，向来访的游客进行展示。从而使墨戎苗寨成为一座少数民族风情浓郁的旅游村寨。

地址：湖南省古丈县墨戎苗寨

门票：30元／人

开放时间：7:00~20:00

乾州古城

早在夏商时期，乾州便汇聚了众多土著先民；至秦汉时，已是重要的商埠码头；明清时，则成为苗疆边地政治、经济、军事、文化中心。今日所见古城风貌，大都为明清时渐渐发展而成，尤其是胡家塘，基本保留了从明到清及民国时期的建筑风貌特点。此外，古城还保留了独特的“三开门”月城建筑、北城门、文庙等历史遗迹。

地址：湖南省吉首市人民南路

门票：80元／人

开放时间：8:00~17:30

矮寨奇观·德夯苗寨

矮寨奇观处于武陵山脉中最精彩、最险峻、最梦幻的地段。景区内不仅山高谷深、崖陡壁峭、林深路幽，更有天桥（矮寨大桥）、天路（矮寨盘山公路）、天廊（矮寨悬崖玻璃栈道）、天台（天问台）缠绕于峻岭之巅、崖壁之侧。充分展示了由奇绝山水、异质人文、现代科技所构成的山与水、人与桥、雾霭与峡谷、田园与村落浑然、和谐的壮美画卷。德夯苗寨位于矮寨附近的德夯大峡谷中，由于山势跌宕，绝壁高耸，峰林重叠，于是形成了许多断崖、石壁、峰林、瀑布、原始森林景观。尤其是流沙瀑布，其高达216米的落差，如白练凌空，似银纱悬壁，令人惊叹不已。

地址：湖南省吉首市矮寨镇

门票：140元／人（矮寨大桥），80元／人（德夯苗寨），103元／人（玻璃栈道）

开放时间：9:00~17:30

凤凰古城

凤凰古城始建于清康熙年间，历经300多年，基本保留了当时的历史面貌。东门和北门古城楼尚在，城内为青石板老街，江边为木结构吊脚楼，完全是沈从文笔下的“边城”形象。城中则布满了各种历史文化遗迹，诸如田家祠堂、沈从文故居、陈斗南宅院、熊希龄故居、古城博物馆等。

地址：湖南省凤凰县

门票：138元／人

开放时间：全天

黔阳古城

黔阳古城始建于西汉时期，在新中国成立前一直是黔阳县（今洪江市）的治所所在地。古城总面积0.8平方千米，原有五个城门尚存四门遗址，城内青石街巷呈鱼骨状分布，众多明清老建筑完整保留在街巷两侧。主要景点有南正街、钟鼓楼、万寿宫、状元桥、老县衙、宝山书院、龙王庙、老爷巷、赤峰塔以及被誉为“楚南上游第一胜迹”的芙蓉楼等。

地址：湖南省洪江市黔城镇

门票：60元／人

开放时间：8:30~17:30

洪江古商城

洪江古商城成形于盛唐，鼎盛于明清，是我国保存最为完好的古建筑群之一，现存窨子屋、寺院、镖局、钱庄、商号、洋行、作坊、店铺、客栈、青楼、烟馆等明清古建筑 380 余栋。在历史上，这里曾以集散桐油、木材、白蜡、鸦片而闻名，是湘西南地区经济、文化、宗教中心，素有“湘西明珠”“西南大都会”之美称。

地址： 湖南省怀化市洪江区沅江路 36 号

门票： 90 元 / 人

开放时间： 8:00~17:00

免费 中国人民抗战胜利受降纪念馆

中国人民抗战胜利受降纪念馆，是中国人民接受侵华日军投降的旧址。1945 年 8 月 21 日，侵华日军副总参谋长今井武夫奉冈村宁次之命，飞抵芷江请降，中国陆军总司令何应钦在这里主持了受降仪式。纪念馆主要建筑有受降纪念坊、受降会场，馆内设有“芷江——中国战区总受降地”“芷江受降”“和平万岁”等展览。

地址： 湖南省芷江侗族自治县 320 国道西侧

开放时间： 8:30~17:30

线路① · 豫鄂湘西部纵贯线 自然风光

华山

华山古称西岳，雅称太华山，为我国著名的五岳之一，“中华”和“华夏”之“华”，就源于华山，因此有“华夏之根”的称谓。其基本态势为东、西、南三峰呈鼎形相依，为华山主峰。中峰、北峰相辅，周围各小峰环卫而立。其中南峰海拔 2154.9 米，为华山最高峰；西峰为一块完整巨石，浑然天成，西北绝崖千丈，似刀削锯截，其陡峭巍峨、阳刚挺拔之势是华山山形之代表，也是华山雄险的代表。华山也是道教主流全真派圣地，至今山中依然有 72 个半悬空洞，20 余座道观。

地址： 陕西省渭南市华阴市集灵路中段

门票： 160 元 / 人

开放时间： 7:00~19:00

老君山景区

老君山本名景室山，海拔高达 2297 米，是秦岭余脉八百里伏牛山的主峰。西周时期，因守藏室史的李耳到此归隐修炼，被道教尊为太上老君，唐太宗易名为老君山，一直沿袭至今。目前，老君山景区共有 6 个景观区，179 个景点及 16 处道观庙宇。其中代表性景点有老子文化苑、金顶道观群、太清观、龙吟听泉、枫林醉秋等。

地址： 河南省栾川县七里坪村

门票： 100 元 / 人

开放时间： 全天

龙峪湾国家森林公园

龙峪湾国家森林公园的前身是龙峪湾国有林场，从 1994 年起对外开放。其地处伏牛山腹地，境内山巍、水澈、峰奇、石怪、洞幽、瀑壮泉清，且气候凉爽，最高温度不超过 21℃，有“自然大空调”的美誉。景区内主要景点有鸡角尖、杜鹃园、黑龙潭、红桦林等。

地址： 河南省栾川县庙子镇

门票： 65 元 / 人

开放时间： 8:00~18:00

鸡冠洞景区

鸡冠洞景区

鸡冠洞景区内有一座山，山中有一洞，因山形似鸡冠，所以取名为鸡冠洞。其属于天然石灰岩溶洞，早在清乾隆年间，就有人冒险进洞探幽，终因洞内深幽奇险，惧怕而放弃。直至 1993 年，才被开发为景区对外开放。其洞深 5600 米，上下分五层，落差 138 米。目前已开发洞长 1800 米，观赏面积 23000 平方米，共分八大景区，依次命名为玉柱潭、溢彩殿、叠帏宫、洞天河、聚仙宫、瑶池宫、藏秀阁、石林坊。

地址： 河南省栾川县双塘村

门票： 80 元 / 人

开放时间： 8:00~18:30

老界岭景区

老界岭是南阳伏牛山世界地质公园的核心区域，也是南北气候的过渡带、湿润区与半湿润区的过渡带、亚热带与暖温带的过渡带以及长江黄河的分水岭。因此四季景色异彩纷呈，春天万木争荣，百花竞开；夏日绿荫荡漾，流泉飞瀑；金秋满山红遍，飞叶流丹；寒冬银装素裹，玉树琼花。

地址： 河南省西峡县太平镇东坪村

门票： 60 元 / 人

开放时间： 8:00~18:00

西峡恐龙遗迹园

西峡恐龙遗迹园是一座以恐龙蛋为核心元素的大型恐龙主题公园。园区主要由地质科普广场、恐龙蛋化石博物馆、恐龙蛋遗址和仿真恐龙园、嘉年华游乐园、龙都水上

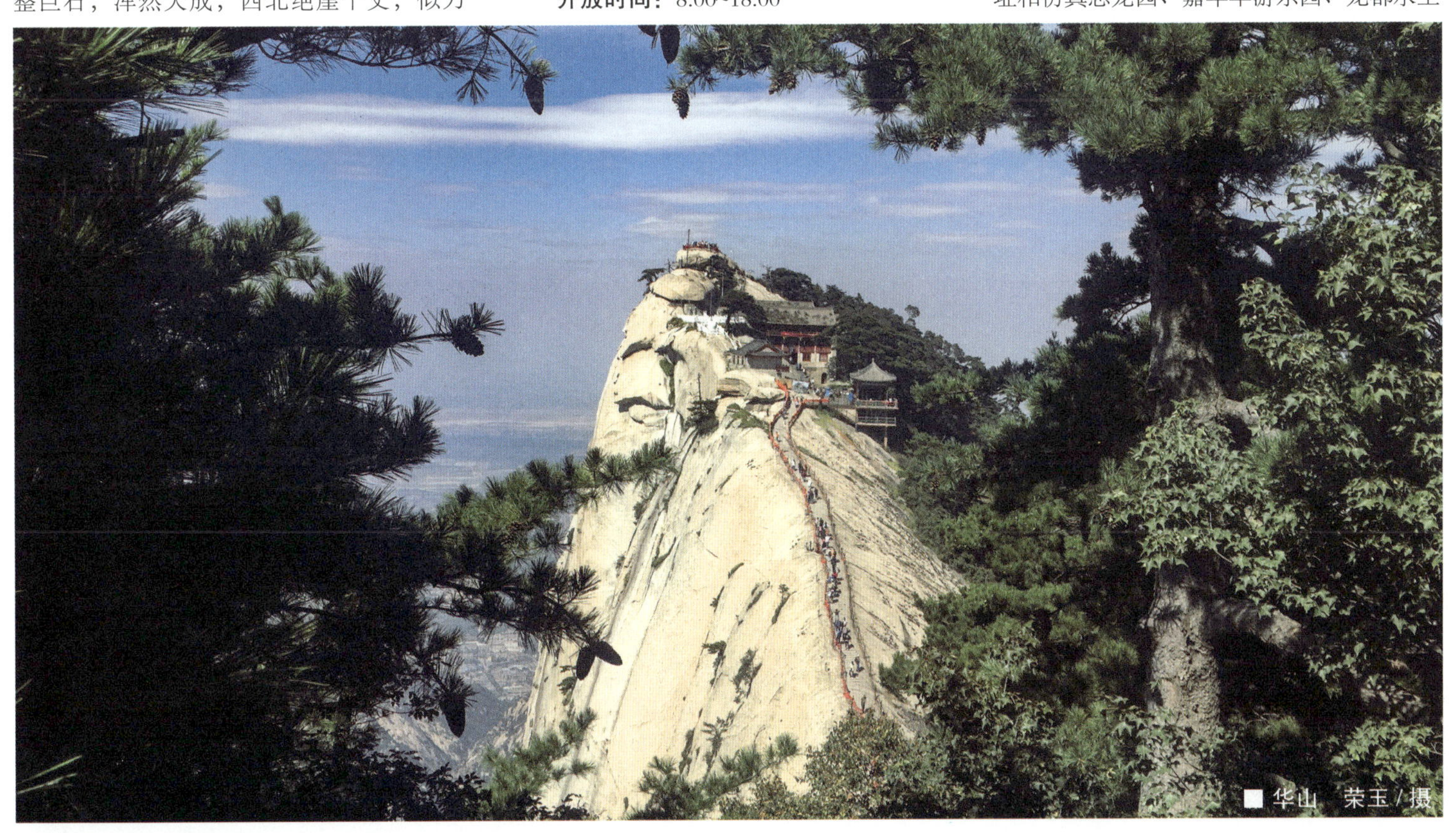

■ 华山 荣玉 / 摄

乐园和龙都宾馆组成。遗址园内的恐龙蛋化石群，以种类多、数量多、分布广、保存完好，堪称世界之最。其中，巨型长形蛋、戈壁凌柱型蛋，是世界已发现恐龙蛋中的独有种类。

地址：河南省西峡县丹水镇三里庙村

门票：75 元 / 人

开放时间：8:00~18:00

房县野人洞

野人洞为天然石灰岩溶洞，曾被当地人称为古洞、蝙蝠洞。1974 年，因当地农民殷洪发在此洞口与野人搏斗，后在旅游开发中便命名为野人洞。整个溶洞共分上下两层，中间由人造百米天梯连接，经过开发后，洞内景点被命名为擂鼓厅、天河厅、神龟厅（即“三厅”），野人寝宫、洞内迷宫（即“两宫”）和情人会等。

地址：湖北房县野人谷镇

门票：75 元 / 人

开放时间：7:30~18:00

神农架国际生态旅游区

神农架因华夏始祖炎帝神农氏在此架木为梯，采尝百草，救民疾夭，教民稼穑而得名。长久以来因野人等传说，使神农架显得异常原始而神秘。景区内山高谷深，林木茂密，气候复杂多变，从而孕育出了极其丰富的自然景观，且随着季节的推移而变化万千。景区内主要景点有神农顶、大九湖、天燕、天生桥、官门山、神农祭坛等，其中神农顶海拔 3106.2 米，是华中地区最高峰。

地址：湖北省神农架林区

门票：269 元 / 人（联票）

开放时间：7:00~16:30

神农溪

神农溪发源于神农架南坡，并向北穿行于深山峡谷中，于巫峡口东两公里处汇入长江，全长约 60 公里。溪流两岸山峦耸立，逶迤绵延，层峦叠嶂，形成了龙昌峡、鹦鹉峡、神农峡三个自然峡段。峡谷中既有深潭碧水、飞瀑流泉的幽深秀美，又有悬棺栈道、原始扁舟的奇险神秘。而且，在神农溪中还保留有粗犷且充满野性的纤夫文化。

地址：湖北省巴东县沿江大道

门票：150 元 / 人

开放时间：6:00~17:00

恩施大峡谷

恩施大峡谷是清江大峡谷中最美丽的一段。目前，大峡谷开放有七星寨和云龙地缝两大核心景区，充分展示了大峡谷的五大奇观：清江升白云、绝壁环峰丛、天桥连洞群、地缝接飞瀑、暗河配竖井。其间的百里绝壁、千丈瀑布、傲啸独峰、原始森林、地下暗河、远古村寨等景点可以说美不胜收，有专家学者更是将其与美国科罗拉多大峡谷作比。

地址：湖北省恩施市 019 乡道附近

门票：150 元 / 人（联票）

开放时间：8:00~16:00

张家界国家森林公园

张家界国家森林公园成立于 1982 年，是我国第一个国家森林公园。园内自然风光以峰称奇、以谷显幽、以林见秀，素有“三千奇峰，八百秀水”之美称。境内有已命名景点 90 多个，标准石板游道 6 条，总长 42 千米。主要景点有袁家界、金鞭溪、杨家界、乌龙寨、鹞子寨、回音谷、梭镖岩以及茅岩河漂流等。

地址：湖南省张家界市武陵源区金鞭路 279 号

门票：228 元 / 人

开放时间：7:00~19:00

天门山国家森林公园

天门山原名嵩梁山，是一座四周绝壁的台形孤山。三国时期因临近山顶的峭壁忽然洞开，被称为天门洞开，从此改名天门山。山中终年云雾缭绕，云海景象变化无穷。山间溶丘、石芽广布，奇石秀木及珍禽异兽繁多，更有飞瀑流泉喷涌而出。从而使天门山兼峰、石、泉、溪、云、林于一体，集雄、奇、秀、险、幽于一身。如今，除了声名在外的天门洞，公园内还有通天大道、天门山索道、玻璃栈道、鬼谷栈道、天门山寺等景点。

地址：湖南省张家界市永定区大庸路

门票：235 元 / 人

开放时间：6:30~18:00

黄龙洞风景区

黄龙洞属典型的喀斯特岩溶地貌，现已探明洞底总面积 10 万平方米。洞体共分四层，洞中有洞、洞中有山、山中有洞、洞中有河，形成了一个庞大的立体结构洞穴空间。由石灰质溶液凝结而成的石钟乳、石笋、石柱、石花、石幔、石枝、石管、石珍珠、石珊瑚等遍布其中，可以说是一座无所不奇，无奇不有的地下“魔宫”。景区现已开放有龙舞厅、响水河、天仙瀑、天柱街、龙宫等 6 大游览区，主要景观有定海神针、万年雪松、龙王宝座、火箭升空、花果山、天仙瀑布等。

地址：湖南省张家界市武陵源区索溪峪镇

■ 恩施大峡谷

门票： 96元/人
开放时间： 8:00~18:00

奇梁洞

奇梁洞属于典型的碳酸盐岩洞，洞长六千余米，分为古战场、画廊、天堂、龙宫和阴阳河五大景区。洞中有山，山中有洞，洞洞相连，集奇岩巧石，流泉飞瀑于一洞，由千姿百态的石笋、石柱、石钟乳构成了一幅幅无比瑰丽的画卷。

地址： 湖南省凤凰县凤凰北路
门票： 55元/人
开放时间： 8:00~18:00

线路①·豫鄂湘西部纵贯线

富饶物产

西峡猕猴桃

陕州柿子醋

潼关酱笋

潼关酱笋创始于清康熙年间，为一个在陕西潼关城开菜店的山西人所创制。道光年间，曾被列为朝廷贡品，因此又称为廷笋。其以潼关独有的铁杆青笋为原料，先用传统工艺制作的甜面酱酱渍，再经翻、晒、露等发酵工艺腌制三个月以上即成。成品色泽红褐鲜润，味道酥脆香甜，且酱香浓郁。

灵宝苹果

在历史上，灵宝并不产苹果。1923年，当地实业家李工生从烟台、青岛等地购回西洋新品种苹果树苗，倾其家产进行培育，终于获得成功。如今，灵宝苹果已成为享誉海内外的河南特产。其主要品种有红富士、嘎啦、金冠、乔纳金、国光等。

灵宝大枣

灵宝因南依秦岭，北濒黄河，气候温和，无霜期长，且又拥有黄河沿岸的沙质土壤，为大枣的种植提供了得天独厚的自然条件。所产大枣具有果皮深红，肉厚核小，肉质松软，质韧汁少，味甘甜，含糖量高等特点，适宜制作干枣。

灵宝杜仲

灵宝是我国现存杜仲资源的唯一原产地，杜仲资源量占全世界的99.9%以上，通俗点说就是全世界的杜仲几乎都产自灵宝。作为一味道地的中药材，南朝时的陶弘景已在其著述的《名医别录》中进行了详细记载。其具有补益肝肾、强筋壮骨、调理冲任、固经安胎的功效。

陕州柿子醋

陕州柿子醋属于果醋的一种，始创于北宋年间。据史载，当时有大臣到陕县（今陕州区）巡查，发现当地人有拿柿子酿醋的习惯，尝之：酸味醇厚，略带果香；观之：清澈，略带柿红；闻之：酸甜，略带酒香。于是带给皇帝品尝，龙颜大悦，遂被封为贡醋。时至今日，陕州人延续了古风，依然在用传统工艺酿造柿子醋。

西峡猕猴桃

20世纪70年代，西峡成立了猕猴桃研究所，开启了西峡猕猴桃选育与人工栽培的历史。经过四十多年的发展，培育出了“海沃德”“华美”“华光”“豫皇”等一系列优良的猕猴桃品种。成品果具有口感好、膳食纤维丰富、维生素C含量高、脂肪含量低的特点。

西峡山茱萸

西峡山茱萸主要分布于伏牛山南麓，尤其以伏牛山主峰老界岭以南的深山地带最多，产量已占到国内总产量的三分之二。西峡山茱萸果实具有色红、肉厚、个大、柔软、油润和药味浓等特点。其药用部分为干燥成熟果肉，具有补益肝肾、涩精固脱之功效。

武当榔梅

武当榔梅是武当山生存已久的本土物种，在北宋成书的《真武启圣录》已有详细记载：“榔梅者，乃榔木梅实，桃核杏形，味酸而甜”。它的与众不同就在于其非李非杏、非桃非梅，又似李似杏、似桃似梅。成熟果实橙黄色，果皮光洁细腻；果肉鲜艳，肉质柔软致密，且具有口感芳香、汁液丰富、酸甜适度的特点。

武当道茶

自古道观寺庙都有植茶、制茶、饮茶之风，而且不乏流传至今的名茶，武当道茶便是其中之一。其主要产于十堰市下辖的各县区，属于绿茶类，主要特点是成品茶色泽翠绿，冲泡后汤色嫩绿明亮，香高持久，滋味鲜醇爽口，叶底嫩绿明亮。

房县香菇

从唐朝至今，房县百姓一直有生产、食用香菇的习惯，且在香菇的培育上积累了丰富的经验。如今，香菇栽培已是房县的主导产业。所产香菇具有菇形紧凑、菌柄较短、菌褶金黄、色鲜肉厚的特点。

房县黄酒

房县黄酒诞生于周朝，兴盛于唐朝。起初被称为白茅，此后又有黄酒、皇酒、白马尿等多种称谓。它是以优质糯米为原料，特制曲和酒母为糖化发酵剂酿造而成，具有酒度低，口味独特，营养丰富的特点。尤其在中医药上常被作为重要的辅料和药引来使用，素有百药之长的美称。

房县娃娃鱼

娃娃鱼学名大鲵，背部色彩斑斓，前肢四指似人手，后肢五趾如人足，嘴边特大，叫声洪亮，酷似婴儿，故名娃娃鱼。其在野生状态下，甚至可以存活130余年，因此又被称为寿星鱼。房县是我国娃娃鱼四大原产区之一，也是最早开始驯养繁殖娃娃鱼的地区。如今，已经形成了存量50万尾的规模。所以，走进房县不妨尝尝娃娃鱼菜品。

房县北柴胡

房县北柴胡为伞形科多年生草本植物柴胡的干燥根，是湖北著名的一味道地药材。其具有芦头短、根粗大饱满、质地坚实、气味浓的特点，且柴胡总皂苷的含量高达0.9%~1.5%，药效十分显著。

神农架野板栗

神农架野板栗是野生栗树的小坚果，外形呈三角扁椭圆形，红棕色或红褐色，皮薄光滑，有光泽；果肉呈淡黄色，横切面平整无缝，且肉质细糯，风味香甜。如果从营养成分的角度分析，其含有糖、淀粉、蛋白质、脂肪及多种维生素、矿物质等，且有健脾胃、益气、补肾等作用。

神农百花蜜

神农架林区属于中华蜜蜂保护区，所以没有饲养西方蜜蜂等外来蜂种，神农百花蜜则完全由中华蜜蜂酿造，再加上神农架丰富的物种资源及纯净的自然环境，使百花蜜具有一种天然的中药香味。常态下，蜜呈黏稠流体，低温则会结晶，晶粒细腻、柔软。其果糖和葡萄糖含量比普通杂花蜜高5%~15%，淀粉酶活性更比其他蜂蜜高2~4倍，波美度高3~5度。

巴东独活

巴东独活因有特异香气，根部膨大，故又称香独活、肉独活。在许多史志与医学典籍中都将巴东所产独活视为独活正品。其具有抗炎、镇痛及镇静作用，是治疗风寒湿痹、腰膝疼痛、头痛、齿痛等疾病的常用药。

恩施玉露

恩施玉露茶是我国传统蒸青绿茶，即选用叶色浓绿的一芽一叶或一芽二叶鲜叶经蒸汽杀青制作而成。成品茶条索紧圆光滑，纤细挺直如针，色泽苍翠绿润；经沸水冲泡，芽叶复展如生，初时婷婷悬浮杯中，继而沉降杯底，平伏完整；汤色则嫩绿明亮，如玉露，香气清爽，滋味醇和。

■ 恩施玉露茶园

■ 火腿制作场景

恩施紫油厚朴

厚朴属于木兰科植物，以干燥的干皮、枝皮、根皮入药。因其属于国家二级珍稀保护植物，所以被划为限量收购的中药材品种。恩施所产厚朴因质优、色紫、油润，故又被称为“紫油厚朴”，是中药中治疗肠胃疾病的重要成分之一。

宣恩火腿

宣恩火腿的制作始于清朝，新中国成立后，当地成立食品加工厂，开始批量生产。它以当地所产的黑猪后腿为原料，沿用中式火腿传统工艺，结合土家苗寨腌腊技术制作而成。成品火腿形似“琵琶”或“竹叶”，爪小骨细，肉质细嫩，皮色黄亮；切片后瘦肉红似玫瑰，脂白有光泽；制成菜品则气味鲜香宜人，滋味浓郁。

贡水白柚

贡水白柚是湖北宣恩县特产，在当地已有一百多年的栽培历史。成熟果实具有果大形美、风味浓、富香气、甜酸适度、果肉脆嫩的特点。因为果皮太厚，可食率低。作为加工水果，对果肉、果皮则可以综合利用。

伍家台贡茶

伍家台是宣恩县下面的一个村子，清乾隆四十九年，当地茶农伍昌臣将自己制作的茶叶献给皇帝，得到称赞，并亲题“皇恩宠锡”的匾额赐予伍昌臣，伍家台贡茶之名即由此而来。其成品茶条索紧细圆滑，挺直如松针；色泽苍翠润绿，外形白毫显露，完整匀净；冲泡后茶汤嫩绿明亮，叶底嫩绿匀整；品饮清香味爽，滋味鲜醇。

土家族咚咚喹

土家族咚咚喹是一种用细竹管制作而成的吹管乐器，虽说制作简单，却可以吹奏出欢快清脆的旋律，深受土家族妇女、儿童的喜爱。咚咚喹同时也是一种民歌歌调的体裁形式，有其独特的结构、句式与演奏形式；但随着时代的发展，这种富有独特价值的民间音乐已越来越鲜见，许多地区已经失传。

凤凰蓝印花布

龙山百合

龙山百合种植始于 1966 年，当年从江苏宜兴引进卷丹百合种试种，并获得成功。如今，龙山已成为我国种植规模最大的卷丹百合产区。其既可以鲜食，也可以制成干片，药食皆可，具有滋阴清热、润肺止咳、清心安神等作用。

张家界大鲵

张家界大鲵也就是俗称的娃娃鱼，和湖北的房县一样，张家界也是我国大鲵的主要原产地之一，而且拥有我国第一个大鲵国家级自然保护区。因人工繁育、养殖的成功，张家界建立了大鲵综合利用基地，使大鲵逐渐走上了人们的餐桌，在满足人们舌尖上的需求时，还带动了当地经济的发展。

古丈毛尖·红茶

古丈毛尖属绿茶类，因产于湖南武陵山区古丈县而得名。其选用适制茶树的幼嫩芽叶，经过摊青、杀青、初揉、炒二青、复揉、炒三青、做条、提毫收锅八道工序制作而成。成品茶具有紧直多毫、色泽翠绿、嫩香高悦、滋味醇爽回甘、耐冲泡等特点。古丈红茶是以中小叶茶树一芽一叶或一芽二叶为原料，按照传统工艺加工而成。成品茶条索紧细、形若针尖，泡饮清香醇正、生津止渴、苦而回甘，且具有浓郁的花果香、蜜糖香、甜香等风味。

酒鬼酒

酒鬼酒是湖南吉首市特产，其采用高粱、糯米、大米、小麦和玉米五粮为原料酿造而成，并独创了兼有浓、清、酱三大白酒基本香型特征的馥郁香，给人以一口三香的独特体验，即前浓、中清、后酱。在产品的包装上，一直沿用了湘西文化名人黄永玉设计的麻袋陶瓶，为其赋予了浓厚的文化气息。

湘西猕猴桃

20 世纪 80 年代，吉首大学的科研人员依托湘西丰富的野生猕猴桃资源培育出了“米良”系列猕猴桃品种，从而开启了湘西猕猴桃大面积种植推广的序幕。其成熟果实个大、含籽率高、耐贮性好，且具有口感酸甜适度、风味纯正、清香可口的特点。

凤凰蓝印花布

凤凰蓝印花布是一种集民间美术与民间工艺于一体的民间艺术品。其采用漏版刮浆的防染工艺印染而成，它和传统石染、彩绘蜡染等工艺一样，同属于我国最古老的印染技术之一。以此工艺制作的蓝印花布，图案完美细腻，非常耐看。

雪峰山鱼腥草

鱼腥草又称折耳根、臭根草，是湖南怀化特产，在雪峰山区域已有上千年的食用历史，不仅是一道地方特色美食，还是一味神奇的中草药，古时侗民更是称呼它为“仙草”。其可食用部分为地下根茎，当地人习惯上用它拌凉菜，也可以蒸煮、小炒、炖汤。药用时，可以作为饮片与其他中药材配伍，也可以制成鱼腥草注射液。

湘珍珠葡萄

湘珍珠葡萄属葡萄科刺葡萄种群，经野生驯化而来，主要产自湖南省怀化市中方县桐木镇境内，是我国原生态特有的野生葡萄品种。其果形圆润，果皮紫黑发亮、晶莹欲滴，酷似“黑珍珠”；入口细嫩软滑，多汁多籽，清甜爽口，具有独特的山野清香。

黔阳冰糖橙

黔阳冰糖橙别名冰糖泡，是从洪江柑橘中产生的实生变异品种。20 世纪 60 年代，洪江长碛村村民段天郎父子发现了一种新型甜橙品种，后经科研人员选育而成为甜橙良种，因其果质脆嫩、果味甘甜如冰糖而得名黔阳冰糖橙。其不光果实好吃，树形也非常美观，可植于庭院作为观赏绿植。

线路①·豫鄂湘西部纵贯线

民俗文化

华阴老腔

华阴老腔是一种板腔体戏曲剧种，也是皮影戏的一种，一般只需五个人（签手、副签手、前首、后台、板胡）便可撑起一台戏。演唱时其声腔具有刚直高亢、磅礴豪迈的气魄，听起来颇有关西大汉咏唱大江东去之概。也正是这种自由随性、土得掉渣的原生态唱腔，近几年却受到了人们的热烈追捧，并唱上了央视春晚的舞台。

灵宝剪纸

灵宝剪纸的历史非常悠久，具体起源于何时，已无从考证，但在明清时期，剪纸图案已大量应用于人们的平常服饰中。其表现内容丰富多样，花鸟草虫，人物走兽，无所不包；种类则有窗花、棚花、炕屏、床围花、

■ 武当武术

■ 血粑鸭

各种装饰花等。如今，在逢年过节或婚丧嫁娶时，已被广泛用于居室布置、气氛烘托等。

武当武术

武当武术是一个历史悠久、博大精深的中华武术流派。元末明初，武当派道士张三丰集其大成，开创武当派，被尊为武当武术的开山祖师。其功法内容种类繁多，浩如沧海，如传统的功法有桩功，内功掌法、肘法、腿法、元图、分筋错骨、阵法、器械等，以及秘而不宣之功。此外，武当武术还有几大鲜明的特点，即以道理为指导、以养生为宗旨、以技击为末学、以道德为门风、以自然为神韵。

武当山宫观道乐

武当山宫观道乐是湖北秦巴地区优秀传统民间文化与唐朝至明朝宫廷音乐相结合的产物，可分为声乐和器乐两大部分。根据不同的应用场景，又可以分为祈愿吉祥的喜庆之乐和炼养清修的恬静旋律。常见的代表性乐曲牌有《山坡羊》《梧桐月》《迎仙客》等，唱诵曲牌有《普供养》《斗老赞》《王母赞》等。

炎帝神农传说

在神农架地区流传着许多炎帝神农的传说，这些传说具有极其丰富的故事内容，诸如他架木为巢，供老百姓居住；他搭架采药，编写药书，为民治病；他斗凶兽、惩恶人，弘扬了人间正气；他教民稼穑、养蚕、纺织、种树、采茶、制陶、制耒耜、饲养禽畜等。可以说是民间文学宝库中的瑰宝。

摆手舞

摆手舞是土家族古老的传统舞蹈，主要流传在鄂、湘、渝、黔交界的酉水河和乌江流域。关于起源，众说纷纭，有的说源于宗教祭祀，也有的说源于战争，还有的说是由白虎舞、巴渝舞演变发展而来。事实上从目前流传的舞蹈内容来看，它们大都源于日常生产生活，诸如狩猎舞主要表现狩猎活动和模拟禽兽活动姿态，农事舞则主要表现土家人挖土、撒种、纺棉花等农事活动。因为其伴奏多为打击乐器，且节奏平稳、强弱分明，所以又被人称为“东方迪斯科”。

土家族梯玛歌

土家族梯玛歌也被称为土家族梯玛神歌，是土家族梯玛活动中一种用土家语演唱的古歌。其历史悠久，内涵丰富，具有浓郁的地方与民族特色。内容涵盖了土家族历史、民族迁徙、天文地理、信仰禁忌、宗教哲学、生产劳作、生活习俗等方方面面，被誉为研究土家族历史文化的百科全书。

桑植民歌

桑植民歌起源于原始农耕时期先民日常生产生活中的歌谣，是桑植县百姓在长期的生活实践中创造、传唱、累积起来的民间音乐文化品种。其体裁内容极其丰富，有山歌、小调、号子、花灯调、革命红歌等。演唱以桑植方言为主，重卷舌音，唱腔则具有原始的粗野风格。

湘西苗族民歌

湘西苗族民歌是苗族民歌的重要组成部分，其主要流传于湘西土家族苗族自治州境内，以湘西苗语演唱，具有调式多、曲式结构完整、旋律独特、节奏自由复杂、演唱形式多样的特点。著名的湘西苗族歌唱家宋祖英便是带着苗歌的韵味，走出了大山，唱响了世界。

线路①·豫鄂湘西部纵贯线

特色美食

华阴擀馍

华阴擀馍是一种圆形的碱面饼。制作时将碱面揉好，擀成薄饼，烙熟，趁热抹上水、醋、油混合液，一张一张塌起来，用布盖好，放置半个小时即可食用。当地人多用它来卷菜食用，与广泛流行的卷饼非常像，但口感、味道却有很大的差别。

土家酱香饼

土家酱香饼也叫香酱饼，是恩施土家族的一种特色小吃。因制作时会在饼上刷上特制的酱料，并抹上一层薄薄的馅料，颇似西方比萨的做法，于是又被人称为中国比萨。烤好的酱香饼具有香中有香、甜中带绵、辣而不燥、外脆里软的特点。因北京谭师傅的引进推广，如今在许多大中城市都能看到土家酱香饼的店铺。

血粑鸭

血粑鸭是湘西凤凰的一道传统名菜。其以本地土鸭和糯米为主要原料，先用鸭血和糯米制成血粑，再炒制鸭子，然后添水放入血粑炖煮，至汤汁浓稠调入葱姜等佐料即成。食用时既有鸭肉的鲜美，又有血粑的清香糯柔。但因工序复杂，平日甚少制作，多在节庆时分才有机会吃到。

线路②·豫鄂湘中部纵贯线

人文景观

娲皇宫

娲皇宫始建于北齐时期，初为北齐文宣帝高洋所建离宫，后经历代修葺续建，至今占地面积已达 76 万平方米，是我国建筑规模最大、肇建时间最早的祀奉人类始祖女娲的古代建筑群。其中大部分建筑建于明清时期，而北齐遗迹，仅留石窟与 6 部摩崖刻经。这些刻经是中国现存摩崖刻经中时间最早、字数最多的一处。

地址：河北省邯郸市涉县索堡镇娲皇宫景区

门票：70 元 / 人

开放时间：8:00~17:30

免费 八路军一二九师司令部旧址

八路军一二九师司令部旧址由 3 座依山势而建、错落有致的农家四合院组成。从 1940 年刘伯承、邓小平率八路军一二九师挺进太行山区，到 1945 年司令部迁址武安，一二九师在这里驻扎生活了五年时间。目前，在旧址上设立了陈列馆，陈列展出了众多反映当时军民斗争的革命文物和历史资料。

地址：河北省涉县赤岸村

开放时间：8:30~17:30

红旗渠

红旗渠是一条人工修建的灌渠，于 1960 年 2 月开工，历时近十年，至 1969 年 7 月全部建成。在极其艰难的条件下，百姓用非常原始的劳动生产工具，在太行山中，削平了 1250 座山头，架设 151 座渡槽，开凿 211 个隧洞，修建各种建筑物 12408 座，挖砌土石达 2225 万立方米，最终完成了这项宏伟的水利工程，被人们称为“人工天河”。

地址：河南省林州市红旗渠风景区

门票：80 元 / 人

开放时间：8:00~18:00

焦作影视城

焦作影视城是一处以影视拍摄服务为主，兼具观光旅游、文化娱乐、休闲度假等功能的大型综合性旅游区。同时也是一处以春秋战国、秦汉、三国时期文化为背景的仿古建筑群。其主要由文化广场区、周王宫区、市井区、楚王宫区、古战场区等景观组成。在其间游览能够带给人穿越之感。

地址：河南省焦作市普济路北端

门票：35 元 / 人

开放时间：8:00~17:30

黄河小浪底风景区

黄河小浪底风景区是以峡谷河流为主要特色，体现黄河历史文化和自然风光的大型山岳湖泊型风景区。其名称源自小浪底水利枢纽工程的选址地小浪底村。主要景点有被誉为黄河三峡的大峪峡、孤山峡、龙凤峡，以及小浪底大坝、八里胡同等。

地址：河南省孟津县小浪底镇小浪底村

门票：40 元 / 人

开放时间：8:00~18:30

龙门石窟

龙门石窟始开凿于北魏孝文帝迁都洛阳时期，后历经东西魏、北齐、北周、隋唐及至北宋等朝四百多年的持续营造，最终在伊水东西两山长达 1 公里的峭壁上，开凿出窟龛 2345 个，造像 10 万余尊，碑刻题记 2800 余品。其中，最大的佛像高达 17.14 米，最小的仅有 2 厘米。这些雕凿在崖壁上的实物形象和文字资料从不同侧面反映了我国古代政治、经济、宗教、文化等许多领域的发展变化，对我国石窟艺术的创新与发展做出了重大贡献。

龙门石窟

地址：河南省洛阳市洛龙区龙门中街 13 号

门票：179 元 / 人

开放时间：8:00~18:00

汉魏洛阳故城遗址

汉魏洛阳故城是我国公元 1 至 6 世纪七代王朝的都城，在北魏时达到最大规模，分为宫城、内城和外郭城三重城圈，面积 100 平方公里。我国古代都城规划建设的里坊制、建中立极制均形成于此，并被后世效仿。如今，累计残存东、西、北城垣约 12 千米，皆为夯土版筑而成，城内有宫城、宫殿、衙署、苑囿等夯土台基遗址多处。

地址：河南省洛阳市城东约 15 公里处

中原大佛

中原大佛是由莆田籍工艺美术大师林胜标于 1997 年设计，在天瑞集团资助下于 2007 年在鲁山上汤佛泉寺落成。大佛总高

■红旗渠青年洞 张铁汉 / 摄

208米，身高108米，莲花座高20米，金刚座高25米，须弥座高55米，是目前世界上最高的佛教造像。除了大佛，寺院内还有一口重达116吨的青铜钟，被吉尼斯总部认定为世界上最大最重的外击式青铜钟。

地址： 河南省鲁山县赵村乡上汤村

门票： 120元/人

开放时间： 8:00~17:00

白马寺

白马寺创建于东汉时期，是佛教传入我国后兴建的第一座官办寺院，有中国佛教“祖庭”和“释源”之称。现存遗迹大都为元、明、清各朝所留。除了建筑，寺内还保存有大量元代夹纻干漆造像，如三世佛、二天将、十八罗汉等，是非常珍贵的历史文物。

地址： 河南省洛阳市洛龙区白马寺镇洛白路6号

门票： 35元/人

开放时间： 8:00~18:00

嵩山少林风景区

中岳嵩山由太室山和少室山等组成，群峰耸立，层峦叠嶂，雄峙中原。公元495年，魏孝文帝为了安置他所敬仰的印度高僧跋陀，在少室山北麓敕建少林寺。历经1500余年的发展，少林寺像窖藏老酒一样，历久弥香。目前，少林弟子已遍布全球，少林文化已被世界越来越多的民族所认同。景区内除了少林寺，还有塔林、中岳庙、嵩阳书院等景点。

地址： 河南省登封市嵩山少林景区

门票： 80元/人（少林寺），30元/人（中岳庙），30元/人（嵩阳书院）

开放时间： 7:30~17:30

社旗山陕会馆

社旗山陕会馆始建于清乾隆二十一年，直至光绪十八年才落成，前后历经137年。主体建筑由琉璃大照壁、悬鉴楼、大拜殿、春秋楼四部分组成，自南向北呈现中轴线式分布，布局严整，庄严肃穆。除春秋楼被毁外，其余保存尚好，是河南省古建筑中一个比较完整的建筑群。

社旗山陕会馆

地址： 河南省社旗县赊店镇永庆街9号

门票： 50元/人

开放时间： 8:00~18:00

医圣祠

医圣祠始建于明嘉靖年间，是为被尊为“中华医圣”的东汉医学家张仲景而建的墓祠纪念地。清末至民国年间，经战火和军阀洗劫，祠宇建筑大部分被破坏。1935年，在章太炎等文化名人的倡议下得以重修，再加上新中国成立后的屡次修葺，目前，是一组具有汉代艺术风格的建筑群落。

地址： 河南省南阳市宛城区医圣祠街88号

门票： 25元/人

开放时间： 8:00~17:30

南阳府衙

南阳府衙始建于南宋咸淳七年，经明、清两代不断修葺扩建，至清光绪末年，形成了如今规模宏大、气势雄伟的建筑群落。它也是自秦始皇设置郡县制以来，完整保留的一座郡级衙署实物标本。其布局坐北向南，轴线对称，主从有序，尊卑有别，严格体现了封建社会森严的等级制度与尊卑观念。

地址： 河南省南阳市宛城区民主街100号

门票： 40元/人

开放时间： 8:00~18:00

南阳卧龙岗

南阳卧龙岗原名八里岗，其岗峦起伏，曲折回旋，势如卧龙，因诸葛庐在其上，时人又以孔明为卧龙，故名卧龙岗。早在魏晋时期，人们便在岗上建武侯祠，以祭祀诸葛亮。至今，岗上依然保留有元、明、清时期的古建筑，以及汉代的碑刻、匾额和楹联等。

地址： 河南省南阳市卧龙区卧龙路766号

门票： 60元/人

开放时间： 8:00~17:30

古隆中

古隆中是三国时期杰出的政治家、军事家、发明家、文学家诸葛亮青年时代隐居的地方。如今已被开发为以诸葛亮故居为主体的风景名胜区。景区被隆中山、乐山、大旗山、小旗山等群山环抱，松柏参天，景色颇为优美。主要景点有诸葛草庐、武侯祠、古柏亭、抱膝亭、躬耕田、小虹古桥、六角井、观星台等。

地址： 湖北省襄阳市襄城区隆中路461号

门票： 63元/人

开放时间： 8:00~17:30

免费 襄阳古城

襄阳古城始建于西汉时期，雄踞汉水中游，三面环水，一面靠山，易守难攻，其

■ 白马寺

作为军事堡垒一直使用到唐朝。宋朝时原土城改为砖城，至元末，城垣颓废。明朝时，朱元璋部将邓愈对襄阳城进行了修复，及至清末，曾历经多次整修。民国至新中国成立后，部分墙段数次毁建，坎坎坷坷，始成今日风貌。

地址：湖北省襄阳市冯家巷2号

开放时间：8:00~22:00

襄阳唐城影视基地

襄阳唐城影视基地又名中国唐城、襄阳影视城，兴建于2012年，是一座以唐文化为背景的仿古建筑群。景区引入汉江水，并通过8座桥梁与城内8条水系连接，形成八水绕长安的格局。主要景点有襄阳文化产业园、孟浩然文化旅游区、汉水谣文化旅游区等。

地址：湖北省襄阳市襄城区胜利街十家庙村

门票：90元/人

开放时间：8:00~18:30

明显陵

明显陵是明世宗嘉靖皇帝父母亲的合葬墓，也是明代帝陵中单体面积最大的皇陵，始建于1519年，历时47年才完工。其规划布局和建筑手法独特，在明代帝陵规制中具有承上启下的作用，尤其是“一陵两冢”的陵寝结构为历代帝王陵墓中绝无仅有。

地址：湖北省钟祥市显陵路1号

门票：50元/人

开放时间：8.00-17:30

免费 **三峡大坝旅游区**

三峡大坝旅游区是以世界上最大的水利枢纽工程——三峡工程为依托，将现代工程、自然风光和人文景观有机结合，全方位展示工程文化和水利文化的综合性旅游区。主要景点有截流纪念园、坛子岭、185观景点等。其中坛子岭是观赏三峡工程全景的最佳位置，不仅能欣赏到三峡大坝的雄浑壮伟，还能观看壁立千仞的“长江第四峡”——双向五级船闸。

地址：湖北省宜昌市夷陵区三斗坪镇江峡大道

开放时间：8:00~18:00

荆州古城历史文化旅游区

荆州古城又名江陵城，在战国末期已经具有了城郭的雏形，汉朝时始建城墙，以后历朝曾数次损毁、复建，今天所留城垣为清初依据明代城基修筑而成。历经370多年，古城依然保存完整，也是长江中游地区唯一一座完好的古城垣。因《三国演义》故事的广泛流传，使其在国内外享有盛名。

地址：湖北省荆州市荆州区张居正街2号

门票：免费（部分景点需购票参观）

开放时间：全天

免费 **荆州博物馆**

荆州博物馆始建于1958年，馆藏文物17万余件，几乎囊括了楚文化的所有种类和精品。藏品中战国秦汉饱水漆木器数量约占全国总数的40%，战国和西汉丝织品更是独一无二、举世无双，春秋战国楚玉数量则居全国之首，可以说是一座不折不扣的楚文化艺术宝库。

地址：湖北省荆州市荆中路166号

开放时间：9:00~17:00

楚王车马阵景区

楚王车马阵景区是目前发掘规模最大、保存最好、陵园分布最完整的楚国高等级贵族墓地。车马阵展厅里共有四十座气势恢宏的车马坑，其中1号车马坑南北长132.6米，东西宽12米，是目前全国已发现的最长车马坑。通过已发掘出土的43辆车、164匹马及发掘面积，专家推测整个1号坑共葬有车辆66乘、马匹258匹。再加上其余39座小型车马坑，其壮观程度可想而知，甚至有人将其与秦始皇陵兵马俑相比。

地址：湖北省荆州市荆州区川店镇

门票：100元/人

开放时间：9:00~17:30

城头山旅游区

城头山旅游区由城头山国家考古遗址公园、澧阳平原史前遗址博物馆、城头山农业大观园和城头山风情小镇四部分组成。是一处以古城文化、稻作文化、祭祀文化为主题，将遗址景观和周边生态环境、建筑景观等要素结合起来的综合性景区。

地址：湖南省澧县城头山镇城头山村

门票：60元/人

开放时间：8:30~16:30

安化茶马古道

茶马古道是指存在于中国西南地区，以马帮为主要交通工具的民间国际商贸通道，是中国西南民族经济文化交流的走廊。安化茶马古道便是这条马帮之路的一部分，其位于安化县东南部的高山峡谷中，远离尘嚣，林秀水美，充满了悠悠古风。游客在这里既可以体验骑马观光的乐趣，也可以探寻马帮文化的历史遗存。

■ 三峡大坝旅游区

■ 荆州古城历史文化旅游区

■林州太行大峡谷 张铁汉/摄

地址：湖南省安化县江南镇高城村
门票：45 元 / 人
开放时间：8:00~17:30

浯溪碑林

原为一无名小溪，唐朝诗人元结数次乘舟路过，非常喜欢，便将其命名为浯溪，并将其所撰写的《大唐中兴颂》，请颜真卿大字正书摹刻于峿台崖壁。自此往后，历代名人纷至沓来，览胜留题，摹刻于石，遂成遍崖密布的露天碑林。经当地文物部门统计，崖壁上犹存 300 多人的诗、词、书、画、题词石刻 505 方。

地址：湖南省祁阳县浯溪南路 108 号
门票：27 元 / 人
开放时间：8:00~17:00

免费 零陵古城

零陵从秦时置县，至今已有 2200 多年的历史，作为潇湘第一城，积淀了深厚的历史文化。近些年，当地政府对古城进行了保护性开发，以柳子街历史文化街区为核心，在充分保护和挖掘愚溪、柳子街、柳子庙文化资源的基础上，衔接西山、东山、柳岩等自然和人文资源，充分完善了各项配套设施，使零陵古城作为旅行目的地，更具诱人的魅力。

地址：湖南省永州市零陵区萍阳南路 158 号
开放时间：全天

线路②·豫鄂湘中部纵贯线

自然风光

太行山五指山

太行山五指山又名五行山，主峰海拔 1283 米，山势地貌既有太行山脉的陡峭险峻，又有原始森林的葱茏丰茂，自然景色以“雄、奇、险、秀”而著称。令人惊叹的是，景区内有一列长约 3 公里的山脉，酷似仰卧的大佛，其神态逼真，两手抱在胸前，双脚脚趾朝天，给人以无限的遐想。除此之外，景区内还有义勇军旧址、紫微山庄、高山草甸等景点。

地址：河北省涉县河南店镇南庄村
门票：45 元 / 人
开放时间：8:30~17:30

林州太行大峡谷

林州太行大峡谷地处晋豫两省交界，是由浊漳河支流露水河切割于林虑山中而形成的一个长 50 公里、宽 1.5 公里的深切峡谷。境内断崖高起、群峰峥嵘、台壁交错、苍溪水湍，形成了峰、峦、台、壁、峡、瀑、嶂、泉姿态万千的壮丽景观。主要景点有王相岩、桃花谷、太行天路、太行屋脊、仙霞谷、冰冰背等。

地址：河南省林州市石板岩乡
门票：80 元 / 人
开放时间：7:00~18:00

万仙山景区

万仙山景区位于辉县市西北部太行山腹地，由郭亮村、南坪、罗姐寨、三湖四个分景区组成。因独特的峡壁风貌，造就了景区雄、险、奇、秀的景观特色。游客深入其中既能领略像郭亮村这样雄险壮观的石壁景观，又能感受像南坪那样秀雅的山乡风韵。景区内更是有二百多处细分景点可供参观，诸如莲花盆、白龙洞、喊泉、日月星石、黑龙潭瀑布、五峰山林海等。

地址：河南省辉县市郭亮村
门票：107 元 / 人
开放时间：7:00~18:00

八里沟景区

八里沟景区位于太行山南麓海拔 300 米至 1700 米的落差地带，属于典型的南太行风光。景区包括桃花湾、红石河、猕猴区、玉皇宫、羊洲地等五大景区，有山体观音、玉皇宫、马五神像、钟山九佛、黑龙潭、天河瀑布等 150 多个景点。其中八里沟大瀑布落差 200 米，气势恢宏，被誉为“太行天瀑”；碧水横溢、红绿相映的红石河则因海拔高达 1700 米，而被誉为“太行天河”。

地址：河南省辉县市八里沟
门票：60 元 / 人
开放时间：7:00~18:00

云台山

云台山因山势险峻，峰壑之间常年云锁雾绕而得名，主峰茱萸峰海拔 1297.6 米，孕育有落差 314 米的云台天瀑。经过开发推广后，已成为一处以太行山岳水景为特色，峡谷类地质地貌景观和历史文化为内涵的生态旅游景区。主要景点有红石峡、潭瀑峡、泉瀑峡、青龙峡、峰林峡、子房湖、茱萸峰等。

地址：河南省修武县七贤镇沙墙村
门票：180 元 / 人
开放时间：6:30~18:30

尧山风景区

尧山又名石人山，地处伏牛山东段，因尧孙刘累为祭祖立尧祠而得名。景区以奇峰怪石、飞瀑流泉、山花红叶、森林云海、珍禽异兽及人文景观构成了完整的风景体系，拥有各种已命名的大小景点 240 余处，其中著名景点有九曲瀑布、通天门、王母轿、白牛城、青龙背、迎客松、玉皇顶等。

地址：河南省鲁山县尧山镇迎宾路

门票：65 元 / 人

开放时间：8:00~17:00

三峡人家景区

三峡人家景区位于长江三峡西陵峡境内，由山上人家、水上人家、溪边人家三个区域组成，有石令牌、灯影石、明月湾、蛤蟆泉、杨家溪等景点。其中灯影石是四块兀立山巅，每当晚霞映照时，宛若灯影戏幕上四位西游记人物造型的奇石。最著名的沙僧石，重达百吨，状如蘑菇，却如金鸡独立般与下面基石仅有很小的接触面积，因此被誉为“万里长江第一石”。

地址：湖北省宜昌市夷陵区三斗坪镇石牌村

门票：180 元 / 人

开放时间：8:00~17:30

西陵峡口风景区

西陵峡西起秭归县香溪河口，东至宜昌市南津关，全长 76 公里，是长江三峡中最长的峡谷。因位于楚之西塞和夷陵（宜昌古称）的西边，故叫西陵峡。西陵峡口风景区则位于整个峡谷东端，素有“三峡门户、川鄂咽喉”之美称。景区内有世外桃源、三游洞、快乐谷、三峡猴溪、下牢溪以及野浪谷等多个细分景区及数十个小景点。

地址：湖北省宜昌市夷陵区南津关路 8 号

门票：148 元 / 人（套票）

开放时间：7:30~18:00

桃花源风景区

因陶渊明在《桃花源记》里对一个富有美丽田园风光、充满祥和安宁气氛的隐秘世界的描述，1600 多年来使许多人对其充满了向往。桃花源风景区便将自身视为陶渊明写作《桃花源记》的原型，向世人进行展示。景区共分为桃花山、桃源山、桃仙岭、秦人村四个部分，涵盖了大小景点 100 多处。到底是不是陶渊明笔下的桃花源，最好亲自去感受。

地址：湖南省桃源县桃花源镇

门票：100 元 / 人

开放时间：9:00~17:30

免费 柳叶湖

柳叶湖因湖面形似一片柳叶而得名，是五万年前形成的一个天然湖泊，属于西洞庭湖的一部分。湖区内拥有司马楼、欢乐水世界、沙滩公园、环湖风光带、白鹤旅游小镇、体育生态园、太阳山森林公园等景区景点。其中，司马楼是为了纪念唐代“诗豪”朗州司马刘禹锡而建，由主楼、观景平台、连廊亭阁三部分组成，是一组仿唐式建筑。

地址：湖南省常德市武陵区

开放时间：全天

崀山风景名胜区

崀山风景名胜区是国内最为典型的丹霞地貌风景区，尤其是红盆丹霞地貌居全国第一。整个名胜区又被分为八角寨、辣椒峰、天一巷、扶夷江、紫霞峒、天生桥六大景区，18 处风景小区；以喀斯特混合地貌的峰、峦、谷景观为主，以雄、奇、险、秀、幽、雅为特色，同时又渗透着悠久的历史文化和缤纷的民俗风情。

崀山

地址：湖南省邵阳市新宁县崀山镇

门 票：120~220 元 / 人

开放时间：全天

湄江风景区

湄江风景区是一处以低山岩溶地貌为主的地质遗迹，共划分为大江口、仙人府·香炉山、塞海·龙泉峡、观音崖·藏君洞和仙女寨五个细分景区，融汇了山、水、洞、石、峰、崖、涧、湖、桥、瀑布、峡谷、沙滩、绿洲等多种观赏元素，被赋予了奇景、险境、神旅的景观特色。

地址：湖南省涟源市湄江镇

九嶷山

九嶷山又名苍梧山，属于南岭山脉，因境内有舜源、娥皇、女英、杞林、石城、石楼、朱明、箫韶、桂林九座峰峦，且峰峰相似难以区别，故名九疑（嶷）山。素以丰富的文物古迹、独特的万千峰峦、奇异的溶洞和别具一格的民俗风情而著称于世。主要景点有舜帝陵、舜源峰、舜帝庙、三分石、永福寺、紫霞岩、铭碑等。

地址：湖南省宁远县九嶷山瑶族乡

门票：60 元 / 人（舜帝陵）、60 元 / 人（紫霞岩）

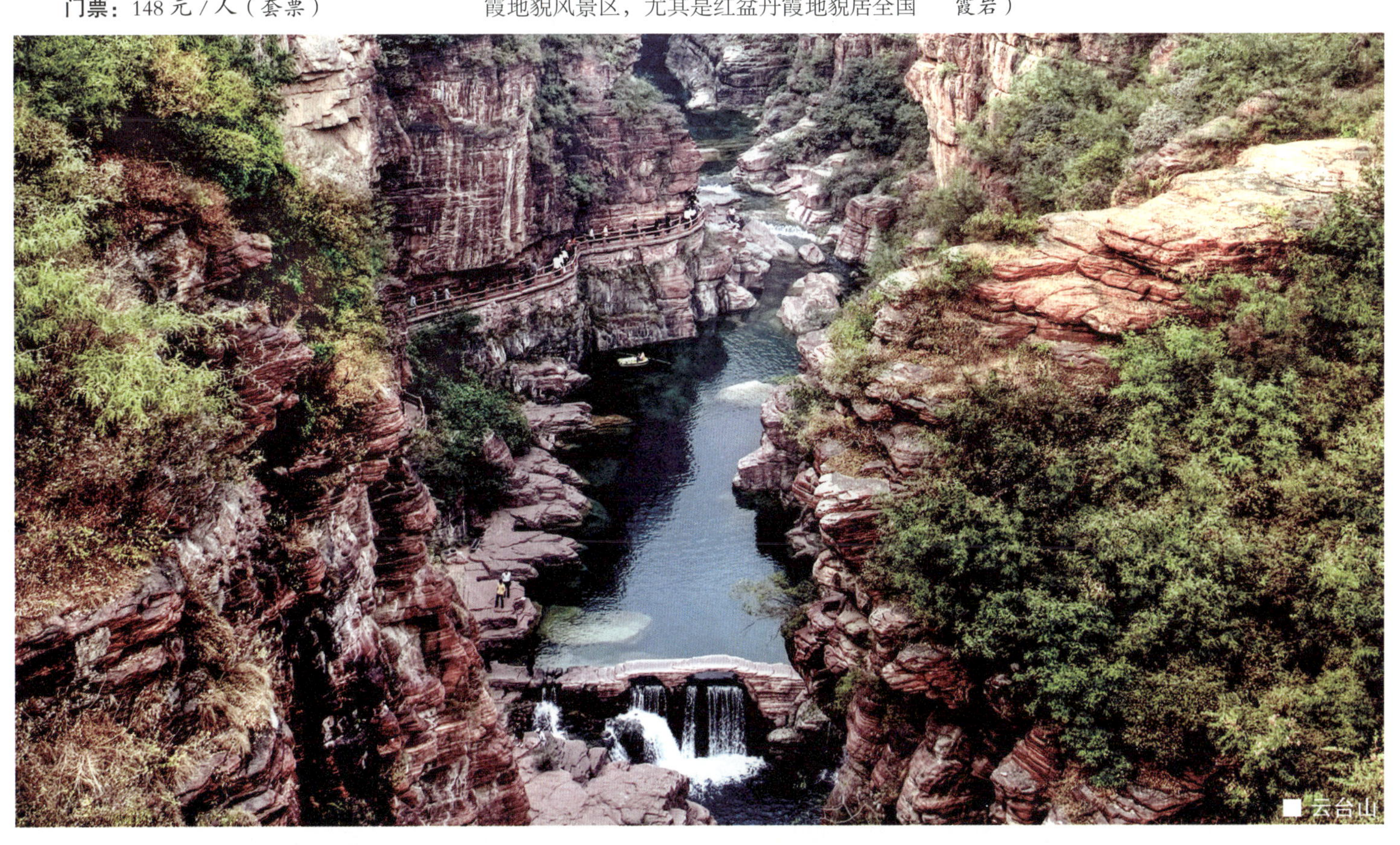

■ 云台山

开放时间：8:30~17:00

阳明山国家森林公园

阳明山国家森林公园位于双牌县东北隅，属五岭山脉。公园内沟谷纵横、峰峦起伏、林木茂密，且拥有万亩杜鹃花海、10 万亩竹海、流泉飞瀑、奇峰怪石、云山雾海五大奇观，自然景色迷人。同时，阳明山也是一座佛教名山，东汉时便开始修建寺庙，白云寺曾鼎盛近千年，现存的万寿寺始建于宋朝，明朝时重修，至今香火不绝。

地址：湖南省双牌县

门票：35 元 / 人

开放时间：7:30~18:30

线路②·豫鄂湘中部纵贯线

富饶物产

涉县核桃

涉县是我国著名的核桃之乡，全县范围内分布有百年以上核桃树 10 万余株，有大量 500 年以上的老树依然能正常结果。在众多核桃品种中，尤以石门和温村产的薄皮核桃品质最佳，其具有皮薄仁满、色泽金黄、含油量高的特点。除生食外，可做糕点、糖果的原料，或榨油。

涉县花椒

涉县是花椒的集中产区，距今已有 700 多年的栽培历史，所产花椒因颗粒均匀、色泽鲜艳、麻味充裕、香气浓郁而被冠以“十里香”的美称。主要品种有大红袍、二红袍、小红袍、白沙椒、枸椒等，尤以大红袍、二红袍品质最佳。

四大怀药

四大怀药是焦作地方特产，主要指古怀庆府所产的山药、牛膝、地黄、菊花等四大中药。像怀山药、怀地黄，早在周朝时已被作为药中上品进贡王室。进入明清以后，四大怀药进入鼎盛时期，在今天焦作所辖区域内得到了广泛种植。20 世纪 70 年代，国家为了扩大四大怀药的种植规模，将其引种其他省市，结果品种退化、药性大减。这也再次证明了道地药材并非浪得虚名。

怀姜

怀姜也叫清化姜、上庄姜，是焦作博爱县特产，距今已有1600 多年的栽培历史，属于姜中上品。其具有块大、丝细、品质佳、味道美、香辣适口、百煮不烂等特点，既可作为菜肴调味品，又可作为中药材入药。

洛阳牡丹

洛阳牡丹的栽培始于隋，鼎盛于唐，至宋时则名满天下。时至今日，其依然以雍容华贵、国色天香、富丽堂皇的风姿，在花开时节引得人潮涌动。经过 1400 余年的繁衍、培育，如今的洛阳牡丹已涵盖了红、白、粉、黄、紫、蓝、绿、黑及复色九大色系，共计 1000 多个品种，可谓名副其实的五彩缤纷、万紫千红。

唐三彩

唐三彩全名唐代三彩釉陶器，是一种低温釉陶器，釉彩有黄、绿、白、褐、蓝、黑等色彩，而以黄、绿、白三色为主，甚至有的器物只具有上述色彩中的一种或两种，人们都习惯上称之为唐三彩。因唐三彩最早、最多出土于洛阳，故又称为洛阳唐三彩。在唐朝时，唐三彩大都作为陪葬的明器使用。

洛阳宫灯

相传汉光武帝建都洛阳后，为粉饰太平，于元宵节期间在宫里张灯结彩，从而开创了洛阳宫灯的制作技艺。后来，宫灯的制作技术逐渐传出宫廷，流向民间，“宫灯”之名也随之传承了下来。至今，洛阳宫灯依然因造型优美、宜书宜画、撑合自如、易于保存而久盛不衰。

汝阳杜康

史记记载，杜康是夏朝的国君，因善酿酒，被后世尊为酒神，在许多诗词歌赋中也以杜康指代酒。在今天的汝阳杜康村遗留有杜康酿酒遗址，而且历朝酿酒之风盛行，世代传承杜康酿酒技艺，使杜康村酿酒业千载不衰。在周总理“复兴杜康，为国争光”的号召下，20 世纪 70 年代，当地成立了汝阳县杜康酒厂（汝阳杜康酿酒有限公司前身）。如今，汝阳杜康再次驰名中外。

梅花玉

梅花玉又称汝阳玉，独产于河南汝阳县上店镇，因玉石本身遍布五颜六色的花纹，酷似梅花，故称梅花玉。其开采利用始于商周时期，东汉时最为盛行。如今，梅花玉被用来雕琢成各种工艺品，其价值则视梅花的多少、枝干是否齐全、图案的美观程度而定。

南召辛夷

望春玉兰的花蕾入药称辛夷，是珍贵

■ 唐三彩

■ 洛阳牡丹

程河柳编

南召柞蚕

的中药材。南召是望春玉兰的原产地，至今仍保留有 500 年以上的天然植物群落；同时也是我国望春玉兰的最大产地，所产花蕾色泽鲜艳，蕾形端正，鳞毛整齐，芳香浓郁，挥发油含量高，居全国同类产品之首，被国家药典列为正品。

南召柞蚕

南召人工饲养柞蚕始于东汉初年，以后历朝不断发展，至民国时进入鼎盛时期。其柞蚕茧产量曾占河南省一半左右，素有“召半省”之誉。如今，柞蚕养殖业依然是南召重要的传统产业，并培育出了诸如宛黄、豫大、胶蓝、胶绿、鲁红、杏黄、白一化这些具有观赏价值的彩色柞蚕品种。

襄阳大头菜

襄阳大头菜是中国四大名腌菜之一，据传为诸葛亮隐居襄阳隆中时所创，民间素有诸葛菜、孔明菜之称。其以芥菜为原料，经选料、初晒、拌料、复晒、加料、密封和腌制等工序加工而成，可分为五香味与普通味两种。入口脆嫩、酱香浓郁，且具有生津开胃、下气消食的作用。

程河柳编

程河柳编也称襄阳柳编，是襄阳市程河镇特产。其以柳、木、草、藤条等为原料，采用穿编、定编、平编、拧编、精编、木编等多种编织技艺编制而成。产品种类涉及篮、筐、盘、篓等家用品，以及花瓶、屏风、画框等装饰品，且花色式样众多，融实用性、艺术性于一体。

纪山龙米

纪山龙米是沙洋县特有的珍稀农产品，其具有腹白较小、硬质粒多、米粒扁平、晶莹剔透、柔软油润、浓香持久、口感特佳的显著特点。至于“龙米”的来历则始于春秋战国时期，据传当时荆楚大旱，楚王派人下去巡查灾情，各地均枯草遍地，唯纪山附近稻禾郁葱。稻米进贡王室后，宫中上下赞不绝口，于是被封为御米。以后历朝皆作为御膳贡品，所以就有了“龙米”之名。

百里洲砂梨

百里洲是万里长江上最大的江心洲，其独特的沙壤条件成就了砂梨的独特品质。成熟的百里洲砂梨扁圆形至近球形，具有果点小、皮薄、果肉雪白、肉质细脆、多汁无渣、酸甜适口的特点。

窑湾蜜橘

窑湾蜜橘是宜昌市西陵区特产。1958 年，当地从温州引进蜜柑试种成功，随后便大面积推广种植，并选育出了富有地方特色的柑橘品种。其成熟果实具有色泽艳丽、皮薄光亮、肉质细嫩、化渣汁多、风味浓郁的特点。如今，窑湾蜜橘在国内享有盛名，且被宜昌列为“宜昌三宝”之首。

八岭山朱橘

八岭山朱橘是荆州地区独有的地方品种，因皮呈橘红，故名朱橘，又称朱红橘。早在战国时期，朱橘即因屈原的《橘颂》而闻名，以后历朝赞誉朱橘的诗词歌赋更是不胜枚举。如今，荆州人民依然在用最传统的种植方式，维护传承着八岭山朱橘的原生习性和品质。成熟的朱橘果肉呈深橙色，具有细嫩、多汁、味甜的特点。

公安葡萄

20 世纪 80 年代之前，葡萄在公安只是零星的庭院种植，直至 20 世纪 80 年代末，当地农民从外地引进巨峰等品种栽培，才使公安葡萄逐渐走上了规模化种植的道路。如今，公安已成为长江中下游最大的葡萄产区，葡萄产量占据了湖北的半壁江山。公安葡萄 95% 是藤捻葡萄，其具有产量高，个大、汁多、皮薄、糖分足的特点。

临澧黄花鱼

黄花鱼在临澧历史上就已很有名气，先民们通过捕捞野生鱼苗放入堰塘自然生长的方式，使临澧保存了大量的黄花鱼资源。从 20 世纪 60 年代起，临澧开始黄花鱼的广泛养殖，因养殖规模的不断扩大，临澧所产黄花鱼的影响也越大，最终使“临澧黄花鱼”开始在湖南省内外闻名。其具有体态匀称、头小肉多、肉质细嫩、清香味美的显著特点。

临澧杂柑

清同治年间，临澧柑橘曾作为极品水果进贡朝廷。从 20 世纪 90 年代起，临澧开始引种杂柑，如今已成为年产数万吨的杂柑重要产区。其成熟果实具有果皮光滑、色泽红亮、皮薄易剥、果肉柔嫩、汁多化渣、香甜爽口、耐储耐运等特点。

德山大曲

清末至民国时期，常德城中有众多酿酒作坊，但规模都不大。新中国成立后，政府将其中的 72 家酒坊整合为常德酒厂。1959 年，酒厂试制出浓香型白酒，被定名为德山大曲。其以高粱、大米、玉米、小麦、曲块等为原料，采用固态发酵的方式酿造而成，具有芳香浓郁、入口醇和、绵软甘冽、回味持久的特点。

安化黑茶

安化黑茶创制于明嘉靖年间，属于后发酵茶，是我国六大基本茶类之一，也被誉为中国黑茶的始祖。明万历年间曾被定为官茶，大量行销我国西北地区。其主要产品有天尖、贡尖、生尖、茯砖、黑砖、花砖及花卷，即俗称的“三尖”“三砖”“一卷”。茶叶经泡或煮后，茶汤透明洁净，香气浓郁清正，长久悠远沁心，且杂以药香果香草木香。

邵阳茶油

邵阳不但油茶生长条件得天独厚，油茶栽培和茶油食用文化更是源远流长。如果以《山海经》所记为参考，邵阳至少已有2500多年生产茶油的悠久历史。其以当地野生优质油茶籽为原料，经传统压榨工艺而得，油体色泽金黄，澄清透明，品质纯净，气味芳香，是一种纯天然、绿色、健康的食用油。

崀山脐橙

崀山脐橙是湖南新宁县特产。民国时期，当地开始引种脐橙，新中国成立后渐成规模，目前已是国内重要的脐橙产区。其成熟果实圆球或倒卵形，色泽橙黄或橙红，油胞中等，多为闭脐，食用则具有汁胞脆嫩、甜酸适口、有香气、风味浓的特点。

永州山苍子油

明朝时，永州就开始了人工大面积种植山苍子，利用其根、茎、叶等入药，以及用果实来蒸馏山苍子油。如今，永州山苍子资源已占到了全国总量的45%。当地林农在采摘新鲜山苍子果实后，会将其放入传统蒸馏设备中，以燃烧木柴来加热蒸馏，使山苍子油保持了地道、纯正的香味。其像小磨香油一样非常适合于给菜品调味。

线路②·豫鄂湘中部纵贯线 民俗文化

女娲祭典

女娲祭典是一种古老的传统民俗及民间宗教文化活动。每年农历三月初一至十八，逢女娲生日前后，晋冀鲁豫各省的信众便会前往娲皇宫朝拜，由此形成了影响深远的庙会。祭拜活动以颂扬人类始祖女娲的各种功德为主，主要内容包括民祭、公祭、朝拜等。

枝江民间吹打乐

枝江民间吹打乐是由打击乐器、丝弦乐器、唢呐等结合在一起演奏的民间音乐艺术。按演奏乐器使用的不同可分为粗乐和细乐两种，粗乐以打击乐器进行演奏，细乐则会将打击、吹奏、丝弦乐器组合在一起演奏。其主要通过民间的婚丧嫁娶以及各种庆典风俗、劳动习俗和岁时节庆活动，配合民间舞蹈等音乐形式表现出来。

铅锡刻镂技艺

铅锡刻镂是荆州敖氏家族用于制作、复制古代青铜器的一项传统技艺。其利用铅锡的特性，通过打击、扭曲、编织、挤压、刻镂等手法，把平面纹饰和立体、扭曲、镂空等造型结合起来，把器物形状和动物形态结合起来，最终完成精致的模型制作。

澧水船工号子

澧水船工号子是一种由地方小调转化而成的独特劳动号子，也是一种以反映船工们苦难生活和劳动场面为主题的传统民间音乐。其没有固定的唱本和唱词，大多因时因地因人即兴而起，脱口而出，比较通俗，也不需要专门从师，全凭先辈口授，代代相传。

邵阳布袋戏

邵阳布袋戏属于木偶戏的一种，也是我国现存唯一的原始布袋戏。目前，仅在邵阳县九公桥镇白竹村燕窝岭刘姓族人中传承。其表演方式和表演技巧为：一个艺人一副戏担，不管大戏小戏、文戏武戏，生旦净末丑，吹打弹唱耍，全靠艺人一个人手、脚、口、舌并用，十指灵活调度。代表剧目有《封神榜》《三国演义》《西游记》等。

线路②·豫鄂湘中部纵贯线 特色美食

软柿子摸窝子

软柿子摸窝子是涉县的一道特色小吃，一般只在柿子熟透的季节才能吃到。其基本做法就是将玉米面用沸水和团，捏为圆饼煮熟或蒸熟，然后在圆饼上摊上柿子一起食用，味道甜爽可口。

■ 邵阳茶油

■ 安化黑茶

闹汤驴肉

闹汤驴肉是沁阳市的一道传统特色菜品，相传在明清时期就已出名，至清末达到鼎盛。制作时以沁阳当地所产驴肉为主料，然后在定量的老汤中加入深井水，再放入驴棒骨、怀山药、怀牛膝、怀菊花、草寇、草果等 30 余种辅料与调料炖煮，富含蛋白质、胶原蛋白的滚汤沸腾冒泡，因此被称为闹汤，闹汤驴肉之名正是由此而来。其作为菜品则具有肉质鲜嫩松软、口感细腻咸香的特点。

洛阳水席

洛阳水席是洛阳一带的传统名宴，始于唐朝，也是流传至今历史最为久远的名宴之一。其有两个主要特点：一是全部热菜皆有汤，即汤汤水水紧扣水席；二是吃完一道，撤盘后再上一道，像流水一样不断地更新。菜品则有荤有素、选料广泛、可简可繁、味道多样。

洛阳牡丹糕

洛阳牡丹糕又称为牡丹饼、百花糕，相传为武则天所发明。其做法多种多样，传统做法是用米糕包裹豆沙和牡丹花瓣制作的馅料，再做成糕饼状即成。现在市面上的流行做法则类似于西式糕点，即在馅料中添加了牡丹花制成的花瓣酱或花瓣脯的烘焙点心。

不翻汤

不翻汤是一道洛阳的地方传统小吃。制作时用小勺舀一些稀绿豆面糊摊倒在平底锅里，即成一张类似春卷的薄饼，不用翻个就熟，所以叫作“不翻”。然后把两张晶莹的“不翻”叠着放在碗里，舀些滚烫的猪骨头汤浇在上面，再放上些粉丝、黄花、木耳及醋、酱油、胡椒粉等配料、佐料，一碗不翻汤即成。入口则具有味道纯正、酸辣利口、油而不腻的特点。

焦盖烧饼

焦盖烧饼是登封市的传统名点。传说源于宋代，为了表达对秦桧的愤恨，登封饭庄用面团制成乌龟形，放在火炉里烤，名为火烧秦桧，后来逐渐演变成了圆形。烤好的焦盖烧饼表面黄焦，底面干酥，内层松软，沾满脱壳芝麻仁的焦盖可以揭起，吃起来酥脆馨香。

■ 闹汤驴肉

■ 荆州鱼糕

金刚酥

金刚酥是襄阳的著名特色小吃，是由炭火烤馍发展而来。其主要以面粉、食糖、麻油及少量食碱为原料，发酵后，揉制成马蹄形饼，然后放入特制大缸内焖烤近四个小时。出炉后色泽焦黄，入口香酥。

宜城盘鳝

盘鳝是湖北宜城极富特色的一道菜品，关于起源，一说源自春秋战国时的楚国故都宜城近郊，另一说源自明清时期的宜城驻军。不过，怎么来的已经不重要，重要的是盘鳝本身很诱人。制作时将不能动刀剖肚的笔杆鳝放入烧热的铁锅让其自蹦而死，然后除去黏液，清洗干净，再入锅中用麻油反复煎，待其变成卷曲状时，放入盐、花椒、姜、蒜、红辣椒丝及麻辣酱等调料，干煸成焦黄色即可装盘上桌，食之香酥可口。

宜城板鸭

宜城板鸭又名宜城酱板鸭，形成于清朝道光年间。其选用当地以田螺、鱼虾、稻谷为食的成鸭做坯料，持续数月，历经十几道工序制作而成。成品板鸭外形呈扇形或琵琶形，腿部发硬，周身干燥；皮面光滑无皱纹，呈白色或乳白色；腹腔内壁干燥，附有外霜；胸骨与胸部凸起，颈椎露出；肌肉收缩，切面紧密光润，呈玫瑰红色，具有板鸭固有的气味。食用则具有腊香浓郁、味觉回甜的特点。

荆门雪枣

荆门雪枣又称八角雪枣，因产于荆门市东宝区子陵铺镇八角街而得名。由明末清初八角街上的民间老艺人刘之芳首创，是一种具有浓郁地方特色的传统食品。其虽说名为雪枣，事实上与枣毫无关系，而是一种用糯米制作，形似枣子的中式点心，味道甜美酥脆，深得孩童喜爱。

荆州鱼糕

鱼糕是荆州八大名肴之一，据传为舜帝妃子女英所创，在荆楚一带广为流传。春秋战国时，开始成为楚国宫廷头道菜，直至清朝，依然是一道宫廷菜。在荆州民间则常作为节庆宴席的头道大菜上桌，寓意“年年有余，步步高升”。做好的鱼糕色如羊脂，食之具有清香滑嫩、软绵爽口、鱼含肉味、肉有鱼香、回味悠长的特点。

常德酱板鸭

酱板鸭是常德富有浓郁地方特色的风味美食。其以本地所产的母麻鸭为坯料，经过酱、腌、烤、卤等 15 道工序，再加上武陵区传承上千年的卤水古法配方工艺，生产加工而成。成品鸭观之红光油亮、闻之酱香浓郁、尝之香辣爽口，且肉香骨脆、嚼劲绵长，充分体现出了“香、辣、鲜、醇”的风味特点。

永州血鸭

永州血鸭是湖南永州的一道地方传统名菜，据传其创始于宋朝，成名于太平天国时期。在永州各地几乎家家户户都会制作此菜。其以麻鸭、鲜鸭血、毛豆、扁豆、花生、朝天椒、仔姜、茶油等为主辅料，核心要点就是无论炒还是炖，必将新鲜鸭血拌入鸭肉中。出锅后色泽红润，食之香辣咸兼备，且具有开胃凉血的作用。

线路③·豫鄂湘东部纵贯线

人文景观

殷墟

殷墟原称北蒙，是我国商朝后期都城遗址。20 世纪初，因发掘出刻有甲骨文的龟甲而闻名世界。也正是甲骨文的面世，将我国有文字记载的可信历史提前到了商朝，也产生了一门新的学科——甲骨学。同时，殷墟也是我国至今第一个有文献可考、并为考古学和甲骨文所证实的都城。通过考古发掘，发现其由殷墟王陵遗址、殷墟宫殿宗庙遗址、洹北商城遗址、甲骨窖穴等构成。

地址： 河南省安阳市殷都区殷墟路 1 号

门票： 70 元 / 人

开放时间： 8:00~18:30

马氏庄园

马氏庄园建于清末至民国初期，是清末头品顶戴、官至广西广东巡抚马丕瑶的府第，有中原第一官宅之誉。整座院落共分三区六路，每路分四个庭院，九道大门，俗称“九门相照”。在建筑风格上，既有典型北京四合院的宽敞明亮，又有晋商大院的深邃富丽；同时，充分应用了中原地区蓝砖灰瓦五脊六兽的传统装饰。

地址： 河南省安阳县蒋村镇西蒋村

门票： 40 元 / 人

开放时间： 9:00~18:00

岳飞庙

中国文字博物馆

中国文字博物馆是我国首座以文字为主题的专题博物馆。馆舍是一组具有现代建筑风格和殷商宫廷风韵的后现代派建筑群，由字坊、广场、主体馆、仓颉馆、科普馆、研究中心、交流中心等建筑组成。馆藏文物 4123 件，涉及甲骨文、金文、简牍和帛书、汉字发展史、汉字书法史、少数民族文字、世界文字等多个方面。

地址： 河南省安阳市北关区人民大道东段 656 号

门票： 50 元 / 人

开放时间： 9:00~17:00

羑里城遗址

羑里城遗址别称文王庙，属于新石器时代、商、周遗址，是世界遗存最早的国家监狱，也是风靡全球的周易文化发祥地。诸如“划地为牢”“文王拘而演周易”等历史典故便出自这里。遗址内有文王庙、文王铜塑、御碑、吐儿冢、演易台、八卦迷宫等景点。

地址： 河南省汤阴县文王路中段

门票： 40 元 / 人

开放时间： 8:00~17:00

岳飞庙

岳飞庙又名精忠庙，也称“宋岳忠武王庙”，是后人为纪念南宋抗金名将、著名民族英雄岳飞而建的祠庙。始建年代已无从考证，现存建筑群落是明朝时重建，后经历代不断增建而成，共有殿庑建筑百余间，其中主要建筑有精忠坊、上门、大殿、二殿、施全祠、碑林、御碑亭等。

地址： 河南省汤阴县岳庙街 86 号

门票： 45 元 / 人

开放时间： 8:00~18:00

比干庙

比干庙始建于北魏时期，明朝弘治年间进行了重建，是一座庙墓合一的建筑群，也是我国第一座含墓祭人的祠庙、第一座有记载的坟丘式墓葬。其主体建筑由神道、照壁、山门、二门、碑廊、木坊、配殿、大殿等组成，建筑古朴而不失巍峨。

地址： 河南省卫辉市比干大道北端

门票： 59 元 / 人

开放时间： 8:00~19:00

潞简王墓

潞简王墓是我国目前保存现状最好、占地面积最大的一座明代藩王陵墓。墓主潞简王朱翊镠是万历皇帝的弟弟，其陵墓也是仿照万历皇帝在明十三陵中的定陵所建，因此被誉为“中原定陵”。其由东墓区、西墓

殷墟

区和神道三大部分组成，整体建筑用材除极少数砖木外，几乎全部采用青石和白石，当地百姓也称其为“中原石头城”。

地址：河南省新乡市凤泉区潞王坟乡坟上村

门票：40 元 / 人

开放时间：8:00~18:00

清明上河园

清明上河园是一座以宋代文化为主题的大型实景公园。其以张择端的写实画作《清明上河图》为蓝本，按照《营造法式》为建设标准而建造，将宋朝市井文化、民俗风情、皇家园林和古代娱乐等内容充分融合，集中再现了古都汴京千年繁华的胜景。游客置身其中，如穿越回宋朝，既可观赏，又可体验古人的生活。

地址：河南省开封市龙亭西路 5 号

门票：120 元 / 人

开放时间：9:00~22:00

开封府

开封府一是指始于五代后梁的一种行政建制，二是指北宋汴梁的行政、司法衙署。今天游客所见的开封府则是依照《营造法式》重建的府衙建筑。其以府门、仪门、正厅、议事厅、梅花堂为中轴线，辅以天庆观、明礼院、潜龙宫、清心楼、牢狱、英武楼、寅宾馆等五十余座大小殿堂、楼宇，布局规整，庄重典雅，处处体现了宋代的建筑风格。每天，游客还可以欣赏到“开衙仪式”“包公断案”“喷火变脸”等表演。

地址：河南省开封市鼓楼区包工东湖北岸 1 号

门票：60 元 / 人

开放时间：7:00~19:00

铁塔公园

铁塔公园是以现存的铁塔，即开宝寺塔而命名的一座名胜古迹公园。在北齐时，铁塔一带曾建有名为独居寺的佛教寺院，唐朝时改名为封禅寺，北宋时再次更名为开宝寺，并修建了铁塔。因战乱及黄河泛滥等影响，开宝寺今已荡然无存，唯有铁塔屹立近千年。虽说名为铁塔，其实并非铁制，而是因遍体通砌褐色琉璃砖，很似铁柱，从元代起民间便称其为“铁塔”。

地址：河南省开封市顺河回族区北门大街 210 号

门票：50 元 / 人

开放时间：7:30~18:30

大相国寺

大相国寺原名建国寺，始建于北齐天保年间，唐朝时改名大相国寺。北宋时曾多次扩建，是当时全国的佛教中心，后因战乱和水患而全部损毁。从清初至民国时期，进行了复建、重修、翻修，现保存有天王殿、大雄宝殿、八角琉璃殿、藏经楼、千手千眼佛等殿宇古迹。每年秋季，寺内还会举行水陆法会等祈福活动。

开封府

大相国寺

地址：河南省开封市鼓楼区自由路西段 36 号

门票：40 元 / 人

开放时间：8:00~18:30

免费 **朱仙镇**

朱仙镇又名聚仙镇，早在春秋时期就已有居民生活，进入北宋时渐渐由村落演进为驿站，进而演进为集镇。明清时期，漕运复兴，朱仙镇作为贾鲁河航运终点，码头林立、帆樯云集，成为中原地区繁盛一时的商业重镇。清末，则因河道淤塞，铁路的兴起，而迅速衰落。目前，镇上保留有启封故园、岳飞庙、古运粮河、青龙背明代战场遗址等景点。

地址：河南省开封市祥符区朱仙镇

开放时间：全天

免费 **河南博物院**

河南博物院创建于 1927 年，新馆于 1998 年建成对外开放，其馆舍主体建筑以元代古观星台为原型，经艺术夸张演绎成“戴冠的金字塔”造型，远观气势宏伟。目前，馆藏文物 17 万余件 / 套，其中以青铜器、玉石器、陶瓷器、石刻造像等最具特色，馆藏精品有莲鹤方壶、妇好鸮尊、杜岭方鼎等。

地址：河南省郑州市金水区农业路 8 号

网址：http://www.chnmus.net

电话：0371-63511237

开放时间：9:00~17:30

郑州园博园

郑州园博园于 2017 年开园，是以园林景观为主的一处旅游景区。园内重点建设了具有浓郁中原传统文化风情的轩辕阁、华夏馆、儿童馆、同心湖、华盛轩、豫园等山水园林景观。同时吸引国内外 92 个城市和 2 个国际设计师规划建设了 94 个室外展园，汇聚了国内外多种造园风格，为游客呈现了一“席”园林的视觉盛宴。

地址：河南省郑州市航空港实验区梁州大道与苑陵路交会处

门票：45 元 / 人

开放时间：9:00~18:00

■ 许昌春秋楼

■ 黄鹤楼

郑国车马坑景区

郑国车马坑景区即郑国贵族墓地，是郑韩故城的重要组成部分，也是东周列国中贵族墓葬区规模最大的一处。贵族墓葬群与大型车马坑群排列密集，保存完好。其中长宽超过20米的特大型墓4座，大中型车马坑23座，构成了一个庞大的车马坑群。景区主要对外展示了一号车马坑、郑公中字型大墓、郑国大夫墓等。

地址：河南省新郑市文化路1号

门票：30元/人

开放时间：8:30~18:30

免费 新郑博物馆

新郑博物馆虽说是一个县级博物馆，却馆藏有6万余件文物，在国内同级别博物馆中无出其右者。主要藏品有春秋战国时期的青铜礼乐器、兵器和生活生产用具，以及裴李岗文化时期的陶器、石器、动物化石等。

地址：河南省新郑市轩辕路228号

开放时间：8:30~11:00，14:00~17:00

许昌春秋楼

许昌春秋楼又名大节亭，历史上曾有关公宅、武安王庙、关王庙、“两院英风”庙、关夫子祠及关帝庙等多种称呼。其创建于元朝，曾有山门、钟鼓楼、春秋楼、中殿、后殿、关帝三代祠、昭烈皇后祠、问安亭等众多建筑，后大都毁于战火，只残留春秋楼一座。1995年，对其所处的建筑群落进行了修复。

地址：河南省许昌市魏都区文庙前街春秋广场

门票：30元/人

开放时间：8:00~17:30

钧官窑址博物馆

钧官窑址博物馆是以北宋钧官窑遗址为基础，投资兴建的一座集遗址保护、文物陈列、技术研发、学术交流、钧瓷制作、宣传教育为一体的遗址类钧瓷专题博物馆。由主展馆、北宋钧官窑遗址和钧瓷研发中心三部分组成，其中主展馆又被分为大禹之州、浴火千年、御用官钧、成器之道、万彩永辉及文苑雅集六个展厅。对钧瓷、钧瓷文化，及整个禹州的历史文化进行了比较全面的展示。

地址：河南省禹州市钧官窑路492号

门票：20元/人

开放时间：9:00~17:00

小商桥

小商桥位于小商河上，因古时商王经此，而留下小商河之名，桥则因河而得名，河又因桥而出名。据史载，小商桥始建于隋开皇年间，宋代曾大修，元大德年间则进行了重修，以后历朝均有不同程度的修葺。但其主体结构却是北宋建筑风格，而且设计科学、造型优美、工艺精湛，具有极高的历史、艺术和科学价值。

地址：河南省临颍县商桥镇107国道西侧

门票：40元/人

开放时间：8:00~17:30

免费 鄂豫皖革命纪念馆

为缅怀先烈丰功伟绩，弘扬大别山革命精神，信阳市于2007年兴建开放了鄂豫皖革命纪念馆。通过图文与近5000件实物相对应的方式，全面展示了鄂豫皖革命根据地形成、发展和不断壮大的过程，着重介绍了从大革命时期到解放战争时期，各个历史阶段发生在鄂豫皖大地上的重大历史事件。

地址：河南省信阳市浉河区北京路红军广场

开放时间：9:00~17:00

免费 孝昌县小河村

孝昌县小河村始建于宋代，现存一条长1600米的古街，街道两旁完整保留有300多栋明清时期的二层阁楼式古建筑。这些建筑彼此相连，一家损则邻家危，也正因为相互牵制，从而使古街原貌得以保留，并成为湖北省内保存最为完整的明清古街。

地址：湖北省孝昌县小河村

开放时间：全天

黄鹤楼

黄鹤楼始建于三国时期，当时只是一座瞭望守戍的军事楼，随着三国的统一，其也就失去了军事价值，渐渐成为官商行旅的观赏楼。后因唐朝诗人崔颢题诗《黄鹤楼》及李白作《黄鹤楼送孟浩然之广陵》，而使其闻名天下。在历史上，黄鹤楼曾屡毁屡建，今天所见是以清同治楼为蓝本，于1985年落成的新楼。虽说是新楼，但比旧楼更加雄伟壮观。

地址：湖北省武汉市武昌区蛇山西山坡特1号

门票：70元/人

开放时间：8:00~18:20

武汉东湖

东湖因位于武汉市武昌东部而得名，现为我国水域面积最为广阔的城中湖之一。它是由长江淤塞而形成，历史上曾与长江及武昌其他湖泊相连。清末，湖广总督张之洞下令在长江与东湖之间修建了武金堤和武青堤，从而使其与长江分离。如今，湖岸曲折、港汊交错、碧波万顷、青山环绕、岛渚星罗的东湖已成为武汉最著名的旅游风景区。

地址： 湖北省武汉市武昌区沿湖大道16号

开放时间： 全天

归元禅寺

归元禅寺始建于清顺治年间，太平天国时期禅堂寮舍被毁，后寺院主持募集资金对其进行了重建。整个建筑群坐西朝东，分前、后两区，前区（老区）由北院、中院和南院三个各具特色的庭院组成，分别拥有藏经阁、大雄宝殿和罗汉堂等三组主体建筑群。

地址： 湖北省武汉市汉阳区翠微路 20 号

门票： 10 元 / 人

开放时间： 8:00~17:00

免费 湖北省博物馆

湖北省博物馆筹建于 1953 年，现有建筑面积 5 万余平方米，馆舍主体建筑呈一主两翼“品”字形格局。整个建筑群高度体现了高台建筑、多层宽屋檐、大坡式屋顶等楚式建筑特点。现有馆藏文物 24 万余件，代表性品类有史前陶器、青铜器、漆器、竹简等，其中郧县（今十堰市郧阳区）人头骨化石、越王勾践剑、曾侯乙编钟和元代青花四爱图梅瓶被誉为四大“镇馆之宝”。

地址： 湖北省武汉市武昌区东湖路 160 号

网址： http://www.hbww.org

电话： 027-86794127

开放时间： 9:00~17:00

免费 武昌首义文化旅游区

武昌首义文化旅游区是武汉市在纪念辛亥革命 100 周年之际打造的经典文化旅游项目，由辛亥革命武昌起义纪念馆、首义广场、辛亥革命博物馆、紫阳湖公园、起义门、首义碑林等景点组成，是一处集教育、观赏、休闲、购物、娱乐于一体的综合性主题文化旅游区。其中辛亥革命博物馆是一座独特的“V”型红色调建筑，很有气势。里面则通过数百件历史文物及历史照片、场景还原，对辛亥革命进行了全面的介绍。

辛亥革命博物馆

地址： 湖北省武汉市武昌区武珞路

开放时间： 9:00~17:00（辛亥革命博物馆）

三国赤壁古战场

三国赤壁古战场是赤壁之战的发生地，也是我国古代“以少胜多，以弱胜强”的七大战役中唯一尚存原貌的古战场。这一战也产生了诸多经典的军事计谋，如苦肉计、反间计、连环计等。目前，境内主要景点有赤壁摩崖石刻、周瑜塑像、拜风台、凤雏庵、翼江亭、赤壁大战陈列馆、赤壁碑廊、千年银杏、三国雕塑园等数十处。

地址： 湖北省赤壁市赤壁镇武侯巷 6 号

门票： 135 元 / 人

开放时间： 8:30~17:30

岳阳楼

岳阳楼始建于 220 年前后，相传为三国时期东吴大将鲁肃的阅军楼，南北朝时成为巴陵城楼，自唐朝李白赋诗之后，始称岳阳楼。北宋范仲淹作《岳阳楼记》，使其名满天下。在历史上，其曾数次被毁，又数次重建，今日所见为 1880 年重建，并于 1934 年重修后的岳阳楼。也是江南三大名楼中唯一保持了历史原貌的古建筑。其最大的特点就是盔顶式结构，绝对令人过目不忘。

地址： 湖南省岳阳市岳阳楼区洞庭北路

门票： 70 元 / 人

开放时间： 7:00~18:30

君山岛

君山岛古称洞庭山、湘山、有缘山，是洞庭湖中的一座小岛，总面积 0.96 平方公里，由大小 72 座山峰组成，被“道书”列为天下第十一福地。唐朝诗人刘禹锡曾用“白银盘里一青螺”来描绘它身处八百里洞庭的秀姿。岛上名胜古迹众多，相传曾有 36 亭、48 庙、5 井、4 台，以及众多题书刻石。如今主要景点有龙涎亭、龙涎井、洞庭庙、飞来钟、湘妃祠、二妃墓、柳毅井与传书亭等。

地址： 湖南省岳阳市君山区柳林洲镇洞庭湖

门票： 78 元 / 人

开放时间： 8:00~18:00

张谷英村

相传明朝洪武年间，江西人张谷英行至此地时，见群山环绕，自然环境优美，便决定定居此处，后形成村落，即以张谷英

■ 岳阳楼

为名。古村发展至今500多年，完整保留了1700多栋明清古建筑。整个建筑群由当大门、王家塅、上新屋三大群体组合而成。总体布局依地形呈“干枝式”结构，主堂与横堂皆以天井为中心组成单元，各个单元自成庭院，各个庭院贯为一体，且排水、采光、通风、防火设施完备，素有民间故宫之称。

地址：湖南省岳阳县张谷英镇

门票：45元/人

开放时间：全天

免费 任弼时纪念馆

任弼时纪念馆由铜像广场、任弼时生平业绩陈列馆、故居、游客服务中心四大部分组成。其中陈列馆通过200多件文物、400多张图片，分6个专题，对任弼时同志在建团、建党、建军、建国四个方面的丰功伟绩进行了展示。故居则是建于清末的一组砖木结构民居。

地址：湖南省汨罗市弼时镇唐家桥村

开放时间：8:30~17:30

屈子祠

屈子祠也称屈原庙，始建于汉代，原址已无从考证，明嘉靖年间曾在汨罗江边建有汨罗庙，后被江水冲毁。清乾隆年间在汨罗城西北玉笥山顶新建了汨罗庙，同治年间，乡间集资重修后，更名为屈子祠。今存建筑有正殿、信芳亭、屈子祠碑等。祠内有树龄在300年以上的桂树多株，每逢中秋节，桂花盛开，馨香四溢，令人陶醉。

地址：湖南省汨罗市屈子祠镇

门票：55元/人

开放时间：8:15~17:00

免费 橘子洲

橘子洲是湘江下游众多冲积沙洲中面积最大的沙洲，也是世界上最大的内陆洲，被誉为“中国第一洲”。据史载，形成于西晋时期，为激流回旋冲积、沙石堆积而成。其由南至北，横贯江心，西望岳麓山，东临长沙城，绵延十多里，狭处横约40米，宽处横约140米。上面有毛泽东青年艺术雕塑、问天台等景点。

地址：湖南省长沙市岳麓区橘子洲头2号

开放时间：全天

岳麓书院

免费 岳麓山

岳麓山是南岳衡山72峰的最后一峰，属于城市山岳型风景名胜区。岳麓山之名则来自南朝宋时《南岳记》中“南岳周围八百里，回燕为首，岳麓为足”的记载。景区内主要景点有岳麓书院、爱晚亭、麓山寺、云麓宫、新民学会旧址、黄兴墓、蔡锷墓、第九战区司令部战时指挥部旧址等，尤以岳麓书院最为有名，其历经千年，弦歌不绝，故有“千年学府”之称。

地址：湖南省长沙市登高路58号

开放时间：全天

免费 湖南省博物馆

湖南省博物馆是湖南省最大的历史艺术类博物馆，目前共有馆藏文物18万余件，尤以马王堆汉墓出土文物、商周青铜器、楚文物、历代陶瓷、书画和近现代文物等最具特色。馆内设有“长沙马王堆汉墓陈列”和“湖南人——三湘历史文化陈列”两个基本陈列和青铜、陶瓷、书画、工艺4个专题展馆，是了解湖湘文明进程、领略湖湘文化奥秘的重要窗口。

地址：湖南省长沙市东风路50号

网址：http://www.hnmuseum.com

电话：0731-84415833

开放时间：9:00~17:00

天心阁

天心阁原名天星阁，是长沙古城的一座城楼。始建于明末，清乾隆年间重修，抗战期间因文夕大火烧毁，1983年再次重建。新建阁楼具有明清两朝城楼的风格，主阁由60根木柱支撑，上有32个高啄鳌头，32只风马铜铃，10条吻龙。阁前后石栏杆上雕有62头石狮，还有车、马、龙、梅、竹、芙蓉等石雕，体现了长沙楚汉名城的风貌。

地址：湖南省长沙市天心区天心路17号

门票：32元/人

开放时间：7:30~17:30

免费 花明楼旅游区

花明楼原本是一个很普通的江南小镇，因是国家领导人刘少奇的故乡，而为世人所知，并被开发为旅游区。景区以刘少奇故居为依托，又建设了纪念馆、铜像广场、文物馆、花明楼、修养亭、万德鼎、九龙柱等系列景点。其中刘少奇故居建于1871年，是一座洁净朴素的土木结构农家四合院。1898年11月24日，刘少奇同志在这里诞生，并度过了他的童年和青少年时代。

地址：湖南省宁乡市花明楼镇

开放时间：8:00~17:30

韶山风景名胜区

韶山是伟大领袖毛泽东的故乡，也是

■ 韶山风景名胜区

其青少年时期生活、学习、劳动和早期从事革命活动的地方。其古属荆楚，相传虞舜南巡至此，赏心悦目，遂与妻臣在山上奏起韶乐，引得凤凰来仪、百鸟和鸣，韶山之名即由此而来。在历史上，韶山即因旖旎的自然风光、丰富的人文景观，而留有著名的“四绝”“八景”，并被载入了众多史志典籍。如今，除了享誉世界的红色景点，还有滴水洞、韶峰、云门寺等景点。

地址：湖南省韶山市韶山乡

门票：红色景点免费，滴水洞 50 元 / 人，韶峰 80 元 / 人

开放时间：7:00~18:00

免费 彭德怀纪念馆

彭德怀纪念馆是以彭德怀故居为依托建立起来的全国唯一一座完整、系统地介绍彭德怀同志生平业绩的传记性纪念馆。由彭德怀故居、纪念馆、彭德怀铜像、德怀墓、德怀亭和烈士墓等组成。其中彭德怀故居原为几间茅屋，至 1925 时已破落的无法居住，便由彭德怀出资，其胞弟金华、荣华修筑了今天所见的房舍。

地址：湖南省湘潭县乌石镇

开放时间：8:00~17:30

石鼓书院

石鼓书院始建于唐元和年间，因建于石鼓山，故名，是我国古代创建最早的书院。1944 年，在衡阳保卫战中，书院毁于日军炮火。2006 年，衡阳市政府依据清代格局，重建了石鼓书院。现主要由禹碑亭、武侯祠、李忠节公祠、大观楼、合江亭、朱陵洞等建筑组成。

地址：湖南省衡阳市石鼓区湘江北路 69 号

门票：20 元 / 人

开放时间：8:00~18:00

■ 石鼓书院

■ 郑州黄河风景名胜区

板梁古村

板梁古村始建于宋末元初，曾是金陵古驿道上重要的商埠。整个村落依山势而建，小河绕村而去，三大古祠排列村前，石板路连通大街小巷，可以说处处流露着古风。至今，村中仍保存了 360 多栋完好无损的明清古建筑。这些老民居虽说饱经沧桑，依然难以掩饰其曾经雕梁画栋的精美。

地址：湖南省永兴县高亭乡板梁古村

门票：35 元 / 人

开放时间：8:30~17:00

线路③·豫鄂湘东部纵贯线 自然风光

云梦山

云梦山又名青岩山，战国时期曾是鬼谷子的隐居地，也是苏秦、张仪、孙膑、庞涓、毛遂、李牧等一众学生的求学圣地，素有中华第一古军校的美誉。同时，因自然景色优美，云梦山自古以来就是游览胜地，引得文人墨客竞相摩崖题记。其中著名景点有鬼谷祠、鬼谷墟、舍身台、映瑞门等。

地址：河南省淇县云梦山风景区

门票：60 元 / 人

开放时间：7:00~19:00

古灵山

古灵山是封神榜故事发生地、人祖女娲修真处及纣王降香处，因此具有深厚的文化积淀。明朝嘉靖年间，淇县县令于慧曾题写了灵山十景：危岩少进，群峰耸翠，列柿流丹，一经蓬壶，半岩风雨，九天鸣佩，巨崖走蛟，双剑横秋，东海龙吟，西山虎啸。如今，古灵山则有女娲宫、女娲峰、女娲池、太公湖、玉带河、醒目泉、古佛洞、补天阁、灵峰等景点二百余处。每年还会举办山水旅游节等节庆活动。

地址：河南省淇县古灵山风景区

门票：30 元 / 人

开放时间：9:00~17:30

郑州黄河风景名胜区

郑州黄河风景名胜区是以郑州黄河国家地质公园为依托，开发建设的旅游风景区。目前，已经建成并对外开放有五龙峰、岳山寺、大禹山、炎黄二帝、星海湖五大景区，涵盖了炎黄二帝巨塑、哺育像、大禹、黄河碑林、万里黄河第一桥、毛主席视察黄河处等四十余个景点，已成为海内外华人寻根祭祖的旅游胜地。

地址：河南省郑州市惠济区江山路黄河南岸 1 号

门票：48 元 / 人

开放时间：6:00~20:00

鄢陵国家花木博览园

鄢陵国家花木博览园建成于 2002 年，整个园区被划分为博览会展区、蜡梅文化展示区、竹类植物展区、生态科普展示区、热带植物盆景展示区、休闲度假区、游乐区、系列景观区等十三大功能区域。培育有苏铁类、银杏类、松柏类、紫薇类、花草类、水生花卉等 2800 多个品种。园中景色则会因

季节变化而呈现出不同的风貌。

地址：河南省鄢陵县311国道花木博览园

门票：40元/人

开放时间：7:30~18:30

嵖岈山

嵖岈山又名玲珑山、西游仙山，系伏牛山东缘余脉，是一个花岗岩造型的地貌区，由蜜蜡山、南山、北山、六蜂山、花果山和天磨山等彼此相连的山峰组成，秀蜜湖、琵琶湖、百花湖、天磨湖分布其中，共有峰、洞、棚、石等各类景点300多处。据传，吴承恩曾在这里创作了《西游记》。这里也曾是我国第一个人民公社——嵖岈山卫星人民公社的诞生地。

地址：河南省遂平县嵖岈山风景区

门票：65元/人

开放时间：8:00~17:30

■ 嵖岈山

鸡公山

鸡公山位于大别山西端，是我国四大避暑胜地之一。自1902年平汉铁路通车后，外国富商、传教士及国内的达官显贵纷纷在山上购地修建别墅。鼎盛时期，山上有超过500栋各种风格的西洋建筑，因此鸡公山又被誉为万国建筑博物馆。除了建筑，山上还有佛光、云海、雾凇、雨凇、霞光、异国花草、奇峰怪石、瀑布流泉八大自然景观。

地址：河南省信阳市浉河区107国道

门票：60元/人

开放时间：8:00~17:30

■ 南湾湖风景区

南湾湖风景区

南湾湖又称南湖，其前身是始建于1952年的南湾水库。水库大坝雄峙两山之间，拦腰截断浉河，从而形成了水光潋滟、山色葱翠的旖旎风光。如今，其已被开发为南湾湖风景区，汇集森林、岛屿、山峦、湖泊、池潭、瀑布等诸多自然景观。主要景点有茶岛、花鲢岛、鸟岛、猴岛、南湾湖大坝、贤隐寺等。

地址：河南省信阳市浉河区南湾街188号

门票：60元/人

开放时间：8:00~17:00

观音湖风景区

观音湖是一处集山、水、自然、人文景观于一体的风景区。景区内层峦叠嶂，大悟山、小悟山隔湖相望、南北对峙，峰奇景秀。另外，景区内还遗留有多处历史人文景观与红色革命遗迹，如观音阁、太平古寨、抗日军政大学第十分校、新四军党校、被服厂等。

地址：湖北省孝昌县环湖南路小悟乡境内

门票：50元/人

开放时间：9:00~22:00

木兰文化生态旅游区

木兰文化生态旅游区是武汉市黄陂区依托木兰故里这块招牌，所打造的一个大型综合旅游区。由木兰山、木兰天池、木兰草原、木兰云雾山四大景区组成，涵盖了武汉境内最高的山、最洁净的湖、最大的森林公园、最多样化的动植物种类，将幽、奇、险、秀的风光汇集于一体。景区内还有种类繁多的花园、果园、茶园等农业观光园，非常适合休闲旅行。

地址：湖北省武汉市黄陂区胜景大道

门票：木兰山、木兰云雾山、锦里沟均为80元/人，木兰天池70元/人

开放时间：7:00~18:00

陆水湖

陆水湖因三国东吴名将陆逊在此驻军而得名。其水域面积广阔，湖中岛屿星罗棋布，湖水澄明碧透。位于南岸的雪峰山林丰竹茂，山脚溶洞中的石笋、石幔、石花则千姿百态、妙景天成。是一处避暑消闲、旅游度假的理想去所。

地址：湖北省咸宁市赤壁市陆水湖大道646号

门票：100元/人

开放时间：7:30~17:30

洞庭湖

洞庭湖在历史上曾有云梦、九江、重湖等诸多称谓，洞庭湖之名，始于春秋战国时期，因湖中洞庭山（即今君山）而得名。如今其大致可分为东洞庭湖、南洞庭湖和西洞庭湖三部分。其中东洞庭湖面积最大，岳阳楼和君山岛等风景名胜都位于这里。南洞庭湖指赤山与磊石山以南诸湖泊，主要有东南湖、万子湖和横岭湖。西洞庭湖指赤山湖以西诸湖泊，目前仅存七里湖和目平湖。湖区跨度从岳阳到益阳，再到常德，八百里洞庭绝非浪得虚名。

地址：湖南省岳阳市·益阳市·常德市

衡山

衡山又名南岳、寿岳、南山，据记载，因其位于二十八宿的轸星之翼，变应玑衡，铨德钧物，犹如衡器，可秤天地，故名衡山。主要山峰有回雁峰、祝融峰、紫盖峰、岳麓

山等，其中海拔1300.2米的祝融峰是最高峰，以祝融为名则是为了纪念人文祖先赤帝祝融。衡山同时也是我国历史上著名的道教、佛教圣地，环山遗留有众多寺、庙、庵、观等。主要景点有藏经殿、方广寺、万寿大鼎、水帘洞、大善寺、南岳大庙等。

地址：湖南省衡阳市南岳区南岳镇金沙路

门票：100元/人

开放时间：8:00~18:00

东江湖风景区

东江湖风景区是一处以东江水库为主体，以东江急流险滩、兜率灵岩神境、龙景峡谷奇景、岛屿群落景观为特色的湖岛型旅游区。景区内山丘、江湖、岛屿、溶洞、名刹、温泉、古迹等自然、人文景观交相辉映，形成了雄、奇、秀、幽、旷的风光特色。主要景点有东江漂流、雾漫小东江、东江大坝、龙景峡谷、奇石馆、寿佛寺等。

地址：湖南省资兴市王家庄88号

门票：80元-318元/人

开放时间：8:30~15:30

线路③·豫鄂湘东部纵贯线

富饶物产

缠丝鸭蛋

缠丝鸭蛋是河南淇县特产。从外观看来，其与普通鸭蛋无异，而蛋壳内的容物大不一样。缠丝鸭蛋的蛋黄大，且呈鲜红色，煮熟后用细线拉成两半，不仅蛋清可层层剥离，最奇妙的是蛋黄内有一圈圈红黄相间的色环，即一环红色，一环黄色，一直缠到蛋黄的核心，缠丝鸭蛋因此而得名，素有“金丝伴银线，精品缠丝蛋”之誉。重要的是食用时没有腥味，且味道鲜美。

封丘金银花

金银花学名忍冬，因其开花有两色，初开为白色，成熟后为金色，故被称为金银花。封丘是我国金银花的原产地之一，在当地已有1500多年的栽培历史。独特的地理环境和管理方式，使封丘金银花具有独特的直立性能，从而利于通风透光，因此养分吸收好，所产花蕾则具有粗长肥厚、色艳质佳、香气扑鼻、药用效力高的显著特点。

封丘树莓

封丘树莓

封丘树莓俗称托盘、山莓果，在中草药里称其为覆盆子，为蔷薇科悬钩子属植物，其根、茎、叶、花、果全身皆可入药。树莓果还是人体可吸收植物SOD最多的水果，因此具有美容、抗衰老的作用。其既可以鲜食，也可以制成果干，还可以酿制果酒、制作饮料等。截至2016年，封丘已成为我国最大的树莓产区。

卫红花

卫红花在河南卫辉市有着悠久的栽培历史，曾与怀庆府的菊花、彰德府的棉花一起被誉为“豫北三花”。其以量高质佳、蕊长色红、手抓油润、劲擞不折、药香扑鼻的特征，仅次于闻名的藏红花，是一味道地的中药材。

汴绣

汴绣起源于宋朝，当时的京都汴梁，刺绣业异常繁荣，不仅宫中设有文绣院，专为皇帝王妃、达官贵人刺绣服饰和绣画，民间更是有绣工聚居的绣巷，专门经营各种绣品。直至今天，汴绣依然是我国绣苑中的一朵奇葩，并以绣工精致、针法细密、图案严谨、格调高雅、色彩秀丽而著称。

新郑大枣

新郑大枣又名鸡心大枣、鸡心枣，是新郑最著名的特产。早在春秋时期，郑国都城的街道上已是枣树成行，而且在新郑民间的汉代铜镜上也铸造有关于大枣的词句，可见新郑的枣文化非常悠久。如今，新郑更是将枣树定为了市树，将大枣作为一个产业来发展。在众多品种中，尤以中熟的灰枣和鸡心枣栽培最多。其成熟果实具有皮薄、肉厚、核小、味甜的特点。

黄河鲤鱼

黄河流域面积广阔，沿线孕育了多个黄河鲤鱼品种，河南黄河鲤鱼便是其中一种。黄河进入河南后，水流变缓，河床变宽，水体中养分富集，为黄河鲤鱼提供了丰富的饵料，从而使所产鲤鱼具有体态丰满、肉质肥厚、细嫩鲜美、营养丰富的显著特点。

河阴石榴

河阴石榴是河南荥阳市特产，其栽培始于汉朝，唐朝时已非常盛行，以后历朝则作为朝廷贡品。因生长环境土壤肥沃，水源充沛，且日照时间长，昼夜温差大，从而使

■ 衡山

河阴石榴具有了果面着色好、籽粒大、核特软、甜味浓的特点。

长葛枣花蜜·蜂胶

长葛有300多年的养蜂历史，历史上还曾生产制作蜂具销往全国各地。因所处地域广泛栽植枣树，从而使枣花蜜的酿制成为当地非常著名的一项产业。所产枣花蜜具有光泽感和浓郁的特有香气，且口感甘甜。兴盛的蜂产业不仅成就了长葛甜蜜的枣花蜜，同时也成就了蜂胶。长葛蜂胶一般呈不透明的团块，红黄色，有杨树树脂芳香气味，口尝微苦，略带辛辣味，具有治疗肠道疾病及降三高的显著作用。

钧瓷

钧瓷是河南禹州市特产。其始于唐，盛于宋，是我国古代五大名瓷之一，以独特的釉料及烧成方法所产生的神奇窑变而闻名于世，素有"入窑一色，出窑万彩"之誉。其主要贡献是烧制出了艳丽绝伦的红釉钧瓷，从而开创了铜红釉之先河，打破了我国高温颜色釉只有黑釉和青釉的局面，开拓了新的陶瓷艺术境界。

鄢陵蜡梅

鄢陵蜡梅又称黄梅、香梅、干枝梅。其在鄢陵的栽培始于唐朝，明清时已被大面积种植。目前，已有虎蹄蜡梅、磬口蜡梅、素心蜡梅、檀香蜡梅等30多个品种。因其花蜡质厚、花型大、花期长、香味浓烈，而被列为梅中上品。

许昌腐竹

在历史上，许昌所处地域即因盛产大豆，而有制作豆制品的传统。新中国成立，当地政府将散落民间的小作坊有计划地组织起来，成立许昌腐竹厂，进行专业化的生产。至20世纪末，许昌腐竹的产量已占到了全国总产量的三分之二，成为著名的腐竹之乡。

禹白附·禹白芷·禹南星

禹白附、禹白芷、禹南星都是河南禹州特产。其中禹白附是植物独角莲干燥的块茎，药材名为白附子。具有逐寒湿、祛风痰、镇痉的药用功能。禹白芷是伞形科植物白芷的干燥根，其通常被作为中药饮片、保健化妆品原料、香料等广泛应用。其种子、种苗还被列为科技保密项目，禁止出口。禹南星即禹州市产天南星，是历史悠久的中药之一，具有解毒消肿、祛风定惊、化痰散结的功效。

钧瓷

信阳毛尖

棠溪宝剑

在《史记》中，曾有天下九大名剑的记载，棠溪宝剑位列第一，知名度甚高的镆铘、干将仅分列八、九位。由此可见，棠溪宝剑在历史上的地位。公元817年，唐宪宗发兵平定中原叛乱时，将棠溪冶铁城夷为平地，杀尽工匠，棠溪宝剑铸造技艺自此失传。1986年，高锡坤父子在经过数十年潜心研究、试验之后，终于使失传千年的铸剑绝技再现人间，并于1987年恢复了棠溪宝剑的生产制作。

确山夏枯草

夏枯草因夏至后即干枯而得名，在确山又被叫作牛对头。其属于多年生草本植物，以干燥果穗入药，味辛、苦、寒，有清肝明目，消肿散结的功效。除了作为常用的中草药，它还被广泛应用于凉茶生产。目前，国内八成以上的夏枯草来自确山。

确山板栗

确山板栗简称确栗，素以色泽鲜亮、坚果大、果肉肥厚、肉质细腻、营养丰富、口感香甜味美等诸多优点而著称。早在《诗经》中就有关于确山一带出产板栗的记载。如今，在确山依然保留有180余株千年老栗树，且被评为国家级农业文化遗产。

信阳毛尖

信阳毛尖又称豫毛峰，属绿茶类。主要产地在信阳市浉河区、平桥区和罗山县。民国初年，因当地的五大茶社产出品质上乘的本山毛尖茶，于是被正式命名为"信阳毛尖"。其具有细、圆、光、直、多白毫、香高、味浓、汤色绿的独特风格。而且还具有生津解渴、清心明目、提神醒脑、去腻消食等多种功效。根据采摘季节的不同，其又有春茶、夏茶和秋茶之分。

大悟绿茶

据考证，从唐朝起，大悟茶就已是朝廷贡品。至清末则跻身当时的名茶之列。大悟绿茶是以当地特殊气候条件下，茶树新梢的芽叶，经过摊青、杀青、做形、干燥、精选等工艺加工而成。冲泡后具有香气嫩香持久、滋味鲜嫩爽口、汤色嫩绿明亮的特点。

太子米

太子米主要产于孝昌县邹岗镇牛迹山附近。据传，唐朝时李渊南巡途经此处，尝了当地所产大米后，赞不绝口，于是下令岁岁进贡，因皇太子非常喜欢食用，遂得名太子米。其主要特点是米粒呈半透明状、有光泽，做成饭后有油光、饭香浓郁、入口柔软滑顺、黏而不粘口。

观音湖绿茶

孝昌种茶历史可上溯至秦，唐朝为鼎盛时期，且种茶品茗之风千年不绝。观音湖绿茶则主要产于孝昌县的山林地区，四季分明、雨量丰富、常年云雾缭绕的自然环境为茶树的生长创造了十分适宜的条件。其成品茶外形扁平光直，挺秀翠绿，匀齐光洁，显毫；冲泡后汤色嫩绿明亮，香气清香持久，显花香；品饮则滋味鲜醇，润爽。

周巷凤凰茶

周巷凤凰茶是孝昌县周巷镇特产，因这种茶叶主要采自境内的凤凰山而得名。其成品茶外形挺直平伏，色泽绿润，完整匀齐，多茸球，内质栗香持久；冲泡后汤色嫩绿明亮，滋味鲜爽，叶底嫩绿明亮成朵。

黄陂荆蜜

黄陂荆蜜是我国四大名蜜之一，其蜜源来自野生荆条花，主要产地是武汉黄陂区木兰生态旅游区内的山林和丘陵地带。因黄陂地域内的荆条以篮花、红花、紫花居多，所产蜂蜜多为浓重的琥珀色，气味如花香，口感绵润，甜而微酸，回味悠长。与普通蜂蜜相比，其果糖含量要高出3%，淀粉活性酶更是一般蜂蜜的2倍以上。

汉绣

汉绣是以楚绣为基础，融汇南北诸家绣法之长，而形成的一种富有鲜明地方特色的新绣法。其起源于何时，还没有定论，但在清末民初却异常繁盛。当时，主要流传于湖北荆州、荆门、武汉、洪湖一带，绣品主要可分为三类，即生活用品、装饰品、礼仪用品。抗战时期，日军烧毁了汉口的绣花街，汉绣自此凋零，直至20世纪80年代才得以渐渐恢复。

梁子湖大河蟹

梁子湖是湖北省第二大湖，水质达到国家二类标准。湖中水草密布，水质澄清，底平滩多，螺、蛳、蚌、蚬等水生动植物丰富。特别是河蟹喜食的底栖软体动物、水生昆虫等尤为丰富，为河蟹生长肥育提供了充足的天然饵料。所产河蟹则具有个大、肚白、肉鲜、味美的特点。

洪山紫菜苔

洪山紫菜苔是与武昌鱼齐名的湖北特产，在清代的多部史志资料中都对它有评价极高的记载。据传，慈禧常差人来楚索取洪山菜苔，并视其为金殿玉菜。洪山因地处丘陵地带，避风向阳，且拥有适合紫菜苔生长的红壤土，所产紫菜苔色泽艳丽、质地脆嫩、味道清甜，如果与腊肉同炒，则是令人垂涎的美味。

■ 赤壁竹笋

■ 洪山紫菜苔

赤壁竹笋

赤壁素有“中国楠竹之乡”的美称，境内竹林面积达38万亩，为竹笋的生长与收获创造了得天独厚的条件。所产冬笋底小短粗，呈圆锥形，笋体饱满，笋壳呈鲜黄色，肉色乳白，口感鲜嫩；春笋底大粗壮，形态完整，笋壳呈褐黄色，肉色白中泛黄，口感脆爽。

羊楼洞砖茶

羊楼洞砖茶是湖北赤壁市特产，其起源于唐朝，盛于明清。尤其是清末，晋商、粤商以及外商云集羊楼洞，开设了200多座茶庄，让这个千年小镇走向了巅峰。羊楼洞砖茶主要有青砖茶和米砖茶两种，青砖茶色泽青褐，表面光滑，紧结平整，内质香气纯正，随着时间推移愈陈愈香；米砖茶棱角分明，外形美观，纹面图案清晰秀丽，砖面色泽乌亮，冲泡后汤色深红明亮、香气醇和、滋味醇厚。

岳阳黄茶

岳阳黄茶起源于中唐时期，以后历朝均有记载，当时被称为白鹤茶、黄翎毛。至清朝，其发展进入鼎盛时期，民国时曾一度衰落。新中国成立后，对其进行了恢复。如今，岳阳已成为我国黄茶生产、加工与贸易规模最大的集中产业区，产有君山银针这样顶级的黄茶品种。在生产工艺上，其融合了绿茶的杀青、红茶的发酵、黑茶的渥堆、白茶的萎凋、青茶的烘焙，从而汇聚了绿茶的清香、白茶的愉悦、青茶的韵味、红茶的爽口、黑茶的厚重等多重风味特点。

张谷英油豆腐

在湖南岳阳，炸油豆腐的地方有很多，但最出名的却是张谷英油豆腐。这得益于张谷英村坐拥纯净而无污染的山泉水，既滋润了地产黄豆，又做出了上品豆腐。炸制油豆腐时又选用了上好了渭洞茶油。多重因素叠加最终使张谷英油豆腐具有了外黄内白、外实内空、善吸汤汁的显著特点。

岳州扇

岳州扇和苏扇、杭扇齐名，至今已有

湘绣

开封盘鼓

300多年的历史，是岳阳当地最著名的传统手工艺品。其工艺精湛，美观耐用，品种更是多达200种，主要分为纸扇、羽毛扇、绢扇、骨扇、宫扇、帽扇、轻便扇、套扇、戏剧舞蹈扇和香木扇等十几大类。

长乐甜酒

长乐甜酒是湖南汨罗市特产，始于北宋景佑年间。乾隆下江南驻驿长乐时，品饮后赞不绝口，并亲题“长乐甜酒”。其以糯米为主要原料，辅以本地产曲花籽、芝麻花和糙米制成的酒曲酿造而成。成品酒看起来晶莹可鉴，闻起来馥郁芬芳，吃起来唇齿留香。

湘绣

湘绣是以湖南长沙为中心的带有鲜明湘楚文化特色的湖南刺绣产品的总称。它是在民间刺绣的基础上，吸取苏绣、粤绣、京绣等绣系的优点，成长起来的绣苑新秀。其特点是强调形象生动逼真、色彩丰富鲜艳、用色阴阳浓淡相宜，且针法多变、劈线细致，绣品讲究“绣花能生香、绣鸟能听声、绣虎能奔跑、绣人能传神”。其整体风格侧重于写实。

湘莲

湘莲是湖南湘潭特产，在南朝江淹所写的《莲花赋》中已对其进行了记述，可见在1500多年前，湖南已广泛种植湘莲。其品种有寸三莲和以寸三莲为亲本培育的芙蓉莲、太空莲。寸三莲是湘潭历代相传的湘莲品种，以其三粒莲子相连长度为一寸而得名，具有颗粒圆状、均匀，肉色乳白，肉质细腻的特点，煮熟后落口消融，清香四溢。

南岳云雾茶

南岳云雾茶以广济寺所产最为有名。因为广济寺所处位置山高大都在900米以上，一年有好几个月云雾迷蒙，且时常伴有雷雨，所以空气湿润，又有丰富的氮素，无论野生茶还是园茶，都长得鲜嫩翠肥；以此而制成的茶，浓郁清香、沁人心脾、甜润醉人。

西渡湖之酒

西渡湖之酒古称酃酒，又名醽醁酒，是衡阳县西渡镇特产。早在北魏时，已是宫廷贡酒。其以衡阳当地出产的麻矮糯为主要原料，用金鸟井涌出的矿泉水淘洗、浸泡、蒸煮，再经冷却、糖化、陶瓷小缸多次发酵、过滤后始成。酒体金黄透明，浓郁香甜，人称三香，即闻着清香、喝着甜香、斟后余香。

东江鱼

东江鱼是湖南资兴市特产，其并非特指某一种鱼，而是出产于东江湖的鲤、鲫、鲢、鳜、青、草等鱼类的统称。如今，当地人将东江湖盛产的各种鱼，经传统的湘南食品加工方法，结合现代食品加工工艺制作成各种鱼类制品，行销各地，开创了淡水鱼制作鱼类休闲食品的先河。如今，这些鱼类制品也被统称为东江鱼。

线路③ · 豫鄂湘东部纵贯线

民俗文化

朱仙镇木版年画

朱仙镇木版年画诞生于唐朝，明清两朝进入鼎盛时期，后因朱仙镇水陆码头地位的丧失，而逐渐没落。其采用木版与镂版相结合，水印套色的方式印制而成，具有构图饱满，线条粗犷简练，造型古朴夸张，色彩新鲜艳丽的风格特点。内容大多取材于历史戏剧、演义小说、神话故事和民间传说等。

开封盘鼓

开封盘鼓又称大鼓，是开封市特有的一种传统鼓乐表演艺术。表演时会组成十几人，甚至上百人的鼓队，以大鼓为主要乐器，辅以大镲、马锣等铜器，在“令旗”的指挥下，边演奏各种复杂的鼓点，边列队行进。气势十分宏大，远听像惊雷，近听如万炮轰鸣，颇有排山倒海之势，惊天动地之威。

木兰传说

木兰传说是我国民间传说之一，其始于隋唐时期，早期以民间口头语言流传为主要特征，后来出现了完整简练的文字形式。在一千多年的流传过程中，每个历史时期都会融入伦理、民俗、宗教、文学、艺术等多方面的内容，而且每个地方又会赋予不同的思想内容，从而使木兰传说变得异彩纷呈。

线路③ · 豫鄂湘东部纵贯线

特色美食

皮渣

皮渣是冀南、豫北地区的著名特产。其以粉条、红薯淀粉为主要原料，制作时将淀粉加水或高汤稀释，再将粉条放入锅中烫煮变软，然后将准备好的葱姜蒜等佐料与粉条、淀粉汁搅拌均匀，放入笼屉蒸制 50 分钟左右即成。食用时可将其做成皮渣扣碗、皮渣烩菜、凉调皮渣、生煎皮渣等多种菜品，口感筋道、别有风味。

道口烧鸡

道口烧鸡是由安阳市滑县道口镇“义兴张”世家烧鸡店，于清顺治年间所创制。在起初的 100 多年里，像大多数烧鸡一样籍籍无名。进入乾隆末年，因受到御膳房厨师的指点，道口烧鸡变得更加香美，并渐渐声名远播。至今已成为驰名海内外的著名地方特产。成品烧鸡具有香味浓郁、酥香软烂、咸淡适口、肥而不腻的特点。

羊双肠

羊双肠又叫羊霜肠、羊双肠汤，是开封的传统风味小吃。早在明朝时，已在开封的食肆上开始售卖，流传至今，愈加兴盛。制作时将羊大肠和小肠洗净，灌以羊血煮熟，然后切成半寸长，与羊胎衣、羊腰子等放在一起继续炖煮即成，食之醇香无膻，汤鲜肉美。

清蒸武昌鱼

武昌鱼学名团头鲂，俗称鳊鱼、草鳊等，是我国特有的优良淡水鱼类。毛泽东在畅游长江后，写下了“才饮长沙水，又食武昌鱼”的词句，从而使武昌鱼闻名海内外。清蒸武昌鱼则是湖北的一道传统名菜，其以鲜活的武昌鱼为主料，配以冬菇、冬笋，并用鸡汤调味而成，口感滑嫩，清香鲜美。

肉糕

肉糕是湖北东部地区的一种传统特色糕类食品，由红薯淀粉、鱼肉末、猪肉末混合后蒸制而成。尤以武汉市黄陂区、麻城市、赤壁市的肉糕最为有名。而且每逢节庆宴席，肉糕必将作为第一道大菜上桌，一般会码出漂亮的造型，撒上葱花等佐料，不仅好看，而且好吃，对宴请宾客的主人来说还有面子。

臭豆腐

臭豆腐在全国南北方均有，但经过食客味蕾的筛选，普遍认为湖南长沙的臭豆腐为上品。臭豆腐好不好吃，核心工艺就在臭卤水上。长沙臭豆腐的卤水是采用豆豉、纯碱、青矾（因食品安全的原因已被其他食品添加剂替代）、香菇、冬笋、盐等为原料熬煮泡制而成。至于移植别处为什么会发生改变，这是所有地道美食都面临的问题。好这口就去长沙尝尝吧。

腊味合蒸

腊味合蒸是湖南地方传统名菜，其做法多种多样，基本是在主配料上作一些调整，其核心制作工艺——蒸，并不会改变。一般是以腊猪肉、腊鸡、腊鱼等腊味为主料，配以豆豉、剁椒、姜、蒜等佐料，造型后入锅清蒸即成。具有腊香浓重、咸甜适口、柔韧不腻的特点。

热干面

热干面是湖北武汉最出名的小吃之一，也是武汉人早餐的首选食品。其做法既不同于凉面，又不同于汤面，一般是将碱面条煮熟过凉备用，食客点餐后，抓一把放入碗中，然后淋上辣椒油、香油、生抽、卤水汁、芝麻酱，再放入葱、蒜、萝卜丁等即可上桌。食用前先搅拌均匀，便是一碗色泽黄而油润，香而鲜美的热干面。如果是家庭做法，可能花样更多。

热干面

剁椒鱼头

剁椒鱼头是湖南地方传统名菜，据传与清代文人黄宗宪有关。当年，他因文字狱出逃，落脚在湖南一贫苦人家。农夫从池塘捕来胖头鱼，农妇便将鱼肉煮汤，鱼头则放上自家腌制的剁椒蒸制后招待他。黄宗宪吃后觉得非常鲜美，事平回家后，便让家厨对其进行改进，一直流传至今，成为湖南的经典名菜。其通常以鳙鱼鱼头、剁椒为主料，配以豉油、姜、葱、蒜等辅料蒸制而成。食之具有肥而不腻、口感软糯、鲜辣适口的特点。

火焙鱼

火焙鱼是湖南地方传统名菜。制作时将小鱼去掉内脏，用锅子在火上焙干，冷却后，再以谷壳、花生壳、桔子皮、木屑等燃着薰烘而成。它不像僵硬的干鱼、盐渍的咸鱼，但兼备了活鱼的鲜、干鱼的爽、咸鱼的味。既可直接食用，也可作为食材制作出组合菜品。

■ 剁椒鱼头

华南区

HUA NAN QU

线路① · 两广地质景观线：天坑　苗寨　风雨桥　桂林山水　黄姚古镇　丹霞山

线路② · 两广中部穿越线：客家博物馆　鼎湖山　端砚　骑楼城　德天瀑布

线路③ · 两广滨海风情线：广济桥　罗浮山　陈家祠　碉楼　大澳渔村　涠洲岛

线路④ · 海南岛纵贯及环岛线：五指山　天涯海角　棋子湾　东郊椰林　蜈支洲岛

■ 海南三亚　海遥 / 摄

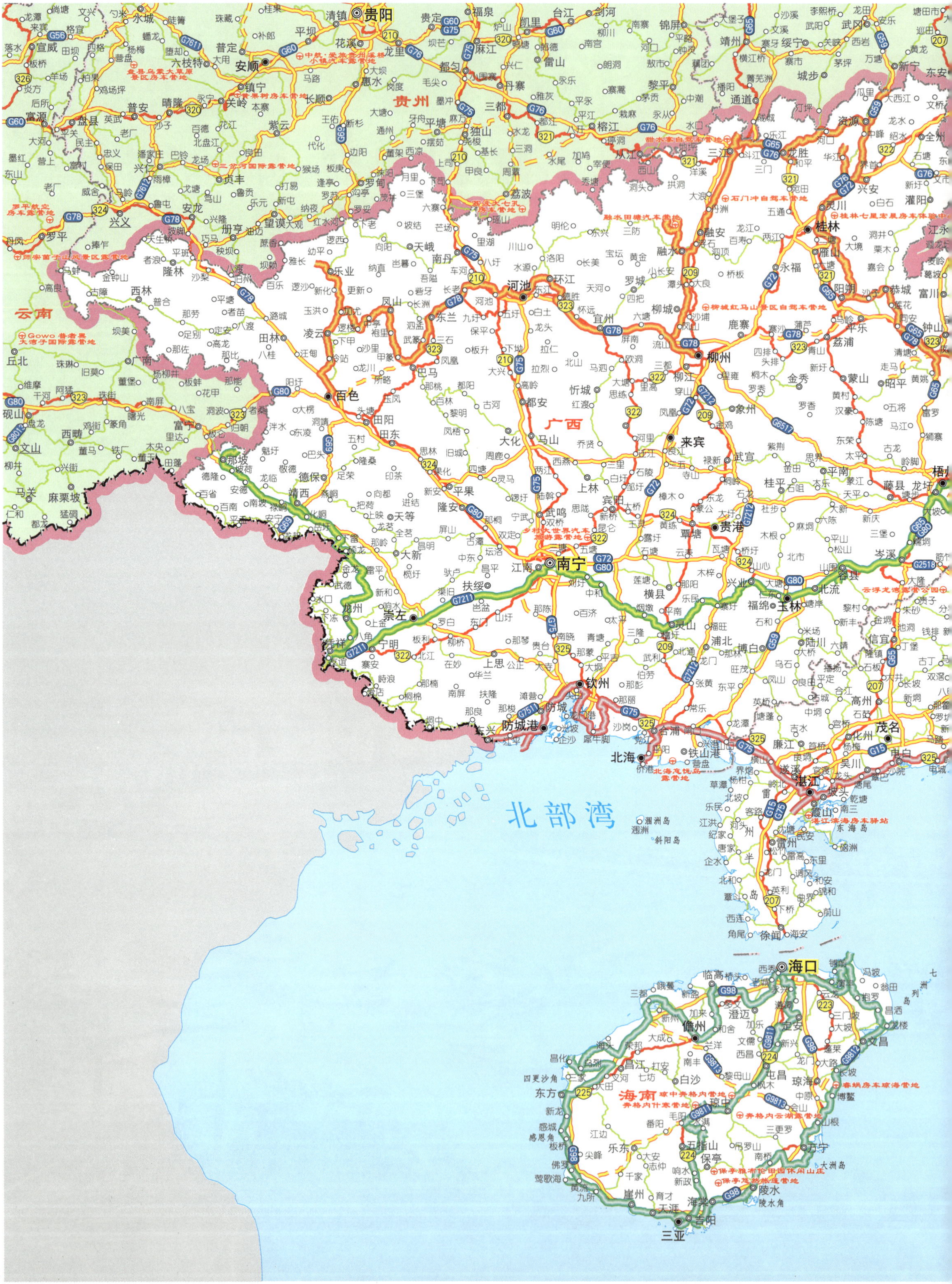

华南地区地图

贵州

广西

云南

海南

北部湾

贵阳

南宁

柳州

桂林

河池

百色

来宾

贵港

玉林

崇左

钦州

防城港

北海

湛江

茂名

海口

三亚

湖南
江西
福建
广东
衡阳
郴州
赣州
三明
南平
龙岩
泉州
漳州
厦门
梅州
韶关
清远
河源
潮州
揭阳
汕头
汕尾
惠州
广州
佛山
肇庆
云浮
东莞
深圳
江门
中山
珠海
阳江
香港
澳门
南海
东沙群岛
北卫滩
南卫滩
东沙岛
南宁
湛江
海口
儋州
三亚
海南岛
西沙群岛
三沙
永兴岛
中沙群岛
黄岩岛
南沙群岛
曾母暗沙
高雄
台湾岛
南海诸岛

①两广地质景观线地图

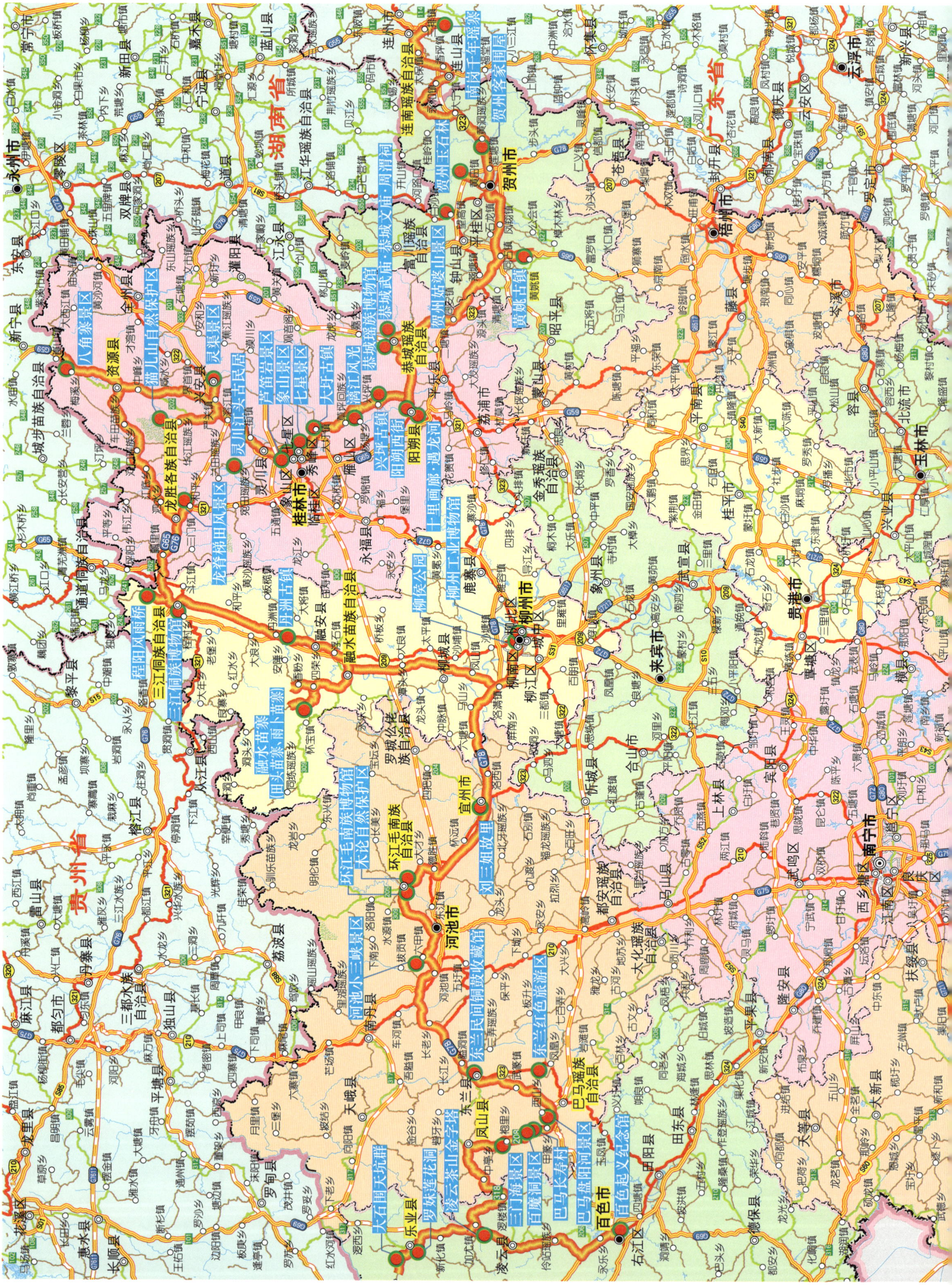

①两广地质景观线地图

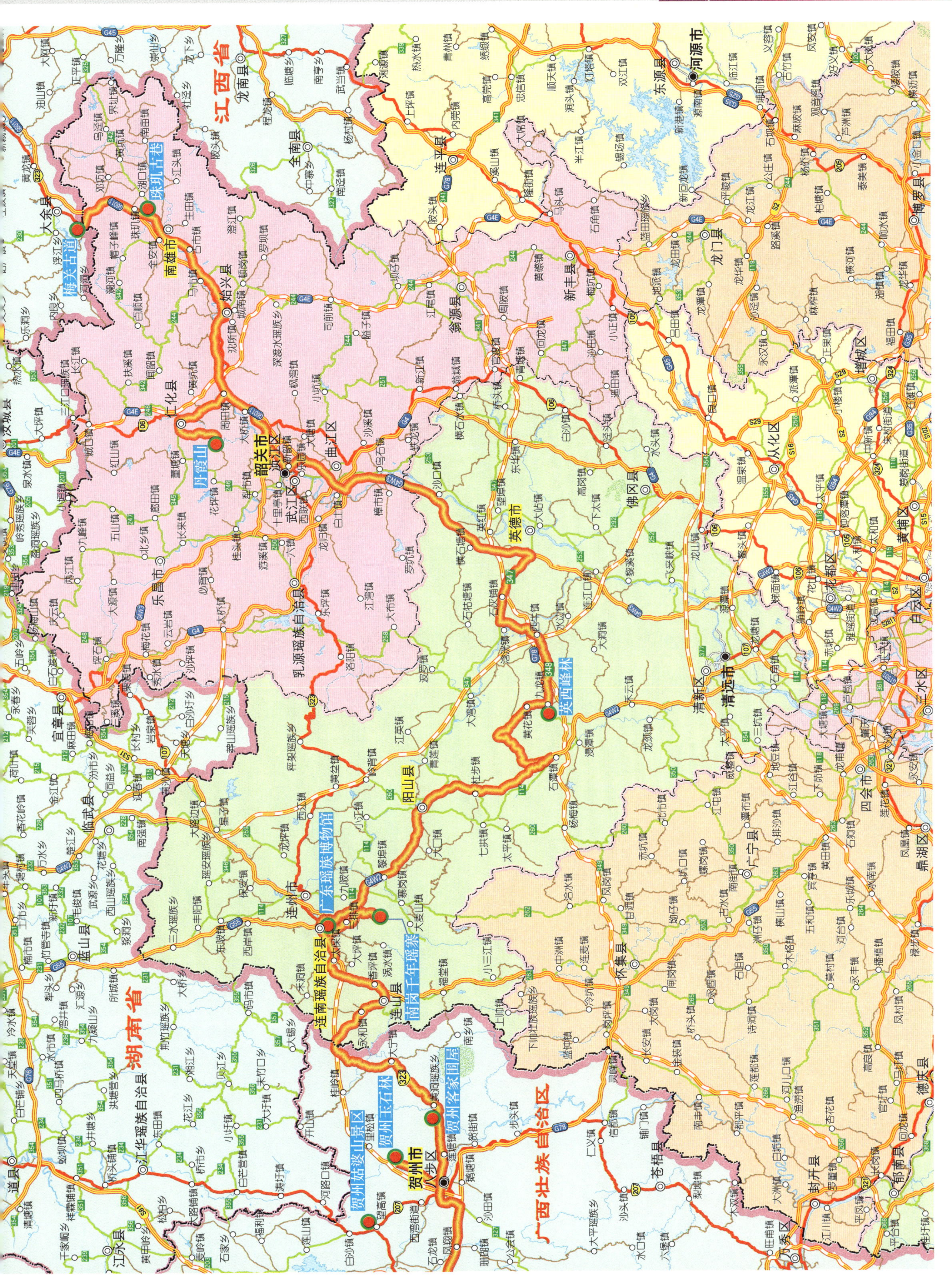

江西省
湖南省
广西壮族自治区
韶关市
南雄市
仁化县
丹霞山
珠玑古巷
梅关古道
大余县
全南县
龙南县
连平县
和平县
东源县
河源市
翁源县
新丰县
龙门县
从化区
增城区
花都区
白云区
黄埔区
三水区
清远市
清新区
英德市
英西峰林
佛冈县
乳源瑶族自治县
乐昌市
曲江区
武江区
浈江区
阳山县
连州市
广东瑶族博物馆
连南瑶族自治县
连山县
南岗千年瑶寨
贺州市
八步区
贺州姑婆山景区
贺州玉石林
贺州客家围屋
怀集县
广宁县
四会市
鼎湖区
德庆县
封开县
郁南县
苍梧县
宜章县
临武县
蓝山县
江华瑶族自治县
江永县
道县

房车生产改装企业	地　址	联系人	电　话
北京多尼尔房车有限公司	北京海淀区	向宏	010-64948547
山东奥斯登房车有限公司	山东济南市高新技产业开发区	张养训	0537-3236208
山东威士捷房车制造有限公司	山东威海市文登区	顾志强	13361153456
山西大唐房车制造有限公司	山西晋中市太谷	唐中诗	0354-6222678
青海堃越房车制造有限公司	青海西宁市城中区	邱青波	0971-7655277
山东山野特房车制造有限公司	山东泰安市宁阳县	傅生权	0538-5810100
重庆康旅房车有限公司	重庆武隆区	梁国辉	023-77766186
吉林省国盛房车技术有限公司	吉林长春市南关区	周喜龙	
六六房车有限公司	安徽蚌埠市禹会区	何承胜	15656063966
山东途居房车制造有限公司	山东潍坊市坊子区	赵江	0559-2193123
克拉尼房车制造（海南）有限责任公司	海南三沙市	秦愈	18610754498
辽宁腾龙汽车工业有限责任公司	辽宁本溪市溪湖区	杨青坪	15833177777
宁波市科斯房车科技有限公司	浙江宁波市象山县	沈金龙	0574-65807513
华犨房车制造有限公司	陕西宝鸡市岐山县	李天良	0917-8569319
湛江卡莱湾房车科技有限公司	广东湛江市遂溪县	林小佳	0759-3137958
武平亿诚房车有限公司	福建龙岩市武平县	林锦亿	0592-5788699
保定市纵横拖挂房车制造有限公司	河北保定市清苑区	刘嘉琪	13784275858
安徽沃途房车装备有限公司	安徽滁州市全椒县	杨高亮	0550-5191868
芜湖智恒汽车有限公司	安徽芜湖市	吴洋	0553-6811023
河南旅行家房车新能源科技有限公司	河南新乡市新乡高新技术产业开发区	吴泰	13837398285
安徽省路途房车装备有限公司	安徽滁州市全椒县	杨高亮	
江西克劳德房车制造有限公司	江西萍乡市上栗县	陈纪天	0799-6789629
荣成房车家园智能科技有限公司	山东威海市荣成市	刘绍勋	0631-7691717
宿州市安源汽车科技有限公司	安徽宿州市经济技术开发区	孙成森	0557-82172391
山东博世房车科技有限公司	山东烟台市龙口市	马智宇	0535-8952868
苏州金铬房车有限公司	江苏苏州市吴中区	潘永中	0512-66026078
广东翔天汽车智能化有限公司	广东茂名市信宜市	刘竞威	13712661029
合肥一舟房车制造有限公司	安徽合肥市包河区	方金舟	13395697426
河南铭成致雅房车装备有限公司	河南开封市龙亭区	张洪庆	0371-23387883
开封市章鱼房车装备有限公司	河南开封市龙亭区杞县	邓莉	18303869928
郑州恒大房车有限公司	河南郑州市惠济区	孙一平	13071066566
深圳大众游好房车制造有限公司	广东深圳市龙岗区	林文祥	15914166619
大连鹏迪房车制造有限公司	辽宁大连市金州区	郭永庆	0411-87386768
黄山奇瑞房车制造有限公司	安徽黄山市黄山区	徐荣明	0559-2193123
河北谷雨房车有限公司	河北沧州市沧州渤海新区	韩猛	18612320699
保定市蜗牛房车制造有限公司	河北保定市竞秀区	何英勋	15612277663
陕西宏象房车科技发展有限公司	陕西汉中市宁强县	李衍圣	13369250931
内蒙古阿斯特房车有限公司	内蒙古包头市包头稀土高新技术产业开发区	白凯	0472-8113641
威海夏克房车有限公司	山东威海市威海火炬高技术产业开发区	夏克斌	13706317005
德州市盈佳房车配件有限公司	山东德州市德城区	刘颖	18553420090
长汀棕旅房车有限公司	福建龙岩市长汀县	缪明华	0591-26935918
威海程泓房车科技有限公司	山东威海市荣成市	王思程	
浙江瑞莱克斯房车有限公司	浙江嘉兴市平湖市	蔡梓洋	0573-85620633
北海综保房车汽车有限公司	广西北海市海城区	郭俊华	
广东恒新房车配件科技制造有限公司	广东阳江市江城区	陈昱新	
鑫吉顺房车（深圳）有限公司	广东深圳市龙岗区	何国春	13670009211
杭州澳琪房车租赁有限公司	浙江杭州市拱墅区	俞月贞	13396566398
大连悠然房车有限公司	辽宁大连市金州区	周彬	15942689657
安徽中驰汽车科技发展有限公司	安徽亳州市涡阳县	陈峰	0558-2868937
客乐得（江西）房车有限公司	江西南昌市进贤县	黄斌	13896667667
河南大美房车科技有限公司	河南新乡市新乡高新技术产业开发区	张红艳	0373-2085566

全国房车生产改装企业名录

房车生产改装企业	地　址	联系人	电　话
海南福瑞特客车制造有限公司	海南海口市龙华区	冷辉	0898-68557267
锦州飞洋房车有限公司	辽宁锦州市凌海市	宋敬一	0416-3816789
广东维特瑞房车有限公司	广东梅州市兴宁市	张磊	0753-3881033
福建毅宏专用汽车有限公司	福建漳州市龙海市	叶萍萍	0596-6890312
宿州市凯之奥房车有限公司	安徽宿州市埇桥区	陈明	0557-6256999
安徽旅行者房车科技有限公司	安徽池州市贵池区	王笑林	18056673384
山东泰航电动汽车有限公司	山东泰安市宁阳县	夏义河	17001818308
湖北图雅房车有限公司	湖北襄阳市樊城区	杨正萍	0710-2350920
临沂途居房车制造有限公司	山东临沂市罗庄区	王利交	13864906199
江西省欧特迩房车科技有限公司	江西九江市瑞昌市	柯昌勇	18910309990
无锡百扬房车有限公司	江苏无锡市江阴市	过参明	0510-86595059
蛋屋村（常州）房车制造有限公司	江苏常州市武进区	韩华坤	0519-86234921
利辛县路安车辆有限责任公司	安徽亳州市利辛县	杜飞强	15256771777
山东梦之旅房车有限公司	山东德州市齐河县	滕涛	0534-5679988
青岛凯利鑫车辆改装有限公司	山东青岛市城阳区	陈守贵	13853237528
福州市长乐区梦翔房车制造有限公司	福建福州市长乐区	杨望	
荣成市永秋房车部件有限公司	山东威海市荣成市	孙淑秋	13356815632
大连道迪房车有限公司	辽宁大连市金州区	陈晓曾	13942671830
江西家之旅房车有限公司	江西萍乡市安源区	钟庚	0799-6771297
广东酷熊房车有限公司	广东中山市	张凤霞	
江西华居房车科技有限公司	江西九江市共青城市	章肖杰	13694889177
福建常春野木房车制造有限公司	福建福州市长乐区	黄亥	13960819183
台州市金捷房车销售有限公司	浙江台州市路桥区	王光明	13736568001
福建蓝海专用汽车制造有限公司	福建福州市罗源县	王景盛	0591-26935918
扬州云之逸房车有限公司	江苏扬州市宝应县	王国君	13952701710
徐州顺鼎房车有限公司	江苏徐州市贾汪区	赵庆玲	13954983995
沈阳金科房车制造有限公司	辽宁沈阳市辽中区	印明旭	024-25194188
福建铁树房车有限公司	福建龙岩市新罗区	赖广福	13806990303
山东崊野房车制造服务有限公司	山东威海市荣成市	王历涛	0631-7508968
泰宁自游房车制造有限公司	福建三明市泰宁县	翁美霞	15005012366
山东贺昇房车制造有限公司	山东泰安市东平县	林百志	15949797789
湖北赛家房车科技有限公司	湖北十堰市张湾区	王峰涛	0719-8011066
西藏沃孜专用汽车有限公司	西藏拉萨市堆龙德庆区	邢燕	
威海安驰房车制造有限公司	山东威海市荣成市	陈继忠	
帝盛（常州）车辆科技有限公司	江苏常州市新北区宝塔山路 23 号	林玉森	0519-8456321
湖北鸿赛汽车装备有限公司	湖北随州市曾都区	张秀芹	13774091905
大连北辰专用汽车有限公司	辽宁大连市金州区	张家斌	15566666119
济南旅居房车制造有限公司	山东济南市天桥区	黄成伟	18905411118
厦门七越房车有限公司	福建厦门市湖里区	范试桢	13600959916
宿州市万象汽车科技有限公司	安徽宿州市宿州经济技术开发区	孙成森	13955115700
长春天火汽车制造有限公司	吉林长春市南关区长春经济技术开发区	朱建明	0431-80518897
青岛科美拖车制造有限公司	山东青岛市即墨区	宫德生	0532-58712596
广州商旅房车有限公司	广东广州市番禺区	胡震	18675868671
青岛飞扬房车有限公司	山东青岛市即墨区	代华	
大连锐辰房车有限公司	辽宁大连市金州区	刘彬	0411-87546880
世通车辆装备（河南）有限公司	河南郑州市惠济区郑州航空港经济综合实验区	徐东锋	
棕旅房车（将乐）有限公司	福建三明市泰宁县将乐县	王铮	0591-26935918